ANGLISTISCHE FORSCHUNGEN
Band 431

Begründet von
Johannes Hoops

Herausgegeben von
Rüdiger Ahrens
Heinz Antor
Klaus Stierstorfer

JULIA HAMMER

Die Auswirkungen der Globalisierung auf den modernen Fremdsprachenunterricht

Globale Herausforderungen als Lernziele und Inhalte des fortgeschrittenen Englischunterrichts

Are We Facing the Future?

Universitätsverlag
WINTER
Heidelberg

Bibliografische Information der Deutschen Nationalbibliothek
Die Deutsche Nationalbibliothek verzeichnet diese Publikation in der Deutschen Nationalbibliografie; detaillierte bibliografische Daten sind im Internet über *http://dnb.d-nb.de* abrufbar.

Gedruckt mit Unterstützung der FAZIT-Stiftung und der Klett-Stiftung

ISBN 978-3-8253-6101-3

Imprimé en Allemagne · Printed in Germany
Druck: Memminger MedienCentrum, 87700 Memmingen

Gedruckt auf umweltfreundlichem, chlorfrei gebleichtem und alterungsbeständigem Papier

Den Verlag erreichen Sie im Internet unter:
www.winter-verlag.de

Danksagung

Mit der Fertigstellung der Dissertationsschrift ist es an der Zeit, nochmals denjenigen zu danken, die mich begleitet und unterstützt haben. Besonderer Dank gilt dabei zunächst meinem Doktorvater, Herrn Prof. Dr. Dr. *h.c.* Rüdiger Ahrens, der nicht nur die wissenschaftliche Betreuung meines Dissertationsprojekts übernommen und dessen Fortgang durch kritische wie inspirierende Fachdiskussionen bereichert, sondern mich auch im Hinblick auf meine fachliche, berufliche und persönliche Weiterentwicklung stets gefördert hat. Durch ihn wurde bereits während meines Studiums an der Julius-Maximilians-Universität Würzburg das Interesse für die wissenschaftliche Auseinandersetzung mit grundlegenden Fragen der englischen Fachdidaktik geweckt.

Nicht weniger zu danken gilt es Herrn PD Dr. Matthias Merkl, der für meine großen und kleinen Probleme immer ein offenes Ohr hatte, mir stets mit Rat und Tat zu helfen wusste und bereitwillig das Zweitgutachten übernahm.

Für wertvolle Anregungen und Ratschläge danke ich herzlich Frau Prof. Dr. Maria Eisenmann.

Der FAZIT-Stiftung danke ich besonders für das zur Verfügung gestellte Promotionsstipendium. Ein großer Dank gilt auch der FAZIT- und Klett-Stiftung für die finanzielle Unterstützung bei der Veröffentlichung dieser Arbeit.

Des Weiteren möchte ich Dieter Dietrich und Peter Wermke meinen Dank aussprechen. Sie haben mir bei der Fertigstellung und der Formatierung der Arbeit große Hilfe geleistet.

Mein Dank gilt auch meinen Kollegen und Mitarbeitern an der Julius-Maximilians-Universität, allen voran Frau Kerstin Surauf und Frau Christine Barrowcliffe, für die angenehme und produktive Zusammenarbeit sowie deren stetige Diskussions- und Hilfsbereitschaft.

Nicht zuletzt meinen Freunden, meiner Familie und meinen Eltern bin ich für die unentwegte, gleichermaßen moralische wie tatkräftige Unterstützung sowohl während meines Studiums als auch während meines Dissertationsprojektes zu tiefstem Dank verpflichtet. Sie alle haben auf ihre Weise zum Gelingen dieser Arbeit beigetragen.

Würzburg, im Februar 2012

Julia Hammer

Inhaltsverzeichnis

Abbildungsverzeichnis

Abkürzungsverzeichnis

AAVE *African-American Vernacular English*
Abb. Abbildung
ANC *African National Congress*
AREAS *Annual Report on English and American Studies*
BILI Bilinguales Lernen
BMZ Bundesministerium für wirtschaftliche Zusammenarbeit und Entwicklung
BPB Bundeszentrale für Politische Bildung
CALL *Computer-assisted language learning*
CBL *Computer-based learning*
CBT *Computer-based teaching*
CCTV *Closed-circuit television surveillance*
CLIL *Content and language integrated learning*
CLT *Communicative language teaching*
DESI Deutsch Englisch Schülerleistungen International
DGFF Deutsche Gesellschaft für Fremdsprachenforschung
EGL *English as a global language*
EIL *English as an International Language*
ELF *English as a lingua franca*
ELFA *English as a Lingua Franca in Academic Settings*
ELT *English Language Teaching*
GA *General American*
GEI Georg-Eckert-Institut für internationale Schulbuchforschung
GERS Gemeinsamer Europäischer Referenzrahmen für Sprachen
GMF Gesamtverband Moderne Fremdsprachen
GYM Gymnasium
HS Hauptschule
IATEFL *International Association of Teachers of English as a Foreign Language*
IFS Informationszentrum für Fremdsprachenforschung der Universität Marburg
IGLU Internationale Grundschul-Lese-Untersuchung
INWENT Internationale Weiterbildung und Entwicklung gGmbH
IQB Institut zur Qualitätsentwicklung im Bildungswesen
ISB Staatsinstitut für Schulqualität und Bildungsforschung
JALT *Japan Association for Language Teaching*
JET *Japan Exchange and Teaching Programme*
Jgst. Jahrgangsstufe
KFL *Know-Find out-Learn*
KM Kultusministerium
KMK Kultusminister Konferenz
LdL Lernen durch Lehren
NGO *Non-governmental organzation*
NiLS Niedersächsisches Landesamt für Lehrerbildung und Schulentwicklung
NNS *Non-native speaker*

NRO Nichtregierungsorganisation
NS *Native speaker*
NYC New York City
PISA Programm zur internationalen Schülerbewertung
RP *Received Pronunciation*
RS Realschule
SABE *Standard American-British English*
STAD *Student teams achievement divison*
TEFL *Teaching English as a Foreign Language*
TESOL *Teachers of English to Speakers of Other Languages*
TIMSS Dritte Internationale Mathematik- und Naturwissenschaftsstudie
TRC *Truth and Reconciliation Commission*
UNEP *United Nations Environment Programme*
UNESCO *United Nations Educational, Scientific and Cultural Organization*
UNICEF *United Nations International Children's Emergency Fund*
VOICE *Vienna-Oxford International Corpus of English*
WSE *World Standard English*
WWF *World Wide Fund For Nature*

1 Einleitung

1.1 Ziele und Grundsätze

Der Prozess der Globalisierung trifft alle Gesellschaften auf vielfältige und jeweils unterschiedliche Weise: wirtschaftlich, politisch, kulturell und sprachlich. Mobilität und Migration sind weltweit alltäglich geworden und führen zu Pluralität, Hybridisierung und Nivellierung. In vielen Lebensbereichen ist innovatives Denken erforderlich. Das Lernen und Lehren von Sprachen wird durch diese Entwicklung grundlegend beeinflusst. Folglich kann der Englischunterricht nicht nur die Prozesse kommunikativer Fertigkeiten und zielkulturelles Wissen vermitteln, sondern muss auch die gestiegene Komplexität und Vielfalt der globalen Vorgänge weltweit integrieren und einen Beitrag zum globalen Lernen leisten, um seinen Bildungsauftrag zu erfüllen und nicht weltfremd zu werden.

Hierbei kommt dem Lehrwerk – vor allem dem Lehrbuch – eine bedeutende Rolle zu. Die vorliegende Forschungsarbeit will einen Beitrag zu der international etablierten Lehrwerkkritik leisten, indem sie sich den bisher noch wenig beachteten Bereich des globalen Lernens herausgreift und nach dessen Integration im Englischunterricht fragt.

Unbestritten ist die Arbeit mit Lehrbüchern im Fremdsprachenunterricht seit Beginn des 20. Jahrhunderts, denn diese dienen als Leitmedium für die Gestaltung und Strukturierung des Englischunterrichts, aber auch für seine Zielsetzung und thematisch-inhaltliche Ausgestaltung. Trotz moderner digitaler Medien und häufiger Kritiken[1], welche das Zeitalter der Lehrbücher bereits als beendet ansahen, bestehen Lehrbücher nach wie vor als grundlegendes Skript und als Leitmedium des Fremdsprachenunterrichts.[2]

Seit den 60er Jahren des vergangenen Jahrhunderts wurde aufgrund der Bedeutung und der immer größeren Auswahl an Lehrwerken und -materialien ein neuer wissenschaftlicher Zweig der Fachdidaktik entwickelt, nämlich jener der Lehrwerkanalyse und

1 Hermann Funk, „Qualitätsmerkmale von Lehrwerken prüfen – ein Verfahrensvorschlag“, in: *Babylonia* 3/2004, pp. 41-43; Michael Koenig, „Von Dinosauriern und trojanischen Pferden: Neue Kriterien und Fragen zu ‚alten‘ und ‚neuen‘ Medien“, in: Erwin Tschirner, Hermann Funk und Michael Koenig, *eds., Schnittstellen: Lehrwerke zwischen alten und neuen Medien*, München: Iudicium, 2000, p. 29.

2 Claudia Finkbeiner, „Neue Lern- und Arbeitsformen im Englischunterricht: Exemplarische Analyse einer Umsetzung des Bildungsplans Baden-Württembergs am Beispiel eines Englischlehrwerks Lehren und Lernen“, in: *Zeitschrift des Landesinstituts für Erziehung und Unterricht* 6/1998, pp. 3-18; Lutz Götze, „Fünf Lehrwerksgenerationen“, in: Bernd Kast und Gerhard Neuner, *eds., Zur Analyse, Begutachtung und Entwicklung von Lehrwerken für den fremdsprachlichen Deutschunterricht*, Berlin: Langenscheidt, 1994; Claudio Nodari, „Zur Förderung des autonomen Lernens in Französischlehrwerken“, in: *Der Fremdsprachliche Unterricht Französisch* 34/1995, pp. 23-26.

-kritik, mit dem Ziel, einen repräsentativen Einblick und ein zuverlässiges Bild der Inhalte des Englischunterrichts zu gewinnen.

Mit der Frage *Are we facing the future?* nimmt der Titel der Arbeit die vielbeachteten und tiefgreifenden Veränderungen unserer Lebenswelt auf. Eine sich verändernde Gesellschaft stellt neue Ansprüche, insbesondere auch an die Schulen. Sie reklamiert aktuelle Bildungsinhalte und fordert unter den Postulaten der Gegenwartsbewältigung und Zukunftspropädeutik eine adäquate Umformung und Neuzentrierung. Im angelsächsischen Raum hat sich das Konzept der *global education* – zunächst im Kontext politischer Bildung und erziehungswissenschaftlicher Bezüge – entwickelt und ist mittlerweile auch im *Teaching-English-as-a-Foreign-Language* (TEFL)-Unterricht fest verankert, denn besonders der Englischunterricht und die englische Sprache als *lingua franca* scheinen hierfür prädestiniert. Zu seiner literatur- und kulturphilosophischen Komponente und sprachlich-kommunikativen Ausrichtung, die ihre Berechtigung beibehalten, treten Dimensionen sozialer, politischer, ökologischer sowie ökonomischer Bildung, welche Nachhaltigkeit, Solidarität oder Frieden vermitteln sollen.[3] Daher ist die Fragestellung darauf gerichtet, ob der Englischunterricht bereits die Aufgabe übernimmt, die Lerner auf ihre gesellschaftliche Partizipation in der globalisierten Welt vorzubereiten und entsprechendes Wissen, Fertigkeiten und Fähigkeiten zu vermitteln.

Als Grundlage der Analyse greift die Arbeit auf 27 aktuelle Lehrbücher der deutschen Verlage Cornelsen (Berlin), Schroedel/Diesterweg (Braunschweig) und Klett (Stuttgart) zurück[4], um eine möglichst objektive Basis und aussagekräftige Vergleiche zu erreichen. Diesen repräsentativen und schulartenübergreifenden Lehrbüchern der Sekundarstufe I werden Beispiele entnommen. Gegenstand der Untersuchung sind sowohl die Bilder und Illustrationen als auch die Texte und dazugehörigen Arbeitsaufträge, die einen Einblick in die moderne Welt gewähren und das Bild, das sich die Lerner davon machen, maßgeblich mit prägen. Diese Beispiele werden im Hinblick auf die Frage nach der sachgemäßen Darbietung der inhaltlichen Auswirkungen der Globalisierung im modernen Englischunterricht der Sekundarstufe I sowie der entsprechenden methodisch-didaktischen Aufbereitung untersucht. Die Untersuchungsergebnisse gewähren verlässliche Aussagen über die Qualität der Inhalte, Darstellungsweisen und ihrer methodisch-didaktischen Verfahren, um die Lerner auf ihre gesellschaftliche Partizipation in der globalisierten Welt vorzubereiten. Die beigefügten Anregungen sollen einen Beitrag zur besseren Qualifizierung der Unterrichtsmaterialien leisten.

Kapitel 1 bis 4 bieten einen theoretischen Vorspann, indem sie den zur Einbettung des Themas notwendigen Forschungsbericht und einen Überblick über die Ansätze und Ergebnisse des Forschungsbereichs Lehrwerkanalyse und -kritik geben. Hinzu kommen Einblicke in soziologische, kulturwissenschaftliche und pädagogische Betrachtungen über die Globalisierung, das wechselseitige Verhältnis von Gesellschaft und Bildung sowie das didaktische Konzept des globalen Lernens.

3 Sylvia Mayer und Graham Wilson, *eds.*, *Ecodidactic Perspectives on English Language, Literatures and Cultures,* Trier: WVT, 2006.

4 Die Lehrbücher wurden an den Schulen für das Schuljahr 2008/2009, dem zeitlichen Ausgangspunkt der vorliegenden Untersuchung, eingesetzt. *Context Starter 21* und *Green Line Transition* wurden ab dem Schuljahr 2010/2011 im Englischunterricht verwendet.

In den beiden Einleitungskapiteln werden die Tendenzen der fremdsprachendidaktischen Forschungsarbeit und die größeren theoretischen Zusammenhänge der Lehrwerkanalyse dargestellt. Hierbei geht es vor allem um die Rolle der Lehrwerkanalyse bei der Erforschung landeskundlicher Inhalte, die eine verlässliche Aussage über die Qualität und Darstellungsweise der inhaltlichen Themenbereiche erlaubt.

Kapitel 3 definiert den Begriff ‚Globalisierung' mehrdimensional und zeigt deren Veränderungspotenzial auf. Eine Analyse des wechselseitigen und abhängigen Verhältnisses von Gesellschaft und Bildung soll den argumentativen Hintergrund für die Notwendigkeit inhaltlicher Veränderungen des modernen Englischunterrichts hinsichtlich der Globalisierung bieten.[5] Zudem erscheint eine vertiefte Auseinandersetzung mit der Beschaffenheit des didaktischen Konzepts des globalen Lernens notwendig, die neben seinen Chancen auch auf die Konsequenzen, Probleme sowie Anbindungsmöglichkeiten an den Diskurs des inter- und transkulturellen Lernens eingeht.

Im Anschluss an die theoretischen Vorüberlegungen wird in Kapitel 3 auch die gewählte methodische Herangehensweise vorgestellt und begründet. Ausgehend von den erarbeiteten Erkenntnissen wird ein dem Untersuchungsgegenstand angemessener Kriterienkatalog erstellt, um die inhaltlichen und methodisch-didaktischen Aspekte zu klassifizieren und zu untersuchen.

Den Kernbereich der vorliegenden Untersuchung in Kapitel 4 bis 8 bildet die analytische Arbeit an den Belegen aus den Lehrbüchern, die zahlreiche Einblicke in die Lehrbücher erlauben und hinsichtlich der zentralen Fragestellung und der Kriterien des globalen Lernens bewertet werden. Anschließend wird eine Zusammenfassung und Bewertung der Untersuchungsergebnisse vorgenommen.

Im Mittelpunkt des Erkenntnisinteresses stehen Antworten auf die Fragen, auf welche Aspekte der Globalisierung sich der Fokus der Lehrbücher richtet, welche schulartenspezifischen Besonderheiten auffallen, welche Informationen selektiert werden und wie sie versprachlicht und methodisch-didaktisch aufbereitet sind.

Die lehrwerkkritische Analyse nimmt eine bewusste Abwendung von einer rein wissenserweiternden, kognitiven Aufnahme des Themas ‚Globalisierung' vor und erfasst und evaluiert sowohl das präsentierte Bild der zielkulturellen Realitäten und globalen Auswirkungen darauf als auch die damit einhergehende methodisch-didaktische Arbeit der Lehrbücher.

Im Bewusstsein um die Problematik der didaktischen Reduktionen und einer notwendigen perspektivischen Verengung sowie unter Berücksichtigung der sich aus Schularten, Altersstufen und Interessenlagen der Lernenden ergebenden Implikationen kann die vorliegende Arbeit folglich kein insgesamt objektives Korrektiv bilden. Ferner ist sie nicht im Sinne eines Plädoyers für eine einseitige globale Ausrichtung des Eng-

5 Alan Maley, „Global Issues in ELT", in: *Practical English Teaching* 13/1992, p. 73; Barbara Benham Tye und Kenneth A. Tye, *Global Education. A Study of School Change*, New York: State University Press, 1992, p. XV; Christel Adick, „Globalisierung als Herausforderung für nationalstaatliche Pflichtschulsysteme", in: Annette Scheunpflug und Klaus Hirsch, *eds.*, *Globalisierung als Herausforderung für die Pädagogik*, Frankfurt: IKO, 2000, pp. 156-168.

lischunterrichts zu verstehen, der seine zielkulturelle Orientierung nicht weiter berücksichtigt.[6]

[6] Laurenz Volkmann, *Fachdidaktik Englisch: Kultur und Sprache*, Tübingen: Narr, 2010, pp. 191ff.

1.2 Forschungsstand

Ein erster Blick auf die Publikationen zum Untersuchungsgegenstand der Lernziele in der Fremdsprachenforschung zeigt bereits die Fülle an Veröffentlichungen. Der Forschungsstand beschränkt sich daher größtenteils auf die englische Fremdsprachendidaktik im deutschsprachigen Raum und die Publikationen der letzten Jahre, ohne die gewichtige Rolle der weiteren Forschungen zur Fremdsprachendidaktik ignorieren zu wollen. Diese Vorselektion erleichtert eine Vergleichbarkeit der Studien wie auch der curricularen Vorgaben und Schulsysteme. Allein für das Themengebiet des globalen Lernens wurden vorwiegend Publikationen aus den USA, England, Korea und vor allem Japan sowie Veröffentlichungen aus den weiteren Fachdidaktiken mit einbezogen, um die im deutschsprachigen Raum entstandenen Vakanzen hinsichtlich der untersuchungsleitenden Fragen nach den Inhalten und globalen Herausforderungen des modernen Englischunterrichts zu füllen.

Eine von Frank Königs[7] 2003 aufgestellte Zusammenstellung, welche die entstandenen Forschungsarbeiten seit den 1970er Jahren dokumentiert, sowie die sogenannte ‚Sauer-Liste'[8] der Deutschen Gesellschaft für Fremdsprachenforschung (DGFF), die gegenwärtig von Friederike Klippel weitergeführt und vervollständigt wird, sollen im Folgenden als Grundlage dienen, um einen Überblick über Tendenzen in der deutschsprachigen fachdidaktischen Forschungswelt zu erhalten.

7 Frank G. Königs betrachtete die gesamten Publikationen der modernen Fremdsprachenforschung und beschränkte sich nicht auf die englische Fremdsprachenforschung. *Cf.* dazu Friederike Klippel, „Teaching English as a Foreign Language: New Approaches and Challenges", in: Rüdiger Ahrens und Heinz Antor, *eds.*, *Anglistik. International Journal of English Studies* 20/2, Heidelberg: Winter, 2009, pp. 13-15.

8 Helmut Sauer sammelte bis 2006 die Titel von Dissertationen und Habilitationsschriften aus der englischen Fremdsprachenforschung. Klippel übernahm diese Liste 2006, wobei hier nur die Ergebnisse bis 2008 enthalten sind (*ibid.*, p. 13).

Forschungsgebiet	Publikation	Anzahl der Veröffentlichungen
Fremdsprachenfrühbeginn	2002, 2003, 2004, 2005, 2006, 2007, 2008	12
Kommunikative Ansätze	2002, 2003, 2004, 2006, 2007, 2008	10
Bilinguales Lernen	2003, 2005, 2006, 2007	9
Digitale Medien	2002, 2003, 2004, 2006, 2007	9
Literaturdidaktik	2002, 2004, 2007, 2008	8
Lehrerbildung	2002, 2004, 2007, 2008	7
Geschichte der Fremdsprachendidaktik	2002, 2004, 2007, 2008	4
Sprachlernprozesse	2005, 2007	4
Interkulturelles Lernen	2002, 2004, 2007	4
Theoretische Ansätze	2002, 2005, 2007, 2008	4
Lehrwerkanalysen	2002, 2005	2

Abb. 1: Forschungsfelder Fachdidaktik Englisch
(Quelle: ‚Sauer-Liste'/Klippel; grafisch adaptiert Julia Hammer)

Als stark frequentierte Forschungsfelder lassen sich aktuell der Fremdsprachenfrühbeginn und das Bilinguale Lernen (abgekürzt BILI bzw. CLIL = *content and **l**anguage **i**ntegrated **l**earning*) ermitteln. Weitere anerkannte Forschungsgebiete sind die kommunikativen Ansätze (CLT = *communicative **l**anguage **t**eaching*), die (digitalen) Medien (CBT = *computer-**b**ased **t**eaching*, CBL = *computer-**b**ased-**l**earning* und CALL = *computer-**a**ssisted **l**anguage **l**earning*), Sprachlernprozesse, die Lernenden als Individuum (d. h. die Stärkung der Lernerautonomie, Lernstrategien und Lernstile oder affektives und emotionales Lernen) sowie interkulturelles Lernen und Mehrsprachigkeit. Eine Auswertung der letzten Tagungsprogramme[9] lässt zudem Schlussfolgerungen dahingehend zu, dass sich die Unterrichtsevaluation und Differenzierungs- sowie Individualisierungsansätze, die insbesondere das Verhalten der Lehrer und der Lerner in das Zentrum des Interesses rücken, als aktuelle Forschungsrichtungen etabliert haben. Des Weiteren ist mit dem Definieren von Kompetenzen und Standards für die Rahmenpläne und deren Überprüfungsmöglichkeiten ein neuer Forschungszweig entstanden.

Neben diesen in der Forschung gegenwärtig weit verbreiteten Tendenzen stellt sich aber vordringlich die Frage, an welchen Inhalten und Themen diese Kompetenzen orientiert sein sollen. Reiser spricht von einer „Abwendung und Vermeidung von Inhalte[n]"[10] in der gegenwärtigen Bildungspolitik. Auch Klippel verweist auf die geringe Rolle der landeskundlichen Inhalte in der gegenwärtigen Fremdsprachenforschung:

9 Schwerpunktmäßig wurden dabei die GMF- sowie DGFF-Tagungsprogramme untersucht.

10 Marius Reiser, „Warum ich meinen Lehrstuhl räume", in: *FAZ*/Feuilleton, 20. Januar 2009, p. 2. *Cf.* auch Volker Ladenthin, „Kompetenzorientierung als Indiz pädagogischer Orientierungslosigkeit", in: *AMV aktuell. Checks und Kompetenzen* 1/2011, pp. 21-24.

> Today's curricula and teaching standards for state schools are aimed at output in terms of competence and skills and do not place as much emphasis on fixing certain topics in language and Landeskunde to be covered.[11]

Der Eindruck entsteht, dass der Trend hin zu methodischen Forschungsrichtungen sowie zur Lernmotivation der Schüler und zu einer Entwicklung von Rastern und Kompetenzstandards eine Flucht vor der Frage nach den Inhalten ist. Um die gegenwärtig immer schneller voranschreitende funktional und pragmatisch-utilitaristische Ausrichtung des Fremdsprachenunterrichts[12] zu vermeiden bzw. anzuhalten, plädiert Ahrens nachdrücklich für eine baldige „Überwindung der Inhaltsleere" durch einen „Ausbau der Inhaltsbezogenheit".[13] Die vorliegende Untersuchung möchte sich daher von den aktuellen Konzepten abheben und innovative themenbezogene Forschung betreiben. Dabei soll der thematische Schwerpunkt den gegenwärtigen Tendenzen und gesellschaftlichen Veränderungen der globalen Welt gerecht werden.

Inwieweit das Konzept des ‚globalen Lernens' für den Fremdsprachenunterricht ein neues Paradigma sein kann, wird in Deutschland erst langsam (z. B. durch Volkmann 2007 und 2010) und lediglich ansatzweise erforscht. Europäische Beschlüsse[14] fordern bereits verstärkt, globales Lernen in die Bildungscurricula aufzunehmen. In der Fremdsprachenforschung konzentriert man sich vor allem in den USA, Japan[15] und Korea – zunächst im Kontext politischer Bildung und erziehungswissenschaftlicher Bezüge – auf globales Lernen.

Die Bedeutung des globalen Lernens im angelsächsischen Raum wird durch einen Blick auf die internationalen Konferenzprogramme und die daraus hervorgehenden Publikationen der internationalen Verbände *English Language Teaching* (ELT), *Teachers of English to Speakers of Other Languages* (TESOL) und *International Association of Teachers of English as a Foreign Language* (IATEFL) deutlich. Nicht selten lautet das Programm bei großen Konferenzen bereits seit zwei Jahrzehnten *TESOL Day at the United Nations*, *TESOL Day at the Carter Center*, *TESOL Day at the Rainforest* oder *Global Age: Issues in Language Education* (*Center of Developing English Language Teaching* 1993, Ägypten), *Bridges to Better Understanding* (TESOL 1995,

11 Friederike Klippel, 2009, *op. cit.*, p. 15.

12 *Cf.* Volkmann, der u. a. auch kritisiert, dass eine „Flucht in die methodische Akrobatik im Unterricht nicht […] zu einer höheren Lernmotivation und zu besseren Lernergebnissen" führt (Laurenz Volkmann, 2010, *op. cit.*, p. 27).

13 Rüdiger Ahrens, „Die interkulturelle Dimension der englischen Fachdidaktik", in: Hans Hunfeld und Konrad Schröder, *eds., Was ist und was tut eigentlich Fremdsprachendidaktik. 25 Jahre Fachdidaktik Englisch in Bayern. Eine Bilanz,* Augsburg: Wißner, 1997, pp. 71-77.

14 Dokumente der zentralen Weltkonferenzen sowie Beschlüsse und Erklärungen europäischer Organisationen, der UNO und ihrer Unterorganisationen: *Bonn Declaration* (Bonn, 2009), *Paris Declaration* (Paris, 2005), *Maastrichter Erklärung zum Globalen Lernen/European Strategy Framework for Improving and Increasing Global Education in Europe to the Year 2015* (Maastricht, 2002) etc.

15 In Japan wird der globalen Kompetenz als Erziehungsziel ein hoher Stellenwert eingeräumt (Mika Kawanari „Japan", in: Michael Byram, *ed.*, *Routledge Encyclopedia of Language Teaching and Learning,* London: Routledge, 2000, pp. 316-319).

Mexiko) und *World Peace and English Education* (*Japan Association of College English Teachers* 1986). Gastredner sind UNESCO-Experten (Félix Marti, Mitgründer von LINGUA PAX), der US-Völkerrechtler Andrew Young oder die Menschenrechtlerin Mary Hatwood Futrell, die über Toleranz, Friedenspädagogik und interkulturelles Verstehen in der globalen Welt sprechen.

Namhafte Forscher, die sich mit dem Themengebiet *Foreign Language Teaching and Global Education* vielseitig auseinandergesetzt haben, sind u. a. Kip Cates[16] (Tottori University, Japan), Alan Maley[17] (National University, Singapur) und Hugh Starkey[18] (Open University, England). In den Publikationen des deutschsprachigen Raumes zum globalen Lernen im Fremdsprachenunterricht lassen sich bis auf wenige Veröffentlichungen, so von Stefan Breidbach[19], Inez de Florion-Hansen[20], Reinhold Freudenstein[21], Klaus H. Köhring[22], Angelika Kubanek[23], Franz-Joseph Meißner[24], Carola Surkamp[25]

16 Kip A. Cates, „Teaching for a Better World: Global Issues and Language Education“, in: *The Language Teacher* XIV/2004, p. 5.

17 Alan Maley, „Global Issues in ELT“, in: *Practical English Teaching* 13/1992, p. 73.

18 Hugh Starkey, „Language Education, Identities and Citizenship: Developing Cosmopolitan Perspectives“, in: *Language and Intercultural Communication* 7/2007, pp. 56-71. *Cf.* auch dazu Graham Pike und David Selby, *Global Teacher, Global Learner*, London: Hodder & Stoughton, 1988.

19 Stefan Breidbach, „Bilinguale Didaktik zwischen allen Stühlen? Zum Verhältnis von Fremdsprachendidaktik und Sachfachdidaktiken“, in: Gerhard Bach und Susanne Niemeier, *eds., Bilingualer Unterricht. Grundlagen, Methoden, Praxis, Perspektiven*, Frankfurt: Lang, 2009, pp. 173-184.

20 Inez De Florio-Hansen, „Von der Friedenserziehung zur *global education*, Fremdsprachenunterricht in Zeiten der Internationalisierung und Globalisierung“, in: *Französisch heute* 3/2002, pp. 326-343.

21 Reinhold Freudenstein, „Friedenserziehung als pädagogischer Auftrag beim Lehren und Lernen fremder Sprachen. Ein neues Lernziel auf dem Weg zum Unterrichtsprinzip“, in: *Praxis des neusprachlichen Unterrichts* 39/1992, pp. 227-235.

22 Klaus H. Köhring, „No Peace, Please, We're Teaching English – zur Restringenz friedenspädagogischer Möglichkeiten des Englischunterrichts“, in: Wilfried Brusch, Wulf Künne und Reiner Lehberger, *eds., Englischdidaktik: Rückblicke – Einblicke – Ausblicke. Festschrift für Peter W. Kahl*, Berlin: Cornelsen, 1989, pp. 89-102.

23 Angelika Kubanek, „Global English and Global Education“, in: Claus Gnutzmann und Frauke Intemann, *eds., The Globalisation of English and the English Language Classroom*, Tübingen: Narr 2005, pp. 245-258; Heinz Antor, Matthias Merkl, Klaus Stierstorfer *et al.*, *eds., From Interculturalism to Transculturalism. Mediating Encounters in Cosmopolitan Contexts*, Heidelberg: Winter, 2010.

24 Franz-Joseph Meißner, „Menschenrechte und die Didaktik des Fremdverstehens“, in: Lothar Bredella und Werner Delanoy, *eds., Interkultureller Fremdsprachenunterricht*, Tübingen: Narr, 1999, pp. 515-530.

25 *Cf.* auch den Vortrag von Carola Surkamp (Carola Surkamp: „*Global Education* und der Film Hotel Rwanda: Neue Möglichkeiten für den handlungsorientierten Fremdsprachenunterricht“, im Rahmen des IX. Mediendidaktischen Kolloquiums vom 18.09.-20.09.2008 an der Friedrich-Schiller-Universität in Jena [mit Marko Jancke]).

und Laurenz Volkmann[26], keine weiter reichenden Auseinandersetzungen zu diesem Thema finden.

Die gegenwärtigen fremdsprachendidaktischen Tagungsprogramme und Konferenzen verraten jedoch bereits, dass sich die Fremdsprachenforschung diesem Wandel nicht weiter entziehen kann. Dabei sei an dieser Stelle auf den 23. und 24. Kongress für Fremdsprachendidaktik der Deutschen Gesellschaft für Fremdsprachenforschung (DGFF) verwiesen. Erstgenannter fand unter dem Thema ‚Grenzen überschreiten: sprachlich – fachlich – kulturell' 2009 in Leipzig statt, während Letztgenannter unter dem Arbeitstitel ‚Globalisierung – Migration – Fremdsprachenunterricht' im Herbst 2011 in Hamburg eröffnet wurde.

Die Publikationen von Rüdiger Ahrens[27], Lothar Bredella[28], Britta Freitag-Hild[29], Laurenz Volkmann[30] u. a. gehen mit literatur- und kulturphilosophischen Schwerpunkten bereits auf die transkulturellen und globalen Verbindungen ein. Auch die Schulbuchverlage reagieren auf die Globalisierung, indem sie neben der prinzipiellen Aufnahme in den Lehrbüchern Zusatzmaterialien über globale Themen[31] veröffentlichen. Das bedeutet jedoch nur, dass Materialien vorhanden sind, welche die Globalisierung thematisieren. Fragen, ob das globale Lernen als Konzeption für den Englischunterricht eher einem Modediskurs zuzuordnen ist oder als (überfälliges) Paradigma in die Fremdsprachenforschung Eingang finden sollte, wie kompatibel es für den deutschsprachigen Englisch-

[26] Laurenz Volkmann, 2010, *op. cit.*

[27] Rüdiger Ahrens, „Fremdsprachenunterricht im Spannungsfeld von Inhaltsorientierung und Kompetenzbestimmung", in: Karl-Richard Bausch, Eva Burwitz-Melzer und Hans-Jürgen Krumm, *eds., Fremdsprachenunterricht im Spannungsfeld von Inhaltsorientierung und Kompetenzorientierung,* Arbeitspapiere der 29. Frühjahrskonferenz zur Erforschung des Fremdsprachenunterrichts, Tübingen: Narr 2009, pp. 16-25; Rüdiger Ahrens, „Die interkulturelle Dimension der englischen Fachdidaktik", in: Hans Hunfeld und Konrad Schröder, *eds.,* 1997, *op. cit.*, pp. 71-77.

[28] Lothar Bredella und Herbert Christ, *eds.*, *Fremdverstehen und interkulturelle Kompetenz*, Tübingen: Narr, 2007.

[29] Britta Freitag-Hild, *Theorie, Aufgabentypologie und Unterrichtspraxis inter- und transkultureller Literaturdidaktik: ‚British Fictions of Migrations' im Fremdsprachenunterricht*, Trier: WVT, 2010.

[30] Laurenz Volkmann, Nancy Grimm, Ines Detmers und Katrin Thomson, *Local Natures, Global Responsibilities: Ecocritical Perspectives on the New English Literatures*, Amsterdam: Rodopi, 2010; Laurenz Volkmann, „*The Global Village*: Von der interkulturellen zur multikulturellen Kompetenz", in: Heinz Antor, *ed., Fremde Kulturen verstehen – fremde Kulturen lehren: Theorie und Praxis der Vermittlung interkultureller Kompetenz,* Heidelberg: Winter, 2007, pp. 127-157; Maria Eisenmann, Nancy Grimm und Laurenz Volkmann, *Teaching the New English Literatures & Cultures*, Heidelberg: Winter, 2010.

[31] Engelbert Thaler, *Challenges – Global Learning in a Globalised World, Modelle und Methoden für den Englischunterricht, Gender Matters – Exploring Male-Female Relationships*, Braunschweig: Westermann, 2008; Martin Koch, *Challenges – Global Learning in a Globalised World, Modelle und Methoden für den Englischunterricht, Global Conflicts – Political Solutions,* Braunschweig: Westermann, 2006; Laurenz Volkmann, *Viewfinder – The Global Village. Progress or Disaster?,* München: Langenscheidt-Longman, ^{9}2005.

unterricht ist, wie es den Englischunterricht und seine curricularen Vorgaben verändert und welche inhaltlichen, methodischen und medialen Konsequenzen zu erwarten sind, werden nicht aufgenommen oder beantwortet.

Bei der Erforschung landeskundlicher Inhalte spielt die Lehrwerkanalyse in der Fremdsprachendidaktik schon seit jeher eine große Rolle. Man erwartet von den Ergebnissen verlässliche Auskünfte, weil sich der Unterricht in der Sekundarstufe I fast ausschließlich der Lehrbücher bedient.[32] Um den aktuellen Forschungsstand der bisherigen landeskundlichen Lehrwerkanalysen sinnvoll verdeutlichen zu können, bedarf es aufgrund des Komplexitätsgrades der methodischen Reflexion und der Lehrwerkanalysen an sich zuvor einer intensiveren Auseinandersetzung mit deren Ansätzen.

32 Eine Studie des Max-Planck-Instituts, welche die Unterrichtsstoffe im Englischunterricht erforschte, bestätigte diese Tendenz der „weitgehend ungebrochene[n] Dominanz des Lehrwerks in der Alltagspraxis des Englischunterrichts“ (Jürgen Kurtz, „Das Lehrwerk und seine Verwendung im Englischunterricht nach der jüngsten Reform der Richtlinien zu Lehrplänen“, in: *English* 2/2001, p. 41).

2 Das Lehrwerk im Fremdsprachenunterricht

Im vorliegenden Kapitel wird auf die Stellung des Lehrwerks im gegenwärtigen Englischunterricht eingegangen. Darüber hinaus wird die innerhalb der englischen Fachdidaktik noch relativ junge Disziplin der wissenschaftlichen Lehrwerkanalyse und -kritik mit Blick auf ihre Genese und zukünftige Weiterentwicklung näher betrachtet. Anhand der bisher erfolgten Lehrwerkanalysen wird ein zur Einbettung des Themas notwendiger Forschungsbericht erstellt, der auf die allgemeinen Schwächen und Probleme bezüglich ihrer methodischen Vorgehensweise verweist und über deren Umgang und Vermeidungsmöglichkeiten für die vorliegende Analyse diskutiert. Ausgehend davon wird das Verfahren der wissenschaftlichen Lehrwerkanalyse beschrieben.

2.1 Lehrwerke als Medium im Englischunterricht

Das Fremdsprachenlernen und die daraus hervorgehenden Ergebnisse von Lehr- und Lernprozessen hängen von zahlreichen Variablen ab, unter denen der Faktor Lehrwerk lediglich einer ist. Das Lehrbuch bzw. das mehrere Komponenten umfassende, heute gängige Lehrwerk erfährt alle zehn bis zwölf Jahre eine Überarbeitung nach fachdidaktischen und methodischen Kriterien sowie curricularen Bestimmungen.[1] Als grundsätzliche Ansprüche an die Lehrwerke gelten nach Ursula Karbe:

- Sprach- und Sachstoff für Sprachhandlungen in Verbindung mit Themen und Situationen bereitzustellen,
- Voraussetzungen für den Gebrauch der Fremdsprache in Form von Übungen, Aufgabenstellungen, Übersichten, Merksätzen, Wortlisten etc. zu schaffen,
- Lerner zu kommunikativen Sprachhandlungen anzuregen,
- Ausbildung von Lernverfahren bzw. -techniken zu unterstützen,
- eine breite Palette landeskundlicher Informationen anschaulich und einprägsam zu vermitteln,
- ganzheitliches Lernen (einschließlich praktischer Aktivitäten) durch entsprechende Aufgaben zu gewährleisten,
- binnendifferenziertes Arbeiten zu ermöglichen,

[1] Lutz Götze, „Fünf Lehrwerksgenerationen“, in: Bernd Kast und Gerhard Neuner, *eds.*, 1994, *op. cit.*, p. 29.

- ein reichhaltiges Angebot an Textsorten aus unterschiedlichsten Kommunikationsbereichen bereitzuhalten, wobei vielfältige Rezeptionsziele verfolgt werden, und
- affektiven Komponenten im Lernprozess zu ihrem Recht zu verhelfen durch humorvolle, aber auch besinnlich stimmende Texte, durch abwechslungsreiche Übungen und das Einbeziehen der Erfahrungswelt der Lerner.[2]

Allerdings gilt, dass ein Lehrwerk nur in der Gesamtheit und in dem Zusammenwirken der einzelnen Bestandteile diese Forderung erfüllen kann.

Zudem wirken sich die jeweilig gegenwärtigen methodisch-didaktischen Ansätze und lernpsychologischen Erkenntnisse auf eine Lehrwerksgeneration aus. Während bis in den 1920er Jahren die Grammatik-Übersetzungs-Methode und die Vermittelnde Methode den Schwerpunkt auf das Lesen und Übersetzen legten, folgte in den 1950er Jahren die audiolinguale Methode, die behavioristische Ziele umsetzte, indem sie das Einüben sprachpraktischer Sätze fokussierte. In der darauffolgenden Zeit war vor allem die kommunikative Kompetenz das übergeordnete Lernziel des Fremdsprachenunterrichts, das sich erst in den 1990er Jahren durch eine graduelle Öffnung zum interkulturellen Lernen änderte. Dabei wurde nicht nur die landeskundliche Ausrichtung hin zu einer Wissenskompetenz diskutiert, sondern auch die Lehr- und Lernbedingungen, die eine grundlegende Veränderung erfuhren. Lernerorientierung, Differenzierungsoptionen, bilinguale Ansätze sowie selbstorganisiertes und autonomes Lernen fanden ihren Weg in den Fremdsprachenunterricht und damit in die Konzepte der Lehrwerke.[3] Auch Forderungen nach einer Handlungs-, Methoden- sowie Persönlichkeitskompetenz wurden lauter, nachdem sie im *Gemeinsamen Europäischen Referenzrahmen für Sprachen* (GeR) festgelegt worden waren. Sie fanden ansatzweise bereits Eingang in die Lehrwerke.

Die vielfältigen Anforderungen und multiplen Einflussfaktoren, die von staatlichen Vorgaben, Curricula, Lehrplänen, übergeordneten Bildungszielen sowie gesellschaftlichen Werten, Normen und pädagogischen Gesichtspunkten auf das Lehrwerk einwirken, können jedoch immer nur als ein Kompromiss mit gewissen Reduktionen und Auslassungen umgesetzt werden. Vor allem die methodischen Umsetzungen des interkulturellen Lernens und eine Akzentverlagerung auf die Lernerperspektive, Lernerautonomie und offenere Unterrichtsformen wurden in den Lehrwerken häufig noch nicht angenommen und umgesetzt. Dies konnten Theo Scherling und Hans-Friedrich Schuckall Anfang der 90er Jahre des vergangenen Jahrhunderts[4] feststellen und etwa

[2] Ursula Karbe und Hans-Eberhard Piepho, *Fremdsprachenunterricht von A-Z*, Ismaning: Hueber, 2000, p. 108.

[3] *Cf.* beispielsweise Wolfgang Gehring, *Englische Fachdidaktik: Theorie, Praxis, Forschendes Lernen*, Berlin: Schmidt, ³2010.

[4] Theo Scherling und Hans-Friedrich Schuckall, *Mit Bildern Lernen. Handbuch für den Fremdsprachenunterricht*, Berlin: Langenscheidt, 1992, p. 112.

Marion Kiffe[5] und Christiane Lehmann[6] für die Gegenwart bestätigen.[7] Auch sollten das jeweilige Niveau des Sprachwissens und -könnens und die schulartenspezifischen Unterschiede in den Lehrwerken berücksichtigt werden. Dazu bieten diese Lehrwerke ein breites Spektrum an Texten, Audiodateien, Übungen, Aufgabenstellungen, Bildmaterialien, Zeichnungen und Landkarten zur Be- und Verarbeitung an. Da die Lerner vor allem durch (semi-)authentische Texte und Bildmaterialien erste Veranschaulichungen und Bezüge zur fremdkulturellen Realität erhalten, wird die Funktion von Bild- und Textmaterialien im Folgenden detailliert analysiert.

2.1.1 Funktion von Bild- und Textmaterial

2.1.1.1 Funktion von Bildmaterial

Unter der Kategorie ‚Bildmaterial' werden die Begriffe ‚Illustrationen', ‚Fotografie', ‚Abbildungen' oder ‚Bilder' gleichbedeutend nebeneinander verwendet.[8] Inwiefern Bilder insgesamt den Lernprozess fördern, ihn unbeeinflusst lassen oder gar behindern, ist nicht einfach zu beurteilen. Die ästhetische Wirkung von Bildern ist immer subjektiv

5 Marion Kiffe, *Landeskunde und Interkulturelles Lernen im Fremdsprachenunterricht. Eine Analyse von Englischlehrwerken für die Sekundarstufe I*, Aachen: Shaker, 1999.

6 Christiane Lehmann, *Mediating London. Die britische Hauptstadt als landeskundliche Themeneinheit in Lehrbüchern für den Englischunterricht in der Sekundarstufe I. Ein methodisch-didaktischer Beitrag zur Lehrwerkkritik*, Heidelberg: Winter, 2010.

7 Claudio Nodari, *Perspektiven einer neuen Lernkultur. Pädagogische Lehrziele im Fremdsprachenunterricht als Probleme der Lehrwerksgestaltung*, Frankfurt: Aarau, 1995, p. 129; Gerhard Neuner, „Lehrwerkanalyse und -kritik als Aufgabenfeld der Fremdsprachendidaktik. Zur Entwicklung seit 1945 und zum gegenwärtigen Stand", in: Gerhard Neuner, *ed., Zur Analyse fremdsprachlicher Lehrwerke,* Kasseler Arbeiten zur Sprache und Literatur: Anglistik – Germanistik – Romanistik, Bd. 5, Frankfurt: Lang, 1979, pp. 5-39; Jürgen Quetz, „Welche linguistischen, didaktischen, administrativen und ökonomischen Normen muss ein Lehrwerk erfüllen, bevor es selbst Normen setzen kann?", in: Wolfgang Börner und Klaus Vogel, *eds., Lehrwerke im Fremdsprachenunterricht. Lernerbezogene, interkulturelle und mediale Aspekte*, Bochum: AKS, 1999, pp. 3-22; Thomas Höhne, *Schulbuchwissen: Umrisse einer Wissens- und Medientheorie des Schulbuches,* Frankfurt: Goethe-Universität, 2002, p. 9.

8 Mögliche Differenzen wären denkbar zwischen bildtypologischen Abbildungen wie z. B. Fotografien, Zeichnungen, Gemälden, Collagen, Prospekten, Plakaten, Werbeanzeigen, Piktogrammen, Aufklebern etc. (zur Vermittlung landeskundlicher Inhalte) einerseits und andererseits logischen Bildern, die einen Sachverhalt z. B. mittels eines Vergleichs verdeutlichen (Dominique Macaire und Wolfram Hosch, *Bilder in der Landeskunde,* Fernstudieneinheit 11, Berlin: Langenscheidt, 1996, pp. 71-73).

und nur anhand enorm zeitaufwändiger Verfahren[9] lässt sich eine Richtlinie andeuten. Reaktionen, die Bilder auslösen, sind nicht prognostizierbar.[10] Dennoch hat die Anzahl der Bildmaterialien, die zur Optimierung der Unterrichtsarbeit beitragen, in den letzten Jahren enorm zugenommen.[11] Das ist zum einen auf die allgemeine Rezeptionsgewohnheit der gegenwärtigen Bildkultur zurückzuführen, zum anderen dient die Anschaulichkeit der Unterrichtsmaterialien in hohem Grad der Arbeitsweise des Gedächtnisses. Denn um beim Lernen einer Fremdsprache Sprachzeichen in Verbindung mit praktischen Aktivitäten zu bringen, ist es notwendig, Sprachzeichen möglichst in vielen Bereichen des Gehirns mehrfach zu verankern und damit hohe Behaltensleistungen zu sichern.[12] Die Wahrnehmungsforschung und die Erkenntnisse der Kognitionspsychologie haben „die Vorstellung sogenannter mentaler Modelle gefunden, wonach der Lernstoff in vorwiegend imaginativer Form repräsentiert wird.“[13] Die Fähigkeit der mentalen Modelle, komplexe Sachverhalte auf wesentliche Merkmale reduzieren und sie somit mittels eines Bildes darstellen zu können, ist sehr wertvoll für den Fremdsprachenunterricht und wirkt häufig einprägsamer und nachhaltiger als geschriebene Texte.[14] Von einem Zugewinn an Erfahrung über bildhafte Eindrücke darf daher in jedem Fall ausgegangen werden.

Die Bildbeschreibung wird des Weiteren eingesetzt, um affektive Seiten des Lerners anzusprechen und Emotionen zu wecken. Ebenso regen Bildmaterialien zur Kommunikation an, indem die Bilder oder Fotografien über die Interessen, die Charaktere oder die Lebensumstände Auskunft erteilen und die Lerner ihre subjektiven Eindrücke dazu wiedergeben, Reihenfolgen herstellen oder Abläufe konstruieren bzw. stützen. Dabei sind die visuellen Darstellungen nicht nur offener als Texte, sondern leisten zudem einen wesentlichen Beitrag zur Vermittlung landeskundlicher Inhalte, indem sie dem Lerner das Aufbauen eines Bildes von der Fremdkultur ermöglichen. Dies kann jedoch nur gelingen, wenn facettenreiche Bildmaterialien nicht als dekorative Aspekte dargestellt, sondern in den Unterrichtsablauf didaktisch adäquat integriert werden. Durch entdeckende Lernformen und wechselseitige Ergänzungen von Text- und Bildmaterialien kann so ein bedeutungsvolles, aussagekräftiges und authentisches Bild erzeugt werden,

9 Ruth Ayaß und Jörg Bergmann, *Qualitative Methoden der Medienforschung*, Reinbek: Rowohlt, 2006.

10 Dietrich Sturm, *Zur Visualisierung von Lehrwerken für Deutsch als Fremdsprache. Historische und kulturkontrastive Aspekte*, Kassel: Microfiche, 1990, pp. 77-88.

11 Gelegentlich gleichen Lehrbücher eher einem Cartoon-Strip oder Bilderbuch, was von den tatsächlichen Inhalten ablenkt oder diese erst gar nicht erkennbar werden lässt (Heike Rauthenhaus, „Fremdsprachenunterricht in der Informations- und Kommunikationsgesellschaft“, in: *Praxis des neusprachlichen Unterrichts* 45/1998, pp. 12-21).

12 Ein zusätzliches Problem bei der Analyse von Bildern liegt darin, dass ihre Wirkung im Lernprozess nie ausreichend erforscht wurde, denn bisher sind alle Ergebnisse der Wirkungsforschung und der Wahrnehmungspsychologie wie auch die autonome Funktion der Bilder sowie zahlreiche Aussagen über die Funktion der Farbe und die Frage, welche Bilder den Lernprozess fördern, widersprüchlich und unbefriedigend.

13 Dietrich Sturm, 1990, *op. cit.,* pp. 78-79.

14 Dominique Macaire und Wolfram Hosch, 1996, *op. cit.*, pp. 71-77.

das offen bleibt für neue Erfahrungen mit der anderen Kultur und nicht lediglich Stereotype und Klischees bestätigt.

2.1.1.2 Funktion von Textmaterial

Neben den Bildmaterialien kommt vor allem der Vielfalt von Texten eine große Bedeutung in den Lehrwerken zu. Grundsätzlich können folgende Textfunktionen – nach Karbe – unterschieden werden:

- Texte, die eine kommunikative Funktion erfüllen (Aufforderung zur [re-] produktiven Sprachtätigkeit, Informationen bereitstellen, Wecken von Ausdrücken und Gefühlen),
- Lernermotivierende, lernerorganisierende Texte, die auf ein Thema einstimmen, den Lerner neugierig machen und interessieren,
- Induktionstexte, die Sprachmaterial einführen,
- Texte, die der Festigung lexikalischer Einheiten oder grammatischer Strukturen dienen,
- Texte zur Entwicklung fremdsprachlichen Könnens bzw. fremdsprachlicher Kompetenz, die als Textmuster für die Produktion analoger Texte fungieren,
- Texte zur Entwicklung rezeptiven fremdsprachlichen Könnens, die durch differenzierte Hör- bzw. Leseziele gekennzeichnet sind; ihre didaktischen Funktionen unterscheiden sich insofern, als sie zum einen lediglich rezeptive Fähigkeiten vom Lerner fordern und das Verständnis meist mutter- oder nichtmuttersprachlich überprüft wird, zum anderen jedoch eine Auslösefunktion für produktive Sprachtätigkeiten haben und
- Texte mit lernunterstützender Funktion (in Form von Auszügen aus Lexika, Sachwörterbüchern, Zeitschriften für die Analyse semantischer, struktureller sowie funktioneller Merkmale von Texten).[15]

Günther Radden konnte in seiner 1983 durchgeführten Umfrage[16] unter Schülern belegen, dass Lehrwerktexte einen maßgeblichen Anteil an dem Bild der fremdkulturellen Wirklichkeit ausmachen. Er legte daraufhin folgende Kriterien für lernernahe Texte fest,

[15] Ursula Karbe und Hans-Eberhard Piepho, 2000, *op. cit.*, pp. 83-97.

[16] Günther Radden, „Schülermeinungen zu ihrem Englischlehrwerk", in: Gert Solmecke, *ed.*, *Motivation und Motivieren im Fremdsprachenunterricht,* Informationen zur Sprach- und Literaturdidaktik, Bd. 6, Paderborn: Schöningh, 1983, p. 85.

die sich klar gegen die bereits von Dieter Buttjes beklagte „Kindlichkeit der Texte“[17] richten:

- Authentizität, Aktualität, Applizierbarkeit in der Lebenswelt der Schüler,
- Angemessenheit der Lernerfahrung und
- Altersadäquatheit, Identifikationsmöglichkeit und Interesse/Ausgewogenheit.[18]

Lerner wollen sich durch einen realistischen Text sozialkritisch und problemorientiert sowie auf einem alters- und interessengemäßen Niveau angesprochen fühlen, das Potenzial zur Identifikation bereithält und kognitiv nicht unterfordert. Eine Zusammenhanglosigkeit von Texten und Grammatikdarstellungen sowie bedeutungsarme und belanglose Texte, die sich um Bekanntes und Lapidares drehen, sind hingegen zu vermeiden.

Im Kontext der gegenwärtigen lernpsychologischen Erkenntnisse[19] muss bei der Textrezeption großer Wert auf schüleraktivierende, produktive Verfahren gelegt werden, die einen Perspektivenwechsel erlauben und eine möglichst große Varietät an unterschiedlichen Textarten zugrunde legen (Texte mit personalisierten Darstellungen wie Interviews, Briefe, Tagebücher oder informierende Sachtexte wie Zeitungsartikel, Berichte, Broschüren, Prospekte o. a. und schließlich literarische Texte aller Gattungen).[20]

Lehrwerke nehmen also eine Vermittlungsfunktion[21] ein; das Lehrwerk tritt bei nicht-linguistischen Inhalten an die Stelle der fremden Kultur, denn es hat als vielfach gebrochenes Gebilde eine strukturelle Analogie zu ihr und hilft bei dem Aufbau eines Bildes der fremdkulturellen Realität.[22]

17 Dieter Buttjes, „Bedeutung und Interesse. Zur Inhaltsorientierung durch Landeskunde“, in: Gert Solmecke, *ed.,* 1983, *op. cit.*, p. 85.

18 Günther Radden, 1983, *op. cit.*, p. 85.

19 Michael Bludau, „Die Rolle von Texten beim interkulturellen Lernen“, in: *Fremdsprachenunterricht* 1/1993, p. 13.

20 *Ibid.,* p. 12.

21 Karen Risager, „Cultural References in European Textbooks: An Evaluation of Recent Tendencies“, in: Dieter Buttjes und Michael Byram, *eds.*, *Mediating Languages and Cultures: towards an Intercultural Theory of Foreign Language Education*, Clevedon: Multilingual Matters, 1991, p. 191.

22 Arnim Mennecke, „Nicht-linguistische Inhalte in Lehrwerken und interpretative Lehrwerkkritik“, in: Manfred Erdmenger, *ed.*, *Interkulturelle Bildung und Sprachen. Englisch, Französisch, Hopi, Walisisch. Festschrift für Peter Doyé*, Braunschweig: Quelle & Meyer, 1992, pp. 183-192; Arnim Mennecke, „Überlegung zur Bewertung landeskundlicher Inhalte in fremdsprachlichen Lehrwerken“, in: Peter Doyé, *ed., Großbritannien. Seine Darstellung in deutschen Schulbüchern für den Englischunterricht*, Frankfurt: Schroedel/Diesterweg, 1991, pp. 27-32.

2.1.2 Stereotypische Darstellungen im Bild- und Textmaterial

Neben der Analyse von Bild- und Textmaterial ist ein traditionelles Aufgabengebiet der Lehrwerkanalyse die ideologie-kritische Beschäftigung mit der Gefahr vor undifferenzierten Bildern, inhaltlichen Vereinfachungen und Verzerrungen. Es ist nämlich nicht zu bestreiten, dass bei der inhaltlichen Vielfalt und den hohen Anforderungen an das Bild- und Textmaterial die Lehrwerkentstehung nicht ohne die grundsätzlichen Dilemmata der Selektion und didaktischen Reduktion auskommen kann:

> [T]he social functions of the textbooks and the demands made upon them have become much broader than ever before. [...] foreign language teaching books [...] increasingly participate in the general cultural transmission within the educational system and in the rest of society. They thus receive impulses from cultural trends originating outside the discipline itself, and as cultural texts they can be compared with other types of texts and other media participating in cultural reproduction.[23]

Um die Fragen zu klären, wie mit den Stereotypen umgegangen werden soll und ob sie im Englischunterricht immer negativ betrachtet werden müssen, wird im Folgenden ein Einblick zur fremdsprachendidaktischen Forschung in Bezug auf das Thema der Stereotype gegeben.

Das Lehrwerk repräsentiert die Zielkulturen des Englischunterrichts und ist daher essenzieller Mittler zwischen dem Lerner und der fremdkulturellen Realität. Da jedes Lehrbuch aus einer Stoffvielfalt selektieren muss und diese Auswahl sich zwangsläufig noch einer didaktischen Reduktion unterzieht, sind Kriterien wie Objektivität, Repräsentativität und Authentizität bei den Darstellungen zum Teil schwer einzuhalten. Aufgrund der Komplexität der Realität kann durch die Texte und Abbildungen aus den Lehrwerken immer nur eine inszenierte fremdkulturelle Wirklichkeit vermittelt werden, die eine notwendige Auswahl an bestimmten Schwerpunkten aufnimmt und bestimmte Facetten aufzeigt und andere auslassen muss.

Durch die Selektion und didaktische Reduktion werden die zu vermittelnden Inhalte häufig generalisierend, simplifizierend und sogar stereotypisch dargestellt. Bei den Lernern kann durch eine solche Präsentationsweise ein undifferenziertes Bild hervorgerufen werden, welches folglich die stereotypischen Bilder verfestigen bzw. Vorurteile hervorrufen, die Haltung der Lerner in negativer Weise beeinflussen und für interkulturelles Handeln verschließen würde. Einer in diese Richtung verlaufenden Tendenz ist in den Lehrbuchdarstellungen zweifellos entgegenzuwirken.

Stereotypisierung[24] ist demnach ein stark vereinfachender und reduzierender Vorgang der Gesamtwirklichkeit, der meist weitgehend unreflektierte Einstellungen über soziale Gruppen widerspiegelt und gewisse Eigenschaften oder Verhaltensnormen zum

[23] Karen Risager, 1991, *op. cit.*, p. 181.

[24] Der Begriff Stereotyp wurde in den Sozialwissenschaften durch den Amerikaner Walter Lippman 1922 eingeführt (Walter Lippman, *Public Opinion*, New York: Harcourt, Brace & Co., 1922). *Cf.* auch Henri Tajfel, „Cognitive Aspects of Prejudice", in: *Journal of Social Issues* 4/1969, pp. 79-97.

Ausdruck bringt, die Mitgliedern eines bestimmten sozialen Kollektivs, einer Gruppe oder einer ganzen Gesellschaft subjektiv zugeordnet werden. Anfällig für Stereotype sind häufig Merkmale der Perzeption wie zum Beispiel der auffällige schottische Kilt oder eher seltene Haut- und Haarfarben. Ursula Weier ergänzt dazu: „Etwas, das immer wieder in gleicher Form vorkommt, wie z. B. der häufige Teegenuss der Engländer, entwickelt sich ebenfalls oft zum Stereotyp."[25]

Auch im Kontext der Globalisierung kann nicht von einem Brüchigwerden der Nationalstereotype die Rede sein.[26] Jürgen Bolten, Professor für interkulturelle Wirtschaftskommunikation, stellt in einer Langzeituntersuchung zur Veränderung des Deutschlandbilds die Frage, ob sich die Entwicklung von Nationalstereotypen im Globalisierungsprozess verändern würde.[27] Zwar zeigt sich in Boltens Studie eine deutliche Korrelation zwischen dem Grad der Stereotypstreuung und dem Umfang der Primärerfahrung in einem Land, das Spektrum der Assoziationen wird also breiter und differenzierter[28], vor allem aber spielt die Selbsteinschätzung der Kenntnisse über eine Kultur eine große Rolle. Je größer sie ist, desto mehr werden vielfältige Eindrücke akzeptiert und zugelassen. Das Ergebnis von Boltens Studie zeigt allerdings auch auf, dass Hypothesen, die aus der aktuellen Globalisierungsdynamik eine Reduzierung der Nationalstereotypen ableiten, zumindest zum gegenwärtigen Zeitpunkt nicht berechtigt sind.

Seit den 1960er Jahren sind Stereotype ein vielbeachtetes Thema verschiedener Fachrichtungen:

> Insbesondere der Problembereich der nationalen Stereotype ist seit dem Zweiten Weltkrieg als bildungspolitische Aufgabe verstanden worden, als Herausforderung der Philologie, Imagologie und Kolonialismusforschung, der Sozialpsychologie und der Fremdsprachendidaktik.[29]

25 Ursula Weier, *Lehrbuch und Realität. Realitätskonstruktionen in Englisch-Lehrbüchern für die Erwachsenenbildung*, Heidelberg: Winter, 2005, p. 58.

26 Ansgar Nünning, „Englische Bilder von Deutschland und den Deutschen: Zur Beobachtung von Nationalstereotypen für das kollektive Gedächtnis und das Verstehen fremder Kulturen", in: Lothar Bredella und Werner Delanoy, *eds.*, 1999, *op. cit.*, pp. 322-357; Emer O'Sullivan und Dietmar Rösler, „Stereotype im Rückwärtsgang: Zum didaktischen Umgang mit Heterostereotypen in zielsprachigen kinderliterarischen Texten", in: *ibid.*, pp. 312-321.

27 Jürgen Bolten, „Die Entwicklung von Nationalstereotypen im Globalisierungsprozess. Hypothesen zum Auftakt einer international durchgeführten Langzeituntersuchung zu Veränderungen des Deutschlandbildes bei Studierenden", in: *Zeitschrift für interkulturellen Fremdsprachenunterricht* 11/2006 (URL: www.ik-network.de/bibliothek_05_06.html, Stand: März 2009).

28 Damit scheint sich die so genannte Kontakthypothese (*cf.* Gordon W. Allport, *Die Natur des Vorurteils,* Köln: Kiepenheuer & Witsch, 1971) zunächst zu bestätigen. Dass umgekehrt eine geringe Kontaktfrequenz grundsätzlich mit einer Stereotypverdichtung einhergeht, lässt sich aus der Untersuchung allerdings nicht ableiten.

29 Alois Wierlacher, „Ausgangslage, Leitbegriff und Problemfelder", in: Alois Wierlacher, *ed., Kulturthema Fremdheit, Leitbegriffe und Problemfelder kulturwissenschaftlicher Fremd-*

In diesem Kontext werden zwei Positionen vertreten: Die erste, die bis weit in die 1980er Jahre vor allem von Fremdsprachenlehrern eingenommen wurde, forderte dazu auf, die stereotypischen Bilder und Meinungen der Zielkultur im Speziellen, aber auch die Bildung von Stereotypen im Allgemeinen zu schwächen. Je mehr ein Schüler die Fremdsprache beherrsche, je mehr er mit Muttersprachlern zu tun habe oder sich in dem jeweiligen Land aufhalte, je mehr er authentische Texte und kulturspezifische Informationen, im Kontext eingebunden, erhalte – so hofften die Vertreter dieser Position – desto mehr könne er eine komplexe und kritische Perspektive auf ein Land, seine Kultur und Bevölkerung einnehmen. Diese Einschätzung basierte aber weniger auf empirischen Nachweisen als auf Observationen.

Der aktuellere Ansatz geht davon aus, dass Stereotype einen Teil des menschlichen Informationsprozess-Systems darstellen und deshalb schwer oder gar nicht zu vermeiden sind. Bereits 1922 erkannte der Medienkritiker Walter Lippman, dass der Mensch Stereotype einsetzt, um Struktur und Ordnung in der komplexen Welt zu schaffen.[30] Das Erlernen von Stereotypen wird mit dem jedes anderen Wissens gleichgesetzt. Sie werden als gängige kognitive Strukturen betrachtet. Den Psychologen Hamilton und Gifford gelang es in den 1970er Jahren sogar nachzuweisen, dass Stereotype das Resultat kognitiver Prozessen sind, unabhängig von sozialen Einflüssen.[31] Laut Hamilton und Gifford helfen Stereotype, Informationen zu vereinfachen und zu kategorisieren, die an sich von einer zu komplexen und zumal auch überstimulierenden Umwelt kommen. Mit ihrer Hilfe gelingt es uns auch, Input kognitiv schneller zu verarbeiten, zu speichern und wieder abzurufen.

Indem Stereotype als integrierter Bestandteil der menschlichen Informationsverarbeitung in der Fachwelt anerkannt wurden, veränderte sich das negative Konzept des Stereotypisierungsvorganges. Ihre soziale Funktion wurde dennoch an den Rand des

heitsforschung, München: Iudicium, 1993, p. 114; Monika Hoffarth-Zelloe, „Die Rolle von Stereotypen“, in: Rüdiger Ahrens, Wolf-Dieter Bald und Werner Hüllen, *eds., Handbuch Englisch als Fremdsprache*, Berlin: Schmidt, 1995, pp. 337-341.

30 Lippman definierte Stereotype als „necessary overgeneralizations and oversimplifications that are rigid, resistant to change, undependable in their actual content, and produced without logical reasoning“ (Walter Lippman, 1922, *op. cit.*, p. 15). *Cf.* auch Henri Tajfel, 1969, *op. cit.*, pp. 79-97. An sich geht die Fachdidaktik seit geraumer Zeit davon aus, dass Stereotype nicht vermieden werden können und sogar wichtig sind: „Stereotype […] sind Mittel zur sozialen Klassifizierung bzw. Kategorisierung: Sie reduzieren die Komplexität (eingehender Informationen), ermöglichen die schnelle Identifizierung von Stimuli und tragen (implizit) zur Voraussage und Steuerung des Verhaltens bei. Sie lassen sich zum einen in positive und negative, zum anderen in Auto- und Heterostereotype unterscheiden. Vorurteile und Stereotype sind nur schwer voneinander abgrenzbar.“ (Jürgen Kramer, „Fremdsprachenunterricht mit (oder ohne) Stereotype?“ in: Johannes-Peter Timm und Helmut J. Vollmer, *eds.*, *Kontroversen in der Fremdsprachenforschung*, Bochum: Brockmeyer, 1993, p. 369). Im Begriff Stereotyp werden die kognitive Fixierung und Schematisierung akzentuiert, im Begriff Vorurteil werden stärker die affektive Abwertung und das Grundlose betont.

31 David L. Hamilton und Robert K. Gifford, „Illusory Correlation in Interpersonal Perception: A Cognitive Basis of Stereotypic Judgments“, in: *Journal of Experimental Social Psychology* 12/1976, pp. 392-407.

wissenschaftlichen Diskurses gedrängt, bis in den 1980er Jahren Sozialpsychologen ihre affektiven und motivationalen Faktoren wieder ins Rampenlicht rückten.[32] Die Omnipräsenz kulturgebundener Stereotype wie die ihnen immer anhaftende Gefahr, Missverständnisse und Fehlreaktionen auszulösen, werden in jedem Schulbuch reproduziert. Eine wichtige Aufgabe muss im Fremdsprachenunterricht daher sein, den Lernern bewusst zu machen, dass sie sich infolge dieser Prozesse bei Kontakt mit Fremden in bestimmtem Maße auf Stereotype stützen, um sich zurechtzufinden und ihre eigene soziokulturelle Identität zu bestärken. Huseman ergänzt dazu:

> Wenn wir alle der Erbsünde der Stereotypisierung verfallen und der Absolution der Sozialwissenschaftler und Sozialpsychologen sicher sind, die uns versichern, dass Stereotype unser Erbe aus Adams Zeiten sind, dann sollten wir uns damit abfinden und das Beste daraus machen.[33]

Die Lehrwerkautoren müssen die pädagogischen Optionen, die aus den negativen wie positiven Attributierungen entstehen, zunächst als solche erkennen und dann relativieren und konkretisieren. Ergebnisse aus sozial-psychologischen Untersuchungen belegen,

> [...] that the more motivated perceivers are to consider individuating attributes, the less likely they are to stereotype. High personal involvement may motivate subjects to process information more critically. The more interested students are in a subject area or topic, the more motivated they will be to obtain detailed information rather than relying on generic, stereotypic beliefs.[34]

32 Tajfel, der Gründer der *Social Identify Theory*, betont die Wichtigkeit des Stereotypisierungsprozesses für die Definitionsmöglichkeit einer Gruppenidentität. Nach ihm helfen Stereotype, in *ingroup* und *outgroup* zu unterscheiden. Das Bedürfnis nach sozialer Identität führt zu einem Eifern nach Gruppenunterscheidbarkeit. Die Kriterien der Unterscheidbarkeit sind häufig Stereotype. Aus dieser sozialen Identitätstheorie folgernd ist die Kreation und Beibehaltung positiv gewerteter Stereotypen der eigenen Gruppe ein fundamentales Bedürfnis der Menschen (Henri Tajfel, „Social Stereotypes and Social Groups“, in: John C. Turner und Howard Giles, *eds., Intergroup Behaviour*, Oxford: Blackwell, 1981, pp. 144-167). Die neuste Richtung der Stereotypforschung beinhaltet den Versuch, affektive und kognitive Ansätze zu integrieren und Stereotype als notwendigen Prozess zu präsentieren. Bausinger betont, „Stereotype sind kein defizienter Versuch, sondern ein gängiger Erfahrungsmodus“ (Hermann Bausinger, „Stereotypie und Wirklichkeit“, in: Alois Wierlacher, *ed., Jahrbuch Deutsch als Fremdsprache*, Vol. 14., München: Iudicium, 1998, pp. 157-170).

33 Harald Husemann, „Doktor Seltsam: Oder wie ich lernte, das Stereotyp zu lieben“, in: Johannes-Peter Timm und Helmut J. Vollmer, *eds., Kontroversen in der Fremdsprachenforschung*, Bochum: Brockmeyer, 1993, p. 389.

34 Susan T. Fiske und Janet B. Ruscher, „Negative Interdependence and Prejudice: Whence the Affect“, in: Diane M. Mackie und David L. Hamilton, *eds., Affect, Cognition, and Stereotyping*, San Diego: Academic Press, 1993, pp. 239-268. *Cf.* auch Renate A. Schulz und Birgit M. Haerle, „Beer, Fast Cars, and [...]: Stereotypes Held by U.S. College-Level

Untersuchungen von Wilders[35] lassen zudem erkennen, dass Stereotype vor allem eingesetzt werden, wenn es kaum oder keine anderen Informationen gibt, um fremde Handlungen oder Verhaltensweisen interpretieren zu können.

Um Gefahrenquellen auszuschließen, sind daher für den Fremdsprachenunterricht Charakteristika, Vorkommnisse und Handlungen immer in einen Kontext zu setzen.[36] Nur durch eine gezielte Vorbereitung auf diesen Prozess kann das Ziel erreicht werden, dass die Lerner die stereotype Kategorienbildung der menschlichen Psyche erkennen, die hilft, mit Ungewissheiten umzugehen und Generalisierungen treffen zu können. Ein Bewusstsein für Stereotype kann in diesem Sinne auch als Instrument zur Verbesserung interkulturellen Verständnisses operationalisiert werden. Bewusstmachende Verfahren und Techniken im Umgang mit Stereotypisierungen können einen differenzierten Umgang und eine multiperspektivische Form der Annäherung an Fremdes gewährleisten, indem der Lerner eine Öffnung bzw. Erweiterung bereits vorhandener Wahrnehmungs- und Deutungsmuster vollzieht.[37]

Ein undifferenziertes Bild in den Darstellungen der Lehrwerke kann vor allem verhindert werden, so Werner Kieweg[38], indem nicht nur kognitive, sondern auch affektive und pragmatische Lernziele Berücksichtigung finden. Forderungen diesbezüglich wären, eine reflektierte, aufgeklärte und individuelle Realitätskonstruktion zu bieten und Verfahren wie die Personalisierung, vergleichende Gegenüberstellungen, Wiedererkennungseffekte und Perspektivenübernahmen zu initiieren. Der Einbezug eigener Erfahrungen kann diesen Prozess unterstützen, damit eine interkulturelle Handlungskompetenz überhaupt zustande kommen kann.

2.1.3 Stellung der Lehrwerke im Englischunterricht

Trotz der im Rahmen dieser Arbeit noch kaum angesprochenen Probleme der Lehrwerke fallen bereits an diesem Punkt einige ihrer Schwächen auf wie beispielsweise das Problem der Authentizität, Repräsentativität und Stereotypisierung. Wie eklatant die

Students of German", in: Martin Loeschmann und Magda Stroinska, *eds.*, *Stereotype im Fremdsprachenunterricht*, Frankfurt: Lang, p. 109.

35 David Wilder, „The Role of Anxiety in Facilitating Stereotypic Judgments of Outgroup Behavior", in: Diane M. Mackie und David L. Hamilton, *eds.*, *Affect, Cognition and Stereotyping*, San Diego: Academic Press, 1993, pp. 87-109.

36 Nach Bredella entsteht beim interkulturellen Lernen häufig ein Missverständnis, indem der andere nicht als Individuum, sondern als Mitglied einer Gruppe gesehen wird, über die Vorurteile existieren (Lothar Bredella, Franz-Josef Meißner, Ansgar Nünning und Dietmar Rösler, *eds.*, *Wie ist Fremdverstehen lehr- und lernbar?*, Tübingen: Narr, 2000, p. 138).

37 Jean Firges und Hartmut Melenk, „Landeskunde: Stereotypen – schädlich – unvermeidlich – nützlich?", in: Jürgen Donnerstag und Annelie Knapp-Potthoff, *eds.*, *Kongreßdokumentation der 10. Arbeitstagung der Fremdsprachendidaktiker Aachen, 1983*, Tübingen: Narr, 1985, pp. 97-114.

38 Werner Kieweg, *Lernprozessorientierte Kriterien zur Evaluierung von Lehrwerken für den Englischunterricht in der Sekundarstufe I*, München: Universitäts, 1985, p. 317.

Kritik von fachdidaktischer Seite auch ausfallen mag, so muss doch die grundlegende Funktion des Lehrwerks im institutionell-schulischen Fremdsprachenunterricht weiterhin betont werden, denn das Lehrwerk spielt gerade in der Sekundarstufe I eine zentrale Rolle im Unterrichtsgeschehen; ein Fremdsprachenunterricht, der grundsätzlich auf ein Lehrbuch verzichtet, scheint bis heute keine Alternative zu sein.[39] Weiterhin besteht kein Zweifel daran, dass Lehrwerke im Wesentlichen bestimmen, was im Fremdsprachenunterricht geschieht.[40] Es ist „neben dem Lehrenden und dem Lernenden die dritte wichtige Größe im Rahmen des institutionalisierten Fremdsprachenlernens."[41] Als ein unverzichtbares Unterrichtsmittel bildet es die Grundlage für die Themeninhalte und die methodisch-didaktischen Bearbeitungen des Lernprozesses und fungiert nicht zuletzt als eine Orientierungs- und Strukturierungshilfe für den Lehrprozess.[42]

Auch die vor einigen Jahren im Rahmen der Diskussion um die Neuen Medien aufgetretene Dichotomie zwischen den traditionellen (Print-)Medien und den digitalen Medien[43], in der das Lehrwerk als „Dinosaurier"[44] oder „bedrohte Spezies"[45] bezeichnet wurde und kurz vor der Abschiebung in die „didaktische Rumpelkammer"[46] stand, ist überholt. Gedruckte und elektronische Materialien werden in einer fruchtbaren Wechselbeziehung gesehen, die aktuelle Lehrwerke attraktiv – durchaus auch im Sinne von aktuell – machen können. Die neuen Informations- und Kommunikationsträger haben keinesfalls das Ende des Lehrbuchzeitalters herbeigeführt. Im Gegenteil, Lehrwerke können im besten Fall als „Innovationsträger"[47] und „agent of change"[48] wirken.

39 Reinhold Freudenstein, „Alles interkulturell oder was?", in: Karl-Richard Bausch, Herbert Christ, Frank G. Königs und Hans-Jürgen Krumm, *eds., Die Erforschung von Lehr- und Lernmaterialien im Kontext des Lehrens und Lernens fremder Sprachen,* Arbeitspapiere der 19. Frühjahrskonferenz zur Erforschung des Fremdsprachenunterrichts, Tübingen: Narr, 1998, pp. 56-62.

40 Gerhard Neuner, 1999, *op. cit.*, p. 160.

41 Helmut J. Vollmer, „Ist jedes Lehrmaterial auch Lernmaterial? Perspektiven für den bilingualen Unterricht", in: Karl-Richard Bausch, Helmut Christ und Frank G. Königs, *eds.*, *Handbuch Fremdsprachenunterricht*, Tübingen: UTB, ^{4}2003, p. 240.

42 Eynar Leupold, *Ein Lernbuch für die Lehrwerkphase*, in: Karl-Richard *et al.*, *eds.*, ^{4}2003, *op. cit.*, pp. 138-145.

43 Moderne WebQuests, digitale Bücher, Podcasts und Online-Plattformen werden von einem Großteil der Lehrer bis heute (nur) als Beiwerk zum Lehrwerk gesehen.

44 Sue K. Otto und James P. Pusack, „Taking Control of Multimedia", in: Michael Bush, *ed., Technology-Enhanced Language Learning*, Illinois: National Textbook Company, 1997, pp. 1-46, zitiert nach Michael Koenig, „Von Dinosauriern und trojanischen Pferden: Neue Kriterien und Fragen zu ‚alten' und ‚neuen' Medien", in: Erwin Tschirner, Hermann Funk und Michael Koenig, *eds., Schnittstellen: Lehrwerke zwischen alten und neuen Medien,* München: Iudicium, 2000, p. 29.

45 *Ibid.*, p. 29.

46 Hermann Funk, „Qualitätsmerkmale von Lehrwerken prüfen – ein Verfahrensvorschlag", in: *Babylonia* 3/2004, p. 42.

47 Wolfgang Tönshoff, „Lehrwerke heute: Auslaufmodell oder Innovationsträger?", in: Karl-Richard Bausch *et al., eds.*, ^{4}2003, *op. cit.*, pp. 226-231.

Die Dominanz des Lehrwerks hat sich also – trotz zahlreicher Alternativen an modernsten Lehrmitteln – kaum verringert.[49] Die immer wieder auftauchende Forderung nach einem weitgehenden Verzicht auf Lehrwerke, so zum Beispiel von Wolff[50] in die Diskussion eingebracht, ist angesichts der genannten Notwendigkeiten und der realen Situation im Unterrichtsalltag keine angemessene Alternative. Die Option einer Abschaffung des Lehrwerks ist rein rhetorischer Natur.[51] In ihr steckt vielmehr ein Plädoyer für eine neue Lehrwerkkultur, welche die Komplexität der globalisierten Welt und die Erkenntnisse zu Lehr- und Lernprozessen einbezieht und konsequent umsetzt.[52] In Anbetracht dieser Tatsache ist das Lehrwerk nach wie vor eine der Hauptquellen[53] der Schüler, der sie im Englischunterricht Informationen entnehmen. Eine Untersuchung der Lehrwerke erlaubt daher ein recht zuverlässiges Bild über den modernen Englischunterricht.[54]

Josef Gerighausen und Peter Seel mahnen in diesem Zusammenhang: „Man sollte sich die Kritik an Lehrwerken nicht allzu leicht machen [...]“[55], denn immerhin spielen die Lehrwerke in der Sekundarstufe I eine entscheidende Rolle bei der Prägung der fremdkulturellen Bilder und können im ungünstigen Fall, so Kieweg, „sogar falsche Leitbilder und Klischees vermitteln“.[56]

48 Tom Hutchinson und Eunice Torres, „The Textbook as Agent of Change“, in: *ELT Journal* 48/1994, pp. 315-328.

49 Manfred Siekmann, „Zur Dominanz des Lehrbuchs im Fremdsprachenunterricht“, in: *Englisch Amerikanische Studien* 4/1983, p. 476.

50 Dieter Wolff, „Zum Stellenwert von Lehrwerken und Unterrichtsmaterialien in einem konstruktivistisch orientierten Fremdsprachenunterricht“, in: Johanna Meixner und Klaus Müller, *eds.*, *Konstruktivistische Schulpraxis: Beispiele für den Unterricht*, Neuwied: Luchterhand, 2001, pp. 187-208.

51 Franz-Joseph Meißner, „Lehr- und Lernmaterialien für den neuen Lernkontext“, in: Karl-Richard Bausch *et al.*, *eds.*, ^{4}2003, *op. cit.*, pp. 146-157.

52 Claudio Nodari, „Zur Förderung des autonomen Lernens in Französischlehrwerken“, in: *Der Fremdsprachliche Unterricht Französisch* 34/1995, pp. 23-26.

53 Der Fremdsprachenschüler wird durch die Medienlandschaft fast täglich v. a. mit diversen Aspekten der anglo-amerikanischen Realität konfrontiert, diese werden jedoch weitgehend unbewusst aufgenommen und kaum reflektiert. Im Englischunterricht hingegen findet eine sehr viel intensivere Auseinandersetzung mit landeskundlichen Inhalten der Zielkulturen statt. Nach Finkbeiner wird das Lehrwerk sogar zum „heimlichen Lehrplan“ (Claudia Finkbeiner und Daniela Caspari, *eds.*, „Themenheft ‚Offenere Formen im Fremdsprachenunterricht‘“, in: *Fremdsprachenunterricht* 42/1998, p. 43).

54 Wolfgang Börner und Klaus Vogel, *eds.*, *Lehrwerke im Fremdsprachenunterricht. Lernbezogene, interkulturelle und mediale Aspekte*, Bochum: AKS, 1999.

55 Josef Gerighausen und Peter Seel, „Der fremde Lerner und die fremde Sprache. Überlegungen zur Entwicklung regionalspezifischer Lehr- und Lernmaterialien für Länder der ‚Dritten Welt‘“, in: *Jahrbuch Deutsch als Fremdsprache* 10/1984, p. 157.

56 Werner Kieweg, „Lernprozessorientierte Kriterien zur Evaluierung von Lehrwerken für den Englischunterricht“, in: *Der Fremdsprachliche Unterricht Englisch* 32 & 34/1998, pp. 27-38.

2.2 Wissenschaftliche Analyse fremdsprachlicher Lehrwerke

In der Zeit der neusprachlichen Reformbewegung des Englischunterrichts gegen Ende des 19. Jahrhunderts gab es erste regelmäßig Lehrwerkbegutachtungen und kritische Lehrbuchrezensionen in den Fachzeitschriften der Fremdsprachenforschung. Daneben setzte sich die UNESCO frühzeitig für die Verbesserung der Lehr- und Lernmaterialien in Deutschland ein. Eine wissenschaftliche Lehrwerkanalyse entwickelte sich erst in den 1960er und 1970er Jahren als Reaktion auf einen expandierenden Lehrwerkmarkt, der sich im Zuge neuer Sprachvermittlungsmethoden herausgebildet hatte.[57] Zu diesem Zeitpunkt wurde das Schulbuch zu einem Lehrwerk ausgebaut, was zu einem Anstieg vorhandener Lehrwerke führte.

Aufgrund der gelegentlich anzutreffenden terminologischen Ungenauigkeit wird hier zugleich eine Begriffsbestimmung hinsichtlich der Termini Lehrwerk und Lehrbuch vorgenommen. Das Lehrbuch, das auch Schüler- oder Schulbuch genannt wird, ist ein in sich geschlossenes Druckwerk.[58] Das Lehrwerk enthält neben dem Lehrbuch ein *Workbook* zum Üben, begleitendes auditives Material, eine Lehrerhandreichung, sowie Kopier- und Prüfungsvorlagen. In jüngster Zeit werden die Begriffe Lehr- und Lernmaterialien verwendet, die den Gesamtkomplex aller benötigten Hilfsmittel bezeichnen.

Außerdem führten die zunehmende Vielfalt der Schulformen, neue Erkenntnisse in den Bezugswissenschaften, der unterschiedliche Aufbau des Englischunterrichts und die vielfältigen fachdidaktischen und -methodischen Konzepte[59] zu einer graduellen Ausweitung der in moderne Lehrwerkreihen integrierten Lehr- und Lernmaterialien und zu einer Diversifizierung des Unterrichts mit einem wiederum erhöhten Bedarf an neuen Lehrmaterialien.[60] Dabei musste die monopolartige Stellung mancher Lehrwerkreihen einem vielfältigen Angebot weichen und die Frage, nach welchen Kriterien die Lehrwerke für die einzelnen Schulen nun ausgewählt werden müssen, wurde immer häufiger gestellt.

57 Hans-Eberhard Piepho, „Das Lehrwerk *Contacts*", in: *Fremdsprachenunterricht* 7/1990, pp. 327-329 und Gerhard Neuner, „Lehrwerke", in: Karl-Richard Bausch *et al.*, *eds.*, ^{4}2003, *op. cit.*, p. 294.

58 *Ibid.*, p. 292.

59 Götze unterscheidet aufgrund der jeweiligen methodischen Ausrichtung fünf Lehrwerkgenerationen: grammatikorientierte Lehrwerke, audiolinguale bzw. audiovisuelle Lehrwerke, kommunikative Lehrwerke, interkulturell ausgerichtete Lehrwerke sowie Lehrwerke, die er der ‚mentalistischen Wende' in der Methodik zurechnet, die also in stärkerem Maße kognitives Lernen ins Zentrum rücken. Die Abgrenzung dieser fünften Lehrwerkgeneration ist allerdings strittig, da neuere Lehrwerke keinem einheitlichen methodischen Konzept mehr verpflichtet sind (Lutz Götze, „Fünf Lehrwerkgenerationen", in: Bernd Kast und Gerhard Neuner, *eds.*, 1994, *op. cit.*, pp. 29-30).

60 Häufig in der Gegenwart als Medienbund. Die Entwicklung und Gestaltung von Lehrwerken erfolgt in einem Spannungsumfeld vielfältiger Anforderungen und multipler Einflussfaktoren, die sich im personellen, institutionellen, legitimierten, didaktisch-methodischen und verlegerischen sowie finanziellen Bereich abspielen.

In der Folgezeit wurde versucht, eine systematische Lehrwerkanalyse zu entwickeln. Der Bedarf für kritische Untersuchungen der konkurrierenden Lehrwerke war somit geboren[61]; das Defizit an Entscheidungskriterien für eine Auswahl von Lehrwerken der vorausgegangenen Jahre hatte man erkannt.[62]

Dieser Neuanfang ging mit einer analytischen und kritischen Auseinandersetzung von Lehrwerken im Rahmen einer systematisch-wissenschaftlichen Erforschung sowie mit Ausdifferenzierungen einher, die Fragestellungen in Richtung Inhaltsanalytik, Textlinguistik oder Methodik implizierten.

Die wissenschaftliche Lehrwerkanalyse hat die Aufgabe, vorhandene Erkenntnisse, unterrichtliche Erfahrungen und didaktische Zielvorstellungen zu bündeln und auszuwerten. Hierzu konzentrierte man sich vorwiegend auf die Hilfe von Kriterienkatalogen, die besonders dazu dienen sollten, einen objektiven Vergleich der einzelnen Lehrwerke zu ermöglichen.[63] Diese Kriterienkataloge spiegelten ein bestimmtes Verständnis von gutem Unterricht wider. Sie unterschieden sich in ihrer Ausführlichkeit und ihrem Detailreichtum[64] und waren insbesondere in der ersten Zeit auf die Untersuchung sprachlicher Strukturen ausgerichtet wie zum Beispiel auf die grammatikalische Progression oder das Vokabular.[65]

Bei einer intensiveren Auseinandersetzung mit dem Forschungsgebiet wird erkennbar, dass sich gegenwärtig eine Verlagerung auf die Analyse des Bildes der fremden

61 Marion Kiffe, 1999, *op. cit.*, p. 70.

62 In diesem Zusammenhang hebt Jürgen Krauskopf (Jürgen Krauskopf, *Das Deutschland- und Frankreichbild in Schulbüchern. Deutsche Französischbücher und französische Deutschbücher von 1950-1980*, Tübingen: Narr, 1985, pp. 2-4) die Bedeutung der europäischen Lehrbuchkonferenz 1968 in Sèvres hervor. In Deutschland wurde 1970 von Heuer und Müller der Arbeitskreis Lehrwerkforschung und Lehrwerkkritik gegründet. Von ihnen stammten die ersten systematischen Ansätze mit theoretischen Überlegungen zur kritischen Betrachtung von Lehrwerken. Sie konzentrierten sich dabei vor allem auf psychologische Aspekte und auf die Kontextualisierbarkeit von Lehrwerkstexten. Bewertungskriterien basierten weitestgehend auf den Erkenntnissen der behavioristischen und kognitiven Lern- und Entwicklungspsychologie. Zusätzlich spielte der britische Kontextualismus eine tragende Rolle. Sozialisationsprozesse der Schüler oder linguistische Voraussetzungen wurden vernachlässigt.

63 Matthias Merkl, *Kulturgeographische Inhalte in deutschen Lehrbüchern für den Englischunterricht der 8. Jahrgangsstufe: ein Beitrag zur landeskundlichen Lehrwerkkritik*, Frankfurt: Lang, 2002, p. 273.

64 Der von Kast und Neuner herausgegebene Sammelband vermittelt einen systematischen Überblick über Lehrwerkentwicklung und -analyse seit 1945 und erschließt fachspezifische Perspektiven für die Zukunft (Bernd Kast und Gerhard Neuner, *eds.*, 1994, *op. cit.*, pp. 105-111).

65 Laurenz Volkmann, „Kriterien und Normen bei der Evaluation von Lehrwerken: Grundzüge eines diskursanalytischen Modells", in: Wolfgang Börner und Klaus Vogel, *eds.*, *Lehrwerke in Fremdsprachenunterricht. Lernbezogene, interkulturelle und mediale Aspekte*, Bochum: AKS, 1999, p. 117.

Kultur[66] im Vergleich zu den linguistischen Themenbereichen konstatieren lässt. Das mag vor allem daran liegen, dass die Curricula klare linguistische Vorgaben[67] machen, während die landeskundlichen und pädagogischen Funktionen den Lehrwerkautoren mehr Freiraum lassen.

Den Anfang einer intensiven wissenschaftlichen Auseinandersetzung[68] mit fremdsprachlichen Lehrwerken markierte Ende der 60er Jahre des letzten Jahrhunderts ein Arbeitskreis um Helmut Heuer, Richard Müller und Helmut Schrey. Die beiden daraus hervorgegangenen Sammelbände[69] beschäftigen sich mit theoretischen Überlegungen und mit der konkreten Analyse von Lehrwerken. Dabei konzentrierten sie sich auf Kriterien wie Landeskunde, Illustration, Grammatik und Aussprache und legten mit den Sammelbänden einen wissenschaftlichen Grundstein für eine systematische Erforschung von Lehrwerken.

Des Weiteren wurde im Rahmen des zweibändigen Mannheimer Gutachtens ein umfangreicher Kriterienkatalog entwickelt, in dem unter den Rubriken Didaktik, Linguistik und Landeskunde rund 100 Einzelfragen zusammengetragen wurden.[70] Das Mannheimer Gutachten[71] zählt damit zu einer der umfassendsten systematischen Analysen des Forschungsgebiets.

Diese frühen Untersuchungen von Fremdsprachenlehrwerken fielen auch in die Zeit einer generellen wissenschaftlichen Auseinandersetzung mit Lehrbüchern für andere

66 Ursula Weier, 2005, *op. cit.*; Rolf Högel, „Alltag in Amerika – Seine Darstellung in englischen Lehrwerken der Sekundarstufe I“, in: Helmut Sauer, *ed.*, *Amerikanische Alltagskultur und Englischunterricht,* anglistik & englischunterricht, Bd. 31, Heidelberg: Winter, 1987, pp. 21-33.

67 Hier sei an dieser Stelle auf die Arbeiten von Karl-Heinz Eggensperger, Christiane Fäcke, Michael Koenig, Frank G. Königs, Dieter Mindt, Theresa Summer, Felicitas Tesch und Jane Tucker Mitchell/Mary Redmond verwiesen, welche die Grammatikprogression und Grammatikvermittlung der Lehrwerke untersuchen.

68 Der Beginn einer wissenschaftlichen Beschäftigung sowie der Ursprung der Lehrwerkkritik mit dem fremdsprachlichen Lehrwerk kann auf zwei Entwicklungen in den 1960er Jahren zurückgeführt werden. Das bisher im Mittelpunkt des Unterrichts stehende Lehrbuch, das alle notwendigen Hilfsmittel „zwischen zwei Buchdeckeln“ (Gerhard Neuner, „Lehrwerke“, in: Karl-Richard Bausch *et al.*, *eds.*, ^{4}2003, *op. cit.*, p. 292) präsentierte, wurde zu einem Lehrwerk ausgeweitet. Zu den Texten des Lehrbuchs traten darauf weitere aufeinander abgestimmte Materialien wie Lehrerhandreichungen, Übungsbücher, grammatische Beihefte, Folien, CDs etc. Ab 1964 fand zudem mit der Ausweitung des Fremdsprachenlernens auf die Hauptschulen eine Diversifizierung des Fremdsprachenunterrichts statt, die neue Lehrmaterialien erforderte und die Analyse nun konkurrierender Lehrwerke bedingte (Gerhard Neuner, „Lehrwerkanalyse und -kritik als Aufgabenfeld der Fremdsprachendidaktik – Zur Entwicklung seit 1945 und zum gegenwärtigen Stand“, in: Gerhard Neuner, 1979, *op. cit.*, pp. 5-39).

69 Helmut Heuer, Richard Matthias Müller und Helmut Schrey, *eds.*, *Lehrwerkkritik – ein Neuansatz: Lehrwerke und Curriculum im Fremdsprachlichen Unterricht 1,* Dortmund: Lensing, 1973.

70 Bernd Kast und Gerhard Neuner, *eds.*, 1994, *op.cit.*

71 Ulrich Engel, Hans-Jürgen Krumm und Alois Wierlacher, *Mannheimer Gutachten zu ausgewählten Lehrwerken Deutsch als Fremdsprache,* Heidelberg: Groos, 1978.

Unterrichtsfächer.[72] 1975 wurde das Braunschweiger Georg-Eckert-Institut für internationale Schulbuchforschung (GEI) gegründet, das sich mit seiner seit 1978 erscheinenden Zeitschrift *Internationale Schulbuchforschung* und der Buchreihe *Studien zur internationalen Schulbuchforschung* einer fächer- und länderübergreifenden Erforschung von Lehrwerken verschrieb.[73] Auch das Duisburger Institut für Schulbuchforschung, welches 1991 jedoch wieder aufgelöst wurde, und das von den deutschen Schulbuchverlagen getragene Institut für Bildungsmedien e. V. sind hier zu nennen.

Die aus diesen ersten intensiven Auseinandersetzungen entstandenen Arbeiten lieferten wichtige Denkanstöße zur Definition unterrichtsrelevanter Beurteilungskriterien für die Lehrwerke und eine breite Auswahl an unterschiedlichen Analyseverfahren, die sich jeweils nach dem Ziel der Untersuchung richten.[74] Es dominiert zum einen die Tendenz einer Weiterentwicklung komplexer Kriterienkataloge[75], die auf eine möglichst vollständige Systematisierung relevanter Aspekte des Lehrwerks zielen, zum anderen werden vor allem Lehrwerkanalysen zu bestimmten (häufig landeskundlichen) Themen- und Gegenstandsbereichen durchgeführt.

Einer der frühen Kriterienkataloge wird von Reisener[76] 1978 vorgestellt; er beinhaltet die folgenden Fragenkomplexe:

Kriterienkatalog	8. Authentizität
1. Lehrplan	9. Organisation der Lernprozesse
2. Äußeres	10. Differenzierung
3. Wortschatz	11. Kontrollen
4. Aussprache	12. Bebilderung
5. Grammatik	13. Zusatzmaterialien
6. Textsorten	14. Lehrerelemente
7. Differenzierung	15. ‚Service'-Elemente (Anhänge)

Abb. 2: Kriterienkatalog Reisener (1978)

Dieses Raster liefert wichtige Anhaltspunkte, auf die Lehrende und Wissenschaftler bei einer Bewertung von Lehrbüchern zurückgreifen können, und es stellt mit seinen übergeordneten Kategorien Lehrplan (1), Bestandteil (2), Inhalte (3-8), Methoden (9-11)

72 Gertrude Stein, *Immer Ärger mit den Schulbüchern. Brennpunkt zur Bildungspolitik*, Stuttgart: Metzler, 1979.

73 Karl-Ernst Jeismann, „Internationale Schulbuchforschung: Aufgaben und Probleme", in: *Internationale Schulbuchforschung* 1/1979, pp. 7-22.

74 Totalanalysen untersuchen ein komplettes Lehrwerk, während sich Partialanalysen auf einen eingegrenzten Untersuchungsgegenstand, z. B. ein Thema, eine Unterrichtseinheit etc., beziehen. Inhaltlich sind Aspektanalysen, welche die Ausprägung eines speziellen Inhalts oder Merkmals untersuchen, von Gesamtanalysen eines Lehrwerks zu unterscheiden.

75 Kriterienkataloge für die Praxis erheben den Anspruch einer Hilfestellung zur Bewertung und begründeten Auswahl von Lehrwerken.

76 Helmut Reisener, „15 Fragenkomplexe zur Beurteilung von Lehrbüchern für den Fremdsprachenunterricht", in: *Der Fremdsprachliche Unterricht Englisch* 1/1978, pp. 69-70.

und Materialien (12-15) Analysebereiche auf, die späteren Kriterienkatalogen, z. B. von Heindrichs, Gester und Kelz oder Funk[77], häufig ebenso zugrunde liegen.

Während die wissenschaftliche Analyse zu dieser Zeit zum Teil immer komplexere Kriterienraster aufstellte, musste in der Praxis die Erfahrung gemacht werden, dass diese umfassenden Kriterienraster und detaillierten Analysen sich kaum für Lehrende eignen. Karbe reduziert daher 1994 ihre Analysekriterien auf drei Kriterien hinsichtlich des sprachlichen Lernens, um eine Aussage über die Eignung der Lehrmaterialien treffen zu können:

- ‚Kommunikationsprozesse'/‚Sprachwahrnehmung',
- ‚Generierungsprozesse' und
- ‚Lernprozesse'.[78]

Andere Forscher wie etwa Rampillion[79] nehmen Aspekte wie die Schülerbefragung und die Ergänzung praktischer Hinweise aus Lehrerkollegien in ihren Kriterienkatalog mit auf.

In einem Punkt waren sich jedoch alle Lehrwerkforscher einig: Die Abgrenzung zwischen der wissenschaftlichen Lehrwerkanalyse (deren Ziel darin liegt, Kriterien aufzustellen, um analysieren zu können) und der Beurteilung bezüglich ihrer Verwendbarkeit in der Unterrichtspraxis (die darauf zielt, neu erscheinende Lehrwerke zu analysieren und zu vergleichen) ist deutlich und kann nicht ignoriert werden.[80] Die wissenschaftliche Lehrwerkanalyse bezieht ihre Kriterien aus den Fachwissenschaften des Fremdsprachenunterrichts, während die praxisbezogene Lehrwerkanalyse pragmatische und pädagogische Kriterien für konkrete Einsatzmöglichkeiten untersucht.

Die vorliegende Arbeit stellt einen Beitrag zur wissenschaftlichen Lehrwerkanalyse dar. Hinsichtlich der Unterscheidung zwischen Lehrwerkanalyse und -kritik selbst beruht diese Arbeit auf Latours Begriffsdefinition. Er sieht die Lehrwerkanalyse als Bestandsaufnahme im Unterschied zur Kritik, die jedoch auf einer vorangegangenen Analyse

77 Kriterienkatalog von Wilfried Heindrichs, Friedrich Wilhelm Gester und Heinrich Peter Kelz, *Sprachlehrforschung. Angewandte Linguistik und Fremdsprachendidaktik,* Stuttgart: Kohlhammer, 1980, pp. 155-172: allgemeine Angaben, didaktische Kriterien (sprachlich und thematisch), methodische Kriterien und übergreifende Kriterien. *Cf.* auch Hermann Funk, „Arbeitsfragen zur Lehrwerkanalyse", in: Bernd Kast und Gerhard Neuner, *eds.*, 1994, *op. cit.*, pp. 105-111: Beschreibung, Inhaltskonzeption, Grammatik, Wortschatz, Methodik/Übungsformen, Medienkonzeption und Lehrerhinweise.

78 Ursula Karbe, „Lehrbuchanalyse als Auswahlinstrument", in: *Der Fremdsprachliche Unterricht Englisch* 1/1994, p. 28.

79 Ute Rampillon, „Von der Schulbuchanalyse zur Unterrichtsplanung. Oder: ‚Endlich ein neues Schulbuch! Hilfe!'", in: *Englisch Amerikanische Studien* 5/1983, pp. 486-494.

80 Peter Bung, *Systematische Lehrwerkanalyse – Untersuchungen zum Einsatz von Contentanalysen für die Lehrwerkforschung und Lehrwerkkritik*, Kastellaun: Henn, 1977, p. 5.

aufbaue. Die Grenzen zwischen Analyse und Kritik sind folglich fließend, wenn es darum geht, eine Bewertung des Vorgefundenen vorzunehmen.[81]

Für die Arbeit sind die landeskundlichen Inhalte von Lehrwerken und ihre methodisch-didaktische Vermittlung von Interesse. Landeskundliche Inhalte werden bei den bereits existierenden Analysen zum Teil als ein Lerninhalt unter vielen betrachtet[82], zum Teil stellen sie den einzigen Gegenstand der Untersuchung dar.[83] Bei einigen Autoren beschränkt sich die Analyse auf eine reine Bestandsaufnahme des landeskundlichen Gehalts[84], um eine primäre Strukturierung zu vollziehen[85], einzelne Komponenten eines landeskundlichen Bildes zu systematisieren und Lücken oder Überbetonungen festzustellen. Eine Aussage von Fakten allein ist jedoch nur begrenzt beweiskräftig, eine inhaltliche Analyse, welche die Qualität der Texte und Darstellungen untersucht, sollte sich daher anschließen.

Eine weitere Möglichkeit, die landeskundlichen Darstellungen von Lehrwerken zu analysieren, wurde von dem großangelegten Durham-Braunschweig-Projekt unter der Leitung von Peter Doyé und Michael Byram vorgelegt. Dabei wurden acht englische[86] und fünf deutsche[87] Fremdsprachenlehrwerke im Hinblick auf die Darstellung des fremden Landes untersucht. Die Inhalte wurden nach folgenden vier Kriterien bewertet: ‚Korrektheit', ‚Repräsentativität', ‚Realismus' und ‚Schülergemäßheit'. Byram untersuchte die deutschsprachigen Lehrwerke auch bereits hinsichtlich ihres *educational potential*, worunter die Förderung interkultureller Kommunikationsfähigkeit und das politische Lernen verstanden werden können. Doch erst Risagers Untersuchung vertiefte die landeskundliche Ebene[88] durch interkulturelle Kriterien und methodisch-didaktische Fragen: „Comparison between the foreign country and the pupil's own, mutual representations, mutual relations"[89]. Seit Ende der 1990er Jahre kann sowohl von einer

81 Bernd Latour, „Lehrwerkanalyse und Lehrwerkkritik", in: Rolf Ehnert, *ed.*, *Einführung in das Studium des Faches Deutsch als Fremdsprache*, Werkstattreihe Deutsch als Fremdsprache, Bd. 1, Frankfurt: Lang, 1982, p. 91.

82 Helmut Reisener, 1991, *op. cit.*, pp. 31-35.

83 Michael Byram, 1993, *op. cit.*; Peter Doyé, 1991 *op. cit.* und Karen Risager, „Cultural References in European Textbooks: An Evaluation of Recent Tendencies", in: Dieter Buttjes und Michael Byram, *eds.*, 1991, *op. cit.*, pp. 181-192.

84 Helmut Reisener, 1991, *op. cit.*, pp. 31-35.

85 So dienen Byrams Kriterien primär einer Strukturierung landeskundlicher Inhalte (*social identity and social groups, social interaction, belief and behaviours, social and political institutions, socialisation and the life-cycle*).

86 Peter Doyé, 1991, *op. cit.*

87 Michael Byram, 1993, *op. cit.*

88 Obwohl Helmut Sauers Kriterienkatalog bereits 1975 erste Kriterien für die didaktische Analyse festlegte (Helmut Sauer, „Analysekriterien für landeskundliche Inhalte von Lehrwerken für den Englischunterricht", in: Helmut Heuer und Richard Matthias Müller, *eds.*, *Lehrwerkkritik 2: Landeskunde, Illustrationen, Grammatik*, Dortmund: Lensing, 1975, pp. 7-17).

89 Karen Risager, „Cultural References in European Textbooks: An Evaluation of Recent Tendencies", in: Dieter Buttjes und Michael Byram, *eds.*, 1991, *op. cit.*, pp. 181-192.

erhöhten Aufnahme von interkulturellen Kriterien bei der Lehrwerkanalyse ausgegangen werden als auch von einer schrittweisen Einbeziehung der Vermittlungsperspektive.

2.3 Ergebnisse bisheriger Lehrwerkanalysen

Für den Kontext dieser Arbeit ist die Vielzahl an Untersuchungen, die sich den landeskundlichen Inhalten von Lehrwerken widmen, von besonderem Interesse. Wie aus der folgenden Übersicht, geordnet nach Erscheinungsdatum, deutlich herauszulesen ist, wird vor allem das Bild des fremden Landes untersucht, wie es in den Lehrbüchern entworfen wird. Dabei soll die Diskussion der Ergebnisse den aktuellen Forschungsstand darlegen und den Bedarf an Lehrwerkanalysen vor dem Hintergrund der globalen Veränderungen belegen.

Lehrwerkanalysen im Überblick

Lehrwerkanalysen
Stephen Speight, „How English Are the English Books?", in: Helmut Heuer und Richard Matthias Müller, *eds.*, 1975, *op. cit.*, pp. 66-80.
Stephen Speight, „Landeskunde in New Textbooks for the Fifth Class", in: Helmut Heuer und Richard Matthias Müller, *eds.*, 1975, *op. cit.*, pp. 18-30.
Hermann Funk, „Das Amerikabild in deutschen Englischlehrwerken in der Sekundarstufe I am Beispiel der ‚Learning English'-Reihe", in: Gerhard Neuner, *ed.*, 1979, *op. cit.*, pp. 68-95.
Gerhard Neuner und Wolfgang Pischke, „Das Englandbild in Lehrwerken der Sekundarstufe I in der Bundesrepublik seit dem Zweiten Weltkrieg", in: Gerhard Neuner, *ed.*, 1979, *op. cit.*, pp. 97-117.
Ingrid Kerkhoff, *Von der Mayflower bis zum Bürgerkrieg. Zur Darstellung amerikanischer Geschichte in Lehrwerken für den Englischunterricht*, Gulliver 7, Berlin: Argument, 1980.
Klaus H. Köring, „Politische Bildung im Englischunterricht: Eine Bestandsaufnahme mit einer exemplarischen Analyse neuerer Landeskundematerialien", in: *Englisch Amerikanische Studien* 3/1981, pp. 256-375.
Angelika Kubanek, *Dritte Welt im Englischlehrbuch der Bundesrepublik Deutschland. Aspekte der Darstellung und Vermittlung*, Regensburg: Pustet, 1987.
Rolf Högel, „Alltag in Amerika – Seine Darstellung in englischen Lehrwerken der Sekundarstufe I", in: Helmut Sauer, *ed.*, *Amerikanische Alltagskultur und Englischunterricht*, anglistik & englischunterricht, Bd. 31, Heidelberg: Winter, 1987, pp. 21-33.
Wolfgang Jacobmeyer, *ed.*, *Die Bundesrepublik Deutschland und die Vereinigten Staaten von Amerika: Die landeskundliche Darstellung in Sprachlehrbüchern beider Länder,* Studien zur internationalen Schulbuchforschung, Bd. 48, Frankfurt: Diesterweg, 1988, pp. 9-15.
Peter Doyé, *Großbritannien. Seine Darstellung in deutschen Schulbüchern für den Englischunterricht*, Frankfurt: Diesterweg, 1991.
Karen Risager, „Cultural References in European Textbooks: An Evaluation of Recent Tendencies", in: Dieter Buttjes und Michael Byram, *eds.*, *Mediating Languages and Cultures: towards an Intercultural Theory of Foreign Language Education*, Clevedon: Multilingual Matters; 1991, pp. 181-192.
Rolf Theis, *Das Amerikabild in deutschen Schulbüchern. Die Unterrichtsmaterialien für den Englischunterricht, 1947-1985*, Frankfurt: Lang, 1991.
Michael Byram, *Germany. Its Representation in Textbooks for Teaching German in Great Britain*, Frankfurt: Diesterweg, 1993.
Wolfgang Gehring, *Schülernahe Lebensbereiche in Englischbüchern für die 7. Jahrgangsstufe. Ein Beitrag zur landeskundlichen Lehrwerkkritik*, Frankfurt: Lang, 1996.
Marion Kiffe, *Landeskunde und Interkulturelles Lernen im Fremdsprachenunterricht. Eine*

Analyse von Englischlehrwerken für die Sekundarstufe I, Aachen: Shaker, 1999.
Matthias Merkl, *Kulturgeographische Inhalte in deutschen Lehrbüchern für den Englischunterricht der 8. Jahrgangsstufe: ein Beitrag zur landeskundlichen Lehrwerkkritik*, Frankfurt: Lang, 2002.
Isabel Vollmuth, *Englisch an der Grundschule*, Heidelberg: Winter, 2004.
Birgit-Herta Renges, *Interkulturelles Lernen und methodisch-didaktische Aspekte in aktuellen Englischlehrbüchern und Unterrichtsmaterialien der Sekundarstufe II*, Aachen: Shaker, 2005.
Ursula Weier, *Lehrbuch und Realität. Realitätskonstruktionen in Englisch-Lehrbüchern für die Erwachsenenbildung*, Heidelberg: Winter, 2005.
Theresa Staab-Schultes, *Feste als didaktischer Lerngegenstand im Englischunterricht der Grundschule. Eine Untersuchung landeskundlicher und sprachlicher Aspekte in Englischlehrwerken der dritten und vierten Jahrgangsstufe*, Frankfurt: Lang, 2010.
Christiane Lehmann, *Mediating London. Die britische Hauptstadt als landeskundliche Themeneinheit in Lehrbüchern für den Englischunterricht in der Sekundarstufe I. Ein methodisch-didaktischer Beitrag zur Lehrwerkkritik*, Heidelberg: Winter, 2010.

Abb. 3: Überblick an entstandenen Lehrwerkanalysen

Die dargestellten Analysen weisen eine Vielzahl an zum Teil gegensätzlichen Ergebnissen und Bewertungen auf. So legt Jacobmeyer, der die Darstellung der USA in deutschen Englischlehrwerken und die der BRD in amerikanischen Deutschlehrwerken untersucht, offen, dass die Deutschlandbilder überzogen idyllisch gezeichnet sind und eine Problemorientierung sich ausschließlich auf Ausnahmesituationen bezieht. Das vermittelte Deutschlandbild beschränkt sich zudem auf Süddeutschland, während deutsche Lerner vor allem die Ostküste der USA kennenlernen.

Demgegenüber kommt das Braunschweig-Durham-Projekt unter der Leitung von Michael Byram zu besonders zufriedenstellenden Ergebnissen: Kriterien wie Korrektheit, Repräsentativität, Realismus und Schülergemäßheit wurden vor allem in den seinerzeit aktuellen Lehrbüchern bereits größtenteils erfüllt. Für Byram liegt darin die Bestätigung, dass zukünftige Untersuchungen von Lehrwerken die Kriterien hinsichtlich einer Analyse pädagogischer Vorgehensweisen und didaktischer Konzepte mit aufnehmen müssen. Sein Nachwort bietet neben einer Zusammenfassung der einzelnen Studien eine Reflexion über landeskundliche Inhalte in fremdsprachlichen Lehrbüchern, welche die vorliegende Forschungsarbeit in großem Maße beeinflusst. Das Durham-Braunschweig-Projekt stellt fest, dass die Verlage

> auf die fachdidaktische Diskussion der letzten 2 Jahrzehnte reagiert haben. [...] Die Lehrwerke sind darum bemüht, aktuelle, authentische und vielfältige Bilder Großbritanniens zu zeichnen und tun somit den inhaltlichen Kriterien weitgehend Genüge. Ebenso wurden bei dem didaktischen Kriterium *Schülergemäßheit* durchgängig hohe Standards festgestellt.[90]

Mit der „Erfüllung der Forderungen nach Korrektheit, Repräsentativität und realistischer Darstellung“[91] haben die Schulbuchverlage wichtige und berechtigte Kriterien erfüllt, die nun gleichsam verbraucht sind. Für Byram stellen die darauffolgenden Gene-

90 Peter Doyé, 1991, *op. cit.,* p. 239.

91 *Ibid.*, p. 240.

rationen der Lehrbücher neue Sachverhalte dar, auf welche die Lehrbuchkritik reagieren muss. Er fordert daher vor allem, die Akzentuierung von der landeskundlichen Wissensvermittlung hin zum interkulturellen Lernen zu berücksichtigen. Diese Forderung bedeutet im Einzelnen:

- keine rein landeskundliche Analyse und Wissensvermittlung, sondern Methoden und Vermittlungsaspekte, die für das (inter)kulturelle Lernen von Relevanz sind,
- Strategien zur Verfolgung der affektiven Lehrziele und der Erziehung zu internationaler Verständigung,
- der Blick auf die Schaffung eines Bewusstseins für die eigene Identität und deren kulturelle Determiniertheit, ehe man sich der fremden Kultur zuwendet und
- die Einsicht entwickeln, dass die Wahrnehmung des kulturell Anderen immer vom Boden des eigenen Standpunkts aus erfolgt.[92]

Gehrings und Merkls Ergebnisse betonen hingegen das Ungleichgewicht der einzelnen kulturgeografischen Disziplinen. Mit Merkl gemeinsam wirft Gehring den Lehrbüchern vor, dass kulturgeografische Zusammenhänge nicht erkennbar sind und Stereotype sowie eine touristische Perspektive sich wiederholen. Zwar fällt Gehrings Urteil gegenüber den Lehrwerken insgesamt positiver aus, dennoch wird auch in seinem Ergebnis auf den Mangel an problemorientierten Ansätzen verwiesen.

Geradezu widersprüchlich sind die Bewertungen hinsichtlich der dargestellten Amerikabilder. Während Funk[93] grundsätzlich die Kriterien Authentizität, Aktualität und Vermeidung von Stereotypen als zufriedenstellend bewertet, sind Kerhoff[94] und Theis gegensätzlicher Meinung. Kerhoff kritisiert die Eindimensionalität, während Theis sowohl mit den problembeladenen Themen als auch mit dem Bild, das eher die deutsche Sichtweise auf die USA widerspiegelt, nicht einverstanden ist.

Pädagogisch-erzieherische Konzepte, die sich der Toleranz-, der Friedenserziehung oder der interkulturellen Kompetenz zuordnen lassen und sich mit den zeitgenössischen Vorstellungen von der Funktion der Landeskunde befassen, bleiben in den Lehrwerken bis Ende der 1990er Jahre eine Rarität. Neuner und Pischke[95] kamen bei einer diachronen Lehrwerkanalyse zu dem Ergebnis, dass zwar in den 1950er Jahren die erzieherischen Aspekte der Völkerverständigung in Ansätzen aufgenommen wurden, aber zwischen 1965 und 1970 das korrekte sprachliche Handeln Vorzug genoss und ab den 1975er Jahren die kommunikative Kompetenz im Mittelpunkt steht. Köhring bestä-

92 *Ibid.*, p. 239.

93 Hermann Funk, „Das Amerikabild in deutschen Englischlehrwerken in der Sekundarstufe I am Beispiel der ‚Learning English'-Reihe", in: Gerhard Neuner, *ed.*, 1979, *op. cit.*, pp. 68-95.

94 Ingrid Kerkhoff, 1980, *op. cit.*

95 Gerhard Neuner und Wolfgang Pischke, 1979, *op. cit.*, pp. 97-117.

tigt das Fehlen einer problemorientierten Herangehensweise ab den 1965er Jahren und kommt zu dem Schluss, dass sich die Lehrwerke nicht für pädagogisch-erzieherische Bildung eignen würden.[96] Diesbezüglich plädiert auch Risager pädagogisch-erzieherische und interkulturelle Themen („World Studies“[97]) nicht mehr länger zu ignorieren: „The study of global questions of vital importance to the future of human-kind ought to be a dimension of the general education of all children, young people, and adults across all discipline.“[98]

Beachtung sollte auch der Arbeit von Kubanek Mitte der 1980er Jahre geschenkt werden, die bereits zu diesem Zeitpunkt das Bild der Dritten Welt hinsichtlich dessen Kontinuität und Wandel in bundesdeutschen Englischlehrbüchern erforschte. Dabei leitet sie anhand fünf zentraler fremdsprachendidaktischer Begriffe die Notwendigkeit ab, Aspekte der Dritten Welt in den Englischunterricht zu integrieren:

- interkulturelle Kommunikation/Kommunikationsfähigkeit, transnationale Kommunikationsfähigkeit,
- Völkerverständigung und Toleranzerziehung,
- internationales Lernen sowie
- Englisch als *Lingua franca.*[99]

Ihr Ergebnis, nämlich inwieweit es den Lehrbüchern gelang, die Dritte Welt zu integrieren, fällt eher negativ aus, wenn man die Inhalte für sich betrachtet. Die Konstruktion in den Lehrbüchern kann für Kubanek nicht Schritt halten mit der engagierten fremdsprachendidaktischen Intention. Dennoch ist festzuhalten, dass Kubanek bereits zu diesem Zeitpunkt eine Analyse von Vermittlungsprozessen in ihre Forschungsarbeit integrierte, um eine isolierte Betrachtung bei der Untersuchung zu vermeiden und den fremdsprachendidaktischen Zielen gerecht zu werden.[100]

Weitere Analyseraster, die sich ebenso auf die Akzentuierung affektiver Lernziele wie auch – damit einhergehend – auf die didaktischen Vermittlungsmethoden und die Lernergemäßheit konzentrieren, bieten Kiffes und Vollmuths Arbeiten. Beide orientieren sich an fachdidaktischen Ansätzen, indem sie in ihren Analysekriterien schwerpunktmäßig die Möglichkeiten der Umsetzung interkulturellen Lernens aufgreifen. Auch Renges, Lehmanns und Staab-Schultes Forschungsarbeiten nehmen eine methodisch-didaktische Auseinandersetzung in ihre Lehrwerkanalysen auf.

Die diskutierten großen Unterschiede in der Gesamtbewertung der Lehrwerke können aufgrund der Materialbasis, der unterschiedlichen Jahrgangsstufen und der

96 Merkl und Gehring bestätigen dieses Fehlen problemorientierten Ansätzen, wie bereits auf der vorhergehenden Seite beschrieben wurde, für die 1990er Jahre.

97 Karen Risager, 1991, *op. cit.,* p. 128.

98 *Ibid.,* p. 28.

99 Angelika Kubanek, 1987, *op. cit.*, p. 273.

100 *Ibid.*, p. 274.

Spiralcurricula[101] entstanden sein. So kann beispielsweise das von Gehring kritisierte idyllische Bild landeskundlicher Themen in Jahrgangsstufe 7, dem Spiralcurriculum entsprechend, erst ein Jahr später in Jahrgangsstufe 8 mit einem problemorientierten Schwerpunkt in die Lehrwerke aufgenommen werden.

Allerdings bleiben selbst bei Überschneidungen der Themen und Jahrgangsstufen noch Widersprüche. Sie sind durch die Differenzen bei der Auswahl und Spezifizierung von Untersuchungskriterien, wie beispielsweise andere Bewertungsraster oder Variation der Schwerpunkte bei den einzelnen inhaltlichen Aspekten, motiviert.

Eine unvermeidbare Subjektivität der Gutachter[102] lässt sich dennoch nicht von der Hand weisen. Vor allem bei der Analyse affektiver Lernziele oder pädagogisch-erzieherischer Intentionen ist die Interpretation sehr subjektiv. Dies gilt bereits für die Auswahl an Kriterien, weil die Interdependenz zwischen dem, was ein Schüler lernt, und dem, was in den Lehrbüchern dargestellt wird, bisher noch kaum untersucht wurde. Forscher wie Funke[103] und Mennecke[104] sehen vor allem in den rezeptionsorientierten Bereichen, welche die Wirkungen eines Lehrwerks auf Lehrer und Lerner untersuchen, einen eklatanten Untersuchungsbedarf, genauso wie auch die Lernerorientierung und die Vermittlungsprozesse weiterer Forschung bedürfen. Eine systematische Erprobung und Begleitung neuer Lehrwerke und die Erforschung ihrer tatsächlichen geplanten wie ungeplanten Auswirkungen auf die Lernprozesse sind defizitär.

Die vorliegende Arbeit prüft die Auswirkungen der Globalisierung auf die Lehrwerke für den modernen Englischunterricht der Sekundarstufe I sowie die zugrundeliegenden methodisch-didaktischen Ansätze und Konzepte. Die Notwendigkeit dieser Forschungsarbeit ergibt sich aus dem Sachverhalt, dass die beschriebenen Lehrwerkkritiken zum größten Teil älteren Datums sind und somit eine bereits veraltete Lehrwerkgeneration betreffen. Weder im Buchbestand der Staatsbibliothek zu Berlin[105] noch am Informationszentrum für Fremdsprachenforschung der Universität Marburg (IFS)[106], in den Ausgaben des *Annual Report on English and American Studies* (AREAS) noch in der ‚Sauer-Liste' finden sich weitere aktuelle lehrwerkanalytische Betrachtungen, die sich auf inhaltliche und methodisch-didaktische Realisierungen globaler Themengebiete in Lehrwerken beziehen.

101 Der Anordnung des Lernstoffs, die nicht linear geschieht, sondern in Form einer Spirale, die einzelne Themen in den Klassenstufen mehrmals, auf jeweils höherem Niveau, aufnimmt (Frank Achtenhagen, „Lehr- und Lernziele. Curriculumforschung", in: Karl-Richard Bausch *et al.*, *eds*., [4]2003, *op. cit.*).

102 Michael Byram, 1991, *op. cit.*

103 Peter Funke, „Kriterien der landeskundlichen Analyse fremdsprachlicher Lehrwerke/The Criteria for Analyzing the Cultural Content of Foreign Language Textbooks", in: Wolfgang Jacobmeyer, *ed.,* 1988, *op. cit*., p. 43.

104 Arnim Mennecke, „Überlegungen zur Bewertung landeskundlicher Inhalte in fremdsprachlichen Lehrwerken", in: Peter Doyé, *ed.,* 1991, *op. cit*., p. 39.

105 Stand: Mai 2010.

106 Das IFS Marburg gibt eine Übersicht über abgeschlossene Dissertationen und Habilitationsschriften in fremdsprachendidaktischen Fächern heraus, Stand: Mai 2010. Es erarbeitete diese Liste in Kooperation mit der Deutschen Gesellschaft für Fremdsprachenforschung (DGFF).

2.4 Methodisches Vorgehen bei Lehrwerkanalysen

Bei einer intensiveren Auseinandersetzung mit der methodischen Umsetzungsmöglichkeit der Lehrwerkanalysen muss konstatiert werden, dass die deutsche Fremdsprachenforschung die methodischen Reflexionen recht zurückhaltend aufgriff. Merkl und Weier sprechen sogar davon, dass Lehrwerkanalysen nach wie vor ‚Stiefkinder' fachdidaktischer Forschung sind.[107] Neuner und Kieweg unterstreichen dies, indem sie von dem „klägliche[n] Dasein" der Lehrwerkforschung sprechen.[108] Mitte der 1970er Jahre wurden von Helmut Heuer und Richard Matthias Müller die beiden Bände „Lehrwerkkritik ein Neuansatz"[109] und „Lehrwerkkritik 2"[110] herausgegeben. Danach sind kaum weitere Publikationen veröffentlicht. Anhand der von Neuner erstellten Bibliografie[111] lässt sich jedoch verdeutlichen, dass in den 1990er Jahren erneut ein langsam wachsendes Interesse an der Lehrwerkanalyse entstand. Neuner gesteht der Beurteilung von Lehrwerken zu, dass eine weitere Professionalisierung wünschenswert ist[112], denn ein großer Kritikpunkt bei der methodischen Vorgehensweise der Lehrwerkanalysen kommt von sozialwissenschaftlicher Seite und zielt auf die Ungenauigkeit und Subjektivität diskurs-analytischer Interpretationen. Gefordert wird eine empirisch verankerte Vorgehensweise, kritisiert wird zudem das einführende Methodenkapitel vieler Lehrwerkanalysen als reine Pflichtübung ohne erkennbare Auswirkungen auf die jeweilige Untersuchung.[113]

Als Reaktion auf die häufige Kritik kann 1977 Peter Bungs Versuch gewertet werden, das quantitative Verfahren der sozialwissenschaftlichen *Content Analysis*-Methode[114] bei den Untersuchungen von Englischlehrwerken anzuwenden. Bung sprach sich für eine Verwendung quantitativer Verfahren aus, um größere Objektivität, Reliabilität und Validität für die Lehrwerkanalyse zu erzielen. Die von ihm eingeführte quantitative Methode der Lehrwerkanalyse misst Texte und determiniert, wie oft ein

107 Matthias Merkl, 2002, *op. cit.*, p. 81ff.; Ursula Weier, 2005, *op. cit.*, pp. 22ff.

108 Werner Kieweg, 1998, *op. cit.*, pp. 27-38; Gerhard Neuner, „Lehrwerkanalyse und -kritik als Aufgabenfeld der Fremdsprachendidaktik. Zur Entwicklung seit 1945 und zum gegenwärtigen Stand", in: Gerhard Neuner, *ed.,* 1979, *op. cit.*

109 Helmut Heuer und Richard Matthias Müller, *eds.,* 1973, *op. cit.*

110 *Ibid.*

111 Gerhard Neuner, „Lehrwerkforschung – Lehrwerkkritik", in: Bernd Kast und Gerhard Neuner, *eds.,* 1994, *op. cit.*, pp. 8-21.

112 Werner Kieweg, 1998, *op. cit.*, p. 27; Gerhard Neuner, „Lehrwerkanalyse und -kritik als Aufgabenfeld der Fremdsprachendidaktik. Zur Entwicklung seit 1945 und zum gegenwärtigen Stand", in: Gerhard Neuner, *ed.*, 1979, *op. cit.*, p. 5.

113 Klaus Lange, „Zu Methodologie und Methoden einer sozialwissenschaftlichen Unterrichtsmedienforschung", in: *Internationale Schulbuchforschung* 3/1981, pp. 16-28.

114 Quantitative Methoden haben den Vorteil, dass sich die Messergebnisse mit statistischen Methoden weiter verarbeiten lassen. Grundlage der quantitativen empirischen Forschung ist die moderne Wissenschaftstheorie. Wichtig ist, dass es sich um Forschung handelt, die prinzipiell unabhängig von der Subjektivität des Forschers sein soll. Das Ziel besteht darin, Größenordnungen, Häufigkeiten und Intensitäten zu ermitteln, wobei meist verhältnismäßig große repräsentative Stichproben benutzt werden (Peter Bung, 1977, *op. cit.*).

bestimmter Begriff oder eine bestimmte Wendung gewählt, eine Person oder eine Gruppe genannt und wie viel Raum einem Thema zugestanden wird. Das Verfahren gibt also Auskunft darüber, wo die Emphase liegt und welche der ausgewählten Kriterien im Mittelpunkt stehen; über inhaltliche Werte und Interpretationen sagt es allerdings nichts aus. Der Vorteil der quantitativen Methode liegt laut Bung darin, formale und inhaltliche Lehrwerkaspekte unterschiedlichster Art quantitativ zu erfassen, darzustellen, zu vergleichen und statistisch zu überprüfen, auch wenn damit nur Teilbereiche erfasst werden können.[115]

Am häufigsten, je nach Zielsetzung, werden bei der quantitativen Inhaltsanalyse die klassischen Verfahren der Frequenz-, Valenz- und Kontingenzanalyse durchgeführt. Die Frequenzanalyse besteht darin, in den Untersuchungseinheiten die Häufigkeit des Auftretens bestimmter Merkmale festzustellen. Aus dieser Häufigkeit lässt sich im Allgemeinen auf die Intensität schließen, mit der bestimmte Themen behandelt werden. In der Valenzanalyse soll ebenso erfasst werden, welche Bewertungen mit den betreffenden Untersuchungsgegenständen verbunden werden, ob beispielsweise in den untersuchten Lehrwerken bestimmte Themen eher positiv, neutral oder negativ beurteilt werden. Bei der Kontingenzanalyse wird erfasst, welche Merkmale zusammen im Ausgangsmaterial auftreten. Von Interesse ist dabei, ob bestimmte Merkmale häufiger gemeinsam als Assoziationen auftreten, als es zufällig zu erwarten wäre.[116]

Die im Zusammenhang mit den Analysen landeskundlicher Themengebiete bereits festgestellte Widersprüchlichkeit der Ergebnisse, die zumindest auch aus einer teilweisen Subjektivität der Gutachter resultiert[117], mag den Einsatz objektiver Verfahren notwendig erscheinen lassen. Jedoch sind die Einsatzmöglichkeiten der quantitativen Analyse begrenzt und lediglich zur Datenerhebung nutzbar.[118] Zudem ist auch immer die Interpretation der Daten der Subjektivität des Betrachters unterworfen. Entscheidungen über die Einheiten, die quantitativ erfasst werden sollen, sind ebenso oft subjektiv und führen nicht immer zu präzisen Ergebnissen. Der Informationsgehalt und die Aussagekraft einer halben Seite Text lassen sich nur schwer mit denjenigen einer Abbildung vergleichen. Wie Gehring einräumt, lassen sich auch durch das quantitative Verfahren nur Näherungswerte ermitteln, die jedoch Gefahr laufen, Objektivität vorzutäuschen.[119]

Demnach schildert auch Bung, dass die contentanalytischen Lehrwerkanalysen als ein Verfahren zur systematischen und quantitativen Erfassung von Teilaspekten der Lehrwerke allein unzureichend sind und die hermeneutische Gesamtbeurteilung nicht ersetzen können. Sie sind ihr vielmehr untergeordnet. Auch das renommierte Georg-Eckert-Institut für Schulbuchforschung (GEI) schlägt vor, beide Methoden zu verbinden, da sie sich gegenseitig komplementieren. Merkl und Weier schließen sich ebenso diesem Verfahren an und stellen fest, dass die

115 *Ibid.*

116 Angelika Kubanek, 1987, *op. cit.*, p. 65.

117 Das Durham-Braunschweig-Projekt versucht dieses Problem zu umgehen, indem es zwei Gutachter die gleichen Lehrwerke beurteilen ließ. In der Tat unterschieden sich die Ergebnisse gravierend.

118 Matthias Merkl, 2002, *op. cit.* pp. 101-102.

119 Wolfgang Gehring, 1996, *op. cit.*, p. 35.

> alleinige Ausrichtung der Lehrwerkanalyse auf quantitative Verfahren [...] zu einem unzureichenden Ergebnis [führt]. Eine auf Zahlen beruhende Untersuchung erleichtert zwar den Vergleich unterschiedlicher Lehrwerke, doch lässt sie keine eindeutige Aussage über deren Qualität und Eignung im Unterricht zu.[120]

Die Einsatzmöglichkeiten objektiver, quantitativer Verfahren sind also relativ begrenzt und lassen sich eher für eine reine Datenerhebung nutzen, der eine Interpretation folgen muss, die aber immer subjektiv belegt sein wird.

Anhand der qualitativen diskurs-analytischen Interpretationen wird mit der Analogie von Lehrbüchern und Literatur – begründet durch den Rückgriff auf Isers Rezeptionsästhetik[121] – eine Methode gewählt, welche die wissenschaftliche inhaltsanalytische Lehr-werkanalyse mit der literarischen Interpretation vergleicht, die in der Tradition der hermeneutischen Methode steht. Die Analyse beschränkt sich somit nicht auf die Anwendung definierbarer Kriterien, sondern integriert auch die Leerstellen eines Textes und Bildes mit in die Analyse und arbeitet deren konkrete, in sich stimmige Füllung heraus, die ein gewisses Maß an Intersubjektivität anstrebt und das Lehrwerk auf seine pädagogische Wünschbarkeit hin beurteilt.[122]

Dieser Arbeit liegt daher eine Methodenverbindung zugrunde, wie sie Merkl, Lehmann u. a. bereits durchgeführt haben. Durch die quantitative Datenerhebung der Frequenzanalyse soll ein Überblick über den Anteil der auf die Themeneinheiten der Globalisierung bezogenen Darstellungen gewonnen werden. Erste Verteilungen, Schwerpunktsetzungen und Bedeutungszuweisungen können somit erkannt werden. Die Ergebnisse gelten als Voraussetzung und Ergänzung für die qualitative (Inhalts-) Analyse. Durch sie soll ein Einblick in die Art und Weise der Präsentation der Themenbereiche und Inhalte gewährt werden. Zudem stehen die methodisch-didaktischen Vermittlungskontexte unter Begutachtung.

120 Matthias Merkl, 2002, *op. cit.,* p. 46, zitiert nach Ursula Weier, 2005, *op. cit.,* p. 29. Qualitative Forschung hingegen versucht, Sinnstrukturen sichtbar zu machen. Beliebtes Verfahren ist dabei die systematische Inhaltsanalyse, die durch Interpretation eines Textes auf die Intention des Autors rückschließen möchte.

121 Karen Risager, 1991, *op. cit.*, pp. 181-182.

122 *Ibid.,* p. 182. *Cf.* auch Arnim Mennecke, „Überlegung zur Bewertung landeskundlicher Inhalte in fremdsprachlichen Lehrwerken", in: Peter Doyé*, ed.,* 1991, *op. cit.*, pp. 27-30.

3 Globalisierung als Bildungsziel

3.1 Globalisierung als gesellschaftlicher Umwandlungsprozess

Nach Ulrich Beck tritt im 21. Jahrhundert „an die Stelle der Modernität die Globalität“[1]. Durch die Allgegenwärtigkeit von Produkten, Informationen, Problemen und Konflikten erfahren wir eine tiefgreifende Veränderung unseres alltäglichen Lebens. Fernes rückt in unmittelbare Nähe, Vertrautes verschwindet, alte Wahrheiten werden infrage gestellt, traditionelle Wertvorstellungen lösen sich auf. William Greider unterstreicht die damit einhergehende Verunsicherung mit folgenden Worten: „Alles scheint neu und fremd zu sein, nichts gewiss.“[2] Greider bezieht sich auf die entgrenzten, unkontrollierbaren ökonomischen Systeme. Er hebt hervor und belegt, dass in einem derartigen Transformationsprozess neue Konzepte und Lebensformen entstehen werden.

Das folgende Kapitel versucht, den Begriff der ‚Globalisierung‘ mehrdimensional zu definieren und sein Veränderungspotenzial aufzuzeigen, um daraus den Rahmen für die Anforderungen an den modernen Englischunterricht abzustecken.

Der Begriff ‚Globalisierung‘ ist seit den 1990er Jahren Modewort und Mittelpunkt der zahlreichen gegenwärtigen politischen und wirtschaftlichen Diskussionen. Er findet in verschiedensten Kontexten Verwendung und erfährt aufgrund seiner inflationären Benutzung oft eine völlig unterschiedliche Bedeutungsgebung.[3] Gerade im Bereich der Wissenschaft entstehen viele Probleme im Umgang mit diesem profillosen und konturenarmen Begriff. Albrow spricht sich jedoch in diesem Zusammenhang dafür aus,

1 Ulrich Beck, *Was ist Globalisierung?,* Frankfurt: Suhrkamp, 1997, p. 14.

2 „Die Logik von Handel und Kapital hat die träge Politik überwältigt und eine Epoche der Umgestaltung im sozialen Bereich eingeläutet. Feststehende Tatsachen des Wirtschaftslebens werden einer Überprüfung unterzogen. Vereinbarungen im sozialen Bereich, nach den erbitterten politischen Kämpfen im 20. Jahrhundert entstanden, werden in Frage gestellt, alte Wahrheiten über die Rangordnung der Länder untereinander angezweifelt, und nach und nach bildet sich eine neue Weltkarte. Diese tiefgreifenden Veränderungen fegen selbst über das Tagesgeschäft der Regierungen hinweg und bringen die etablierte politische Ordnung sowohl in weit entwickelten als auch in weniger entwickelten Gesellschaften ins Wanken“ (William Greider, *Endstation Globalisierung. Der Kapitalismus frisst seine Kinder*, München: Heyne, 1998, p. 14).

3 Robertson dazu: „the term is often used very loosely and, indeed, in contradictory ways“ (Robert Robertson, *Globalization. Social Theory and Global Culture*, London: Sage, 1992, p. 8). Zur Unvollkommenheit des Globalisierungsbegriffes: Martin Albrow, *Abschied vom Nationalstaat. Staat und Gesellschaft im Globalen Zeitalter,* Frankfurt: Suhrkamp, 1998, p. 138 und pp. 144ff., Anthony Giddens, *Der dritte Weg. Die Erneuerung der sozialen Demokratie*, Frankfurt: Suhrkamp, 1999, p. 40 und Otfried Höffe, *Demokratie im Zeitalter der Globalisierung*, München: Beck, 1999, p. 13.

den Begriff ‚Globalisierung' trotz der analytischen Unschärfe nicht voreilig abzulehnen.[4] Eine multiperspektivische Annäherung an ihn ist daher unumgänglich. Ein großes Problem bei der Definition liegt vor allem darin, dass es sich um einen sehr komplexen Sachverhalt handelt, welcher dynamischen und prozesshaften Charakter besitzt und dessen Dauer und zukünftige Auswirkungen oder Erscheinungsformen zudem nicht absehbar sind.

Ohne Anspruch auf Vollständigkeit soll nun unter Einbeziehung verschiedener Sichtweisen und Akzentuierungen der Versuch unternommen werden, den Rahmen desjenigen Begriffes abzustecken, der unser Zeitalter prägt. Die etymologische Ableitung aus dem Lateinischen *globus*, übersetzt mit Kugel oder Geballtes, gibt nicht direkt Aufschluss über den im oben beschriebenen Sinne verwendeten Begriff. Im gegenwärtigen Verständnis wird jedoch die adjektivierte Form ‚global' als auf die ganze Erde bezüglich, weltumspannend[5] verstanden. Durch das Suffix ‚-isierung' wird üblicherweise ein Vorgang beschrieben, der die Eigenschaft ‚global' auf Dinge, Situationen, Ideen und Prozesse überträgt, die ‚global-isiert' werden. Globalisierung kann also als ein Vorgang der weltumspannenden Veränderung begriffen werden. Dieses Verständnis kann die Basis für eine wissenschaftliche Diskussion bilden. Doch um welche Art von Veränderungen geht es? In welchen Bereichen treten sie auf und was sind ihre Tendenzen und Konsequenzen?

Weltweite Wirtschaftsprozesse, Kapitalverflechtungen und die Internationalisierung von Konzernen allein bilden nur einen Teil des Begriffes der Globalisierung. Auch Beck stellt fest, dass die wirtschaftliche Globalisierung jene Dimension sei, „die fast ausschließlich im Zentrum der öffentlichen Debatte steht."[6] Doch selbst wenn anzuerkennen ist, dass die wirtschaftliche Expansion der Grundstein globaler Prozesse war, der viele Abläufe initiierte, wäre diese Interpretation zu einseitig. Der englische Soziologe Anthony Giddens beschränkt sich in seiner Theorie nicht nur auf ökonomische Vorgänge, sondern betont die „raumzeitliche Abstandvergrößerung"[7], die „Interaktion über Entfernungen hinweg"[8]. Für ihn bedeutet Globalisierung

> eine Intensivierung weltweiter sozialer Beziehungen, durch die entfernte Orte in solcher Weise miteinander verbunden werden, dass Ereignisse am einen Ort durch Vorgänge geprägt werden, die sich an einem viele Kilometer entfernten Ort abspielen, und umgekehrt.[9]

4 Martin Albrow, 1998, *op. cit.*, pp. 144-145.

5 Duden, *Das Fremdwörterbuch*, Bd. 7, Mannheim: Bibliographisches Institut & F. A. Brockhaus AG, [5]2001, p. 618.

6 Paul Hirst und Grahame Thomson bezeichnen die Globalisierung ebenfalls als ökonomisches Phänomen: „Angeblich ist eine wirklich globale Wirtschaft entstanden oder im Begriff zu entstehen, in der die verschiedenen Volkswirtschaften und folglich die nationalen Strategien einer Steuerung des Binnenmarktes zunehmend an Einfluss verlieren" (Paul Hirst und Grahame Thomson, *Globalization in Question*, Cambridge: Polity Press, 1996, p. 1). *Cf.* auch Ulrich Beck, 1997, *op. cit.*, p. 42.

7 Anthony Giddens, *Konsequenzen der Moderne*, Frankfurt: Suhrkamp, 1995, p. 85.

8 *Ibid.*, p. 85.

9 *Ibid.*, p. 85.

Robert Robertson kritisiert diese Theorie als „an updated and overly abstract version of the convergence thesis – homogenized ‚modern man' injected with a special dose of phenomenological reflexity“[10]. Er will unsere Gesellschaft nicht als eine homogene Masse durch den Einfluss der Technik gleichgeschalteter Menschen sehen, sondern betont vielmehr die stetige Ausbildung eines „kosmopolitischen Bewusstsein[s]“[11].

Weitverbreitet ist die Auffassung, dass Globalisierung als vereinender Prozess und als Zusammenwachsen anzusehen ist.[12] Beck spricht von der „Gemeinsamkeit eines Schicksals“[13] und bringt den Vergleich: „Gefahren stiften Gesellschaft; globale Gefahren stiften globale Gesellschaft.“[14] Für Martin Albrow zieht die „weltweite Verknüpfung menschlicher Aktivitäten [...] ein globales Bewusstsein nach sich“.[15] Für ihn ist der Begriff global

> ein räumliches Phänomen, er verortet die Erde im All, hebt ganz konkret auf die natürliche Umgebung ab, auf der das Leben der Menschheit beruht, evoziert die materielle Gesamtheit oder Vollständigkeit des Lebens und teilt die Menschheit nicht, sondern fügt sie zusammen.[16]

Diese Sichtweise, die bei der Betrachtung von Globalisierungsprozessen vor allem ihre vereinende Wirkung ins Zentrum rückt, wird relativiert durch die von wirtschaftlichen Prozessen[17] herbeigeführte Division in „zentrale Räume, Semi-Peripherie und Peripherie-Länder“[18], denn neben den Vorteilen der wirtschaftlichen Kooperation entstehen die Nachteile einer potenzierten Konkurrenz sowie einer sich verschärfenden Wettbewerbssituation.[19]

Beck verschweigt die erzwungenen Effekte der Globalisierung nicht. Wenn er vom „Töten der Entfernung“[20] und vom „Hineingeworfensein in oft ungewollte [...] Lebensformen“[21] spricht, dann betont er auch die negativen Auswirkungen der Distanzauflösung. Unter Globalisierung versteht er

10 Robert Robertson, 1992, *op. cit.*, p. 145.

11 *Ibid.*, p. 145.

12 Werner Fuchs-Heinritz, Rüdiger Lautmann, Otthein Rammstedt und Hanns Wienold, *eds.*, *Lexikon zur Soziologie*, Wiesbaden: VS, [4]2007, p. 250.

13 Ulrich Beck, 1997, *op. cit.*, p. 74.

14 *Ibid.*, p. 74.

15 Martin Albrow, 1998, *op. cit.*, p. 137.

16 *Ibid.*, p. 134. Seine positive Sicht auf Globalisierungsprozesse unterstreicht Albrow, wenn er hinzufügt, dass uns das globale Zeitalter auf beispiellose Weise neue Welten eröffnet.

17 *Cf.* auch Calhoun: „Capitalist globalisation has produced a strong geographical division of labor that seperates the powerful core industrial nations (the United States, most often Western Europe, and Japan) from semiperipheral and peripheral nations“ (Craig Calhoun, *Dictionary of the Social Sciences*, Oxford: OUP, 2002, p. 193).

18 Immanuel Wallerstein, „Klassenanalyse und Weltsystemanalyse“, in: Reinhard Kreckel, *ed.*, *Soziale Ungerechtigkeit, Soziale Welt,* Sonderband 2, Göttingen: Schwarz, 1983, p. 303.

19 Otfried Höffe, 1999, *op. cit.*, p. 20.

20 Ulrich Beck, 1997, *op. cit.*, p. 44.

21 *Ibid.*, p. 44.

> das erfahrbare Grenzenloswerden alltäglichen Handelns in den verschiedenen Dimensionen der Wirtschaft, der Information, der Ökologie, der Technik, der transkulturellen Konflikte und Zivilgesellschaft.[22]

Er kommt zu dem Schluss, dass Globalisierung etwas „Vertrautes und Unbegriffenes, schwer Begreifbares [ist], das aber mit erfahrbarer Gewalt den Alltag elementar verändert und alle zu Anpassungen und Antworten zwingt. Geld, Technologien, Waren, Informationen, Gifte überschreiten die Grenzen, als gäbe es diese nicht.“[23] Noam Chomsky[24] und George Soros verweisen auf die Entkräftung des Nationalstaates, indem für sie „der Kapitalismus im Zuge seiner Expansion die Grenzen des Nationalstaates“[25] überschreitet und Freiheit und Unabhängigkeit von staatlichen Auflagen[26] beansprucht. Auf dem Kongress der deutschsprachigen Soziologen in Freiburg 1998 mit dem Titel *Grenzenlose Gesellschaft?,* wurden in der Eröffnungsansprache diese Vieldimensionalität und die dichotome Perzeption dieses Leitthemas angesprochen.

> Es sind nicht nur staatliche Grenzen, die derzeit verschwimmen, auch Grenzen der Kommunikation, der Individualität, der Ethik, der Arbeitsmärkte und viele andere verfließen immer mehr. Das Überschreiten mancher dieser Hindernisse hat die Menschheit seit jeher ersehnt. Das Fallen anderer Barrieren ruft hingegen Ängste und Widerstände hervor.[27]

Zusammenfassend lässt sich konstatieren, dass die Globalisierung auf der einen Seite von vielen als Eröffnung neuer Möglichkeiten, als Chance wahrgenommen und willkommen geheißen wird. Zugriffe auf Arzneimittel und neue Technologien, die steigende Mobilität, der Zugang zu Bildung, wachsende Kommunikationsmöglichkeiten und ein besserer Zugang zu Informationen ermöglichen auch in ärmeren Ländern eine Steigerung der Lebensqualität. Auf der anderen Seite fürchten sich Menschen vor Überfremdung und Verlust ihrer Identität und Tradition. Mit den grenzüberschreitenden Bewegungen von Personen, Technik und Wissenschaft geht auch eine Diffusion

22 *Ibid.*, p. 44.

23 *Ibid.*, pp. 44-45.

24 Noam Chomsky, *Profit Over People. Neoliberalismus und globale Weltordnung*, Hamburg: Europa, 2000.

25 George Soros, *Die Krise des globalen Kapitalismus. Offene Gesellschaft in Gefahr*, Frankfurt: Fischer, 2000, p. 28. *Cf.* hierzu auch Ulrich Beck, 1997, *op. cit.*, pp. 34-35 und Stefan Hadril: „Es sind nicht nur staatliche Grenzen, die derzeit verschwimmen, auch Grenzen der Kommunikation, der Individualität, der Ethik, der Arbeitsmärkte und viele andere verfließen immer mehr. Das Überschreiten mancher dieser Hindernisse hat die Menschheit seit jeher ersehnt. Das Fallen anderer Barrieren ruft hingegen Ängste und Widerstände hervor“ (Stefan Hadril, „Ansprache zur Eröffnung des 29. Kongresses der Deutschen Gesellschaft für Soziologie“, in: Claudia Honegger, Stefan Hadril und Franz Traxler, *eds.*, *Grenzenlose Gesellschaft? Teil 1*, Opladen: Leske & Budrich, 1999, pp. 23-24).

26 Martin Albrow, 1995, *op. cit.*, pp. 106-107.

27 Stefan Hadril, „Ansprache zur Eröffnung des 29. Kongresses der Deutschen Gesellschaft für Soziologie“, in: Claudia Honegger, Stefan Hadril und Franz Traxler, *eds.*, 1999, *op. cit.*, pp. 23-24).

unerwünschter, problemhaltiger oder sogar destruktiver Elemente einher wie beispielsweise Krankheiten, Drogen, Terrorismus, Menschenrechtsverletzungen und Umweltverschmutzung.[28]

Wenn zu viele Veränderungen innerhalb sehr kurzer Zeit unter Druck entstehen, treten neue Regionalismen, Nationalismen und Fundamentalismen hervor. Johannes Rau beschrieb 2001 in seinem damaligen Amt als Bundespräsident diese Ambivalenz hinsichtlich der globalen Veränderungen mit den folgenden Worten: „Manchen erscheint [die Globalisierung] […] wie ein unentrinnbares Schicksal, ein Verhängnis, anderen wie die Verheißung eines goldenen Zeitalters."[29] Fest steht: Globalisierung hat Befürworter und Gegner, Gewinner und Verlierer.[30]

28 Das Aufeinandertreffen lokaler Kulturen („clash of localities") und die Herausbildung neuer kultureller Erscheinungsformen fasst Robertson mit dem Begriff ‚Glokalisierung' zusammen: „[Glocalisation] attempts to bring the global, in the sense of the macroscopic aspect of contemporary life, into conjunction with the local, in the sense of the microscopic side of life in the late twentieth century" (Robert Robertson, 1992, *op. cit.*, p. 173).

29 Johannes Rau, *Chance, nicht Schicksal – die Globalisierung politisch gestalten*. Berliner Rede des ehemaligen Bundespräsidenten vom 13. Mai 2001, p. 1 (URL: www.bundespraesident.de, Stand: Mai 2009).

30 *Ibid.*, p.1. Beck bemerkt hierzu an, „dass ausgerechnet die Globalisierungsverlierer in Zukunft alles, Sozialstaat wie funktionierende Demokratie, bezahlen sollen, während die Globalisierungsgewinner Traumgewinne erzielen und sich aus ihrer Verantwortung für die Demokratie der Zukunft stehlen" (Ulrich Beck, 1997, *op. cit.*, p. 21). Anthony Mc Grew definiert den Begriff ‚Globalisierung' ebenfalls „as a process which is essentially dialectical in nature" und stellt folgende Gegensätzlichkeiten fest: „universalization versus particularization, homogenization versus differentiation, integration versus fragmentation, centralization versus decentralization, juxtaposition versus syncretization" (Anthony McGrew, „A Global Society?", in: Anthony McGrew, Stuart Hall und David Held, *eds., Modernity and Its Futures (Understanding Modern Societies)*, Cambridge: Blackwell, pp. 74-76).

3.2 Die wechselseitige Abhängigkeit von Gesellschaft und Bildung

Um einen erweiterten Bedarf an Bildung, die auf die Globalisierung vorbereitet, belegen zu können, soll die Abhängigkeit von Bildung und Lebenswelt genauer untersucht werden. Mit dem Ziel größtmöglicher Genauigkeit werden hier kategorial ‚Bildung' und ‚Erziehung' differenziert. Trotz Interferenzen und Analogien sind diese Begriffe zu unterscheiden. Erziehung bezieht sich auf Kindheit und Jugend, während Bildung als lebenslanger Prozess verstanden wird. Organisierte Formen der Einwirkung, Lenkung, Anleitung und Anregung mit der Absicht, den jungen Menschen zu Autonomie und Mündigkeit zu führen, sind unter dem Begriff ‚Erziehung' subsumiert. Bildung als Persönlichkeitsentwicklung geschieht dagegen selbstbestimmt und eigentätig.[31] Während Bildungstheorien auf der Reflexion über die Bestimmung des Menschen basieren, beschäftigen sich Erziehungsfragen vor allem mit der Klärung der Mittel und des Weges pädagogischer Interaktion. Erziehung thematisiert Inhalte und Handlungsorientierungen und kann somit den Bildungsprozess initiieren und vorantreiben. Grundsätzlich ist von einem Komplementärverhältnis zwischen Bildung und Erziehung auszugehen.[32]

Bildung ist allein – im isolierten Raum – als bloße Theorie niemals denkbar, nur die Interaktion mit der Welt um uns erschafft Bildung und gestaltet unser Selbst und unser Persönlichkeitsbild.[33] In einer sich verändernden Lebenswelt braucht es einen dynamischen Bildungsbegriff und ein immer wieder erneuerbares Bildungsverständnis, denn nicht nur das ‚Ich' benötigt die Welt zu seiner Bildung und Selbstgestaltung, sondern diese bedarf auch „des Individuums und seines Handelns, um überhaupt kulturelle und gesellschaftliche Welt zu sein."[34] Die Beziehung zwischen ‚Ich' und Welt ist folglich immer wechselseitig.[35]

Im 21. Jahrhundert, dem Zeitalter der Globalisierung, muss der Bildungsbegriff von Neuem reflektiert und (re-)definiert werden, damit er den Anforderungen entsprechen kann, welche die moderne Zeit an ihn stellt. Schließlich wird von Bildung der Erwerb von Kompetenzen, die zur Teilnahme an der aktuellen Politik und Kultur und zur Herausbildung gesellschaftlicher Beziehungen in einem veränderten soziokulturellen Umfeld befähigen, erwartet. Bildung muss ihren eigenen Beitrag zur Transformation der Gesellschaft leisten und sollte immer auf diese gerichtet sein. Sie kann nie losgelöst vom zeitgeschichtlichen und kulturellen Kontext gesehen werden. Im Verlauf des gesell-

[31] Friedrich W. Kron, *Grundwissen Pädagogik*, München: Reinhard, ^{6}2007, p. 65.

[32] Hubert Henz, *Bildungstheorie. Studien zur Pädagogik, Andragogik und Gerontagogik,* Frankfurt: Lang, 1991, p. 160.

[33] Da Bildung auch in außerschulischen Erfahrungsräumen und im Kontext politischer, sittlicher, religiöser und ökonomischer Determination stattfindet, ist auch die gesamte Gesellschaft in die Pflicht genommen. Die schulische Erziehung intendiert eine Optimierung der Bildung, kann für diese aber niemals allein die Verantwortung tragen. *Cf.* hierzu auch Dietrich Benner, *Studien zur Theorie der Erziehung und Bildung, Pädagogik als Wissenschaft, Handlungstheorie und Reformpraxis,* Bd. *2*, Weilheim: Juventa, 1995, p. 165.

[34] Friedrich W. Kron, ^{6}2007, *op. cit*., p. 65.

[35] Zur Vertiefung: Winfried Böhm, *Wörterbuch der Pädagogik*, Stuttgart: Kröner, ^{16}2005, p. 333.

schaftlichen Wandels verändern sich nachweislich immer auch die Lebenswelt und somit das Selbst- und Weltverständnis des Menschen, welches sich im jeweiligen Bildungsverständnis widerspiegelt. Bemerkenswert dabei ist, dass sich bei einer Analyse der historischen Entwicklung des Bildungsbegriffes ein Phänomen mit Stetigkeit wiederholt: die Reflexion über die Interdependenz und den dialektischen Zusammenhang von Bildung und Gesellschaft, der folglich einen dynamischen Charakter aufweist. Dies zeigt auch ein Blick in die Geschichte:

Am Beginn steht Wilhelm von Humboldt.[36] Er verändert in der geschichtlichen Entwicklung des Bildungsbegriffes das Bildungsverständnis grundlegend. Er denkt Ökonomie und Staat als von Bildung losgelöste Elemente. In den Mittelpunkt rückt er das Individuum und dessen Selbstgestaltung, die Stärkung der naturgegebenen Kräfte sowie die Steigerung seines inneren Wertes. Die humboldtsche Bildungstheorie legt damit den Grundstein für ein humanistisches Bildungsverständnis, das durch Wechselwirkung von Individuum und Welt geprägt wird. Nach seiner Auffassung sollte Bildung als Selbst- und Weltreflexion dienen und staatlicher Determination und Deformation entgegenwirken mit dem Ziel, im Rahmen der Gesellschaft verantwortlich zu handeln.[37]

Kerschensteiner[38] hingegen akzentuiert die Notwendigkeit der staatsbürgerlichen Erziehung als Vorbereitung auf die Position im Staatsgefüge. Für ihn ist die Abhängigkeit der Bildung von Staat und Wirtschaft offensichtlich:

> Man kann sagen, die Hauptfragen der Nationalökonomie sind auf das engste mit Erziehungsfragen verknüpft, so zwar, dass eine wirkliche Besserung der Erziehungsverhältnisse ohne eine Besserung der wirtschaftlichen, sozialen, ja teilweise sogar der politischen Verhältnisse nicht möglich erscheint.[39]

Als oberstes Ziel aller Erziehung bezeichnet er

> eine menschliche Gesellschaft, die, soweit möglich, aus selbständigen, harmonisch entwickelten, sittlich freien Personen besteht, welche – zu ‚guten Staatsbürgern' erzogen – auch ‚gute Weltbürger' sind.[40]

36 Wilhelm von Humboldt, zitiert nach Peter Kauder, „Bevormundung der Erziehung durch Politik? Erziehung im Spannungsfeld gesellschaftlicher und politischer Zugriffe“, in: Hans-Uwe Otto, Thomas Rauschenbach und Peter Vogel, *eds.*, *Erziehungswissenschaft: Politik und Gesellschaft*, Opladen: Leske & Budrich, 2002, p. 175.

37 *Ibid.*, p. 175.

38 Georg Kerschensteiner (1854-1932) war Reformpädagoge und Gründer der ‚Arbeitsschule'.

39 Georg Kerschensteiner, „Berufsbildung oder Allgemeinbildung?“, in: Gerhard Wehle, *ed.*, *Georg Kerschensteiner. Berufsbildung und Berufsschule*, Ausgewählte Pädagogische Schriften, Bd. 1, Paderborn: Schöningh, 1966, pp. 130-147, zitiert nach Peter Kauder, „Bevormundung der Erziehung durch Politik? Erziehung im Spannungsfeld gesellschaftlicher und politischer Zugriffe. Eine Textsammlung“, in: Hans-Uwe Otto, Thomas Rauschenbach und Peter Vogel, *eds.*, 2002, *op. cit.*, p. 179.

40 Georg Kerschensteiner, *op. cit.*, pp. 142f.

Die Aufgabe des Staates sieht er darin, durch entsprechende Ausbildung „die Humanitätsidee, das Weltbürgertum“[41] zu fördern.

Auch diese Position provoziert. In den 1970er und 1980er Jahren des 20. Jahrhunderts kamen heftige Gegenstimmen auf.[42] Vor allem der Vorwurf, dass sich die Pädagogik in den Dienst von Staat, Kirche, Wissenschaft, Stand und Beruf habe nehmen lassen, wurde immer verbreiteter. Viele Pädagogen betrachteten zu dieser Zeit die Erziehungswirklichkeit als vom gesellschaftlich-kulturellen Leben abgesondert.[43] Sie prägten das Bild des Pädagogen, der in seinem Wirken unabhängig bleibt und das Wachsen und Gedeihen des Individuums vertritt, wenn nötig auch gegen den Staat.[44] Für sie standen das Leben des Kindes sowie der Aufbau und die Steigerung seiner Kräfte und Mittel, um das Leben zu bewältigen, im Mittelpunkt. Alle anderen Belange müssten jenen untergeordnet werden.[45]

Die beschriebenen historischen Positionen in Bezug auf das Verhältnis von Gesellschaft und Bildung sind insofern von Bedeutung, als ihre Grundgedanken auch von der Erziehungswissenschaft der Gegenwart als Bezugswissenschaft der modernen Fremdsprachendidaktik reflektiert und adaptiert werden. Auffällig bleibt, so Oelkers, dass viele Strömungen je nach Kontext erneut Brisanz erhalten und selten gänzlich verloren gehen.[46]

Der dynamische Charakter des Bildungsbegriffs verdeutlicht zudem, dass jede Epoche ihr eigenes Weltbild und damit ihr eigenes Bildungsverständnis hat, welches folglich immer wieder neu reflektiert werden muss. Zwischen den Polaritäten einer staatsbürgerlichen Erziehung und pädagogischen Apolitie besteht viel Raum für die Positionierung des gegenwärtigen Bildungs- und Erziehungsbegriffes. Kauder bezeichnet die Frage, wie sehr sich schulische Erziehung an Politik und Gesellschaft orientieren soll und wann und

41 Neue Aktualität erlangten Kerschensteiners Gedanken im Hinblick auf die moderne globalisierte Welt: „Wie weit aber ein Staat über seinen Selbstzweck hinaus seine Kraft in den Dienst der Humanitätsidee zu stellen hat, wie weit er beispielsweise im Dienste dieser Forderung schwächeren Staaten seinen moralischen und tatkräftigen Schutz soll angedeihen lassen, das hängt davon ab, inwieweit dadurch eine vornehmste Aufgabe, um derentwillen er gerade gegründet ist, die Aufgabe der Selbsterhaltung und Volkswohlfahrt, gefährdet erscheint oder nicht. Die Forderung, dass ein Staat ohne Rücksicht auf seine eigene Existenz gegen jedes Unrecht, das in der Welt einzeln oder zwischen Staaten geschieht, im Interesse der Humanitätsidee eintreten müsse, ist auf einer Kulturstufe, wie der heutigen, in der die Staaten zueinander gleichsam noch in einem Naturzustand leben, in der die Idee der Kulturgemeinschaft den einzelnen Staaten noch etwas völlig Fremdartiges ist, zum mindesten eine verfrühte Forderung“ (*ibid.*, pp. 142f).

42 *Cf.* beispielsweise Hermann Nohl, *Die pädagogische Bewegung in Deutschland und ihre Theorie,* Frankfurt: Schulte-Bulmke, [10]1988, p. 159.

43 *Ibid.*, p. 159.

44 Nohl meint dazu: „[…] der Pädagoge muss seine Aufgabe, ehe er sie im Namen der objektiven Ziele nimmt, im Namen des Kindes verstehen“ (*ibid.*, pp. 159-160).

45 *Ibid.*, p. 160.

46 Jürgen Oelkers, *Einführung in die Theorie der Erziehung*, Weinheim: Beltz, 2001, p. 176.

unter welchen Umständen sie Distanz bewahren muss, als „pädagogisches Dauerthema"[47].

Seit Ende des 20. Jahrhunderts einigt man sich bisweilen auf eine Position der Mitte, die sowohl das Individuum als auch die strukturelle Komponente in gleichem Maße beachtet. Die gesellschaftlichen Ansprüche werden durch die Bildung erfüllt, jedoch soll die individuelle Persönlichkeitsentwicklung unanfechtbare Vorbedingung sein.[48]

> Eine moderne demokratische Gesellschaft braucht mündige Bürger. Dieses Ziel ist nur über eine individualisierende und differenzierende Erziehungspraxis erreichbar, die den Heranwachsenden mit Verständnis und Zuwendung bei der Bewältigung seiner gegenwärtigen Lebenssituation und der Partizipation an der alltäglichen Wirklichkeit unterstützt.[49]

Da aber die Politik den äußeren Rahmen für institutionalisiertes Lernen und Erziehen vorgibt und die Gesellschaft die Verhältnisse determiniert, in welche der Heranwachsende eingeführt und zu deren Teilhabe er befähigt werden soll, können und dürfen Bildung und Erziehung nie apolitisch sein. Moderne Bildungstheorien nehmen Abstand von der Auffassung, dass die Erziehungspraxis vom gesellschaftlichen Kontext separiert werden kann:

> Die Erziehungspraxis wird nicht nur von der individuellen Einwirkung der Erziehenden und der individuellen Mitwirkung der Heranwachsenden bestimmt, sondern steht immer auch unter gesellschaftlichen Einwirkungen.[50]

Auch Hartmut von Hentig spricht sich gegen das gesellschaftliche Ansinnen, Pädagogik solle „die Welt in Ordnung [...] bringen oder gar [...] verbessern"[51], aus. Wollte man sie in den Dienst „der Verzögerung oder Bekämpfung eines ‚allgemeinen Werteverfalls', der Verwirklichung der Menschenrechte, der Erfüllung von Menschheitspflichten, der Entwicklung eines Weltethos"[52] stellen, würde das Maß ihrer Möglichkeiten überschätzt. Pädagogik hilft Jugendlichen vielmehr, „in ihre Kultur hineinzuwachsen und diese zu verstehen."[53]

Mit Rückgriff auf die hier dargestellten unterschiedlichen Theorien und Konzepte bezüglich der Globalisierung aus sozialwissenschaftlicher und pädagogischer Sicht werden kontrastreiche, ja zum Teil sogar konträre Ergebnisse konstatiert. Fest steht jedoch auch die zunehmende Bedeutung, welche das Thema der Globalisierung für

47 Peter Kauder, „Bevormundung der Erziehung durch Politik?", in: Hans-Uwe Otto, Thomas Rauschenbach und Peter Vogel, *eds.*, 2002, *op. cit.*, p. 168.

48 Benner ermuntert in diesem Zusammenhang Pädagogen und Lehrer, die Gesellschaft nicht aus ihrer Aufgabe, erzieherisch tätig zu sein, zu entbinden und sich gemeinsam dieser Aufgabe zu stellen (Dietrich Benner, 1995, *op. cit.*, p. 26).

49 Jürgen Oelkers, 2001, *op. cit.*, p. 167.

50 Dietrich Benner, 1995, *op. cit.*, p. 24.

51 Hartmut von Hentig, *Ach die Werte! Ein öffentliches Bewusstsein von zwiespältigen Aufgaben. Über eine Erziehung für das 21. Jahrhundert*, München: Hanser, [2]1999, pp. 52ff.

52 *Ibid.*, p. 52.

53 *Ibid.*, p. 52.

Jugendliche gewinnt. Die Shell-Jugendstudien[54] und Studien zur Jugend der Bertelsmann-Stiftung bestätigen, dass in den Jahren 2005/06 immerhin noch 24 Prozent der befragten Jugendlichen mit dem Begriff nichts anfangen konnten. Aus der aktuellen 16. Shell-Jugendstudie (2010)[55] lassen sich dagegen die folgenden Umfrageergebnisse hinsichtlich der Globalisierung herauslesen:

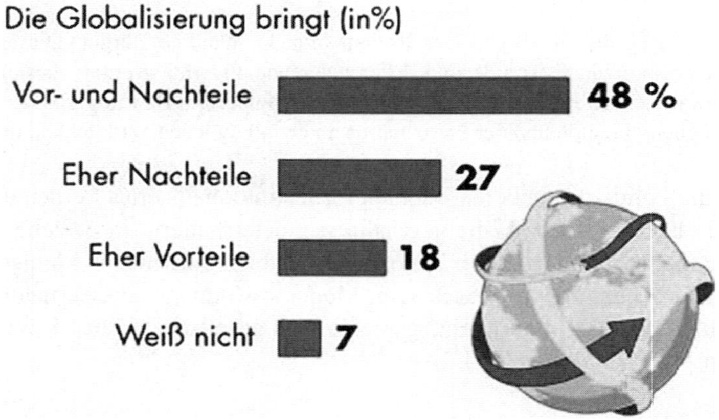

Abb. 4: Auszug aus der 16. Shell-Jugendstudie (Quelle: 16. Shell-Jugendstudie 2010)

Im Hinblick auf die Haltung der Jugendlichen zur Globalisierung sind demnach aktuell drei unterschiedliche Profile auszumachen. Den Globalisierungsbefürwortern lassen sich 18 Prozent der Befragten zuordnen. Sie sehen in der Globalisierung vor allem die Chance auf wirtschaftlichen Wohlstand, Frieden und Demokratie. Globalisierungsgegner sind 27 Prozent. Sie erkennen in ihr mehrheitlich Umweltzerstörung, Arbeitslosigkeit, Armut und Unterentwicklung. Dem kritisch-differenziert bewertenden Globalisierungs-Mainstream sind 48 Prozent zuzuordnen. Sie vertreten die Meinung, dass sich Vor- und Nachteile hinsichtlich der Intensivierung der globalen Beziehungen die Waage halten.[56]

54 So konnten die 14. und 15. Shell-Jugendstudien belegen, dass bei Jugendlichen das politische Interesse gering ist und Umwelt- und Tierschutz sowie Bürgerinitiativen und Hilfsorganisationen etc. deutlich weniger Zuspruch haben als Vereine. Die 16. Shell-Jugendstudie fragt nach, wie es der Jugend nach der Finanz- und Wirtschaftskrise geht: „Wie gehen die Jugendlichen mit dem Druck und der Unsicherheit um, die sich aus den globalen Entwicklungen ergeben?“, „Wie sieht sich die junge Generation mit all ihren Erwartungen an die eigene Zukunft in einer etablierten Gesellschaft – fühlten sie sich wahrgenommen und respektiert?“ etc. (Klaus Hurrelmann und Mathias Albert, *eds.*, *Jugend 2002. 14. Shell-Jugendstudie,* Frankfurt: Fischer, 2002 und Klaus Hurrelmann und Mathias Albert, *eds.*, *Jugend 2006. 15. Shell-Jugendstudie: Eine pragmatische Generation unter Druck*, Frankfurt: Fischer, 2006).

55 Klaus Hurrelmann und Mathias Albert, *eds.*, *Jugend 2010. 16. Shell-Jugendstudie: Eine pragmatische Generation behauptet sich*, Frankfurt: Fischer, 2010.

56 *Ibid.*

Die Umfragen der Bertelsmann-Stiftung gehen hingegen gezielt auf die globalen Herausforderungen ein, die Jugendliche in Deutschland fürchten:

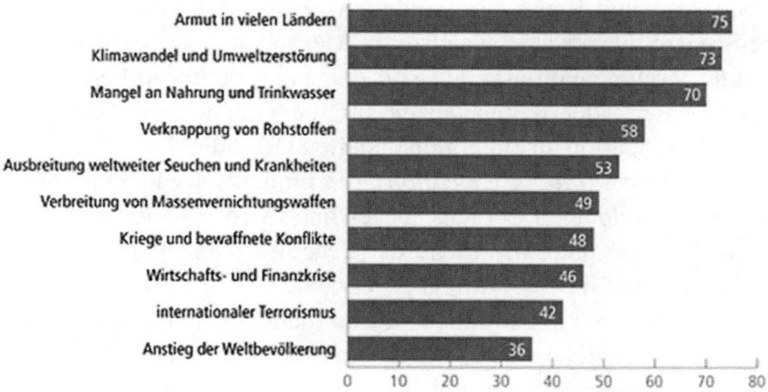

Abb. 5: Globale Herausforderungen – deutsche Jugendliche und ihre Zukunftsängste (Quelle: Auszug aus der Umfrage ‚Jugend und Nachhaltigkeit 2009' der Bertelsmann-Stiftung)

Besonders stark beunruhigen Jugendliche in der Gegenwart die Armut in vielen Ländern, der Klimawandel und die Verknappung von Trinkwasser und Rohstoffen. Zwei von drei Jugendlichen sehen dadurch die Existenz der Menschheit bedroht. Auch die Anzahl derjenigen Jugendlichen, die Angst vor Massenvernichtungswaffen, Kriegen und Konflikten sowie Terrorismus haben, ist hoch. Diese Bedenken sind nicht als grundlos anzusehen. Sie müssen im Unterricht angesprochen, vermittelt und aus einer Perspektivenvielfalt beleuchtet werden. Das Aufzeigen möglicher Handlungsoptionen sollte ein weiterer bedeutender Schritt im Unterrichtsgeschehen sein.

Dem gegenwärtigen Bildungssystem gelingt es nur in Maßen, Jugendliche auf die Herausforderungen der realen Welt vorzubereiten.[57] Nicht nur die Wirtschaft, sondern auch die Pädagogik vermeldet ständig, dass die Schule Jugendliche nicht adäquat für den Weg in das Leben und die Welt ausbildet. Zu häufig sind sie noch in traditionellem Unterricht verwurzelt, in dem weiter Abfragen, Notendruck und passives Auswendiglernen anstatt kritischen Denkens Standard sind.[58] Der amerikanische Bildungsexperte Edwin Reischauer forderte bereits in den 1970er Jahren folgerichtig:

> We need a profound reshaping of education […]. [H]umanity is facing grave difficulties that can only be solved on a global scale. Education is not moving rapidly enough to provide the knowledge about the outside world and the attitudes toward other people that may be essential for human survival.[59]

57 Kip A. Cates, „Teaching for a Better World: Global Issues and Language Education", in: *The Language Teacher* 5/1990, pp. 3-5.

58 Alan Maley, 1992, *op. cit.*, p. 73; Wilga Rivers, *Teaching Foreign Language Skills*, Chicago: University of Chicago Press, 1968.

59 Edwin Reischauer, *Towards the 21st Century*, New York: Knopf, 1973, p. 4.

Die Bildungsinhalte müssen auf eben diese Veränderungen Bezug nehmen. Doch viele Lerner reagieren bereits gelangweilt und übersättigt, wenn die Globalisierung mit immer denselben Schlagworten thematisiert wird: Die Globalisierung vergrößert die Kluft zwischen Arm und Reich, sie ermöglicht weltweiten Handel, vernetzt die Welt, schafft Arbeitsplätze, beutet aber gleichzeitig Menschen aus. Dazu werden immer ähnliche Pro-Kontra-Argumentationsketten von den Lehrkräften vorbereitet, ohne Lebensbewältigungsstrategien oder Kompetenzen für die globale Welt auszubilden und ein Fundament zur Partizipation an einer globalisierten Öffentlichkeit zu legen.

Eine globale Bildung (*global education*), die im deutschsprachigen Raum vor allem mit dem Begriff des ‚globalen Lernens' bezeichnet wird, entspricht der Forderung und schließt die Bedürfnisse und Ansprüche der gegenwärtigen globalisierten Gesellschaft ein. Ein solches Lernen hat die Aufgabe, Veränderungen zu bewirken, um ein friedlicheres, nachhaltigeres und konstruktives Zusammenleben in den gegenwärtigen Gesellschaftsformen zu ermöglichen. Dies trifft auch auf den Fremdsprachenunterricht zu. Wenn der Englischunterricht Jugendliche in ihrer Auseinandersetzung mit der veränderten Welt unterstützen will, steht er vor der Notwendigkeit, seine Inhalte und Lernbereiche zu erweitern und neu zu konzipieren. Ohne ein Bildungskonzept mit Realitätsnähe wird er weltfremd und verfehlt seinen Auftrag der Sozialisation, Enkulturation und Bildung.

3.3 Das didaktische Konzept globalen Lernens

In diesem Kapitel soll zunächst das Konzept des globalen Lernens als Unterrichtsthema und Unterrichtsprinzip[60] vorgestellt und in seinen Chancen und Konsequenzen für den Englischunterricht skizziert werden. Daran schließt sich eine Reflexion über die Verbindung und Anbindung an den Diskurs des interkulturellen Lernens an resp. über die gemeinsamen Inhalte und Ziele sowie über die Frage, mit welchen methodisch-didaktischen Verfahren sich globales Lernen verwirklichen lässt.

3.3.1 Globales Lernen als zeitgeschichtliche Antwort

Als Folge der zunehmend erfahrbaren Globalisierung steigt das Bewusstsein von der EINEN Welt, die uns alle etwas angeht. Globales Lernen ist ein didaktisches Konzept, das in den USA in den 1970er und 1980er Jahren entstand, um Lerner mit einem Wissen und dem Bewusstsein über die weltweiten Verbindungen und deren Herausforderungen auszustatten. Der Lerner soll sich nicht nur das landeskundliche Wissen über diese Zusammenhänge aneignen, sondern auch Kompetenzen erwerben, um sich den globalen Herausforderungen stellen zu können.

Globales Lernen entwickelte sich aus einem neuen Denken der Pädagogik und Sozialwissenschaften, die es definieren als „education which promotes the knowledge, attitudes and skills relevant to living responsibly in a multicultural, interdependent world“[61]. Eine umfassendere Definition wird in den *Maastrichter Erklärungen zum Globalen Lernen*, einem europäischen Rahmenkonzept aus dem Jahr 2002 für die Verbesserung und Verstärkung des globalen Lernens in Europa bis 2015 gegeben, die den amerikanischen Pädagogen Kenneth Tye zitieren:

> Global education involves learning about those problems and issues which cut across national boundaries and about the interconnectedness of systems – cultural, ecological, economic, political, and technological. [...] Global education also involves learning to understand and appreciate our neighbors who have different cultural backgrounds from ours; to see the world through the eyes and minds of others; and to realize that other people of the world need and want much the same things.[62]

60 Globales Lernen ist beides, Themenfeld und Unterrichtsprinzip. *Cf.* hierzu auch Jörg-Robert Schreiber, „Konzepte des Globalen Lernens als pädagogische Antwort auf die Globalisierung“, in: Hans-Heinrich Blotevogel, *ed., Lokal verankert – weltweit vernetzt. Tagungsband zum 52. Deutschen Geographentag Hamburg 1999*, Stuttgart: Steiner, 2000, pp. 439-445; David Selby und Hanns-Fred Rathenow, *Globales Lernen. Praxishandbuch für die Sekundarstufe I und II*, Berlin: Cornelsen Scriptor, 2003.

61 Simon Fisher und David Hicks, *World Studies 8-13*, New York: Oliver & Boyd, 1985, p. 15.

62 Barbara Benham Tye und Kenneth A. Tye, *Global Education. A Study of School Change*, New York: State University Press, 1992, p. XV.

Der Fachunterricht begreift also nicht mehr ausschließlich die Vermittlung von Unterrichtsgegenständen als Ziel, sondern muss auch einen Beitrag zur Heranbildung zukünftiger globaler Bürger leisten.

Die Definition muss allerdings durch den Aspekt der produktiven Auseinandersetzung erweitert werden. Globales Lernen bedeutet keine bloße Inkorporation der Globalisierungsfakten („learning about those problems and issues which cut across national boundaries“[63]) und auch keinen bloßen Perspektivenwechsel zwischen Eigenem und Fremdem („learning […] to see the world through the eyes and minds of others“[64]). Globales Lernen beinhaltet Antworten im Sinne einer vertieften Auseinandersetzung und einer produktiven Bearbeitung.[65] So begreift sich globales Lernen nicht nur als Teil der Allgemeinbildung oder bloße Affirmation weltgesellschaftlicher Bedingungen, sondern als kritische Aufarbeitung derselben:

> Globales Lernen möchte Menschen dazu befähigen und dazu ermutigen, an der Gestaltung der Weltgesellschaft sachkundig und verantwortungsbewusst teilzuhaben. Es zielt auf eine Form des Lernens und eine Weise des Denkens, die es erlauben, lokale Gegebenheiten in ihrer Einbindung in den globalen Kontext wahrzunehmen, und dazu zu befähigen, lokales Handeln in Einklang mit globalen Erfordernissen zu bringen.[66]

Globales Lernen besitzt jedoch nicht den Anspruch, als Lösung der Globalisierungsprobleme verstanden zu werden. Als pädagogische Antwort auf Globalisierung kann globales Lernen sich nur auf die Zielebene des Handlungspotenzials ausrichten. Es ist der Versuch, die Anpassungen und Veränderungen, die uns durch die Umbrüche aufgezwungen wurden, als Lernprozesse zu unterstützen und in zukunftsfähige Bahnen zu lenken:

> to enable learners to effectively acquire a foreign or second language while empowering them with the knowledge, skills and commitment required by world citizens to solve global problems.[67]

Die Ziele[68] des globalen Ansatzes lassen sich in vier Teilkompetenzen kategorisieren: Wissenskompetenz, Fertigkeit/Lernkompetenz, Einstellung/Persönlichkeitskompetenz und Handlungskompetenz.[69]

63 Kenneth A. Tye and Willard M. Knief, „Global Education Around the World“, in: *International Journal of Education Policy & Leadership* 4/1991, p. 47.

64 Kenneth A. Tye, *Global Education. A Worldwide Movement*, Orange: Interdependence Press, 1999, p. XV.

65 Christel Adick, „Globalisierung als Herausforderung für nationalstaatliche Pflichtschulsysteme“, in: Annette Scheunpflug und Klaus Hirsch, *eds.*, *Globalisierung als Herausforderung für die Pädagogik,* Frankfurt: IKO, 2000, p. 159.

66 Klaus Seitz, „Lernen für ein globales Zeitalter. Zur Neuorientierung der politischen Bildung in der postnationalen Konstellation“, in: Christoph Butterwegge und Gudrun Hentges, *ed., Politische Bildung und Globalisierung*, Opladen: Leske & Budrich, 2002, p. 50.

67 Kip A. Cates, „Teaching for a Better World: Global Issues and Language Education“, in: *ETAI Forum* 1/1998, p. 34.

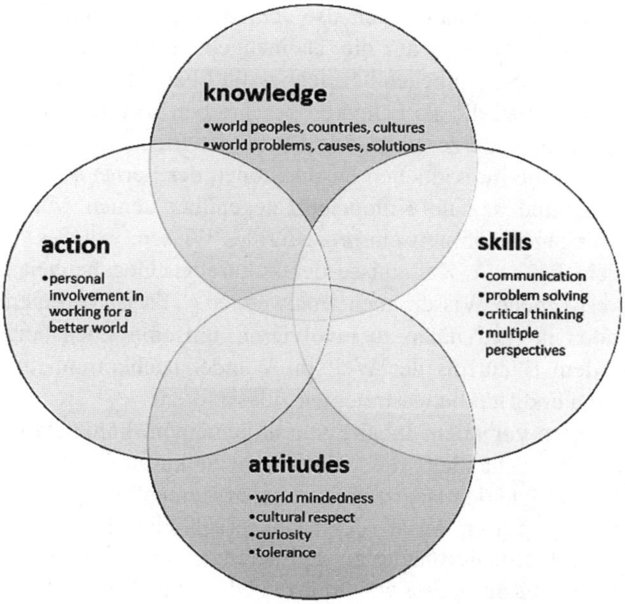

Abb. 6: Teilkompetenzen globalen Lernens
(Quelle: Kip Cates; grafisch adaptiert Julia Hammer)

Die einzelnen Teilkompetenzen lassen sich wie folgt erklären:

1. Der Lerner muss sich Wissen (*knowledge*) über die Länder und Kulturen, globale Probleme und Herausforderungen sowie deren Gründe, Entstehungen und mögliche Lösungen aneignen können.
2. Der Lerner übt Fertigkeiten (*skills*) ein, um zu einer kritischen Reflexion, zu einem kooperativen und kreativen Problem- und Konfliktlösen und zu einem Perspektivenwechsel befähigt zu werden.
3. Der Lerner erhält eine Einstellung (*attitudes/global awareness*), die ihm erlaubt, Fremdes zu schätzen, sich für Fremdes zu öffnen, Fairness und Gerechtigkeit sowie Diversität zu respektieren. Diese ermöglicht Empathiefähigkeit.
4. Der Lerner handelt (*action*) nach dem Grundsatz „think globally and act locally“.[70]

68 Kip A. Cates, „Global Education“, in: Michael, Byram, *ed.*, 2000, *op. cit.*, pp. 241-243.

69 Kip. A. Cates, *Conference Paper JET*, May 2006, (URL: www.jetprogramme.org/ documents/conference/recontract/2006_recon/Global%20Education%20&%20Communication.pdf, Stand: März 2010).

70 Simon Fisher und David Hicks, 1985, *op. cit.*, p. 8.

Die Aufgaben des Lerners haben sich also verändert. Die Wissenskompetenz umfasst das deklarative Wissen, das sich auf die Themengebiete der Globalisierung und ihrer Herausforderungen bezieht. Hingegen bezeichnet die Ebene der Fertigkeiten die im GeR festgelegte Lernkompetenz, die als Fähigkeit beschrieben wird, sich mit seinem eigenen Lernprozess aktiv auseinanderzusetzen. Die Ebene der Einstellung und Persönlichkeitskompetenz beschreibt die individuellen Dispositionen der Lernenden, Einstellungen wie Offenheit, Interesse und soziale Kompetenz gegenüber seinen Mitmenschen. Handlungskompetenz hingegen definiert ein prozedurales Wissen, welches den Lerner in die Lage versetzt, sich durch die Kenntnisse der kulturellen Gegebenheit adäquat zu verhalten bzw. das erworbene Wissen auch anzuwenden.[71] Es ist von elementarer Bedeutung, die Lernenden in Aktivitäten zu involvieren, um eine lebenslange Lernfähigkeit auszubilden, die dem Bedürfnis der Welt im Wandel nachkommt und immer wieder neue Orientierungen und Handlungsstrategien zulässt.

Thematisch werden vor allem Inhalte von allgemeinem humanitärem Interesse und universeller Gültigkeit behandelt, die jedoch den zielkulturellen Bereich nicht außer Acht lassen.[72] Cates prägte den Begriff der globalen Herausforderungen, *global issues*[73], um den von ihm propagierten Ansatz des fremdsprachlichen Lehrens und Lernens mit der Erweiterung durch globale Inhalte zu definieren: „foreign language as a window to the world and global education as a way to bring educational relevance to the classroom through meaningful content based on real-world topics."[74] Globale Herausforderungen sind also Prozesse, die sich auf eine große Anzahl von Menschen auswirken, unabhängig von politischen, staatlichen und geografischen Grenzen.

Als wesentliche Komponenten, die Einfluss auf das globale Lernen haben, gelten in Anlehnung an Cates[75]:

- die Friedenserziehung *(peace education)*: In der vorliegenden Arbeit wird sie als Prozess definiert, der Wissen, Fertigkeiten, Einstellungen und Werte vermittelt, um behaviorale Veränderungen zu initiieren. Diese erlauben Jugendlichen, auf intrapersonaler, nationaler oder internationaler Ebene Auseinandersetzungen und Gewalt vorzubeugen, offenkundig und strukturell Konflikte friedlich zu lösen und Konditionen einzuführen, die friedensfördernd sind.[76] Im Artikel 29 der *Convention on the Rights of the Child* (1989) heißt es:

[71] Eynar Leupold, „Ein Lernbuch für die Lehrwerkphase", in: Karl-Richard Bausch *et al.*, *eds.*, [4]2003, *op. cit.*, pp. 128-145.

[72] Reinhold Freudenstein, 1997, *op. cit.*, pp. 84-94.

[73] Kip A. Cates, „Global Education", in: Michael Byram, *ed.*, 2000, *op. cit.* p. 241.

[74] *Ibid.,* p. 241.

[75] *Ibid.,* p. 241.

[76] Reinhold Freudenstein, „Global Issues im Englischunterricht", in: *Praxis des neusprachlichen Unterrichts* 46/1999, pp. 237-249.

> the education of the child shall be directed to [...] the preparation of the child for responsible life in a free society, in the spirit of understanding, peace, tolerance, equality of sexes, and friendship among all peoples.[77]

- die Entwicklungserziehung (*development education*): Sie ist ein Begriff, der von der UNICEF benützt wird, um den Lernansatz zu beschreiben, der jungen Menschen globale Solidarität, Frieden und die Akzeptanz der Unterschiede näher bringt.[78] Ziel dabei ist, Kinder und Jugendliche an konstruktiven Veränderungen lokal sowie global zu beteiligen.
- die Umweltbildung (*environmental education*): Sie zielt darauf ab, Menschen über die Natur und das Ökosystem zu informieren. Die Lerner sollen einen Perspektivenwechsel erfahren und den Wert der Natur sowie die Möglichkeit ihres nachhaltigen Schutzes erkennen können.[79] Es geht vor allem darum, zu verstehen, wie der Mensch und menschliche Systeme auf die Umwelt Einfluss nehmen. Weiter ist es aber auch wichtig, den Einfluss natürlicher Systeme auf Mensch und Gesellschaft zu unterrichten, so zum Beispiel in der Frage, warum die Natur oft eine beruhigende, heilende Wirkung auf uns hat.
- die Menschenrechtserziehung (*human rights education*): Die Menschenrechtserziehung ist eng mit der Friedenserziehung verbunden. Frieden ist die *conditio sine qua non*. Die Menschenrechtserziehung sieht vor, die internationalen Dokumente der *Universal Declaration of Human Rights* oder der *Convention on the Rights of the Child* zu kennen. Schüler lernen verstehen, was es bedeutet, wenn diese Rechte missachtet werden. Menschenrechtserziehung soll Fertigkeiten vermitteln, durch die es gelingt, an den Menschenrechten und an den Pflichten, die damit einhergehen, lokal wie global festzuhalten.[80]

Was diesen Ansätzen noch weitgehend fehlte, war das übergreifende Lernziel bei der Beschäftigung mit *global issues*. Als ein solches Lernziel kann das Leitbild der nachhaltigen Entwicklung betrachtet werden. Globales Lernen setzt im Unterricht – von Kindergärten über die Grundschule und Sekundarstufe I (schulartenübergreifend) bis hin zu Universitäten, Berufsausbildungen, kulturellen Instituten und Forschungseinrichtungen – um, was durch die *United Nations* für die Jahre 2005 bis 2014[81] auf den Weg gebracht wurde:

77 OHCHR General Assembly Resolution „Articel 29“ in: *Convention on the Rights of the Child* 44/1989 (URL: www.ohchr.org/english/law/crc.html, Stand: Juni 2010).

78 Susan Fountain, *Education for Development: A Teacher's Resource for Global Learning,* London: Hodder & Stoughton, 1995.

79 Laurenz Volkmann, 2010, *op. cit.*

80 *Ibid.*

81 Albert Raasch, *ed.*, *Languages: Ways towards Peace, Langues: Destination Paix, Sprachen: Wege zum Frieden,* Saarbrücken: Saarbrücker Schriften zur Angewandten Linguistik und Sprachlehrforschung (SALUS), Bd. 15, 1997.

> ‚Sustainability‘ is the key political goal for the 21st century. It means that future generations should have the same chance of leading a fulfilled life as we have had. At the same time, the opportunity to live a good life must be more fairly distributed around the world for the people alive today. Sustainable development combines economic progress with social justice and conservation of the natural environment.[82]

Das Konzept des globalen Lernens kann interdisziplinär, aber auch fachspezifisch umgesetzt werden und konzentriert sich bevorzugt auf handlungsorientierte Methoden sowie auf offene Lehrgänge und interaktive, partizipierende, kooperativ-strukturierende Ansätze, die einen Perspektivenwechsel ermöglichen und Komplexität ertragbar und durchschaubar machen.[83] Auf diesem Weg kann der Lerner globale Konzepte verstehen und wahrnehmen lernen, problemlösende Fähigkeiten herausbilden und seine sozialen Fertigkeiten besser ausprägen als „Kompetenz der nachhaltigen Lebensgestaltung und der demokratischen Beteiligung an der Entwicklung einer zukunftsfähigen Gesellschaft“.[84]

3.3.2 Globales Lernen als Konzeption für den Englischunterricht

Die Umsetzung des globalen Lernens erfolgt gegenwärtig in bestimmten Fächern. Der Geografie kommt eine besondere wichtige Rolle zu, aber auch die sozialwissenschaftlichen Fächer und der Religions- bzw. Ethikunterricht öffnen Schritt für Schritt ihre Tore.

In den Englischunterricht scheint die Globalisierung bisher allein als Unterrichtsthema Eingang gefunden zu haben. Freudenstein verweist darauf, dass weder Lehramtsstudenten der Anglistik und Amerikanistik noch Lehrkräfte für globales Lernen als didaktisches Konzept großes Interesse aufbringen. Häufig ist sogar eher das Gegenteil der Fall und es wird als Zusatzbelastung empfunden:

> Leave us alone with these theoretical considerations, better tell us what to do when pupils do not understand the difference between the past tense and the present perfect.[85]

[82] World Commission on Environment and Development 1987 (URL: www.unesco.de/esd.html?L=1, Stand: Juli 2010).

[83] Annette Scheunpflug und Nikolaus Schröck, *Globales Lernen. Einführung in eine pädagogische Konzeption entwicklungsbezogener Bildung*, Stuttgart: EKD, 2000; Stephan Schuler, „Globales Lernen. E-Mail-Projekte im Geographieunterricht“, in: *Praxis Geographie* 31/2001, pp. 23-28; David Selby und Hanns-Fred Rathenow, 2003, *op. cit.*, p. 62.

[84] Jörg-Robert Schreiber und Stephan Schuler, „Wege Globalen Lernens unter dem Leitbild einer nachhaltigen Entwicklung“, in: *Praxis Geographie* 4/2005, p. 6.

[85] Reinhold Freudenstein, „Peace Education? No, Thank You! Why European Teachers Find It Difficult to Deal with Global Issues in the Classroom“, in: *Linguapax, Language Teaching & Peace Newsletter* 26/1997, p. 14 (URL: www.jalt.org/global/newsletter/26peace.html, Stand: Dezember 2010).

Freudenstein erklärt dieses Desinteresse mit dem immer noch anhaltenden Glauben an die *grammatical progression*, an der laut seiner Umfrage 40 bis 60 Prozent aller Sprachlehrer festhielten.[86] Viele Lehrwerke sind dementsprechend strukturiert und aufgebaut, und die Lehrkräfte sehen ihre Aufgabe vor allem in der Abdeckung dieser grammatikalischen Phänomene, die wiederum noch traditionelle Methoden für sich in Anspruch nehmen. Freudenstein konstatiert hinsichtlich der Einstellung der Lehrkräfte zum globalen Lernen:

> [I]t [Global Education, Anm. des Verfassers] has not been an integrated part of modern language textbooks, and since teachers are not flexible in using other sources besides the textbook, it cannot become a topic of systematic study. Methodology in language teaching still concentrates on grammar, translation and literature as it has for the past 100 years. As long as there is no additional time available for language study – teachers argue – they have no time for other activities.[87]

Doch Fremdsprachenkenntnisse spielen im Rahmen von politischer, kultureller und wirtschaftlicher Entwicklungen der Weltgesellschaft eine herausragende Rolle. Die globalen Veränderungsprozesse und die besondere Stellung des Englischen als *lingua franca* machen es notwendig, dass der Englischunterricht nicht nur die angelsächsischen Kernländer (Großbritannien und die USA), sondern auch weitere Englisch sprechende Länder des *Commonwealth* (vor allem Australien, Kanada, Indien, Südafrika und Neuseeland) aufnimmt und die Themen und Problemkomplexe aus lokalen, nationalen und transkulturellen Perspektiven betrachtet.[88] Auf diese Weise lässt sich ein Bewusstsein für die Weltgesellschaft herausarbeiten und globales Lernen in das Fachcurriculum einbeziehen.[89] Auch Provo unterstreicht die Möglichkeit globalen Lernens für den Englischunterricht:

> Global issues and global education are hot new buzzwords in the language teaching world. Global education is the process of introducing students to world issues, providing them with relevant information and developing the skills they will need to help work towards solutions. Those who support global education usually defend it in this way: we all need to use reading passages, dialogues and discussions in our teaching, so why not design these

86 Helene Decke-Cornill, „We would have to invent the Language we are supposed to teach: The Issue of English as Lingua Franca in Language Education in Germany", in: Michael Byram und Peter Grundy, *eds., Context and Culture in Language Teaching and Learning*, Clevedon: Multilingual Matters, 2002, pp. 59-71.

87 Reinhold Freudenstein, 1997, *op. cit.,* p. 14.

88 Werner Delanoy, „Transculturality and (Inter-)Cultural Learning in the EFL Classroom", in: Werner Delanoy und Laurenz Volkmann, *eds*., *Cultural Studies in the EFL Classroom,* Heidelberg: Winter, 2006, pp. 233-248.

89 Hugh Starky, „Subject-based Approaches to Global Education", in: Graham Pike und David Selby, *Global Teacher, Global Learner*, London: Hodder & Stoughton, 1988, p. 239.

> with content that informs students of important world issues and challenges them to consider solutions?[90]

Es erscheint daher als nur allzu logisch, dass auch die Globalisierung mit ihren Problemen, Chancen und Herausforderungen als Themeninhalte und das didaktische Konzept des globalen Lernens in den Englischunterricht integriert werden: „To expore global issues behind everyday behaviour on the one hand and to make the 'big' concerns of today's world accessibe to school students."[91]

Durch die Aufnahme des globalen Lernens in den Englischunterricht können bedeutungsvolle Inhalte behandelt und triviale Themenbereiche vermieden werden. Der Brite Alan Maley unterstützt diese These:

> Global Issues are real issues: the spoliation of the rain-forests, the thinning of the ozone layer, acid rain, nuclear waste disposal, exponential population growth, the spread of AIDS, state violence and genocide in Kurdistan, Tibet and Bosnia, ecological disaster compounded by war in Ethiopia and Somalia [...]. The list is depressingly long. What does this have to do with the teaching of EFL? English language teaching (ELT) has been bedevilled with three perennial problems: the gulf between classroom activities and real life; the separation of ELT from the main stream of educational ideas; the lack of a content as its subject matter. By making Global Issues a central core of EFL, these problems would be to some extent resolved.[92]

Eine Überforderung bzw. eine Vernachlässigung der sprachlichen Progression ist auszuschließen. Schon die Forschungsergebnisse von Stephen Krashen[93] aus den 1980er Jahren belegen, dass Fremdsprachenlernen am Ende der Mittelstufe vor allem mit einer inhaltlichen Betonung gut gelingt. Zu oft stagniert die Sprachkompetenz der Lernenden auf einer bestimmten Lernstufe, weil kein Bedürfnis oder keine Motivation vorhanden ist, um weiterzukommen, oder anspruchsvolle Kommunikationssituationen fehlen. Der Begriff der Fossilisierung beschreibt recht treffend dieses Verharren auf einer bestimmten Lernstufe ohne Anreiz zum Weiterlernen. Die aktuelle Forschung zum Bilingualen Unterricht bestätigt die Ergebnisse von Krashen. Inhalts- und aufgabenbasiertes Fremdsprachenlernen vermeidet eine alleinige linguistische Progression und initiiert Mittel gegen die Fossilisierung. Die Jugendlichen lernen so, mit der ihnen zur Verfügung stehenden Interimssprache umzugehen und mit dieser kreativ zu arbeiten, um

90 *Cf.* Kip A. Cates, „Teaching for a Better World: Global Education and Foreign Language Teaching", in: Albert Raasch, *ed., Language Teaching in a World Without Peace,* Saarbrücken: Saarbrücker Schriften zur Angewandten Linguistik und Sprachlehrforschung (SALUS), 1993, pp. 29-42. *Cf.* dazu auch David Block und Deborah Cameron, *eds., Globalization and Language Teaching*, London: Routledge, pp. 47-63.

91 Aus einer Rede von David Green (Direktor des *British Council* von 1999-2007): „English is used as a *lingua franca* that allows barriers to be crossed and for speakers to realise their place in the wider regional and global communities" (URL: www.britishcouncil.org/new/Documents/press-atlantic-youth-forum-20040802.pdf, Stand: Mai 2009).

92 Alan Maley, 1992, *op. cit.,* p. 73.

93 Stephen Krashen und Tracy D. Terrell, *The Natural Approach*, Oxford: Pergamon, 1983.

- sprachliche Phänomene/Sprachmuster in der Zielsprache einzuüben, wobei über die Sprache als System kognitiv reflektiert wird,
- die Sprachstrukturen gleichzeitig als Vehikel der Kommunikation zu übernehmen und zu nutzen sowie
- das Ziel einer Authentizität des Schülerdiskurses im Unterricht zu erreichen.

Doch dabei geht es nicht allein um sprachliche Kompetenz und eine exemplarische und repräsentative Themenauswahl hinsichtlich der Globalisierung. Vielmehr sollen emanzipatorische und reflexive Fähigkeiten vermittelt werden, welche die Schüler befähigen, ein Bewusstsein für global-lokale Interdependenzen herauszubilden, um Gemeinsamkeiten in der globalen Welt zu erkennen und Differenzen gemeinsam zu bewältigen.[94] Vor diesem Hintergrund liegen wesentliche didaktisch-methodische Aufgaben des globalen Lernens darin, problemangemessene Lernmethoden, handlungs- und prozessorientierte Aufgaben bereitzustellen und durch die Ausrichtung am Leitbild einer nachhaltigen Entwicklung einen tragfähigen Orientierungsrahmen zu bieten.

Das aus der UNESCO hervorgegangene Projekt LINGUAPAX[95] spricht sich deutlich für die Aufnahme des globalen Lernens in den Fremdsprachenunterricht aus: „teaching foreign languages and literature for peace and international understanding“.[96]

94 *Cf.* dazu grundlegend Laurenz Volkmann, „*Ecodidactics* als Antwort auf die planetare Bedrohung? Zum Einsatz von *ecopoetry* im Englischunterricht“, in: Rüdiger Ahrens, Maria Eisenmann und Julia Hammer, *eds*., *Anglophone Literaturdidaktik – Zukunftsperspektiven für den Englischunterricht*, Heidelberg: Winter, 2012 (*upcoming*); Ulrich Beck, 1997, *op. cit.*

95 UNESCO-Projekt LINGUAPAX, weitere Informationen dazu Albert Raasch, *ed*., 1997, *op. cit.*

96 UNESCO-Projekt LINGUAPAX , zitiert nach Kip A. Cates, „Teaching for a Better World: Global Issues and Language Education“, 2006, p. 43 (URL: www.hurights.or.jp/pub /hreas/5/06cates.pdf, Stand: März 2010).

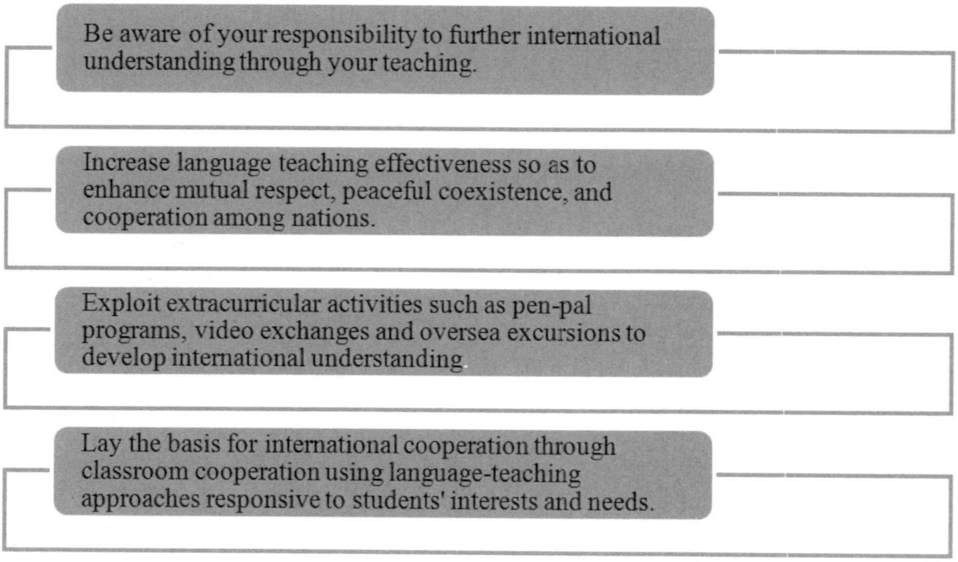

Abb. 7: Empfehlungen für Sprachlehrer zum globalen Lernen
(Quelle: UNESCO LINGUA PAX Projekt; grafisch adaptiert Julia Hammer)

Für die vorliegende Arbeit bedarf es daher der Klärung, wie dies konkret im Englischunterricht aussehen könnte:

- Welche thematischen Inhalte müssen im Englischunterricht behandelt werden?
- Wie sehen die didaktischen Herangehensweisen und Lernziele aus?

Zunächst seien in dem folgenden theoretisch argumentierenden Abschnitt die Abgrenzungen vom oder Anbindungen an den Diskurs des inter- und transkulturellen Lernens ausgelotet und formuliert.

3.3.3 Interkulturelles, transkulturelles und globales Lernen

Inter- und transkulturelles Lernen kann als Sparte des globalen Lernens kategorisiert werden. Um die Gemeinsamkeiten und Unterschiede des globalen sowie inter- und transkulturellen Lernens aufzeigen zu können, sind an dieser Stelle der Begriff und das Konzept des interkulturellen Lernens näher zu erläutern. Anschließend folgen die Verknüpfungen und Prozesse, die einen Vergleich mit dem Konzept des globalen Lernens erlauben.

3.3.3.1 Interkulturelles und transkulturelles Lernen

Der Englischunterricht umfasst traditionell mehr als die Vermittlung fremdsprachiger Kompetenzen. Interkulturelles Lernen hat sich in aktuellen Ansätzen eines lernerorientierten Fremdsprachenunterrichts zum Leitziel entwickelt. Zuvor spielte jahrzehntelang das Konzept der Landeskunde als Vermittlung von Faktenwissen über die Zielsprachenkultur eine grundlegende Rolle und beschäftigte – als Teilbereich des Fremdsprachenunterrichts – die Didaktik. Die Landeskunde sollte das Defizit bezüglich der Sprachpraxis ausgleichen und nahm im Laufe der Zeit einen festen Platz im Fremdsprachenunterricht ein. Dennoch wurde sie – als Ort der Übertragung hochkultureller und faktengesättigter Wissensrepertoires – immer kritisch begutachtet und auch die grundsätzliche Legitimierung der Teilbereiche Kultur, Geografie und anderer landeskundlicher Inhalte im Fremdsprachenunterricht stand zur Diskussion. Strittig waren vor allem die Stellung der Landeskunde gegenüber den sprachdidaktischen Themenfeldern und die Frage, inwieweit die beiden Gebiete gleichgesetzt, über- oder untergeordnet werden sollten. Bis heute konnte keine allgemein akzeptierte Lösung gefunden werden, z. T. vertiefte sich die Debatte durch den Bilingualen Unterricht, jedoch steht fest: „Since language and culture are inseparable, we cannot be teachers of language without being teachers of culture – or vice versa."[97] Sprache ist ein gesellschaftlich bedingtes Phänomen und kann nicht von ihrer kulturellen Wirklichkeit losgelöst werden.

Ein Hauptproblem der Landeskunde besteht allerdings darin, dass eine umfassende landeskundliche Bildung, die alle Facetten der Zielkultur(en) berücksichtigen will, nicht realisierbar ist, weder im Lehrwerk noch im Fremdsprachenunterricht. Daher müssen die landeskundlichen Inhalte auf Exemplarisches reduziert werden. Die Landeskunde kann nur Bruchstücke eines „soziokulturellen Mosaiks"[98] wiedergeben, so dass der Lerner die Umrisse erkennen kann oder im besten Fall einen orientierenden Überblick erhält. Die alleinige Vermittlung von Faktenwissen wird den Zielen und Intentionen des Fremdsprachenunterrichts im beginnenden 21. Jahrhundert nicht gerecht. Das Konzept des interkulturellen Lernens, das Anfang der 1980er Jahre im Fremdsprachenunterricht aufkam, deckte diese Bedürfnisse ab und löste einen regelrechten Boom aus.

Am Beginn des interkulturellen Lernens standen die Gastarbeiterkinder, die in den 1970er Jahren die Ausländerpädagogik auf den Plan riefen. Ihr Defizit an Deutschkenntnissen versuchte man, rasch in speziellen Vorbereitungsklassen auszugleichen. Das Hauptaugenmerk lag auf der schnellstmöglichen Aneignung der deutschen Sprache, um dem Unterricht in den Regelklassen folgen zu können. Kulturelle Differenzen wurden verleugnet und ignoriert; die Tabuisierung verhinderte die Akzeptanz kultureller Eigenarten. Ausgegangen wurde von dem deklarierten Defizit der Gastarbeiterkinder, weshalb man in der Konsequenz eine vollständige Assimilation an die Majoritätskultur anstrebte. Die Erziehungswissenschaften duldeten diese Herangehensweise bis in die 1980er Jahre, als mit der einsetzenden wirtschaftlichen Rezession ausländerfeindliche Haltungen immer lauter wurden. Erst daraufhin kritisierte die Pädagogik lautstark die Dominanz der

[97] Michael Byram, Carol Morgan *et al., eds.*, *Teaching and Learning Language and Culture*, Clevedon: Multilingual Matters, 1994, p. vii.

[98] Ross Steele, „Cultures ou intercultures", in: *Le Français dans le monde* 283/1996, p. 54.

Majoritätskultur, „an welche sich die Angehörigen der zugewanderten Minderheiten umstandslos zu akkulturieren hätten"[99]. Während frühe Konzepte der Ausländerpädagogik an der Majoritätskultur orientiert waren, an die sich die Angehörigen der Minoritäten assimilieren sollten, setzten sich die neuen Modelle für „die Erhaltung der kulturellen, ethnischen Identität bei gleichzeitiger Handlungsfähigkeit im – durch die Majorität dominierten und definierten – Alltagsleben"[100] ein. Zum ersten Mal kam in den 1980er Jahren die Idee auf, dass alle Kulturen gleichwertig seien und demzufolge auch gleichwertig behandelt werden sollten. Das neue Konzept richtete sich an alle, indem es sich an die Angehörigen kultureller Minderheiten und dominierender Mehrheiten wendete und die Beziehungen zwischen ihnen thematisierte. Diese Idee der Beziehung, auf die beide Seiten zusteuern müssen, ist das Kriterium, das auch heute noch bei interkulturellen Begegnungen aktueller denn je erscheint. Das vormalige Nebeneinanderherleben wird ersetzt durch eine aktive Gestaltung des Miteinanderlebens mit der „Beziehungsqualität einer gegenseitigen Akzeptanz, Toleranz und Gleichwertigkeit der Kulturen".[101]

Durch die interkulturelle Erweiterung der Landeskunde wird die Möglichkeit gegeben, Einblicke in die Konflikte und Probleme bei Begegnungen mit Kulturunterschieden zu erhalten und diese zu entschärfen. Seine Notwendigkeit, Anfänge und Entwicklungen sollen im folgenden Diskurs skizziert werden.

So entstanden erstmals mit Beginn der 1980er Jahre Überlegungen (‚Stuttgarter Thesen' der Robert-Bosch-Stiftung von 1982[102]), wie der Fremdsprachenunterricht die Schüler besser auf die neuen Anforderungen der Gesellschaft vorbereiten kann. In diesem Kontext wurde laut Christ der interkulturelle Ansatz in der Fremdsprachendidaktik zum ersten Mal ausführlich diskutiert. Die interkulturelle Ausrichtung des Fremdsprachenunterrichts plädiert für eine Anknüpfung an unmittelbare Erfahrungsbereiche der Lernenden und deren Fremdbilder, die durch Medien oder Auslandserfahrungen entstanden. Die Lerner sollen die Chance bekommen, sich bewusst mit den Besonderheiten einer fremden Kultur bzw. mit der eigenen Kultur und deren Perspektive auseinanderzusetzen. Diese Kompetenz gibt den Menschen bei interkulturellen Zusammentreffen Orientierung und befähigt sie, die kulturellen Besonderheiten anderer Kulturen respektvoll wahrzunehmen. Das Ziel besteht in einem möglichst konfliktfreien Umgang mit den Menschen anderer Kulturen.

Doch die Bausteine des interkulturellen Fremdsprachenunterrichts sowie die daraus hervorgehenden Kompetenzen werden häufig unterschiedlich interpretiert. Konsens herrscht darüber, dass interkulturelle Kompetenz für ein erfolgreiches Miteinander steht.

[99] Wolfgang Nieke, *Interkulturelle Erziehung und Bildung. Wertorientierungen im Alltag*, Opladen: Leske & Budrich, ^{2}2000, pp. 16-17.

[100] Wolfgang Nieke, „Multikulturelle Gesellschaft und interkulturelle Erziehung. Zur Theorie in der Ausländerpädagogik", in: *Die Deutsche Schule* 78/1986, p. 463.

[101] Max Fuchs „‚Kulturelle Bildung'. Zur theoretischen und praktischen Relevanz einer interdisziplinären pädagogischen Leitformel", in: *Politik und Kultur – Zeitung des Deutschen Kulturrats* 06/2007, p. 33.

[102] Robert-Bosch-Stiftung/Deutsch-Französisches Institut, *ed.*, *Fremdsprachenunterricht und internationale Beziehungen. Stuttgarter Thesen zur Rolle der Landeskunde im Französischunterricht*, Gerlingen: Bleicher, 1982.

Über dieses grundsätzliche Einvernehmen hinaus versuchen zahlreiche Erklärungen, Konzepte und Theorien eine Antwort auf die Frage „Was genau ist interkulturelle Kompetenz?“[103], die von Gardner 1963 gestellt wurde. Ebenso uneinheitlich zeigt sich die Vielzahl an Modellen zur Beschreibung und Entwicklung interkultureller Kompetenz.

Jürgen Bolten unternahm 2006 den Versuch, diese zu kategorisieren: Er teilte in Listen- und Strukturmodelle ein. Bei Listenmodellen handelt es sich um die Aufzählung relevanter Teilkompetenzen, während Strukturmodelle interkulturelle Kompetenz als systemisch-prozessual sehen und Einzelfähigkeiten bestimmten Dimensionen zuordnen. Sie werden häufig nach affektiven, kognitiven und verhaltensbezogenen Aspekten unterteilt.[104] Diese Ansätze sind auf das Individuum bezogen. Darüber hinaus gibt es aber noch situative und interaktionistische Modelle, die neben der Kompetenz des Einzelnen vor allem die Rahmenbedingungen oder Aspekte der Wechselwirkungen zwischen den Interagierenden und der Situation in den Vordergrund stellen.[105]

Gründe für die vielfältigen Ansätze und Modelle sind in der multidisziplinären Forschung und den bereits existierenden Definitionsunterschieden gemäß dem Kulturbegriff zu suchen.

Der Diskurs über den Kulturbegriff[106] – im Zusammenhang mit der Definition von interkultureller Kompetenz – eröffnet ein weites Feld unterschiedlicher Theorien: Geert Hofstede, das Eisbergmodell[107] oder Edward T. und Mildred Reed Hall[108], die Kulturdiskussion von Jacques Demorgon und Markus Molz[109] sind nur einige Beispiele an Modellen und Versuchen. Die Ansätze und Modelle können nach Kohärenz- und Differenzorientierung unterschieden werden.

103 Stefanie Rathje, „Interkulturelle Kompetenz – Zustand und Zukunft eines umstrittenen Konzepts“, in: *Zeitschrift für Interkulturellen Fremdsprachenunterricht* 3/2006, pp. 9ff. und auch George H. Gardner, „Cross-cultural Communication“, in: *Journal of Social Psychology* 58/1962, p. 248.

104 Martine Cardel Gertsen, „Intercultural Competence and Expatries“, in: *The International Journal of Human Resource Management* 1/1990, pp. 341-361.

105 Jürgen Bolten, „Interkulturelle Kompetenz“, in: *UTB-Handbuch der Medien- und Kommunikationswissenschaften*, Stuttgart: UTB, 2006.

106 Klaus P. Hansen, *Kultur und Kulturwissenschaft*, Stuttgart: UTB, 2000, pp. 230ff.

107 Terence Brake, Danielle Medina Walker und Thomas Walker, *Doing Business Internationally*, New York: Irwin, 1995, p. 78.

108 Edward T. und Mildred Reed Hall, *Understanding Cultural Differences: Germans, French and Americans,* Yarmouth, ME: Intercultural Press, 1989.

109 Jacques Demorgon und Markus Molz, „Bedingungen und Auswirkungen der Analyse von Kultur(en) und Interkulturellen Interaktionen“, in: Alexander Thomas, *ed., Psychologie interkulturellen Handelns,* Göttingen: Hogrefe, 1996, pp. 147ff.

Auf der Grundlage der Klassifizierung gängiger Kulturtheorien durch Stefanie Rathje lässt sich folgendes Schaubild entwickeln:

Ansätze und Modelle zu Kultur	
Theorien mit Kohärenzorientierung „Kultur als das Einende“	Theorien mit Differenzorientierung „Kultur als das Bindende“
Kritik: Im Zeitalter der Globalisierung lassen sich diese Vereinfachungen nicht mehr aufrechterhalten. Monokulturelle Sozialisierungen bilden eher eine Ausnahme.	Kritik: Die Theorien bieten keine schlüssige Erklärung für den offensichtlichen Zusammenhalt von Kulturen.
Synthese: Multikollektivität der Kultur	

Abb. 8: Zusammenstellung der Klassifizierung gängiger Kulturtheorien (Quelle: Stefanie Rathje; grafisch adaptiert Julia Hammer)

Bei den Ansätzen mit Kohärenzorientierung lassen sich traditionelle Theorien mit dem Verständnis von Kultur als dem Einenden zusammenfassen. Kultur entsteht aus Gemeinsamkeiten und wird von der Mehrheit der Mitglieder geteilt. Obwohl diese Ansätze Widersprüche und Abweichungen innerhalb von Kulturen im Allgemeinen nicht leugnen, überwiegt das Bild widerspruchsfreier Kulturen innerhalb einer Gruppe von Menschen. Thomas erklärt dabei präziser, dass anhand von Kulturstandards Handlungen und Orientierungen „von der Mehrzahl der Mitglieder einer bestimmten Kultur für sich persönlich und andere als normal, selbstverständlich, typisch und verbindlich angesehen werden.“[110] Im Zeitalter der Globalisierung lässt sich eine solche Vereinfachung jedoch nicht mehr aufrechterhalten. Monokulturelle Sozialisierungen bilden eher eine Ausnahme, so dass im Hinblick auf das Konzept interkultureller Kompetenz ein Kulturbegriff zu entwerfen ist, der die Widersprüchlichkeit von Kulturen nicht übersieht und in das Verständnis interkultureller Interaktion mit einbezieht.

Diese Ansprüche erfüllen die jeweiligen Modelle, welche die Differenzdiagnose in den Mittelpunkt rücken. Sie gehen von fundamentalen Unterschieden innerhalb einer Einheit aus, die gemeinhin als Kultur bezeichnet wird; das heißt, sie halten nicht an der Vorstellung der Homogenität und Einheit von Kulturen fest[111], auch wenn ein Vorhandensein einheitlicher kultureller Normen nicht gänzlich abgestritten und von Kultur als

[110] Alexander Thomas, „Analyse der Handlungswirksamkeit von Kulturstandards“, in: Alexander Thomas, *ed.,* 1996, *op. cit.*, p. 112.

[111] Ram A. Mall, „Interkulturelle Kompetenz jenseits bloßer ‚political correctness‘“, in: *Erwägen Wissen Ethik* 1/2003, pp. 196-198 und Michiko Mae, „Transkulturalität und interkulturelle Kompetenz“, in: *ibid.*, pp. 194-196. Mae überträgt die Kritik auf den interkulturellen Kontext. *Cf.* auch Georg Auernheimer, „Sensibilität für Kulturdifferenzen genügt nicht!“, in: *ibid.*, p. 155; Jürgen Straub, „Interkulturelle Kompetenz und transitorische Identität in Übersetzungskulturen: Zu Alexander Thomas´ psychologischer Bestimmung einer ‚Schlüsselqualifikation‘“, in: *ibid.*, p. 208.

etwas Bindendem ausgegangen wird. Obwohl sehr realistisch, bieten sie wiederum „keine schlüssige Erklärung für den ebenso offensichtlichen Zusammenhalt von Kulturen, der gerade für die Untersuchung interkultureller Kompetenz wichtig ist“[112]. Ferner bleibt die Frage offen, warum sich Individuen selbst einer Kultur zurechnen. Geiger warnt, dass sowohl die „Beharrungskraft von Traditionen“ als auch die „widerständige Kraft kollektiver [...] nationaler Mentalitäten“[113] und deren offensichtlicher Zusammenhalt – trotz unverkennbarer Unterschiede – nicht unterschätzt werden dürfen.

Der Amerikanist und Kulturwissenschaftler Klaus Hansen erfüllt diesen Anspruch durch sein Kulturmodell, indem er in einer Synthese die Forderung nach Differenzorientierung mit der Erklärung des Zusammenhalts von Kulturen verbindet.[114] Sein Modell sowie der Artikel der Kommunikationswissenschaftlerin Stefanie Rathje „Interkulturelle Kompetenz – Zustand und Zukunft eines umstrittenen Konzepts“[115] werden herangezogen, um dem Konzept der interkulturellen Kompetenz näherzukommen.

Hansen geht bei der Auseinandersetzung mit der Vorstellung von Kultur vom Begriff des Kollektivs aus. Unter Kollektiv versteht er alle Gruppen, vom Fußballverein über den Wirtschaftskonzern bis hin zum Nationalstaat. Durch den Kollektivbegriff grenzt er seinen Ansatz von den bisher beschriebenen Modellen vor allem dadurch ab, dass er sich nicht primär auf eine Gesellschaft oder Nation bezieht, sondern auf unterschiedliche Ebenen von Kulturen, die sich überschneiden, einander aber auch widersprechen können. In diesem Kollektiv bestehen grundsätzlich Differenzen, denn alle komplexeren Kollektive beinhalten nicht nur „Vielfalt, sondern Diversität, Heterogenität, Divergenzen und Widersprüche“.[116] Die Unterschiede bilden nach Hansen den Ausgangspunkt für die Erzeugung des Individuellen.[117] Kultur ist für ihn eine Ansammlung unterschiedlicher Angebote, die in der Innenwelt der Individuen eine subjektive Ausprägung finden. Dabei ist „der jeweilige Bedeutungsvorrat innerhalb des kulturellen Gedächtnisses“[118] endlich und unterscheidet sich von Kultur zu Kultur. Die einzigartige Ausprägung an Bedeutungen innerhalb eines Individuums verweist daher wiederum auf dessen kulturelle Zugehörigkeit.[119]

Aufgrund dieses Modells ist die Unterscheidung zwischen dem Kohärenz- und Differenzansatz nicht mehr notwendig, denn die Vorstellung eines Kollektivs, das Unterschiede aufweist, vereinigt die Widersprüche dieser beiden Ansätze auf einer höheren Ebene zu einer Synthese. Hansen nennt es das Prinzip der „Multikollektivität“[120], wenn die Zugehörigkeit eines Individuums zu bestimmten Gruppen zwar eine Absonderung von anderen Gruppen bedeutet, diese Absonderung jedoch grundsätzlich durch die mehr-

112 Stefanie Rathje, 2006, *op. cit.,* pp. 9-11.
113 Klaus F. Geiger, „Identitätshermeneutik – ein verläßlicher Ratgeber?“, in: *Erwägen Wissen Ethik* 1/2003, p. 173.
114 Klaus P. Hansen, 2000, *op. cit.*, p. 196.
115 Stefanie Rathje, 2006, *op. cit.*, pp. 9ff.
116 Klaus P. Hansen, 2000, *op. cit.,* p. 182.
117 *Ibid.,* p. 185.
118 *Ibid.,* p. 185.
119 Stefanie Rathje, 2006, *op. cit.,* p. 12.
120 Klaus P. Hansen, 2000, *op. cit.,* p. 232.

fache Verortung der Individuen in zahlreichen Kollektiven wieder entschärft wird. Auf diese Weise entsteht eine netzwerkartige Stabilität. Der Zusammenhalt von Kulturen ergibt sich dann nicht aus den Gemeinsamkeiten ihrer Angehörigen, sondern gerade aus der Bekanntheit und Selbstverständlichkeit ihrer Unterschiede.[121]

> Wir kennen [...] (die divergenten) Standpunkte, und wenn wir sie hören, wissen wir, dass wir zu Hause sind. [...] So viele es gibt und so divergierend sie sind, fügen sie sich dennoch in einen Rahmen des Üblichen.[122]

Das Modell kann also den Zusammenhalt der Kulturen trotz und gerade wegen aller Unterschiede erklären, denn die Kenntnis über mögliche Divergenzen verbindet ihre Angehörigen.

Auf das Konzept der interkulturellen Kompetenz übertragen bedeutet es nach Rathje, dass sich Interkulturalität durch Unbekanntheit beziehungsweise durch Fremdheit definiert, wenn Kulturalität durch Bekanntheit von Differenzen gekennzeichnet ist.

> Interkulturelle Interaktion als Anwendungsgebiet interkultureller Kompetenz muss dann als Interaktion zwischen Individuen aus unterschiedlichen Kollektiven aufgefasst werden, die aufgrund mangelnder Bekanntheit des jeweiligen Differenzspektrums Fremdheitserfahrungen machen.[123]

Interkulturelle Kompetenz ist also die Fähigkeit, in fremden Situationen und mit dem Fremden Normalität zu stiften und dadurch Kohäsion zu bewirken. Interkultur wird dabei in Kultur transformiert, indem durch Normalitäten Kohäsion erzeugt wird.[124] Durch die Erzeugung von Normalität kann eine Grundlage für Kommunikation, Interaktion und Kooperation geschaffen werden.

In der englischen Fachdidaktik setzt sich aber auch zunehmend eine multikulturelle und transkulturelle Ausrichtung durch. Der interkulturelle Ansatz im Fremdsprachenunterricht erfuhr durch den multikulturellen eine erste inhaltliche Erweiterung, die wenig wahrgenommenen wurde. Sie trägt dem Tatbestand Rechnung, dass „mehrere Subkulturen und Kulturen innerhalb der Grenzen eines Staates existieren können“[125], und konzentriert sich auf intrakulturelle Differenzen. Die regionalen, ethnischen und sprachlichen Unterschiede innerhalb eines Kulturraums werden dabei berücksichtigt:

> The multicultural approach includes a specific focus on the ethnic and linguistic diversity of the target country or countries, [...]. It also deals with the relations between target countries and the learner's own, and other countries, including migratory relations (where

121 Stefanie Rathje, 2006, *op. cit.,* p. 13.
122 Klaus P. Hansen 2000, *op. cit.,* p. 232.
123 Stefanie Rathje, 2006, *op. cit.*, p. 13.
124 *Ibid.*, p. 13.
125 Jürgen Einhoff, „Der interkulturelle Ansatz – Denkanstoß für die Textaufgabe?“, in: *Praxis des neusprachlichen Unterrichts* 40/1996, p. 227ff.; Jürgen Einhoff, „MULTI-CULTI. Didaktische Ansätze, Zielvorstellungen und Themen im Englischunterricht des 21. Jahrhunderts“, in: *Sonderheft PRAXIS/fsu* 2003, p. 8.

> do immigrants and refugees come from, and why?). The teaching may be focused on national and ethnic identities. It may include comparisons between the target countries and the learners' own, thereby inviting learners to develop a reflective attitude to the cultures of their own country.[126]

Das multikulturelle Lernen bezieht vor allem die intrakulturellen Differenzen mit ein, stellt somit inhaltlich eine Weiterentwicklung des interkulturellen Lernens dar und unterscheidet sich von dessen Konzepten nicht grundsätzlich. Als oberstes Lernziel steht auch hier die interkulturelle Kompetenz. Deren Komplexität spiegelt jedoch die Vielschichtigkeit der Wirklichkeit wider, auf die sich multikulturelles Lernen richtet. Als Themen eignen sich Phänomene des menschlichen Alltags wie „childhood, growing up, family, school life, relationships, love, images of women and men“[127] sowie migrationsrelevante Themen. Migrationsbewegungen, angestiegene Mobilität sowie die Verwendung weniger Sprachen als *lingua franca* haben heute zu einer gegenseitigen Durchdringung verschiedener Kulturen geführt. Forderungen nach transkultureller Bildung kamen als Antwort auf die zunehmende Verflechtung der Welt zustande, die sich immer stärker zu EINER Welt – zum globalen Dorf – entwickelt. Aus fremdsprachendidaktischer Sichtweise wird der transkulturelle Ansatz wie folgt beschrieben:

> The transcultural approach takes as its point of departure the interwoven character of cultures as a common condition for the whole world: cultures penetrate each other in changing combinations by virtue of extensive migration and tourism, worldwide communication systems for mass and private communication, economic interdependence, and the globalization of goods. [...] The widespread use of languages as lingua francas [*sic*] (i. e. used in situations where none of the speakers has the language in question as his or her first language) is one of the expressions of the internationalised world. The transcultural approach focuses on the life of individuals and groups in contexts characterised by more or less cultural and linguistic complexity [...]. The teaching deals not only with the traditional target countries, but also with other countries, areas or cultural contexts, if this may contribute to language learning.[128]

Die transkulturellen Themen gleichen im großen Maße den genannten Kriterien des multikulturellen Ansatzes wie etwa Vermischung der Kulturen oder hybride Identitäten

126 Karen Risager, „Language Teaching and the Process of European Integration“, in: Michael Byram und Michael Fleming, *ed., Language Learning in Intercultural Perspective,* Cambridge: CUP, 1997, pp. 248ff. Sie unterscheidet vier Ansätze, den *foreign cultural, intercultural, multicultural und transcultural approach*. Ihre Terminologie und idealtypische Systematik beschreibt zutreffend die Entwicklung der Position der fachdidaktischen Diskussion der letzten 25 Jahre. *Cf.* dazu Vera Nünning und Ansgar Nünning, „British Cultural Studies konkret. 10 Leitkonzepte für einen innovativen Kulturunterricht“, in: *Der Fremdsprachliche Unterricht Englisch* 1/2000, pp. 4ff.

127 Karen Risager, „Language Teaching and the Process of European Integration“, in: Michael Byram und Michael Fleming, *ed.,* 1997, *op. cit.*, pp. 248ff.

128 *Ibid.*, pp. 242ff.

und nehmen transkulturelle Themen und globale Problemkomplexe mit auf. Sie müssen bedeutender Gegenstand des modernen Englischunterrichts sein.

Im Folgenden wird das für diese Arbeit grundlegende Verständnis der Begriffe inter- und transkulturelles Lernen skizziert: Trotz der inhaltlichen Neuorientierung, die transkulturelles Lernen für den Fremdsprachenunterricht mit sich bringt, erscheint es in der vorliegenden Arbeit nicht sinnvoll, den Terminus des interkulturellen Lernens aufzugeben. Die Traditionen bei der Vermittlung und vor allem die Gegensätze zwischen dem Fremden und dem Eigenen sollen im Rahmen des Englischunterrichts eindeutig erhalten bleiben. Daher wird in dieser Forschungsarbeit weiterhin am Begriff des interkulturellen Lernens[129] festgehalten.

Die vorausgegangenen Aufarbeitungen stellen allerdings dar, dass es sich bei dem multikulturellen und transkulturellen Ansatz in der Fremdsprachendidaktik vor allem um inhaltliche Ergänzung beziehungsweise um unterschiedliche Kulturbegriffe handelt. Eine solche inhaltliche Erweiterung, verbunden mit methodisch-didaktischen Realisierungen, wird dieser Arbeit zugrunde liegen. Konsequenterweise wird interkulturelles Lernen daher nicht (weiter) als bidirektionales Lernen betrachtet, sondern die Themen der Multikulturalität und -lingualität, der transkulturellen Erscheinungsformen und der fremden und eigenen Kulturen werden miteinbezogen. Risager vertritt die Ansicht:

> The ideal is still the mediator's competence: intercultural and communicative competence, but with new tasks: the competence to use the language as contact language in all kinds of situations characterized by cultural and linguistic complexity, among others as a lingua franca in international and interethnic communication.[130]

Die Darstellung der Entwicklung der verschiedenen Ansätze und Zielsetzungen, die den Englischunterricht der letzten 25 Jahre prägten, verdeutlicht die Tendenz hin zu einer logisch nachvollziehbaren inhaltlichen und methodisch-didaktischen Ausdifferenzierung aufgrund der gesellschaftlichen und politischen Entwicklung. In diesem Zusammenhang ist aber der interkulturelle Ansatz folgerichtig als pädagogische Notwendigkeit weiterhin unentbehrlich.

129 *Cf.* hierzu auch Wolfgang Welsch, „Auf dem Weg zu transkulturellen Gesellschaften", in: Günter Seubold, *ed., Die Zukunft des Menschen – Philosophische Ausblicke*, Bonn: Bouvier 1999, pp. 119-144; Lothar Bredella, *Das Verstehen des Anderen. Kulturwissenschaftliche und literaturdidaktische Studien,* Tübingen: Narr, 2010; Laurenz Volkmann, Maria Eisenmann und Nancy Grimm, *eds., Teaching the New Englisch Literatures and Cultures*, Heidelberg: Winter, 2009; Heinz Antor, Matthias Merkl, Klaus Stierstorfer und Laurenz Volkmann, *eds.,* 2010, *op. cit.*

130 Karen Risager, „Language Teaching and the Process of European Integration", in: Michael Byram und Michael Fleming, *eds*., 1997*, op. cit.*, pp. 249.

3.3.3.2 Interkulturelles und globales Lernen – Übereinstimmungen und Abweichungen

Begründungen und Zielsetzungen des interkulturellen Lernens weisen Übereinstimmungen mit dem bereits beschriebenen Konzept des globalen Lernens auf, und auch bei einem Blick auf die methodisch-didaktischen Herangehensweisen und Lernziele ergeben sich zahlreiche Ähnlichkeiten.

Trotz zahlreicher Übereinstimmungen sind auch Unterschiede vorhanden und die Ansätze nicht vollständig identisch. Interkulturelles Lernen bemisst bereits über die kommunikativen Sprachziele hinaus ein allgemein pädagogisches Anliegen. Daher haben sowohl das interkulturelle als auch das globale Lernen eine kognitive und affektive Dimension, die durch eine Handlungskompetenz ergänzt werden.

Interkulturelles Lernen wird zumeist dahingehend interpretiert, dass es sich mit dem Individuum und dessen Perspektive auseinandersetzt, um ein Bewusstsein von kulturellen Unterscheidungen herbeizuführen[131], während sich globales Lernen auf den ersten Blick – fest verankert zunächst im Kontext politischer Bildung und erziehungswissenschaftlicher Bezüge – mehr auf die soziale Analyse und Perspektive der globalen Welt beschränkt. Diese Unterscheidung wird den Modellen jedoch in keiner Weise gerecht. Sie schränkt die Ziele des interkulturellen Lernens ein – das die globale Weltgesellschaft sehr wohl auch durch das Konzept der Multikulturalität und Transkulturalität wahrnahm[132] – und reduziert globales Lernen auf eine kognitive Ebene.

Die enge Beziehung zwischen interkulturellem und globalem Lernen beruht eher darauf, dass beide Konzepte sich weniger in ihren Zielen als in ihrer Herangehensweise beziehungsweise Ausgangssituation unterscheiden. Globales Lernen geht über das interkulturelle Lernen hinaus, indem es, anstatt auf eine reine literatur- und kulturphilosophische sowie sprachlich-kommunikative Ausrichtung abzuzielen, friedensfördernde und nachhaltige Konzepte durch politische, ökologische und ökonomische Dimensionen in den Fremdsprachenunterricht integriert, ohne jedoch auf die interkulturellen Implikationen verzichten zu können. Es wird die Aufgabe des modernen Englischunterrichts sein, beide Ansätze zu verbinden.

Eine Möglichkeit, diese Verknüpfung herzustellen, kann sein, dass die Auseinandersetzung mit anderen Denkerfahrungen und einem unterschiedlichen kulturellen Wertsystem als Baustein auf dem Weg zu einer weltoffenen multiperspektivischen Weltsicht und Selbstwahrnehmung dient. Interkulturelles Lernen ermöglicht also die Reflexion eigener Wert- und Bezugssysteme bis hin zu einer Veränderung dieser eigenen kulturellen Muster.

Dies entspricht einem Grundziel des globalen Lernens, das auf die Veränderungsfähigkeit abzielt. Ohne die Bereitschaft, eigene Denkweisen infrage zu stellen, wird es nicht möglich sein, die Kompetenzen zu entwickeln, die angesichts der Komplexität der globalen Welt als notwendig angesehen werden. Dazu zählen die Fähigkeit zum Perspektivenwechsel und zur Verbesserung der Wahrnehmung, die Befähigung,

[131] Eine ausführliche Darlegung, was genau interkulturelle Kompetenz eigentlich ist, findet sich in dem Artikel von Stefanie Rathje (Stefanie Rathje, 2006, *op. cit.*, pp. 9ff.).

[132] *Cf.* zu den Definitionen des multikulturellen und transkulturellen Lernens Jürgen Einhoff, 1996, *op. cit.*, pp. 227ff. und Jürgen Einhoff, 2003, *op. cit.*, pp. 7-8.

authentische Erfahrungen aus dem Nahbereich in einen weltweiten Rahmen zu stellen, sowie die Bereitschaft zum Engagement und zur Kooperation.[133]

Daher darf globales Lernen nicht nur auf sozialwissenschaftliche oder naturwissenschaftliche Fächer angelegt werden, wenn es um die Aspekte des interkulturellen Lernens geht. Gerade im Englischunterricht kommt es verstärkt darauf an, unterschiedliche Lebens- und Erfahrungsbereiche anzusprechen. Der Beitrag des Englischunterrichts liegt, wie Parham[134] zu Recht betont, gerade darin, monologische, tendenziell einseitige Ausrichtungen der Unterrichtspraxis durch die Akzeptanz widersprüchlicher, eben auch ‚inkorrekter' Lernermeinungen gegenüber der Globalisierung zu bereichern, wobei das Lernziel eben nicht ein Durchsetzen der korrekten Lehrermeinung hinsichtlich eines *global issues* oder ein *preaching to the converted*[135] sein sollte, sondern ein „offenes, demokratisches und Hierarchien abbauendes Forum des Gedankenaustauschs".[136]

Eine trennscharfe Abgrenzung des interkulturellen und globalen Lernens ist also nicht wünschenswert, entscheidend ist vielmehr die Frage, wie die Verbindung zwischen individuellen Erfahrungen, intendierten interkulturellen Kompetenzen und den globalen Herausforderungen hergestellt wird. Die Auseinandersetzung mit *global issues*, die heute oftmals noch gar nicht oder ausschließlich gesellschafts- beziehungsweise kulturspezifisch erfolgt, die aber einen globalen Kontext verlangt, ist von existenzieller Bedeutung.

3.3.4 Zentrale Herausforderungen des globalen Englischunterrichts

Die Folgen der Globalisierung stellen die Fachdidaktik Englisch vor Herausforderungen, vor denen sie sich nicht länger verschließen kann. Dazu muss der Englischunterricht neben dem Fremdsprachenerwerb

- eine Ausweitung der thematischen Inhalte hin zu *global issues* vollziehen und
- bei der Herangehensweise auf eine Methodenvielfalt zurückgreifen, die darauf abzielt, die Dialog- und Konfliktfähigkeit, Selbstwirksamkeit und Mitgestaltung ganzheitlich zu fördern.[137]

Diese zwei wesentlichen Herausforderungen für den modernen Englischunterricht werden im Folgenden genauer vorgestellt.

133 Norbert Noisser, Annette Scheunpflug und Peter Schmitz, *Entwicklungsbezogene Bildung in Deutschland – Stand der Diskussion und (bildungs-) politische Herausforderungen*, Bonn: Deutscher Volkshochschul-Verband, 1996, p. 15.

134 John Parham, „The Deficiency of ‚Environmental Capital': Why Environmentalism Needs a Reflexive Pedagogy", in: Sylvia Mayer und Graham Wilson, *eds*., 2006, *op. cit*., pp. 7-22.

135 Laurenz Volkmann, „*Ecodidactics* als Antwort auf die planetare Bedrohung? Zum Einsatz von *ecopoetry* im Englischunterricht", in: Rüdiger Ahrens, Maria Eisenmann und Julia Hammer, *eds*., 2012, *op. cit*.

136 *Ibid*.

137 Wolfgang Beutel, „Zwischen Globalisierung, Zivilgesellschaft und Autonomie der Politik", in: *Pädagogik* 4/2002, p. 58.

Die Grundlage des globalen Lernens im Fremdsprachenunterricht bildet eine Ausweitung der thematischen Inhalte hin zu *global issues.* Gegenstand sind vor allem Themenfelder der sozialen und wirtschaftlichen Entwicklung, die damit verbundenen politischen und kulturellen Aspekte sowie die Wechselwirkung zwischen lokaler Lebenswelt und globalen Zusammenhängen. Themengebiete[138], die zu einer globalen Kompetenz führen, können unter den folgenden Aspekten[139] kategorisiert werden:

- Bevölkerungsgeografische Aspekte
  Mobilität, Raumauflösung, Distanzlosigkeit, Migrationsprozesse, Besiedlungen, Völker(-wanderungen), Länder, Kulturen etc.
- Gesellschaftliche Aspekte
  Religion, Zusammenleben in der multikulturellen Gesellschaft, Integration, Multikulturalismus etc.
- Friedenspädagogische Aspekte
  Gewalt, Krieg, Rassismus, Atomwaffen, Flüchtlinge, Terrorismus etc.
- Soziale Aspekte
  Menschenrechte, Genderproblematik, Kinderrechte, gesellschaftliches Engagement (z. B. ATTAC, *Amnesty International, Terre des Femmes*) etc.
- Politische Aspekte
  Global Governance, Einwanderungsgesetze, Integrationspolitik etc.
- Ökologische Aspekte
  Umweltverschmutzung, Abholzungen von Wäldern, Aussterben bedrohter Tiere, Recycling und Naturkatastrophen, Klimawandel etc.
- Kulturelle Aspekte
  Popkultur, *McDonaldisierung* etc.
- Sozio-ökonomische Aspekte
  Armut, Reichtum, Konsum, Werbeindustrie, *Fair Trade* etc.
- Technische Aspekte
  Verkehr, Digitalisierung etc.
- Gesundheitsbezogene Aspekte
  Drogen, Bekämpfung von AIDS etc.
- Sprachliche Aspekte
  Sprachimperialismus, Kommunikationsprobleme, *English as a lingua franca* (ELF), Wirtschaftsenglisch etc.

Abb. 9: Übersicht: globale Themengebiete

138 Kip. A. Cates, *Conference Paper JET,* May 2006, *op. cit.*

139 Die Liste setzt sich aus Vorschlägen von Volkmann zusammen und wurde ergänzt: Laurenz Volkmann, „The Global Village: Von der interkulturellen zur multikulturellen Kompetenz“, in: Heinz Antor, *ed., Fremde Kulturen verstehen – fremde Kulturen lehren. Theorie und Praxis der Vermittlung interkultureller Kompetenz*, Heidelberg: Winter, 2007, p. 133.

Entscheidend ist, dass kein einseitiges, zum Beispiel ausschließlich negatives Bild der Globalisierung in den Lehrbüchern geprägt wird. Der Englischunterricht muss vor allem von den durch die Medien vorgegebenen Stereotypen abweichen, um eine Abstumpfung gegenüber globalen Themen zu vermeiden.

Einhoff betont, dass man Lerner nicht adäquat auf die Zukunft vorbereiten könne, wenn globale Themen ausgeklammert bleiben. Volkmann bezeichnet die Aufnahme der globalen Dimension in den Englischunterricht als eine „exciting extension", die für ihn nicht nur verwirrende, sondern auch spannende Merkmale bereithält.[140]

Um diese Ziele zu erreichen, ergeben sich Herangehensweisen und Grundsätze hinsichtlich der Methodik und Didaktik. Globales Lernen ist als Unterrichtsprinzip zu sehen, um globales Verständnis durch altersadäquate und den Möglichkeiten der Jugendlichen im Fremdsprachenunterricht entsprechende Lernerfahrungen zu schaffen. Dies bedeutet nicht nur eine vermehrte Arbeit mit authentischen Materialien (verschiedenen Textsorten), sondern auch einen Einsatz unterschiedlicher Medien (wie beispielsweise Internetrecherchen und verschiedene Formen von Telekommunikation) und vor allem eine Methodenvielfalt im makro-methodischen (Freiarbeit, Projektarbeit etc.) und mesomethodischen Bereich (eine Vielfalt an Sozialformen und Handlungsmustern). Besonders handlungs- und projektorientierte Unterrichtsformen, selbstbestimmtes und -organisiertes Lernen, kooperative Lernformen, ganzheitliche Methoden und sogar Rhythmus, Melodien und sprachliche Ästhetik in enger Verbindung mit körperlicher Bewegung können einen Fremdsprachenunterricht kennzeichnen, der im Konzept des globalen Lernens steht. Durch sie werden habituelle, interaktive (z. B. das Darstellende Spiel), affektive und praktische Aktivitäten sowie abwechslungsreiche Arbeitsaufträge in den Unterricht integriert.

Auch fächer- bzw. sprachübergreifendes Lernen und die Integration außerschulischer Lernbereiche sind erstrebenswerte Ansätze. Im Gegensatz zum interkulturellen Lernen, das bis heute ein sehr theoretisches Konzept geblieben ist, muss die Kluft zwischen Aktivitäten im Fremdsprachenunterricht und dem tatsächlichen Leben überbrückt werden.[141]

Als Ziele und Werte, die durch das globale Lernen vermittelt werden, können die soziale Verantwortung, gesellschaftliches Engagement, Gerechtigkeit, Freiheit, Friede, Würde, Gleichheit, Menschenrechte, Demokratie, Toleranz, Unabhängigkeit, Umweltbewusstsein, Multikulturalismus, Konsumeinstellung wie auch gegenseitiges Verständnis und effektive Kooperation gezählt werden. Das Klassenzimmer sollte als Ort der Konfliktbewältigung und des nachhaltigen und friedvollen Handelns gestaltet werden. Der Lerner wird darauf vorbereitet, sich für Andersartiges und Fremdes zu öffnen, indem die exemplarischen Möglichkeiten jedes Einzelnen aufgezeigt werden, sich politisch, gesellschaftlich, nachhaltig und sozial zu engagieren.[142] Das Individuum wird als Subjekt der globalen Entwicklungen gesehen, das zur persönlichen Teilhabe

[140] Wolfgang Welsch, „Transkulturalität. Lebensformen nach der Auflösung der Kulturen", in: *Information Philosophie* 2/1992, pp. 5-20, zitiert nach Laurenz Volkmann, 2010, *op. cit*, p. 155.

[141] Alan Maley, 1992, *op. cit.*, p. 73.

[142] Kip A. Cates, „Global Education", in: Michael Byram, *ed.*, 2000, *op. cit.*, p. 241.

fähig ist und weltweite Beziehungen und diesen zugrunde liegende Mechanismen erkennt.

Trotz der ausführlich dargestellten Vorteile des globalen Lernens müssen auch kritische Stimmen, Diskussionen und Gegenargumente wahrgenommen werden, die bei dem kontroversen Thema der Globalisierung und beim globalen Lernen als Unterrichtsprinzip nicht selten sind. Ein solcher Unterricht verlangt von den Lehrkräften, bisherige Vorgehensweisen zu überdenken und sich für ein ganzheitliches Lernen und Erleben zu öffnen, indem die Prinzipien und Ansätze in den Unterricht einzubringen sind und globales Lernen nicht nur als theoretisches Konstrukt zu verstehen ist.

Einer der häufig genannten Kritikpunkte ist die Problematik, dass dem globalen Lernen gerne ein Moralapostel-Effekt („preaching, not teaching“[143]) vorgeworfen wird. Der von Köring bereits im Jahre 1989 verfasste Artikel „No Peace, Please, We're Teaching English – zur Restringenz friedenspädagogischer Möglichkeiten des Englischunterrichts“[144] erklärt ausführlich, dass bis heute viele Lehrkräfte fächerübergreifend globales Lernen noch immer in eine Betroffenheitspädagogik-Ecke stellen. Diese friedenspädagogische Ausrichtung soll nicht grundsätzlich infrage gestellt werden, gleichwohl ist die Friedenserziehung zu spezifisch, um in der heutigen Zeit als allgemeines Prinzip schulischer Erziehungs- und Bildungsarbeit gelten zu können.[145]

Ein weiterer Punkt, der nicht außer Acht gelassen werden darf, ist die Frage, ob offene Unterrichtsformen und methodische Handlungsmuster – wie beispielsweise das Darstellende Spiel – nicht zu vereinfachend für diese vielschichtigen und ernsten Themenkomplexe sind. Demgegenüber kann argumentiert werden, dass aus psychologischer Sichtweise Lehr-und Lernprozesse weitab von einer Krieg-Frieden-Problematik einsetzen, und zwar dort, wo die Jugendlichen tatsächlich betroffen sind und wo sich ihnen Identifikationsmöglichkeiten bieten.

Ein anderes großes Problem ist vor allem im Hinblick auf den Englischunterricht der Wissenstand der Lehrpersonen, denn nicht jede Lehrkraft hat als Zweit- oder Drittfach gesellschaftspolitische Fächer. Wer nicht speziell für die Themen der Globalisierung ausgebildet wurde, könnte Probleme haben, diese komplexen Zusammenhänge zu unterrichten. Gerade auch vor dem Hintergrund der G8-Verkürzung an Gymnasien bundesweit sind die Curricula zu voll, um Neues hinzuzufügen. Und sicher wird es auch Vorurteile in den Kollegien geben, dass Englischlehrer und -lehrerinnen sich besser auf das Beibringen von Sprache konzentrieren und globale Probleme den sozialwissenschaftlichen Fächern überlassen sollten.

Dennoch: Kontroverse Themen bringen Motivation in das Klassenzimmer. Lehrkräfte können als neutrale *chairperson* und *facilitator* die Lerner anleiten und unter-

143 Reinhold Freudenstein, „Peace Education? No, Thank You!“, in: Albert Raasch, 1997, *op. cit.*, pp. 84-94.

144 Klaus H. Köhring, „No Peace, Please, We're Teaching English – zur Restringenz friedenspädagogischer Möglichkeiten des Englischunterrichts“, in: Wilfried Brusch, Wulf Künne und Reiner Lehberger, *eds.*, 1989, *op. cit.*, pp. 89-102.

145 Eberhard Piepho, „Das Lehrwerk im Englischunterricht“, in: *ibid.*, pp. 79 -88.

stützen, ohne didaktisch erhobenen Zeigefinger, und dabei ihr eigenes Wissen in diesem Prozess erweitern.[146]

3.3.5 Konklusion

Das Ausmaß der gegenwärtigen weltweiten gesellschaftlichen Prozesse hat für den Englischunterricht viele Veränderungen gebracht. Eine Einbeziehung globaler Themen und Aktivitäten im Klassenzimmer lässt sich nicht mehr aufhalten. Vor allem durch die besondere Situation des Englischen als *lingua franca* muss sich der Englischunterricht für einen erweiterten Kontext öffnen.

Doch die globalen Transformationen und Herausforderungen verlangen veränderte Bewusstseinsformen, um die neuen Gesellschaftsformen akzeptieren zu lernen und in der zur Selbstverständlichkeit gewordenen Koexistenz mit dem Fremden bestehen zu können.

Eine friedliche Kooperation kulturell unterschiedlicher Ethnien und die entsprechende Identitätsentwicklung des Individuums im Rahmen der Globalisierung dürfen ebenso nicht aus dem Auge verloren werden. Diese Kompetenzerweiterung zu vermitteln, ist Aufgabe des Bildungsauftrags, welcher der Schule als Bildungsinstitution und damit auch insbesondere dem Fremdsprachenunterricht Englisch zukommt.

Als weiterer elementarer Schritt sollte allen am Englischunterricht Beteiligten deutlich sein, dass globales Lernen nicht allein die Thematisierung der Globalisierung beinhaltet, sondern als Unterrichtsprinzip mit den didaktisch-methodischen Vorgehensweisen eng verbunden ist. Immer noch laufen zu viele Unterrichtsstunden nach lehrerzentrierten Konzepten ab, wo die Frage-Antwort-Struktur herrscht und Fragen nur gestellt werden, um herauszufinden, ob die Lerner die richtige Antwort wissen. Deren eigene Meinung ist von geringem Interesse. Zwar ist anerkannt, dass offenere Unterrichtsformen und handlungsorientierte Aufgabenstellungen lernpsychologisch effektiver sind, gleichwohl werden immer wieder Gründe gesucht, warum sie in dieser Form nicht stattfinden können (beispielsweise Klassengröße, Stofffülle etc.). Hier ist ein größeres Durchhaltevermögen der Lehrkräfte gefordert, um die Situation zu ändern.

Diese Diskussion ist aufgrund der Bedeutung der Lehrwerke im Englischunterricht der Sekundarstufe I (*cf.* Kapitel 2) auch eng verbunden mit der Erarbeitung einer neuen Lehrwerkgeneration. Das globale Lernen hat diesbezüglich den Anspruch, Lehrwerkskonzepte, die noch immer primär am Sprachsystem orientiert sind, nun systematisch dem kompetenzorientierten Fremdsprachenunterricht anzupassen und interkulturelle,

[146] Ein nicht uninteressanter Blick gilt vor diesem Hintergrund der Ebene der Lehrkräfte und ihrem Selbstverständnis. Englischlehrer und -lehrerinnen verstehen zumeist unter ihrem Beruf weit mehr als die reine sprachliche Vermittlung. Sie nehmen die Herausforderungen des globalen Lernens an und erweitern ihre Fertigkeiten (Michael Byram, *From Foreign Language Education to Education for Intercultural Citizenship, Essays and Reflections*, Clevedon: Multilingual Matters, 2008).

kommunikative und, wie bisher aufgezeigt, globale und methodische Kompetenzen zu erweitern.[147]

Globales Lernen bedeutet jedoch in keinem Fall eine reine *output*-Orientierung und ein auf Standardisierungsraster fixiertes Lernen von Kompetenzen. Ein solches Lernen beinhaltet die emotionalen, geistigen und intellektuellen Fähigkeiten, die sich in verantwortungsvollem und nachhaltigem Handeln niederschlagen. Ästhetisches Urteilsvermögen und Wertschätzung, eine Stärkung der Persönlichkeitsentwicklung sowie ein kritisch-konstruktives Bewusstsein sollen dadurch angebahnt werden. Globales Lernen ist kein ökonomisches Bildungskonzept, das zweckgebundene Kompetenzen ausbildet, die zum Meistern des späteren Berufswegs und zum möglichst reibungslosen Funktionieren im *global village* benötigt werden.

Über diese Forschungsarbeit hinausgehend bedarf es weiterer Überprüfung der grundlegenden Ziele und Aufgaben des Englischunterrichts, einer Diskussion über die Inhalte und deren didaktische Relevanz sowie über methodisch-didaktische Vermittlungsmöglichkeiten.

[147] Rüdiger Ahrens, „Fremdsprachenunterricht im Spannungsfeld von Inhaltsorientierung und Kompetenzbestimmung", in: Karl-Richard Bausch *et al.*, *eds.*, 2009, *op. cit.*, pp. 16-25.

3.4 Globales Lernen in Curricula

Europäische Beschlüsse[148] fordern bereits mit Nachdruck, das Konzept des globalen Lernens konsequent und transparent in die Bildungscurricula zu integrieren.[149]

In Deutschland wurde ein von der ständigen Kultusministerkonferenz (KMK) entwickelter *Orientierungsrahmen für den Lernbereich Globale Entwicklung*[150] 2007 in Kraft gesetzt. Er soll für die Bundesländer ein Modell sein, wie globale Fragen und Themen Teil der Curricula werden können. Dafür werden konkrete Empfehlungen und Materialien zur Verfügung gestellt, um die komplexen Fragen globaler Entwicklung im Fachunterricht zu bearbeiten, und es wird eine Aufnahme für eine fachübergreifende Unterrichtsorganisation gefordert. Seit dem Schuljahr 2008/09 werden auch verstärkt auf Bundesländerebene Rahmenlehrpläne und didaktische Konzepte bzw. Unterrichtsmodelle veröffentlicht, die sich an den *Orientierungsrahmen für den Lernbereich Globale Entwicklung* anlehnen.[151] Sie sind für die Lehrkräfte des jeweiligen Bundeslands als Anregungen für die Unterrichtsplanung und als Materialzusammenstellung gedacht. Vor allem bieten sie für die gesellschaftswissenschaftlichen Fächer sowie für fächerverbindende Projektphasen Anschluss- und Umsetzungsmöglichkeiten.[152]

Speziell für den Fremdsprachen- und Englischunterricht ausgearbeitete didaktische Konzepte oder Rahmenlehrpläne wurden bisher weder bundesweit noch länderspezifisch entwickelt. Daher müssen die fachspezifischen Curricula für den Englischunterricht

148 Dokumente der zentralen Weltkonferenzen sowie Beschlüsse und Erklärungen europäischer Organisationen, der UNO und ihrer Unterorganisationen: *Bonn Declaration* (UNESCO-Weltkonferenz Bildung für nachhaltige Entwicklung, 2009*), Paris Declaration* (2005), *Maastrichter Erklärung zum Globalen Lernen/European Strategy Framework for Improving and Increasing Global Education in Europe to the Year 2015* (Maastricht 2002) etc.

149 *Cf.* dazu die UNO-Konferenz in Rio de Janeiro 1992 (Schlagwort: ‚Nachhaltige Entwicklung').

150 Dieter Appelt und Hannes Siege, *eds., Orientierungsrahmen für den Lernbereich Globale Entwicklung,* Herausgegeben von: Bundesministerium für wirtschaftliche Zusammenarbeit und Entwicklung (BMZ), der Ständigen Konferenz der Kultusminister der Länder der Bundesrepublik Deutschland in Zusammenarbeit mit der INWENT – Internationale Weiterbildung und Entwicklung gGmbH und dem Staatsinstitut für Schulqualität und Bildungsforschung München (ISB) im Juni 2007. Dieser Orientierungsrahmen kann unter folgender Adresse eingesehen werden: *Orientierungsrahmen für den Lernbereich Globale Entwicklung* (URL: www.kmk.org/fileadmin/veroeffentlichungen_beschluesse/2007/2007_06_00_Orientierungsrahmen_Globale_Entwicklung.pdf, Stand: September 2010).

151 Hamburger Unterrichtsmodelle zum KMK-Orientierungsrahmen (URL: www.ewik.de/coremedia/generator/ewik/de/Downloads/Grundlagentexte/Freie_20und_20Hansestadt_20Hamburg_3A_20Globales_20Lernen_20Hamburger_20Unterrichtsmodelle_20Didaktisches_20Konzept.pdf, Stand: März 2011).

152 *Cf.* dazu die Hinweise zur Unterrichtsreihe ‚Globales Lernen' (URL: www.ewik.de/coremedia/generator/ewik/de/Downloads/Grundlagentexte/Freie_20und_20Hansestadt_20Hamburg_3A_20Globales_20Lernen_20Hamburger_20Unterrichtsmodelle_20Didaktisches_20Konzept.pdf, Stand: März 2011).

näher untersucht werden. Sie nehmen eine bedeutsame Rolle ein und dienen den Lehrbuchautoren als Vorlage zur Gestaltung der Lehrwerke.

Neben einem knappen Überblick über die gegenwärtigen Tendenzen und Veränderungen, welche die Curricula betreffen, dokumentiert das Kapitel exemplarisch eine schulartenübergreifende Analyse[153] ausgewählter Curricula der deutschen Bundesländer für das Fach Englisch. Das besondere Interesse richtet sich auf die Fragen, welche übergreifenden Ziele und welche inhaltlichen und methodisch-didaktischen Ansatzpunkte für das globale Lernen in den Curricula des fremdsprachlichen Aufgabenfeldes verankert sind und welche Möglichkeiten bestehen, globales Lernen im Englischunterricht umzusetzen. Aus der Untersuchung sollen sich die Jahrgangsstufen ergeben, die der nachfolgenden Lehrwerkanalyse zugrunde liegen.

Bildungsstandards sind ein Teilsystem der Steuerung von Bildungsprozessen, die in Deutschland seit dem so genannten „PISA-Schock“[154] in der Bildungspolitik an Bedeutung gewannen. Sie wurden von der KMK im Mai 2002 ins Leben gerufen, um die Unterschiede in den Leistungsniveaus deutscher Schüler zu beheben. Zudem sollen die bundesweit einheitlichen Bildungsstandards eine allgemeine Vergleichbarkeit der Schulabschlüsse und Lernergebnisse deutschlandweit ermöglichen.[155]

Sie sind jedoch nur als Rahmenstandards für die einzelnen Bundesländer zu verstehen. Durch die weiterhin geltende Bildungshoheit der Länder entstehen in den 16 Bundesländern jeweils eigene Texte, die entweder die äußere Form der Bildungsstandards aufnehmen (Nordrhein-Westfalen oder Niedersachsen), oder Formen verwenden (Baden-Württemberg) oder ganz auf traditionelle Lehrplanformate zurückgreifen (Bayern).

153 Bei Lehrplananalysen lässt sich unterscheiden zwischen einem synchronen Ansatz, der Aussagen über die gegenwärtigen Lehrpläne macht, und einem diachronen Ansatz, der wiederum eine historische Entwicklung aufzeigt (Rüdiger Ahrens, „Grenzen der Richtlinien und Chancen der Fachdidaktik“, in: Karl-Richard Bausch, Herbert Christ, Werner Hüllen und Hans-Jürgen Krumm, *eds., Forschungsgegenstand Richtlinien,* Arbeitspapiere der 5. Frühjahrskonferenz zur Erforschung des Fremdsprachenunterrichts, Tübingen: Narr, 1985, pp. 13-14).

154 Auch die weiteren Ergebnisse internationaler Vergleichsstudien – PISA, IGLU, TIMSS und zuletzt der ersten nationalen Studie DESI — führten zu Bildungsstandards, die „Kompetenzen und Kompetenzstufen basierende Lernziele [formulieren], die die Schülerinnen und Schüler bis zu einem bestimmten Zeitpunkt im Laufe ihrer Lerngeschichte erreichen sollen“ (Laurenz Volkmann, 2010, *op. cit.,* p. 7). *Cf.* auch Thomas Jahnke, „Deutsche PISA-Folgen“, in: Stefan T. Hopmann, Gertrude Brinek und Martin Retzl, *eds., PISA zufolge PISA. PISA According to PISA,* Wien: LIT, 2007 und Thomas Jahnke, „Zur Ideologie von PISA & Co“, in: Thomas Jahnke und Wolfram Meyerhöfer, *eds., PISA & Co – Kritik eines Programms,* Hildesheim: Franzbecker, ²2007.

155 Die erwarteten Lernresultate sollen durch landesweite Vergleichs- und Orientierungsarbeiten und in bundesweiten Vergleichungsuntersuchungen überprüft werden. Zur Überprüfung dieses Steuerungssystems werden vermehrt Testungen an Schülern durchgeführt. Das von den Ländern gemeinsam getragene „Institut zur Qualitätsentwicklung im Bildungswesen – Wissenschaftliche Einrichtung der Länder an der Humboldt-Universität zu Berlin“ (IQB) überprüft die Einhaltung der Bildungsstandards und forscht an deren Weiterentwicklung.

Die Bildungsstandards ergänzen somit die Lehrpläne (Bayern) oder Schulcurricula (Baden-Württemberg) bzw. reduzieren auch die Ansprüche der mit Stoff und Forderungen überfüllten Lehrpläne. Ihr Unterschied liegt vor allem darin, dass Lehrpläne eine *input*-orientierte Steuerung vornehmen, während Bildungsstandards auf eine *output*-orientierte Steuerung zielen.[156] Lehrpläne (oder auch Schulcurricula)[157] schreiben also sehr detailliert vor, was der Lernende alles aufnehmen muss. Sie legen systematisch die Lernziele und -inhalte fest, bestimmen die Grundlagenliteratur, schreiben die Art und Anzahl der Leistungskontrollen vor und geben teilweise auch detaillierte Hinweise zum methodisch-didaktischen Vorgehen. Bei den Bildungsstandards hingegen ist von Interesse, was langfristig bis zum Schulabschluss an zentralen Inhalten erreicht werden muss bzw. was bei der schulischen Bildung am Ende als Ergebnis steht.[158] Sie konzentrieren sich auf fachbezogene wie auf überfachliche Kompetenzen. Diese Ausrichtung der Bildungsstandards auf Schlüsselqualifikationen ist, so Ahrens, „kennzeichnend für einen tiefgreifenden Reformprozess in Bildungsinstitutionen seit etwa der Jahrtausendwende, der schon jetzt Lehr- und Lernprozesse, gerade auch in fremdsprachlichen Bereichen prägt."[159]

Der Grundgedanke der Bildungsstandards liegt darin, dass Schüler an unterschiedlichen Gegenständen und Inhalten gleiche Fähigkeiten erwerben können. Die Vorteile der *output*-orientierten Bildungsstandards sind darin zu sehen, dass den Schulen und Lehrkräften eine größere Freiheit bei der Auswahl und Anordnung der Inhalte gegeben wird und die Lehrer dadurch den Unterricht besser an die teilweise sehr unterschiedlichen Vorkenntnisse und Erfahrungen der Lerner anpassen können. Auch die Lernergebnisse sollen stärker vereinheitlicht und verbindlicher gemacht werden – im Sinne von Fähigkeiten, Fertigkeiten und Bereitschaften, nicht im Sinne konkret gelernter Inhalte.

156 Eckhard Klieme, Hermann Avenarius, Werner Blum, Peter Döbrich, Hans Gruber, Manfred Prenzel, Kristina Reiss, Kurt Riquarts, Jürgen Rost, Heinz-Elmar Tenorth und Helmuth J. Vollmer, *Zur Entwicklung nationaler Bildungsstandards,* Bonn: BMBF, 2007.

157 In der pädagogischen Literatur wird vielfach über die Begriffsdefinitionen und Synonyma diskutiert, vor allem im Zusammenhang mit dem Begriff Curriculum. Ahrens verweist auf die problematische Verwendung der Begriffe Curriculum, Lehrplan, Rahmenpläne oder Richtlinien, die auf unterschiedlichen Ebenen synonym verwendet würden (Rüdiger Ahrens, „Grenzen der Richtlinien und Chancen der Fachdidaktik", in: Karl-Richard Bausch *et al., eds.,* 1985, *op. cit*., p. 11). Ein weiteres Problem ist die jeweils unterschiedliche Verwendung von Fachtermini in den einzelnen Bundesländern: Bildungspläne (Baden-Württemberg, Hessen), Lehrpläne (Bayern, Bremen, Rheinland-Pfalz, Saarland, Sachsen, Schleswig-Holstein, Thüringen), Rahmenpläne (Berlin, Brandenburg, Mecklenburg-Vorpommern), (Rahmen-)Richtlinien und Empfehlungen (Niedersachsen, Nordrhein-Westfalen, Sachsen-Anhalt). Im Rahmen dieser Einheit soll einheitlich von den bundesländerspezifischen Curricula für das Fach Englisch gesprochen werden.

158 Ralf Weskamp, *Mehrsprachigkeit. Sprachevolution, kognitive Sprachverarbeitung und schulischer Fremdsprachenerwerb*, Braunschweig: Schroedel/Diesterweg, 2007, p. 167.

159 Rüdiger Ahrens, „Fremdsprachenunterricht im Spannungsfeld von Inhaltsorientierung und Kompetenzbestimmung", in: Karl-Richard Bausch *et al*., *eds*., 2009, *op. cit*., p. 16.

Diese Umorientierung impliziert eine Verschiebung von materialer hin zu eher kategorialer Bildung.[160]

Bildungsstandards in diesem Sinne sind demnach gesellschaftlich festgelegte und vom Schulsystem bzw. vom Schüler geforderte Ausprägungen oder Niveaus bestimmter Kompetenzen. Für den Fremdsprachenunterricht in Europa ist übergeordnet der GeR ein Beispiel für die Entwicklung eines Kompetenzmodells und von Sprachkompetenzskalen. In vielerlei Hinsicht hat er sich zum zentralen Dokument der Fremdsprachenpolitik und als Vorgabe für deren Entwicklung im deutschsprachigen Raum erwiesen.

Kritiker[161] bezweifeln jedoch den Erfolg der Bildungsstandards. Ein näherer Blick auf die u. a. von Baden-Württemberg veröffentlichten Bildungsstandards zeigt keine großen Veränderungen gegenüber herkömmlichen Lehrplänen. Ferner werden ebenso häufig die vagen Formulierungen in der Praxis mithilfe der bisherigen Lehrpläne erschlossen. Vielen Unterrichtenden bilden die Schulbücher die Basis, die zusätzlich zum heimlichen Lehrplan avancieren.[162] Als ein weiteres Problem erweist sich, dass die Balance zwischen Einheitlichkeit bzw. Standardorientierung und Individualisierung bzw. Lernerorientierung nicht in den Bildungsstandards thematisiert wird.

Andere Kritikpunkte lauten, dass die benannten Anforderungen an Lernende nur die fachlichen und kognitiven Erwartungen ausformulieren.[163] Interdisziplinäre Qualifikationen sowie soziale und personale Kompetenzen finden nur geringe Erwähnung, da sie wiederum schwieriger in Form von Kompetenzbeschreibungen zu fassen sind. Hingewiesen wird darauf, dass die Bildungsstandards lediglich als kognitive Leistungsstandards zu bezeichnen sind und den umfassenden Bildungsgedanken der allgemeinbildenden Schule nicht hinreichend wiedergeben. Diese Kritik trifft jedoch nicht auf alle länderspezifisch entstandenen Curricula zu. Die Bildungsstandards für das Gymnasium in Nordrhein-Westfalen führen auch soziale und personale Kompetenzen an.

Ferner haben Untersuchungen bestätigt, dass die KMK-Standards und der GeR überwiegend einem weitgehend sprachpraktischen Verständnis kommunikativer Hand-

160 Wolfgang Ziener, *Bildungsstandards in der Praxis. Kompetenzorientiert unterrichten*, Seelze: Kallmeyer/Klett, 2008, p. 18.

161 Das Positionspapier, das von Vorstand und Beirat der DGFF im Oktober 2008 herausgegeben wurde, geht im Detail auf Vor- und Nachteile der Kompetenzorientierung im Fremdsprachenunterricht ein: Daniela Caspari, Andreas Grünewald, Adelheid Hu, Lutz Küster, Günter Nold, Helmut J. Vollmer und Wolfgang Zydatiß, *Kompetenzorientierung, Bildungsstandards und fremdsprachliches Lernen – Herausforderungen an die Fremdsprachenforschung*. Positionspapier von Vorstand und Beirat der DGFF, Oktober 2008 (URL: www.dgff.de/fileadmin/user_upload/dokumente/Sonstiges/Kompetenzpapier_DGFF.pdf, Stand: Mai 2010).

162 Auch die zunehmende Bandbreite der genehmigten Lehrwerke mit teilweise sehr geringen Überlappungen ist ein weiterer Beleg, dass die Bildungsstandards für die pädagogische Praxis sehr weit gefasst sind (Helmut Heid, „Was vermag die Standardisierung wünschenswerter Lernoutputs zur Qualitätsverbesserung des Bildungswesens beizutragen?", in: Dietrich Benner, *ed.*, *Bildungsstandards. Instrumente zur Qualitätssicherung im Bildungswesen. Chancen und Grenzen – Beispiele und Perspektiven*, Paderborn: Schöningh, 2007, pp. 29-48).

163 Daniela Caspari *et al.*, 2008, *op. cit.*, p. 12.

lungsfähigkeit folgen, das sprachliche Teilkompetenzen in den Vordergrund rückt.[164] Zielkulturelle Wissens- und Informationsbestände werden häufig durch die Vermittlung von Literatur initiiert. Innerhalb des GeR spielt diese jedoch nur eine untergeordnete Rolle.[165] Volkmann spricht daher in Bezug auf die Bildungsstandards von einer gegenwärtig utilitaristisch-instrumentellen Vorstellung von Sprachunterricht im GeR, der Gefahr läuft, inhaltsentkernt zu werden.[166]

3.4.1 Analyse der Curricula

Die Bildungsstandards geben keine thematischen Inhalte und Herangehensweisen preis, fordern allerdings eine Ausbildung der interkulturellen Kompetenz, die sich aus den folgenden Fähigkeiten und Fertigkeiten in den Bildungsstandards zusammensetzt:

- Thematisches soziokulturelles Orientierungswissen für fremdsprachliches kommunikatives Handeln,
- Fähigkeiten im Umgang mit kultureller Differenz, Erkennen von Stereotypen und von eigenen und fremdkulturellen Eigenarten, Fähigkeiten zum Perspektivwechsel sowie
- Strategien und Fertigkeiten zur praktischen Bewältigung interkultureller Begegnungssituationen.[167]

Als Leitziel steht neben dem „Orientierungswissen zu exemplarischen Themen und Inhalten für andere kulturspezifische Denk- und Lebensweisen, Werte, Normen und Lebensbedingungen“ die „Stärkung der eigenen Identität“[168] im Mittelpunkt.

Insofern soll im Folgenden die Analyse ausgewählter länderbezogener Curricula dazu dienen, mehr Aufschluss über die übergreifenden Ziele sowie die inhaltlichen und methodisch-didaktischen Ansatzpunkte für globales Lernen zu erhalten und Möglichkeiten aufzuzeigen, globales Lernen im Englischunterricht umzusetzen.

Eine Analyse der Curricula der gymnasialen Oberstufe (Sekundarstufe II) würde hinsichtlich der Aufnahme der globalen Herausforderungen eine hohe Nennung garantieren. Eine Analyse der Lehrwerke der Oberstufe wird jedoch von vornherein aus folgenden zwei Gründen ausgeschlossen:

164 *Ibid.*, p. 12.
165 *Ibid.*, p. 12.
166 Laurenz Volkmann, 2010, *op. cit.*, p. 9.
167 *Cf.* hierzu die Internetseite der KMK zu den Bildungsstandards (URL: www.kmk.org/ bildung-schule/qualitaetssicherung-in-schulen/bildungsstandards/ueberblick.html, Stand: März 2011).
168 *Ibid.*

(1) Der Oberstufenunterricht im Fach Englisch wird selten konsequent mit einem Lehrwerk erteilt. Aussagen über die Themenbereiche, die tatsächlich unterrichtet werden, sind diesbezüglich noch viel weniger objektiv.

(2) Globales Lernen kann kein privilegiertes Lernangebot für Schüler der gymnasialen Oberstufe sein.

Daher werden im Folgenden Lehrpläne und Bildungsstandards der Unter-, Mittel- und Transformationsstufe (Jahrgangsstufe 10) exemplarisch erfasst und näher untersucht. Ausgewählt wurden sie vor allem nach dem Kriterium der Vielfalt. Ausschlaggebend war das Erscheinungsdatum.[169] Es sollte nämlich eine möglichst große Zeitspanne in die Analyse aufgenommen werden, sodass etwaige Veränderungen und Tendenzen deutlich werden. Daneben findet eine Vielzahl an Bundesländern mit unterschiedlichen Bildungssystemen und deren Ausarbeitung der Lehrpläne und Bildungsstandards Beachtung:

(1) Staatsministerium für Bildung und Sport Sachsen, *ed., Lehrplan Mittelschule, Englisch*, 2004.
(2) Ministerium für Bildung, Wissenschaft und Weiterbildung Rheinland-Pfalz, *ed.*, *Lehrplan Englisch als erste Fremdsprache (Klassen 5-9/10), Hauptschule, Realschule, Gymnasium, Regionale Schule, Gesamtschule*, 2000.
(3) Bayerisches Staatsministerium für Unterricht und Kultus, *ed.*, *Lehrplan für die Hauptschule, Fachlehrplan Englisch*, 2004.
(4) Freie Hansestadt Hamburg, *ed.*, *Behörde für Schule und Berufsbildung, Bildungsplan Englisch, Haupt- und Realschulen*, 2008.
(5) Niedersächsisches Landesamt für Lehrerbildung und Schulentwicklung (NiLS), *ed.*, *Kerncurricula Englisch Gymnasium*, 2006.
(6) Thüringer Kultusministerium, *ed.*, *Lehrplan für das Gymnasium, Englisch*, 1999.
(7) Ministerium für Kultus, Jugend und Sport Baden-Württemberg, *ed.*, *Bildungsstandards für Englisch Gymnasium*, 2004.

Abb. 10: Lehrpläne und Bildungsstandards

Um die Untersuchung der Curricula übersichtlich darzustellen, wurden einzelne Ebenen und Rubriken aufgestellt:

169 Die Aktualität der Bildungsstandards sollte aufgrund ihrer erst gegenwärtigen Entwicklung gewährleistet sein. Jedoch können die Lehrpläne einen *cultural lag* von bis zu zehn Jahren erfahren, da zahlreiche Anforderungen an sie gestellt werden, um sichergehen zu können, dass aktuelle Erkenntnisse der Bezugswissenschaften einbezogen wurden, auf gesellschaftliche Entwicklungen reagiert wird und individuelle Lernvoraussetzungen berücksichtigt werden (Matthias Merkl, 2002, *op. cit.*, p. 42).

- übergeordnete Schlüsselthemen und Zielformulierungen zum globalen Lernen,
- der Themenbereich Globalisierung und thematische Inhalte, an denen die globale Dimension dargestellt werden kann und
- die methodisch-didaktischen Forderungen und Anregungen.

3.4.2 Übergeordnete Schlüsselthemen und Zielformulierungen zum globalen Lernen

In den Zielformulierungen der Lehrpläne und Bildungsstandards lässt sich durchgehend eine allgemeine Neuausrichtung hinsichtlich Europas, der globalen Welt und eines selbstverantwortlichen Lernens mit dazugehörigen offenen Unterrichtsformen festhalten. Als übergeordnetes Ziel der Fachlehrpläne sowie Bildungsstandards können durchweg Schlüsselthemen des globalen Lernens belegt werden:

> Aufgabe des Faches ist es dabei, sowohl die zielsprachliche Kommunikationskompetenz als auch die interkulturelle Handlungsfähigkeit der Schülerinnen und Schüler weiter zu entwickeln.[170]

> Im Fremdsprachenunterricht wird eine Gesprächskultur entwickelt, die Empathie, Achtung und Toleranz gegenüber anderen Kulturen fördert und zugleich die Reflexion von Sichtweisen und Erfahrungen der eigenen Kultur anregt.[171]

Die folgenden immer wieder lose fallenden Stichwörter kommen in fast allen Beschreibungen und Ausrichtungen der Curricula vor:

- Friede und Konflikt
- Nachhaltige Entwicklung
- Soziale Gerechtigkeit
- Globalisierung und weltweite Verflechtungen
- Menschenrechte
- Weltbürgerschaft
- Vielfalt und Interkulturalität
- Weltsichten und Weltanschauungen

Der bayerische Fachlehrplan Englisch für die Hauptschule spricht sogar explizit von Menschenrechten, Frieden und Medienerziehung.[172]

[170] Ministerium für Kultus, Jugend und Sport Baden-Württemberg, *ed.*, *Bildungsstandards für Englisch Gymnasium*, 2004.

[171] Ministerium für Bildung, Wissenschaft und Weiterbildung Rheinlandpfalz, *ed.*, *Lehrplan Englisch als erste Fremdsprache (Klassen 5-9/10), Hauptschule, Realschule, Gymnasium, Regionale Schule, Gesamtschule*, 2000.

Als übergeordnete Kompetenzen – laut Lehrplänen und Bildungsstandards – sollen in allen Curricula interkulturelle Fähigkeiten und Fertigkeiten erworben werden, sodass die Jugendlichen

- neugierig auf Fremdes und aufgeschlossen für andere Kulturen sind, kulturelle Vielfalt akzeptieren und sehen resp. sie als Bereicherung für ihr Leben bewerten,
- bereit sind, sich auf fremde Situationen einzustellen und sich in Situationen des Alltagslebens angemessen zu verhalten,
- sich in Bezug auf die Befindlichkeiten und Denkweisen in den Partner aus der anderen Kultur hineinversetzen können,
- gängige Sicht- und Wahrnehmungsweisen, Vorurteile und Stereotype des eigenen und des anderen Landes erkennen und sich mit ihnen auseinander setzen,
- in der Lage sind, ungewohnte Erfahrungen auszuhalten und mit ihnen sinnvoll und angemessen umzugehen sowie
- kulturelle Differenzen, Missverständnisse und Konfliktsituationen bewusst wahrnehmen, sich darüber verständigen und gegebenenfalls gemeinsam handeln können.

Diese Fähigkeiten und Fertigkeiten sind auch für das globale Lernen elementar. In den Zielformulierungen wird häufig auch die besondere Rolle der *Lingua franca*-Funktion der englischen Sprache betont. Es wird von einer Kommunikationskompetenz hinsichtlich der „zielkulturellen englischsprachigen Länder“[173] gesprochen:

> Englisch ist international die wichtigste Zweit- und Verkehrssprache (lingua franca). In vielen Bereichen des Zusammenlebens, in der Wirtschaft und in der Technik, in der Wissenschaft und in der Kunst, im Tourismus und im Sport ist die englische Sprache ein selbstverständliches Mittel der Kommunikation und der Verständigung.[174]

> Die Realschüler lernen die Traditionen und Lebensformen der englischen Sprachgemeinschaft kennen, vergleichen sie mit denen ihres eigenen Lebensbereiches und entwickeln Verständnis für Gemeinsamkeiten und Unterschiede. Der Englischunterricht bringt den Schülern mit der englischen Sprache verbundene Menschen und Kulturen nahe, erfordert die Fähigkeit, mit fremden Normen und Wertvorstellungen offen und tolerant umzugehen bzw. sich kritisch mit ihnen auseinanderzusetzen.[175]

[172] Bayerisches Staatsministerium für Unterricht und Kultus, *ed.*, *Lehrplan für die Hauptschule Fachlehrplan Englisch*, 2004, pp. 8, 16 und 17.

[173] Ministerium für Kultus, Jugend und Sport Baden-Württemberg, *ed.*, *Bildungsstandards für Englisch Gymnasium*, 2004.

[174] Staatsministerium für Bildung und Sport Sachsen, *ed.*, *Lehrplan Mittelschule Englisch*, 2004.

[175] Freie Hansestadt Hamburg, *ed.*, *Behörde für Schule und Berufsbildung, Bildungsplan Englisch, Haupt- und Realschulen*, 2008.

> [...] die Verwendung des Englischen als *lingua franca* auf den verschiedenen Feldern internationaler Kommunikation.[176]

Festgehalten werden muss also, dass die übergeordneten Lernziele zumeist auch die Werte des globalen Lernens mit abdecken. Der Englischunterricht ist folglich bereits größtenteils dahingehend konzipiert, die Lernenden auf das Leben in der Weltgesellschaft vorzubereiten und entsprechend zu fremdsprachlichem Handeln – hier explizit unter den globalen Aspekten – zu befähigen. Zum Teil gehen die Lehrpläne jedoch wenig konsequent und widersprüchlich vor. Während bei den meisten exemplarisch untersuchten Lehrplänen in den übergeordneten Lernzielen die „Vorbereitung auf die Weltgesellschaft“[177] steht, tauchen genauere Realisierungsmöglichkeiten, Formulierungen von Kompetenzen oder Themengebiete meist eher spärlich auf. Teilweise liegt die Konzentration auf dieser Ebene noch ausschließlich auf England und den USA.[178]

3.4.3 Inhaltliche Vorgaben der Curricula

Wie bereits dargelegt, kommen in den übergeordneten Lernzielen viele Aspekte des globalen Lernens vor. Eine konkrete Forderung nach einer eigenständigen Unterrichtseinheit ist in den Lehrplänen und Bildungsstandards jedoch selten. Sie geben keinesfalls ein annähernd umfassendes Bild von der Globalisierung im 21. Jahrhundert wieder:

- Technologie, Medien und Internet
- Englisch als *lingua franca*

Ökologische, ökonomische oder sonstige entsprechend konkrete Lernziele fehlen. Globalisierung wird lediglich als Schlagwort in den Vorworten und übergeordneten Lernzielen erwähnt.

Dies allein ist jedoch auch nicht unbedingt das Ziel des globalen Lernens, bei dem u. a. allgemeine landeskundliche Themenbereiche um die global-lokale Interdependenz und zeitliche Dimension erweitert werden sollen, d. h. neben globalen Inhalten auch individuelle und lokal-regionale Auswirkungen aufgezeigt werden sollen und umgekehrt. Diese Themen, die nicht explizit der Globalisierung zuzuordnen sind – aber Anknüpfungspunkte beinhalten –, finden sich in den bereits genannten Curricula:

176 Niedersächsisches Landesamt für Lehrerbildung und Schulentwicklung (NiLS), *ed.*, *Kerncurricula Englisch Gymnasium*, 2006.

177 Ministerium für Bildung, Wissenschaft und Weiterbildung Rheinlandpfalz, *ed.*, *Lehrplan Englisch als erste Fremdsprache (Klassen 5-9/10), Hauptschule, Realschule, Gymnasium, Regionale Schule, Gesamtschule*, 2000; Bayerisches Staatsministerium für Unterricht und Kultus, *ed.*, *Lehrplan für die Hauptschule Fachlehrplan Englisch*, 2004, pp. 8, 16 und 17; Niedersächsisches Landesamt für Lehrerbildung und Schulentwicklung (NiLS), *ed.*, *Kerncurricula Englisch Gymnasium*, 2006 etc.

178 Bayerisches Staatsministerium für Unterricht und Kultus, *ed.*, *Lehrplan für die Hauptschule Fachlehrplan Englisch*, 2004.

Gesellschaft (Familie, Feiern, Schulbesuch):

- **Demographische Strukturen und Entwicklungen, Globalisierung religiöser und ethischer Leitbilder, Bildung etc.**

Handel/Wirtschaft (Produkte aus fremden Ländern):

- **Waren aus aller Welt: Produktion, Handel, Konsum, Globalisierung von Wirtschaft und Arbeit**

Politik (Entscheidungsprozesse auf individueller oder lokaler Ebene):

- ***Global Governance***

Umweltschutz (Wassermangel, Luftverschmutzung, Waldsterben):

- **Globale Umweltveränderungen, Schutz und Nutzung natürlicher Ressourcen, Energiegewinnung, Chancen und Gefahren des technologischen Fortschritts**

Abb. 11: Themenbereiche mit Potenzial für globales Lernen

Jedoch fehlen zu diesen formulierten Themenbereichen in den Curricula die Verweise auf die globale Komponente.

Einige dieser Inhalte erscheinen zudem in Verbindung mit dem globalen Kontext als vielschichtig und für einen Fremdsprachenunterricht, vor allem im Haupt- und Realschulbereich, nur bedingt geeignet. Der Aspekt der Komplexität und die Struktur des Spiralcurriculums (*cf.* Kapitel 2.3) müssen allerdings in Erinnerung gerufen werden: Jedes Themengebiet kann bei der Vermittlung auch inhaltlich in seinem Komplexitätsgrad an die verschiedenen Schulformen und Lernziele angepasst und didaktisch reduziert werden.

Die landeskundlichen Themeneinheiten zur Globalisierung selbst, welche darauf abzielen, die Lerner mit der Globalisierung bekannt zu machen, sind daher nicht von alleinigem Interesse. Themengebiete, die globale Dimensionen eröffnen und nach dem Unterrichtsprinzip des globalen Lernens umgesetzt werden können, müssen ebenso näher untersucht werden.

Eine Analyse der thematisch-inhaltlichen Progression während der Unter-, Mittel- und Transformationsstufe soll nun die zu untersuchenden Jahrgangsstufen für die vorliegende Forschungsarbeit bestimmen. Dabei wird innerhalb des Spiralcurriculums von einem konzentrischen Aufbau der Lehrwerke und Bildungsstandards ausgegangen, der mit personenbezogenen und schülernahen Inhalten beginnt und sich schrittweise abstrakten sowie globalen Themen nähert.

Aufgrund der Komplexität der Auswertung der Lehrpläne und Bildungsstandards wird hier exemplarisch nur auf die thematisch-inhaltliche Progression der Lehrpläne und Bildungsstandards für die Haupt- und Realschule und die vergleichbaren Schulformen aus Bayern, Hamburg und Sachsen für das Schuljahr 2008/09 eingegangen.[179] Detaillierte Lehrplaneinsichten werden bei Erklärungsbedarf in den einzelnen Analysekapiteln gewährt.

Trotz Abweichungen lassen sich folgende Schwerpunkte bei der inhaltlichen Progression herausarbeiten: Die in den Lehrplänen und Bildungsstandards genannten Inhalte werden sechs Kategorien zugeordnet, allerdings muss beachtet werden, dass viele Inhalte häufig mit mehreren Themenbereichen verbunden sind. So bestehen beispielsweise Überschneidungen bei ‚Familie und Freizeit' und ‚Privates und berufliches Leben'.

[179] Analog dazu beziehen sich die Untersuchungen der Lehrbücher auf den Lehrwerkkorpus des Schuljahres 2008/09.

Haupt- und Realschulen

Jgst.	Themen	Inhaltliche Progression
5/6	• Geografie	• Großbritannien
	• Familie und Freizeit	• Familie, Freunde, Nachbarn, Tiere, Alltag, Kalender, Feiertage
	• Privates und berufliches Leben	• Essen, Trinken, Kleidung, Krankheit, Freizeitgestaltung/Hobbies, Urlaub (in Großbritannien/Irland), Verkehrsmittel
	• Gesellschaft	-
	• Geschichte	-
	• Umwelt und Technik	-
7/8	• Geografie	• England und meist ab Jgst. 8: USA
	• Familie und Freizeit	• Jugendkultur, Konsum, Musik, Medienverhalten
	• Privates und berufliches Leben	• Amerikanische Lebensweise, Jugendprobleme, Lebensstandard, Schule, Bräuche, Feste, ethnische Vielfalt, Sport, Mobilität, Essen, Klischees
	• Gesellschaft	-
	• Geschichte	• Normannische Eroberung, St. Patrick's Day, historische Persönlichkeiten
	• Umwelt und Technik	• Tourismus
9/10	• Geografie	• Großbritannien, USA + ein weiteres anglophones Land + ein weiterer anglophoner Kontinent (z. B. Australien, Indien, Südafrika → Themenschwerpunkte sind Kolonialismus, Unabhängigkeit und Rassenprobleme)
	• Familie und Freizeit	• Beziehungen verantwortlich führen
	• Privates und berufliches Leben	• Berufsvorbereitung, Technik und Arbeitswelt: *Hire and Fire*, Silicon Valley, Technik, Umwelt, Internet, Bewerbung, Persönlichkeiten des öffentlichen Lebens
	• Gesellschaft	-
	• Geschichte	• Gesellschaft in Großbritannien und den USA, Rolle des Könighauses, multikulturelle Gesellschaft Politik: Europäische Union, Weltpolitik + ein Kontinent + Europa, gemeinsame Zivilisation und politische Konflikte
	• Umwelt und Technik	• Umweltprobleme und Computer

Abb. 12: Inhaltliche Progression der Curricula Haupt- und Realschule und vergleichbare Schularten

Nach den Gegebenheiten Großbritanniens als Nachbarland mit Einblicken in den Familienalltag, das Schulleben und die Freizeitaktivitäten werden in der 7. oder 8. Jahrgangsstufe die USA als Themengebiet aufgenommen. Für sie stehen die historischen Aspekte der Besiedlung sowie die Gegensätze zwischen urbanem und ländlichem Raum im Mittelpunkt. Mit fortschreitender Jahrgangsstufe erhalten die Lerner einen Einblick in vom schülernahen Alltagsleben abweichende, komplexere gesellschaftliche, ökologische, berufliche oder auch technische Sachbereiche und in problemorientierte Aufnahmen, z. B. die hohe Anzahl illegaler Immigranten, Rassismus oder Armut. Zusätzlich werden aus europäischer Sicht periphere englischsprachige Länder und Räume aufgenommen wie Kanada, Australien, Südafrika, Indien oder Inseln der Karibik. Insbesondere gegen Ende der Mittelstufe, also ab der 8. Jahrgangsstufe, finden sich in den curricularen Vorgaben die Themen Umwelt und Technik, aber auch erste Kontakte mit der Berufswelt.

Die folgende Analyse stützt sich auf Lehrbücher der 8. bis 10. Jahrgangsstufen für Englisch als erste Fremdsprache. Die Verlagshäuser konzentrieren sich in diesen Jahrgangsstufen schulartenübergreifend auf die Öffnung und die Erweiterung der anglophonen Zielkulturen als Gegenstand der Landeskunde. Die Lehrwerkverlage greifen im Rahmen der Ausdehnung des landeskundlichen Radius auch erste Aspekte der Globalisierung auf. In den vorhergehenden Jahrgangsstufen sind erste Begegnungen mit den USA und Ausblicke auf weitere anglophone Länder selten und eher rudimentär. Sie sind vor allem dem sprachlichen Lernen und der kommunikativen Kompetenz untergeordnet.

3.4.4 Methodisch-didaktische Vorgaben der Curricula

Globales Lernen versteht sich, wie in Kapitel 3.3.1 dargelegt, nicht als einseitig ausgerichteter Wissenserwerb (*knowledge*), sondern erwartet von den Lernern auch Fertigkeiten (*skills*), ein globales Bewusstsein *(attitudes)* und Handlungskompetenz *(actions)*, um in der globalen Welt bestehen zu können. Dazu bedarf es eines selbstverantwortlichen und handlungsorientierten Lernens mit den dazugehörigen offenen Unterrichtsformen, in denen der Lerner Bezüge zur eigenen Lebenswirklichkeit herstellen kann. In den curricularen Angaben formulieren verbindliche Anforderungen Gestaltungsprinzipien für den Unterricht, die eine Ausrichtung für nachhaltige und friedensfördernde Entwicklungen und den eigenen Standort in der Komplexität der Weltgesellschaft erkennen lassen.

Vor allem die Lernstrategien und Methoden, die in den Bildungsstandards Englisch für das Gymnasium in Baden-Württemberg erwähnt werden, stechen hier positiv hervor:

> Teamfähigkeit, Partnerschaftliche Arbeitsformen, eine zunehmend selbstständige Anwendung individuell geeigneter Methoden des Sprachenlernens wie auch die Reflexion über Lernprozesse und -fortschritte – etwa durch Nutzen des Europäischen Portfolios der Sprachen – bahnen eigenverantwortliches Lernen an und erlauben in wachsendem Maße die Übertragung von Lernerfahrungen auf andere Bereiche. Sie legen so den Grundstein für lebenslanges Lernen und ermöglichen Mehrsprachigkeit. Die Schüler erwerben Medien-

und Präsentationskompetenz, indem sie lernen, Informationen zu beschaffen, reflektiert auszuwerten und situations- und adressatengerecht in der Fremdsprache vorzustellen.[180]

Insgesamt bleibt festzuhalten, dass in allen Bildungsstandards und Lehrplänen methodisch-didaktische Arbeitsformen jahrgangsstufenübergreifend gefordert werden. Sie erlauben ein aktives Einbeziehen und Gestalten der Lerner. Allein für die Hauptschulen und vergleichbaren Schularten steht die handlungsorientierte Ausrichtung mit interkulturellen Aspekten und kooperativen Komponenten noch im Hintergrund. Jedoch wäre die Anschaulichkeit bei der Bedeutungsvermittlung gerade für diese Schulformen besonders von Vorteil.[181]

Zusammenfassend kann daher die Analyse der ausgewählten Curricula bestätigen, dass die Lehrpläne zwar globale Schlüsselbegriffe in den übergeordneten Lernzielen erwähnen, aber überwiegend einem weitgehend sprachpraktischen Verständnis kommunikativer Handlungsfähigkeit folgen. Vor allem der moderne Englischunterricht an Haupt- und Realschulen beziehungsweise vergleichbaren Schularten weist eine hohe Ausrichtung an kommunikativen Lernzielen[182] auf. Die außerordentliche Betonung der kommunikativen Kompetenz bringt mit sich, dass von einem „Reduktionismus"[183] hinsichtlich der Bildungsinhalte gesprochen werden kann.[184] Zielkulturspezifische Inhalte

180 Ministerium für Kultus, Jugend und Sport Baden-Württemberg, *ed.*, *Bildungsstandards für Englisch Gymnasium*, 2004. In Baden-Württemberg gab es im Jahr 2000 eine Bildungsplanreform, um den Gestaltungsfreiraum der Schulen und Lehrer, durch Bildungsstandards zu vergrößern. Die Bildungsstandards beschreiben daher nur das Wissen und die Kompetenzen, die zu einem bestimmten Zeitpunkt erreicht sein sollen. In diesen Kompetenzstandards lässt sich lediglich eine Großorientierung zu *global issues* finden, durch Schlagworte wie „Einlassen auf eine sich verändernde Welt" (Bildungsstandards für Englisch Gymnasium, 2004, *op. cit.*, p. 60).

181 Hans G. Furth, *Piaget für Lehrer*, Düsseldorf: Schwann, 1973, p. 29.

182 Karlfried Knapp, „Englisch", in: Karl-Richard Bausch *et al., eds., op. cit,* ^{4}2003, p. 532. So erläutert der hessische Lehrplan zu den Zielen des Englischunterrichts an Hauptschulen: „Englischkenntnisse verbessern als Voraussetzung für den Zugang und eine erfolgreiche Teilnahme an weiteren Bildungsgängen im Anschluss an die Hauptschule die beruflichen Aussichten. Die Motivation zum Fremdsprachenerwerb ist hierbei ganz pragmatisch und nicht akademisch orientiert. Vor allem zählt der Sprachgebrauch von kommunikativen Funktionen. […] Dieser funktionale Ansatz verlangt eine Abkehr vom struktur-dominierten Unterrichten nach einseitig grammatischer Progression. Sprachbehandlung hat Vorrang vor Sprachwissenschaft und Sprachreflexion. Ziel bleibt, die Sprache Englisch zu gebrauchen. Neben dieser linguistischen Kompetenz sollen die Schülerinnen und Schüler soziokulturelle Kompetenzen entwickeln, indem sie sich der sozialen Konvention und kulturellen Unterschiede bewusst werden, die auch ihr sprachliches Handeln beeinflussen" (Hessisches Kultusministerium, *ed, Lehrplan Englisch. Bildungsgang Hauptschule*, Jahrgangsstufe 5 bis 9/10, 2003, p. 3, URL: www.hessen.de/irj/HKM_Internet?cid=770244b3f3f61faf79f08f0f0 db32a30, Stand: Mai 2010).

183 Daniela Caspari *et al.*, 2008, *op. cit*. (URL: www.dgff.de/fileadmin/user_upload/dokumente/ Sonstiges/,Kompetenzpapier_DGFF.pdf, Stand: Mai 2010).

184 Nach Daniela Caspari *et al.* wird die interkulturelle Sensibilität als Zielkategorie genannt, „von einer ‚systematischen Entwicklung' interkultureller Kompetenzen (KMK 2004: 9)

weichen der Ausbildung von Fertigkeiten und komplexen Fähigkeiten.[185] Globales Lernen kann dieser Inhaltsentkernung entgegenwirken, indem – trotz Globalisierung – aussagekräftige Beispiele über die Normen und Werte der Kulturräume sowie deren Traditionen und Charakteristika eine nennenswerte Rolle spielen.[186] Auf die globale Komponente muss gleichwohl nicht verzichtet werden, indem in einem zweiten Schritt die Beispiele in ihren globalen Kontext gesetzt werden.

kann jedoch bislang nicht die Rede sein, auch noch nicht in den Lernaufgaben bei Tesch/Leupold/Köller (2008), wo allerdings Versuche zu finden sind, interkulturelle Kompetenzen im Zusammenhang mit sprachlich funktionalen Kompetenzen zu fördern. [...] Das steht nun aber im Gegensatz zu dem Grundprinzip der Standards, ergebnisorientiert zu sein (um von daher einen Beitrag zur Output-Steuerung zu leisten), weil ohne ‚echte' Referenzaufgaben das Erreichen des Ziels bzw. der Norm nicht überprüft werden kann" (Daniela Caspari *et al.,* 2008, *op. cit.,* p. 12).

185 Angela Bergfelder, „Literarische Texte in der Sekundarstufe I. Eine Standortbestimmung im Zeitalter der Bildungsstandards", in: *PRAXIS Fremdsprachenunterricht* 3/2007, p. 13.

186 Wolfgang Zydatiß, „Was Sie über die Bildungsstandards in Deutschland wissen sollten ...", in: *Babylonia* 4/2007, p. 5; Wolfgang Zydatiß, *Bildungsstandards und Kompetenzniveaus im Englischunterricht. Konzepte, Empirie, Kritik und Konsequenzen*, Frankfurt: Lang, 2005; Wolfgang Zydatiß, „SMS an KMK: Standards mit Substanz! Kulturelle Inhalte, Mediation zwischen Sprachsystem und Sprachhandeln, Kritikfähigkeit – auch im Fremdsprachenunterricht", in: *Beiträge zur Fremdsprachenvermittlung* 13/2008, pp. 13-34; Daniela Caspari *et al.,* 2008, *op. cit.* p. 12.

3.5 Verfahren und Kriterien der Lehrwerkanalyse

3.5.1 Korpusbestimmung und Erhebung der Daten

Als Grundlage der Studie greift die Arbeit auf 27 Lehrbücher[187] für den Englischunterricht aller Schularten der deutschen Verlage Cornelsen (Berlin), Schroedel/Diesterweg (Braunschweig) und Klett (Stuttgart) zurück, die in der Schulbuchgestaltung auf dem deutschen Markt den größten Einfluss beanspruchen und auf eine lange Tradition zurückblicken können. Für die Jahrgangsstufen 8 bis 10 stehen die in der Tabelle unten aufgeführten Lehrbücher zur Verfügung.

Sie sind nach Verlagshäusern, Schulform[188] und Jahrgangsstufe gelistet, mit Angabe von Erscheinungsjahr[189] und Zielgruppe:

Titel und Jahrgangsstufe	Verlag	Jahr (1. Auflage)	Zielgruppe
Portobello Road 4 (Jgst. 8)	Schroedel/ Diesterweg	2003	RS/HS
Portobello Road 5 (Jgst. 9)	Schroedel/ Diesterweg	2003	RS/HS
Portobello Road 6 (Jgst. 10)	Schroedel/ Diesterweg	2002	RS/HS
Camden Town 4 (Jgst. 8)	Schroedel/ Diesterweg	2007	GYM
Camden Town 5 (Jgst. 9)	Schroedel/ Diesterweg	2007	GYM

187 Unberücksichtigt bleiben Lehrwerke für Berufsschulen, Abendgymnasien, für Fach- und Berufsoberschulen, technische oder wirtschaftliche Gymnasien sowie Schulen des zweiten Bildungswegs. Der Sekundarbereich I umfasst die mittleren Bildungsjahrgänge der Hauptschule, Realschule und des Gymnasiums, wobei die beiden erstgenannten Schulzweige je nach Bundesland variieren und entsprechend unterschiedlich bezeichnet werden können oder in einem Gesamtschulsystem zusammengefasst sind. *Cf.* Claudia Finkbeiner, „Fremdsprachenunterricht in der Sekundarstufe I", in: Karl-Richard Bausch *et al., eds.*, [4]2003, *op. cit.*, p. 204.

188 Differenziert wird zwischen Hauptschule (HS), Realschule (RS) und Gymnasium (GYM). Auch wenn im Folgenden von der Schulform Hauptschule, Realschule oder Gymnasium gesprochen wird, beziehen sich die Aussagen auch auf alle Gesamtschulen und vergleichbaren Schularten, die mit den entsprechenden Lehrwerken arbeiten.

189 Als zeitlicher Rahmen und Kriterium für die Auswahl wurde ein Alter von maximal zehn Jahren angesetzt, welches die Lehrbücher im Sinne ihrer Zugehörigkeit zur aktuellen Lehrwerkgeneration nicht überschreiten sollen. Der Zeitraum bezieht sich auf den Ausgangspunkt der Untersuchung im Juli 2008. Alle Lehrbücher sind noch im Einsatz in der Unterrichtspraxis. Auf das Thema Globalisierung bezogen können sich jedoch – obwohl keine diachrone Lehrbuchstudie durchgeführt wird – erste Entwicklungstendenzen herausbilden. Zudem wurden mit Cornelsen, Schroedel/Diesterweg und Klett möglichst unterschiedliche Lehrwerkverlage und -konzeptionen berücksichtigt, um für Ausgewogenheit und Repräsentativität zu sorgen.

Camden Town 6 (Jgst. 10)	Schroedel/ Diesterweg	2007	GYM
English G 4 (Jgst. 8)	Cornelsen	2006	GYM
English G 5 (Jgst. 9)	Cornelsen	2007	GYM
English G 6 (Jgst. 10)	Cornelsen	2008	GYM
Go Ahead 8 (Jgst. 8)	Cornelsen	2002	RS
Go Ahead 9 (Jgst. 9)	Cornelsen	2003	RS
Go Ahead 10 (Jgst. 10)	Cornelsen	2004	RS
New Highlight 4 (Jgst. 8)	Cornelsen	2007	HS
New Highlight 5 (Jgst. 9)	Cornelsen	2008	HS
Highlight 6 (Jgst. 10)	Cornelsen	2002	HS
Green Line 4 (Jgst. 8)	Klett	2009	GYM
Green Line New 5 (Jgst. 9)	Klett	2007	GYM
Green Line New 6 (Jgst. 10)	Klett	2008	GYM
Orange Line New 4 (Jgst. 8)	Klett	1998	RS
Orange Line New 5 (Jgst. 9)	Klett	1999	RS
Orange Line New 6 (Jgst. 10)	Klett	2000	RS
Let's Go 4 (Jgst. 8)	Klett	2007	HS
Let's Go 5 (Jgst. 9)	Klett	2008	HS
Let's Go 6 (Jgst. 10)	Klett	2010	HS
Snap! 6 (Jgst. 10)	Klett	2002	HS

Abb. 13: Korpus der Lehrbücher von 1998-2009

Die Umstellung auf das achtjährige Gymnasium brachte für das Schuljahr 2010/2011 ein neues Konzept für Lehrwerke hervor, um bereits auf die Kursstufen vorzubereiten und Kompetenzen für die Oberstufe auszubilden. Daher wurden zudem Verweise auf die gymnasialen Lehrwerke *Green Line Transition* und *Context Starter 21* einbezogen, sodass die Aktualität der Analyse gegeben ist:

Titel	Verlag	Jahr (1. Auflage)	Zielgruppe
Context Starter 21 (Jgst. 10)	Cornelsen	2009	GYM
Green Line Transition (Jgst. 10)	Klett	2010	GYM

Abb. 14: Korpus der Lehrbücher von 2010

Auswahlkriterium für die Lehrbücher war neben der Repräsentativität und Aktualität auch die Anzahl der Zulassungen[190] in den verschiedenen Bundesländern. Manche dieser Lehrbücher sind explizit für ein Bundesland ausgewiesen, eine Vielzahl der Lehrbücher differenziert jedoch nicht zwischen den Bundesländern. Alle Lehrbücher sind Ausschnitte aufeinander aufbauender Bandsequenzen und werden mit *Workbooks*, Lehrer-

[190] Bezüglich der Schulbuchzulassungen gehen immer mehr Bundesländer dazu über, dass – im Rahmen der Schulautonomie – Schulen selbst auswählen dürfen, welche Bücher sie verwenden. Das Sekretariat der Ständigen Konferenz der Kultusminister der Länder in der Bundesrepublik Deutschland gibt jährlich eine Liste an Webseiten und Links heraus, die auf die zugelassenen Lehr- und Lernmittel der jeweiligen Bundesländer verweisen (URL: www.kmk.org/fileadmin/pdf/Bildung/AllgBildung/Austausch_Lehr_Lernmittel_Uebersicht.pdf, Stand: November 2008).

handreichungen oder audiovisuellen Materialien und eventuell sogar zusätzlichen Folien- und Bildsammlungen herausgegeben. Die Lehrbände für das Gymnasium sind sowohl für G8- als auch G9-Klassen ausgerichtet bzw. wurden vereinzelt extra für das achtjährige Gymnasium konzipiert.

Gegenstand der Analyse sind ausschließlich die Lehrbücher. Dieser Entschluss lässt sich mit zwei Argumenten begründen. Zum einen ist eine quantitative Eingrenzung des Untersuchungsmaterials zur Realisierung des Forschungsprojekts vonnöten, zum anderen ist für den Aspekt der Repräsentativität die Tatsache wichtig, dass sie als Kernbestandteil gelten und – so die kultusministeriellen Vorgaben der Länder zur Zulassung – auch ohne zusätzliche Hilfsmittel im Unterricht einsetzbar sind. Es ist davon auszugehen, dass vor allem die Inhalte in den Lehrbüchern das beim Lerner hervorgerufene Bild maßgeblich beeinflussen und perspektivisch lenken. Lehrerhandbücher und begleitendes Materialien wurden lediglich zur zusätzlichen Informationsbeschaffung – so bei Hörtexten – zurate gezogen, um Hinweise zur unterrichtlichen Umsetzung zu erhalten.

Diesen repräsentativen und schulartenübergreifenden Lehrbüchern werden Beispiele entnommen, die im Hinblick auf die Frage nach der sachgemäßen Darbietung der inhaltlichen Auswirkungen der Globalisierung im modernen Englischunterricht der Sekundarstufe I sowie der entsprechenden methodisch-didaktischen Aufbereitung untersucht werden. Die Untersuchungsergebnisse können so verlässliche Aussagen über die Qualität der Darstellungsweisen und ihrer methodisch-didaktischen Verfahren gewähren, um den Lerner auf seine gesellschaftliche Partizipation in der globalisierten Welt vorzubereiten.

Für die quantitative Datenermittlung wird in Anlehnung an Merkls Formel zur Berechnung von Flächen- und Raumanteilen[191] der Anteil an Bild- und Textmaterialien im Verhältnis zur Gesamtseitenanzahl ermittelt und in Messwerten ausgedrückt, um einen Überblick über den Stellenwert der globalen Herausforderungen und Schwerpunktsetzungen zu erhalten.

Um die globalisierungsrelevanten Anteile genau ermitteln zu können, wird zuerst der relevante Seitenanteil[192] (Nettoseitenzahl globalisierungsrelevanter Seiten) am Gesamtlehrbuch definiert, in denen sich Informationen zur Globalisierung finden lassen. Die Gesamtseitenzahl[193] wird folgendermaßen berechnet:

Die Lehrbücher verfügen zwar im Allgemeinen über Einband, Inhaltsverzeichnis mit Impressum, einzelnen Unterrichtseinheiten (*Units*), Lernergrammatik, Wortschatzarbeit und teilweise über einen Bereich besonderer Übungsaufgaben. Für diese Studie sind aber primär der Hauptteil und optionale Texte und Übungen relevant. In manchen Fällen enthalten auch der Einband und der Übungsaufgabenteil noch Material, das hinzugezogen wird, sofern sich darin zusätzliche relevante Informationen über den Untersuchungsgegenstand finden lassen. Das Hauptaugenmerk liegt auf Lehrbuchtexten, Ab-

191 Matthias Merkl, 2002, *op. cit.*, pp. 103-104.

192 *Ibid.*, pp. 102-104.

193 Bei Merkl steht die „Nettoseitenzahl" (*ibid.*, pp. 102-104) für den hier verwendeten Begriff „Gesamseitenzahl" – letztgenannter lässt in der vorliegenden Analyse bereits das Inhalts- und Quellenverzeichnis u. a. Bereiche des Lehrbuchs aussen vor.

bildungen[194] sowie auf dazugehörigen Arbeitsaufträgen. Die Grammatik- und Wortschatzbereiche sind für die Analyse unerheblich – abgesehen von Ausnahmen, auf die an entsprechender Stelle verwiesenen wird.

Die globalisierungsrelevanten Seiten gewähren einen Einblick in die moderne Welt und prägen das Bild, das sich der Lerner davon macht maßgeblich.

Lehrbuch	Gesamtseitenzahl	Nettoseitenzahl (globalisierungsrelevante Seiten)
Portobello Road 4	97	24
Portobello Road 5	108	17
Portobello Road 6	79	18
Camden Town 4	133	32
Camden Town 5	108	27
Camden Town 6	110	46
English G 4	104	16
English G 5	122	26
English G 6	126	49
Go Ahead 8	96	20
Go Ahead 9	97	20
Go Ahead 10	97	17
New Highlight 4	101	16
New Highlight 5	93	38
Highlight 6	103	25
Green Line 4	116	56
Green Line New 5	104	43
Green Line New 6	107	52
Orange Line New 4	107	27
Orange Line New 5	115	35
Orange Line New 6	118	37
Let's Go 4	109	12
Let's Go 5	105	22
Let's Go 6	102	31
Snap! 6	69	23
Context Starter 21	94	67
Green Line Transition	105	65

Abb. 15: Gesamtseitenzahl der Lehrbücher

194 Hierunter fallen Bilder, Fotografien, Zeichnungen, Illustrationen, Cartoons, Karten etc.

Die Differenz zwischen den als globalisierungsrelevant markierten Nettoseitenzahlen und der Gesamtseitenzahl errechnet sich nach Merkl wie folgt:

$$\frac{\text{Nettoseitenzahl (globalisierungsrelevante Seiten) x 100}}{\text{Gesamtseitenzahl}}$$

Abb. 16: Berechnungsformel/Anteil am Gesamtlehrbuch (Quelle: Merkl 2002)

Aus den Berechnungen ergeben sich die relevanten und zu untersuchenden Nettoseitenzahl globalisierungsrelevanter Materialien der jeweiligen Lehrbücher:

Titel und Jahrgangsstufe	Anteil am Gesamtlehrbuch
Portobello Road 4	24%
Portobello Road 5	16%
Portobello Road 6	17%
Camden Town 4	24%
Camden Town 5	26%
Camden Town 6	42%
English G 4	15%
English G 5	21%
English G 6	39%
Go Ahead 8	21%
Go Ahead 9	21%
Go Ahead 10	18%
New Highlight 4	16%
New Highlight 5	41%
Highlight 6	24%
Green Line 4	48%
Green Line New 5	41%
Green Line New 6	49%
Orange Line New 4	25%
Orange Line New 5	30%
Orange Line New 6	31%
Let's Go 4	11%
Let's Go 5	21%
Let's Go 6	30%
Snap! 6	33%
Context Starter 21	71%
Green Line Transition	65%

Abb. 17: Prozentualer Anteil der globalisierungsrelevanten Themen

Die untersuchten Lehrwerkteile, die Inhalte zu globalen Herausforderungen beinhalten, liegen somit zwischen 11 und 71 Prozent. Durchschnittlich sind somit 33 Prozent des Lehrbuches relevant für diese Forschungsarbeit.

Um ein differenziertes Bild aus der quantitativen Analyse erhalten zu können, wird zusätzlich zwischen Bildmaterial und Textmaterial bei den jeweiligen Themenbereichen (in Kapitel 7 zwischen Textmaterial und Audiomaterial – mit/ohne Transkript[195]) differenziert.

Die Datenermittlung erfolgt auf der Grundlage einer Analyse, bei der jeder Themenpunkt bei der Datenaufnahme pro Text durch eine Nennung versehen wird.

Bei Fremdsprachenlehrbüchern – besonders der Sekundarstufe I – als Bezugsgröße[196] ist jedoch vor allem die Verwendung des Begriffs ‚Text' uneindeutig,[197] verglichen mit dem Material, das eine klassische sozialwissenschaftliche Contentanalyse auswerten würde. Nach Werlich lassen sich „alle jene sprachlichen Äußerungen als Text auffassen, die durch sich überlagernde Schichten von Kohärenz und Komplexion in der Abfolge ihrer sprachlichen Einheiten gekennzeichnet sind"[198]. Obwohl es sich um eine inhaltliche und methodisch-didaktische Lehrbuchanalyse handelt, werden zu den Texten teilweise auch Übungstexte mit herangezogen, da diese – so stellte sich bereits in der Analyse von Kubanek heraus – viele zusätzliche Informationen zur speziellen Festigung der transportierten Inhalte oder auch neue Informationen bieten, wodurch letztendlich ein differenzierteres Analyseprofil gewonnen werden kann.[199]

Maßstäbe für die Einteilung nach Bildmaterial können nur auf subjektiv begründeten Entscheidungen basierend gesetzt werden: Statistiken werden als Texte bezeichnet, wenn ihnen eine schriftliche Legende beigefügt ist. Auch die Handlungsanweisungen von Karten gelten als Text. Das gleiche Schema zur Datengewinnung wird bei Übungen angewendet, die nur im Zusammenhang mit einem vorangehenden Cartoon, einer Bildgeschichte u. a. durchgeführt werden können. Sind zwei unterschiedliche Textsorten unter einer gemeinsamen Überschrift gefasst, werden sie gesondert gezählt.

Ferner werden Bilder und Landkarten, die durch beigefügte Texte Informationen zu dem jeweiligen Thema übermitteln, sowohl als Text- wie auch als Bildmaterialien gewertet. Dagegen werden Bilder mit Instruktionen zur reinen deskriptiven Beschreibung bzw. Reflexion nicht als textzugehörig berücksichtigt.

Zur exemplarischen Veranschaulichung der Vorgehensweise bei der Datenerhebung soll der folgende Seitenauszug aus einem Lehrwerk[200] mit beigefügten Hinweisen zur Datenerhebung dienen:

195 Auf die quantitative Analyse von Hörverstehenstexten wird in Kapitel 7 an entsprechender Stelle hingewiesen.

196 Angelika Kubanek, 1987, *op. cit.*, p. 138.

197 *Ibid.*, pp. 141ff.

198 Egon Werlich, *Typologie der Texte. Entwurf eines textlinguistischen Modells als Grundlegung einer Textgrammatik*, Heidelberg: Quelle & Meyer, 1975, p. 17.

199 Karl-Ernst Jeismann und Rainer Riemenschneider, *eds.*, *Geschichte Europas für den Unterricht der Europäer. Prolegomena eines Handbuchs der europäischen Geschichte für die Lehrer der Sekundarstufe II*, Braunschweig: Westermann, 1980, p. 31; Angelika Kubanek, *op. cit.*, pp. 138ff.

200 Auszug aus *New Highlight 5*, p. 9.

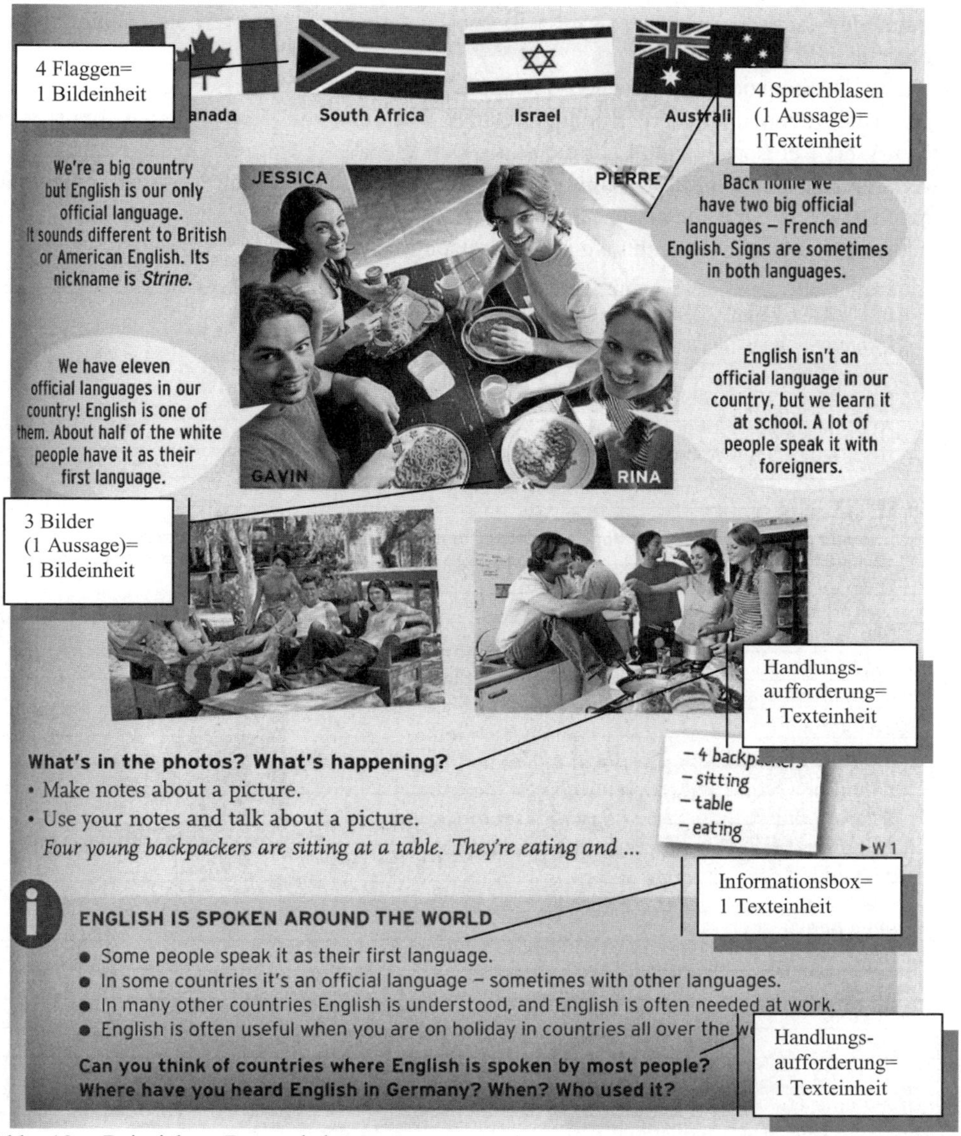

Abb. 18: Beispiel zur Datenerhebung
(Quelle: *New Highlight 5*; grafisch adaptiert Julia Hammer)

Zur Erklärung muss hinzugefügt werden, dass sich die vier Sprechblasen in obiger Darstellung auf eine Gesamtaussage – auf die Beschreibung der Varietät und den Status des Englischen – beziehen und daher als eine Texteinheit zusammengefasst wurden. Ebenso wurden in diesem Beispiel die drei Bilder als eine Bildeinheit gewertet, stellen sie doch drei mal die gleichen Personen in der Jugendherberge dar, während die Flaggen als zusätzliche Bildeinheit gerechnet werden und auch die ‚Informationsbox' zwei Texteinheiten ergibt. In ihr finden sich zum einen Texteinheiten als Informationen über den

Status der englischen Sprache weltweit, zum anderen Texteinheiten als Handlungsaufforderung zur Eigenreflexion.

Zur Differenzierung zwischen Textlänge und Bildgröße muss angemerkt werden, dass Bildgrößen nicht berücksichtigt werden, während die Textlänge bestimmt wird. Dem Wert 1 entspricht eine Lehrbuchseite. Den Wert 0,5 bekommt ein Text zugeordnet, wenn er eine Seitenhälfte einnimmt. Den Wert 0,25 erhalten noch kleinere Texteinheiten. Dabei ist ein gewisser Schätzfehler einkalkuliert, weil es sich um keine mathematisch exakte Berechnung in Quadratzentimetern handelt.

Lehrbuch	Texteinheit	Bildinheit
Portobello Road 4	15	7
Portobello Road 5	9	7
Portobello Road 6	8	9
Camden Town 4	17	9
Camden Town 5	15	23
Camden Town 6	24	27
English G 4	7	14
English G 5	16	25
English G 6	32	37
Go Ahead 8	5	12
Go Ahead 9	7	13
Go Ahead 10	7	17
New Highlight 4	9	10
New Highlight 5	16	17
Highlight 6	6	14
Green Line 4	18	15
Green Line New 5	31	17
Green Line New 6	27	35
Orange Line 4	7	19
Orange Line 5	7	23
Orange Line 6	12	10
Let's Go 4	5	8
Let's Go 5	7	9
Let's Go 6	13	8
Snap! 6	7	4
Context Starter 21	42	51
Green Line Transition	36	46

Abb. 19: Bild- und Textmaterial

Das Korpus von 405 Texteinheiten ergibt sich somit aus dem Textmaterial plus Übungen. Bei 486 Bildeinheiten liegt die Anzahl des Bildmaterials. Diese nehmen grundsätzlich mehr Raum als Texte ein, da ihr Format größer ist. Sie sind aber auch quantitativ häufiger vertreten. Der Anteil an Bildmaterial und Textmaterial[201] der Gesamtseiten ergibt sich aus dem Quotienten:

201 *Ibid.*, p. 103.

$$\frac{\text{Bild-/Texteinheiten (globalisierungsrelevanter Seiten) x 100}}{\text{Gesamtseitenzahl}}$$

Abb. 20: Berechnungsformel/Anteil an Bild- und Textmaterial (Quelle: Merkl 2002)

Die Ergebnisse der quantitativen Datenerhebung für die globalen Herausforderungen sind in den folgenden Säulendiagrammen wiedergegeben (Abb. 21-23), die annäherungsweise den, in Referenz zur Gesamtseitenanzahl, prozentualen Gesamtanteil der auf die globalen Herausforderungen bezogenen Inhalte nach Schularten geordnet darstellen. Sie fungieren mit ihrem Ergebnis als Basis für die Untersuchung.

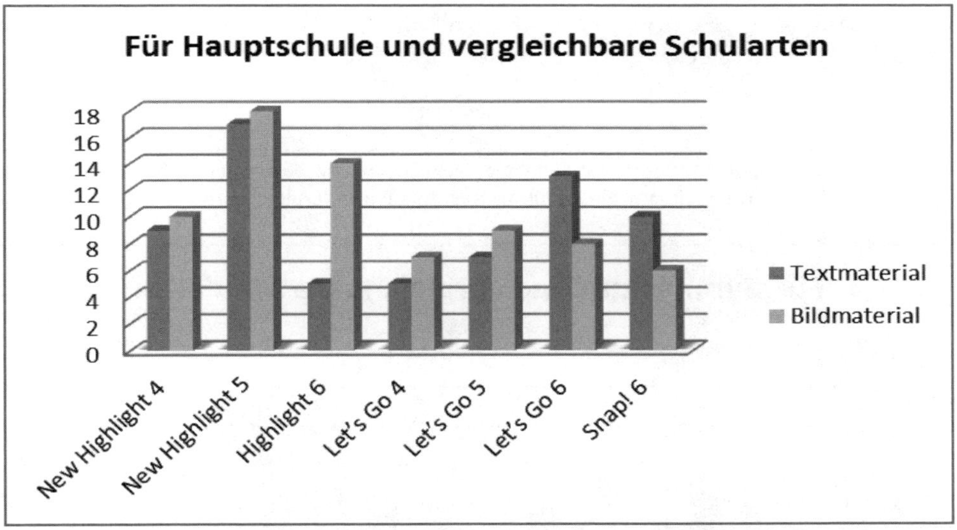

Abb. 21: Prozentualer Anteil der auf globale Themenbereiche bezogenen Lehrbuchinhalte im Verhältnis zur Gesamtseitenzahl für Hauptschule und vergleichbare Schularten

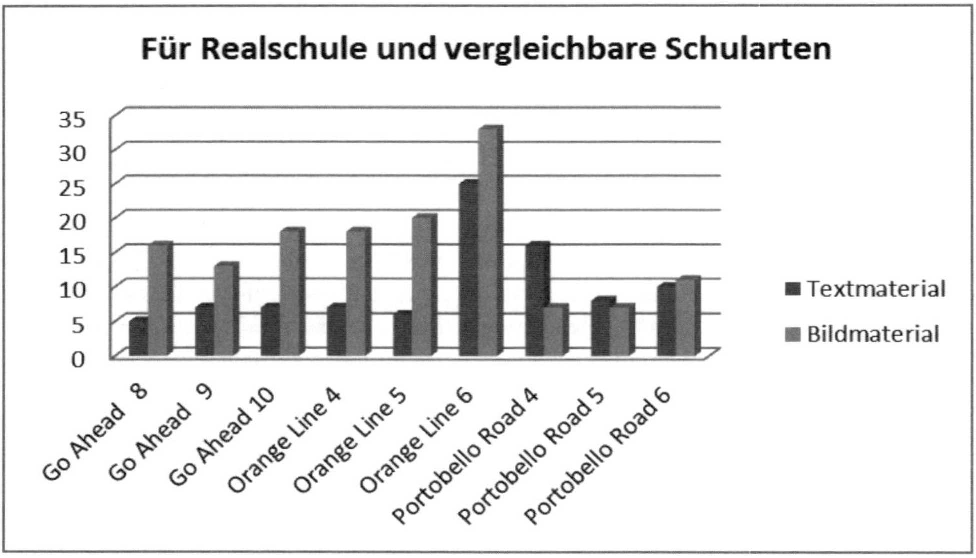

Abb. 22: Prozentualer Anteil der auf globale Themenbereiche bezogenen Lehrbuchinhalte im Verhältnis zur Gesamtseitenzahl für Realschule und vergleichbare Schularten

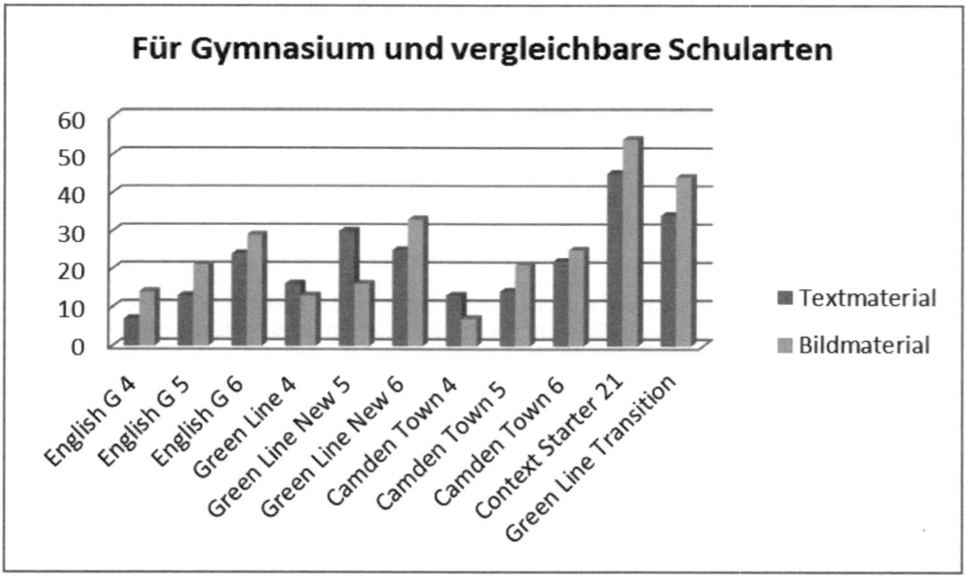

Abb. 23: Prozentualer Anteil der auf globale Themenbereiche bezogenen Lehrbuchinhalte im Verhältnis zur Gesamtseitenzahl für Gymnasium und vergleichbare Schularten

Dieses Verfahren der Häufigkeitserhebungen, das die unterschiedlichen Seiteneinteilungen, Schriftgrößen, Layouts, Textdichte u. a. weitgehend ignoriert, genügt den Anforderungen und Auswertungen (durch verschiedene Codierer und statistische Reliabilitätstexte der Frequenzanalysen), wie sie in den Sozialwissenschaften durchgeführt werden, nicht. Es spiegelt daher keine absoluten Werte wider. Da aber die

Gleichwertigkeit von landeskundlichen Informationen, Bildmaterialien etc. zudem schwierig mit dem Gehalt der Texte zu vergleichen ist, werden diesbezüglich nur Näherungswerte ermittelt. Die Bedeutung der Datenerhebung ist ein erster Überblick und dient der thematischen Orientierung.

Zur Gewinnung von Daten auf der Grundlage einer quantitativen Datenerhebung muss zunächst eine Operationalisierung auf inhaltlicher Ebene vorgenommen werden. Ausgehend von der Leitfrage, welche inhaltlichen Dimensionen der Globalisierung die Lehrbücher aufnehmen, werden verschiedene Inhaltssegmente unterschieden. Durch die Untersuchung und Analyse sollen Aussagen über die Darstellung der globalen Themen in den Schulbüchern gemacht werden können.

Zu achten war darauf, die inhaltlichen Themenfelder so zusammenzustellen, dass keine „zu kleine[n] und zersplitterte[n] Bildfacetten“[202] entstehen und „die Schulbücher auch tatsächliche Informationen bereitstellen, die sinnvoll diesen Bereichen zugeordnet werden können.“[203] Ausgewählt wurden demzufolge fünf verschiedene Themenbereiche, die schulartenübergreifend in den Lehrbüchern im Zusammenhang mit einer Auseinandersetzung mit der Globalisierung am häufigsten auftreten und als Inhaltssegmente eines multiperspektivischen Zugangs im Sinne des globalen Lernens fungieren. Themengebiete der inhaltlichen Untersuchungen sind:

- Migration
- Multikulturelles Zusammenleben
- Weltweite Vernetzung
- Kommunikation – Englisch als *lingua franca*
- Identität im globalen Zeitalter

Ohne Frage bieten sich für den komplexen Bereich der Globalisierung unzählige weitere Aspekte und Kategorisierungsmöglichkeiten an, die einer Behandlung und Nachverfolgung wert sind und diese benötigen. In Anbetracht der Umstände, dem Alter, der Interessenslage der Lerner sowie den zeitlichen und inhaltlichen Vorgaben der Curricula ist jedoch eine Beschränkung auf die genannten Themen und Inhalte vertretbar.

Um Überschneidungen bei der Zuordnung der einzelnen Informationen zu den ausgewählten Themenbereichen zu vermeiden (z. B. Generationenkonflikt von Jugendlichen mit Migrationshintergrund zu dem Aspekt ‚Identität im globalen Zeitalter‘ vs. ‚Multikulturelles Zusammenleben‘) wurde bei der Einteilung der Kontext als Kriterium für die Zuweisung gewählt.

Durch die aufgestellten Themenbereiche wird keine vermeintlich objektive Realität konstruiert, anhand derer sich die Lehrbuchdarstellungen messen müssen. Das Ziel besteht vielmehr darin, bei den Sichtweisen der Autoren und Tendenzen der Lehrbuchdarstellungen inhaltliche Schwerpunktsetzungen und methodisch-didaktische Gestaltungsweisen zu untersuchen und aufzuzeigen.

[202] Rolf Theis, 1991, *op. cit.,* p. 32.
[203] *Ibid.*, p. 32.

Die Ergebnisse der quantitativen Datenerhebung sind in den folgenden Kreisdiagrammen wiedergegeben (Abb. 24-26), die annäherungsweise den – in Referenz zur Nettoseitenzahl – prozentualen Gesamtteil der auf die Globalisierung bezogenen Inhalte (Texte und Visualisierungen) in den ausgewählten Lehrbüchern nach Schularten geordnet darstellen und mit ihrem Ergebnis als Basis für die Untersuchung auf inhaltlicher Ebene fungieren.

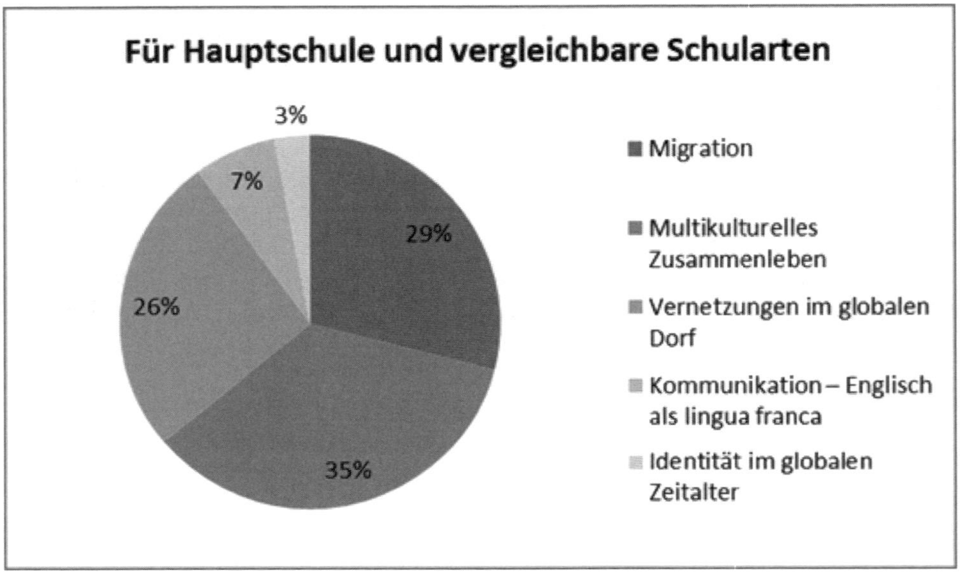

Abb. 24: Verteilung der Themenbereiche in Lehrbüchern für Hauptschule und vergleichbare Schularten

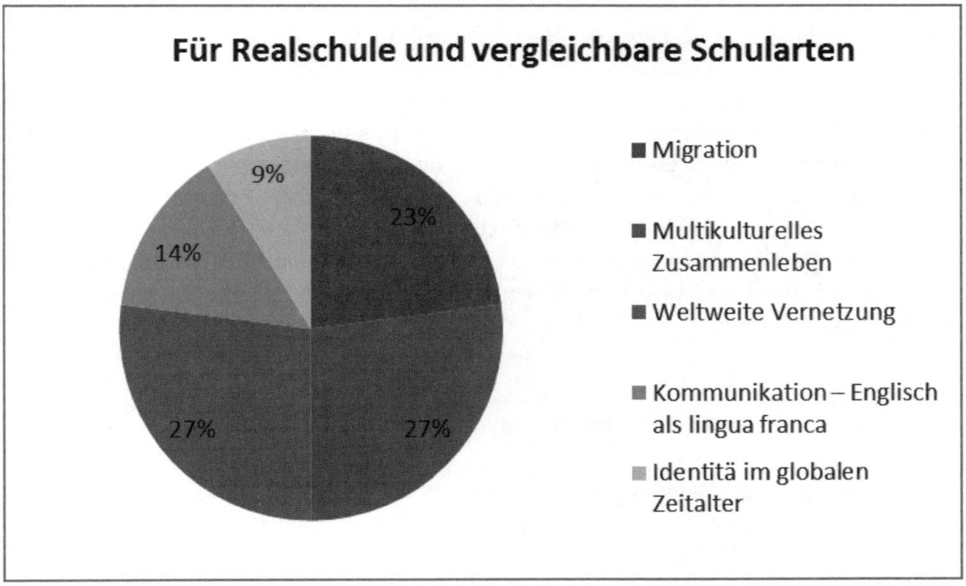

Abb. 25: Verteilung der Themenbereiche in Lehrbüchern für Realschule und vergleichbare Schularten

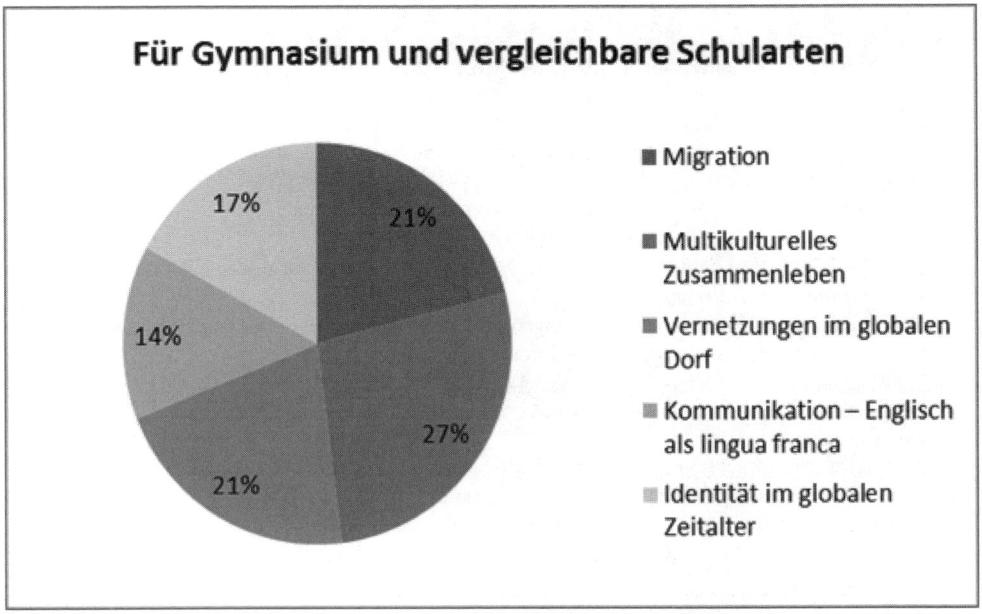

Abb. 26: Verteilung der Themenbereiche in Lehrbüchern für Gymnasium und vergleichbare Schularten

3.5.2 Erstellung eines Katalogs von Beurteilungskriterien globalen Lernens

Während die quantitative Analyse einen Überblick über die Häufigkeitsverteilung der auf die Globalisierung bezogenen Darstellungen gibt, soll die inhaltliche Analyse durch kritische Interpretationen ermitteln, was die Texte oder Abbildungen zu globalisierungsrelevanten Themen aussagen, welche Aspekte aus welcher Perspektive abgebildet werden und wie die Abbildungen und Texte in Bezug zur fachdidaktischen Forschung stehen. Zur Gewinnung eines qualitativen Beurteilungskatalogs werden inhaltliche und didaktische Kategorien erarbeitet, die einen möglichst objektiven Orientierungsrahmen für die Analyse bieten.

3.5.2.1 Thematisch-inhaltliche Beurteilungskriterien

Der Beurteilungskatalog wurde generiert aus den theoretischen Abhandlungen und Ansätzen des globalen Lernens sowie aus dem Kriterienraster der bereits vorgestellten Lehrwerkanalysen (*cf.* Kapitel 2).

Inhaltliche Qualität
Dimension der Inhalte
• Inhalte berücksichtigen soziale und ökonomische, zielkulturelle, ökologische und politische Aspekte • Notwendige didaktische Reduktionen in komplexen Themenfeldern finden Berücksichtigung
Perspektivenwechsel
• Inhalte werden aus unterschiedlicher Perspektive von Betroffenen und Beteiligten sowie durch eine möglichst hohe Darstellungsvielfalt geschildert
Interkulturalität: Bezug zur eigenen Lebenswelt
• Beziehungen zur eigenen Lebenswelt werden dargestellt und reflektiert
Vielseitigkeit und Ethik
• Kontroverse Sachverhalte oder Sichtweisen kommen zur Sprache. • Konflikte werden angesprochen und reflektiert • Texte und Bilder verzichten auf Diskriminierung, insbesondere auf rassistische oder menschenrechtsfeindliche Positionen • Materialien bieten einen bewussten Umgang mit stereotypen Darstellungen und vermeiden eine Indoktrination oder einseitige Manipulation
Aktualität
• Unterrichtsmaterialien befassen sich mit zeitnahen Themengebieten und/oder reflektieren den aktuellen Stand
Kontextualität: Räumliche und historische Dimension
• Sachverhalte werden hinsichtlich ihrer Auswirkung auf globale Interdependenzen und auf die Lebenssituation der Menschen im eigenen, zielkulturellen und globalen Kontext dargestellt • Historische Aspekte – einschließlich der Zukunft – werden als globalisierungsrelevante Themen dargestellt

Abb. 27: Beurteilungskriterien für Unterrichtsmaterialien globalen Lernens im Englischunterricht – inhaltliche Qualität

Zur näheren Erklärung werden die sechs Kriterien detailliert vorgestellt:

Dimensionen der Inhalte: Dieses Kriterium soll Wissen, im Rahmen des globalen Lernens vermitteln und auch zur Gewissensbildung beitragen. Zu beachten ist, dass die Themengebiete ausgeglichen sind und nicht nur ein einzelner Schwerpunkt vertreten ist. Der Lerner wird somit nicht überfordert und seine Sprachkompetenz wird berücksichtigt. Zudem muss die bereits im Kapitel 3.4 angesprochene Gefahr vermieden werden, keine bedeutungsvollen Beispiele vor dem zielkulturellen Hintergrund darzustellen.

Perspektivenwechsel: Die im Lehrbuch vorgenommen Perspektivierung im Hinblick auf die Wahl der Textsorten, Schwerpunkte, Vermittlungsebenen, Erzählfiguren und Bildmaterialien sollen ein Themengebiet vielfältig darstellen.

Interkulturalität – Bezug zur eigenen Lebenswelt: Die Lerner müssen erkennen, warum eine Auseinandersetzung mit bestimmten Themen auch für ihr Leben Bedeutung hat (Was habe ich damit zu tun?).

Vielseitigkeit und Ethik: Dieser Gesichtspunkt kann als einer der Leitfragen der qualitativen Lehrbuchanalyse angesehen werden. Schaffen es die Lehrbücher, unzulässige Verallgemeinerungen zu vermeiden, oder leiten sie einen bewussten Umgang mit ihnen ein? Werden Konflikte und kontroverse Themen aufgenommen? Oder wird möglicherweise ein einseitiges, stereotypes Abbild dargestellt, das der tatsächlichen Komplexität nicht entspricht?

Aktualität: Werden aktuelle Fakten, Daten, Forschungsstände, Probleme und Herausforderungen dargestellt?

Kontextualität – räumliche und historische Dimension: Dieser Aspekt setzt sich mit der Darstellung der historischen Dimension und den räumlichen Kontexten der Globalisierung auseinander. Themeneinheiten sollten gewährleisten, dass die Ursprünge heutiger Entwicklung bis hin zu den möglichen Auswirkungen derzeitiger Entscheidungen bei der Behandlung eines Themas in den Blick rücken. Neben der historischen Dimension sind auch die Einbeziehung und die Wechselwirkung verschiedener räumlicher Kontexte vom Individuellen über die Zielkulturen bis hin zur Weltgesellschaft wichtig.

Das didaktische Modell in Form eines Quaders[204] vermag in besonderer Weise diese Achsen zu veranschaulichen. Die genannten Dimensionen sind aufeinander bezogen und

[204] Christel Adick, „Ein Modell zur didaktischen Strukturierung des globalen Lernens“, in: *Bildung und Erziehung* 4/2002, pp. 397-416 (Wiederabdruck in der Homepage von *terre des hommes* – Deutschland zur Vorbereitung der *Global Education Week* im November 2004 [URL:www.tdh.de, Stand: Juli 2010]). Adick spricht von einem ‚didaktischen Würfel‘. Dieser wurde für die vorliegende Arbeit in einen ‚Quader‘ umkonzipiert.

bilden ein Ganzes, d. h. ein Netz miteinander verwobener Aspekte, die alle zusammen globales Lernen bewirken sollen.

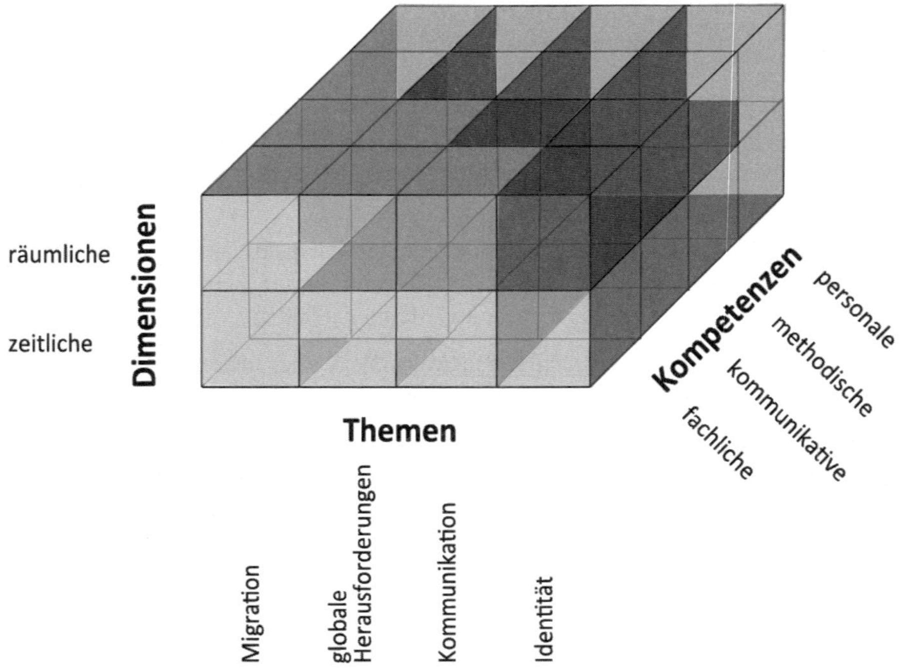

Abb. 28: Didaktischer Quader globalen Lernens
(Quelle: Adick; grafisch adaptiert Julia Hammer)

Die einzelnen Kriterien können nicht alle in gleicher Weise berücksichtigt und umgesetzt werden. Auch auf die Einzelleistungen der Lehrbücher kann nicht immer verwiesen werden, vielmehr sollen für das auftretende Phänomen jeweils repräsentative und charakteristische Beispiele aufgeführt werden. Welche Kriterien im Einzelnen als besonders wichtig angesehen werden, wird auch jeweils vom Kontext abhängig gemacht.

3.5.2.2 Methodisch-didaktische Beurteilungskriterien

Neben der sachorientierten Analyse der inhaltlichen Darstellung kommt der methodisch-didaktischen Arbeit der Lehrbücher zum Gegenstandsbereich globales Lernen eine besondere Bedeutung zu. Sie muss gewährleisten, dass der Schüler bestimmte Kompetenzen erwerben kann und nicht einer eher zufälligen, einem Baukastensystem folgenden losen Anbringung von Wissensständen ausgesetzt ist.

Die aufgestellten Kriterien sollen einen Beitrag leisten für eine bessere Qualifizierung von Unterrichtsmaterialien zum globalen Lernen im Englischunterricht. Sie sind ebenso wie die inhaltlichen Beurteilungskriterien als Orientierung gedacht.

Eine Überprüfung der methodisch-didaktischen Herangehensweisen und Umsetzungsmöglichkeiten des globalen Lernens soll anhand der dafür angefertigten

Beurteilungskriterien durchgeführt werden. Welche davon im Einzelnen als besonders wichtig anzusehen sind, wird auch hier vom Kontext abhängig gemacht.

Didaktische Qualität
Lernerorientierung
• Materialien knüpfen an Erfahrungen ihrer Zielgruppen an • Sprachliche Hilfen werden angeboten (z. B. *language skills, useful expressions* etc.)
Nachhaltige Lernprozesse
• Materialien und Arbeitsanweisungen unterstützen durch vorgeschlagene Lernformen eine selbstständige Aneignung des Lernstoffes • Eigenständige Reproduktion des Gelernten und Transfer werden angeregt
Wertehaltung (*global values*)
• Materialien fördern die Bereitschaft, emotional am Schicksal anderer Menschen Anteil zu nehmen • Materialien unterstützen die Bereitschaft zur Solidarität und zur Übernahme von Mitverantwortung für eine gerechtere Gestaltung der Welt • Zielkonflikte und Interessensgegensätze dürfen nicht verschwiegen werden
Handlungsperspektive
• Möglichkeiten, etwas persönlich zu tun, werden in einer den Zielgruppen angemessenen und motivierenden Weise aufgezeigt und eingeübt
Vielfalt der Lernformen
• Materialien[205] machen Vorschläge für die verschiedenen kommunikativen und offenen Lernformen in den unterschiedlichen Kontexten • Unterschiedliches Material wird eingesetzt (Fotos, literarische Texte etc.) • Vorgeschlagene Materialien sind den angestrebten Zielgruppen und Verwendungszwecken angemessen • Lernformen sind vollständig ausgearbeitet (Arbeitsanweisungen, Anleitungen in Lehrerhandreichungen etc.)

Abb. 29: Beurteilungskriterien für Unterrichtsmaterialien globalen Lernens im Englischunterricht – didaktische Qualität

Zur besseren Orientierung weisen alle folgenden Kapitel die gleiche Struktur auf. Die quantitativ gemessenen Werte der Themeneinheiten enthalten jeweils im Anschluss an ihre Präsentation Hinweise zur Datengewinnung, eine Interpretation und einen zusammenfassenden Kommentar. Die Abschnitte über die qualitativen Aspekte skizzieren die Relevanz und stattfindenden Veränderungen der Globalisierung. Daran schließen sich eine inhaltliche Analyse, eine Interpretation und ein Kommentar an. Am Schluss wird die methodisch-didaktische Umsetzung analysiert.

[205] Dazu zählen auch die Forderungen und Kriterien in Bezug auf Bild- und Textmaterialien, die im Kapitel 2.1.1 ausgearbeitet wurden, z. B. der nötige Facettenreichtum an Bildmaterialien, Authentizität, Aktualität, Bedarf an bedeutungsvollen Bildern, keine rein touristischen Materialien, keine dekorativen Aspekte etc. Für Textmaterialien ist ebenfalls Aktualität, Authentizität, aber auch Applizierbarkeit in der Lebenswelt der Lerner, Angemessenheit der Lernerfahrung und Altersadäquatheit sowie eine Ausgewogenheit der Texte wichtig. *Cf.* auch Reinhard Ammer, „Das Deutschlandbild in den Lehrwerken für Deutsch als Fremdsprache“, in: Bernd Kast und Gerhard Neuner, *eds.*, 1994, *op. cit.*, pp. 31-42.

4 Die Globalisierung bewegt Menschen – von historischer Perspektive bis zur Gegenwart

Eines der weltumspannenden Phänomene ist die Migration.[1] Sie prägt die Globalisierung seit jeher.[2] Für den Englischunterricht sind insbesondere auch die Phase der europäischen Welteroberung am Ende des 15. Jahrhunderts mit Kolumbus und seiner Entdeckung Nordamerikas sowie das ehemalige britische Weltreich mit den entsprechenden Besiedlungs- und Wanderungsbewegungen sowie deren Auswirkung in der globalen Welt als historische und gegenwärtige Themengebiete von Interesse.

4.1 Migration als Lerngegenstand

Schon immer wanderten Menschen von Kontinent zu Kontinent, sei es aus freien Stücken oder erzwungenermaßen.[3] Zahlreiche kulturwissenschaftliche Theorien gehen sogar von der These aus, dass eine „anthropologische" Urkonstante des Wanderns existiert.[4] Neu ist jedoch die drastische Zunahme des Umfangs und Ausmaßes der Migrationsprozesse ab der Mitte des 20. Jahrhunderts, die deutliche Spuren hinterlassen haben und verantwortlich für das Phänomen der multikulturellen Gesellschaft sind.

Ein Blick auf die curricularen Vorgaben der einzelnen Bundesländer belegt die Bedeutung der Migration im Englischunterricht. Eines der schularten- und bundesländerübergreifenden Hauptthemen der 8.-10. Jahrgangsstufe ist die historische Entstehung der Vereinigten Staaten von Amerika und weiterer ehemaliger Kolonialländer wie Kanada oder Australien.

Bereits an diesem Punkt lässt sich erkennen, dass die historische Perspektive der englischen Kolonialisierung bei dem scheinbar modernen Thema der Migration im Rahmen der Globalisierung eine wichtige Rolle spielt und eine Grundlage für die Unterrichtseinheiten zur gegenwärtigen multikulturellen Gesellschaft bietet. Die koloniale Besiedlung durch die Engländer weltweit kann als Brücke genutzt werden, um den Lernern die Anfänge der heterogenen Gesellschaften näher zu bringen – wobei insbesondere die USA, Kanada und Australien als klassische Einwanderungsländer gelten.

1 United Nations Department of Economic and Social Affairs/Population Division: *World Population Policies 2005,* New York: United Nations, 2006; United Nations Department of Economic and Social Affairs/Population Division: *World Population Prospects Revision*, New York: United Nations, 2008 (URL: www.esa.un.org/unpp, Stand: Dezember 2010).

2 Anthony Giddens, *The Consequences of Modernity*, Cambridge: Polity Press, 1990, p. 64.

3 Das Wort Migration kommt aus dem Lateinischen und bedeutet ‚Wanderung' (*migrare*= wandern).

4 In der vorliegenden Arbeit wird mit dem Begriff *Migration* das dauerhafte Überschreiten von Staatsgrenzen bezeichnet, auf das sich hier der Fokus richtet.

Im Rahmen des globalen Lernens ist auch von Interesse, aus welchen Gründen Menschen auswandern. Ökonomische Gründe sind nicht die einzigen Motive für Menschen, ihre Heimat zu verlassen. Ihr Lebensraum kann auch durch Naturphänomene sowie durch politische und religiöse Verfolgungen gefährdet sein.

Dabei unterscheiden sich die gegenwärtigen Gründe nur geringfügig von den historischen. Die Soziologin Elisabeth Beck-Gernsheim[5] fasst die Migrationsprozesse wie folgt zusammen: „Nun hat es freilich Armut und Not wohl immer in der Menschheitsgeschichte gegeben. Aber die Idee, aus dem Schicksal auszubrechen und zu neuen Ufern sich aufzumachen, ist durchaus nicht selbstverständlich."[6] Grundsätzlich wandern Menschen auf der Suche nach einem besseren Leben aus, weil die Zustände im Heimatland ein Bleiben oft nicht länger möglich machen. Neu sind die Verheißungen der Globalisierung, die selbst junge Menschen aus der Mittelklasse zur Migration bewegen: „Es sind kaum die ärmsten Menschen, die zu fremden Ländern aufbrechen, sondern eher die Mittelklasse."[7]

Aus didaktischer Sicht erfährt der Aspekt der Kontextualisierung in diesem Zusammenhang eine elementare Bedeutung. Deshalb sollte bei den Darstellungen zur Migration die Perspektive der gegenwärtigen Lernerwelt miteinbezogen sowie auch auf die historischen Dimensionen der globalen Migrationsbewegungen verwiesen werden.

In allen untersuchten Lehrbüchern finden Aspekte der Migration ihre Aufnahme. Die quantitativen Erhebungen der Anteile an Texten und der visuellen Gestaltungsmittel zur Migrationsthematik sind in den folgenden Diagrammen wiedergegeben (Abb. 30-32).

5 Elisabeth Beck-Gernsheim, *Wir und die Anderen*, Frankfurt: Suhrkamp, 2004.

6 Elisabeth Beck-Gernsheim, „Transnationale Heiratsmuster und transnationale Heiratsstrategien. Ein Erklärungsansatz zur Partnerwahl von Migranten", in: *Soziale Welt* 56/2006, p. 117.

7 *Ibid.*, pp. 117ff.

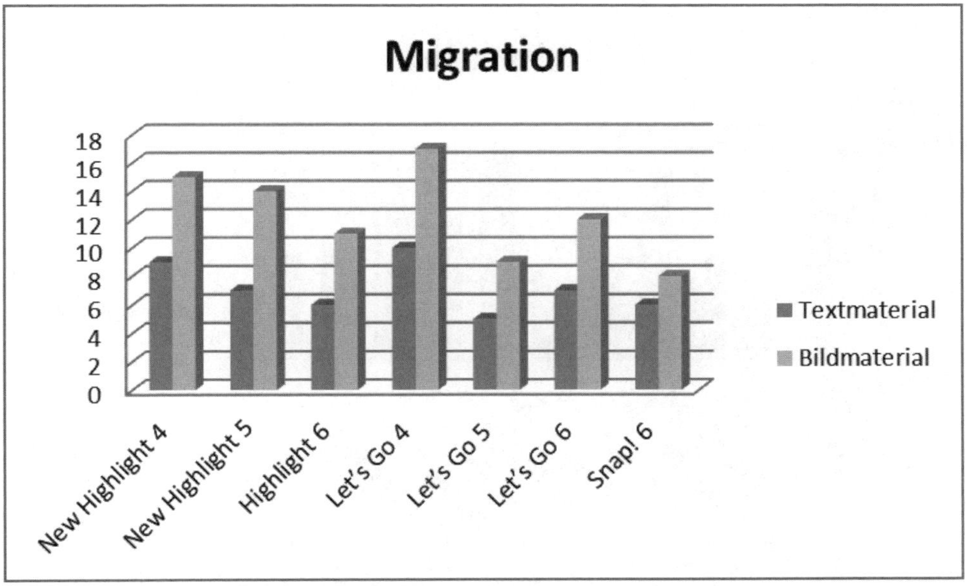

Abb. 30: Lehrbuchanteil von Bild- und Textmaterial – Migration (Hauptschule und vergleichbare Schularten)

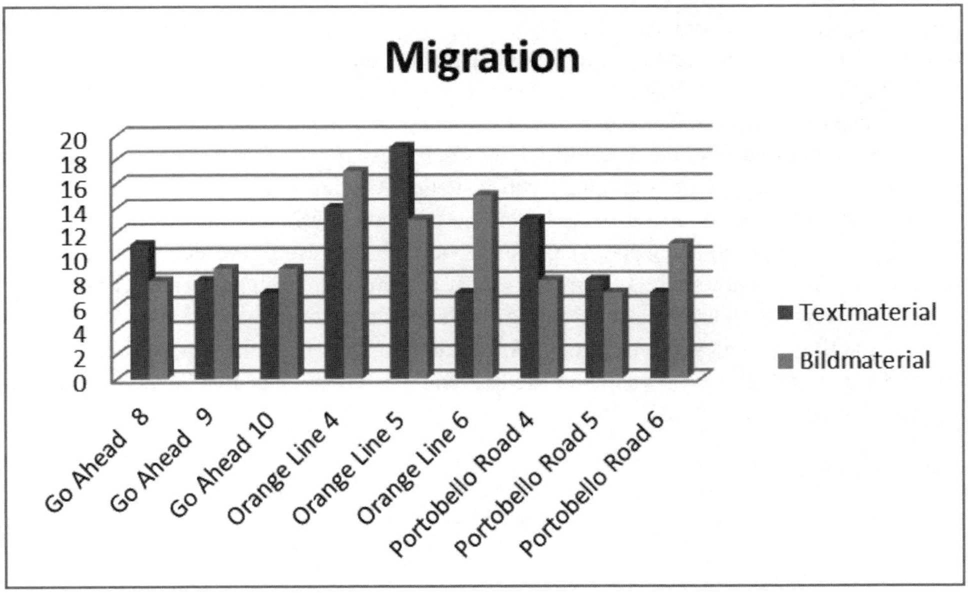

Abb. 31: Lehrbuchanteil von Bild- und Textmaterial – Migration (Realschule und vergleichbare Schularten)

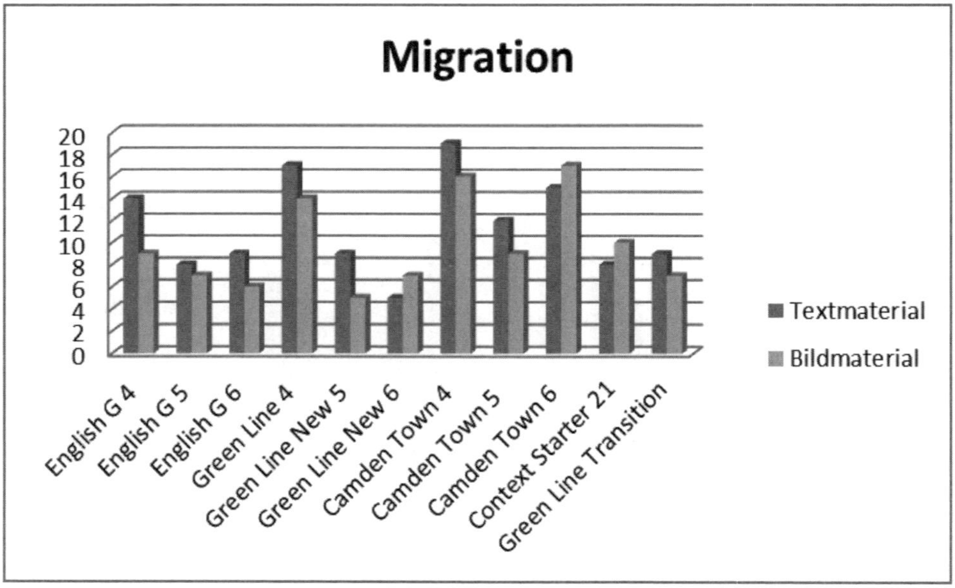

Abb. 32: Lehrbuchanteil von Bild- und Textmaterial – Migration (Gymnasium und vergleichbare Schularten)

Die Datenermittlung auf der Basis des quantitativen Analyseverfahrens zeigt, dass die Texte und visuellen Medien, die Informationen zum Thema ‚Migration' bereitstellen, über alle Schularten hinweg einen hohen Anteil von durchschnittlich 24 Prozent der Gesamtdarstellung einnehmen. Auffallend ist, dass die Lehrbücher für Real- und Gesamtschule und vergleichbare Schularten eine annähernd gleiche Quote aufweisen wie die gymnasialen Bücher.

Die quantitative Analyse zeigt allerdings auch, dass gerade im Bereich der Migration eine starke Diskrepanz im Verhältnis von visuellen Medien einerseits und Texten andererseits zu attestieren ist. Erstere dominieren dabei schulartenübergreifend stark. Während die Migrationsbewegungen visuell vielfach dargestellt werden, finden sich in den Texten nur rudimentäre Informationen zu den im Bild festgehaltenen Geschehnissen. Infolgedessen ergibt sich ein oftmals collagenartiger Eindruck der Lehrbuchdarstellungen, die keine tiefgreifenden Erkenntnisse vermitteln. Für die Lerner kann das Ungleichverhältnis von visuellen Medien und Texten zu einer inadäquaten Verarbeitung der präsentierten Inhalte führen.

4.2 Darstellungen von Migration in den Lehrwerken

4.2.1 Migration in der Vergangenheit

Ein Blick auf die inhaltliche Gestaltung der Lehrbücher des Korpus zeigt, dass die Inhalte, die dem Aspekt ‚Migration' zugeordnet werden können, vor allem eine Aufnahme und Reflexion historischer Gegebenheiten bieten. Dieses Kapitel untersucht daher die Darstellungen historischer Migration innerhalb der Zielkulturen.

Grundsätzlich fällt bezüglich der Materialien die Tatsache auf, dass die Lehrbücher im Rahmen dieser landeskundlichen Einheit beinahe nie solch elementare Aspekte wie beispielsweise einen Überblick über die Besiedlungen britischer Kolonien behandeln. Zwar ist davon auszugehen, dass unabhängig von der Schulart bereits auf den Innenseiten der Lehrbucheinbände durch eine Weltkarte mit markierten *Commonwealth*-Ländern auf diesen Aspekt eingegangen wird, doch ist die Nichtberücksichtigung nicht nachvollziehbar. Allein das Lehrbuch *Let's Go 5* gibt einen Überblick über die kolonialen Besiedlungen, indem es auf einer Landkarte mithilfe von Pfeilen die britischen Kolonialisierungswellen visualisiert.[8] Die Schwerpunkte der Lehrbücher liegen hingegen in der Darstellung einzelner Einwanderungsströme in die Kolonien, aus den ehemaligen Kolonialgebieten nach England und der weltweiten Einwanderungsströme in die USA.

Anhand der Rolle der USA als dem klassischen Einwanderungsland gewähren die Lehrbücher dem Lerner einen Einblick in Ursachen und Größenordnungen der damaligen Völkerwanderung sowie in Verläufe von Einwanderungsbewegungen. Dabei bietet die Mehrheit der Lehrbücher Zeitstreifen[9] an, die häufig an eine gleichsam touristische Aufarbeitung für Kinder und Jugendliche erinnern, in denen vor allem Fakten präsentiert werden, ein erster Überblick geschaffen wird und – im besten Fall – die Abbildungen zu historischen Daten ansprechend gestaltet sind.[10]

Im Bereich der Darstellung konkreter Besiedlungen ist weiterhin die Feststellung zu treffen, dass in den Lehrbüchern allgemein der Schwerpunkt auf sachtextlichen Betrachtungen liegt, die äußerst knappe Informationen über die jeweilige Besiedlung vermitteln.[11] Als Beispiel lässt sich der Abschnitt aus *Portobello Road 5* zitieren:

[8] *Let's Go 5*, pp. 22-23.

[9] „United States history timeline" (*Orange Line 4*, p. 80); „How it all began" (*Orange Line 6*, pp. 6ff.); „A saga of discovery" (*Orange Line 6*, p. 8); „We didn't start the fire" (*Orange Line 6*, p. 15) – hierbei handelt es sich um ein Lied, das alle wichtigen historischen Erlebnisse und Zeitpunkte der USA als Text aneinanderreiht; „Jamestown settlement" (*Orange Line 6*, pp. 16f.).

[10] *English G 5*, p. 32: Die Lehrbuchautoren gehen auf die Kolonialisierung der USA durch Spanier, Franzosen und Engländer in dem Text „How it all started" ein.

[11] *Green Line New 6*, p. 57.

> When settlers moved onto their lands they fought to defend themselves and their way of life. Native Americans were forced to leave their lands and live on reservations.[12]

Die Lehrwerke bedienen sich der Sachtexte, die anhand objektiver Darstellung historische Besiedlungen Nordamerikas auf wenige Fakten reduziert aufgreifen. Die ehemaligen Kolonien – beispielsweise Australien, Südafrika, Indien oder Jamaika – können ebenfalls als Beispiele dienen und sollten vermehrt in die Lehrbücher integriert werden:

> When the first European explorers reached what was to them a new continent, they called it the Great Southern Land. Now, it's Australia or ‚down under'. Australia became part of the British Empire, and even today the British Queen is also the Queen of Australia.[13]

Informationen zur Besiedlung, sofern sie überhaupt gegeben werden, verkürzen die Prozesse zumeist auf Jahreszahlen und geografische Orte und lassen bedeutungsvolle Anknüpfungspunkte vermissen, welche es den Lernern gestatteten, der Darstellung mehr Sinn zu entnehmen und folglich Einsichten in die Zusammenhänge mit der Gegenwart und der postkolonialen Situation zu gewinnen.

Einen schülergemäßen Einblick in die damaligen Migrationsbewegungen gewähren jedoch diejenigen Lehrbücher, welche die historischen Anfänge der Kolonialisierung und Besiedlung in Form von Kurzgeschichten präsentieren. *English G 5* und andere Lehrwerke[14] berichten über die Entdeckungen Christoph Kolumbus'.[15] *New Highlight 5* variiert inhaltlich, indem es aus kanadischer Sicht auf die Besiedlung des nordamerikanischen Kontinents eingeht. Im Mittelpunkt steht Etienne Brûlé, der Entdecker Kanadas: „Some think that Brûlé helped as a guide for the British when they captured Quebec in 1629. A few years later the Huron people killed him. Why? Nobody knows."[16] Die Aufnahme Brûlés, von dem niemand wusste, ob er auf Seiten der Eingeborenen stand oder vorrangig für die französischen Siedler arbeitete, hebt durch seine ambivalente Figur die weitverbreitete Schwarzweißmalerei in den Lehrbüchern zwischen Ureinwohnern und Neuankömmlingen auf.[17]

Darüber hinaus erhalten die Lerner eindrucksvolle und unmittelbare Einblicke in die Besiedlungen durch personalisierte Darstellungen. In dem Text „The first immigrants to Australia"[18] aus *Let's Go 5* wird die Perspektive der scheinbar eines Verbrechens überführten Zwangsauswanderer eingenommen. Durch den fiktiven Brief einer straffällig gewordenen Frau können die Rezipienten ein tieferes Verständnis für die schwierige Situation der unfreiwilligen Auswanderer nach Australien entwickeln:

12 *Portobello Road 5*, p. 35.

13 *Go Ahead 10*, p. 5.

14 *Portobello Road 5*, pp. 33f. Hier wird die Besiedlung des nordamerikanischen Kontinents wird in Form eines Cartoons dargestellt.

15 *Go Ahead 8*, p. 14.

16 *New Highlight 5*, p. 34.

17 Grey Owl lebte als Weißer mitten unter den Inuits in Saskatchewan und gab lange Zeit gegenüber den Engländern selbst an, ein Inuit zu sein (*Go Ahead 10*, pp. 78-79).

18 *Let's Go 5*, pp. 72-73.

> „I stole some fruit for my family," she answered. „I didn't have any money, so I couldn't pay for it. My children were ill, they needed the fruit. They gave me six years. Can you believe it? For three apples?"[19]

Aufgrund personalisierter Einblicke kann empathischer Zugang geschaffen werden. Daraus erwächst eine differenzierte und tiefere Betrachtung, die eine Identifikation mit den Lehrbuchprotagonisten erleichtert. Auf diese Weise kann das Vorurteil widerlegt werden, dass alle Australier mit britischem Migrationshintergrund von straffälligen Vorfahren abstammen. Vielmehr werden die enorme Beliebigkeit bei den Selektionsprozessen und der Aspekt der Zwangsauswanderung deutlich, wie auch die große Hilflosigkeit und die ausweglosen Situationen, denen die Menschen ausgeliefert waren. Auch die Kurzgeschichte „Empire Windrush"[20], welcher die Ankunft von knapp 500 Menschen aus Jamaika in England schildert, kann durch sein Identifikationspotenzial für den Lerner als gelungener Vermittlungskontext gewertet werden. Die Kurzgeschichte beschreibt die Schwierigkeiten und Diskriminierungen, mit welchen die Einwanderer nach der Ankunft in England zu kämpfen hatten.[21] Die darauf folgenden *post-reading activities* stellen sicher, dass der Text vom Lerner verstanden wird. Sie fördern jedoch keinesfalls einen Perspektivenwechsel oder veranlassen den Lerner, sich mit den Problemen weiter auseinanderzusetzen. In den genannten Beispielen fehlen Aufgabenstellungen, die Bezüge zu der gegenwärtigen Situation von Migranten und dem Lebensalltag der Lerner herstellen.

Neben diesen allgemeinen Schilderungen der Migration gehen die Darstellungen der Lehrbücher in unterschiedlicher Intensität auch auf bestimmte regionale Besiedlungen ein. An prominenter Stelle steht schulartenübergreifend zweifellos die Stadt New York City als das damalige Tor zur neuen Welt. Eine Auseinandersetzung mit der historischen Rolle der vor New York City liegenden Insel Ellis Island bietet in diesem Kontext eine gute Gelegenheit, einen Überblick über das Ausmaß der Massenimmigration in Nordamerika zu erhalten. Kaum ein Lehrbuch unterlässt es, diese Insel, die für den Ursprung der multikulturellen Gesellschaft in den USA steht, mittels Fotografien und Semantisierungshilfen sowie kurzer didaktisierter Texte zu präsentieren. In ihnen wird über die Bedingungen der Einreise, die Anzahl der Immigranten und die Anfänge der Besiedlung in den USA informiert:

> Ellis Island – For millions of immigrants, New York Harbour was the gateway to the USA. They saw the Statue of Liberty when they sailed to the immigration offices on Ellis Island. [...]. But first they had to go through the immigration process. [...] About 12 million people came to the USA through Ellis Island between 1892 and 1924.[22]

[19] *Ibid.*, p. 72.

[20] *Go Ahead 9,* p. 60. Die Geschichte wird auch für den Gymnasialunterricht in *English G 6*, p. 12 verwendet.

[21] *Camden Town 5*, pp. 52-53.

[22] *English G 4,* p. 45 und auch „About 150 years ago, most of the immigrants to the US came from Britain, Ireland, Germany and Scandinavia. Then in the years around 1900, a huge number of immigrants – about a million each year – arrived in the US from Southern and Eastern Europe" (*Go Ahead 8,* pp. 18-19).

Während *English G 4* und *Go Ahead 9* auf der sachlichen und deskriptiven Ebene verweilen, beziehen *Camden Town 4* und *Green Line 4* die Funktion von Ellis Island als Nadelöhr und erste Aufenthaltsstelle für europäische Migranten in die Lehrbuchhandlung mit ein. In *Camden Town 4* wird wiederum anhand fiktiver Erzählungen betroffener Jugendlicher personenbezogen illustriert, wie die damalige Situation von den Angekommenen erlebt wurde und welche einschneidenden Erfahrungen damit verbunden waren:

> I think either they go back to Greece or I go back to Greece. The one with the chalk mark went back. I was allowed to enter. [...] There were hundreds of people and then this doctor and the nurses. They were standing on the steps and they would watch people because there were such hordes of people, they didn't have time to examine each and every one. Just by the looks of them, they would pull out from the crowd, and then they would examine them. I remember looking up at my mother after we passed through registration. We smiled and kissed and hugged each other because we had achieved this great thing, this rite of passage.[23]

Problemorientierte Perspektiven zeigen auf, dass es bereits damals nicht einfach war, in die USA einzuwandern. Der Beinamen „Island of Tears"[24] verweist auf die in Ellis Island getroffenen Entscheidungen, die ganze Familien zerstörten:

> [H]opes were destroyed. Families were broken up as a child or a parent had to stay at the Ellis Island Hospital or was even sent back. Some never saw their relatives again.[25]

Positiv zu werten sind weitere Beispiele, die Ellis Island sowohl durch ihre historische als auch durch ihre aktuelle Funktion als Museum Eingang in die Lehrbücher gewähren. *Camden Town 4* schickt drei jugendliche Lehrwerkfiguren im Rahmen eines Schulprojekts nach Ellis Island, um Ahnenforschung zu betreiben, und erweitert damit die sonst ausschließlich herrschende historische Perspektive. Während es weniger explizit auf Ellis Island, jedoch auf die multikulturelle Vielfalt der USA eingeht, stellt *Green Line 4* in den situativen Rahmen eines Schülerprojekts Interviews mit Jugendlichen,

23 *Camden Town 4,* pp. 92-93.

24 *Ibid.,* pp. 90-91 und auch „Ellis Island was for third-class passengers, those who didn't have much money. After two weeks in dark and crowded conditions near the bottom of the ship, they were glad to reach New York. [...] The immigration building was very crowded, with sometimes as many as 15,000 people there in one day. It usually took between three and five hours because everyone had to wait in line. Doctors examined the immigrants to see if they had any serious diseases, and immigration officers asked them questions to make sure they should be allowed to enter and not had to return home" (*Go Ahead 8,* pp. 18-19).

25 *Camden Town 4,* pp. 90-91 und auch „Most of the people who came through Ellis Island were poor country people who spoke little or no English. Some of the new immigrants soon returned home because they didn't like life in the crowded slums. But many stayed and made a new life for their families. Today 40 % of Americans can look back to a family member who landed on Ellis Island" (*Go Ahead 8,* pp. 18-19).

deren Vorfahren durch Ellis Island in die USA einwanderten.[26] Mit diesen personenbezogenen Einblicken und biografischen Geschichten in Interviewform – sogenannten *oral histories* – gelingt es, Ellis Island als inhaltlichen Rahmen und Vermittlungskontext zu nützen, um die gegenwärtige multikulturelle Zusammensetzung auf die historischen Anfänge der USA bezogen zu erklären. Die Reihe vielfältig didaktisierter Zugänge zur historischen Besiedlung Nordamerikas von *Camden Town 4* und *Green Line 4*, die verschiedene Lernstile[27] ansprechen und schülernah ausgerichtet sind, hilft den Lernern, die geschichtlichen Fakten besser in der Gegenwart zu verorten.[28]

Neben Ellis Island und New York als Wiege der amerikanischen Migrationsgesellschaft und bis heute für Einwanderer wichtigen Stadt nimmt die Region Kalifornien als beliebtes Zielgebiet der Einwanderer seit jeher sowohl in der Realität als auch in den Lehrwerken eine Sonderstellung ein: „For a long time, California has been a magnet for people from all over the US and the world. They come to find a better life. Some find it; many don't."[29] Auf die einstigen Verlockungen des 19. Jahrhunderts, wie zum Beispiel den Goldrausch, wird nicht eingegangen. Auch die Tatsache, dass Kalifornien ehemals zu Mexiko gehörte, wird nur in beiläufigen Vermerken erwähnt: „California was once part of Mexico. That is why many Californians places have Spanish names."[30] Was das Thema Migration in Kalifornien angeht, stehen in den modernen Lehrbüchern allein die hispanischen Einwanderer der Gegenwart und deren Probleme im Mittelpunkt. Die his-

26 *Green Line 4*, pp. 22-23.

27 Aufgrund der methodischen Schwäche des Lerntypologie-Ansatzes nach Frederic Vester (Frederic Vester: *Denken, Lernen, Vergessen. Was geht in unserem Kopf vor, wie lernt das Gehirn, und wann lässt es uns im Stich?,* München: dtv, 1998) wird hier eine Unterteilung nach der in der Lernpsychologie bevorzugten Typologie der ‚Lernstile' vollzogen. Oberflächlichkeit und Inkonsistenz bei der Unterteilung in die vier Lerntypen (optisch/visuell, auditiv, haptisch und kognitiv, d. h. drei der Lerntypen werden über Wahrnehmungskanäle charakterisiert, während sich der vierte auf den Verstehensprozess bezieht) sowie fehlende nachprüfbare Werte und Untersuchungen zeigen deutlich den Mangel der Kategorisierung Vesters auf und plädieren für Lernstil-Modelle, wie z. B. von Kolb (David A. Kolb, *Learning Style Inventory*, Boston, MA: McBer and Company, 1985) sowie Peter Honey und Alan Mumford (Peter Honey und Alan Mumford, *The Manual of Learning Styles*, Maidenhead: Honey, 1992), das am breitesten differenziert in aktive und reflexive Lerner, induktive und schlussfolgernde Lerner, sensorische und intuitive Lerner, visuelle und auditive Lerner und sequenzielle sowie globale Lerner.

28 Tim, einer der Jugendlichen, schaut sich in diesem Zusammenhang ein Theaterstück an, das ihn motiviert, etwas über seine Familiengeschichte zu erfahren: „Tim was fascinated by the play that was staged in the Living Theatre. The plot was based on immigrant stories from 1900 to 1925. People had left their countries and made the journey to escape the problems there" (*Camden Town 4*, pp. 90-91). Durch das Zitat eines aktuellen und authentischen Zeitungsausschnitts wird die Motivation gesteigert, Ellis Island besser kennenzulernen: „Immigrant finds sister in Germany after 58 years. […] Over 1 million immigrants come to the USA. Ellis Island museum – everyone should go says mayor of NYC" (*ibid.*, pp. 100-101).

29 *Green Line 4,* p. 85.

30 *Let's Go 4*, p. 28.

torischen Zusammenhänge mit dieser anhaltenden Einwanderungswelle werden bis auf den zitierten Verweis nivelliert oder erscheinen belanglos. Eine historische Kontextualisierung wäre aber notwendig, um die hohe Anzahl der mexikanischen Einwanderer sowie deren gegenwärtigen Einfluss in den Südstaaten der USA ausgewogen zu thematisieren.

Neben den wenigen Beispielen, Migranten auf ihrem Weg zu begleiten, fällt das Fehlen der Perspektive der in der Heimat zurückgebliebenen Menschen auf. Die hohe Zahl der relativ homogenen Einwanderungsgruppen in die USA hatte in deren Heimatländern zu deutlich bemerkbaren Veränderungen geführt. Wie die bestehende Gesellschaft mit diesem Phänomen umging, wird in den Lehrbüchern nicht erläutert. *Highlight 6* schenkt zwar zwei Iren[31] Gehör, aber die ausgewählten Textausschnitte gehen nicht auf die ökonomischen Verschiebungen oder die Gefühle der Zurückgebliebenen ein, die viele Verwandte, Familienmitglieder und Freunde wegziehen sahen. Sie berichten allein über die hohe Anzahl der Einwanderer aus Irland in die USA zu damaliger Zeit:

> 40,000 leave Ireland this year: More people were out of work in Ireland this year than in the last 10 years. Things have never been as bad as this. More than 40,000 people have emigrated to find work and live in the USA, Britain, Canada and Australia. Many husbands and fathers have had to leave their families at home [...].[32]

Damit wird die intendierte Aussage des zitierten Textes auf den inhaltlichen Punkt begrenzt, nämlich die hohe Anzahl der Einwanderer aus Irland in die USA.

In Bezug auf die visuelle Gestaltung in den Lehrbüchern des Korpus ist die Feststellung zu treffen, dass die verwendeten Materialien eine verzerrte Perspektive vermitteln. Zwar lässt sich hinsichtlich dieses Themenbereichs eine sehr hohe Anzahl an Fotografien und anderen Abbildungen verzeichnen, aber die meisten Darstellungen bestehen aus Zeichnungen und Drucken[33] und sind nicht mehr zeitgemäß.

Der Einsatz aktualisierter visueller Materialien wäre geboten. Vor allem die Lehrbücher von *English G* verwenden viele Bildmaterialien, die ihrer Funktion als attraktiver und motivierender Gesprächsanlass nicht mehr nachkommen können und teilweise auch inhaltlich fragwürdig und thematisch zusammenhangslos sind. Hingegen gelingen den Grafikern aus den Lehrbüchern *Camden Town* überzeugende Beispiele, welche die historischen Situationen schülergemäß umsetzen.

Nach einer beinahe dreißig Jahre anhaltenden Diskussion über das interkulturelle Lernen im Fremdsprachenunterricht geht die Mehrzahl der Schulbücher für den Landeskundeunterricht in der historischen Aufarbeitung noch nach dem traditionellen Schema weitgehender Faktenvermittlung vor. Die Analyse zeigt gerade für diesen Themenbereich sehr deutlich auf, dass es keiner Erweiterung des Lernstoffes für das globale

31 Irland nimmt eine Sonderstellung ein. Zwischen 1845-1849 wanderten Millionen von Iren aufgrund von Hungersnöten nach Amerika aus. Schon im 18. Jahrhundert lag die Zahl der schottischen Iren aus Ulster, die nach Pennsylvania auswanderten, bei über 250.000.

32 *Highlight 6*, p. 64; *Orange Line 5*, p. 93.

33 *Cf.* die Abbildungen, Zeichnungen und Drucke aus *Portobello Road 4*.

Lernen bedarf, sondern vielmehr einer interkulturellen und global orientierten Herangehensweise. Hier sei nochmals darauf hingewiesen, dass die alleinige Präsentation historischer Fakten dem Prinzip des globalen Lernens widerspricht. Schüler erwerben auf diese Art nur kognitives Wissen und lernen auswendig, obwohl sogar in vielen Curricula[34] explizit festgelegt wurde, dass historische Daten nicht mehr abzufragen sind.

Die Darstellung der Kolonialisierung und historischen Besiedlung entspricht weiterhin zum Großteil der mittlerweile obsoleten Vorstellung eines reproduzierenden Landeskundewissens und trägt nicht zu einer Verknüpfung zwischen Migration in Gegenwart und Vergangenheit sowie lokalen und globalen Prozessen bei.[35] Weniger kritisch müssen die Darstellungen in Verbindung mit Ellis Island bewertet werden, denen die Abweichung von der kognitiven Faktenvermittlung ansatzweise sehr gut gelungen ist und die als aussagekräftige Beispiele angesehen werden können.[36]

4.2.2 Migrationserfahrungen

Eng verbunden mit den Wanderungen, aber bereits einen Schritt weiter im Migrationsprozess, ist der erste Kontakt zwischen Einwanderern und der Bevölkerung des Aufnahmelandes. Das Ziel des folgenden Kapitels liegt darin, die verschiedenen Positionen der am Migrationsprozess Beteiligten zu untersuchen, sie miteinander in Beziehung zu setzen sowie gelungene Darstellungen zu skizzieren. Grundsätzlich lassen sich auch hier die Darstellungsperspektiven wieder in zwei Subkategorien gliedern (*cf.* Kapitel 4.2.1). Die Ereignisse können durch neutrale Sachtexte oder durch involvierte Personen und andere Formen personalisierten Geschichtenerzählens (beispielsweise durch Besetzer oder durch Kolonialisierte) geschildert werden. Der aus didaktischer Sichtweise ideale reziproke Blickwinkel des personalisierten Geschichtenerzählens und seine Umsetzung in den Lehrbüchern des Korpus wird unter dem Stichwort ‚Perspektivenwechsel' näher untersucht. Da die Anfänge des britischen Weltreichs, speziell das Zusammenleben der Kolonialisierten und Besetzer, in Nordamerika alles andere als friedlich waren, sollen des Weiteren problemorientierte Ansätze nicht vernachlässigt werden.

Relativ häufig beginnen Unterrichtseinheiten damit, dass sie das erste Zusammentreffen der Urbevölkerung und der europäischen Kolonialisten aus vermeintlich neutraler Perspektive betrachten. Schwerpunktmäßig wird das *Thanksgiving*-Fest[37] als themati-

34 Dies ist eine gegensätzliche Entwicklung zu dem in Bayern im Herbst 2008 geänderten Lehrplan für die Gymnasien, der vorgibt, dass keine geschichtlichen Daten mehr abgefragt werden dürfen.

35 Vor allem *Englisch G 4* geht detailliert auf die Besiedlung Amerikas durch die Europäer ein und bleibt auch in den anderen Unterrichtseinheiten sehr geschichtslastig.

36 *Let's Go 5*, pp. 72-73; *Go Ahead 9*, p. 60; *Camden Town 5*, pp. 52-53; *Camden Town 4*, pp. 90-91; *Green Line 4*, pp. 22-23.

37 Eine gelungene Vermittlungsweise findet sich in *Go Ahead 8*: „Thanksgiving by the Squanto Indians: Today is a time for celebration for you – a time of looking back to the first days of white people in America. But it is not a time for celebration for me. It is with a heavy heart that I look back upon what happened to my people. When the Pilgrims arrived,

scher Rahmen gewählt: „For three days everyone ate, sang and played games. Together the Pilgrims and Indians lived in peace and grew in friendship.“[38] Die negativen Aspekte werden gewöhnlich unterschlagen oder nur unvollständig erwähnt. In „A new world“[39] wird der Inhalt des ersten *Thanksgiving*-Fests als Cartoon präsentiert, der das Machtstreben der Weißen unzureichend infrage stellt:

> Massosoit (Chief of Wampanoag) and the settlers agreed to live in peace. The Pilgrims invited the chiefs and their families to celebrate their first harvest. But the Pilgrims didn't know how big Wampanoag families could be, 90 relatives came! Luckily, the Wampanoag brought lots of food so there was enough to eat. They celebrated for three days. This became known as the first Thanksgiving.[40]

Nur im darauffolgenden Abschnitt werden Unstimmigkeiten angesprochen:

> More and more European settlers came to America over the next years and the peace of 1621 was soon over. Many Native Americans were forced to change their religion and many were killed by the settlers.[41]

Aufgrund der Verkürzung und Vereinfachung ist jedoch die Dominanz der positiven Darstellungen allgegenwärtig. Auch die Verschiebung der *frontier* und deren Ursachen und Auswirkungen werden meist als historische Einleitung zu wenigen räumlichen und zeitlichen Aspekten zusammengefasst. Außer dem Verweis „and the colony rapidly expanding, pushing the Native Powhatan Indians from their traditional homes“[42] wird die Begegnung der Urbevölkerung mit den Siedlern nicht weiter angesprochen. Auch die dem Text beigefügten Fotos und Zeichnungen betonen den geschichtlichen Charakter im Sinne eines Geschehens, das abgeschlossen in der Vergangenheit liegt:

we, the Wampanoags, welcomed them with open arms, little knowing that it was the beginning of the end, that we and other Indians living near the settlers would be killed by their guns or die from diseases that we caught from them. Let us always remember, the Indian is and was just as human as a white“ (*Go Ahead 8,* p. 27). *Cf.* auch *English G 4.*

38 *Portobello Road 4*, pp. 86ff.

39 *Camden Town 4*, p. 51.

40 *Ibid.*, p. 51.

41 *Ibid.*, p. 51.

42 *Orange Line 6*, pp. 16-17.

Abb. 33: Die Darstellung der *Native Americans*
(Quelle: *Portobello Road, Orange Line, English G*)

Was die historische Besiedlung Kanadas, Australiens und Neuseelands anbelangt, so fällt auf, dass die europäische Expansion zu den peripheren Zielkulturen in den Lehrbüchern fast ausnahmslos aus der eurozentrischen Perspektive geschildert wird, indem die europäischen Gemeinden als die kulturell dominanten Gruppen angesehen werden. Die indigene Bevölkerung hingegen wird als exotische, fremde, „distinctive feature of society"[43] präsentiert, deren Lebensstil von europäischen Einwanderern zerstört wurde. Im Gegensatz zur Geschichte Australiens wird der Prozess der Besiedlung Kanadas und vor allem Neuseelands in den Lehrwerken generell nicht weiter thematisiert.[44] Die Kolo-

43 Matthias Merkl, „Eine kulturwissenschaftliche und fachdidaktische Untersuchung der kanadischen Minoritätenliteratur der Gegenwart" (Habilitationsvortrag zu *Identität und Fremdverstehen*), Julius-Maximilians-Universität Würzburg, Februar 2009.

44 In den wenigen Lektionen, in denen Neuseeland auftaucht, wird grundlegend vermittelt, dass der Urbevölkerung dort mehr Respekt und Toleranz als in Australien, Kanada und den USA entgegengebracht wurde: „Nowadays greater respect is shown to Māori language and culture than before. It should be recognized that New Zealand has had some success in its efforts to solve its race problems, and that the native people have been treated less badly than in Australia" (*Go Ahead 10*, pp. 12-13).

nialisierung der Karibik, Südafrikas[45] und Indiens[46] wird nur in kurzen Sachtextauszügen aufgegriffen. In der Unterrichtseinheit „Jamaica – the home of reggae“[47] wird zum Beispiel stichpunktartig von der leidvollen Vergangenheit Jamaikas zur Zeit der spanischen und englischen Kolonialisierung berichtet.[48]

Symptomatisch für die in den Lehrbüchern anzutreffende ausschließliche Thematisierung historischer Aspekte steht auch in diesen Fällen die kognitive Vermittlung von Faktenwissen im Mittelpunkt, die bis in die 1990er Jahre die Regel bildete. Mögliche Optionen zur Identifikation mit den dargestellten Einwanderern bzw. der aufnehmenden Bevölkerung werden nicht geschaffen.

Eine Öffnung hin zu problemorientierten Darstellungen geschieht nur bei den Texten, die durch die Perspektive involvierter Personen einen lebendigen Einblick gewähren und kollektive Erfahrungen einer bestimmten Personengruppe oder individuelle Sichtweisen vertreten. Einige Schulbücher versäumen nicht, auch wenn der erste Kontakt überwiegend versöhnlich und idealisiert präsentiert wird, auf die negativen Seiten der Expansion in den Westen hinzuweisen und problemorientierte Zugänge zu ermöglichen.[49] Aus didaktischer Perspektive ergeben sich dabei jedoch große qualitative Unterschiede in Bezug auf die Vermittlung und Perspektivierung. Zumeist werden Zeitzeugenberichte vonseiten der *Native Americans*[50] oder Aborigines[51] zitiert. Dabei lässt sich feststellen, dass gerade in den neueren Schulbüchern trotz des Versuchs einer objektiven Berichterstattung die Tendenz besteht, die europäischen Siedler als flache, aggressive Charaktere abzubilden und die Urbevölkerung Nordamerikas als wehrlose Opfer, die durch ihr erduldetes Schicksal beinahe abschreckend auf den jugendlichen Leser wirken müssen. Am Beispiel der Kurzgeschichte „Trail of Tears“[52] lässt sich erkennen, dass in diesem Fall die stark einseitige Problemorientierung gerade für Schüler der 8. Jahrgangsstufe eher zu einer Abkehr als zu Interesse und Auseinandersetzung führen kann. Zu sehr werden die indigenen Völker in die Opferperspektive gedrängt. So kann ihnen gegenüber höchstens Mitleid, aber keine Solidarität entstehen.

Diese monoperspektivische Darstellung der stereotypisch anmutenden Opferzuschreibung von *Native Americans* wird in einem Lehrbuch durch die Abbildung eines persönlichen Briefes durchbrochen, in dem die Perspektive einer weißen Familie dargeboten wird, die aus dem Osten der USA stammt. Diese macht sich auf den Weg in den Westen der USA, um sich dort eine neue Existenz aufzubauen. Durch die gezielten

45 *Green Line New 6*, p. 57.

46 *English G 6,* p. 74. Auf Seite 75 folgt eine Grammatikübung, die inhaltlich das Leben Gandhis schildert.

47 *Go Ahead 9*, p. 69.

48 „The earliest inhabitants of the island were the Taino people. However, after the arrival of the Europeans many Tainos died, some because they were badly treated by the white men and others from European diseases such as smallpox“ (*ibid.*, p. 69).

49 *Green Line New 6*, p. 61.

50 Beispiele finden sich in *Camden Town 4*, *Green Line 4* oder *Let's Go 5.*

51 *Go Ahead 9,* p. 57.

52 *Camden Town 4*, pp. 60-61.

Fragen der *post-reading activities* werden ihre Gründe für eine Expansion in den Westen reflektiert:

> Why did these people want to leave their homes and travel almost 2,000 miles over plains, mountains and rivers to go to a place they had never seen? Some had heard of the rich soil found in Oregon, while others were just hoping for some free land. Others wanted to live away from the crowded cities.[53]

Ein nachfolgendes Rollenspiel weist darüber hinaus auf die Ängste und Hoffnungen der einzelnen Mitglieder der Familie und ihre unterschiedlichen Meinungen zu der Reiseplanung hin.[54] Diese Perspektive weicht von der eindimensionalen Darstellung ab, die Grausamkeiten der weißen Bevölkerung ohne Reflexionsmöglichkeiten aufzuzeigen, und kann die Angst und die Befürchtungen der Weißen nachvollziehbar gestalten.[55]

An dieser Stelle soll auf die Fabel „The Coming of the White Man: Pretty colored snake“[56] verwiesen werden, denn auch sie vermag die stereotypischen Beschreibungen hinsichtlich der *Native Americans* zu durchbrechen und auf der affektiven Ebene Verständnis für ihr Verhalten aufzubringen. In ihr wird die anfängliche Hilfsbereitschaft der indigenen Menschen gegenüber den Kolonisten beschrieben. Sie führte in kurzer Zeit zu Angstzuständen. Die Vertreter der englischen Kolonialmacht sind durch eine hungrige Schlange repräsentiert[57], welche den indigenen Volksstamm mit ihrer gierigen und aufsässigen Art bedroht, bis die Einwohner am Ende nur einen gewaltsamen Weg als gangbar ansehen:

> A long time ago there was a famous hunter who used to go all around hunting and always brought something good to eat when he came home. One day he was going home with some birds that he has shot, and he saw a little snake by the side of the trail. It was a beautiful colored snake with pretty colors all over it, and it looked friendly, too. The hunter

53 *Ibid.,* pp. 55-56.

54 *Ibid.*, p. 55.

55 Die folgenden Auszüge aus der Perspektive der *Native Americans* tragen die Konflikte in den analysierten Lehrbüchern realistisch und reflektiert vor. So werden bei der Darstellung des Höhepunkts der Konflikte, des Massakers von *Wounded Knee*, die zwischen den Eingeborenen und den Siedlern bestehenden Konflikte in einer Kurzgeschichte aus Sicht der *Native Americans* ausführlich beschrieben. Die Autoren bleiben aber nicht nur auf der Ebene der Opferzusprechung, sondern hinterfragen auch, ob es eine Lösung ist, ständig auf diese Ereignisse einzugehen: „Do you think it is a good and sensible event?“ (*English G 5,* pp. 34-35). Ein Text über den *Sioux-Chef Big Foot* fokussiert eine traditionelle Veranstaltung im Dezember, bei der *Native Americans* den Weg ihrer Vorfahren nachreiten. Sie wurde initiiert, damit die Nachkommen die Geschichte der Vorfahren kennenlernen und dadurch das tragische Schicksal dieses Stammes nicht in Vergessenheit gerät. Die Frage bleibt offen, ob diese Art von Erinnerung eine Lösung sein kann.

56 *Camden Town 4*, p. 57.

57 Die Textgattung der Fabel übernimmt dabei eine Schutzfunktion für die Verfasser, denn die Kolonialherren und ihre negativen Eigenschaften und Verhaltensweisen konnten in dieser Form thematisiert werden, ohne ungeschützt Kritik zu verbreiten und dafür bestraft zu werden.

> stopped and watched it for a while. He thought it might be hungry, so he threw it one of his birds before he went on home.
>
> A few weeks later he was coming by the same place with some rabbits he had shot, and he saw the snake again. It was still very beautiful and seemed friendly, but it had grown quite a bit. He threw it a rabbit and said „Hello“ as he went on home. [...]
>
> When he got home, he heard that the people were going to have a stompdance. All the nighthawks came, and that night they were going around the fire, dancing and singing the old songs, when the snake came and started going around too, outside of where the people were dancing. That snake was so big and long that he stretched all around the people and the people were closed in. The snake was covered all over with pretty colors and he seemed friendly; but he looked hungry, too, and the people began to be afraid. They told some boys to get their bows and arrows and shoot the snake. Then the boys got their bows. They all shot together and they hit the snake all right. That snake was hurt. He trashed his tail all around and killed a lot of the people. They say that snake was just like the white man.[58]

Der durch die Entpersonalisierung erreichte Allgemeinheitsgrad verleiht der Fabel aus didaktischer Perspektive einen höheren Transferwert, der sie für die Lerner leichter nachvollziehbar macht. Sie gibt exemplarisch Einblick in die Situation der Urbevölkerung bei der Besiedlung durch die Europäer. Neben der kurzen und prägnanten Form bietet der Text durch die Darstellung der menschlichen Eigenschaften und Verhaltensweisen der Schlange mit den daraus resultierenden Konflikten und ihrer Moral Diskussionsstoff für den Unterricht.

Eine besondere Bedeutung kommt in diesem Kontext auch dem reziproken Perspektivenwechsel zu, der die gegenseitigen Wahrnehmungen von Siedlern und Besiedelten im direkten Vergleich gegenüberstellt.

Dabei wird in *Camden Town 4* das Thema *Thanksgiving* aufgegriffen. Das Lehrbuch geht genauer auf die unterschiedlichen Möglichkeiten ein, das *Thanksgiving*-Fest als weißer Amerikaner bzw. als *Native American* zu feiern. Zwei Geschwister erzählen ihrer Freundin Anita von *Thanksgiving*.[59] Anita hingegen ist *Native American*. Sie fügt am Ende der Konversation auf Nachfrage von Tom, was sie an *Thanksgiving* gemacht habe, hinzu: „Oh well, you know, we don't celebrate Thanksgiving in our family … so I just had a quiet weekend …“.[60] Darauf sollen die Schüler Vermutungen über Anitas Angabe äußern: „Speculate on why Anita's family doesn't celebrate Thanksgiving!“[61]

In der Kurzgeschichte „Mutiny on the Bounty“[62] berichten die *colonizer* über ihre kolonialen Abenteuer und Erfahrungen in der fernen Karibik. Thema ist das Hin- und Hergerissensein zwischen dem europäischen Erbe, dem harten Leben als Seemann und

58 *Ibid.*, p. 57.

59 Humorvoll kann sich der Lerner ein solches Bild eines prototypischen amerikanischen *Thanksgiving* in einer Großfamilie ableiten.

60 *Ibid.*, p. 53.

61 *Ibid.*, p. 53.

62 *Go Ahead 9*, pp. 78-79.

der neuen Situation auf Tahiti.[63] In einer *post-reading activity* wird jedoch vom Leser verlangt, sich über die Perspektiven aller Beteiligten – Kolonisten und Eingeborene – Gedanken zu machen: „Choose one of the following people. What do you think were their thoughts or feelings about the mutiny and the mutineers?“[64]

Das Verhältnis der Siedler und Besiedelten erscheint auch in *Green Line New 6*[65] unter reziproken Blickwinkeln. Der Lerner erhält durch zwei persönliche Berichte exemplarisch einen über die eindimensionale Darstellung hinausgehenden Einblick und kann sich folglich ein umfassenderes Bild der Wirklichkeit aufbauen. Die eine Seite zeigt die Sichtweise eines weißen Jugendlichen:

> Indians were quite a topic when I was a boy. My father had been in the middle of the Sioux rebellion in Minnesota in the early sixties. He'd seen things that could harden a man. They settled his mind on the subject. „Only good Indian," he'd say „is a dead one". Yes, that's not just a saying out of the storybooks. There were men who really said it. And believed it and so naturally we boys believed it too. […] The Indians I saw sometimes passing through on a train or hanging around a town didn't count. They were tame ones. […] They were thin mostly and they hung around where white people were, and begged liquor when they couldn't buy it. They weren't dangerous or even interesting. They didn't matter more than dogs or anything like that.[66]

Obwohl der Junge beinahe täglich Umgang mit *Native Americans* hat, ist die verachtende Meinung selbst gegenüber denjenigen, die von ihm als ‚zahm' beurteilt werden, erschreckend. Er selbst reflektiert nicht die Gründe seiner Ablehnung und nimmt nur die Meinung seines Umfeldes an. Die anderen Eingeborenen, „It was the wild ones that filled my mind, the fighting kind that lived the way they always had and went on the warpath, and made the government send out troops and sign treaties with them."[67], werden als Jagdtrophäen und deren Erschießen als Mutproben angesehen: „[I]t took a brave man to go hunting them and look at them down the sights of this gun."[68] Dem wird die Sichtweise eines eingeborenen Jungen gegenübergestellt, der über sein Bild und über seine Erfahrungen mit den *Wasichus*, den Weißen, spricht:

> I had never seen a Wasichu (white man) then, and did not know what one looked like; but everyone was saying that the Wasichus were coming and that they were going to take our country and that we should all have to die fighting.
>
> Once we were happy in our own country and we were rarely hungry, for then the two-leggeds and the four-leggeds lived together like relatives, and there was plenty for them and for us. But the Wasichus came, and they have made these little islands for the four-leggeds, and always these islands are becoming smaller, for around them spreads the flood of the Wasichu; and it is dirty with lies and greed. I was ten years old that winter, and that

63 *Ibid.*, pp. 78-79.
64 *Ibid.*, p. 80.
65 *Green Line New 5*, pp. 60-61.
66 *Ibid.*, p. 60.
67 *Green Line New 6,* p. 60.
68 *Ibid.*, p. 61.

> was the first time I ever saw a Wasichu. At first I thought they all looked sick, and I was afraid they might just begin to fight us any time, but I got used to them.
>
> I can remember when the buffalo were so many that they could not be counted, but more and more Wasichus came to kill them until there were only piles of bones where they used to be.
> The Wasichus did not kill them to eat, they killed them for the metal that makes them crazy, and they took only the skins to sell. Sometimes they did not even take the skins, only the tongues.
> You can see that the men who did this were crazy. Sometimes they did not even take the tongues; they just killed and killed because they liked to do that. When we hunted buffalo, we killed only what we needed.[69]

Diese beiden Texte verdeutlichen, dass die Meinung des Umfelds sehr bestimmend ist, die gesellschaftlichen Vorurteile immer wieder übernommen werden und die nachkommenden Generationen bereits vorprägen.[70] Die Leser sollen sich durch die abweichenden Perspektiven der beiden Texte mit dem ambivalenten Thema der Objektivität auseinandersetzen: „Compare the two texts. First think about: Who wrote each text? From what point of view? Why was it written? Which text probably gives more reliable information?“[71]

Solche Darstellungen, die einen reziproken Perspektivenwechsel aufnehmen, vermögen wesentliche landeskundliche Informationen zu vermitteln. Darüber hinaus bieten sie dem Lerner persönliche Reflexionsmöglichkeiten. Sie sind geeignet, eine einseitig ausgerichtete Wissenserweiterung und eine gewisse Schwarzweißmalerei zu vermeiden. Stattdessen wird ein direkter Bezug zur fremdkulturellen Realität jener Zeit hergestellt, durch den die Lerner vielseitige Einblicke in das damalige Zusammenleben indigener Stämme und europäischer Siedler gewinnen können.

Die einzigen Informationen, welche die Ankunft im neuen Land für die Gegenwart beschreiben, erhalten die Lerner über die Schilderungen illegaler Migrationserfahrungen. Fernab von den historischen Darstellungen erfahren die Lernenden hier etwas über die tatsächlichen Bedingungen illegaler Einreisen in die USA. Am Beispiel Bruce Springsteens Song *The Line*[72] lernen die Schüler das Schicksal eines illegalen Einwanderers und eines Grenzwächters – eines ehemaligen illegalen Einwanderers – an der Grenze zwischen Mexiko und den USA kennen. *Let's Go 4* stellt die Lehrbuchprotagonistin Isabel aus der Kurzgeschichte „A dangerous trip“[73] vor, die von der Nacht berichtet, in der sie mit ihren Eltern von Mexiko in die USA floh. Auffallend und insgesamt sehr lobenswert ist die personenbezogene und insbesondere bei Springsteens Song künstlerische Auseinandersetzung mit diesem Thema; auf informative Weise spricht das Lehrbuch die Probleme an, die der Grenzzaun mit sich bringt.

69 *Ibid.*, p. 61.
70 *English G 6,* pp. 92-93.
71 *Green Line New 6*, p. 61.
72 *Green Line New 5*, p. 104.
73 *Let's Go 4*, pp. 32ff.

4.2.3 Gründe für Migration

Jede Migration geschieht nach Beck-Gernsheim[74] und Giddens[75] aus schwerwiegenden Gründen und nie auf freiwilliger Basis. Betrachtet man die Motive für Menschen, ihre Heimat zu verlassen und anderswo ein neues Leben zu beginnen, so wird deutlich, wie vielfältig ihre Ursachen sein können. Politische und gesellschaftliche Umbrüche mischen sich mit ökonomischen und ökologischen Krisen. Kriege, Menschenrechtsverletzungen, ethnische und religiöse Konflikte, Hungersnöte, mangelnde Bildungsmöglichkeiten sowie berufliche Perspektivlosigkeit mobilisieren Massen von Flüchtlingen. Auch Überbevölkerung oder Armut bestimmen die Migration in Richtung der Wohlstandsgesellschaften. Der komplexe Vorgang der Migration ist „von seiner Entstehung und von seinem Ablauf her durchgehend multikausal und multifaktoriell bestimmt“[76].

> Der Entscheidung, die Heimat zu verlassen, liegt in jedem einzelnen Fall ein Bündel höchst unterschiedlicher Motive zu Grunde, die sich letztlich aber auf zwei Grundmotive zurückführen lassen: auf das Bestreben, Lebensbedingungen, die als unbefriedigend oder gar lebensbedrohlich empfunden werden, zu entfliehen sowie auf die Neigung, sich Lebensbedingungen, die als vielversprechend angesehen werden, zuzuwenden.[77]

Um die Motive etwas genauer zu bestimmen, werden in diesem Kapitel sowohl die historischen als auch die aktuellen Schub- und Zugfaktoren analysiert. Unter dem Begriff der *Push*-Faktoren, der Schubfaktoren, werden unerträglich empfundene Bedingungen am Herkunftsort zusammengefasst, die Menschen zur Emigration veranlassen oder zwingen. Ergänzend dazu gesellen sich die *Pull*-Faktoren, die Sog- und Zugfaktoren, also jene Bedingungen des Ziel- und Aufnahmelandes, die zur Immigration motivieren. Zu diesen Bedingungen gehören etwa Sicherheit, Religions- und Meinungsfreiheit und die Möglichkeit zur persönlichen Entfaltung, z. B. durch ein gut funktionierendes Bildungssystem, aber auch ein ökonomisch und ökologisch ansprechendes Umfeld. Jedes Land hat seine eigene Migrationsgeschichte und andere Muster der Zu- und Abwanderung, wobei Migrationsbewegungen durchaus ihre Richtung wechseln können. Irland beispielsweise war klassisches Auswanderungsland wegen der schrecklichen Hungersnot in den 1840er Jahren (*The Great Famine*). Das änderte sich in den 1990er Jahren mit dem wirtschaftlichen Aufschwung, dem *Celtic Tiger*. Seit einigen Jahren ist als Folge der Wirtschaftskrise wieder eine gegenteilige Bewegung zu verzeichnen und die Auswanderungsquote angestiegen. Welche Schub- und Zugfaktoren werden nun in den analysierten Lehrbüchern dargestellt? Die Art und Weise, wie die Kausalitäten bei historischen und aktuellen Migrationsbewegungen thematisiert werden,

74 Elisabeth Beck-Gernsheim, 2004, *op. cit.*

75 Anthony Giddens, 1990, *op. cit.*, p. 67.

76 Petrus Han, *Soziologie der Migration. Erklärungsmodelle, Fakten, politische Konsequenzen, Perspektiven*, Stuttgart: UTB, ²2005, p. 13.

77 Peter J. Opitz, *Das Weltflüchtlingsproblem. Ursachen und Folgen*, Beck'sche Reihe 367, München: Beck, 1988, p. 150.

spielt vor allem für die Nachvollziehbarkeit der Migration und das Verständnis für Migranten eine wichtige Rolle.

In der überwiegenden Mehrheit der Fälle beschränkt sich die Darstellung der Zugfaktoren in den untersuchten Lehrbüchern auf positive, jedoch jeweils sehr restriktive landeskundliche Klischees. Als exemplarisch für die Zugfaktoren der Einwanderungsländer Australien und Neuseeland können die Charakteristika „sunny climate, relaxed lifestyle“[78] angesehen werden. Bezüglich der Länder Großbritannien und Kanada werden als wichtigste Aspekte bessere Zukunftsaussichten und das Finden von Arbeit genannt. In diesem Kontext werden auch die Auswirkungen der *Industrial Revolution* beschrieben, die in Bradford boomte und aus der kleinen unbekannten Stadt die ehemals am schnellsten wachsende Industriestadt hervorgehen ließ: „Before Irish immigrants came to work in the textile mills, Bradford used to be a small town of 6000 inhabitants.“[79] Schubfaktoren der Gegenseite, welche so viele Inder und Pakistani zur Emigration nach Großbritannien bewegten, werden jedoch nicht näher erläutert. Für die USA steht die historische Migration im Mittelpunkt. Als Schubfaktoren werden „religious or political persecution, hunger or poverty“[80] angegeben:

> Most of the people who came through Ellis Island were poor country people who spoke little or no English. They saw the US as a land of opportunity, where life was much better than in Europe.[81]
>
> Coming into New York Harbor, my mother said in German: Soon you're going to see the Lady of Freedom. You're free here. You can do what you like here.[82]

In diesem Zusammenhang dominiert vor allem der Aspekt der religiösen Verfolgungen in den Lehrbüchern. Als aktueller Schubfaktor für die USA wird allein die Flucht vor Terrorismus[83] genannt.

Die USA nehmen zwar den größten Raum bei der Migrationsthematik ein, jedoch beschränken sich die Unterrichtseinheiten vor allem auf die Thematisierung der historischen Kolonialisierung und der sie bedingenden Migrationsgründe. Für Großbritannien spielt wiederum der Aspekt der aktuellen, postkolonialen Migration eine wichtige Rolle, während für die postkolonialen anglophonen Gebiete, vor allem Australien, Neuseeland und Kanada, die Migrationsgründe der Gegenwart aufgegriffen werden.

Dem Hauptschullehrbuch *New Highlight 5* gelingt die Darstellung von Migrationsgründen, indem es die Migrationsklischees in Bezug auf Australien und Kanada durch authentische und persönliche Erfahrungsberichte ausradiert. Die Besonderheit liegt darin, dass kurze Texte über Personen, die aus der ganzen Welt nach Australien[84] und

78 *English G 4*, p. 77.
79 *Camden Town 5*, p. 53.
80 *English G 4*, p. 45. *Cf.* auch *Go Ahead 8*, p. 18 oder *English G 5*, p. 38.
81 *Go Ahead 8*, p. 18.
82 *Camden Town 4*, p. 90.
83 *English G 5*, p. 38.
84 *New Highlight 5*, p. 24.

Kanada[85] kamen, über deren Migrationsbewegungen und -erfahrungen[86] berichten. Die Darstellung gibt nicht nur einen breit gefächerten Überblick an Schubfaktoren[87], die zu dem Wunsch nach einem Leben andernorts führen, sondern bringt auch interkulturelle Vergleiche mit ein. Durch die zusätzliche Übung „Talk – Somebody who emigrated to another country“[88] wird der interkulturelle Vergleich gefördert, indem Schüler sich mit dem Thema Migration in Deutschland auseinandersetzen müssen.[89]

Nur vereinzelt greifen Lehrbücher die Problematik und Schwierigkeiten von Migration auf, wenn Texte schildern, dass viele Einwanderer weiterhin von einem besseren Leben und Einkommen und einer besseren Zukunft für ihre Kinder nur träumen können.[90] In „Made in Bradford“[91] bestätigt ein Hörtext diese These, denn auch die Familie des Sprechers kam mit der Hoffnung auf ein Leben fern der Armut nach England. Viele dieser Hoffnungen und Wünsche konnten nicht erfüllt werden. Ebenso beschreiben die Protagonisten aus dem Textauszug „The many faces of Britain“[92] in problemorientierter Sichtweise Gründe, die für ihre Eltern bzw. Großeltern ausschlaggebend waren, nach England auszuwandern. Allerdings sind die Probleme, die zu der Migration führten, für die Generation der Lehrbuchprotagonisten bereits nicht mehr relevant. Die abgebildeten Jugendlichen identifizieren sich nicht mit diesen Erfahrungen.

Gemeinsam haben also fast alle Darstellungen, dass sie von einem harmonisierenden Bild ausgehen, die Zugfaktoren uneingeschränkt positiv und idealisiert schildern sowie nur erfreuliche Seiten der neuen Heimatländer aufzeigen. Der Eindruck wird erweckt, man könne bei gegenwärtigen Migrationsbewegungen ausschließlich Faktoren wie „good job, good climate, good life-style, clean air, nice housing“[93] und „to give children a good start“[94] in den Zielländern erwarten. Die Lehrbücher vermitteln den Anschein, als gelänge der Aufbau eines erfolgreichen Lebens und einer finanziell gesicherten Existenz problemlos. Sicher besteht das große Ziel der Lehrbücher darin, zu motivieren und des-

85 *Ibid.*, p. 68-70.

86 *Ibid.*, pp. 68-69.

87 *Ibid.*, pp. 68-69. Aufgegriffen wird der Beitrag einer Deutschen, die aufgrund des kanadischen lifestyle nach Kanada auswandert. Weitere Beispiele schildern ein niederländisches Paar, das seinen Wunsch beschreibt, aufgrund des Klimas nach Spanien auszuwandern, und einen Mexikaner, der in den USA einen Arbeitsplatz gefunden hat.

88 *Ibid.*, p. 69.

89 Bei *New Highlight 5* werden in diesem Zusammenhang nicht nur die Personen und ihre Gründe genannt: „What was the most important reason for each of those new Australians?“ Antworten sind: „Better weather, a better future for children, better houses, clean cities, more jobs and opportunities, other family members, a life with sport and outdoor activities“ (*ibid.*, p. 69). Als interkulturelle Erweiterung könnten Schüler mit Migrationserfahrung oder Gastredner eingeladen werden.

90 *Camden Town 4* , p. 109

91 *Camden Town 5*, pp. 52-53.

92 *Let's Go 5*, pp. 22-23. Der Darstellung gelingt es jedoch, neben der repräsentativen Vertretung der gegenwärtig größten Einwanderungsgruppen Englands auch die geläufigsten Motive zur Emigration und Immigration zu erwähnen.

93 *English G 4*, p. 77.

94 *New Highlight 5*, pp. 68-69 und *Camden Town 4*, p. 109.

halb die Heterogenität der Zielkulturen attraktiv darzustellen, dennoch wäre eine vorsichtig kritische Behandlung statt einer Beschönigung angemessener.[95]

Problemorientierte Zugangsweisen setzen sich demgegenüber in den Lehrbüchern noch selten durch, sind aber realistischer. Nach Studien von Beck[96] lassen sich die Hoffnungen und Träume nicht immer so umsetzen, wie dies erhofft wird. Zudem zählt Migration, vor allem eine permanente Migration, nicht zum üblichen Verhaltensrepertoire der Menschen. Vielmehr kann davon ausgegangen werden, dass sie angesichts ungünstiger Lebensumstände als letzte Hoffnung auf ein erträgliches Leben erfolgt. Sie bedeutet eine Trennung, welche „in aller Regel schmerzhaft“[97] ist. Das Verlassen der vertrauten Lebensumwelt kann tiefgreifende psychosoziale Folgen nach sich ziehen. Grinberg und Han verwenden sogar die Metapher der Entwurzelung, um die Position der Migranten zu veranschaulichen. Am Beispiel einer Pflanze wird die unsichere Situation von Migranten sehr deutlich. Durch das Herausreißen aus dem alten Milieu wurde ihr die Lebensgrundlage entzogen, obwohl gleichzeitig noch kein geeigneter neuer Boden gefunden werden konnte.[98] So erzeugt Migration immer eine einschneidende Verlust- und Umbruchsituation. Die „Trennung von allen Bindungen in allen Lebensbereichen“[99] wird als Persönlichkeitsverlust erlebt, der begleitet wird von Gefühlen der Verlassenheit, der Angst und der Trauer.[100]

4.2.4 Zusammenfassende Betrachtung

Wie die aus den Lehrbüchern des Korpus ausgewählten Beispiele zur Vermittlung von Inhalten aus dem Kontext ‚Migration‘ zeigen, wird vor allem der Blick auf die historischen Wanderungen, Migrationswellen, -erfahrungen und -gründe als bestimmendes Charakteristikum der Aufnahme gewählt. Dies geschieht im Sinne des globalen Lernens, denn nur durch die Auseinandersetzung mit der Kolonialgeschichte kann ein Verständnis für die koloniale und postkoloniale Lage entstehen und nur so können Schüler zusammenhängende Situationen und Reaktionen bei der Migration einordnen.

Aus der Untersuchung der Darstellungsweisen historischer Themen ist abzuleiten, dass die Mehrheit der historischen Lehrbucheinheiten immer noch die Vermittlung eines landeskundlichen Grundwissens anstatt einer Anbahnung fremdkultureller Verstehensprozesse durch historische Themenbereiche anstrebt. Nur diese kann aber den Lernern

95 Wolfgang Gehring, „Kulturelle Kontexte in Sprachlehrgängen an Haupt- und Realschulen“, in: Laurenz Volkmann, Wolfgang Gehring und Klaus Stierstorfer, *Interkulturelle Kompetenz: Konzepte und Praxis des Unterrichts*, Tübingen: Narr, 2002, p. 70.

96 Ulrich Beck, 1997, *op. cit.,* p. 43.

97 Hans-Heinrich Nolte, *ed.*, *Deutsche Migrationen im Rahmen des Weltsystems. Ein Erklärungsversuch,* Münster: LIT, 1996, p. 209.

98 Petrus Han, ²2005, *op. cit.*, p. 180 und Leo Grinberg und Rebeca Grinberg, *Psychoanalyse der Migration und des Exils*, Stuttgart: Klett-Cotta, 1990, p. 103.

99 Elcin Kürsat-Ahlers, „Die Erfahrung der Migration“, in: Hans-Heinrich Nolte, *ed.,* 1996, *op. cit.*, p. 155.

100 *Ibid.*, p. 156.

eine authentische Facette über die kolonialen Besiedlungen oder über die indigenen Bevölkerungen eröffnen.

Vermittels Personalisierung und einer Vielfalt an Perspektiven könnte die landeskundliche Lerneinheit der Forderung der interkulturellen Landeskunde nachkommen. Ferner können allein durch eine Verbindung von Gegenwart mit Vergangenheit Vergleiche bzw. Identifikationsmöglichkeiten zur Situation der Lerner erarbeitet werden. Eines der großen didaktischen Defizite, das bei dem Großteil aller historischen Lehrbuchmaterialien bemängelt werden kann, ist die einseitige Ausrichtung auf die neutrale Majoritätsperspektive historischer Darstellungen, statt die Lerner einzubeziehen. Andere Perspektiven kommen in den Materialien kaum oder nur verzerrt vor. Die moderne Fremdsprachenforschung fordert einen Landeskundeunterricht, der ein differenziertes Kaleidoskop der Inhalte vermittelt. Daher darf dieser auch die historischen Besiedlungen nicht eindimensional aufbereiten, sondern sollte multiperspektivisch und vielfältig vorgehen. Ansonsten besteht die Gefahr, dass durch die Abbildungen inakzeptable und eurozentrische Stereotypisierungen – insbesondere der indigenen Bevölkerung der USA, Kanadas und Australiens – gezeichnet werden. So besteht vor allem bei der zeitlichen Kontextualisierung noch Nachholbedarf, um stereotype Bilder zu vermeiden.

Insgesamt fehlen in den untersuchten Lehrbuchdarstellungen treffende Beispiele für multiperspektivische Wahrnehmungen, die den Lernern eine offene Konstruktion erlauben, die nicht ausschließlich von einer Opfer-Täter-Perspektive geprägt ist. Texte von Zeitzeugen oder in Form von *oral histories* bilden eine Ausnahme. Sie erleichtern den Lernern den Bezug zu historischen Beispielen und vermeiden durch das Identifikationspotenzial stereotypische Bilder – insbesondere von *Native Americans*.

Die Schilderung der Kausalitäten bei dem Thema ‚Migration' spielt ebenso wie der Bezug zur Lebenswelt der Lerner und der Perspektivenwechsel für die Nachvollziehbarkeit eine gewichtige Rolle und muss mehr in den Mittelpunkt des Unterrichts rücken. Schwierigkeiten bereitet zudem die durchweg überzogene positive Bilanz, die viele feste Lehrbuchpersonen und -familien in Bezug auf ihr Leben in der neuen Heimat nach der Immigration ziehen. Problematisch bei dieser Darstellungsform des Emigrantenschicksals ist die Vorstellung von einer heilen, gleichsam neuen Welt, die der Armut, Not und Verfolgung der alten Welt gegenübergestellt wird. Festzuhalten bleibt, dass gerade in diesem Bereich ein unkritischer Blick auf die postkoloniale Realität geboten wird. Vor allem im direkten Vergleich mit Kapitel 5 ergibt sich daraus eine große Differenz, weil in den dort genannten Darstellungen das Alltagsleben als Migrant wiederum als erstaunlich problematisch beschrieben wird.

Vorbildcharakter für historische Themen im Englischunterricht kann u. a. das Konzept *Faim d'histoire* von Cornelsen für den Französischunterricht haben. Diese fiktiven Episoden aus zentralen Epochen der französischen Geschichte sind als Comics gestaltet und beinhalten Hintergrundinformationen zur jeweiligen Epoche, Einblicke in die Gegenwart und schüleraktivierende Rechercheaufträge.

4.3 Migration – didaktische Perspektiven

Die methodisch-didaktische Arbeit der Lehrbücher bei der Vermittlung von Inhalten zum Thema ‚Migration' soll in dem folgenden Teilkapitel dahingehend untersucht werden, welche Vermittlungsverfahren diese anwenden und ob sie den Ansprüchen einer Handlungs- und Lernerorientierung gerecht werden.

4.3.1 Handlungsorientierte Lernimpulse

Der Konstruktivismus in der Didaktik begreift den Lerner als Individuum, welches mit der Welt auf sinnvolle Weise interagieren möchte. Er eignet sich Informationen nach Interessen- und Motivationslage in einem lebenslangen Prozess auf höchst individuelle Weise an.[101] Als eine wesentliche methodisch-didaktische Vorgehensweise, die auf konstruktivistischen Prinzipien basiert, ist das handlungs- und aufgabenorientierte Lernen, das sogenannte *task-based learning*[102], anzusehen. *Task-based learning* geht davon aus, dass das Aneignen von Wissen und Kompetenzen sowie eines authentischen Sprachgebrauchs primär durch ein möglichst autonomes Vorgehen geschieht. Am effektivsten ist es, wenn der Lerner dabei entweder ein Projekt oder auch eine komplexere Aufgabe im Unterricht möglichst selbstständig verfolgt und produktorientiert löst.[103] Der Lehrer ist *facilitator*[104], er stellt den Unterrichtsstoff didaktisch reduziert zusammen, erklärt klar die Aufgaben und bietet linguistische Hilfen an.[105]

Bezüglich der Lehrbuchgestaltung ist festzuhalten, dass sich nur wenige Materialien als handlungsorientiert erweisen. Eine der wenigen Ausnahmen bildet das Hauptschullehrbuch *New Highlight 5,* das den Lernern aktivierende Aufgaben zu dem Themengebiet ‚Migration' stellt: „Every year about 50,000 British people emigrate to Australia: planning, applying, moving, settling in."[106] Die Schüler imitieren die Vorbereitungen für eine Auswanderung inklusive Umzugsplanung, Bewerbung für Visa und andere Formalitäten mithilfe des Internets. Damit bietet das Projekt eine einzigartige Verknüpfung zwischen fachdidaktischen Forderungen und deren praktischer Umsetzung und wird dem Anspruch des globalen Lernens gerecht. Dessen Ziel besteht unter anderem darin, mit Projekten und Aufgaben aus der Schule herauszugehen. Die Lerner können so ihr Handeln in der englischen Sprache durch Primärerfahrung im wirklichen

101 Einen Einstieg in die Diskussion um Konstruktivismus und autonomes Lernen bietet die von Fremdsprachendidaktikern erarbeitete Internetplattform (URL: www.englisch.schule.de/didaktik3.html, Stand: Dezember 2010).

102 Für detaillierte Informationen Jane Willis, *A Framework for Task-Based Learning*, Harlow: Longman, 1996, Rod Ellis, *Task-based Language Learning and Teaching,* Oxford: OUP, 2003 u. a.

103 Laurenz Volkmann, 2010, *op. cit.*, p. 194.

104 Johannes-Peter Timm, *ed., Englisch lernen und lehren. Didaktik des Englischunterrichts*, Berlin: Cornelsen, 1998, p. 8.

105 Jane Willis, 2003, *op. cit.,* p. 38.

106 *New Highlight 5*, p. 70.

Leben erkunden. Gerade das Internet als „virtuelles Experimentierfeld“[107] hält dazu ein reiches Angebot an Möglichkeiten für eine *real-life experience* bereit (*cf.* dazu auch Kapitel 7.3).

Positiv ist unter diesem Aspekt auch das Projekt „Talk – Somebody who emigrated to another country“[108] aus *New Highlight 5* zu sehen. Es ist aus methodisch-didaktischer Sicht besonders wertvoll, weil die Lerner hier ebenfalls die Aufgabe haben, selbstständig und außerhalb des Klassenzimmers zu arbeiten, und auch ihre interkulturelle Kompetenz fördern können, indem sie sich mit dem Thema Einwanderung in Deutschland auseinandersetzen. Die Anregung zur Perspektivenübernahme stellt wertvolle Einsichten bereit, denn ohne die kontrastive Dimension lässt sich eine fremde Nation leicht für ihr Verhalten Einwanderern gegenüber kritisieren. Mit Blick auf das eigene Land und seine eigene Rolle gewinnen sie ein besseres Verständnis für Migration (*cf.* Kapitel 5.3.2). Ferner haben die Lerner eine Mediationsaufgabe zu bewältigen, da sie deutschsprachige Interviews ins Englische übersetzen müssen.

Auf ähnliche Weise lassen sich auch die Aufgabenstellungen in dem Lehrbuch *Portobello Road 5* auszeichnen, die kontrastive Überlegungen und das Bewusstsein der eigenen Perspektive schärfen, indem der Lerner interkulturelle Bezüge zur Entstehung seiner Stadt herausbilden soll:

> How old is the village/town/city where you live? What do you know about its history? Start with a mindmap. Work with one or two partners. Make a presentation.[109]

Die analysierten methodisch-didaktischen Vorgehensweisen gehen somit über eine Reproduktion des inhaltlich Gelernten hinaus und fördern einen eigenständig erarbeiteten Transfer.

Neben diesen gelungenen handlungsorientierten Verfahren fallen in den Lehrbüchern vor allem Statistiken und Landkarten zu den Migrationsbewegungen auf, deren Bearbeitung den Schülern wenig Raum für selbstständiges Arbeiten lässt. Überwiegend werden statistisches Material oder Landkarten ohne zusätzliche Erklärungen angeboten. Eine inhaltliche Auseinandersetzung mit den Abbildungen erfolgt nur ansatzweise, handlungsorientierte Aufgabenstellungen fehlen durchgehend.

Green Line New 6 bietet hierzu immerhin Verweise auf eine *Special-Skills*-Seite[110] an, um den Lernern Fertigkeiten zu vermitteln, wie Statistiken gelesen oder ausgewertet werden können. Vor allem sprachliche Fertigkeiten werden für die Lerner bereitgestellt:

> The graph shows …/You can see …/Immigration was higher/lower in …/Most immigrants arrived between … and …/there was a slow/steady/fast rise/fall in the number of immigrants between … and … […][111]

107 Laurenz Volkmann, 2010, *op. cit.*, p. 215.
108 *New Highlight 5*, p. 69.
109 *Orange Line 6*, p. 17.
110 *Green Line New 6*, pp. 29 und 110.
111 *Green Line 4*, p. 29.

Zwar sind diese Hilfestellungen anerkennenswert, aber sie werden nur vereinzelt in die Lehrbücher aufgenommen. Aus methodisch-didaktischer Sicht bedarf es hier kreativerer Vorgehensweisen. Internetrecherchen und handlungsorientierte Aufgaben könnten als Impulse dienen, um eine Auseinandersetzung seitens der Schüler zu gewährleisten.

Generell ist bei der Analyse der Lehrbücher festzustellen, dass diese zwar zunehmend Projektarbeiten initiieren, die zur Stellungnahme der Lerner sowie zur Lerneraktivierung und zum selbstorganisierten Lernen anregen, aber weitaus deutlicher sollten in den Schulbüchern und Lehrerhandreichungen die Teilschritte dieser Projekte ausgearbeitet und für die Lerner zugänglich gemacht werden. Häufig scheinen diese Projektideen lediglich aus einer Aufforderung oder einem Impuls zu bestehen. Die Umsetzung solcher Projekte sollte durch eine Ausarbeitung von Materialien- und Orientierungsangeboten kleinschrittig erfolgen. Nur so kann gewährleistet werden, dass die zeitaufwändigen Projekte in den Unterricht einbezogen werden. Notwendig sind daher klarere Angaben zu Zwischenzielen. Eine stärkere Reflexion hinsichtlich der didaktisch-methodischen Verfahren sowie Anregungen zu partner- oder gruppenorientierten Arbeitsaufträgen wären ebenfalls wünschenswert.

4.3.2 Interkulturelle und globale Verfahren

Migrationserfahrungen lassen sich für interkulturelles und globales Lernen nutzen. Inhaltlich konnte bereits aufgezeigt werden, dass eine Aufnahme und Reflexion historischer Gegebenheiten in vielen dieser Fälle über heutige Migrationsprozesse Aufschluss geben kann. Themeneinheiten sollten gewährleisten, dass historische Dimensionen zur Sprache gebracht und nicht von den gegenwärtigen Migrationserfahrungen abgetrennt werden. Umgekehrt sollte auch vermieden werden, dass historische Einblicke einen fehlenden Bezug zu der Zielgruppe aufweisen.

Geschichtsdidaktiker plädieren dafür, dass Themen mit historischer Dimension nicht allein durch Fakten unterrichtet werden. Empfehlenswert wäre es, Gegensätze aufzuzeigen sowie die Lerner am Unterrichtsgeschehen, induktiv mit Blick auf ihre eigene Kultur, zu beteiligen.[112] Die häufig vorzufindenden Zeitstreifen widersprechen diesem Ziel und lassen den Schülern nicht erkennen, dass auch die scheinbaren Fakten von der Perspektive abhängig sind. Wenn also schon Zeitstreifen in Lehrbücher integriert werden, so sollten diese von den Lernern selbstständig aus verschiedenen Quellen zusammengestellt und erarbeitet werden.

Diese Erweiterung des reinen Wissensaspektes kann den interkulturellen Lernprozessen dienen, denn sie wirft Fragen auf, die auch für deutsche Schüler relevant sind. Einstellungen und Fertigkeiten (*cf.* Kapitel 3.3), die einer offenen Haltung förderlich sind, sollten ebenfalls mit einbezogen werden. Vor allem literarische Auszüge eignen sich für die Übermittlung historischer Themen.

Die geschichtlichen Fakten bleiben jedoch in den untersuchten Lehrbüchern meist auf die historische Ebene beschränkt und bieten nicht die nötige kontextuelle Einbettung

[112] Werner Delanoy und Laurenz Volkmann, *eds.*, 2006, *op. cit.*, pp. 12-13.

und Tiefendimension. So besteht die Gefahr, dass durch diese oberflächliche Behandlung stereotype Bilder propagiert werden.

Eine methodisch-didaktisch durchaus gelungene Möglichkeit, sich mit historischen Themengebieten lernerorientiert auseinanderzusetzen, erlaubt das Lehrbuch *Camden Town 4*. So schlägt beispielsweise die Kurzgeschichte „Oregon Trail“[113] als *post-reading activity* ein Rollenspiel vor. Rollenspiele (*cf.* Kapitel 8.3) bieten ganzheitliche und multisensorische Erfahrungen zur Identifikation an. Darüber hinaus dienen sie auch der mündlichen Kommunikation. Durch das Rollenspiel werden die Ängste und Befürchtungen, aber auch die Hoffnungen der einzelnen Mitglieder der Familie und ihre unterschiedlichen Meinungen zur Migration erkennbar. Die Lerner können sich in verschiedene Siedlerfiguren hineinversetzen. Sie lernen, die Gefahren und Chancen abzuwägen, die eine damalige Westexpansion mit sich brachte. Die zentralen Lernziele – Perspektivenwechsel, bewusster Umgang mit Stereotypen und Förderung der Identitätsentwicklung der Lerner – können somit gelingen. Dem Ziel des globalen Lernens entsprechend kann interkulturelle Kompetenz unterstützt werden und das Klassenzimmer als Ort der Konfliktbewältigung und des nachhaltigen und friedvollen Handelns dienen.

Jedoch muss auch hier bemängelt werden, dass mögliche Phasen des Rollenspiels sowie die genaue Aufgabenstellung unvollständig sind. Um zu einer Reflexion über das Rollenspiel zu gelangen, müssen Lernziele gesichert und Generalisierungen vermieden werden. Eine Feedback-Runde, die auch zur sprachlichen Korrektur genützt werden kann, wird in keinem Fall berücksichtigt. Die Idee, die Rollen in Form von Rollenkarten bereits in den Lehrbüchern zu selektieren und zu lenken, muss positiv vermerkt werden.

In den untersuchten Lehrbüchern verweisen Zeitzeugen der amerikanischen Einwanderungsgeschichte in Form von Fotografien, abgedruckten Interviews und Beschreibungen von Ellis Island als Einwanderungsmuseum auf die historische Besiedlung der USA.[114]

Methodisch-didaktische Verbesserungen lassen sich aber auch hier hinsichtlich der prozessorientierten Vorgehensweise erstellen. Um den Lerner einerseits bei der Erschließung vorliegender *oral histories* zu unterstützen und ihm andererseits ein Gerüst, beispielsweise für eigene Interviewfragen, an die Hand zu geben, sollten Themenschwerpunkte und auch sprachliche Hilfen in den Anweisungen der Lehrbücher vorgegeben und geklärt werden. Eine Aufnahme von *oral histories* wäre demzufolge auch bei jüngeren und sprachlich weniger fortgeschrittenen Schülern zu befürworten, denn auch sie kennen Empfindungen wie Fremdheit, Heimweh, Neugier, welche durch die Personen transportiert werden, und können sie mit eigenen Gefühlen vergleichen.[115]

Auch Tagebuchauszüge aus *Portobello Road 5*[116], Bruce Springsteens Song „The Line“[117], Kurzgeschichten aus *Let's Go 4*[118] über die Erfahrungen der illegalen Einwan-

[113] *Camden Town 4*, p. 55.

[114] Beispiele dafür sind *English G 4*, p. 45, *Go Ahead 8*, pp. 18-19 und *Camden Town 4*, pp. 92-93.

[115] Lothar Bredella, *Literarisches und interkulturelles Verstehen*, Tübingen: Narr, 2002, pp. 307f.

[116] *Portobello Road 5*, pp. 33ff.

[117] *Green Line New 5*, p. 104.

derung in die USA oder *Irish folk ballads*[119] belegen, wie gut sich literarische Texte eignen, historische Ereignisse lernergemäß darzustellen. Aus methodisch-didaktischer Sicht bleiben hierzu Aufarbeitungen wünschenswert, die anstatt der reinen inhaltlichen Verständnissicherung das Angebot an schüleraktivierenden Aufgabenstellungen und interkulturellen Vergleichen[120] erweitern.

So können beispielsweise *oral histories* selbst erstellt werden. Man kann auch auf die Webseiten vieler englischsprachiger Länder zurückgreifen, in denen Geschichten der Einwanderung in das Land dokumentiert und historische Fotos abgebildet sind. Für die USA ist dies das bereits erwähnte New Yorker Ellis Island Museum[121], für Kanada das Museum Pier 21.[122] Auf beiden Webseiten finden sich persönliche Berichte von Zeitzeugen als narrative Texte, als Interview-Transkript sowie als Audio- oder Videodatei. Kostenlose Online-Zugriffe zu Migrationsgeschichte, interaktive thematische Auseinandersetzungen, abrufbare Filmclips und Blogs bietet auch die britische Internetseite ‚Moving here'[123], so dass es eine Vielzahl an Möglichkeiten für den Englischunterricht gibt, die historische Besiedlung Nordamerikas und Australiens an Erfahrungen der Lerner anzubinden. Interkulturelle Herangehensweisen bietet ein Vergleich mit dem deutschen Auswandererhaus in Bremerhaven[124] oder mit dem BallinStadt Auswanderermuseum in Hamburg.[125]

Zu visuellen oder auditiven Materialien können die Lerner unterschiedliche *observation tasks* bekommen. Möglichkeiten bestehen also darin, arbeitsteilig Fotos und deren Atmosphäre zu beschreiben, Geschichten zu Personen zu erfinden, deren Gesichtsausdrücke, Kleidung u. a. zu analysieren oder durch Interviews Aspekte für die Gründe der Migration zu ermitteln. Audiodateien haben gegenüber den Geschichten in reiner Textform den Vorteil, dass sie authentischer und damit glaubwürdiger sind. Sie geben ein lebendiges geschichtliches Zeugnis ab, weil man betreffende Personen selbst sprechen hört. Zudem machen sie Lernende mit den Varietäten der englischen Sprache vertraut und schulen deren Hörverstehen, wobei Transkripte als Hilfe zur Differenzierung eingesetzt werden können. Auch Filme wie z. B. *Crossing Over* oder *Which Way*

118 *Let's Go 4*, pp. 32ff.

119 *Orange Line 5*, pp. 84-85; *Portobello Road 4*, pp. 85f.

120 Des Weiteren können auch seltene und aktuelle Perspektiven hinzugezogen werden. Wie das aussehen könnte, lässt sich in einem Textausschnitt über ein mexikanisches Mädchen erahnen, das sich vehement dafür ausspricht, dass junge Menschen in Mexiko bleiben müssen: „I don't understand all the people who want to live in America. Mexico which isn't as rich as America needs its young people to become rich. My cousin Emilio who is just 18 entered the US illegally a year ago. He's one of those people who always sees the positive side of life. The farmer who gives him work lives the rich life while Emilio who is poor has nothing. But Emilio sees all the beautiful Mercedes cars in L. A. and says, ‚In a few years ...' (Conchita Garcia, 15, Guadalajara)" (*Green Line 4*, p. 87).

121 Ellis Island Museum (URL: www.ellisisland.org, Stand: Dezember 2010).

122 Pier 21 (URL: www.pier21.ca, Stand: Dezember 2010).

123 Moving here (URL: www.moving_here.org, Stand: Dezember 2010).

124 Deutsches Auswandererhaus in Bremerhaven (URL: www.dah-bremerhaven.de, Stand: Dezember 2010).

125 BallinStadt Auswanderermuseum in Hamburg (URL: www.ballinstadt.de, Dezember 2010).

Home sowie *picture books, graphic novels* oder Bilderserien sind Anknüpfungspunkte, um sich mit dem Thema ‚Migration' auf verschiedenartigen Ebenen auseinanderzusetzen.

5 Anerkennung und Ausgrenzung im Alltag – Aspekte multikultureller Gesellschaft

5.1 Multikulturelles Zusammenleben

Landeskundliches Lernen vermittelt Kenntnisse über das Zusammenleben in der Gesellschaft. Dabei ist der multikulturelle Aspekt unzweifelhaft bildkonstituierend (*cf.* Kapitel 4). Von der Kolonialzeit ausgehend und durch die Globalisierung verstärkt entwickelten sich Nationen, in denen verschiedene Kulturen, Nationalitäten und Religionen nebeneinander und miteinander leben. Vor allem in den klassischen Einwanderungsländern USA, Kanada und Australien ist die multikulturelle Gesellschaft stark ausgeprägt. In Verbindung mit diesen Prozessen tauchen Fragen auf, welche Einflüsse die vielfältigen Kulturen auf die Identität der Mehrheit und der Nation haben dürfen, bis zu welchem Grad die Einwandererkultur bewahrt werden soll, ob diese sich der Mehrheitskultur anzugleichen habe und wie eine derartige Assimilation aussehen und bewertet werden kann.[1] Einige in diesem Zusammenhang für die multikulturelle Gesellschaft relevante Theorien seien im Folgenden skizziert.

Für die klassischen Einwanderungsländer werden Vorstellungen wie Vielschichtigkeit, Unterschiedlichkeit und Pluralismus als charakteristische Eigenschaften angesehen. Der Psychologe William James verwendete bereits 1909 den Begriff des Pluralismus, als er sich für Toleranz Anderen gegenüber im Sinne einer philosophischen und psychologischen Erweiterung der Bedeutung des Lebens durch den Pluralismus in der Gesellschaft aussprach. Befürworter von Segregation[2] rechtfertigen so ihre Haltung, die Eigendynamik einer Kultur zu betonen und von einer Anpassung bzw. Assimilation abzuraten. Dass ein Beibehalten der eigenen Kultur nur über eine gewisse Abgrenzung möglich ist, muss ihrer Meinung nach hingenommen werden. Diese Position, die eine essentialistische Auffassung von Kultur[3] vertritt und bei der die kollektive Identität betont wird, steht im klaren Gegensatz zu der Forderung der Gegner von Pluralismus. Sie setzen sich für eine stärker reglementierte Immigration ein bzw. sehen es als Ziel an, diese ganz zu verbieten und die Rechte der Minderheiten radikal einzuschränken. Eine gemäßigte Seite in dieser Auseinandersetzung vertraten beispielsweise die amerikanischen Philosophen John Dewey und Jane Addams.[4] Sie akzeptieren zu Beginn des 20. Jahrhunderts schon

[1] Lothar Bredella, „Segregation oder Assimilation? Zur Debatte über das Zusammenleben in multikulturellen Gesellschaften", in: Andreas Bonnet und Peter W. Kahl, *eds., Innovation und Tradition im Englischunterricht*, Stuttgart: Klett, 2001, p. 16.

[2] Auf diesen Begriff soll im Laufe dieses Kapitels näher eingegangen werden.

[3] *Ibid.*

[4] Zitiert nach Horst Pöttker und Anne Fölting, *Diversity: Multikulturalismus und ethnische Minderheiten in den Medien der USA*, Düsseldorf: NAVEND, 2006. *Cf.* auch Werner

Veränderungen in der Gesellschaft, bestanden aber darauf, dass mit der Zeit alle verschiedenen Einflüsse im Land zu einer einheitlichen Gesellschaft, einer Nation, zusammenwachsen müssten.

Auch heute kommt es noch immer zu heftigen Debatten in Bezug auf Anpassungsprozesse von Einwanderern, die auch im Rahmen des global ausgerichteten Englischunterrichts[5] aufgegriffen werden sollen.

Im Bereich der quantitativen Erfassung der Inhalte, die dem Bereich ‚Multikulturelles Zusammenleben' zugeordnet werden können, ergibt sich im Verhältnis zur Gesamtseitenzahl aller globalisierungskundlichen Inhalte, folgende, nach Schularten geordnete Verteilung (Abb. 34-36):

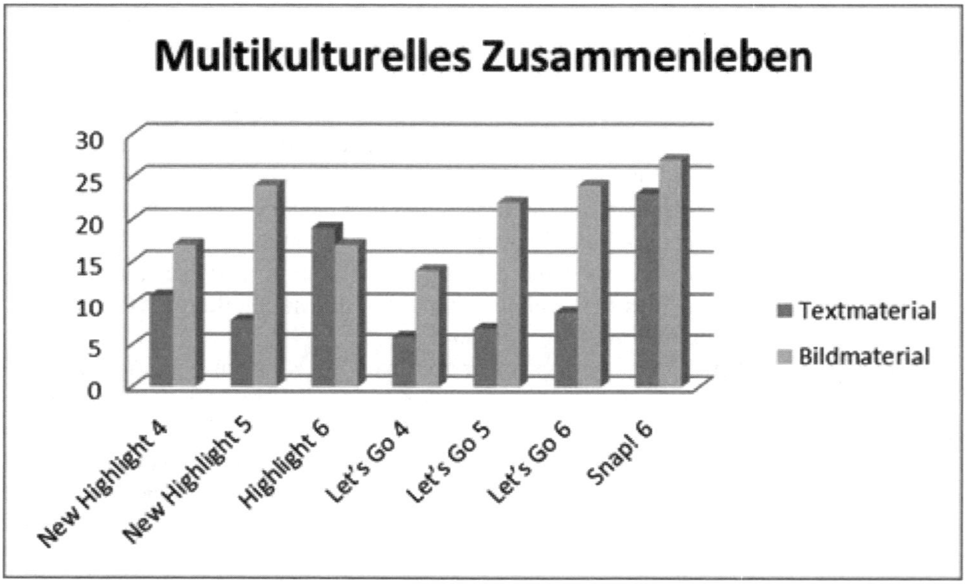

Abb. 34: Lehrbuchanteil von Bild- und Textmaterial – Multikulturelles Zusammenleben (Hauptschule und vergleichbare Schularten)

Sollors, „De Pluribus Una/E Pluribus Unus. Bemerkungen zur amerikanischen Multikulturalismusdebatte", in: Berndt Ostendorf: *Multikulturelle Gesellschaft: Modell Amerika?*, München: Fink, 1994, pp. 53ff. und Jane Addams und Charlene Haddock Seigfried, *Democracy and Social Ethics*, Urbana: University of Illinois Press, 2002.

5 Birgit-Herta Renges, 2005, *op. cit.*, pp. 32ff.; Lothar Bredella, *Literarisches und interkulturelles Verstehen,* 2002, *op. cit.*, pp. 198-214.

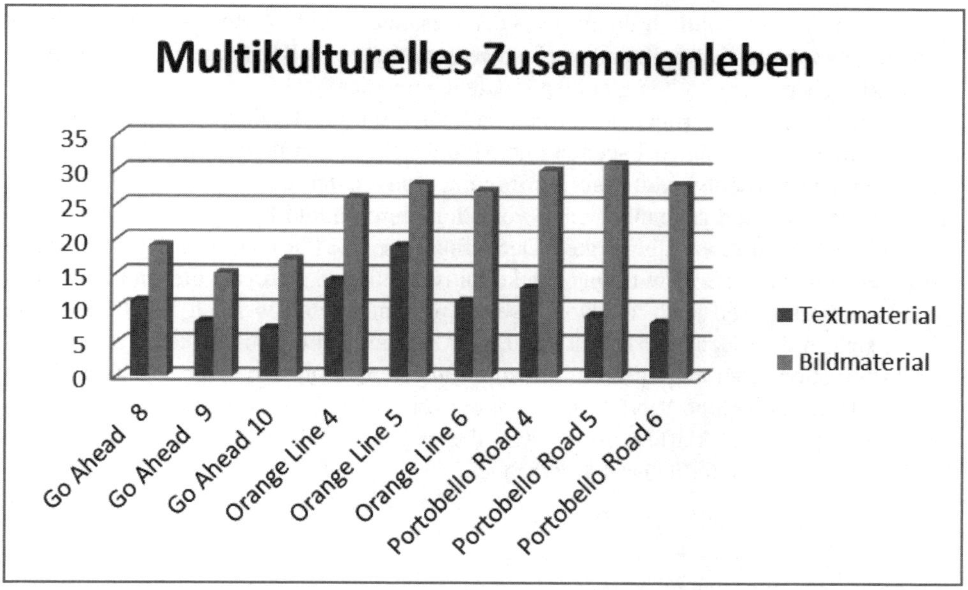

Abb. 35: Lehrbuchanteil von Bild- und Textmaterial – Multikulturelles Zusammenleben (Realschule und vergleichbare Schularten)

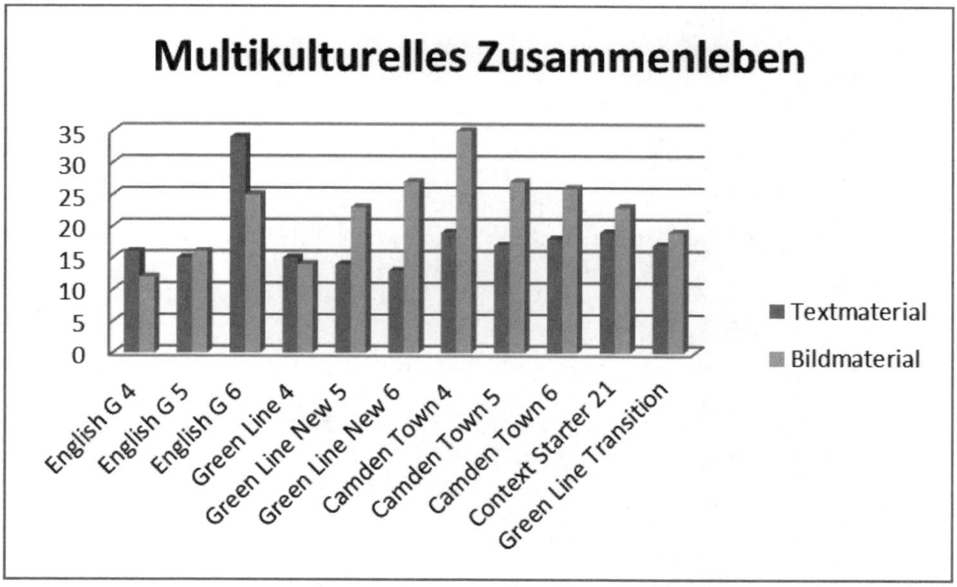

Abb. 36: Lehrbuchanteil von Bild- und Textmaterial – Multikulturelles Zusammenleben (Gymnasium und vergleichbare Schularten)

Die Datenermittlung auf Basis des quantitativen Analyseverfahrens zeigt, dass sich die Anteile an Texten und visuellen Medien, die Informationen zu den Aspekten multikulturellen Zusammenlebens anbieten, über alle Schularten hinweg auf einem hohen

Niveau von durchschnittlich 30 Prozent der Gesamtdarstellung zur globalen Thematik bewegen und damit den größten Anteil an Informationen in Bezug auf die insgesamt in den Lehrbüchern vermittelten globalen Inhalte einnehmen.

Die Analyse der Lehrbücher eröffnet, dass auch die im Bereich des multikulturellen Zusammenlebens geprägten Facetten und Manifestationen in den Lehrbüchern ein starkes Diskrepanzverhältnis von visuellen Medien und Texten aufweisen. Die Textanteile und die Inhalte treten gegenüber einer vor allem durch bunte Fotografien sowie Zeichnungen und Illustrationen geprägten Darstellung zurück. Der visuelle Reiz verdrängt damit die Informationsvermittlung auf kognitiver Ebene. Während die multikulturelle Gesellschaft zum Teil auch auf Doppelseiten präsentiert und vielfach abgebildet wird, finden sich in den dazugehörigen Texten oder Semantisierungshilfen keine ausreichenden Informationen zu den Bildern, die somit als Repräsentanten ihrer selbst fungieren müssen. Durch die bloße Vielfalt der Abbildungen einerseits und die ungenauen Zuordnungen andererseits klaffen somit auf dieser Ebene didaktischer Anspruch und Wirklichkeit in den Lehrbüchern auseinander.

5.2 Im Kräftefeld multikultureller Gesellschaft

Das folgende Kapitel zielt darauf ab, die in den Lehrbüchern dargestellten Inhalte über das Zusammenleben in der multikulturellen Gesellschaft zu untersuchen. Dabei richtet sich der Blick in den Lehrbüchern ebenso auf die daraus entstehenden politischen Herausforderungen und die Steuerung gegenwärtiger und zukünftiger Migrationsprozesse sowie auf den Aspekt der Religionsvielfalt. Schließlich wird explizit auf Formen der Ablehnung der multikulturellen Gesellschaft und auf Konflikte und gewalttätige Auseinandersetzungen im Kontext des multikulturellen Zusammentreffens eingegangen.

Als Lernziel sollen die Jugendlichen ein Bewusstsein dafür entwickeln, dass es den monokulturellen Nationalstaat nicht gibt. Sie sollen Kontroversen über die multikulturelle Gesellschaft reflektiert wahrnehmen können, indem sie über die Migrationsprozesse und deren Konsequenzen informiert sind.

5.2.1 Segregation, Assimilation und Integration

Um sichergehen zu können, dass die Möglichkeiten des multikulturellen Zusammenlebens der Lehrbuchdarstellungen in all seinen Facetten abgebildet werden, sollen im Folgenden die Beispiele zu den Formen der gesellschaftlichen Koexistenz, nämlich Segregation, Assimilation und Integration, analysiert werden.

5.2.1.1 Segregation

Der Begriff ‚Segregation' kommt aus der soziologischen Stadtforschung und beschreibt soziale und territoriale Ausgrenzungen von Minderheiten, welche die Angehörigen der dominanten Mehrheit zum Zweck der Verteidigung bzw. des Ausbaus ihrer Interessen und Privilegien formell oder informell vornehmen.[6] Auf diese Weise durchziehen unsichtbare Trennlinien die Gesellschaft, die den Zugang zu den Ressourcen regulieren und Segregation herstellen.

Ein erster Blick auf die Lehrbücher zeigt, dass auf diese Aspekte in unterschiedlicher Detailfülle und Akzentuierung eingegangen wird. Beispiele für Situationen, in denen Minderheiten von der Mehrheit nicht als gleichberechtigte Bürger angesehen werden, finden sich in den historischen Unterrichtssequenzen der Lehrbücher, die sich mit der Entstehung der USA oder dem Aufbau des britischen Weltreichs auseinandersetzen. Die Mehrzahl der Beispiele beschreibt den Umgang mit den Farbigen in den USA im Kontext der Bürgerrechtsbewegung:

[6] Petrus Han, ²2005, *op. cit.*, p. 235.

> Martin Luther King, who organized the boycott of buses to protest about the treatment of Rosa Parks, devoted his life to ending the segregation laws that stated that all citizens were equal but still allowed blacks and whites to be separated in schools and public places.[7]

> Rosa Parks left work and started home. She was tired. Her shoulders ached from bending over the sewing machine all day. „Today I'll ride the bus", she thought. She got on and sat in the first seat for blacks, right behind the white section. After a few stops the seats were filled. A white man got on. […] „You have to get up", he said. All of a sudden Rosa knew she was not going to give up her seat. It was not fair. She had paid her money just as the man had. This time she was not going to move.[8]

An den Zitaten ist erkennbar, dass die Themeneinheiten zur historischen Situation der Minoritäten vor allem auf die mutigen Taten von Rosa Parks und Dr. Martin Luther King reduziert werden. Der Blick auf die ethnische Segregation fokussiert somit nicht primär das tatsächliche alltägliche Zusammenleben von Majorität und Minorität *per se*, sondern die attraktiven Heldentaten[9] einzelner politisch bewegter Bürger, die sich gegen die Ungerechtigkeiten und die legale Segregation wehren. Die Herausforderungen des Zusammenlebens spielen bei den Schilderungen nur eine untergeordnete Rolle. Im Zentrum der untersuchten Beispiele steht der Mut der politischen Anführer.

Unterdessen gelingt es ferner einer Vielzahl an didaktisierten Zeitungsartikeln, Interviews und vor allem Kurzgeschichten, die ethnische Segregation der Gegenwart herauszuarbeiten. Dabei stehen die städtisch-räumlichen Trennungen sowie diejenige im Bildungsbereich im Mittelpunkt der Lehrbuchdarstellungen. Der Zeitungsartikel einer amerikanischen Journalistin nimmt das Thema auf, indem er die gegenwärtige Situation in den amerikanischen Stadtvierteln und Schulen kritisch hinterfragt. Geschickt stellt die Autorin den Bezug zu Rosa Parks her:

> Rosa Parks and today's white youth: So white suburban school children in the United States do learn about the contributions of courageous Americans like Rosa Parks. However, they learn about them in a bubble of time and space – within the context of a specific month, and often in schools with zero or few non-white classmates. And it doesn't seem like that reality will change anytime soon. It prevails, even while white suburban teenagers enthusiastically borrow some aspects of urban black culture. Hip-hop music pulses from Volvo station wagons *en route* to soccer games. Everyone wears low-riding baggy jeans, and Beyonce is a household word. Lots of white kids believe it's cool to be black – only they don't know any black people.[10]

Das Zitat unterstreicht, dass sich die ethnische Segregation immer noch durch den gesellschaftlichen Aufbau der USA zieht. Sie lässt sich jedoch durch *lifestyle*-Elemente, die als ‚schick' gelten und dem Lernenden selbst in seiner Kultur bekannt sind, nicht mehr so deutlich als Segregation ausweisen.

7 *Green Line New 6,* pp. 28-29. Auf Seite 28 wird durch den Rap-Song *Sister Rosa* von der Band *The Neville Brothers* versucht das Thema möglichst modern aufzuarbeiten.

8 *Portobello Road 5*, pp. 50-51.

9 *Orange Line 4*, p. 89.

10 *Green Line New 6*, p. 26.

Entsprechend können weitere Belege gefunden werden, die das Phänomen der städtisch-räumlichen Trennung in der Gegenwart bestätigen. Neben der Darstellung des Stadtteils Harlem in New York[11], der als typisch multiethnischer Stadtteil beschrieben wird, klagen in einem fiktiven Interview Jugendliche in England über die räumliche Ghettoisierung vieler Ethnien. Ein Schüler beschreibt in einem Interviewausschnitt sein Viertel in Bradford als „this is where the Pakistani families now live."[12] Ein Text aus *Camden Town 5* zitiert ein Mädchen: „I live in Manningham and none of my white friends has ever come to visit me there."[13] In *Green Line New 6* verdeutlicht ein Beispiel, dass Weiße die räumliche Segregation zum Teil vorantreiben, indem sie aus multikulturellen Stadtteilen wegziehen: „They [the Whites] still tend to move out once a certain number of Asians move into a street. They're contributing to the ghettos too."[14]

Wie vorangehend dargestellt, hat auch die mit der räumlichen Trennung einhergehende ethnische Segregation im Bildungsbereich eine thematisch besondere Bedeutung für den Englischunterricht. Zwei Zeitungsartikel gewähren Einblicke in Brennpunktschulen, die u. a. einen hohen Anteil an Kindern mit Migrationshintergrund aufweisen, deren erster und einziger Begegnungsort die Schule ist. Außerhalb der Schule, so der Text, löst sich der Kontakt, und die einzelnen Gruppierungen verweilen in ihrer eigenen kulturellen Diaspora:

> Journalists wanting to know what the education authorities are doing to fight this creeping segregation are taken to Rhodesway School, a secondary school with 1800 pupils – half White and half Asian. At first it looks like this might be the answer: in the computer room there are girls wearing veils sitting next to girls in miniskirts. During break boys are playing football – white-skinned, brown-skinned and black-skinned boys. There's a cross-religious assembly every morning. [...] But headteacher Robert Hughes admits that it is not as easy as it might appear: „For a lot of our pupils, coming from other ethnic groups. And after school they go back home to their own parts of town, where they'll only be able to mix with people like themselves."[15]

Ein Textausschnitt aus dem Buch *Ahead of Class* von Marie Stubbs[16], Direktorin einer Problemviertel-Schule, schildert die alltäglichen Herausforderungen der einzelnen Minderheiten untereinander. Die Schule wird hauptsächlich von Jugendlichen mit Migrationshintergrund besucht, so dass deren fehlende Englischkenntnisse bereits das Zusammenarbeiten erschweren: „We've had the posters printed with Arabic, Spanish,

11 „Cathia believes it is her choice which has earned her respect (in Harlem, they warn her)" (*Green Line 4*, pp. 22-23) und „Think about immigration: Say whether you think Cathia still feels like an immigrant or not. Give reasons. Discuss the problems immigrants might have when they first arrive in Germany. Explain why you think immigrants in Germany have or don't have a good chance of success" (*ibid.*, p. 24). Weitere ähnliche Beispiele finden sich in *Go Ahead 9*, p. 63 oder *Green Line New 6*, p. 35.

12 *Camden Town 5*, p. 54.

13 *Ibid.*, p. 55.

14 *Green Line New 6*, p. 33.

15 *Camden Town 5*, p. 55.

16 *Green Line New 6*, pp. 50-51.

Portuguese, Farsi and Yoruba translations underneath. More than half of the children at St. George's speak English only as a second language."[17]

Der hohe Lebensweltbezug durch den Kontext Schule macht dieses Thema attraktiv für eine lernerorientierte Unterrichtseinheit und ermöglicht eine altersgemäße Darstellung der Probleme hinsichtlich der Segregation.

Nur wenigen Lehrbüchern gelingt es, demgegenüber die Perspektive aufzuzeigen, dass es nicht ausschließlich das Verhalten der Majorität ist, welches für die kulturell-ethnische Trennung verantwortlich gemacht werden kann. Denn nicht selten wird die ethnische Segregation durch das eigene Umfeld der Minoritäten aufrechterhalten. Die Lehrbücher bringen Verweise auf die radikale schwarze Bürgerrechtsbewegung in den USA, welche die Integration in die von den Weißen dominierte Gesellschaft ablehnte und stattdessen für die politische und kulturelle Emanzipation der Afroamerikaner und Essentialisierung der eigenen Kultur eintrat.[18] Die *Black Power*-Bewegung wird in nur wenigen Lehrbüchern durch den Slogan *Black is beautiful* oder die Person Malcom X als Gegenbewegung und Gegenwehr präsentiert.[19] Die Texte dazu sind jeweils knapp und rein deskriptiver Art. Durch wenige Bilder und einige stichpunktartige Informationen wird der Lerner allein auf ihre Existenz aufmerksam. Eine eingehendere Reflexion bzw. eine Kontextualisierung mit ähnlichen – auch gegenwärtigen – Bewegungen geschieht nicht. Am Beispiel der Kurzgeschichte „Only approved Indians"[20] von Jack D. Forbes lässt sich die Rolle nachvollziehen, die das eigene Kollektiv im Rahmen der ethnischen Segregation spielt. Ein Basketballspiel, bei dem nur ausgewiesene *Native Americans*[21], also indigene Stämme, die vom *Bureau of Indian Affairs* (BIA) anerkannt sind, gegeneinander spielen dürfen, führt zu einem Streit. Es geht darum, ob ein Team, in dem ein Sportler von einem indigenen Stamm aus Mexiko spielt, eine Starterlaubnis bekommen kann. Die Tarahumara sind ein indigener Stamm, der im Norden von Mexiko lebt und daher vom BIA nicht erfasst ist:

> Tarahumaras don't exist. They're not listed in the BIA dictionary. [...] He's a Mexican. He can't play. This tournament is only for Indians. [...] They are no Indians within the meaning of the laws of the government of the United States.[22]

Dem Team wird letztendlich die Starterlaubnis verweigert, obwohl der Tarahumara-Spieler noch viel stärker nach den ursprünglichen indigenen Traditionen lebt als die übrigen Teilnehmer:

17 *Ibid.*, p. 50.
18 Hartmut Wasser, *ed., USA. Politik, Gesellschaft, Wirtschaft,* Opladen: Leske & Budrich, 1993.
19 *Green Line New 6*, p. 29.
20 *Green Line New 5,* pp. 102-103.
21 Hier geschieht eine Abweichung von der typischen Opferzuschreibung der *Native Americans,* indem keine *flat characters* dargestellt werden. Durch *round characters* gelingt es, Sympathieträger wie auch weniger nachvollziehbare Charaktere aufzuzeigen (*ibid.,* p. 102).
22 *Ibid.,* pp. 102-103.

> his people lived high up in the mountains and [...] they were still resisting the Mexicanos.[23]

> They were all land-based, federally-recognized Indians (although living in a big mid-western city), and they had their cards to prove it.[24]

Die zugrunde liegende Vorstellung von Ethnisierung wird durch die Verweigerung der Starterlaubnis besonders nachdrücklich demonstriert – und *ad absurdum* geführt: Die indigenen Männer, die hart um die Akzeptanz ihres kulturellen Hintergrundes in den USA kämpfen, verhalten sich nun dem Tarahumara-Spieler gegenüber genauso abwertend, wie es die (weißen) Amerikaner ihnen gegenüber waren und noch immer sind. Die Ironie, mit der diese Szene beschrieben wird, verweist darauf, dass die zentrale Aufgabe des BIA eigentlich der Schutz sämtlicher indigenen Stämme und Traditionen ist und dies von den in der Kurzgeschichte genannten Spielern gänzlich missinterpretiert wird.

Die thematische Aufnahme der *Black Power*-Bewegung[25] und die Kurzgeschichte „Only approved Indians"[26] ergeben Parallelen zu der von dem Soziologen Stuart Hall formulierten These, dass auch das eigene Kollektiv als Integrationshemmnis erfahren werden kann. Häufig ziehen sich Einwanderer in die nach Hall bezeichneten *politics of identity* zurück, nachdem sie die Erfahrung gemacht haben, dass ihre Ankunft von der Majorität nicht akzeptiert wird und dass sie oftmals einen ausweglosen Kampf um ihre Anerkennung führen.[27] Diese Haltung kann als eine Reaktion auf die Verunsicherung angesehen werden, weshalb das Eigene fokussiert wird und als unaufhebbarer Bezugspunkt bestehen bleibt (*cf.* auch Kapitel 8 zur Identitätssuche). Im Allgemeinen lässt sich festhalten, dass in den Lehrbüchern eine Vielfalt an Segregationsformen der multikulturellen Gesellschaft Beachtung findet.

5.2.1.2 Assimilation

Als ebenso problematisch wie ein multikulturelles Zusammenleben, welches durch die ethnische Segregation gekennzeichnet ist, muss eine Gesellschaft angesehen werden, die alle ihre Mitglieder zur Assimilation auffordert, das heißt von Einwanderern bzw. Angehörigen der Minorität verlangt sich den Einheimischen anzupassen. Umstritten ist das Konzept der Assimilation vor allem unter den Vertretern des Pluralismus. Ihr Vorwurf lautet, dass Menschen so gezwungen werden, ihre Sprache und Kultur aufzugeben.

23 *Ibid.,* p. 102.

24 *Ibid.*, p. 102.

25 *Green Line New 6*, p. 29.

26 *Green Line New 5,* pp. 102-103.

27 Stuart Hall, „Questions of Cultural Identity?", in: Stuart Hall und Paul du Gay, *Questions of Cultural Identity*, London: Sage, 1996, pp. 1-17 oder auch Stuart Hall, „Cultural Identity and Diaspora", in: Patrick Williams and Laura Chrisman, *eds., Colonial Discourse & Postcolonial Theory, A Reader,* New York: Columbia University Press, 1994.

Sie verweisen darauf, dass allein die *melting pot*-Metapher[28] diesen „gewalttätigen Akt“[29] kultureller Unterschiede einzuschmelzen schon verdeutliche. Bezeichnenderweise war es kein Amerikaner, sondern der Brite Israel Zangwill[30], der das Bild vom *melting pot* prägte, dem Schmelztiegel, in dem all die verschiedenen Einflüsse zu einer Gesellschaft verschmelzen würden. Die Metapher lässt allerdings die Beharrlichkeit außer Acht, mit der das Zugehörigkeitsgefühl zu einer ethnischen Gruppe fortdauert, und leugnet den Wert familiärer, religiöser und ethnischer Bindung, indem sie auf die Vermischung der verschiedenen Bevölkerungsgruppen setzt.

Wie der Assimilationsdruck und die Forderungen auf die Minoritäten aussehen können, wird in den Lehrbüchern selten thematisiert. Zwar ergibt sich eine quantitativ relativ große Zahl von Beispielen für Assimilation, aber lediglich aus den Bildmaterialien. So präsentiert beispielsweise *Green Line New 6* eine Fotogalerie mit dem Titel „Multiethnic Britain“.[31] In ihr befinden sich zahlreiche Bilder, welche die englische Bevölkerung in ihrer ethnischen Vielfalt aufzeigen.[32]

28 Peter Freese, *ed.*, *From Melting Pot to Multiculturalism: E Pluribus Unum?*, München: Langenscheidt-Longman Viewfinder Literature, 1994, p. 5.

29 Lothar Bredella, „Segregation oder Assimilation? Zur Debatte über das Zusammenleben in multikulturellen Gesellschaften“, in: Andreas Bonnet und Peter W. Kahl, *eds.*, 2001, *op. cit.*, pp. 16-21.

30 Peter Freese, *ed.*, *Israel Zangwill, ‚The Melting Pot‘*, München: Langenscheidt-Longman Viewfinder Literature, ^{2}2006.

31 *Green Line New* 6, p. 39.

32 Ein Bild zeigt den Formel-1-Fahrer Lewis Hamilton, ein weiteres stellt zwei britisch-asiatische Frauen dar, die eine in Jeansjacke sehr westlich gekleidet, die andere in einem Sari. Beide warten auf Queen Elisabeth II, die ein islamisches Zentrum besuchen will. Eine andere Fotografie stammt aus einem englischen Klassenzimmer, wo Shakespeare als Unterrichtsstoff einer ethnisch-heterogenen Schülerschaft unterrichtet wird, ein weiteres zeigt eine Menge von Menschen, die auf die Queen warten, alle mit der englischen Fahne und mit einem unterschiedlichen ethnischen Hintergrund. Auch die Schauspielerin Parminder Negra fehlt in dieser Fotocollage nicht, gilt sie doch als Aushängeschild gelungener Integration. Mit der Arbeitsanweisung „Do some research on one of the celebrities in these pictures and write a profile of him/her“ (*ibid.*, p. 39) wird die Möglichkeit geboten, sich in eines der Leben der britischen *celebrities* mit Migrationshintergrund einzulesen und sich zumindest ansatzweise in ihre Biografie hineinzuversetzen.

Abb. 37: Die Darstellung der englischen Bevölkerung in ihrer ethnischen Vielfalt (Quelle: *Green Line New 6*)

Sämtliche Darstellungen von Sportlern und anderen Menschen, die in der Öffentlichkeit stehen, sind plakativ harmonisierend. Die Assimilation scheint erfolgreich und problemlos zu sein. Neben diesen eher indirekten Bezügen zum multikulturellen Zusammenleben, fehlen den meisten Lehrbuchdarstellungen jedoch gelungene Semantisierungen und angemessene Interpretationsmöglichkeiten zu den Illustrationen. Häufig beschränkt sich die Semantisierung lediglich auf Arbeitsanweisungen zur Beschreibung der jeweiligen Bilder.

Dem Mentorenprinzip folgend kann auch auf personalisierter Ebene ein authentischer Einblick in den Prozess der Assimilation gewährt werden. Auf der Grundlage der Untersuchungen kann nachgewiesen werden, dass alle Lehrbuchpersonen mit Migrationshintergrund ausschließlich den Status ‚assimiliert' zugewiesen bekommen. Außen vor gelassen werden muss die indigene Bevölkerung, da sie in allen Lehrbüchern eine Extraposition einnimmt.[33] Obwohl unbestreitbar ist, dass die in den untersuchten Lehrbüchern fest vorkommenden Lehrbuchpersonen für das Erreichen didaktischer Ziele eine entscheidende Rolle spielen, lassen sich jedoch keine Gruppen ausmachen, denen bestimmte didaktische Funktionen im Rahmen ihres Assimilationsstatus zugewiesen werden können. Damit scheinen die Lehrbuchpersonen alle unter die Kategorie der multikulturellen Quote in den Lehrbüchern zu fallen. Im Sinne der Authentizität stimmt zwar die Tendenz, dass sich jugendliche Einwanderer – die Lehrwerkpersonen stammen alle aus der *peer*-Gruppe der 13- bis 16-Jährigen – in der Realität schneller an die Mehrheitskultur anpassen, dennoch erscheint hier didaktisches und inhaltliches Potenzial verschenkt.[34] So wird die Chance vertan, auf personalisierter Ebene einen repräsentativen Einblick in Assimilationsprozesse und -schwierigkeiten zu gewähren.

Vielsagend sind hier allerdings die Unterrichtseinheiten zu den indigenen Bevölkerungen Nordamerikas und Australiens. Sie werden – zumeist aus historischer Perspektive heraus – als augenscheinliche Opfer einer in dieser Zeit verfolgten Assimilationspolitik dargestellt, die mit Zwang und Bestrafungen die Identität der indigenen Gruppen vollständig zerstört hat. Unabhängig von der Schulart lassen sich diesbezüglich immer wiederkehrende Thematiken finden, die in der Gesamtschau einen äußerst differenzierten und diversifizierten Blick auf das Thema Zwangsassimilation eröffnen. Die zerstörte und ausgelöschte Kultur wird als Folge der erzwungenen Anpassung thematisiert, begleitet von Verweisen auf Identitätslosigkeit, die vermitteln, dass die Hoffnung und das Selbstvertrauen, ein selbstbestimmtes Leben führen zu können, – selbst in der Gegenwart – kaum umsetzbar sind.

Der in *Camden Town 5* präsentierte Film *Rabbit-Proof Fence* verdeutlicht ebenfalls diesen Akt der Zerstörung von Kultur. Als Einstieg erhalten die Lerner folgende Filmbeschreibung:

> *Rabbit-Proof Fence* is a film about the stolen generation of children. Up to 1970, the government used to remove Aborigine and mixed-race children from their families. The children had to work for white people as servants or farm labourers. The idea was to make them part of white society.[35]

33 Auf sie wird im Verlauf dieses Kapitels näher eingegangen.

34 Immerhin wird in *Let's Go 5* von einer Lehrwerkprotagonistin im *peer*-Gruppen-Alter über die Großeltern berichtet, die sich nicht wirklich integrieren konnten. Dies ist wiederum auch Thema in den Literaturbeispielen – der Vater von Casim in *Ae fond kiss* (*English G 6*), aber auch die Eltern von Majit in (*Un*)*arranged marriage* (*Camden Town 5*), oder die Großeltern von Diana Brewer (*Let's Go 5*) – die in Kapitel 8 detailliert untersucht und analysiert werden.

35 Drei Mädchen sind die Hauptfiguren der Geschichte: „Chief protector of the Aboriginal population has decided that all of the children who are the offspring of a white parent and an Aboriginal parent will be taken into custody and raised by a school system trying to train them to be domestic servants or factory workers. They were taken, by force, from their

Durch die Arbeitsaufträge ist ein affektiver und ganzheitlicher Zugang möglich, der einen unmittelbaren Eindruck von dem Ausmaß der grausamen Erfahrungen vermittelt:

> Listen to some music from the soundtrack of *Rabbit-Proof Fence*. How well do you think the music reflects the atmosphere and the emotions shown in the film? Give reasons for your answer. [...] What things come to your mind when you think of Australia? How do they compare with the stills and the music of the film?[36]

Weitere Einblicke in den Druck und die Restriktionen, die ausgeübt wurden, um die indigene Bevölkerung zur Assimilation zu zwingen, erhalten die Lerner durch Selbstportraits von indigenen Jugendlichen:

> One day a policeman came to my grandfather. The girls had to go to Cootamundra Home. There they would be trained to get a job for when they were older. If grandfather didn't sign the papers, he would go to prison and never come out. [...] Cootamundra in those days was very strict and cruel.[37]
>
> Things have really changed. When my mom and dad were young, they had to live at a boarding school where they weren't allowed to speak the Ute language. The teachers were trying to make them more like white people. That's why they didn't allow traditional dancing. It was terrible.[38]

Auf den Verlust der Identität und die daraus erwachsenden sozialen Probleme sowie die weitverbreiteten Folgen von zu starker und aufgezwungener Assimilation verweisen die Lehrbuchautoren ebenfalls in Form von meist sehr persönlichen Berichten der indigenen Bevölkerung.

> Some of us are finding our old traditions again. But most Aborigines live in two worlds.[39]
>
> They didn't look after Jennifer well. At the age of fourteen she had a baby. [...] She married my grandfather Laurie and, at the age of twenty-three, she died of TB.[40]
>
> Maybe you think Aboriginal people like sitting around and drinking alcohol all the time. Most white Australian look down on us, so life isn't easy.[41]

parents and loved ones. […] After a while, the three finally make a successful escape attempt, deciding to follow the rabbit-proof fence that stretches 1,500 miles and will – nine weeks later – lead them back to their home. [...] were also referred to as the ‚stolen generation'. Use the review to explain this term and its meaning for Aborigines and Australian society" (*Camden Town 5,* p. 25).

36 *Ibid.*, p. 24.

37 *Portobello Road 5*, p. 93.

38 *Camden Town 4*, p. 58.

39 *Let's Go 5*, p. 80.

40 *Portobello Road 5*, p. 93.

41 *English G 4*, p. 70.

> Even today most of them still live on reservations, and many are very poor. Some have problems because they can't find jobs and drink too much alcohol.[42]

> My father is out of work. He drinks a lot of firewater because he has nothing to do. We don't want to live from social welfare and so my mother has a job in a supermarket and tries to earn enough money for all of us.[43]

Die zitierten Beispiele erlauben einen unterschiedlich komplexen, konkreten bis abstrakten Einblick in die Assimilationszwänge der damaligen Zeit und deren Auswirkungen auf die Gegenwart.

Ein Vergleich mit der Realität zeigt, dass den indigenen Völkern bis weit in das 20.°Jahrhundert die nordamerikanische oder australische Lebensweise und Kultur aufgezwungen worden ist. Diese Entwurzelung von ihren eigenen Traditionen und die Nichtakzeptanz in der weißen Gesellschaft führten zu unüberwindbaren Abgründen und einer wenig hoffnungsvollen Zukunft und ist somit zu Recht thematisch in den Lehrbüchern in dieser Ausführlichkeit aufgenommen.

In der ausschließlich problemorientierten Art der Darstellung verbirgt sich jedoch immer die latente Gefahr einer Fehlwahrnehmung auf Seiten der Lerner, wenn Bezüge zu den indigenen Menschen vornehmlich über Erscheinungen hergestellt werden, die in zahlreichen Lehrbuchdarstellungen eher den Status einer nunmehr weiteren Opferzuschreibung vorantreiben. Zwar ist die Vorgehensweise lernerorientiert, indem jugendliche *peer*-Figuren zum Einsatz kommen, aber im Rahmen des globalen Lernens sollte auch der interkulturelle Aspekt eine deutlich tragende Rolle spielen, um Stereotypisierung zu vermeiden.

Als besonders fragwürdig erscheint in diesem Zusammenhang, dass die Unterrichtseinheiten zu der indigenen Bevölkerung Nordamerikas und Australiens sich ausschließlich in speziellen Darstellungen ohne Verbindungen zu den Lehrbuchprotagonisten und ohne aktuellen Zusammenhang zur amerikanischen, kanadischen oder australischen Gesellschaft erschöpfen. Die indigenen Völker fungieren in den Lehrbüchern als Exoten, als Art To-do-Liste der landeskundlichen Themen, die in einem Kapitel beziehungsweise einer Unterrichtseinheit durchgenommen werden. Allein dem Lehrbuch *Camden Town 4* gelingt es vorbildlich, zwei indigene Lehrbuchfiguren[44] in der Gegenwart als moderne Teenager im Kontext von anderen Lehrbuchfiguren darzustellen.

Einen Aspekt ganz anderer Art thematisiert ebenfalls das Lehrbuch *Camden Town* 4, indem es den Blick auf die Gegenwart richtet. Es bringt so eine weitere Facette in den Schwerpunkt der Assimilation ein, die dem deutschen Lerner aus seinem Umfeld eventuell auch bekannt sein könnte. Hierbei handelt es sich um die heftig diskutierten Assimilationserwartungen an Minoritäten. In dem Leserbrief „Immigrants not Americans must adapt“[45] beschwert sich ein Amerikaner darüber, dass sein Alltagsleben sukzessive beschnitten werde:

[42] *Portobello Road 5*, p. 35.
[43] *Ibid.*, p. 40.
[44] *Camden Town 4*, pp. 14, 15, 52, 53 etc.
[45] *Ibid.,* pp. 110-111.

> We've gone so far the other way, bent over backwards to not offend anyone, that I am now being offended. [...] We speak English, not Spanish, Portuguese, Arabic, Chinese, Japanese, Russian or any other language. Therefore, if you wish to become part of our society, learn the language! [...] If Stars and Stripes offend you, or you don't like Uncle Sam, then you should seriously consider a move to another part of this planet. We are happy with our culture and have no desire to change, and we really don't care how you did things where you came from.[...] Will we still be the country of choice and still be America if we continue to make the changes forced on us by the people from other countries who came to live in America because it is their country of choice?[46]

Der Verfasser beklagt die aus seiner Sicht gravierenden Einschnitte, die er aufgrund der multikulturellen Ausrichtung der USA erdulden muss. Zum einen wurden beispielsweise bestimmte traditionelle christliche Feste weniger bedeutsam und eingeschränkt, zum anderen musste der amerikanische Patriotismus weichen. Immer häufiger werden sogar Spanischkenntnisse verlangt, um Verständnisschwierigkeiten mit lateinamerikanischen Einwanderern vorzubeugen.[47] Damit wird ein auf der Alltagsebene einer multikulturellen Gesellschaft liegendes umstrittenes Problem der positiven Diskriminierung (*affirmative action*)[48] angesprochen, das in seiner Natur übergreifend ist, die Lerner zur Diskussion bzw. zum Vergleich mit ihrer eigenen Situation anzuregen vermag und zugleich eine unmittelbare Begegnung mit den Assimilationsfragen in den USA schafft. Solch kontroverse Themen sollten, wie im vorliegenden Beispiel, vermehrt Eingang in den Englischunterricht finden, um die Gefahr zu vermeiden, dass globale Themen zum künstlichen Schulwissen vereinfacht werden, die den Lernenden eine geschönte, heile oder sehr einseitige, stereotypisierte Welt präsentieren.

5.2.1.3 Integration

‚Integration' als Gegenbegriff zu ‚Segregation' und ‚Assimilation' beschreibt den Austausch und die Beziehung zwischen unterschiedlichen Einheiten innerhalb eines Systems. Das lateinische Verb *integrare* steht für Erneuerung oder auch Annäherung und Möglichkeit der Mitbestimmung innerhalb einer Gesellschaft.[49] Integration erscheint mit dem Blick auf die Realität als das erfolgversprechendste Modell des multikulturellen Zusammenlebens. Von einer gelungenen Integration in Bezug auf die multikulturelle Gesellschaft kann gesprochen werden, wenn auch Minoritäten Zugang zu ökonomischen, sozialen und kulturellen Ressourcen haben und den Prozess der Migration nicht nur als Verlust von Heimat ansehen, sondern sich mit dem Neuen auseinandersetzen, ein gewisses Maß an Mitgestalten und Mitverantwortung erhalten und dieses aber auch

46 *Ibid.*, p. 110.

47 *Ibid.*, p. 110.

48 Anne Peters und Noah Birkhäuser, „Affirmative Action à l'Américaine - Vorbild für Europa?", in: *Zeitschrift für ausländisches öffentliches Recht und Völkerrecht* 65/2005, pp. 1-34.

49 Duden online (URL: www.duden.de, Stand: Juni 2010).

annehmen.[50] Wichtig ist, dass ethnische Identitäten die eigene Kultur nicht aufgeben, sie aber auch nicht als absoluten Bezugspunkt setzen.

In den Lehrbüchern ist dieser Zusammenhang deutlich unterrepräsentiert. Eine Ausnahme bildet hierzu die Reihe *Camden Town*, die eine Integration der Minoritäten zum Ausdruck bringen will. In *Camden Town 5* wird darauf hingewiesen, dass sich die Situation der indigenen Bevölkerung schrittweise verbessere:

> More and more Aborigines reaching for the top (Kathy Freeman, Lorraine Liddle, Ernie Dingo, Yothu Yindi) keeping Aboriginal culture alive by teaching both White and Aboriginal pupils about this fascinating culture.[51]

Ebenso blickt ein Zeitungsartikel über Südafrika[52] und Nelson Mandela mit großer Hoffnung auf eine Lösung für die noch bestehenden Rassenprobleme in Südafrika durch die Fußball-Weltmeisterschaft 2010. Für den Journalisten kann das Großereignis die Folgen der Apartheid endgültig kurieren:

> But simple, heartfelt gestures like Nelson Mandela wearing the rugby jersey of the national team during the final match of the 1995 rugby World Cup are enormous steps towards racial healing. […] Head of Committee, Belgian Jan Peeters, who told the South African newspaper Business Report that the World Cup would „generate significant unity among the different ethnic groups that were separated socially, culturally and in sport for years“.[53]

Die Lerner erhalten bei diesen Darstellungen einen kleinen exemplarischen Einblick in die Verbesserungen des integrierten multikulturellen Zusammenlebens, die auf eine Zukunft hoffen lassen, in der die Formen der Segregation oder Assimilation keine Rolle mehr spielen. Eine tiefergehende Beschäftigung bleibt hingegen aus, so dass die Bedeutung und das didaktische Potenzial durch die verstreuten Hinweise für die Lerner verloren geht.

Abgesehen von den gesellschaftlichen Verbesserungen greifen die Lehrbücher *Go Ahead 9* und *Green Line 4* als einzige einen weiteren übergreifenden Aspekt der Integration auf. Sie greifen persönliche Erfahrungsberichte von Jugendlichen aus der zweiten oder dritten Generation von Einwanderern auf, die sich bereits akklimatisiert und integriert haben. Die Jugendlichen berichten in Interviews, wie britisch bzw. amerikanisch sie sich bereits fühlen. Als Beispiel ihrer gelungenen Integration werden prototypische Alltagsrituale wie „a cup of tea and a biscuit in the morning“[54] aufgezählt, die sie bereits übernommen haben. Für den Lerner soll durch die persönlichen Integrationserfahrungen deutlich werden, dass all diejenigen Minoritäten, die ihre neue Heimat akzeptieren, weniger Angst vor Rassismus haben und insgesamt das Leben im neuen Land mit allen

50 Migration, so schreibt Dove, ist auch „ein Geisteszustand, ein Gefühl der Befremdung“ (Richard Dove, *Journey of no Return. Five German-speaking Literary Exiles in Britain, 1933-1945*, London: Libris, 2000, p. 5).

51 *Camden Town 5,* p. 28.

52 *Camden Town 6*, pp. 34ff.

53 *Ibid.*, p. 34ff.

54 *Go Ahead 9*, pp. 62-63.

kleinen und größeren Schwächen als Chance sehen. Diese integrierte zweite Generation der Einwanderer zeichnet sich zudem in den Darstellungen der Lehrbücher durch ihre Zielstrebigkeit und ihren starken Willen aus: „She is ambitious, but not only for herself. ‚Everybody in my family expects me to do something with my life,' she explains."[55]

Die beiden Lehrbücher *Go Ahead 9* und *Green Line 4* unterstützen also tendenziell die These, dass sich bei einer erfolgreichen und aktiven Integration das Selbstbild von Minoritäten wandelt und dies sich auf ihr Selbstvertrauen und ihre Zielstrebigkeit auswirkt. Die häufig mit Migration in Verbindung gebrachte Hoffnungslosigkeit (*cf.* beispielsweise die Kurzgeschichte „Living in Bradford"[56]) rückt hier in den Hintergrund. Insofern sollten mehr Lehrbücher diesen positiven Ansatz aufnehmen und vertiefen, indem sie das Modell der Integration als das erfolgversprechendste darstellen, Anregungen zu einer Auseinandersetzung anbieten und aufzeigen, wie trotz Schwierigkeiten auch die Majorität von der Integration profitieren kann.

5.2.2 Politische Integration und Steuerung der kulturellen Vielfalt

Die Hochphasen der Zuwanderung in einem Land werden häufig von Hysterie in der Presse, einer feindselig gestimmten Öffentlichkeit und der Politisierung des Themas durch die Parteien begleitet. Wenn gegenwärtig der Blick in der öffentlichen Diskussion immer wieder auf das Nichtgelingen des multikulturellen Zusammenlebens gelenkt wird, dann darf nicht übersehen werden, dass gerade die dafür notwendigen Schritte von Seiten der Regierungen noch zu oft untersagt werden.[57] Eine Beschäftigung mit adäquaten politischen Rahmenbedingungen für das multikulturelle Zusammenleben gibt nicht nur einen Einblick in die systematische Steuerung der multikulturellen Gesellschaft, sondern bezieht auch den Kontext einer politischen Bildung als ein wesentliches Element des landeskundlichen Englischunterrichts mit ein. Bei der Untersuchung der politischen Rahmenbedingungen ist nicht nur eine Sensibilisierung für die Belange ethnischer Minderheiten als übergeordnetes Lernziel von Interesse, sondern auch der Aufbau eines Basiswissens über migrationspolitische Probleme und Integrationsprogramme, um die Lerner zu politischem Engagement zu befähigen und zu ermutigen.

In den Lehrbüchern wird auf Verstöße gegen die Menschenrechte, Arbeitsbedingungen und Aufenthaltsrechte aufmerksam gemacht, indem die harte Arbeit[58] der legalen wie illegalen Einwanderer als Ernte- und Aushilfsarbeiter in amerikanischen Unternehmen[59] dargestellt wird. Aufgezeigt wird, dass der Ertrag aus dieser Arbeit kein

55 *Green Line 4*, p. 22.

56 *Camden Town 5*, pp. 54-55.

57 Lothar Bredella, „Segregation oder Assimilation? Zur Debatte über das Zusammenleben in multikulturellen Gesellschaften", in: Andreas Bonnet und Peter W. Kahl, *eds.*, 2001, *op. cit.*, pp. 16-21. Zur Integration *cf.* auch Jürgen Micksch und Anja Schwier, *Forschung: Integration von Ausländern*, Frankfurt: Lambeck, 2000 und auch die Texte „Picking grapes" (*Portobello Road 5*, p. 69) und „Deportation at breakfast" (*Green Line New 5*, p. 91).

58 „Minorities?" (*Orange Line 6,* pp. 100-101).

59 „Picking grapes" (*Portobello Road 5*, p. 69).

menschenwürdiges Leben ermöglicht. In der nächsten Generation können diese Familien kaum der sozialen Armut entfliehen, denn ohne Schulbildung haben auch ihre Kinder wenige Chancen auf gute Englischkenntnisse und eine Berufsausbildung. In *Portobello Road 5* wird in der Kurzgeschichte „Picking grapes“[60] eine Situation vorgestellt, in der nur das jüngste Kind regelmäßig in die Schule gehen kann. Die älteren Geschwister müssen die Familien unterstützen und Geld verdienen. Der Teufelskreis ist für die Lerner durch die personalisierten Darstellungen und Zugänge erkennbar. Die Ergebnisse weisen also eine lernergemäße Perspektivierung und altersgemäße Präsentation von politischen und rechtlichen Integrationsthemen auf.

Daneben findet sich in *Green Line New 5* eine Kurzgeschichte, die eine ähnliche Problematik aufgreift und die Lerner in hohem Grad für dieses Thema zu sensibilisieren vermag. Obwohl für „Deportation at breakfast“[61] ein bereits erwachsener Protagonist ausgewählt worden ist, kann sich der Lerner auch in diesem Fall durch den auktorialen Erzähler mit diesem Migrantenschicksal empathisch auseinandersetzen. Trotz höchster Anpassung und erfolgreichem Leben in den USA gelingt es der zentralen Figur nicht, sich legal in die amerikanische Gesellschaft zu integrieren. Obwohl er ein gut geführtes Restaurant an einem Highway führt und alle Bestimmungen der USA eingehalten hat, ist die fehlende Aufenthaltsgenehmigung für sein Scheitern im *land of dreams* verantwortlich. Eine kritische Auseinandersetzung mit den Zuwanderungsgesetzen wird somit zumindest implizit angeregt, da dieses Beispiel die Verständnislosigkeit in den Mittelpunkt stellt und stark an das Gerechtigkeitsgefühl des Lesers appelliert. Weiterführende Erklärungen, die dem Lerner die Gelegenheit bieten würden, interkulturelle Vergleiche zu erstellen, bleiben jedoch ein Desiderat.

Lösungsorientierter geht der Leserbrief aus *Green Line New 5* mit der Zuwanderungspolitik und ihren Gesetzen um. Er schlägt aus Sicht der Majorität einen ersten möglichen gesetzlichen Kompromiss für den Umgang mit illegalen Einwanderern in den USA vor:

> Depending on the perspective, different suggestions are made about how to deal with the situation. Some people want to get tough with illegal immigrants, who they think should be arrested and sent home. […] Another idea is a new kind of visa, renewable every three years, which would allow new immigrants to take jobs Americans don't want. Illegal aliens already in the US would also be allowed to apply for this visa. One thing everyone agrees on is the need to find a solution to the problem.[62]

Diese Beschreibung strebt eine realistische Lösung an, die für die Minoritäten wie auch die Amerikaner akzeptabel ist.

Ein Zugang zur rechtlichen Ebene des multikulturellen Zusammenlebens wird auch dadurch geschaffen, dass *Orange Line 6* die legale Seite der Einwanderung thematisiert, indem das Lehrbuch Fragen aus einem Einbürgerungstest für die USA aufnimmt. Den

[60] *Ibid.,* p. 69 und „Extra Californians“ (*Green Line New 5,* p. 81).
[61] *Green Line New 5*, p. 91.
[62] *Ibid.*, p. 81.

Lernern soll durch die Fragen ein unmittelbarer Einblick in die Anforderungen einer Einbürgerung in die USA gegeben werden:

> Becoming an American citizen – What are the colors of the flag? How many stars are there on the flag? What do the stars on the flag mean? How many stripes are on the flag? What do the stripes on the flag mean? What country did we fight during the Revolutionary war? Who was the first President of the United States? Who was Martin Luther King Jr.? Why did Pilgrims come to America? What is the name of the ship that brought the Pilgrims to America?[63]

Die Präsentation von Fragen des Einwanderungstests ist somit positiv zu bewerten. Ihre didaktische Umsetzung ist jedoch zu kritisieren. Zur weiteren Bearbeitung des Tests lassen die Lehrbuchautoren nämlich Perspektivenwechsel und Informationen, die von Bedeutung wären, vermissen. Damit es dem Lerner überhaupt gelingen kann, die Herausforderung eines solchen Testes verstehen zu können, müsste ein kritisches Hinterfragen dieser Tests initiiert werden, indem z. B. Fragen aus einem deutschen Einbürgerungstest und deren Schwierigkeitsgrad für deutsche Bürger näher betrachtet werden.

Eine Annäherung an die politische Dimension der multikulturellen Gesellschaft richtet den Blick auf die Möglichkeit des aktiven Widerstands und Protests gegen bestehende Ungerechtigkeiten und damit politische Rahmenbedingungen, denen Minderheiten ausgesetzt sind. Eine Analyse der Lehrbücher verdeutlicht, dass zu wenig auf diesen Aspekt des gesellschaftlichen Zusammenlebens eingegangen wird.[64] Eine adäquate Thematisierung der Protestoptionen legt ein Zeitungsausschnitt in *Green Line New 5* dar, der über Migranten berichtet, die in zahlreichen Städten der Vereinigten Staaten im Mai 2006 eine Wertschätzung ihrer Arbeit im Rahmen einer Massenprotestaktion forderten. Verschiedene Menschenrechts- und Arbeitsorganisationen hatten unter dem Motto ‚A Day Without Immigrants‘[65] dazu aufgerufen, Arbeit oder Schule fernzubleiben und geöffnete Geschäfte zu boykottieren:

> Illegal immigrants in the US are today holding a series of protests collectively known as ‚A Day Without Immigrants‘, designed to show their economic importance. […] The US

63 *Orange Line 6*, p. 112.

64 In dem Textausschnitt „Should Columbus Day be renamed?“ wird eine Kampagne dargestellt, in der sich *Native Americans* für eine Umbenennung des *Columbus Day* einsetzten (*Green Line New 5*, p. 65). In dem Textausschnitt „A day without immigrants“ (*English G 6,* p. 23) werden die Proteste der Einwanderer in den USA für bessere soziale Absicherungen und angemessenere Arbeit präsentiert.

65 U.S. Census Bureau (URL: www.Census.Gov/population/pop-profile/2000/chapt 17. pdf, Stand: September 2009). *Cf.* auch Roger Daniels, *Coming to America: A History of Immigration and Ethnicity in American Life*, New York: Harper Perennial, ²2005 und Gerda Heck, *Illegale Einwanderung. Eine umkämpfte Konstruktion in Deutschland und den USA*, Münster: Unrast, 2008.

> Senate is unable to agree on plans for major changes in immigration laws that would put around 7 million illegal immigrants on the path to citizenship.[66]

Neben den genannten Problemen verweist das Zitat auf das neue mutige Selbstverständnis der illegalen Migranten. Dieses Selbstverständnis und Selbstbewusstsein ist auch Thema von Bob Marleys Song *Get up! Stand up!*[67], der als ein Aufruf verstanden werden kann, sich gegen Ungerechtigkeiten und Unterdrückungen zu wehren. Es fehlt jedoch eine Kontextualisierung, denn Jugendlichen ist die Bedeutung von Marleys Liedern nicht geläufig. *Get up! Stand up!* wird im Rahmen einer Lehrbucheinheit über Jamaika präsentiert, ein Bezug zur politischen Lage des Inselstaats fehlt hingegen.

Die Protestaktionen gegen die politischen Rahmenbedingungen werden zu selten und überwiegend nur oberflächlich thematisiert. Dennoch kann festgehalten werden, dass die dargestellten Aktionen und Proteste realistischer Natur sind und eine gerechtfertigte Vorgehensweise – im Rahmen der notwendigen Reduktion – anbieten. Keine Lehrbuchdarstellung idealisiert die Rolle der Regierungen oder den Kampf der Minoritäten, in einem fremden Land Fuß zu fassen. Mit Blick auf die Lernziele des globalen Lernens ist unverständlich und bedauerlich, dass schulartenübergreifend in den Lehrbüchern keine weiteren Texte und Aufgabenstellungen dargeboten werden.

5.2.3 Multireligiöses Zusammenleben

Der Gedanke, Religion spiele in einer modernen multikulturellen Gesellschaft keine Rolle mehr, ist falsch. Horst Jürgen Helle, Religionssoziologe, vertritt die Meinung: „Der Glaube boomt. Nur Europa steckt in der Krise."[68] Die Entwicklungen in Europa sieht er als Folge der Individualisierung an, bei der es allgemein kaum noch eine Verbindlichkeit gegenüber Gruppen gibt. Dass sich der Alltagsglaube vieler Menschen aus Riten verschiedener Religionen mischt und zu einer Patchwork-Religion entwickelt, ist eine Folge dieser Individualisierung. So sind beispielsweise bestimmte Aspekte des Buddhismus momentan in der westlichen Welt angesagt. Jeder wählt, was ihm am nächsten liegt. Selbst der Austritt aus einer Glaubensgemeinschaft oder der Kirche stellt kein Problem dar. Während der Patchwork-Glaube im eigenen Leben akzeptiert wird, gestaltet sich das multireligiöse Zusammenleben von Gläubigen und Religionen aus aller

66 Auch die indigene Bevölkerung setzt sich mehr und mehr für ihre Rechte ein: „Since they feel that the truth about their people has never been properly recognized in the United States, many American Indians who live in the US today would like to have the name of this holiday changed.[…] They believe that this ‚new' holiday, as it would be seen as a ‚Day of Respect for Native American Cultures', could inspire the nation's school to teach the truth about the original native people of this continent" (*English G 6,* p. 23).

67 *Go Ahead 9*, pp. 69-71.

68 Horst Jürgen Helle, „Religionssoziologische Anmerkungen zur These von der postmodernen Beliebigkeit der Religiosität", in: Peter Neuner und Birgitta Kleinschwärzer-Meister, *eds.*, *Ökumene zwischen ‚postmoderner Beliebigkeit' und ‚Rekonfessionalisierung',* Münster: LIT, 2006, pp. 7-16.

Welt – eingeschlossen Atheisten – in der Gesellschaft als kompliziert. Gegenseitiges Verstehen stellt sich nicht von selbst ein. Die daraus entstehenden Ängste und Probleme können die Unsicherheit, die Globalisierung ohnehin hervorruft, noch verstärken. Fundamentalismus wird als eine Begleiterscheinung der Globalisierung angesehen, ist aber – das muss betont werden – kein Monopol nur einer Religion. Nach Gabriele Haug-Moritz' Einschätzung besteht jedoch diesbezüglich vor allem seit den Terroranschlägen vom 11. September „ein sehr einseitig negatives Bild vom Islam".[69] Für die Historikerin liegt darin eine der großen Herausforderungen der Globalisierung, diese entstandenen und weiter entstehenden Glaubensfronten zu überwinden. Notwendig sind ihrer Auffassung nach Differenzierungen im Islambild des Westens und eine Aufklärung auf beiden Seiten. Zudem darf bei den vielen Nachrichten über (scheinbar) religiös motivierte Konflikte in der Welt nicht übersehen werden, dass es nicht immer um Religion geht. Vielmehr ist sie ein Vorwand für andere Interessen. Religion wird häufig gefährlich instrumentalisiert und Konflikte werden oftmals als religiös bewertet, obwohl der Religion nicht unbedingt die ausschlaggebende Rolle zukommt.[70]

In diesem Kapitel soll das Hauptaugenmerk auf das Zusammentreffen der verschiedenen Religionen als Teil der multikulturellen Welt gerichtet werden, das unabdingbar für ein ausgewogenes landeskundliches Bild der modernen Gesellschaft ist. Das Ziel besteht darin, an die Toleranz der Lerner zu appellieren und die Bedeutung hervorzuheben, die das Thema ‚Glaube' durch die Globalisierung (wieder) bekommen hat. Die Darstellung von religiöser Glaubensausrichtung wie beispielsweise kurze Sachinformationen über das Leben und die Traditionen der Amischen[71], eines jüdischen Jungen aus New York, der seine Bar Mitzvah feiert[72], und anderen Informationen zur jeweiligen Glaubensausrichtung[73] können an dieser Stelle ausgeklammert werden, soweit sie sich nicht auf die multireligiöse Situation beziehen oder einen Perspektivenwechsel für den Lerner anregen. Sie werden in den Lehrbüchern alle in ähnlicher Weise behandelt, nämlich in Form knapper Sachtexte, ohne entscheidende Beiträge zum Verständnis des multikulturellen Zusammenlebens zu liefern.

Entsprechende Darstellungen lassen sich nur selten feststellen. Sie zeigen aber gleichermaßen ein repräsentatives und realistisches Porträt der jeweiligen Situation. Vergleicht man die Informationen in den Lehrbüchern schulartenübergreifend, so stößt man im Wesentlichen auf zwei Themeninhalte. Zum einen handelt es sich dabei um

[69] Gabriele Haug-Moritz und Ludolf Pelizaeus, *eds.*, *Repräsentationen der islamischen Welt im Europa der Frühen Neuzeit,* Münster: Aschendorff, 2010.

[70] *Cf.* auch Karin Kneissl, *Die Gewaltspirale. Warum Orient und Okzident nicht miteinander können*, Salzburg: Ecowin Verlag, 2007; Hans G. Kippenberg, „Das Sozialkapital religiöser Gemeinschaften im Zeitalter der Globalisierung", in: Georg Pfleiderer und Ekkehard W. Stegemann, *eds., Religion und Respekt. Beiträge zu einem spannungsreichen Verhältnis,* Christentum und Kultur, Bd. 5, Zürich: Theologischer, 2006, pp. 245-271; Hans G. Kippenberg und Tilman Seidensticker, *eds., The 9/11 Handbook. Annotated Translation and Interpretation of the Attackers's Spiritual Manual*, London: Equinox, 2006.

[71] *Portobello Road 4*, pp. 92-93.

[72] *English G 4*, pp. 46-48.

[73] *English G 6*, p. 86 (Informationen zum Kastensystem).

Probleme zwischen Christen und vielfältigen anderen Glaubensrichtungen in den USA, die sich durch die multireligiöse Situation überfordert fühlen und nicht die dafür notwendige Toleranz aufbringen können. Zum anderen ist die weltweite Islam-Problematik bereits Inhalt in den Lehrbuchtexten.

Die folgenden Beispiele sind exemplarische Auszüge. In *Camden Town 4*[74] wird die Problematik der Christen in den multireligiösen Vereinigten Staaten durch den Leserbrief eines Amerikaners aufgegriffen, der sich für die Beibehaltung der christlichen Traditionen in der amerikanischen Gesellschaft einsetzt:

> I celebrate Christmas, but because it isn't celebrated by everyone, we can no longer say ‚Merry Christmas'. Now it has to be ‚Season's Greetings'. It's not ‚Christmas vacation', it's ‚winter break'.[75]

Der Angst vor einer Verdrängung der christlichen Prinzipien in den Vereinigten Staaten von Amerika durch andere Glaubensausrichtungen wird gegen Ende des Leserbriefs deutlich:

> ‚In God we trust' is our national motto, which is not some Christian, right-wing, political slogan. We adopted this motto because Christian men and women, on Christian principles, founded this nation, and this is clearly documented. It is certainly appropriate to display it on the walls of our schools. If God offends you, then I suggest you consider another part of the world as your new home, because God is part of our culture.[76]

Weitere Beispiele für fehlende Akzeptanz und Forderungen nach Glaubensbeschränkungen werden auch in Bezug auf die Religionen der Ureinwohner stichpunktartig erwähnt: „no religious ceremonies were allowed".[77] Abgesehen von den genannten Beispielen findet die Mehrzahl der Lehrbücher jedoch keine Ausweitung des Blickwinkels jenseits der restriktiven und einschränkenden Forderungen amerikanischer Christen im Umgang mit einer multireligiösen Gesellschaft.

Die gegenwärtigen Entwicklungen zur Beschränkung der Glaubensfreiheit in den USA müssen als geradezu paradox angesehen werden, wenn man einen Blick auf die nordamerikanische Geschichte wirft. Die Gründerväter der USA wurden selbst einst unerbittlich verfolgt in der alten Welt. Sie kämpften für eine freie Ausübung ihres christlichen Glaubens und wanderten ab 1620 nach Nordamerika – also in die neue Welt – aus.

Leider verpassen es die Lehrbuchdarstellungen in ihrer didaktischen Arbeit, interkulturelle Anregungen zu bieten. Dabei gibt das Thema eigentlich Anlass zur Diskussion, welche die Lerner aufgrund ihrer Kontroversität zu einer altersgemäßen und aktiven Auseinandersetzung mit dem Thema provozieren könnte.

[74] *Camden Town 4*, pp. 60, 61, 110 und 111.
[75] *Ibid.*, p. 110.
[76] *Ibid.*, p. 110.
[77] *Portobello Road 5*, p. 35.

Mit Blick auf die durch das Lehrbuch vermittelten Begegnungen mit verschiedenen Glaubensrichtungen ist festzustellen, dass die Verlagshäuser beinahe ausnahmslos den Islam aufgreifen und dafür regelmäßig die Perspektive des gleichsam Exotischen wählen.

In dem Romanauszug *Caught in the Crossfire*[78] berichtet eine Engländerin über die Sorgen um ihren Sohn, der sich immer mehr zu einer fundamentalistischen Islamgruppierung hingezogen fühlt. Schritt für Schritt nimmt er deren radikale Einstellung als eine Art Schutz gegen die Ablehnung von Seiten der britischen Gesellschaft an.

Bezüge zum Zusammenleben der religiösen Gruppen finden sich ansonsten durchgängig nur in den Lehrbüchern des Cornelsen-Verlages. So bringt das Lehrbuch für Gymnasien *English G 6* Collagen[79] mit Fotos und kurzen Texten, die über die Vielfalt der Glaubensrichtungen in Indien und über die religiös geprägten Traditionen praktizierender Moslems und Hindus informieren. Der Autor der Kurzgeschichte „My uncle“[80] beschreibt diese multireligiöse Gesellschaft Indiens, indem er aus der Sicht eines Journalisten die Probleme zwischen den beiden zentralen indischen Glaubensrichtungen (Hinduismus und Islam) aufgreift. Die Geschichte verdeutlicht, wie sehr der Alltag und das familiäre Umfeld Menschen religiös prägt. Der Autor beschreibt das Leben seines Onkels, eines Hindus, der als Jugendlicher durch eine gedankenlose anti-muslimische Bemerkung seinen Kindheitsfreund sehr verletzt. Der Freund ist ein der Minderheit angehörender Moslem. Sein Fehlverhalten, mit dem er Menschen aufgrund der Religionszugehörigkeit schnell be- und verurteilt hat, begleitet den Protagonisten noch Jahrzehnte später. Der Text schließt ohne *happy ending,* mit einem Ausblick auf die indische Gesellschaft in der Gegenwart, in der Vorurteile und religiöse Abgrenzungen immer bedeutender werden:

> In the Bombay I grew up in, being Muslim or Hindu or Catholic was merely a personal eccentricity, like a hairstyle. We had a boy in our class – Arif – who, I realize now, must have been taught us an obscene version of a patriotic song in which the heroic exploits of the country's leader were replaced by the sexual escapades of Bombays movie stars. He didn't do this because he was Muslim, but because he was a twelve-year-old boy. [...] In Bombay, back then, it didn't matter. In Mumbai, now, it matters very much.[81]

Ein semi-didaktisierter Zeitungsartikel greift die Schwierigkeiten des multireligiösen Zusammenlebens in Verbindung mit der Verwestlichung auf – ein Prozess, der immer wieder zu heftigen Spannungen und Missverständnissen führt. In dem Zeitungsinterview[82] mit der bekannten pakistanischen Schauspielerin Meera erfahren die Lerner, dass der Graben zwischen Tradition und Aufbruch, dort also, wo westliche Offenheit auf östliche Tradition trifft, nicht leicht zu überwinden ist. Ein Film von ihr erhielt massive Kritik und negative Schlagzeilen, da eine Kussszene sich mit den Werten der traditionel-

[78] *Camden Town 5*, p. 21.
[79] *English G 6*, pp. 92ff.
[80] *Ibid.*, pp. 92-93. *Cf.* dazu auch Kapitel 8.
[81] *Ibid.*, p. 93.
[82] „Heroine or Criminal?“ (*ibid.*, p. 94).

len pakistanischen Gesellschaft nicht ohne Weiteres vereinbaren ließ. Meera beschreibt in einer der Antworten im Interview ihre Gefühle hinsichtlich der restriktiven Kritik:

> „Maybe they want me to work in the movie wearing a burka", she said, referring to the head-to-toe cloak worn by some Muslim women. „I have an open mind. I don't have to ask people what to do, what to wear, what hairstyle to keep."[83]

Durch das Interview wird die Perspektive einer Schauspielerin eingenommen, die sich selbstbewusst von den Traditionen ihrer Kultur distanziert, die auch in der westlichen Welt geradezu verstaubt wirken. Diese Traditionen werden weder erläutert, noch erwirbt der Lerner Verständnis für die Konflikte zwischen Tradition und globaler Moderne. Meeras Freiheitsdenken hingegen ist den Lernern vertraut, daher wäre das Beispiel einer Schauspielerin, die emotional zwischen verschiedenen Traditionen steht, sinnvoller, um entsprechende Sichtweisen besser kennen und verstehen zu lernen.

5.2.4 Multikulturelle Gesellschaft als Bedrohung

Die Erfahrung des Fremden oder das Anderssein kann zu Irritationen, Missverständnissen und sogar zum Scheitern der Kommunikation und zu Konflikten zwischen Angehörigen verschiedener Sprach- und Kulturkreise führen. Das komplexe Konzept des Fremden baut auf dem axiomatischen Grundsatz der Didaktik des Fremdverstehens auf: „Fremd ist etwas oder fremd ist jemand in Bezug auf uns selbst, nicht dagegen im ontologischen Sinne Eigenes an sich."[84] Diese Einsicht, dass das Fremde „kein objektiver Tatbestand, sondern eine Kategorie des Bewusstseins"[85] ist, hat die Zielstruktur der fremdsprachenspezifischen Erziehung zum Frieden maßgeblich mitgeprägt. So ist die Auseinandersetzung mit Konflikten bereits seit 1974 eine Empfehlung der UNESCO, die „dem Fremdsprachenunterricht explizit eine besondere Verantwortung für die internationale Verständigung und den Frieden zuweist."[86] Die untersuchten Lehrbücher kommen diesen Empfehlungen nach[87], indem sie – wenn auch nur wenige – Inhalte anbieten, die explizit auch Konflikte, Irritationen und Missverständnisse aufzeigen und ansprechen. Die Themen ‚Rassismus', ‚Gewalt', ‚Terrorismus und Krieg' bieten viel Stoff, wenn sie Schattenseiten der globalen Gesellschaft sind. Die eng damit verknüpfte Friedenserzie-

83 *Ibid.*, p. 94.

84 Lothar Bredella und Herbert Christ, *eds., Didaktik des Fremdverstehens*, Tübingen: Narr, 1995, p. 11.

85 Bärbel Diehr, „Vom Fremdverstehen zur Friedenserziehung: Neue Perspektiven für die Didaktik des Fremdsprachenunterrichts", in: Lothar Bredella und Herbert Christ, *eds.*, *Fremdverstehen und interkulturelle Kompetenz*, Tübingen: Narr, 2007, p. 169.

86 UNESCO-Projekt LINGUAPAX, *cf.* dazu auch Albert Raasch, 1997, *op. cit.*, p. 20.

87 Bärbel Diehr, „Vom Fremdverstehen zur Friedenserziehung: Neue Perspektiven für die Didaktik des Fremdsprachenunterrichts", in: Lothar Bredella und Herbert Christ, *eds.,* 2007, *op. cit.*, pp. 169-176 (*cf.* Kapitel 5.3).

hung empfiehlt als Lernziel Strategien zur Konfliktbewältigung, Kooperation bei Interessengegensätzen und eine kritische Medienkompetenz.

5.2.4.1 Rassismus

Bei der Gestaltung der Informationen zu Rassismus in den Lehrbüchern fällt eine starke Tendenz zur Visualisierung auf, die sich darin ausdrückt, dass verlagsübergreifend – sogar in Gymnasiallehrbüchern – der Anteil der Bildanteile gegenüber den Texten stark überwiegt.

Die Bildmaterialien zur Apartheid in Südafrika[88] nehmen einen hohen Anteil beim Thema Rassismus ein. Sie zeigen die *White only*-Trennungen in öffentlichen Räumen und bilden die daraus entstandenen grotesken Situationen ab. Die Lerner werden zur Beschreibung und Äußerung ihrer Eindrücke und Gefühle aufgefordert.

Abb. 38: Die Darstellung der Apartheid in Südafrika (Quelle: *Camden Town 6* und *Green Line New 6*)

[88] Bildmaterial aus *Camden Town 6*, pp. 33-44, *Green Line New 6*, p. 62 und *Portobello Road 6*, p. 14.

Es handelt sich vor allem um authentische landeskundliche Bilder, die einen Einblick in den realen Alltag der Apartheid geben. Sie zeichnen sich durch ein hohes Maß an atmosphärischer Genauigkeit aus, wenn sie die dunkelhäutigen Südafrikaner in ihrem Alltagsleben zeigen, wie vor öffentlichen Einrichtungen, am Strand, in Restaurants oder auf Parkbänken, wo „Blacks, Coloureds and Asians“[89] nicht erlaubt waren oder eine „Boundary between White and all races area“[90] aufgestellt war. Schulartenspezifische Unterschiede lassen sich hier nicht erkennen, jedoch sticht erneut das Lehrbuch *Camden Town 6* heraus, dessen Autoren große Sorgfalt bei der Auswahl der Bilder erkennen lassen. Zudem gelingt es den Autoren unter dem Motto „Picture this…“[91], mehr als eine rein deskriptive Beschreibung zu erzielen. Die Lerner müssen am Ende der Einheit überlegen, was sie diesen Menschen wohl sagen würden bzw. welche Fragen sie an die entsprechenden Personen hätten: „If you could walk into the picture, what would you ask the people to find out more about their life?“[92]

Sinn und Zweck des Einsatzes von visuellen Medien, d. h. Veranschaulichung, Kontextualisierung der Inhalte und Herstellung eines situativen Bezugs[93], ist bei dieser Form der Darstellung gewährleistet.

Weitere visuelle Materialien zur Darstellung von rassistischen Handlungen oder Benachteiligungen sind größtenteils auf historische Abbildungen in den USA ausgelegt und zeigen auf diese Weise die Probleme und das Leid der *Native Americans*, die Errungenschaften von Rosa Parks, Dr. Martin Luther King sowie von anderen schwarzen US-Bürgerrechtlern und Aufständischen. Die visuelle Umsetzung spielt nur am Rande eine Rolle. So wird schulartenübergreifend kaum auf die Bilder verwiesen. Entsprechende Semantisierungshilfen bzw. Aufgabenstellungen bleiben aus.[94]

Eine Ausnahme bildet *Portobello Road 6*, das im Zuge der Präsentation von Rassismus-Problemen über Werbekampagnen gegen Ausländerfeindlichkeit in Deutschland spricht und als einziges Lehrbuch die Problematik auf Deutschland erweitert:

> Look at this poster. How can you explain to someone who doesn't speak German what it is about?[95]

[89] *Camden Town 6*, p. 36 und auch *Green Line New 6*, p 61.
[90] *Ibid*., p. 36.
[91] *Ibid*., p. 36.
[92] *Ibid*., p. 36.
[93] Wolfgang Gehring, 1999, *op. cit.,* p. 123.
[94] *Green Line 4*, *Camden Town 4* etc.
[95] *Portobello Road 6*, p. 15.

Abb. 39: Werbekampagne gegen Ausländerfeindlichkeit (Quelle: *Portobello Road 6*)

Häufiger als über eine Darstellung mittels Fotos und anderer Abbildungen, die eine direkte Auseinandersetzung mit dem Thema nicht immer anregen, findet sich schulartenübergreifend ein Zugang zu Rassismus über Texte und auditive Unterrichtsmaterialien. Gelungen sind vor allem die Textstellen, in denen es um die Politik der Apartheid in Südafrika geht, indem die Lehrbücher diese Probleme in die dargestellten Besichtigungstouren des Landes integrieren. Das geschieht in Form von Filmkritiken, Soundtracks[96], Berichten über die Einrichtung der *Truth and Reconciliation Commission* (TRC)[97] zur Untersuchung von politisch motivierten Verbrechen während der Zeit der Apartheid, Zeitzeugenberichten von Außenstehenden[98], die über die Brutalität des Apartheidsystems entsetzt waren, sowie Ausschnitten von Kurzgeschichten der Autorin Nadine Gordimer[99]. Die Materialien beleuchten das Thema in einer erstaunlichen Variationsbreite und Multiperspektivität. Das zugrunde gelegte Spektrum an Dokumentations- und Bildmaterialien ist in seinen vielfältigen Zugangsweisen – vor allem in dem Lehrbuch *Camden Town 6* – kaum zu übertreffen. Verschiedene unten angeführte Beispiele belegen dies. Persönliche und emotionale Schilderungen eines dunkelhäutigen Journalisten greift der folgende Text auf:

96 *Camden Town 6*, p. 38.
97 *Green Line New 6*, p. 63.
98 *Ibid.*, p. 58 und *Camden Town 6*, p. 41.
99 *Green Line New 6*, pp. 68-71.

> I cannot learn where I want to. I cannot marry whom I want to. I cannot go where I want to or live where I want to. I cannot even be buried where I want to be buried when I die. I cannot do these things because in the mind of the white-skinned people of South Africa I am not a human being. I am not a South African. I am ‚Colored‘.[100]

Aber auch die Ausweitung auf eine sachliche Ebene, die der Frage nachgeht, wie mit den Verbrechen nach Beendigung des Apartheidsystems umgegangen werden muss und in welchem Umfang eine Aufdeckung dieser Verbrechen sinnvoll ist, lässt sich finden:

> The aim of the commission and its chairman, Archbishop Desmond Tutu, was to achieve reconciliation in South Africa's divided society through truth about its dark past. It has been an unprecedented experiment in trying to heal the wounds of the apartheid era, but some people are asking how much reconciliation has been achieved.[101]

Trotz Anklage der Verbrechen[102] sowie der daraus resultierenden Strafen war weltweit eine große Enttäuschung in Hinblick auf die Ahndung der Apartheidsverbrechen zu spüren:

> Many are angry that the perpetrators of human rights abuse under South Africa's last white government can be granted amnesty if they admit to all of their crimes. [103]

> Much of the criticism comes from a basic misunderstanding about its purpose. It was never meant to punish people, just to expose their role in crimes committed under apartheid.[104]

Nachdrücklich wird hier ersichtlich, wie schwer der Weg der Betroffenen von ihrem Wunsch nach Rache hin zu einer Versöhnung und Schlichtung ist. Die Beschäftigung mit der Art und Weise, wie mit den Verbrechen umgegangen wurde, verdeutlicht die Schwierigkeit der Beurteilung von Verbrechen und zeigt auf, dass ausschließlich binär ausgerichtete Darstellungen auch im Rahmen der Apartheid zu überdenken sind. Insgesamt verdienen die Ansätze aber viel Lob. Das Sachwissen zur Apartheid ist vorbildlich induktiv erschließbar. Personalisierte Berichte bergen Identifikationspotenzial in sich. Visuelle Medien und *sound bites* in Form von Soundtracks, Filmausschnitten und Liedern erlauben ein unmittelbares Erleben der Proteste gegen die ehemals legale Rassentrennung Südafrikas.

Besonders betont werden muss auch der Vergleich der gegenwärtigen Lage zwischen Weißen und Schwarzen in Südafrika durch das Interview „Present-Day challenges. Young … and free?!“[105] in *Green Line New 6*. Es vermittelt den Lernern Einblicke in die derzeitige Situation Südafrikas. Deutlich wird, dass die Rassenprobleme nach über zehn

100 *Camden Town 6*, p. 37.

101 *Green Line New 6*, p. 63.

102 „Between 1996 and 1998 it took more than 20,000 statements from individual victims of human rights abuse, and received more than 7,000 applications for amnesty“ (*ibid.*, p. 63).

103 *Green Line New 6*, p. 63.

104 *Ibid.*, p. 63.

105 *Ibid.*, p. 66.

Jahren Demokratie aus den Köpfen der Menschen noch nicht verschwunden sind und nach wie vor das Zusammenleben belasten. Folgende Auszüge von Kommentaren aus dem Interview sollen die höchst gegensätzlichen Meinungen der Südafrikaner zu diesem Thema darstellen:

> This is a non-racial society only according to law. In reality, things are quite different. I'd love to study, but I can't afford to, and there aren't enough bursaries. Even if I get a chance to study, I might end up unemployed.[106]

Gegenteilige Meinungen finden vor allem durch dunkelhäutige Jugendliche Erwähnung: „I appreciate living in a non-racial society."[107] Den Beispielen ist ein realistischer Blick auf die Wirklichkeit gelungen. Zwar wirken die Sätze allzu konstruiert in ihren Gegensätzen, jedoch ist die Situation des Landes nach Aufhebung der Apartheid von großem Interesse, um Lösungsansätze gegen Rassismus kritisch analysieren zu können und sich über die Zukunft Südafrikas Gedanken zu machen. Solche Situationen sind verstärkt in Lehrbücher zu integrieren.

Kritisch anzumerken ist, dass für eine Ausgewogenheit der Darstellung des Rassenproblems auch die Situation der Weißen in Südafrika in den Lehrbüchern stärker thematisiert werden sollte, um den Lerner mit der Erkenntnis vertraut zu machen, dass nicht alle weißen Südafrikaner Rassisten waren. Konkrete Gegenbeispiele bzw. eine Differenzierung der teilweise eindimensionalen Darstellung der Weißen als Apartheidsbefürworter finden nahezu keine Berücksichtigung.[108] Zudem muss bemängelt werden, dass trotz der ausführlichen und abwechslungsreichen Darbietung in den Lehrbüchern Bezüge zur Gegenwart kaum aufgegriffen werden. Der gesellschaftliche Fortschritt Südafrikas sollte vor dem Hintergrund des globalen Lernens nicht ausgelassen werden.

Hier ergeben sich Parallelen zu den anderen Schilderungen von Rassismus in den USA und Großbritannien. Die Lehrbücher konzentrieren sich auch in diesen Beispielen vor allem auf die ehemals gesetzlich verankerte Rassentrennung in den Südstaaten der USA[109], Probleme mit den Einwanderern aus den ehemaligen britischen Kolonialgebieten Mitte des 20. Jahrhunderts und den Umgang mit der indigenen Bevölkerung der Zielkulturen bei der Besiedlung. Dazu wird in den Lehrbüchern ein Spektrum an Fremdenfeindlichkeit und Rassismus bis hin zu Tötungsdelikten der Vergangenheit aufgezeigt. So wird im Rahmen der Besiedlung Australiens beispielsweise die außerordentlich menschenverachtende Brutalität der Europäer den Ureinwohnern Australiens gegenüber betont:

106 *Ibid.*, p. 66.

107 *Ibid.*, p. 66.

108 Nadine Gordimer: „What were your dreaming?" (*ibid.*, p. 58).

109 Für die USA gibt es vor allem Beispiele für die Zeit während der Bürgerrechtsbewegung, als die Rassentrennung noch legal war. So sind, wie bereits geschildert, die mutige Tat von Rosa Parks (*Green Line New 6,* pp. 26-27) oder Martin Luther Kings berühmte Rede „I have a dream" (*Orange Line 4,* p. 89) Bestandteil vieler Lehrbücher, während die tatsächlichen konkreten rassistischen Handlungen eher in den Hintergrund rücken.

> Whites even went hunting for Aborigines and shot them like rabbits. In some parts of Australia, they killed all the Aborigines.[110]

> Their way of life was destroyed by the colonists. They were killed, died from illnesses [...] At one time the whites were allowed to shoot Aborigines and it was not seen as a crime.[111]

Die Textstellen verdeutlichen auf intensive Art die rassistischen Praktiken der europäischen Siedler. Ihre Position und Macht sollte dadurch in der neuen Welt gesichert werden. Vor allem die Darstellungen personalisierter Geschichten erfüllen das fachdidaktische Anliegen einer lernerorientierten Vermittlung.

Für die Aufnahme von billigen Arbeitskräften in England aus den ehemaligen Kolonialgebieten Mitte des 20. Jahrhunderts lassen sich dagegen verstecktere rassistische Diskriminierungen als Themengebiete in den Lehrbuchdarstellungen finden. Trotz großen Bedarfs waren die Menschen aus den ehemaligen Kolonien alles andere als willkommen. Oft wurden ihnen sogar Arbeitsplätze oder Wohnungen vorenthalten.[112]

Zwar finden sich in den jeweiligen Darstellungen viele positiv zu wertende Ansatzpunkte mit einem unmittelbar emotionalen Bezug zu den Problemen. Doch dürfen die Lehrbücher nicht weiter durch die historische Perspektive den Eindruck vermitteln, dass es sich bei Rassismus um ein Phänomen handelt, das weitestgehend überwunden zu sein scheint.[113] Ein solcher Grundtenor ist stereotypisiert.

Das Potenzial von Texten, die auf die gegenwärtige Situation eingehen, wird in den Lehrbüchern bisweilen nicht ausgeschöpft. Besonders lobenswert ist daher der Einsatz von Beschreibungen wie beispielsweise in *English G 6*[114], die aufzeigen, dass auch im Jahr 2000 rassistische Verbrechen nicht mit der gleichen Konsequenz ermittelt und weiterverfolgt werden wie andersartig motivierte Gesetzesübertretungen:

> In 1993 a black teenager, Stephen Lawrence, was killed by four young men at a bus stop in a London suburb. The police failed to investigate properly and were described in an official report as ‚racist‘. Race relations in Britain were clearly still far from perfect. Britain today is a multiracial society, but on the whole blacks do not have the same life chances as whites.[115].

Gelungen ist vor diesem Hintergrund auch die Thematisierung der Rassenkonflikte in Form von fiktiven Interviews. Sie lassen differenzierte Stimmen – positive wie kritische Stimmen – zum Thema Rassismus aufkommen.[116] Vor allem die sensible Haltung der weißen Jugendlichen zu diesem Thema hat Vorbildcharakter:

110 *Let's Go 5,* p. 80.
111 *English G 4*, p. 73.
112 *English G 6*, pp. 14-15; *Let's Go 5,* p. 72 und *English G 6,* p. 15.
113 *Orange Line 6*, p. 109 oder *Camden Town 5*, pp. 54ff.
114 *Highlight 6,* p. 86ff.; *English G 6*, pp. 30-31; *Orange Line 6,* p. 109; *Go Ahead 9,* pp. 62-63.
115 *English G 6*, p. 12.
116 *Orange Line 6*, p. 109.

> Sometimes the color of your skin is a barrier for people. They see the color of your skin, and they immediately judge you. [...] Race relations today really are not different because young people learn their values from their parents.[117]

Aus den dargestellten Interviews lässt sich das Fazit ziehen (*cf.* Kapitel 5.2.1 zur Assimilation), dass es zwar im Sport und *Showbusiness* viele erfolgreiche Schwarze gibt, aber in anderen Bereichen – wie in der Politik[118] – diese Gleichheit bisher ausgeblieben ist. Anhand eines solchen Überblicks wird es den Lernern erst möglich, zu erkennen, wo bereits das Prinzip der Gleichheit gefruchtet hat und auf welchen Gebieten noch Verbesserungsbedarf besteht.

5.2.4.2 Gewalt, Terrorismus und Krieg

Gewalttätige Auseinandersetzungen, Terrorismus[119] und (Bürger-)Krieg sind weitere spezifische Elemente der Konflikte einer multikulturellen Gesellschaft. Sie lassen sich jedoch in der Forschungsliteratur der Fremdsprachendidaktik nur in wenigen Publikationen als zentrales Thema finden.[120] Drei Texte in den untersuchten Lehrbüchern setzen sich mit dem Thema ‚Terrorismus' auseinander. Verwiesen wird auf erhöhte Sicherheitsmaßnahmen und die Angst vor Bombenanschlägen am Flughafen, indem eine Lehrbuchfigur nach New York City fliegt.[121] Durch die Knappheit der Andeutungen werden die erhöhten Sicherheitskontrollen aller Wahrscheinlichkeit nach vom Lerner überlesen. Somit vermag das Lehrbuch nicht die Auswirkung von Terrorismus auf den Alltag des Lerners darzustellen. Diese ernüchternde Erkenntnis lässt sich auch auf weitere Beispiele beziehen: *Camden Town 4* geht im Grunde genommen von geeignetem Material aus, indem es einen Auszug aus Jonathan Safran Foers *Extremely Loud and Incredibly Close*[122] und den Song *New York – you make it happen – An open letter to NYC*[123] von der bis heute erfolgreichen amerikanischen Hip-Hop-Band, den *Beastie Boys,* präsentiert. Sowohl der Roman als auch der Song setzen sich mit den Geschehnissen des 11. Septembers 2001 auseinander. Der Auszug aus *Extremely Loud and Incredibly Close* beschreibt, wie ein Junge die Fotografien eines Bildbandes über den schicksalhaften Tag umsortiert, so dass er mit einem Durchblättern – wie in einem sogenannten Daumenkino – die Ereignisse des Tages rückwärts betrachten kann:

117 *Ibid.*, p. 109.

118 Portrait über Paul Boateng, Großbritanniens *first black cabinet minister*. Das Lehrbuch wurde vor dem Amtsantritt Barack Obamas erstellt und publiziert (*Go Ahead 9,* p. 63).

119 Ulrich Schneckener, „Informationen zur politischen Bildung, Globaler Terrorismus", Bonn: *Bundeszentrale für Politische Bildung* 280/2003, pp. 3ff.

120 Greta Olson, „September 11, 2001 – Ten Years On, Acquiring Critical Media Literacy", in: *Der Fremdsprachliche Unterricht Englisch* 111/2011, pp. 2-7. *Cf.* auch Terry Eagleton, *Holy Terror*, Oxford: OUP, 2005.

121 *Portobello Road 5*, pp. 44-45.

122 *Camden Town 4*, p. 99.

123 *Ibid.,* p. 88.

> I ripped the pages out of the book. I reversed the order, so the last one was first, and the first was last. When I flipped through them, it looked like the man was floating up through the sky.[124]

Mit dieser Form von Daumenkino macht der Protagonist des Romans für einen Moment das Geschehene wieder ungeschehen. Dieses Beispiel veranschaulicht gut, wie schwierig ein Schicksalsschlag wie der 11. September 2001 zu begreifen ist. Es bietet den Lernenden die Möglichkeit, an eigene Erfahrungen von ähnlichen Situationen anzuknüpfen. Die Jugendlichen werden aufgefordert, von Situationen zu berichten, in denen sie die Zeit ebenfalls gerne zurückgedreht hätten. Eine thematische Auseinandersetzung mit Terrorismus – speziell dem 11. September 2001 – und seiner Kontextualisierung werden ausgelassen.

Der Song von den *Beastie Boys* ist eine Lobeshymne auf New York City, die selbst nach dem Terroranschlag eine offene und tapfere Stadt geblieben ist. Die Arbeitsaufträge sind aber ebenfalls nicht auf eine Reflexion über den 11. September 2001 hin ausgerichtet.[125] Festzustellen bleibt daher, dass der Aspekt des Terrorismus schularten- und verlagsübergreifend trotz vorhandenem Unterrichtsmaterial ausgelassen oder lediglich oberflächlich angesprochen wird. Als Argument gegen eine detaillierte Auseinandersetzung der Lehrbücher mit dem Phänomen ‚Terrorismus' kann die Rücksicht auf den Lerner und dessen Alter geltend gemacht werden, zumindest in dem Sinn, dass man nicht unnötig Ängste schüren möchte. Dagegen ist einzuwenden, dass die Jugendlichen dem Thema auch in Schlagzeilen von Zeitungen und Hörfunknachrichten begegnen, so dass eine altersgemäße Darstellung eher noch die Möglichkeit böte, die eigenen Ängste auszusprechen und zu diskutieren.

Ein Blick auf die Darstellungen der Lehrbücher zu dem Thema ‚Krieg' eröffnet eine unerwartete Perspektive. Zwar steht diese nicht explizit im Mittelpunkt, dennoch schildern die Lehrwerke *Let's Go 5*, *Camden Town 6* und *Orange Line 6* aus der Sicht von Figuren oder Romanprotagonisten die Flucht vor dem Krieg in Afghanistan und vor dem Bürgerkrieg in Nigeria nach England. Auch die Situation des Bürgerkriegs in Peru ist realistisch in *Orange Line 6* aufgenommen.

Da *Let's Go 5* bei der Fluchtgeschichte aus Afghanistan einen Einblick gibt, was der jugendliche Protagonist sowohl in seiner vom Krieg gezeichneten Heimat als auch auf dem Weg nach England erleiden musste, bleiben ungeschönte Beschreibungen nicht aus:

> Three years ago my father, my mother and my sister were killed. […] It is still difficult for me to talk about this. After my parents had died, I went to Pakistan to live with my older brother and sister. […] I came to Britain in a lorry and a boat. I slept and ate in the lorry for four weeks. It was very hard. When the lorry arrived in England, I had to hide under it. I was cold and wet. The lorry was driving very fast. After three hours under the lorry I couldn't hold on much longer and fell. […] I was in hospital for two weeks. A nice woman

124 *Ibid.,* p. 99.
125 *Ibid.*, p. 88.

> came and talked to me. Now I can stay in England. I go to school here every day, and I am learning to speak English.[126]

Der Auszug verweist auf das persönliche Leid. Er ist altersgemäß und kann den Lernern einen Zugang zum Thema Flucht mit den damit verbundenen Erfahrungen verschaffen. Dieser Zugang lässt im Sinne einer Friedenserziehung das Fremdbild weniger fremd erscheinen und weist brauchbare Ansätze zu einer Behandlung des Themas auf emotionaler Ebene auf. Um eine emotionale Auseinandersetzung der Schüler über das Thema Krieg anzuregen, lässt sich auch an den Textauszug des Romans *The Other Side of the Story*[127] von Beverly Naidoo anknüpfen. In ihm wird das Leben zweier Jugendlicher während des Bürgerkriegs in Nigeria beschrieben. Die Tragik ihrer erzwungenen Flucht nach England, verbunden mit der Angst vor einer ungewissen, unsicheren Zukunft, wird dem Leser deutlich vor Augen geführt:

> Sade: „You can't! Don't you understand what Uncle Tunde said?"
> Femi: „But Kole can keep a secret!" […] „I don't want to go to London," Femi whined.
> Sade sighed. She was trying hard not to let herself think too much. After those great sobs had subsided earlier, her mind had become almost numb. Everything was happening too quickly. She did not want to hear Femi's complaints because she did not dare let herself think about everyone and everything she would have to leave. It was too much. She ached to hear Mama's voice calling them, to see Mama appear at the back door with her warm smile and welcoming eyes. Mama would reassure them when they were sad or frightened. Mama who would remain calm and upright even that time when the police took Papa away.[128]

Der innere Monolog von Sade veranschaulicht gut, wie sehr die Jugendlichen mit ihrer Fluchtsituation überfordert sind. Den Lernern bietet es eine Möglichkeit, sich mit den Figuren zu identifizieren.

In *Orange Line 6* schreibt eine ältere indigene Frau aus Peru über ihr nicht minder tragisches Leben in Form eines Tagebuchausschnittes.[129] Sie erwähnt die Guerilla, Überfälle auf Dörfer, den Tod ihres Sohnes und die Unabhängigkeitskämpfe in ihrem Land, die aus fehlenden Zukunftsperspektiven in der Bevölkerung entstanden sind. Problematisch ist in diesem Fall jedoch die kontextlose Schilderung, die keine weiteren Angaben zur Auseinandersetzung mit den Unabhängigkeitskämpfen ermöglicht.

5.2.4.3 Friedenserziehung und das Fremde – didaktisierte *critical incidents*

Für eine Auseinandersetzung mit Rassismus, Terrorismus und Krieg sind Fragen nach Struktur und Ursprung des Unfriedens und die Suche nach Friedensbedingungen

126 *Let's Go 5*, p. 24.
127 Textauszug aus Beverly Naidoos *The Other Side of the Truth* (*Camden Town 6,* pp. 76-77).
128 *Ibid.*
129 *Orange Line 6,* p. 139.

entscheidende Bezugspunkte. Sie fehlen in den bisher untersuchten Beispielen. Vertreter der Friedenserziehung, auch Sprachlehrforscher und Erziehungswissenschaftler wie Klafki oder Diehr[130], werfen dem interkulturellen Fremdsprachenunterricht vor, dass er sich durch die Darstellung von Rassismus oder anderen Konflikten nur unzureichend dem Thema Friedenserziehung widmet. So fordern sie mehr als eine bloße Aufnahme der Themengebiete. Globales Lernen verlangt Strukturen, die Jugendlichen erlauben, Konflikten und Gewalt vorzubeugen, um Konflikte friedlich zu lösen sowie Konditionen einführen zu können, die friedensfördernd sind.

Nach Diehr reicht es nicht, den Wechsel auf attraktive Minoritätsperspektiven zu vollziehen oder repräsentative, kulturell bedingte Kommunikationsprobleme[131] zu demonstrieren. Sie fordert, *hostile clashes* in den Englischunterricht zu integrieren, die von kritischen Interaktionssituationen wie Streitigkeiten, gewaltsamen Konflikten und handfesten Streits ausgehen.

> Kriege und Gewaltkonflikte führen nicht zu bloßen Irritationen und zum Abbruch der Kommunikation, sondern haben auf das Denken und Empfinden der Besiegten wie der Sieger eine zerstörerische Wirkung. Wer das begreift, erkennt, dass Gewaltverzicht vorteilhafter als die Gewaltanwendung ist und dass die Prävention von Gewaltanwendung als die beste Alternative zählt.[132]

Als Konzept für eine Themeneinheit zur Friedenserziehung schlägt Diehr vor, dass didaktisierte *critical incidents* und konstruierte Diskrepanzerlebnisse auf verschiedenartige Art und Weise der Dokumentation in den Unterricht einfließen. Wichtig ist, dass einerseits Aufschluss über die Genese von Konflikten gegeben und andererseits durch das Schicksal des Einzelnen beschrieben und gezeigt wird, dass Gewalt schnell entstehen und desillusionieren kann. Die oberste Priorität besteht darin, mit den Lernern Konfliktlösungen zu erarbeiten. Nur so kann eine umfassende Mentalitätsveränderung stattfinden. Die Forderung hat in den herkömmlichen Fremdsprachenunterricht noch keinen Einzug gehalten, obwohl es immer wieder Stimmen für eine Behandlung von Konflikten gibt wie die z. B. von Gerald Graffs bereits vor mehr als zwei Jahrzehnten ausgegebene Maxime „teach the conflicts“[133]. In Reinhold Freudensteins Aufsatz „Friedenserziehung durch Fremdsprachenunterricht“[134] stößt man auf mögliche Gründe für das fehlende Interesse am Thema ‚Friedenserziehung‘. Für Freudenstein ist bereits das Konzept des Fremdverstehens sehr komplex und wird vor allem dann schwierig, wenn Sympathie-

[130] Bärbel Diehr, „Vom Fremdverstehen zur Friedenserziehung: Neue Perspektiven für die Didaktik des Fremdsprachenunterrichts“, in: Lothar Bredella und Herbert Christ, *eds.*, 2007, *op. cit.*, pp. 169-176.

[131] *Cf.* Kapitel 7.2.

[132] Bärbel Diehr, „Vom Fremdverstehen zur Friedenserziehung: Neue Perspektiven für die Didaktik des Fremdsprachenunterrichts“, in: Lothar Bredella und Herbert Christ, *eds.*, 2007, *op. cit.*, p. 169.

[133] Lothar Bredella, 1996, *op. cit.*, p. 109ff.

[134] Reinhold Freudenstein und Albert Raasch, „Friedenserziehung im Fremdsprachenunterricht. LINGUAPAX V – eine Dokumentation“, in: *Praxis des neusprachlichen Unterrichts* 43/1996, pp. 185-195.

punkte fehlen bzw. die mentale Kategorie ‚fremd' wenig attraktiv ist, bisweilen verstörend wirkt und eine Perspektivenübernahme[135] erschwert. Dennoch sollte eine Dekonstruktion dieser mentalen Kategorie ‚fremd' als Ziel in den Fremdsprachenunterricht eingehen, um die Lerner erfahren zu lassen, dass Feindbilder und Fronten von Menschen geschaffen werden.

Prinzipiell lassen sich Beispiele in den Lehrbüchern mit Aussagen über Ungerechtigkeiten, Verstöße und Befürchtungen finden, welche die Entstehung von Konflikten thematisieren. Der folgende Textauszug wird aus Sicht amerikanischer Bürger geschrieben, die ihrem Ärger über die steigenden Kosten aufgrund illegaler Einwanderung Luft machen:

> They complain that they have to pay for illegal aliens in the form of higher taxes. The extra money is needed to provide free education and free emergency health care, to which everyone in the state has a right, whether they are legal citizens or not. Some figures suggest that 15 percent of all students in California are the children of illegal immigrants, whose education costs over $7 billion a year. There are also worries that the huge illegal population creates the kind of environment in which drug smugglers and terrorist can easily hide. [...] Some people want to get tough with illegal immigrants, who they think should be arrested and sent home. There are also suggestions that in spite of the huge cost, a fence should be built along the whole border with Mexico.[136]

Der Textauszug eignet sich sehr gut zur Thematisierung möglicher Ungerechtigkeiten in der Gesellschaft, die als großer Konfliktherd in der multikulturellen Gesellschaft betrachtet werden können. In diesem Fall würde sich eine Diskussion über die in dem Text vorgebrachten Beschuldigungen, eine Verifizierung und eine darüber hinausgehende Richtigstellung anbieten. *Green Line New 5* verzichtet jedoch auf weitere Arbeitsanweisungen zu diesem Text.

Einen guten Überblick über Situationen, in denen wachsende Unzufriedenheit zu heftigen Konflikten führen kann, zeigen auch die Beispiele, in denen sich Jugendliche über rassistische Vorurteile, Ablehnungen und Benachteiligungen austauschen. In dem Interview „Talking honestly about race"[137] werden folgende Konfliktherde von den Jugendlichen angesprochen:

> People expect you to be a certain way, and when they meet you they're surprised. They shouldn't be surprised – I mean, we're all people here. [...] For me, people's attitude towards race depends on where I am. In my house, it's nothing. In my school, it's a little bit. In public, it's very important. [...] In my grad, it's not segregated. Everybody mixes. But I think when you get older you make certain opinions. [...] There's a lot of pressure to stay with your group, and that can probably hold people back a lot. [...] Sometimes racism

135 Britta Freitag, „Literarische und transkulturelle Kompetenzen bei der Figurenkonstruktion und Perspektivenübernahme: Ein Rollenspiel im aufgabenorientierten Literaturunterricht", in: Lothar Bredella und Wolfgang Hallet, *eds., Handbuch. Literaturunterricht, Kompetenzen und Bildung*, Trier: WVT, 2007, pp. 197-225.

136 *Green Line New 5*, p. 81.

137 *Orange Line 6*, p. 109.

> is black on black. I don't like to tell people what my parents do because they'll say, „Oh – you're a little rich girl." […] I guess adults think that they understand it, since they remember things from their childhood. But it's different now. Everything is different.[138]

Ansätze und Strategien für Konfliktlösungen finden sich in nur wenigen Lehrbüchern. In einem weiteren Interview eines Radiosenders[139] beschreiben farbige Jugendliche aus den USA, dass sie sich heutzutage nicht mehr alles gefallen lassen und Missstände sofort anprangern und dagegen vorgehen. Ein wichtiger Schritt für eine gleichberechtigte Zukunft findet sich in ihrer Aussage: „Yes, but in those days black people just accepted that kind of thing. We wouldn't take that kind of thing, we wouldn't take that kind of shit, would we?"[140]

Einen Einblick in das Schicksal von Einzelpersonen und deren Weg, mit Rassismus und Gewalt umzugehen, geben die folgenden zwei Literaturauszüge. In der Kurzgeschichte „Bronze for Britain"[141] handelt es sich um zwei junge Briten mit Migrationshintergrund. Der junge Mann arbeitet bei der britischen Polizei und wird überfallen und bedroht, als er sich entschließt, für sein Heimatland England an einem Langstreckenlauf-Wettbewerb teilzunehmen.[142] Welche Selbstzweifel und welche psychologischen Probleme Diskriminierung auslösen können, wird durch die Reaktion des Protagonisten erkennbar. Am Ende der Kurzgeschichte ist sein Glaube an die Loyalität seiner Arbeitskollegen und Sportfreunde ihm gegenüber sowie sein Grundvertrauen so zerstört, dass er sich fast dazu entschließt, den Sport und seine Arbeitsstelle aufzugeben, also seine Errungenschaften, auf die er bisher so stolz war:

> You don't think they're racists, do you. […] What am I doing there, the only black person amongst all those white people? […] A Paki in the British team? What a joke! […] They don't want the athlete of the ‚wrong colour' to run for ‚their country'.[143]

Seine Freundin versucht ihm Hoffnung zu geben. Dabei kommt sie zum einen auf die Veränderungen und Verbesserungen der letzten Jahrzehnte in Großbritannien zu sprechen, zum anderen beleuchtet sie auch den großen Verlust an Selbstbewusstsein, der mit einer Kapitulation einherginge:

> [Britain] has changed since our parents were young. People know that you don't have to be British. […] Don't stop. You'll be ashamed for the rest of your life if you allow fear to influence your decisions. OK, there are risks, but this time you know what to expect, if there's another attack. You'll have to be careful all the time. It's your decision. On the one

138 *Ibid.*, p. 109.
139 *Go Ahead 9*, pp. 62-63.
140 *Ibid.*, p. 62.
141 *Highlight 6*, p. 86ff.
142 *Ibid.*, pp. 86ff.
143 *Ibid.*, p. 97.

> hand a lifetime of thinking about what you didn't do, on the other hand a lifetime of knowing you didn't give up.[144]

Mit der Darstellung von Diskriminierung sowie deren Überwindung ist die Hoffnung verbunden, Möglichkeiten für Konfliktlösungen aufzuzeigen.

Auch der in *Snap! 6* abgedruckte Artikel „A real story: Hungry for justice"[145], der auf einer wahren Geschichte aus den 1960er Jahren in der USA basiert, stellt eine ähnliche Situation und Aufforderung dar:

> You don't have to stay helpless, you can be active against discrimination: Speak out when you see that something is wrong. Never keep quiet about discrimination![146]

Beide Textauszüge sprechen die Lerner durch die personenbezogene Perspektive auf emotionale Weise an und zeigen Handlungsoptionen, um sich zu wehren. Sie verdeutlichen, dass sich durchaus Beispiele für Konfliktlösungen in die Darstellungen integrieren lassen, wobei es nach Diehr nicht nur um den Entschluss geht, sich zu wehren, sondern vielmehr um eine Darstellung, die den Jugendlichen auch Lösungsmöglichkeiten und Strategien zum Umgang mit Konflikten vermittelt.

Wie mit rassistischen Vorurteilen umgegangen und Fremdenfeindlichkeit mit den damit verbundenen Provokationen begegnet werden kann, wird in dem Textauszug aus dem Roman *First Amendment*[147] von Laurie Halse Anderson thematisiert. Darin diskriminiert ein Lehrer seine Schüler mit Migrationshintergrund, indem er behauptet, sie nähmen den Amerikanern die Arbeitsmöglichkeiten weg und diskriminierten sie allein schon durch ihre bloße Anwesenheit. Aus der Perspektive eines Erzählers wird die Reaktion eines Klassenkameraden mit griechischem Migrationshintergrund beschrieben, der sich diesen Vorurteilen und Verleumdungen friedlich und dennoch wirksam mit folgender Aussage zu widersetzen versucht:

> The Constitution does not recognize different classes of citizenship based on time spent living in the country. I am a citizen, with the same rights as your son, or you. As a citizen, and as a student, I am protesting the tone of this lesson as racist, intolerant, and xenophobic.[148]

Dieses mutige Entgegentreten kann als eine Möglichkeit betrachtet werden, sich gegen Rassismus zu wehren. Bedauerlicherweise lässt die Mehrzahl der Lehrbuchdarstellungen eine solche Perspektive bislang weitestgehend vermissen. Eine Ausweitung in Hinblick auf Reaktionsmöglichkeiten könnte aber die Bedeutung von Strategien zur Konfliktvermeidung unterstreichen. Kritisch anzumerken ist bei den Beispielen, dass die Lehrbücher oft nur einen einzigen Aspekt berücksichtigen; nie werden

144 *Ibid.,* p. 101.
145 *Snap! 6,* pp. 24-25.
146 *Ibid.,* p. 24.
147 *English G 6*, pp. 30-31.
148 *Ibid.*, pp. 30-31.

Genese, personenbezogene Situationsbeschreibungen und mögliche Lösungsstrategien in einem Beispiel vereint. Die eingangs zitierte Forderung Diehrs, den Lernern auch Identifikationspotenzial für das Fremde zu bieten, das verstörend wirken kann, erfüllt allein die Kurzgeschichte Nadine Gordimers „The moment the gun went off“[149] aus dem Jahre 1988. Sie zeigt die mentalen Prägungen dieser verachtenden Politik der Apartheid auf und bietet bis zu einem gewissen Grad sogar ein Identifikationspotenzial mit dem rassistischen Protagonisten Van der Vyver. Der Sympathisant der Apartheidspolitik Südafrikas tötet bei einem tragischen Unfall unabsichtlich seinen unehelichen, nicht-anerkannten dunkelhäutigen Sohn Lucas.

> The moment the gun went off was a moment of high excitement shared through the roof of the cab, as the bullet was to pass, […]. He was sure, sure he could not be dead.[150]

Die Zuneigung, die Van der Vyver gegenüber seinem Sohn im Geheimen aufbrachte, ist zwischen den Zeilen deutlich herauszulesen. Doch anstatt Trauer zuzulassen, sorgt sich Van der Vyver, dass er mit dieser Tat Aufsehen erregt und Schwarzen, welche die Apartheidspolitik stoppen wollen, nun einen Vorteil verschafft habe. Unter dem Gruppendruck der rassistischen Gesellschaft Südafrikas hinterfragt er ständig seine eigene Position, weil er Angst um seinen Ruf hat, aber auch davor, dass sein Unfall der Apartheidsregierung geschadet haben könnte. Zudem kann er sich auf die neue Situation und auf die Veränderungen, die durch die erkämpfte Freiheit der Schwarzen entstanden sind, nicht einlassen und hält an seinen Vorurteilen fest, die ihm scheinbar eine Lebensrichtung geben. Er verachtet alles und alle, die offen für einen Wandel in der südafrikanischen Gesellschaft sind. An den Veränderungen leidet er, belegt sie mit Vorurteilen und lehnt sie ab: „Blacks can sit and drink in white hostels, now, [...]. They start bearing children at puberty.“[151] Der Sohns Van der Vyvers steht als Symbol für das damalige Südafrika, das für eine Aufhebung der Trennung noch nicht bereit war, diese jedoch auch nicht mehr leugnen oder rückgängig machen konnte.

Die Schriftstellerin versucht in dem Textauszug trotz fehlender Sympathie dem weißen Apartheidsbefürworter gegenüber auch die Ängste des Protagonisten zu verdeutlichen. Er sieht sich gewissermaßen als Stellvertreter der weißen Bevölkerung Südafrikas, die vor einem Wandel und Machtverlust steht:

> […] – unless things in the country get worse, the example of black mobs in the towns spreads to the rural areas and the place is burned down as many urban police stations have been. Because nothing the government can do will appease the agitators and the whites who encourage them. Nothing satisfies them, in the cities.[152]

Die Unterrichtsanregungen zielen darauf ab, die Gründe von Van der Vyvers Rassismus zu reflektieren. Um neben einer affektiven und kognitiven Zugangsweise auch

149 *Green Line New 6*, pp. 68-71.
150 *Ibid.*, pp. 70-71.
151 *Ibid.*, pp. 68-71.
152 *Ibid.*, pp. 68-71.

eine pragmatische zu ermöglichen, sollten insbesondere kreative handlungsorientierte Verfahren einbezogen werden.

5.2.5 Zusammenfassende Betrachtung

Ausgehend von den Beobachtungen und Erkenntnissen aus der quantitativen und inhaltlichen Lehrbuchanalyse bei der Vermittlung der multikulturellen Gesellschaft in den Lehrbüchern lässt sich schulartenübergreifend eine zunehmende Betonung visueller Abbildungen gegenüber Textanteilen feststellen. Bei diesem Vorgehen fehlt jedoch häufig die notwendige Semantisierung und Einbeziehung der visuellen Elemente, so dass sinnstiftende Zusammenhänge erst erschlossen werden müssen und eine Kontextualisierung nicht immer gegeben ist. Kritisch anzumerken ist bei der Motivwahl der Umstand, dass häufig Bilder des friedlichen Zusammenlebens in einer großen, multikulturellen und von den Festivitäten der einzelnen Mitglieder geprägten Gesellschaft gegenüber solchen überwiegen, die das Zusammenleben in multikultureller Gesellschaft authentisch darstellen. Als Ausnahme lässt sich feststellen, dass *Camden Town 6* des Schroedel/ Diesterweg-Verlags die Schulung einer kritischen Medienkompetenz nicht vernachlässigt (*cf.* Kapitel 5.3.1).

Ferner geben die Lehrbücher mit ihren Texten einen Überblick über diese Entwicklungen der Gesellschaft. Dieser wird anschließend entfaltet und diskutiert. Die untersuchten Materialien tragen dem erweiterten Textbegriff Rechnung. Sie integrieren Songs, Filmausschnitte und andere Darbietungen. Für den inhaltlichen Bereich gilt ebenso, dass schulartenübergreifend ein breiter und differenzierter Überblick über mögliche Formen des Zusammenlebens in der multikulturellen Gesellschaft aufgenommen worden ist. Besonders die Segregationsformen finden eine altersgemäße und differenzierte Beachtung und lassen Probleme multikulturellen Zusammenlebens erkennen. Nur bei den indigenen Völkern muss an dieser Stelle (*cf.* auch Kapitel 4) vor zu einseitiger Opferzuschreibung gewarnt werden. Dabei spielt die Positionierung der indigenen Bevölkerung in den Lehrbüchern eine große Rolle. Fast durchgehend besteht bereits eine rein formale Trennung in den Lehrbüchern, indem sie die Urbevölkerung ausschließlich in gesonderten Unterrichtseinheiten abbildet, die außerhalb des jeweiligen gesellschaftlichen Kontextes der Gegenwart stehen.

Die Herausforderung, das Zusammenleben in der multikulturellen Gesellschaft problematisiert und entsprechend segregiert darzustellen, wurde für Südafrika zwar selten, aber stets nach den Richtlinien des globalen Lernens umgesetzt. Allein der Aspekt, der die Vergangenheit ohne nuancierten Bezug zur Gegenwart in den Mittelpunkt rückt, sollte allerdings eine Überarbeitung erfahren. Bei vielen historischen Themen – wie *American South* und *Slavery* – vermisst man eine Verknüpfung zwischen Vergangenheit und Gegenwart.

Auffallend ist weiterhin, dass zu dem Themenbereich ‚Integration‘ wenig Beispiele angeboten werden. Gerade personenbezogene Interviews aus der zweiten oder dritten Generation der Jugendlichen mit Migrationshintergrund böten Möglichkeiten, tiefgreifende und lernerorientierte Einblicke zu vermitteln und die Jugendlichen mit dem Prozess der Integration vertraut zu machen. Ein Eingehen auf den Kampf gegen eine

Stagnation der Ungerechtigkeit und der unfairen Lebensbedingungen bleibt ebenso aus wie der Hinweis, dass sich durch Zusammenhalt und Kooperation viele Dinge bewegen lassen und kritische Stimmen überwunden werden können.

Nur vereinzelt liefern Lehrbücher – insbesondere im Gymnasialbereich – Informationen, die vertiefte migrationspolitische Einblicke gewähren. Das hat zur Folge, dass ihre Intention nicht deutlich wird, den Schüler zum selbstständigen politischen Handeln zu befähigen. Zugleich würde dann der deutsche Lerner mit den Fragen konfrontiert, die auch sein persönliches Umfeld betreffen und folglich gut zum interkulturellen Vergleich mit der Situation in der Heimatstadt bzw. dem Heimatland des Schülers geeignet wären.

Bezüglich multireligiöser Aspekte ist zu attestieren, dass der Schwerpunkt der Vermittlung – neben kurzen Hinweisen auf die Schwierigkeiten des multireligiösen Zusammenlebens in den USA – primär auf den Praktiken und Traditionen des Islams liegt. In diesem Zusammenhang stehen bei den Abbildungen zum einen die Beweggründe im Mittelpunkt, sich fundamentalistischen Gruppen anzuschließen, zum anderen richtet sich der Fokus auf die gesellschaftliche Prägung und Aufrechterhaltung von Vorurteilen mit dem daraus entstehenden Schaden. Im Allgemeinen muss festgehalten werden, dass religiöse Aspekte bei der Vermittlung landeskundlicher Bezüge zur Globalisierung zu kurz kommen. Jedoch wäre dieser Inhaltsbereich geeignet, aus zielkultureller Sicht heraus bedeutsame Informationen zu vermitteln, die zum einen über die bekannten Aspekte hinausgehen und zum anderen die häufig rudimentären Informationen zu einzelnen Glaubensrichtungen erweitern würden. Die multireligiöse Dimension der Globalisierung wird somit in der Gesamtschau der Darstellung nicht deutlich. Sicher erlauben die Themen der Alters- und Lernstufe der Rezipienten noch keine allzu vertiefte Auseinandersetzung mit den religiösen Gegebenheiten, doch stellen sie auch für jüngere Lerner Unterrichtsstoff zur Verfügung, der grundlegende Elemente einer multiperspektivischen Auseinandersetzung mit der gegenwärtigen Gesellschaft bietet. Festzustellen bleibt, dass die multireligiöse Dimension der Globalisierung somit in der Gesamtschau nicht immer transparent wird. Zwar kann von einer Wissenserweiterung gesprochen werden, doch im Rahmen des globalen Lernens sollten die Lerner sich weiter mit ambivalenten und ihnen fremden Einstellungen auseinandersetzen und interkulturelle Vergleiche mit der Situation in Deutschland ziehen.

Auch die ablehnenden Haltungen gegenüber der multikulturellen Transformationen (*cf.* Kapitel 5.2.4) sind in vielen Fällen noch im Tabubereich angesiedelt. Der Sprachunterricht ist sich seiner friedensfördernden Aufgabe nur zum Teil bewusst. Er bietet bisher kaum grundlegendes Material in den Bereichen ‚Rassismus', ‚Krieg' und ‚Terrorismus', um das Bildungsziel ‚Friedenserziehung' erfüllen zu können. Auffallend ist bei der Durchsicht der Lehrbücher, dass den ablehnenden Positionen und Widerständen hinsichtlich der multikulturellen Gesellschaft nicht nur eine geringe Bedeutung in den Lehrbüchern eingeräumt wird, sondern auch die Verknüpfung der Mikro-, Meso- und Makroebene nicht gelingt. Fragen nach Ursachen von Unfrieden und Gewalt und nach Bedingungen für Frieden sowie Möglichkeiten für eine Entwicklung auf individueller, gesellschaftlicher und globaler Ebene sind nicht in die Lehrbücher integriert. Weiterhin fehlen Möglichkeiten eines adäquaten Umgangs mit kritischen Interaktionssituationen und deren Einbindung in wirksame Lernarrangements. Bisher ist nur eine lose und kontextfreie Konfrontation in den Lehrbüchern zu finden. Um die Gefahr der harmonisierenden Darstellungen zu umgehen, müssen in den Lehrbüchern auch ablehnende Positionen und Widerstände aufgezeigt werden, die auf die postkolonialen Probleme und die anhaltenden Asymmetrien verweisen. Das multikulturelle Zusammenleben erscheint häufiger von Schlagworten wie *displacement* oder *dislocation* bestimmt zu sein, als dass es ‚harmonisch' und ‚problemlos' genannt werden kann. Dabei sollten die Themenbereiche der Besiedlung mit den gegenwärtigen Migrationsprozessen eine Verzahnung erfahren. Differenzen und Subversion dürfen nicht ausgelassen werden. In einem weiteren Schritt können diese von den Jugendlichen beurteilt werden. Daraus ergeben sich Handlungsaspekte. Zweifellos vermögen insbesondere persönliche Schilderungen individualisierter und emotional bewegender Erfahrungen mit Rassismus und Fremdenfeindlichkeit Identifikation zu erzeugen. Die Lerner können sich in die Lage der Protagonisten hineinversetzen und erfahren, was es bedeutet, aus seinem Heimatland zu flüchten, oder wie sich Rassismus anfühlen kann. In der Gesamtschau der Analyse der Lehrbücher lässt sich für dieses Kapitel konstatieren, dass die Lehrbücher der untersuchten Verlage das multikulturelle Zusammenleben als Unterrichtsgegenstand aufnehmen, aber problemorientierte Aspekte mit Ausnahme des Bandes *Camden Town* und *English G* schularten- und verlagsübergreifend vernachlässigt werden.

5.3 Multikulturelles Zusammenleben – didaktische Perspektive

Durch die Globalisierung, die Migrationswellen, die wachsende Vernetzung der Welt auf unterschiedlichen Ebenen und die Entwicklung der Neuen Medien angestoßen, kommen bislang unbekannte Kontakte rund um den Erdball verteilt und verschiedenartiges Zusammenleben an einem Ort zustande. Um diese Situation bewältigen zu können, bedarf es einer umfassenden Mentalitätsveränderung. Begriffe wie ‚Verständigung', ‚Annäherung' und ‚Versöhnung' rücken in den Mittelpunkt der Betrachtung, wenn es um die Überwindung nationaler, ethnischer oder religiöser Verschiedenheit geht und um die Anbahnung einer tragfähigen Konfliktkultur. Die Lerner müssen also Diversität und die Notwendigkeit eines Gemeinwohls hinsichtlich gegenseitiger Bedürfnisse, Interessen und Ziele erkennen sowie das Fremde zu tolerieren lernen. Als übergeordnetes Ziel sollen Jugendliche Gewalt wahrnehmen und dafür sensibilisiert werden, um ihr präventiv begegnen zu können. Medienkompetenz, soziale Kompetenz, Teamlösungen sowie Problem- und Konfliktlösefähigkeiten müssten deshalb einen wichtigen Stellenwert im Englischunterricht erhalten.

5.3.1 Aufbau einer Medienkompetenz

Im Hinblick auf die Arten der Text- und Bildarbeit, die in den Lehrbüchern zum Themenkomplex ‚Multikulturelles Zusammenleben' angeboten werden, ist festzustellen, dass insbesondere bei den Hauptschullehrbüchern und Büchern für vergleichbare Schularten häufig eine einseitig visuelle Ausrichtung erfolgt. Dennoch kann man auch schulartenübergreifend eine zunehmende Betonung visueller Elemente gegenüber Textanteilen konstatieren. Informationen zu multikultureller Gesellschaft erscheinen in den Lehrbüchern insbesondere durch Abbildungen und Fotos.

Auffallend ist die Vielfalt an Dokumentationsmaterialien für die Phase der Apartheid in Südafrika, die an dieser Stelle zusammengefasst werden sollen. Zu diesen Materialien zählen Bilder, Tagebuchaufzeichnungen, Erzählungen und persönliche Berichte, Auszüge aus Kurzgeschichten, Interviews, Hörverstehensübungen, *Cartoons,* Reden, Diskussionen sowie Rechtstexte und deren Auslegungen. Multiperspektivische und kritische Vorgehensweisen beziehen sich sowohl auf das Schicksal des Einzelnen als auch auf Auswirkungen allgemein und kombinieren verschiedene Sichtweisen miteinander.[153] Das dazugehörige Bildmaterial zeigt neben Protesten von Dunkelhäutigen während der Phase der Apartheid häufig Bilder der legalen Rassentrennung an öffentlichen Orten. Diese Bilder werden durch Arbeitsaufträge analysiert. Die Lerner können ihre Gefühle bezüglich der Stimmung dazu äußern. Durch erläuternde Sachtexte sind diese zumeist ausreichend kontextualisiert.[154]

Wichtig für eine Bildrezeption und Verarbeitung auf Seiten des Lerners ist aus kognitionspsychologischer Sicht, dass eine Semantisierung der Abbildung erfolgt, das Bild

153 *Cf.* Kapitel 5.2 (*Green Line New 6*, pp. 56, 57, 88ff. etc.).

154 *Ibid.*

also eine angemessene Einbettung in den inhaltlichen Zusammenhang erhält, so dass der Lerner einen Bezug zwischen Bild und Text herstellen und weniger Bekanntes aufgrund der Vorinformation und seines Vorwissens erschließen kann. Dies ist eine essentielle Voraussetzung für die Informationsverarbeitung. Sie ist jedoch in den Lehrbüchern des Korpus nicht gegeben bzw. wird den genannten Kriterien nicht in ausreichender Weise gerecht. Zum einen kommen Fotos und Abbildungen zu oft alleine vor, zum anderen erfahren sie aufgrund fehlender Erklärungen und Hintergrundinformationen eine unzureichende Kontextualisierung. Die Lernenden werden eher von der Bilderflut mit ihrer Farbigkeit abgelenkt, als sich mit dem abgebildeten Unterrichtstoff auseinanderzusetzen. Es wird eine große Zahl an Fotos abgedruckt, welche multikulturelle Gruppen abbilden, die sich untereinander problemlos verstehen. Andere Bilder zeigen Jugendliche in multikulturellen *peer*-Gruppen. Die Impressionen aus London, New York City und Hollywood spiegeln Menschen aller Hautfarben und Religionszugehörigkeit wider, die friedlich miteinander den Alltag verbringen.[155] Dies geschieht relativ zusammenhangslos, da wegen fehlender oder mangelhafter Semantisierungshilfen keine Sinnzusammenhänge hergestellt werden können. Aufgrund ungenauer Zuordnungen fehlt es an eindeutiger Kontextualisierung.[156]

Aufgenommen werden in den Lehrbüchern möglichst auffallende Aspekte der Tradition oder Religion einer Kultur als Beweise für die multikulturelle und -religiöse Gesellschaft. Sie sind aus speziellen Kontexten wie beispielsweise indigenen Festen, dem *Notting Hill Carnival* in London oder auch touristischen Straßenaufführungen von Aborigines entnommen und als solche nicht kenntlich gemacht. So sind sie keinem eindeutigen Anlass zuzuordnen. Die entsprechenden Texte und Aufgabenstellungen schaffen keine Klarheit zu diesem multikulturellen Mosaik. Eine solche Art der Darstellung birgt zweifellos die Gefahr der Stereotypisierung in sich. Die Lernenden können aus den abgebildeten Situationen zu Generalisierungen neigen und möglicherweise unrealistische Schlussfolgerungen aus den als Alltag dargestellten Bildern ziehen.

Zusammenfassend muss hervorgehoben werden, dass bei der visuellen Gestaltung ein durchgängiges Manko der didaktischen Arbeit der Lehrbücher hinsichtlich der Arbeitsaufträge zur Auseinandersetzung mit den gezeigten Bildausschnitten und deren Analyse erkennbar ist. Schulartenübergreifend fehlen in den Lehrbüchern vielerorts Fragen oder Arbeitsaufträge zu den präsentierten Fotos, welche die Lernenden jenseits der dekorativen Bebilderung der Lehrbuchseiten zu einer ernsthaften Auseinandersetzung mit dem Gezeigten anzuregen geeignet wären.

Ein erster Ansatz zur Verbesserung sind die Darstellung in *Let's Go 5*[157], die problemorientierte Unterrichtstoffe zu den Themenbereichen ‚Gewalt', ‚Waffen' und ‚Videospielen' sowie zu ‚illegalem Aufenthalt' in den USA aufnehmen. Die Abbildungen sind sehr eng mit den Inhalten verknüpft, indem sie die Lerner aktivieren, sich mit ihnen und den Textinhalten auseinanderzusetzen. So können die Bilder differenzierter, aussagekräftiger und entsprechend genauer zu ihrem Einsatz kommen, weil sie in einem eindeutig zuzuordnenden Kontext erscheinen. Entsprechend finden sich zu Abbildungen

155 *Green Line 4*, p. 14.
156 *Go Ahead 10*, pp. 50ff.
157 *Let's Go 5*, pp. 30-31.

manchmal auch Fragen bzw. Zuordnungsaufgaben wie in *Portobello Road 6*, die positiv zu werten sind. Sie prüfen nicht nur reproduktives Wissen, sondern sind auch auf das Verständnis und Hinterfragen der Lerner ausgerichtet.

Der Ansatz der *critical media studies* hat sich als Lernziel gesteckt, dass die Jugendlichen erkennen, wie hoch die unbewusste Beeinflussung von Bildmaterialien ist. Jugendliche sollen mit Bildern arbeiten lernen und Fertigkeiten ausbilden, die helfen, Massenmedien kritisch wahrzunehmen[158]; die Lerner sich also bei der Text- und Bildarbeit fragen, an wen diese sich richten, mit welcher Absicht sie verfasst worden sind und wer davon profitieren kann. Um eine kritische Analyse verfolgen zu können, sollen multimediale Formen isoliert werden. So werden beispielsweise audiovisuelle Texte in ihre jeweiligen Elemente aufgesplittert, der Ton wird von Bildern getrennt und deren Interaktion und Zusammensetzung genau untersucht. Neben diesen zwei Kriterien soll die Motivation, die Jugendliche normalerweise gegenüber einer Arbeit mit Medien haben, durch sinnvolle Aufgaben aufrechterhalten werden.

Nur das Lehrwerk *Camden Town 6* kann mit der Unterrichtseinheit „Seeing is believing: The camera never lies“[159] zu diesen Zielen einen Beitrag leisten. Positiv fällt auf, dass die bewusste Erkenntnis der Medienmanipulation im Fokus steht. Die Autoren von *Camden Town 6* nehmen zuerst die Wirkung von Bildern und deren Veränderungen durch Bildbearbeitungsprogramme als Unterrichtstoff auf. Neben der Beschreibung von Werbeplakaten und -fotos sowie Stuntaufnahmen aus Action-Filmen wird ein Foto zweimal abgedruckt, wobei die zweite Version digital bearbeitet ist. Als Aufgabe erhalten die Schüler folgende Anweisungen:

> The four photos (A-D) have been digitally altered. Give possible reasons for the changes. One of the photos was part of a photo exhibition. Listen to the museum's audio guide and answer the following questions: Which photo is being discussed? Find out how it has been digitally altered and what the artist wants to express in his work.[160]

Den Lernern werden durch diese Aufgabenstellung die mögliche Ausdrucksbreite von Bildern und deren Veränderungsmöglichkeiten bewusst gemacht. In einer weiteren Arbeitsanweisung werden Ausschnitte eines Fotos gebracht, das im Irak-Krieg aufgenommen worden ist.

158 Greta Olson, 2011, *op. cit.*, pp. 2-7 und Karin Engle, *Seeing Ghosts: 9/11 and the Visual Imagination*, Montréal: McGill-Queen's University Press, 2009.

159 *Camden Town 6*, pp. 58-59.

160 *Ibid.*, p. 58.

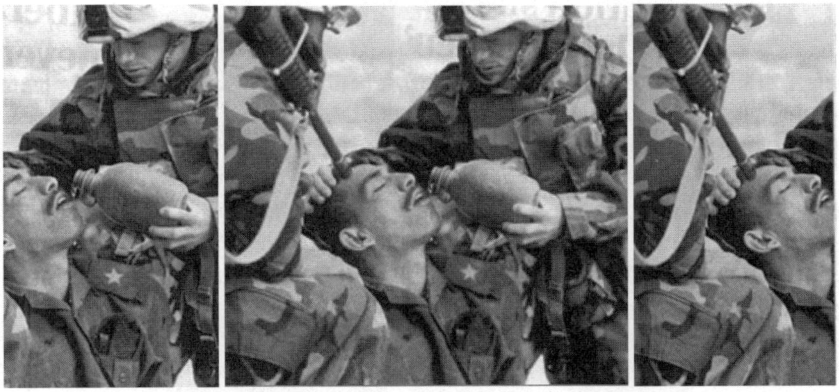

Abb. 40: Bildmaterial zur Ausbildung einer kritischen Medienkompetenz (Quelle: *Camden Town 6*)

Geschickt wird die Glaubwürdigkeit dieses Fotos hinterfragt:

> Here is one photo from 2003 during the first days of the war in Iraq.
>
> A) Describe the people and the action in the centre photo.
>
> B) Now look at the segments of the photos on the left and right as if they were separate photos and explain the message they convey.
>
> C) Use photos from other newspapers or magazines and work with different framings. Create new photos, present your results to the class and explain to what extend the meaning of the photo has been changed.[161]

Der erste Ausschnitt des Fotos verrät ein sehr fürsorgliches Verhalten der Soldaten im Einsatz. Wird jedoch die zweite und dritte Aufnahme betrachtet, so löst sich das fürsorgliche Verhalten in ein Szenario von Brutalität und Bedrohung auf. Den Jugendlichen wird auf diese Weise vor Augen geführt, wie sehr Bilder ohne die richtige Kontextualisierung fehlinterpretiert werden können.

Der Schritt in Aufgabe C), mit eigenen Fotos und unterschiedlichen Ausschnitten und Rahmen zu arbeiten, kann im Sinne des globalen Lernens besonders hervorgehoben werden. Die Lerner können in diesem Fall den Transfer mit ihren eigenen Fotos gestalten. Durch die Aufgabenstellung wird nicht nur ein programmatisches Hinterfragen wahrgenommener Wirklichkeit erarbeitet. Die eigene Sichtweise des Lerners wird mit einbezogen. Das führt gleichsam zu einer Skepsis gegen verordnete Vorstellungen oder Eindrücke.

Trotz der heiklen Thematik dieser Unterrichtsreihe aus *Camden Town 6* lässt sich eine altersgemäße Aufbereitung der Texte und Bilder konstatieren, die tiefe Einblicke in die Vorgehensweise der Medien gibt. Andere Themen würden aufgrund ihrer medialen Präsentation sicherlich ebenfalls viele wertvolle Erkenntnisse liefern.

[161] *Ibid.*, p. 59.

5.3.2 Schüleraktivierende Verfahren

Generell ist bei der Analyse der Lehrbücher zu beobachten, dass sie zwar zunehmend Aufgabenstellungen anbieten, welche Lerner zur Diskussion, zur Stellungnahme oder zu kontrastiven Überlegungen anregen, um bei ihnen das Bewusstsein zur eigenen Perspektive zu schärfen. Die Mehrheit der Arbeitsaufträge und Aufgabenstellungen, die im Kontext der Vermittlung der ‚multikulturellen Gesellschaft' stehen, erstreckt sich aber im Wesentlichen auf eine passive und wenig auf die Interessen der Lernenden abgestimmte kognitive Reproduktion und Rekapitulation der in den Texten vermittelten Informationen.[162]

5.3.2.1 Interkulturelles Lernen

Der Blick auf die Anregungen zum interkulturellen Vergleich zeigt, dass schulartenübergreifend immerhin vereinzelte Beispiele hiervon Gebrauch machen. So entfachen Lehrbuchautoren von *New Highlight 10* eine Diskussion über Waffen und Gewalt, in der sie auch auf die Situation in Deutschland eingehen: „We need more gun control: Violence is a problem in Germany, too. Which of these ideas do you agree with? Why?"[163] Dazu erhalten die Lerner provozierende Aussagen, wie „Guns should be banned; Kids shouldn't play with toy guns; There should be more control of video games; Guns are normal".[164] Diese sind zu widerlegen oder zu rechtfertigen: „Make a few notes and talk to your group or class."[165]

Diese Thematisierung sollte jedoch über die reine Kontrastierung des eigenen Landes und über die Zielkultur hinaus auf die affektive Dimension eingehen, um Selbstbeobachtung zu lernen. In den Lehrbüchern ist für dieses Themengebiet allerdings der Vergleich der Eigen- und Fremdkultur selten.

Dazu findet sich in den Lehrwerken die Aufgabenstellung zu dem Textausschnitt über die Anschläge in New York City am 11. September 2001, *Extremely Loud and Incredibly Close* von Jonathan Safran Foer, in dem die eigenen Erfahrungen bewusst mit einbezogen werden. Die Lerner erhalten die Aufgabe, über ein für sie wichtiges Ereignis zu reflektieren, bei dem Gesagtes oder Getanes sich nicht mehr rückgängig machen ließen.[166] Aber auch durch die im Korpus aufgenommenen Figurenzeichnungen und *point of views* der Minderheiten, die verschiedene Sichtweisen literarischer und personenbezogener Texte erlauben, können sich die Jugendlichen in die Lage der Hauptfiguren hineinversetzen. Sie lernen nachzuvollziehen, was es bedeutet, in einem fremden Land zu leben und – wie im Fall der indigenen Bevölkerung – von der Mehrheit

162 *Green Line New 6*, pp. 56, 57 und 88ff. etc.
163 *New Highlight 10*, pp. 31.
164 *Ibid.*, pp. 31-33.
165 *Ibid.*, p. 32.
166 *Camden Town 4*, p. 99.

marginalisiert zu werden. Letztlich bleibt als Desiderat eine Abwendung der kognitiven Ausrichtung hin zu affektiven, kreativen und interkulturellen Aspekten bestehen.

5.3.2.2 Kooperatives Lernen

Um kollaborative Fertigkeiten wie die Kompetenz zur Zusammenarbeit und das Überwinden von Konflikten auszubilden, erscheint speziell für globales Lernen die Integration von Projektarbeiten, Simulationen[167] sowie von kooperativen Lernformen im Englischunterricht nützlich. Projekte fordern von den Lernern, für eine bestimmte Zeitphase Eigeninitiative zu entwickeln und ein – oft von ihnen selbst ausgesuchtes – Thema detailliert zu bearbeiten. Solche Projekte können auch außerhalb des Klassenzimmers stattfinden. Simulationen gehen auf die affektive Dimension des Lernens ein. Kooperative Lernformen bestärken den Wert der Partner- und Gruppenarbeit, indem sie die Lernziele der Sozialkompetenz, das Sichverlassen auf andere, die positive Abhängigkeit („to sink or swim together“[168]) und die Interaktion anstreben.[169] Kooperatives Lernen ist nach Damon und Phelps ein Sammelbegriff für teambasierte Methoden – die Gruppenarbeit eingeschlossen –, um sich beim Lernen des Unterrichtsstoffs gegenseitig zu helfen. Die sozialkognitiven Lerneffekte stehen jedoch weitaus mehr im Mittelpunkt, als dies bei einer Gruppenarbeit der Fall ist. Neben elaborativen Strategien der Wissenskonstruktion sollen motivierende Perspektiven durch Belohnungs- und Zielstrukturen Anreize evozieren, soziale Abhängigkeit verdeutlichen und ein Zusammengehörigkeitsgefühl schaffen. Zudem hat jeder Schüler ein Aufgabengebiet oder eine Rolle[170] innerhalb der Gruppe und ist somit mitverantwortlich für die Erfüllung der übertragenen Ge-

167 Gilian P. Ladousse, *Role Play – Resource Books for Teachers*, Oxford: OUP, 1987.

168 David W. Johnson und Roger T. Johnson, „The Internal Dynamics of Cooperative Learning Groups“, in: Rachel H. Lazarowitz, Spencer Kagan, Shlomo Sharan, Robert Slavin, Clark Webb und Richard Schmuch, *Learning to Cooperate, Cooperating to Learn*, New York: Basic Books, 1998, pp. 103-124; William Damon und Erin Phelps, „Strategic Uses of Peer Learning in Children's Education“, in: Thomas Berndt und Gary Ladd, *eds., Peer Relationships in Child Development,* New York: Wiley, 1989, pp. 135-157; William Damon und Erin Phelps, „Critical distinctions among three approaches to peer education“, in: *International Journal of Educational Research* 13/1, 1989, pp. 9-19; David W. Johnson, Linda Skon und Richard T. Johnson, „Effects of Cooperative, Competitive, and Individualistic Conditions on Children's Problem-solving Performance“, in: *American Educational Research Journal* 17/1980, pp. 83-93; David W. Johnson und Richard T. Johnson, *An Overview of Cooperative Learning*, 1994 (URL: www.co-operation.org/pages/ overview-paper.html, Stand: Mai 2010).

169 *Arriving in Britian*-Schulprojekt (*Snap 6,* p. 25).

170 Die Rollen wechseln häufig und werden nach dem Zufallsprinzip ausgewählt. Mögliche Rollen können sein: Leser (liest Aufgabenstellungen vor und verschriftlicht Gruppenergebnisse), Schreiber (schreibt Gruppenlösungen auf), Checker (prüft, ob jeder die Aufgabe verstanden hat, hakt Erledigtes ab, stellt noch zu Erarbeitendes heraus), Zeitwächter (achtet darauf, dass die Gruppe bei der Arbeit bleibt, erinnert an die zur Verfügung stehende Zeit), Präsentator (präsentiert die Gruppenergebnisse vor der Gesamtgruppe).

samtaufgabe. Als erstes Basisprinzip des kooperativen Lernens[171] lassen sich unter anderem die *social skills* (Teamkompetenz) festhalten. Dabei erhalten die Jugendlichen ‚Werkzeuge' zum Problemlösen und zum erfolgreichen Arbeiten in Gruppen wie beispielsweise sich zu melden, sich zu ermutigen, einander zuzuhören, Hilfe anzubieten und sich gegenseitig zu loben. Als zweites Basiselement kann die *face-to-face*-Interaktion dazu beitragen, dass die einzelnen Gruppenmitglieder intensiver zusammenarbeiten. Eine Evaluation der Gruppenprozesse führt als drittes Basisprinzip zur Reflexion der gemeinsamen Anstrengung sowie zur eigenen Kritikfähigkeit. Gruppenrallyes, *student teams achievement divisons* (STADs), Gruppenpuzzles, *jigsaws* etc. bieten sich besonders für kooperatives Lernen an.

Andere Beispiele, mit vorgegebenen Inhalten die Ziele des globalen Lernens methodisch-didaktisch umzusetzen, sollen im Folgenden skizziert werden. Für die Kurzgeschichten „Bronze for Britain"[172], „A dangerous trip"[173] oder *First Amendment*[174] eignen sich beispielsweise *freeze frames,* um mit Standbildern und kurzen inneren Monologen die Gefühle und Zwiespälte der Protagonisten darzustellen. Des Weiteren kann es den Lernern durch Ausarbeitung von Streitgesprächen oder Dialogen gelingen, bei bestimmten Textstellen in die Tiefe zu gehen und gegensätzliche Standpunkte oder Perspektiven zu erfahren. Damit wäre das Problem der in diesem Kapitel genannten Monotonie der kognitiven Arbeitsaufträge und faktenlastigen Verständnissicherungen gelöst.

Eine erste Befähigung der Lerner zur Konfliktkultur, Affektkontrolle und zur Kooperation bei Interessensgegensätzen kann durch den Ansatz geschehen, wie er in *Go Ahead 10* verfolgt wird. Die Lerner erhalten eine Aussage zur gesellschaftspolitischen Situation der Aborigines: „Prime Minister John Howard refused to apologize to the Aborigines."[175] Als eine Möglichkeit der Konfliktbewältigungsstrategie werden die Lerner zuerst aufgefordert, sich dazu ihre eigene Meinung zu bilden: „Do you think he was right?"[176] In einem weiteren Schritt sollen sie diese in einer E-Mail an den *Prime Minister* formulieren: „Write an e-mail to him. Express your opinion in about 100 words and give your reasons."[177] Da durch den vorausgegangenen Text davon ausgegangen werden kann, dass die Mehrheit der Lerner sich für eine Entschuldigung aussprechen wird, enthält die Aufgabe gerade für die Jugendlichen, die diese Geste erwartet hätten, ein Training, um Kritik sachlich zu formulieren.

171 Margit Weidner, *Kooperatives Lernen im Unterricht – Das Arbeitsbuch*, Seelze: Kallmeyer/Klett, 2003.

172 *Highlight 6,* pp. 86ff.

173 *Let's Go 5,* pp. 30-31.

174 *English G 6*, pp. 30-31.

175 *Go Ahead 10*, p. 10.

176 *Ibid.*, p. 10.

177 *Ibid.*, p. 10.

6 Unsere Welt als globales Dorf – Herausforderung, Gestaltung und Vernetzung

6.1 Weltweite Vernetzung

Die zunehmende Globalisierung hat das Fach Englisch nicht nur im literatur- und kulturphilosophischen Bereich verändert. Die unter dem Terminus ‚Globalisierung' subsumierten Phänomene und Prozesse dienen über weite Strecken dem „Grenzenloswerden alltäglichen Handelns in verschiedenen Dimensionen der Wirtschaft, der Information, der Ökologie, der Technik, der weltweiten Konflikte und der Zivilgesellschaft"[1]. Heinz Antor gibt in diesem Zusammenhang zu bedenken:

> Die zunehmende Vernetzung menschlichen Handelns über geographische, nationale, kulturelle und sprachliche Grenzen hinweg, die durch technische und ökonomische Entwicklungen, wie die moderne Informationstechnologie, immer schnellere Reiseverbindungen und global agierende Firmen und Institutionen, bedingt ist, wird die Menschen in Zukunft immer stärker mit kultureller Diversität und Alterität konfrontieren.[2]

Um eine gute Bildung und Ausbildung auch in Zukunft gewährleisten zu können, müssen diese Veränderungen des globalen Dorfes auch in den Englischunterricht integriert werden. Ihm kommen damit neue Aufgaben und Zielvorstellungen innerhalb der *global community* zu, die ihn in größere soziale Verantwortungen einbinden, aber auch über seine bisherigen Fachgrenzen hinaus mit zusätzlichen Aufgaben und Herausforderungen konfrontieren.

Die Begegnung des Lerners – unter angemessener Berücksichtigung der Lern und Altersstufe – mit den Verflechtungen der Globalisierung kann auf verschiedenen Ebenen stattfinden:

(1) Weltordnungspolitik und internationale Beziehungen
(2) Aufhebung räumlicher Distanz
(3) Ökonomische Globalisierung
(4) Schutz kultureller Vielfalt
(5) Natur- und Umweltschutz
(6) Gesellschaftliches Engagement gegen Ungerechtigkeit

[1] Martin Albrow, 1998, *op. cit*, p. 14. Albrow benennt zusammenfassend fünf Elemente, die aus seiner Sicht den Epochencharakter der Globalisierung begründen: 1. globale Umweltfolgen, 2. Waffensysteme mit globalem Destruktionspotenzial, 3. die Globalität von Kommunikationssystemen, 4. eine globale Ökonomie und 5. die Reflexivität der Globalisierung im Sinne der Herleitung von Wertvorstellungen aus globalen Kontexten.

[2] Heinz Antor, *Fremde Kulturen verstehen – fremde Kulturen lehren: Theorie und Praxis der Vermittlung interkultureller Kompetenz,* Heidelberg: Winter, 2007, p. 111.

Die quantitative Erhebung des Anteils an Texten und visuellen Gestaltungsmitteln, welche dem Inhaltssegment ‚Weltweite Vernetzung' zugeordnet werden können, ist in ihrem Ergebnis in den nachfolgenden Grafiken wiedergegeben (Abb. 41-43):

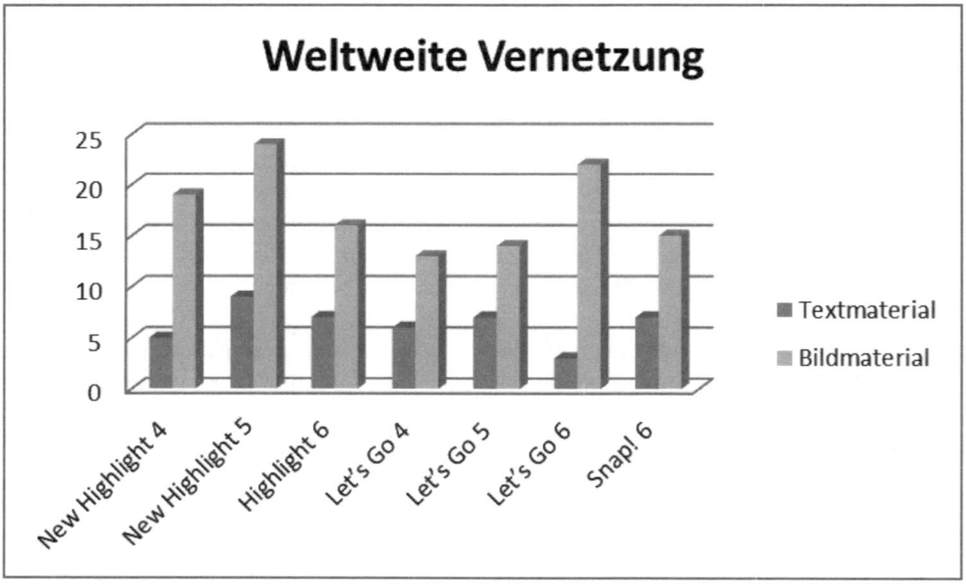

Abb. 41: Lehrbuchanteil von Bild- und Textmaterial – Weltweite Vernetzung (Hauptschule und vergleichbare Schularten)

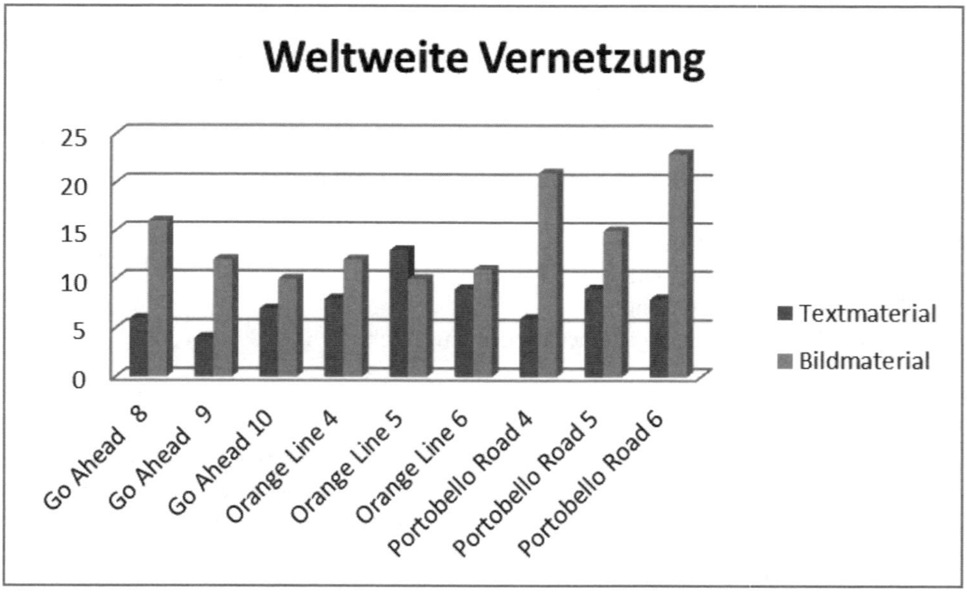

Abb. 42: Lehrbuchanteil von Bild- und Textmaterial – Weltweite Vernetzung (Realschule und vergleichbare Schularten)

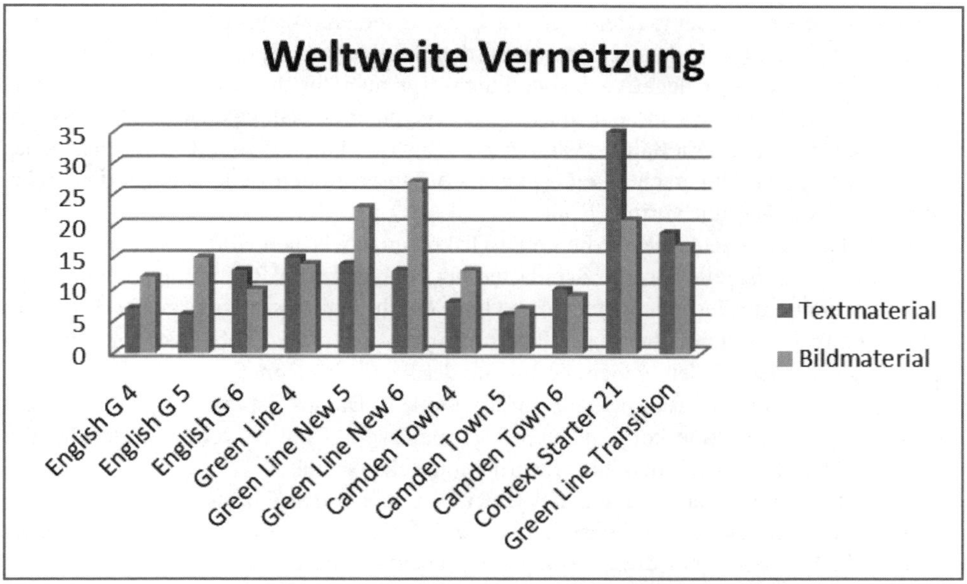

Abb. 43: Lehrbuchanteil von Bild- und Textmaterial – Weltweite Vernetzung (Gymnasium und vergleichbare Schularten)

In den untersuchten Lehrbüchern für die Sekundarstufe I finden diese Vernetzungen schulartenübergreifend ihren Niederschlag. Im Gegensatz zum Stellenwert der Kategorie ‚Weltordnungspolitik und internationale Beziehungen', die ausschließlich in *Camden Town 6* thematisiert ist, wird den weiteren Aspekten der Globalisierung zumeist schularten- und lehrbücherübergreifend Raum gewährt. Als herausragende, alle anderen Aspekte beinahe überdeckende Bildfacette der Globalisierung erscheint – neben der am häufigsten vertretenen ‚Ökonomischen Globalisierung' – die ‚Aufhebung räumlicher Distanz' starke Gewichtung zu erfahren.

Wie anhand der Grafiken ersichtlich, bewegen sich die Seitenanteile der Lehrbücher mit Inhalten zu der weltweiten Vernetzung mit durchschnittlich 22 Prozent der Gesamtdarstellung in Form von Texten und/oder visuellen Medien im mittleren Bereich. Diese auf quantitativer Ebene gewonnenen Werte lassen darauf schließen, dass seitens der Lehrbuchautoren der ‚Weltweiten Vernetzung' – kulturelle und ethnische Aspekte ausgenommen – dennoch eine untergeordnete Rolle zugewiesen wird. Der höhere Wert ist vor allem bedingt durch die stärkere Betonung ökonomischer Bezüge in den Lehrbuchausgaben. Er darf insgesamt nicht über die schulartenübergreifende Vernachlässigung der Inhalte zu den Herausforderungen der Globalisierung hinwegtäuschen.

Die Aspekte der ‚Aufhebung räumlicher Distanz' verweisen vor allem auf die digitale Mobilität und zeigen deutlich deren erhöhte Wichtigkeit in den Lehrbüchern im Vergleich zur realen Mobilität, denn die traditionellen Verbindungen zu allen Kontinenten der Welt werden längst nicht mehr nur auf dem Wasserweg oder mit dem Flugzeug bewältigt. Per Mausklick surft die *global community* im Alltag um die Welt.

Die starke Betonung der ökonomischen Globalisierung im vorliegenden Kapitel legt die Vermutung nahe, dass die Darstellungen der Lehrbücher offensichtlich auf einen gewissen Wiedererkennungseffekt bei den Lernern setzen. Wenn nämlich von der Globalisierung die Rede ist, dann ist vor allem die ökonomische Seite gemeint. Die häufig problemorientierte und negative Darstellung sorgt auch in den Lehrbüchern für eine kritische Grundstimmung und ein Misstrauen gegenüber der Globalisierung. Die Aspekte ‚Schutz kultureller Vielfalt', ‚Natur- und Umweltschutz' sowie ‚Gesellschaftliches Engagement gegen Ungerechtigkeit' spielen trotz ihrer großen Bedeutung in der Mehrzahl der Lehrbücher eine geringe Rolle.

Auffallend ist zudem wieder die große Diskrepanz zwischen Bild- und Textanteilen: Während die Textanteile für alle Schularten nur sehr geringen Raum einnehmen, fallen die Seitenanteile der visuellen Medien, bedingt durch den Einsatz zahlreicher Fotos, im Durchschnitt wesentlich höher aus. Während Impressionen der Globalisierung zum Teil vielfach abgebildet werden, geben die Inhalte der dazugehörigen Texte oder Semantisierungshilfen häufig nur rudimentäre Informationen. Daraus ist zu folgern, dass die Vielzahl der Bilder keine konsequenten Rückschlüsse auf die zu vermittelnden Inhalte und deren Qualität hinsichtlich ihres Informationsgehalts zulässt.

Der Blick auf die quantitative Analyse der Lehrbücher des Korpus zeigt bereits große Unterschiede auf, die es im Folgenden einer genauen qualitativen Analyse zu unterziehen gilt. Besonders bei diesen komplexen Themen, die den jüngeren Lernern nicht vertraut sind, ist eine entsprechende alters- und schulartengemäße Vorgehensweise bei der Untersuchung zu beachten.

6.2 Globalisierung im Zeichen humanitärer, sozialer, ökonomischer und ökologischer Gestaltung

Viele landeskundliche Themengebiete wie ‚Politik', ‚gesellschaftliches Engagement' oder ‚Zukunftsperspektiven' sind keine neuen Inhalte im Englischunterricht. Sie lassen sich in unserer Zeit jedoch nicht mehr im vertrauten nationalstaatlichen Orientierungsrahmen behandeln. Ob es die Bekämpfung des Klimawandels, die globale Armutsbekämpfung oder die gemeinsame Ordnungspolitik für die Wirtschafts- und Finanzmärkte ist – überall sind wir als Weltbürger angesprochen und gefordert. Im Sinne des globalen Lernens muss daher von lokalen Themen ausgegangen und deren globale Perspektive als kognitive Umwälzung ergänzt werden. Entsprechend können Themen in einem Schritt ohne den nationalstaatlichen Orientierungsrahmen aufbereitet werden und erst in einer weiteren Phase einen lokalen und konkreten Bezug erfahren. Das übergeordnete Ziel besteht darin, dass der Lerner seine Rolle im Netz der Globalisierung erkennt: *think global, act local.*

6.2.1 Weltordnungspolitik und internationale Beziehungen

Die Mittel der Politik müssen an der Schwelle zum 21. Jahrhundert neu definiert werden, um den bisher größten wirtschaftlichen und gesellschaftlichen Veränderungsprozessen seit der Industriellen Revolution begegnen zu können. Politik darf sich nicht mehr nur auf einen Nationalstaat oder auf die Zusammenarbeit zwischen den Staaten beziehen, sondern muss die Entwicklungen eines zukunftsorientierten Prozess- und Strukturmodells darstellen, in dem staatliche und nicht-staatliche Akteure in verschiedenen Bereichen zukunftsorientiert zusammenarbeiten.[3] Für die Mehrheit der Lerner handelt es sich um ein noch größtenteils unbekanntes Themengebiet. Ein Blick auf die Curricula unterstreicht aber die Bedeutung der Aufnahme dieser Thematik. So fordert beispielsweise der Lehrplan von Hessen, dass „die Rolle supranationaler Institutionen"[4] als Unterrichtsgegenstand in der Sekundarstufe I aufzunehmen ist.

Erste Untersuchungen zeigen, dass die Inhalte, die dem Aspekt ‚Weltordnungspolitik und internationale Beziehungen' zugeordnet werden können, in fast allen Lehrbüchern vollständig ausgeklammert sind.[5] Grundsätzlich fällt bei den zu dieser Facette der Globa-

3 Den Versuch, der bisher unkontrollierten Globalisierung einen Rahmen zu geben und sie in Bahnen zu lenken, stellen beispielsweise internationale Organisationen wie die Vereinten Nationen (*United Nations Organization*, UNO), der Internationale Währungsfonds (*International Monetary Fund*, IWF/IMF) oder die Welthandelsorganisation (*World Trade Organization*, WTO) dar. Aber auch politische und wirtschaftliche Zusammenschlüsse wie das Nordamerikanische Freihandelsabkommen (*North American Free Trade Agreement*, NAFTA) und die Europäische Union (EU) sind erste Schritte in diese Richtung.

4 Lehrplan Hessen Gymnasium (URL: www.kultusministerium.hessen.de/irj/HKMInternet?cid=f1e079cc428af80d07f4fe2db20fe301, Stand: Mai 2010).

5 Beispiele zu Politikern, Gesetzen etc., die eine globale Perspektivierung mit sich bringen, lassen sich im Korpus der untersuchten Lehrbücher nicht finden.

lisierung vermittelten Inhalten auf, dass nicht einmal elementare Aspekte wie allgemeingültige Menschenrechte angesprochen werden, obwohl durchaus der thematische Kontext gegeben ist. Lediglich das Schulbuch *Camden Town 6* verweist auf die Existenz und die Aufgaben der Vereinten Nationen, an denen sich verschiedenartige Zugänge exemplifizieren lassen. Die Unterrichtseinheit beginnt mit einer knappen Skizzierung der Organisation aus Broschüren, kurzen didaktisierten Sachtexten und einem Verweis auf eine Internetseite der Vereinten Nationen. Jugendliche können diesen Materialien erste Informationen zu Zielen und Arbeitsweisen der Vereinten Nationen entnehmen:

> The UN was established on 24 October 1945 by 51 countries committed to preserving peace through international cooperation and collective security. Today, nearly every nation in the world belongs to the UN: membership totals 191 countries.[6]
>
> The United Nations has six main organs. Five of them – the General Assembly, the Security Council, the Economic and Social Council, the Trusteeship Council and the Secretariat – are based at UN Headquarters in New York. The sixth, the International Court of Justice, is located at The Hague in the Netherlands.[7]

Im nächsten Schritt werden ehrenamtliche Mitarbeiter wie UN Goodwill Ambassador Angelina Jolie oder der ehemalige UN Secretary-General Kofi Anan vorgestellt. Allerdings richtet sich der Blick vor allem auf die Personen und weniger auf deren konkretes Engagement, weswegen die inhaltliche Information knapp ausfällt und kaum für Klarheit und Übersicht sorgt. Die punktuellen Erläuterungen[8] über Funktion und Ziele der Institution sowie die Fokussierung auf ehrenamtliche Mitarbeiter allein erfüllen nicht die Standards des globalen Lernens. Sie sind ebenso wenig in der Lage, über den generellen Mangel an schüleraktivierenden Vermittlungsverfahren hinwegzutäuschen[9], deren es bedürfte, um diesen komplexen Sachverhalt altersgemäß und lernerorientiert darzustellen.

Demgegenüber hervorzuheben ist der Text über Sir Peter Ustinov, der bis Anfang des 21. Jahrtausends Goodwill Ambassador für die UN war. Über dessen Aufgaben und Ziele wird der Lerner in Form eines Zeitungsberichts in Kenntnis gesetzt. Der Text übt eine Appellfunktion an die globale Verantwortung der reichen Länder aus. Somit stellt er ein Gegengewicht zu der vorangegangenen Faktenvermittlung und Prominentendarstellung dar. Die Lerner erhalten durch den Einblick in Ustinovs Tätigkeitsbereich folgende Auskünfte über die Vereinten Nationen:

> Appointed a UNICEF Goodwill Ambassador in 1968, Sir Peter fulfilled the voluntary position with delight. His travels on behalf of UNICEF took him to China, Russia, Myanmar, Cambodia, Kenya, Egypt and Thailand, among other countries, and he lobbied

6 *Camden Town 6*, pp. 69ff.

7 *Ibid.*, pp. 69ff.

8 „What do you know about the United Nations? Describe this work of art and explain what you think the sculpture expresses. In what way does the sculpture relate to the aims of the United Nations?" (*ibid.*, pp. 69ff).

9 *Ibid.*, pp. 69ff.

> governments at the highest levels to recognize the rights of children worldwide. Several of his missions to visit UNICEF projects, such as his 1986 visit to child health and education projects in China, were filmed for television. A two-week filmed mission to the Russian Federation in 1993 gave him the opportunity to help build awareness of the situation facing children in that country.
>
> Sir Peter represented UNICEF in numerous international television specials over the years and his inimitable style contributed to several award-winning radio and television commercials. [...] Throughout his long career as a Goodwill Ambassador, he actively supported National Committees by participating in advocacy and fund-raising events and through media interviews.[10]

Das Problem der Zugänge über Sachtexte besteht jedoch darin, dass sie noch zu wenig lernerorientiert und selten motivierend vorgehen.

Das Interview mit einem Jugendlichen, der sich erfolgreich bei einem Planspiel über die Vereinten Nationen – *Model UN* – engagiert, appelliert hingegen an die Lerner, sich selbst an solchen Simulationen und Planspielen zu beteiligen:

> So where does Casey go from here? „I've applied to college," he said. „I'd like to get into NYU." And he believes Model UN will help him get accepted. „When they look at my application, I think they'll see a kid who came from a small town in Wyoming – and went all the way to the UN. " [...] By the way, Casey has now been accepted at New York University.[11]

Diese Wirkungsintention wird am Ende der Unterrichtseinheit durch die lerneraktivierende Gruppenarbeit verstärkt, in der die Jugendlichen sich im Internet über verschiedene Programme der UN kundig machen sollen. In einem *three-minute-talk* tauschen sich die einzelnen Gruppen am Ende der Unterrichtseinheit über die Ergebnisse ihrer Recherche aus.

Zu kritisieren ist aber, dass die Unterrichtseinheit für einen fundierten Überblick über die Vereinten Nationen zu undurchsichtig bleibt. Grafiken und Modelle könnten in Verbindung mit entsprechenden Erläuterungen möglicherweise Abhilfe schaffen und die grundlegenden Informationen und Zusammenhänge übersichtlich gestalten.

Dennoch muss man vermerken, dass *Camden Town 6* diesen multiperspektivischen Ausschnitt über die Vereinten Nationen und ihre Tätigkeitsbereiche mit variationsreichen Zugängen und Verfahren präsentiert. Sowohl die Unterrichtseinheit insgesamt als auch deren einzelne Elemente entsprechen den Prinzipien des globalen Lernens. Wenngleich am Anfang der Unterrichtseinheit mehr Materialien hilfreich gewesen wären, welche die Lernerautonomie fördern, so beweist doch die beschriebene Unterrichtseinheit, dass auch komplexe und auf den ersten Blick vermeintliche Randthemen in didaktisch reduzierter Form die Ausbildung einer globalen Kompetenz im Englischunterricht unterstützen. Diese Vermittlung ermöglicht dem Lerner, sich mit den für ihn relevanten Aspekten auseinanderzusetzen. Daher ist nicht evident, warum die Rezipien-

[10] *Ibid.*, p. 75.
[11] *Ibid.*, pp. 72-73.

ten anderer Lehrbücher keinerlei Einführungen in grundlegende weltpolitische Zusammenhänge erhalten. Internationale Beziehungen haben nachweislich einen wichtigen Einfluss auf das Zusammenleben in der durch Globalisierung vernetzten Welt. Informationen und Recherchen zu Planspielen und Projekten für Jugendliche wären schulformübergreifend von Nutzen.[12] An dieser Stelle soll auch auf die Webseite der UN für Kinder und Jugendliche hingewiesen werden, die weiteres didaktisch aufbereitetes Informationsmaterial für den Englischunterricht zur Verfügung stellt.[13] Wünschenswert wären, inhaltliche Konkretisierungen und in den Englischunterricht zu integrierende Übungen. Sie sollten folgende Aspekte beinhalten:

- tiefere Einblicke in die Gewährleistung von Menschen- und Kinderrechten,
- Bedeutung weltweiter Rechtsstaatlichkeit,
- internationale Organisationen und ihre Handlungskompetenz (*cf.* Kapitel 6.2.6),
- respekt- und vertrauensvolle Zusammenarbeit der Staatengemeinschaften,
- gemeinsame Werte, Handlungsprinzipien, verbindliche Regeln und
- Möglichkeiten internationaler Konfliktbearbeitung.

6.2.2 Aufhebung räumlicher Distanz

Wenn von einer globalisierten Welt gesprochen wird, so ist dies auch die Folge einer ins Vielfache gesteigerten Mobilität mit der damit einhergehenden Überwindung großer räumlicher Distanz. Durch den erweiterten räumlichen Horizont entsteht vor allem der Eindruck einer Welt mit global agierenden Menschen und Institutionen. Die Überwindung von Distanz verändert den persönlichen Lebensstil, die Arbeitsverhältnisse, die Bildungswege und das Verkehrsaufkommen. Die real-räumliche Welterfahrung der Überwindung von Distanz geht mit der Digitalisierung einher, die im globalen Zeitalter eine wachsende Rolle spielt. Die Lehrbücher greifen primär die digital geprägten Veränderungen auf.

12 *Cf. Model UN* Deutschland (URL: www.model-un.de/was-ist-mun, Stand: März 2009); andere Projekte sind *Model European Parliament* (URL: www.mep-germany.de, Stand März 2009), *European Youth Parliament* (URL: www.eypej.org, Stand: März 2009) u. a.

13 Videos, Audiodateien, Informationen, Interviews mit Jugendlichen, Fotogalerien, Wettbewerbe, Chats, Rankings, Rollenspiele etc. finden sich unter der UN-Cyberschoolbus-Webseite (URL: www.cyberschoolbus.un.org/, Stand: September 2010) und unter der UNICEF-Webseite (URL: www.unicef.org/voy/, Stand: September 2010).

6.2.2.1 Transformation durch räumliche Mobilität

Angaben über die erhöhte räumliche Mobilität enthalten die meisten Lehrbücher auf verschiedenartige Weise, insbesondere aus touristischer Perspektive. Vor allem lässt sich die Situation in den Lehrwerken durch mobile Protagonisten darstellen, die ihre Freizeit mit Reisen und Besuchen bei Verwandten rund um den Globus verbringen.[14] Jedoch ist festzustellen, dass die Beispiele nur als situativer Kontext Verwendung finden. Implizit spielt also die Selbstverständlichkeit der Mobilität eine große Rolle. So sind Reisen in die USA, nach Kanada, Südafrika oder Indien keine Besonderheit mehr. Auch die Besuche internationaler Ereignisse, wie zuletzt die Fußball-Weltmeisterschaft in Südafrika, liefert Hinweise auf die Mobilitätsaspekte. Sie werden allerdings nie detaillierter ausgeführt. In *Let's Go 5* und *New Highlight 4* werden Reisen als Brücke vorgestellt, um die Lehrbuchinhalte von England in die USA umzuleiten und damit die Lerner mit New York City vertraut zu machen.[15] Den Schülern erschließen sich allerdings durch diese Darstellungsweise keinesfalls die reale Bedeutung und die Auswirkungen der Mobilität in der globalen Welt.

Lediglich einige Hintergrundinformationen bei Einsetzübungen zur Grammatik nehmen Mobilität als Thema in der globalen Welt auf, wenn über moderne Reisestile wie das international verbreitete *backpacking* berichtet wird:

> The year-out generation: Backpacking in Australia has become very popular with young Britons who want to spend a gap year abroad without having to get used to live in a country with a totally different culture from their own. [...] The ideal place to start is Sydney.[16]

Grundsätzlich kritisch anzumerken ist, dass die landeskundlichen Informationen im Rahmen einer Übungsform zur Grammatik deutlich untergeordnet sind. Nur wenig besser gelingt die Vermittlung anhand der Darstellung einer *Interrail-Tour* durch Europa, „A Tour of Europe"[17], des Lehrbuchs *Let's Go 5.* Obwohl das beigefügte Bildmaterial viele Aspekte der Mobilität aufgreift, fehlt eine ausreichende Kontextualisierung und didaktische Aufarbeitung, die über die Erwähnung der *Interrail-Tour* hinausgeht.

Sprachliche Fertigkeiten für die ansteigende Mobilität werden in wenigen reproduktiven Übungsformen[18] geschult, auf die im Kapitel 7 ausführlicher eingegangen wird.

Festgehalten werden kann, dass die real-mobile Dimension der Globalisierung mit ihren Herausforderungen für die globale Welt in den Lehrbüchern nicht ausreichend dargestellt wird. Auf der Grundlage der dargelegten Beispiele wird deutlich, dass die Mobilität nicht als Element *per se* fungiert, sondern nur als nebensächliches Thema im touristischen Kontext. Dem Lerner erschließt sich durch diese Art der Darstellung keine

14 *Portobello Road 4*, p. 12; *Let's Go 4*, p. 107; *Portobello Road 5*, pp. 44-45; *Camden Town 4*, pp. 14-15; *New Highlight 4*, pp. 60ff.

15 *Snap! 6*, pp. 8-9 und *New Highlight 4*, pp. 60ff.

16 *Green Line New 5*, p. 38.

17 *Let's Go 5*, pp. 100-101.

18 *New Highlight 4*; *New Highlight 5*; *Let's Go 4*.

klare Vorstellung von der real-räumlichen Mobilitätsdimension der Globalisierung. Inhaltliche Möglichkeiten zu einer Vertiefung wären neben der Präsentation der ökologischen Konsequenzen auch die Thematisierung des Wochenablaufs eines Vielfliegers. Das erst für das Schuljahr 2010/11 erschienene Lehrbuch *Let's Go 6*[19] stellt das moderne Reisephänomen *couch surfing* vor. Die Lerner informieren sich mithilfe der Internetseiten für *couch surfer*, simulieren Chat-Situationen und erhalten weitere schüleraktivierende Arbeitsaufträge, die durch motivierende Aspekte bestechen und Einblicke in moderne Reisestile erlauben.

6.2.2.2 Virtuelle Mobilität

Die virtuelle Mobilität hebt die räumliche Distanz auf. Rund 1,3 Milliarden Menschen – ein Fünftel der Weltbevölkerung – nutzen das *world wide web*, auf das man als Massenmedium erst seit etwa 1995 zurückgreifen kann. Durch das Internet werden die Ausdehnung weltweiter Kommunikationsbeziehungen sowie virtuell-räumlichen Erfahrungen gefördert. In den Lehrbüchern nimmt die Thematik des grenzenlos gewordenen digitalen Austauschs einen festen Platz ein.

Kaum ein Lehrbuch verzichtet auf die Nennung und gegebenenfalls kurze Beschreibung der Distanzüberwindung durch das Internet im Alltag[20], meist begleitet durch ansprechendes Bildmaterial, auf dem die verschiedenen Informationstechnologien dargestellt sind.[21] Zusätzliche Erklärungen, die den Lernern eine entsprechende Einordnung in die globalen Auswirkungen der digitalen Welt erlauben würden, fehlen jedoch fast durchgehend. Diese Dimension und Vernetzung herauszuarbeiten, wird auch bei den Abbildungen der weltweiten Medien – Online-Angebote von Zeitschriften, TV-Programme etc. – versäumt. Exemplarisch kann dies an einer abgebildeten Umfrage aus *Green Line New 5* belegt werden, in der Teenager zu ihrem Umgang mit dem Internet befragt werden. Ihre Antworten zeigen eine Bandbreite verschiedener Verwendungsmöglichkeiten auf:

> Mitsuko, Japan: I use the internet for communicating with people. Chatting is great. [...]
> Liam, Ireland: I buy things off websites or bid for them on eBay. I like bidding – it's fun!
>
> Nelson, South Africa: The internet helps me to do my homework. It's easy to find the information I need, and it's much more convenient than having to go to the library to get books. I mean to use some homework websites, too, before my exams next month. It's worth following their advice about how to revise.
>
> Marissa, Mexico: I like to listen to music more than anything, and the internet means never having to buy CDs again! It‘s such a cheap and easy way to get music. It's quick, too,

19 *Let's Go 6*, pp. 78-79.
20 „One World – Internet lifestyle" (*Green Line New 5*, p. 12); *Go Ahead 9*, p. 34.
21 *Green Line New 5,* pp. 8-9.

> when you get used to doing it. It takes me less than a minute to download a song on to my computer and then transfer it to my mp3 player.[22]

Obwohl die Auszüge aus den Interviews auf die Vielfältigkeit der weltweiten Alltagsverwendungen der Jugendlichen hinweisen, wird die reduzierte Bedeutung der geografischen Grenzen durch die weltweite Digitalisierung und Vernetzung nicht deutlich herausgearbeitet. Stattdessen erhalten die Lerner plakative Visualisierungen von zahlreichen Orten der Welt. Die implizierte Aussage ist deutlich: Jeder kann sich an globalen Kommunikationsprozessen beteiligen. Ein Bewusstsein dafür, dass die digitale Globalisierung Auswirkungen hat oder was mit den Personen geschieht, die keinen Zugang zum Internet haben, vermitteln die Lehrbücher nicht.

An dieser Stelle sei auch bei der Thematisierung von Informationstechnologien auf ein grundsätzlich latentes Problem hingewiesen. Vor allem die visuellen Bereiche innerhalb der Lehrbuchdarstellung laufen Gefahr, bereits bei der Erscheinung des Lehrbuchs wieder veraltet zu sein. Ein Beispiel, das dieses Dilemma bestätigt, lässt sich in *Highlight 6* finden. In „What's new – technics, phones, watches [...]"[23] werden die modernen Medien vorgestellt, darunter ein Walkman und ein tragbarer CD-Player. Dieser Mitte der 1990er Jahre aktuelle technische Stand war bereits bei der Veröffentlichung des Lehrbuchs 2002 veraltet. Benötigt werden also Darstellungsarten, welche das Problem der ständigen technischen Neuerungen umgehen.

Eine entsprechende Möglichkeit kann sein, dass weniger die Abbildung der Medien an sich im Mittelpunkt steht, sondern die Herausbildung einer Medienkompetenz zum Thema wird. Das Verlagshaus Cornelsen bietet dazu bereits *web units*[24] als Ergänzung an. Andere Lehrbücher fordern Lesefertigkeiten des *skimming and scanning*[25] ein und motivieren durch *Internet search tips*[26] zu dessen gezielter Nutzung. Das von Cornelsen herausgegebene Lehrbuch *English G 6* integriert zudem noch Lernstrategien und Übun-

22 *Ibid.*, p. 12.

23 *Highlight 6,* pp. 48ff.

24 Web Units (URL: www.cornelsen.de/webunits/englisch/eg2000/, Stand: März 2010).

25 „Reading techniques: Skimming (Skimming means going through a text quickly and getting the gist: Look out for headings, pictures and key words. Don't read every word, concentrate on beginnings and ends of paragraphs as well as key words) – Scanning (Scanning means going through a text quickly and finding articular details: Headings and pictures give you an idea of what to expect from a text. What questions would you want the text to answer? Look out for relevant key words. Stop when you find one and read that part of the text carefully. Take notes if necessary)" (*Green Line New 5*, p. 88).

26 Es finden sich Angaben zu den folgenden Themen: „Subject searches and key word searches", „Finding what you want", „Bookmarks", „Finding something on a page", „Evaluating your results", „Saving paper und summarizing" und „Presenting your findings". Dabei kann nicht nur der Fokus auf ein kritisches Herangehen festgestellt werden („Don't believe everything you read! Remember that anyone can publish anything on the internet. Judge the reliability of a website before using information from it"), sondern auch von ersten Schritten hin zum wissenschaftlich propädeutischen Wissen gesprochen werden, z. B. auch durch Hinweise wie: „Remember: You should always be able to tell where your information came from!" (*Green Line New 6,* p. 111).

gen für den Umgang mit Online-Enzyklopädien, die bei einer effizienten Förderung der Medienkompetenz elementar sind: „Using the Internet for research, online encyclopedias and dictionaries."[27]

Ebenso lassen sich in den Lehrbüchern des Korpus Beispiele finden, die Darstellungen der modernen Chat- und SMS-Abkürzungen sowie die Themen Höflichkeit, Sicherheit und Vorsicht im Umgang mit dem Internet als digitale Veränderungen der Gegenwart schülerorientiert ausrichten und umsetzen. Das Lehrbuch *Green Line New 5* nimmt sich Chat-Texten und ihrer Verschlüsselung durch gängige Abkürzungen in der englischen Sprache an. So stellt es eine SMS mit folgendem Text dar:

> Hi Luke! I'm coming 2 Goa 2morrow! Not a prob 4U, I hope ;o). Have just bought my train t-ket. Is it OK 4 me 2 stay at YR place? Look 4ward 2 C-ing U! Trish.[28]

Bezweifelt werden muss allerdings, dass sich die Jugendlichen tatsächlich mit diesem SMS-Text auseinandersetzen, denn er dient eher als dekoratives Element der Lehrbuchseite, als dass er im explizit die Chat-Kommunikation aufgreift und thematisch vertieft.

Probleme bereitet der Missbrauch der Anonymität im Internet. Darin liegen auch die Gefahren der Computerabhängigkeit und des Cyber-Mobbing, die bislang in der Öffentlichkeit noch wenig Beachtung fanden. Vor- und Nachteile der Digitalisierung werden in den untersuchten Unterrichtsmaterialien diskutiert. Die Lehrbücher nehmen das lernerorientierte Thema der Normen im Umgang miteinander auf und weisen auf Gefahren und Möglichkeiten des Missbrauchs im digitalen Zeitalter hin. Der Fokus richtet sich vor allem auf das aktuelle Thema der Suchtgefahr und des Missbrauchs, indem beispielsweise *Let's Go 5* einen Sachtext über Internetsucht präsentiert, die in den USA mittlerweile bereits als eingetragene psychische Krankheit anerkannt ist. Weitere Gefahren und Sicherheitsprobleme werden in *Green Line 4* angesprochen: „Pornography, chat rooms and online games are the top cyber addictions."[29] Insbesondere das Interview mit einer Frau, die von der tödlichen Internetsucht ihres Sohnes berichtet, den die Krankheit zuerst depressiv werden ließ und dann in den Suizid trieb, soll den Lerner zur eigenen kritischen Distanz gegenüber den Neuen Medien aufrufen: „Think of pros for these two forms of technology, and cons for the other article."[30] *Green Line 4* bietet einen altersgemäßen Zugang zu diesem Thema und unterstützt somit die Lerner der 8. Jahrgangsstufe darin, eine gewisse kritische Distanz gegenüber dem Medium Internet auszubilden. Auch dem Lehrbuch *Context Starter 21* gelingt es, auf die Gefahren der Anonymität hinzuweisen, indem die Lerner einen Auszug aus einem Zeitungsartikel „An online hoax"[31] lesen. In ihm wird ein tragischer Fall von Missbrauch des Internets durch die Schaffung eines *online characters* erzählt. Der Auszug führt den Lernern exemplarisch die Risiken moderner Kommunikationstechnologie vor. Zugleich trainieren die Schüler ihre Lesekompetenz an einem semiauthentischen Zeitungsartikel.

27 *English G 6*, p. 99.
28 *Green Line New 5*, p. 27.
29 *Green Line 4*, p. 113.
30 *Ibid.*, p. 114.
31 *Context Starter 21*, p. 52.

Eine Art E-Mail-Knigge (Netiquette) wird in *Green Line New 6* präsentiert, indem *Dos and Don'ts*[32] für einen höflichen und korrekten Umgang im Internet aufgelistet werden. Die Lerner erhalten Informationen, worauf sie achten müssen, aber auch darüber, was bestimmte Ausdrucks- und Verhaltensformen über den Kommunikationspartner verraten. Ebenso nimmt das Lehrbuch *Camden Town 6* in dem Text „Don't bully me"[33] Beispiele für die Netiquette und Mobbing im Internet auf, weicht aber im Gegensatz zu den von *Green Line New 6* präsentierten *Dos and Don'ts* von dem deduktiven Vorgehen ohne konkrete Anwendungsbeispiele ab. Der Text in *Camden Town 6* ist als Cybernet-Ratgeber gegen Bullying zu verstehen, der von konkreten Fällen ausgeht. Anhand deren können die Lerner sich Kenntnisse über (unbewusste) Verstöße gegen die Netiquette und mögliche Reaktionen auf ein Cybernet-Bullying aneignen.

Den zitierten Lehrbüchern gelingt es durch die dargestellten Beispiele, eine wichtige Komponente im Umgang mit Medien zu präsentieren, wobei vor allem die Verfahrensweise von *Camden Town 6* induktiv und daher zu bevorzugen ist. Die Lerner können auf diese Weise aktiviert werden und ihre eigenen *Dos and Don'ts*-Listen erstellen. Die methodisch-didaktische Einbindung der Chat- und E-Mail-Sprache sollte eine Überarbeitung erfahren, bietet sie doch Potenzial vor allem für sprachlich weniger fortgeschrittene Lerner. Mögliche Vorgehensweisen können darin bestehen, dass die Chats in ausformulierte Briefe übersetzt werden müssen, die Schüler selbst Chat-Mitteilungen in Englisch schreiben und ein Ranking stattfindet, bei dem derjenige gewinnt, der die englische Chat-Mail mit den meisten Abkürzungen hat.

Im Rahmen der Medienkompetenz sind die Fertigkeiten im Umgang mit dem Medium Internet die übergeordneten Lernziele, die zudem das Problem vermeiden, dass die visuellen Materialen ständig veralten. Ein weiteres gelungenes Beispiel ist vor diesem Hintergrund auch der Ansatz von *Green Line New 6*, das einen Textauszug von George Orwells *Nineteen Eighty-Four*[34] aus dem Jahr 1948 in Bezug zu einem aktuellen journalistischen Text über Überwachungskameras (*Big Brother Britain*[35]) stellt. Der Auszug aus *Nineteen Eighty-Four* ist der Anfang des Romans, der ein Alltagsbild in einem dystopischen Überwachungsstaat beschreibt. Es ist von Überwachungskameras und der Zerstörung der Privatsphäre geprägt. 1948, als der Roman entstand und erschien, wurden in diesen Beschreibungen kaum vorstellbare Visionen gesehen.

Der journalistische Text bringt zum Ausdruck, dass Orwells Schreckensszenarien mittlerweile mehr oder weniger zur Realität geworden sind. In diesem Artikel wird die Diskussion um den Einsatz von Überwachungskameras (*Closed-circuit television surveillance* – CCTV) in England geschildert, die in großer Anzahl – „[m]ore than 400 million surveillance-cameras"[36] – in den Großstädten aufgestellt sind. Als offizieller Grund wird die Verbrechensbekämpfung genannt, obwohl etliche Gegenargumente den Beleg dafür liefern, dass viel Illegales mit den Aufzeichnungen geschieht, das Recht der

32 *Green Line New 6*, p. 83.
33 *Camden Town 6*, p. 83.
34 *Green Line New 6*, pp. 76-77.
35 *Ibid.*, p. 78.
36 *Ibid.*, p. 79.

Menschen auf Privatsphäre in fast allen Fällen überschritten wird und dass auch die Verbrechensrate nicht drastisch zurückging.

Durch einen Vergleich des literarischen und journalistischen Textes sollen die Lerner zum einen Belege für die wahr gewordenen Horrorszenarien der Überwachung aus den Texten herausfiltern und zum anderen entscheiden, ob das Thema der Überwachung für sie aktuell und wichtig ist. Der Mehrwert und das Potenzial von Literatur übersteigen, wie hier deutlich ersichtlich ist, in jeder Hinsicht die rein deskriptiven Schilderungen der Neuen Medien.

Als Erweiterung wird der Film *Nineteen Eighty-Four* empfohlen bzw. auf eine Auswahl an Filmen verwiesen, die ähnliche Zukunftsprophezeiungen über die Gesellschaft geben. Zumeist handelt es sich um etablierte Filme und Romane aus der Gattung der Utopien und Dystopien wie beispielsweise *Brave New World, Animal Farm, Fahrenheit 451, A Handmaid's Tale, The Truman Show.*[37] Durch das gattungsspezifische Ausmalen und Ausreizen existierender Bedrohungselemente gelingt es den Filmen im Allgemeinen, eine emotionale Beteiligung der Lernenden zu erreichen.

Vielsagend sind in diesem Zusammenhang auch die Comics, die in den Lehrbüchern zu diesem Thema einen nicht minder wichtigen Stellenwert einnehmen. In *Green Line New 6* folgt den beiden Texten ein Comic[38], der das Problem mit Überwachungskameras thematisiert. Weitere Comics greifen den zunehmenden Medieneinfluss im Alltag, aber auch die Gefahr des Missbrauchs der Computeranonymität[39] auf, wie die folgenden Beispiele zeigen:

Abb. 44: Cartoons zum Missbrauch der Computeranonymität (Quelle: *Green Line New 6* und *Let's Go 5*)

37 Weitere mögliche Filme sind auch *The Fifth Element*, *Artificial Intelligence*, *Children of Men* oder *Gattaca*.

38 *Green Line New 6*, p. 79.

39 *Cf.* auch *Let's Go 5*, p. 19.

Comics, Cartoons, Karikaturen oder auch *graphic novels* eignen sich besonders, komplexe Themen sprachlich reduziert auf den Punkt zu bringen und sie somit für Lerner jeder Lernstufe zugänglich zu machen. Die Arbeitsaufträge aus *Green Line New 6* enden mit einem interkulturellen Vergleich, der die autonome Lernerhandlung fördert:

> Research the situation in Germany. Find out the statistics for CCTV cameras and what rules there are about where they can be installed and how images of the public can be used.[40]

Sie erlauben den Lernern, sich mit der Situation in Deutschland auseinanderzusetzen und die Auswirkungen auf das eigene Leben zu erkennen. Die provozierende These „Honest citizens have nothing to fear from CCTV surveillance“[41] am Ende des Kapitels in *Green Line New 6* soll den Transfer liefern und unter den Lernern eine Debatte über die kontroverse gesetzliche Regelung von Überwachungskameras auslösen.

Auch die Veränderung der sozialen Beziehungsformen durch Netzwerke wie Facebook und Twitter[42] könnte die problemorientierten Darstellungen inhaltlich erweitern. Dabei wäre auch eine generelle Klärung des Begriffs der globalen Kommunikationskultur bzw. ein didaktisch reduziertes Modell zur Kommunikation eine gute Grundlage, um überhaupt die Möglichkeiten und Veränderungen der Digitalisierung im Kommunikationsbereich zu erkennen.

Context Starter 21 stellt Karl Bühlers Kommunikationsmodell dar und sensibilisiert die Lerner für das Thema Kommunikation zunächst einmal grundsätzlich: „A communication model: the speaker's reality, the shared space and the recipient's reality.“[43] Durch verschiedene Arbeitsaufträge wenden die Lerner das Modell auch praktisch an einem Romanauszug an:

> Applying a communication model. Relate the situations in ll. 10-13 to the communication model. In these situations, is the intended meaning the same as the perceived meaning? Do sender and recipient have a shared space? What connection, if any, is there between a shared space and the success of communication? [44]

Explizit gehen einige Lehrbücher auf die vielfältigen Veränderungen des digitalen Zeitalters ein, denn es ist gerade hierbei die Möglichkeit gegeben, den Lernern eine Facette der modernen Kommunikation zu präsentieren, die sehr nahe am Lebensalltag der Jugendlichen orientiert ist. Vor allem die in der Lehrbuchreihe *Green Line* dargestellten Ansätze von Gefahren und Problemen der digitalisierten Welt zeigen auf, dass dies auch ohne Indoktrination oder Manipulationsversuche gegen die Web 2.0-

40 *Green Line New 6*, p. 80.
41 *Ibid.*, p. 80.
42 Durch das Internet ist es beispielsweise möglich geworden, Kontakt translokal – also über den eigenen lokalen Lebenskontext hinaus – aufrechtzuerhalten. Expatriates oder Migranten können so, trotz ihrer weltweiten Verstreuung, einen medial vermittelten gemeinsamen engen Kontakt bzw. ihre ethnische Identität wahren.
43 *Context Starter 21*, p. 48.
44 *Ibid.*, p. 56.

Jugendwelt möglich ist. In *Green Line New 6* treten Sachverhalte oder Sichtweisen durch eine Reihe verschiedener Materialien und Herangehensweisen hervor. Konflikte werden in den Lehrbüchern nicht nur angesprochen, sondern auch zur Reflexion dargestellt. Das Ausmaß des globalen Distanzverlusts durch die Digitalisierung und der virtuellen Mobilität rückt allerdings durchgehend zu wenig in den thematischen Blickpunkt.

6.2.3 Ökonomische Globalisierung

Das geläufigste Verständnis von ‚Globalisierung' bezieht sich auf den ökonomischen Prozess, „der durch die Ausweitung der internationalen Arbeitsteilung gekennzeichnet ist".[45] Die Wirtschaft ist die Triebfeder der Globalisierung und steht schon allein deshalb im Mittelpunkt der öffentlichen Globalisierungsdiskussionen, weil sie in der Entgrenzung der Nationen am weitesten fortgeschritten ist. Weltweit haben sich Märkte herausgebildet, auf denen supranational Waren, Kapital und Dienstleistungen gehandelt werden.

Was kann bei der Untersuchung der Lehrbücher hinsichtlich der ökonomischen Aspekte und der Verflechtungen der Wirtschaft erwartet werden? In den Curricula wird nur vereinzelt die wirtschaftliche Dimension der Globalisierung erwähnt, z. B. als „Aspekte der Globalisierung: aktuelle wirtschaftliche Gegebenheiten, Strukturwandel."[46] Ein Blick auf die inhaltliche Gestaltung der Lehrbücher zeigt, dass die Darstellungen der globalen Ökonomie zwar thematisch eingeschränkt sind, aber im Vergleich zu den anderen Themengebieten des Kapitels 6 überproportional häufig in die Lehrbücher aufgenommen wurden (*cf.* Kapitel 6.1). Dabei wird der ökonomische Aspekt häufig mit negativen Assoziationen[47] verbunden, wie aus dem folgenden Zitat symptomatisch hervorgeht: „Globalisation means also that people in the third world can be exploited to make profits for rich countries."[48] Insgesamt muss der Informationswert dieser Darstellungen hinterfragt werden, da nicht mehr als eine knappe Beschreibung geboten wird. Ähnliches gilt auch für die seltenen Verweise in den Lehrbüchern auf die positive Seite der ökonomischen Globalisierung: „Globalisation provides the opportunity to improve life for people everywhere in the world."[49] Auch sie sind nur stichpunktartig.

Denkanstöße werden in dem Projekt „Global industry"[50] dadurch gegeben, dass die Lerner aufgefordert werden, die Inhalte ohne Indoktrination oder Manipulation selbst zu erarbeiten:

45 Klaus Wipperman, *ed., Informationen zur politischen Bildung,* Bonn: Bundeszentrale für politische Bildung 3/2003, p. 2.

46 Lehrpläne (URL: www.server.co101.spacenet.de/isb.co101.spacenet.de/contentserv/3.1/g8.de/index.php?StoryID=26513, Stand: Juni 2010).

47 *Green Line New 5*, p. 6-8.

48 *Ibid.,* pp. 6-8.

49 *Ibid.*, pp. 6-8.

50 *Ibid.*, p. 17.

> Working on a project. Global industry – Find out about the history, products and image of one or more companies and make a presentation on what they do and how (fast food, cosmetics, information technology, sportswear, clothing).[51]

Während die stichpunktartigen Darstellungen zu plakativ und wenig aussagekräftig sind und neben kognitiven Deskriptionen wenig mit Begriffen und Phänomenen arbeiten, vermeidet die zitierte Projektarbeit diese Vorgehensweise und aktiviert den Lerner, seine eigene Meinung und Schwerpunktsetzung zur *global industry* zu finden.

Ein weiterer Aspekt der ökonomischen Globalisierung sind die weltweit agierenden Großkonzerne, die *global world players*, die im Blickfeld der Lehrbuchthemen stehen. Detaillierte Darstellungen lassen sich zu der Internationalisierung, sich verändernden Arbeitsbedingungen, Outsourcing sowie einer Zunahme von Konsum und Profitgier finden.

6.2.3.1 Internationalisierung

Ausgehend von Texten über die gegenwärtige Internationalisierung der Arbeitswelt und über die Bedingungen, welche auf Jugendliche in der globalen Arbeitswelt zukommen, finden sich in den Lehrbüchern zunehmend Anregungen zur Betrachtung des eigenen Lebensbezugs und damit zum interkulturellen Vergleich.

Jenseits der eher auf visuelle Eindrücke ausgerichteten Texte, die den Lernern Eindrücke über mögliche zukünftige Berufsoptionen[52] verschaffen, sind immer mehr Lehrbuchdarstellungen bemüht, einen direkten Bezug zur Lebenswelt der Lerner herzustellen, indem sie die Flexibilität spiegeln, derer es auf dem globalen Arbeitsmarkt bedarf. Individuelle Erfahrungen und Kenntnisse werden explizit einbezogen.

Geglückt ist der Fokus auf den gegenläufig einsetzenden Trend von Engländern, nach Indien zu gehen, um dort in britischen Call-Centern zu arbeiten:

> An army of young British workers is being recruited to work in India's huge network of call centres because there are not enough suitable candidates with the necessary skills on the subcontinent. Compare this to the situation a few years ago, when thousands of jobs in the UK were lost as a result of outsourcing. Now the opposite is happening, with young Britons happy to work on Indian wages of £ 350 a month. This might sound not much, but many are finding that they can earn enough to live on for six months a year before relaxing on Goa's beaches or visiting the places in Rajasthan. In fact, working in India is becoming such a fashionable way for young Britons to spend a gap year that agencies have been founded to find jobs for them with Indian firms.[53]

Durch diese temporäre Auswanderung von Expatriaten nach Indien werden die Rückkopplungseffekte der Globalisierung verdeutlicht. Sie zeigen auf, dass sich auch die

[51] *Ibid.*, p. 17.
[52] *Portobello Road 6*; *Highlight 6* etc.
[53] *Green Line New 5*, p. 36.

Arbeitsbedingungen in Europa aufgrund der Globalisierung verändern. Der Arbeitsauftrag, Vor- und Nachteile der beschriebenen Situation zu diskutieren, regt die Lerner an, sich ähnliche Arbeitssituationen vorzustellen.

Camden Town 6 nimmt als weiteren Ausgangs- bzw. Anknüpfungspunkt für den interkulturellen Vergleich einen authentischen Auszug aus einem Jugendmagazin, „Why go global? The top 5 reasons to work abroad“[54], in dem eine Liste mit zehn Kriterien vorgestellt wird, die alle für einen Auslandsaufenthalt während des Studiums oder der Ausbildung sprechen. Einen ähnlichen Ansatz vertritt auch der in *Camden Town 6* beigefügte Bericht eines Amerikaners, der von seinem persönlichen und ideellen Gewinn erzählt, den er aus seiner Arbeitsstelle in Sierra Leone zieht:

> When Eddie Brown got out of graduate school for international relations, he considered a job in the US, possibly with the State Department. Instead, he chose to work for a non-profit organization in wartorn Sierra Leone, overseeing a multimillion-dollar budget and the distribution of thousands of tons of food. „For me, this job is something I could never get in the US with the level of responsibility I have“, says Brown. [...] In the corporate world, in particular, where business is often carried out on a global scale, international experience is valued as proof of one's ability to handle challenging assignments and work with people from diverse cultures and backgrounds.[55]

Die Lehrbücher greifen die persönlich-ideellen und karrierefördernden Elemente heraus und werten diese als positiv. Durch die Hauptfigur eröffnen sich ein Identifikationspotenzial und Möglichkeiten der interkulturellen Verständigung. Die genannten Beispiele lassen in den aktuellen Lehrbüchern diesbezüglich eine Neuausrichtung erkennen. Auch die Aufgabenstellungen unter dem Aspekt des interkulturellen Lernens zeigen diese Tendenz. Diese sind aber noch stark erweiterungsbedürftig.

6.2.3.2 Arbeitsbedingungen

Viele der global agierenden Konzerne haben ihren Ursprung in den USA. Für deren zunehmende Dominanz und Arbeitsmarktveränderung steht das durch den amerikanischen Soziologen George Ritzer geprägte Schlagwort ‚McDonaldisierung‘[56]. Ritzer beschreibt mit diesem Begriff eine Gesellschaft, die zunehmend die Charakteristika eines Fast-Food-Restaurants übernimmt. Die Fast-Food-Kette McDonald's steht in diesem Zusammenhang als namensstiftendes Beispiel für die negativen Folgen der Globalisierung auf die Arbeitsbedingungen. Als größte und wohl bekannteste Fast-Food-Kette der Welt ist der Konzern regelmäßig Ziel der Protestaktionen von Globalisierungskritikern sowie Umwelt- und Verbraucherschützern. Ihm wird die Ausbeutung schlecht bezahlter Arbeitskräfte und Kinderarbeit vorgeworfen und eine Verhinderung gewerkschaftlicher Aktivitäten sowie des Aufbaus eines Betriebsrats. Die McDonald-

54 *Camden Town 6*, pp. 46-47.
55 *Ibid.*, p. 46.
56 George Ritzer, *Die McDonaldisierung der Gesellschaft,* Frankfurt: Fischer, 1997.

isierung bezeichnet aber auch den prototypischen Übergang von traditionellen zu rationalen Geschäfts- und Gedankenmodellen, die auf effizienten, kalkulierbaren, voraussagbaren und kontrollierbaren Prinzipien basieren:

- Effizienz – die optimale Methode, eine Aufgabe zu lösen
- Kalkulierbarkeit – das Ziel sollte eher quantifizierbar (zum Beispiel Umsatzzahlen) als lediglich subjektiv berechenbar sein
- Voraussagbarkeit – vereinheitlichte und gleichförmige Dienstleistungen
- Kontrolle – vereinheitlichte und gleichförmige Mitarbeiter[57]

Vielsagend ist in diesem Zusammenhang der in *English G 5* dargestellte Auszug aus Anne Chisletts Drama *Flippin'In*.[58] Unterrichtsgegenstand ist das Theaterstück, in dem die Protagonistinnen Susan und Lynn in der Filiale einer Fast-Food-Kette für wenig Geld und unter schlechten Bedingungen arbeiten. Als sich die Umstände verschlechtern, regt Susan die Bildung einer *workers' union* an, stößt dabei aber auf stärkere Widerstände als erwartet.

Chislett nimmt die Arbeitsbedingungen der westlichen Länder unter die Lupe, die kaum erstrebenswert erscheinen und sich mit den von Ritzer geprägten Aspekten der McDonaldisierung decken: Den Mitarbeitern ihres *Happy Kwik*-Restaurants wird durch die Arbeitskleidung und die fortwährenden Weiterbildungen jegliche Individualität genommen, so dass Angebot, Ablauf und Service weltweit als gleich garantiert werden können (Vorhersagbarkeit):

> [...] in every country we're the same, don't care about your different views. What we sell you is our name and happy Kwik-Snappy crews. We are bigger than most nations![59]

Die Lerner erkennen, dass die Berufsbezeichnungen der einzelnen Mitarbeiter schlichtweg Euphemismen sind – „Restaurant hostess ... that sounds great. In English, that's *floor washer and toilet cleaner*"[60] oder: „*Happy kwik-guest* – that's *customer* in English [...] *cooking crew*, that's *grill slaves* in English"[61] – um die unsicheren und schlechten Arbeitsbedingungen (Kontrolle) zu verbergen. Die Meinung eines Mitarbeiters unterstreicht dies deutlich:

> Everyone can lose their job. When unemployment is at maximum, you're happy with minimum pay. Kwik-jobs are sad and boring, but at least you're out of the rain, though every job leads nowhere, and every job's the same. Working machines month after month

57 *Ibid.*
58 *English G 5*, pp. 116ff.
59 *Ibid.*, pp. 116ff.
60 *Ibid.*, p. 119.
61 *Ibid.*, p. 117.

> will make your brain disappear, while you're selling your time for minimum pay and hoping it's better next year.[62]

Weitere dargestellte Aspekte, die einen Einblick in Ritzers Kategorien für die Rezipienten bereithalten, benennen den Druck, jede Minute zu nutzen („If there's time to lean, there's time to clean."[63]) (Effizienz), die ständige Unterforderung bei dieser Art von Beschäftigung („We've taken the worry out of working, we've explained what you say and do. You must follow Kwik-Bitey's foolproof system: It's all tried and tested and true.[…] A dog with hands could do this job."[64]) oder das ausschließliche Interesse am Konsumverhalten (Kalkulierbarkeit) des Kunden: „The profit-making order includes French fries and a drink. If a Kwik-guest leaves out anything, we need to make him think."[65]

Dem Lerner wird durch das Drama ein negatives Bild dieser effizienten und kalkulierbaren Arbeitsmarktveränderung geschildert, das – trotz der hohen Komplexität – eine sehr altersgemäße Darstellungsweise und Umsetzung gefunden hat. Etliche Schüler haben schon ihre ersten Arbeitserfahrungen gemacht, sodass die Problematik für sie nachvollziehbar ist. Es ist insofern als gelungenes Beispiel zu werten.

6.2.3.3 Outsourcing

Weitere Einblicke in das ausbeutende Geschäftsverhalten der *world players* finden die Schüler in Unterrichtseinheiten, die das Phänomen ‚Outsourcing' vorstellen. Sie gewährt multiperspektivische Einblicke in ein indisches Call-Center und erläutert Verdienstmöglichkeiten, Arbeitsbedingungen sowie deren Aufgabenfelder und Service-Leistungen. Dabei werden die verschiedenen Vor- und Nachteile deutlich. In *English G 5* ist der Einstieg als Zeitungsannonce konstruiert, in der Mitarbeiter für ein Call-Center gesucht werden. Die positiven Beschreibungen, die indische Call-Center zur Rekrutierung verwenden, sprechen auch die Jugendlichen an:

> How would you like to earn twice as much as a doctor and get a free ride to and from work each day? At the office there's a free canteen and a fully equipped gym.[66]

Aus der Sicht des Führungspersonals werden die Mitarbeiter und ihr Fleiß gelobt:

> cheap labour is not the only reason for turning to India. „The attitude to work is excellent. It is partly cultural, and it is reinforced by the education system", he says […] „Indians are keen to do well at work, and status is very important."[67]

62 *Ibid.*, p. 118.
63 *Ibid.*, p. 119.
64 *Ibid.*, p. 118.
65 *Ibid.*, p. 117.
66 *Ibid.*, p. 60.

> „Trainees know all about things like Hadrian's Wall and Guy Fawkes", he said. „They are taught slang – about how a quid is a pound – and things they can talk to British people about, like the weather. To get the accent right, our trainees watch the BBC. We watch movies like Braveheart to learn the Scottish accent, […]."[68]

Im Gegensatz dazu fällt die Perspektive der Kunden realistischer aus:

> However, not all Norwich Union customers are as keen on Indian call centres as the people who work there. In spite of all the work on pronunciation, occasionally a caller from the UK will complain that they can't understand the operator's Indian accent.[69]

Gelungen ist die Aufgabe, die an die Leser gerichteten Widersprüche zu entlarven, und die dazu anregt, sich Gedanken beim Lesen zu machen und sich zu äußern. Zweifellos vermag eine solche kontroverse Zugangsweise die Lerner anzusprechen, sie für das Thema zu öffnen und sie zu weiteren inhaltlichen Auseinandersetzungen zu aktivieren.

In *Green Line New 5* gewährt der Bericht „Fair play"[70] der international unabhängigen Hilfsorganisation Oxfam einen vertieften Blick auf die negativen Auswirkungen des Outsourcings in der grenzenlos gewordenen Welt. Der Bericht wurde 2004 auf deren Homepage veröffentlicht und nimmt Bezug auf die Olympischen Sommerspiele im Jahr 2004, indem die großen Sportwarenhersteller wie Adidas, Reebok, Fila, Puma, ASICS und Mizuno kritisiert werden. Anstoß wird an Produktionsumständen und Arbeitsbedingungen in den ärmsten Staaten der Welt genommen. Auch in den Schwellenländern wie Bulgarien, Kambodscha, Thailand, China und Indonesien ist ihr Ziel eine Umsatzsteigerung. Der Textausschnitt arbeitet vor allem die Gegensätze – zum einen die Sponsorbereitschaft für die Sportler und das zur Schau getragene Image der Olympischen Spiele und zum anderen die mit ihren Aufträgen verbundenen Produktionsbedingungen – deutlich heraus:

> While the world's media focused for two weeks on the struggle for success in sport, away from the cameras thousands of workers whose job was to produce the trainers and team uniforms were involved in a different kind of struggle. They too were breaking records for the global sportswear industry. They were working ever faster for ever-longer periods of time under hard conditions for poverty.[71]

Neben der deskriptiven Schilderung der Produktionsbedingungen internationaler Unternehmen wie der Sportbekleidungsindustrie werden Aussagen betroffener Arbeitskräfte zitiert:

67 *Ibid.*, p. 60.
68 *Ibid.*, p. 60.
69 *Ibid.*, p. 60.
70 *Green Line New 5*, p. 14.
71 *Ibid.*, pp. 14-15.

> We work until 2am or 3am during the busiest season. We always have to work a double shift. Although we are tired, we cannot refuse overtime work because our basic wages are so low. Sometimes we want to take a break, but we are forced to work.[72]

Eine notwendige didaktische Reduktion gelang vor allem durch die Thematisierung der Sportbegleitungsindustrie, welche die Lebenswelt der Lerner berührt. Durch die verschiedenen Perspektivierungen kommt eine Vielseitigkeit in der Darstellung zum Tragen, Reflexionsphasen für die Lerner über die erhaltenen Informationen hingegen fehlen.

Während insbesondere in den Lehrbüchern für die Hauptschule und die vergleichbaren Schularten Einblicke in die Verflechtungen der Globalisierung häufig ein Desiderat bleiben, ist wieder das Lehrbuch *New Highlight 5* positiv hervorzuheben. Hier stellt ein Text über Naomi Klein, eine kanadische Journalistin und Buchautorin, ihr einflussreiches und globalisierungskritisches Sachbuch *No Logo!*[73] vor. Der Ausschnitt schildert ihren Kampf gegen den Markenwahn und die Gier der Markenkonzerne nach mehr Gewinn. Dieses Profitstreben wirkt sich auf Arbeitsbedingungen der Länder der Dritten Welt und deren Abhängigkeit von den westlichen Ländern aus, die in dem Artikel so beschrieben werden:

> Now Klein is critical of the big multinational corporations – [...]. They make millions of dollars, but they often pay people in developing countries badly. A company paid one big basketball star more than all the thousands of people who made the shoes with his names of them.[74]
>
> Poor countries become dependent on corporations because poor people need the work. The people there often have terrible working conditions – even children. In rich countries the small shops and firms close. In the end we have less choice. Towns all have the same shops. Countries have the same brands. The corporations have too much power.[75]

Der Darstellung gelingt es, ein Bewusstsein für die Probleme mit den internationalen Unternehmen zu schaffen und den Lerner dazu anzuregen, sich zu den Gedanken von Naomi Klein zu äußern. Unzweifelhaft vermag eine solche schülergemäße Zugangsweise die Lerner anzusprechen, sie zu öffnen und zu einem weiteren Gedankenaustausch zu aktivieren.

72 *Ibid.*, pp. 14-15.

73 Naomi Klein, *No Logo!,* New York: Picado, 2000. In ihrem Buch, das auch als ‚Bibel der Globalisierungskritiker' bezeichnet wird, analysiert Klein die Globalisierung von Marken und *lifestyle*-Vermarktungsunternehmen.

74 *New Highlight 5,* p. 43.

75 *Ibid.,* p. 43.

6.2.3.4 Konsum und Profitgier

In einem weiteren wesentlichen Schritt geht es bei der Annäherung an die ökonomische Dimension der Globalisierung um Einblicke in das gegenwärtige Konsumverhalten, das eng mit der ökonomischen Globalisierung verbunden ist. Es hat auch den Begriff ‚Konsumgesellschaft' für die globale Gesellschaft geprägt.[76]

Kritisch ist somit zu untersuchen, ob die Lehrbuchdarstellungen die Themengebiete ‚Konsum und Profitgier' als globales Phänomen präsentieren und ob es ihnen gelingt, direkte Bezüge zu den Gewohnheiten sowie möglichen Lieblings- und Trendmarken-Produkten der Lerner herzustellen.

Anknüpfungspunkte an das Thema des Konsums finden sich in den Lehrbüchern dort, wo über Jugendkultur gesprochen wird:

> We love goods with brand names on them. [...] What brand of jeans do you wear? What sports shoes are in at the moment? What's hot and what's not? What brand of MP3 player is coolest? What's the latest must-have games console?[77]

Dazu werden Fotos gezeigt, die Jugendliche in einem vom Konsum bestimmten Kontext[78] darstellen, sodass in der Gesamtsicht verschiedenartige Bilder der Konsumwelt entstehen. Besonders hervorzuheben sind in diesem Kontext die Darstellungen in *Camden Town 6*, da sie einen vertieften Einblick bieten und eine eigene Meinungsbildung zulassen. Die Unterrichtseinheit „Shop till you drop: To buy or not to buy"[79] vermittelt Einsichten in das Verhalten amerikanischer Teenager. Im Mittelpunkt stehen die Fragen, was sie kaufen, warum bestimmte Kaufentscheidungen getroffen werden, wie sich eine Zielgruppe ermitteln lässt und wie Werbung wirkt. Außerdem wird eine reflexive Umwälzung gefordert, indem die Lerner das Konzept einer Jugendzeitschrift erstellen. Sie sollen über die unten angeführten Aspekte nachdenken, die es einzuhalten gilt, um ein erfolgreiches Produkt zu entwickeln. Implizit lernen die Schüler auf diese Weise auch die Konsumstrategien großer Labels kennen:

> Consider the following aspects:
>
> - Define your target group.
> - Think of topics that would make teenagers buy the magazine.
> - Find an interesting title.
> - Create an eye-catching cover.

76 Georg Ritzer, 1997, *op. cit.*
77 *New Highlight 5*, p. 43.
78 *English G 5*, p. 7; *Camden Town 6*, pp. 10ff.
79 *Ibid.*, pp. 10ff.

> Present your magazines in class. Be creative in your presentation to convince your audience that your magazine should be chosen for the top three magazine ideas in your class.[80]

Gleichzeitig sollen die Lerner noch für den interkulturellen Vergleich Informationen zu ihrem eigenen Konsumverhalten in Form eines *Questionnaire*[81] erarbeiten und anhand eines Zeitungsartikels das Konsumverhalten amerikanischer Jugendlicher mit dem eigenen Konsumverhalten vergleichen: „Compare your spending habits with those of American teenagers."[82]

Vermehrt finden sich auch Hinweise auf Proteste oder Gegenbewegungen in den Lehrbuchdarstellungen, wie beispielsweise: „They want to sell us a way of life. In the end we think we need their goods to be happy."[83], doch sind diese Aussagen insgesamt unzureichend, da weitergehende Informationen ausbleiben, welche vertiefte Bezüge herstellen und Erklärungen liefern würden.

Positiv zu werten sind auch die zwei Textausschnitte, die sich mit dem amerikanischen konsum- und profitorientierten Lebensstil auseinandersetzen. Die beiden Zeitungsartikel berichten sehr kritisch über die Verbreitung der Fast-Food-Kultur und die dahinterstehende machtvolle Werbemaschinerie der Großkonzerne. Beide Auszüge beziehen sich auf dieselbe Studie, die das Konsumverhalten von Kleinkindern untersuchte:

> 69 % of 3-year-olds know the golden arches of McDonald's. Half of 4-year-olds don't know their own name. Should we worry? Dave Hill on the massive marketing and advertising machine aimed at our children.[84]

> Last year the International Journal of Advertising and Marketing to Children reported that 31 % of three-year-olds remember having seen the Coca-Cola logo, 69 % McDonald's and 66 % that for Kinder confectionery. […], about half of four-and five-year olds entering school for the first time cannot recognize their own names – or speak in a way understandable to others or count up to five. Could these things be connected?[85]

Um den Impakt zu verdeutlichen, den Werbung auf unser alltägliches Leben und insbesondere auf die Kaufentscheidungen von Jugendlichen und Kindern hat, wird – ähnlich wie in *New Highlight 5* – vor dem Hintergrund des interkulturellen Lernens das eigene Erinnerungsvermögen an Werbung und ihre Einflüsse geweckt: „What were your favourite commercials as a child? Can you still sing or say the jingles? Note down the product names and jingles. Explain why you think they have stuck in your memory."[86]

80 *Ibid.*, p. 11.

81 „Carry out a class survey on teen spending and teenager consumer culture" Der Fragebogen setzt sich aus den folgenden drei Aspekten zusammen: ‚earning money', ‚spending money' und ‚shopping habits' (*ibid.*, p. 12).

82 *Ibid.*, p. 13.

83 *New Highlight 5,* p. 43.

84 *Camden Town 6*, p. 14.

85 *Ibid.*, p. 14.

86 *Ibid.*, p. 14

Eine Reflexion über die Mittel, deren sich die Werbeindustrie bedient, hilft ihr manipulatives Vorgehen aufzudecken: „What advertising techniques (e. g. snappy tune, cartoon figure) were used?“[87] und „What makes the names of the products and the cartoon figure catchy?“[88] *Camden Town 6* ist das einzige Lehrbuch, das in diesem Zusammenhang schüleraktivierend arbeitet. Als Beispiele sind anzuführen: Werbung selbst zu kreieren[89], sich in die Situation der Eltern hineinzuversetzen[90] und sich mit der Sinnhaftigkeit des *International Buy Nothing Day* zu befassen. Hier werden Debatten angeregt, in der Schüler Kritik an der profitorientierten Konsumgesellschaft üben und sich ihre eigene Meinung über humane Arbeitsbedingungen bilden können. Dem Ideal des globalen Lernens kommt diese Zugangsweise im Rahmen des Englischunterrichts am nächsten, indem Konflikte angesprochen und reflektiert sowie Inhalte aus unterschiedlichen Perspektiven von Betroffenen und Beteiligten, außerdem durch eine mögmöglichst hohe Darstellungsvielfalt geschildert werden. Eine altersgemäße Stoffauswahl findet statt, die viele Argumente der Globalisierungsgegner beinhaltet. Trotz ihrer zum Teil notwendigen großen didaktischen Reduktion sind die analysierten Beispiele alle gelungen.

Mit dem Blick auf das Ziel des globalen Lernens ist bedauerlich, dass der Aspekt der ökonomischen Globalisierung noch zu häufig ausgeklammert bleibt. Dies kann jedoch nicht allein auf den Umstand zurückzuführen sein, dass vorzugsweise eher auf lernerorientierte Themen und positive Vernetzungen eingegangen wird, denn die genannten analysierten Beispiele beweisen, dass eine solche Umsetzung schulartenübergreifend auch bei ökonomischen Themen möglich ist.

6.2.4 Schutz kultureller Vielfalt

Die im Kapitel 6.2.3 angesprochene These der Dominanz der westlichen Konsumgesellschaft kann auch auf den Themenbereich der Kultur übertragen werden. Im Zentrum dieses Kapitels steht die Darstellung und Analyse der kulturellen Vielfalt im globalen Zeitalter. Populäre Modelle der Globalisierung[91] besagen, dass die westliche – insbesondere die US-amerikanische – Kultur immer weiter in die Kulturen anderer Länder eindringt, sodass lokale Identitäten und Kulturerzeugnisse verdrängt werden bzw. sich einander angleichen. Als Gegenentwurf zu der ökonomisch vorangetriebenen kulturellen Globalisierung verabschiedete die 33. Vollversammlung der UNESCO mit großer Mehr-

87 *Ibid.*, p. 14.

88 *Ibid.*, p. 14.

89 „Choose a name and a cartoon figure and write a jingle for a product designed for young children“ (*ibid.*, p. 14).

90 „Imagine you are the parent in this article. Write a convincing answer that you think the father could have given to his 5-year-old son explaining his refusal to buy him what he wants. Give at least two reasons“ (*ibid.*, p. 14).

91 George Ritzer, 1997, *op. cit.*

heit eine Konvention zum Schutz und Förderung der kulturellen Vielfalt.[92] Dieser Begriff wurde daher in den 90er Jahren des 20. Jahrhunderts zum Schlagwort, um eine ökonomisch vorangetriebene Homogenisierung der Kultur durch die „Dampfwalze der nordamerikanischen Kulturindustrie“[93] zu verhindern.

Die Curricula bezeichnen deutschlandweit die Vermittlung der kulturellen Vielfalt als eines der grundlegenden Ziele des Englischunterrichts.[94]

In den Lehrbüchern variieren diese Informationen stark im Hinblick auf Aufnahme, Beurteilung und Herangehensweise. Schulartenspezifische Unterschiede fallen bei der Untersuchung des Korpus wenig auf. Bestätigen lässt sich nur, dass selbst die für Gymnasialwerke eingebrachten Informationen grundlegender Natur sind.

Das dominante und auffälligste Kennzeichen der kulturellen Dimension, wie sie in den Lehrbüchern thematisiert wird, ist die weltweite Angleichung im Medien- und Unterhaltungssektor.[95] Die Lehrbuchautoren präsentieren gerne eine einheitliche Kultur durch die Abbildung global verbreiteter Fernsehsendungen, *Sitcoms* sowie meist visueller Darstellungen cineastischer[96] und literarischer[97] Bestsellerlisten, Zeitungen und Zeitschriften. Gelegentlich werden Comicfiguren wie *The Peanuts*, *The Simpsons*, *Garfield* oder *Manga*-Figuren aufgenommen. Im Bereich der Popmusik werden Stars wie Britney Spears[98] dargestellt, die durch ihre internationalen Plattenfirmen weltweit vermarktet werden. All diese Aspekte der Jugendkultur werden homogen abgebildet. Medienwelt und Musikindustrie sind am Interesse der jugendlichen Lerner orientiert und quantitativ am häufigsten vertreten. Der Sinn dieser Darstellungen muss jedoch fraglich bleiben. Die Elemente der globalen Kultur werden abgebildet, ohne auf weitere Informa-

92 UNESCO Konvention über den Schutz und die Förderung der kulturelle Vielfalt (URL: www.unesco.de/konvention_kulturelle_vielfalt.html?&L=0, Stand: April 2009). *Cf.* auch Europäische Kommission, Weißbücher (URL: www.europa.eu/documentation/official-docs/white-papers/index_de.html, Stand: Februar 2011).

93 Georg Glasze und Aika Meyer, „Das Konzept der ‚kulturellen Vielfalt‘: Protektionismus oder Schutz vor kultureller Homogenisierung?“, in: Johannes Kessler und Christian Steiner, *eds., Facetten der Globalisierung: Zwischen Ökonomie, Politik und Kultur,* Wiesbaden: VS, 2009, pp. 186-195.

94 UNESCO Konvention über den Schutz und die Förderung der kulturelle Vielfalt (URL: www.unesco.de/konvention_kulturelle_vielfalt.html?&L=0, Stand: April 2009).

95 „TV goes global“ (*Orange Line 6,* p. 53), *Forrest Gump* mit Tom Hanks und Sally Field (*Orange Line 6,* pp. 64ff.), „Why bother? Addicted to Fame“ (*Green Line New 6,* p. 48), „Happily ever after – Drew Barrymore story“ (*Green Line 4,* pp. 92-93) und „Bill Gates – the richest man in the world“ (*Go Ahead 9,* pp. 30ff.).

96 „Happily ever after: The Drew Barrymore story“ (*Green Line 4*, p. 92ff.), „Hollywood“ und Serien wie *Buffy* etc. (*Portobello Road 5*, pp. 57ff.).

97 „Music“ (*Orange Line 4,* p. 126), „Magazines“ (*English G 5*, p.7), „Notting Hill“ (Go *Ahead 10,* p. 94), „Contemporary Literature in the English Language“ (Go *Ahead 10,* p. 90) und „Films: The Break-up, The Fugitive, The Blues Brothers, Never Been Kissed, While you were sleeping, Batman Begins“ (*Camden Town 4*, pp. 48).

98 *Camden Town 5,* p. 14.

tionen zu verweisen. Anmerkungen zu den Prozessen der kulturellen Angleichung, zu ihren Gefahren oder Vorteilen bleiben aus.[99]

Auch die US-Feste *Valentine Day* und *Halloween* werden in den Lehrbüchern sachlich dargestellt, ohne jedoch ein Hinterfragen der globalen Kultur anzubahnen. Daran würde sich jedoch problemlos die weltweite Kommerzialisierung aufzeigen lassen, denn diese Bräuche verbreiten sich seit Anfang der 1990er Jahre zunehmend auch in Deutschland und anderen europäischen Ländern. Sie lösten in den letzten Jahren bei Jugendlichen einen regelrechten Boom aus.[100]

Sportereignisse, seien es Formel-1-Rennen, Fußballspiele bzw. Fußball-Weltmeisterschaften oder die Olympische Spiele[101], nehmen eine ebenso wenig ambivalente Stellung in den Lehrbüchern ein, was die Darstellung der kulturellen Vielfalt angeht. Eher positiv werden moderne globale Sportarten[102] präsentiert, die sich weltweit großer Beliebtheit erfreuen. Dieser spezifische Lebensstil, der Fitnessgedanke[103] und die internationalen Sportveranstaltungen werden als globale Trends dargestellt, die völkerverbindend wirken.

Eine kritische Auseinandersetzung mit der globalen Kultur, bei der die Lehrbuchautoren die kulturelle Globalisierung unter dem Gesichtspunkt des Vorwurfs einer Nivellierung regionaler und individueller Kultur näher betrachten, scheint gelungen. So beschäftigt sich *Camden Town 6* detailliert mit der weltweiten Verbreitung der westlichen Symbole und Produkte durch Vermerke wie „Awareness of global emblems is already strongly implanted in the young."[104] Ebenso veranschaulicht die Doppelseite mit dem Titel „One World"[105] in *Green Line New 5* durch Textbausteine und visuelle Materialien die weltweiten wirtschaftlichen Verflechtungen und ihr Ausmaß:

> Fast food has spread from the US to all parts of the world. A teenager takes time out from skateboarding to talk to a friend. Computer equipment is transported in the traditional Chinese way. Manga – the Japanese for ‚comics' – is an important part of the global publishing industry. A young woman protests during a meeting of the leaders of the G8 richest countries in Scotland. Workers in India answer calls for companies in the UK. A boy sells bananas at a market in the Dominican Republic.[106]

Die nachfolgenden Fragen „Is it always clear where the photos were taken?"[107] oder „Think of more things that are the same all over the world."[108] unterstreichen die zuneh-

99 *Go Ahead 10,* pp. 30-31. *Cf.* auch George Ritzer, „Globalisierung, McDonaldisierung und Amerikanisierung", in: Dieter Bögenhold, *ed.*, *Moderne amerikanische Soziologie*, Stuttgart: Lucius & Lucius, 2000, pp. 219-242.

100 *Portobello Road 4,* pp. 46.

101 *Green Line New 5*, pp. 14-15.

102 *Inline-Skating, Skateboarding, Slacklining* etc. (*Camden Town 5,* pp. 72-73).

103 „Fit an active!" (*Portobello Road 6,* pp. 18-25); „Eating habits" (*Portobello Road 5*, pp. 16ff.) etc.

104 *Camden Town 6*, p. 14.

105 *Green Line New 5*, pp. 6-8.

106 *Ibid.*, pp. 6-8.

107 *Ibid.*, pp. 6-8.

mende weltweite Vereinheitlichung und regen zur interkulturellen Reflexion über die globale Kultur an.

Während in den zuvor genannten Beispielen die (US-)globale Kultur als allgegenwärtig vorausgesetzt und akzeptiert wird, gibt es aber auch Beispiele aus dem Korpus, die sich in ihrer Kritik deutlich gegen die amerikanische Massenkultur richten und diese als Zerstörung von kulturellem Anspruch und Niveau bezeichnen. Dabei wird ganz gezielt die weltweite Verbreitung und daraus hervorgehende Vereinheitlichung aufgegriffen, die in dem Artikel über Naomi Klein und deren Vorwurf gipfeln:

> In her opinion the big companies want to take over the word. In the end we have less choice. Towns all have the same shops. Countries have the same brands. The corporations have too much power.[109]

Die bisherige Bandbreite an Darstellungen darf aber nicht von dem Ergebnis ablenken, dass die meisten vermittelten Bilder eine sich immer stärker ausbreitende US-amerikanische bzw. westliche Kultur aufzeigen, die alle kulturellen Besonderheiten und Eigenheiten verdrängt oder verschmilzt. In der Soziologie wird dieser Prozess mit den Begriffen ‚McDonaldisierung' (George Ritzer)[110], ‚Cocacolization' (Zdravko Mlinar)[111] oder ‚McWorld' (Benjamin Barber)[112] umschrieben.[113]

Dazu ist anzumerken, dass diesen Begriffen und den daraus hervorgehenden Thesen ein Kulturverständnis zugrunde liegt, das Kulturen als ganzheitliche Entitäten beschreibt, die von einer anderen Kultur gleichsam überrollt werden können. Eine solche Auffassung muss aus verschiedenen Gründen als problematisch beurteilt werden. Vor allem die Vorstellung von der Zerstörung einer Kultur durch eine andere weitgehend in sich geschlossenen Kultur ist eine Fiktion. Kulturen existieren nie in Reinform. Schon ab Mitte des 19. Jahrhunderts kam das Phänomen der Weltkunst auf. Bedingt durch den Kolonialismus und unterstützt durch die Entwicklung von Speichermedien, bahnte sich ein

108 *Ibid.*, p. 6.

109 *New Highlight 5*, p. 43.

110 *Cf.* dazu das Kapitel 6.3.2.2 der vorliegenden Untersuchung.

111 Zdravko Mlinar, „Individuation and Globalization: The Transformation of Territorial Social Organization", in: Zdravko Mlinar, *ed., Globalization and Territorial Identities*, Aldershot: Avebury, 1992, pp. 15-34.

112 Benjamin R. Barber, „Jihad vs. McWorld", in: *The Atlantic online* 3/1992, pp. 53-65 (URL: www.theatlantic.com/magazine/archive/1992/03/jihad-vs-mcworld/3882/, Stand: Juli 2010).

113 Deutschsprachige Veröffentlichungen nehmen erst seit ca. zehn Jahren einen Raum ein: Joanna Breidenbach und Ina Zukrigel, *Tanz der Kulturen. Kulturelle Identität in einer globalisierten Welt*, München: Kunstmann, 1998, Caroline Y. Robertson und Carsten Winter, *eds., Kulturwandel und Globalisierung*, Baden-Baden: Nomos, 2000, Rainer Alsheimer, Alois Moosmüller und Klaus Roth, *Lokale Kulturen in einer globalisierenden Welt*, Münster: Waxmann, 2000 oder Joana Breidenbach und Ina Zukrigel, „Widersprüche der kulturellen Globalisierung: Strategien und Praktiken. Zur angelsächsischen Debatte über kulturelle Globalisierung", in: *Aus Politik und Zeitgeschichte* 12/2002 (vergriffen) (URL: www.bpb.de/publikationen/0WFV54,0,0,Globalisierung_und_kulturelle_Differenz.html, Stand: September 2010).

kultureller Austausch und Dialog an. Die Herausbildung einer Weltkultur im 19. und 20. Jahrhundert wird als Vorläufer der heutigen kulturellen Globalisierung angesehen, wobei die gestiegene Intensität der Vermischung und Entstehung neuer Kulturen in dieser Form nie zuvor da war.[114] Hier sei in der bildenden Kunst an die Südseebilder von Paul Gauguin oder Emil Nolde erinnert.[115] Dass diese Prozesse nicht immer nur negativ konnotiert sein müssen, wird in den aktuellen Lehrbüchern wenig aufgezeigt.

In den Sozial- und Kulturwissenschaften geht man von einem dynamischen Kulturbegriff aus, der sich aufgrund verschiedener Strömungen[116] ständig verändert.[117] Deshalb wird eher von dem Phänomen der „kulturellen Konvergenz"[118] gesprochen, einem Prozess der Angleichung verschiedener Kulturelemente ohne Vermittlung durch Verbreitung oder Übernahme. Selbst die global agierenden Markenkonzerne stehen für eine gewisse kulturelle Konvergenz, denn auch ihr Warenangebot geht über eine bloße Erweiterung und Verbreitung ihrer Produkte hinaus. So bleibt sogar das Tragen von Nike-Schuhen, das Trinken von Coca Cola und das Essen bei McDonald's immer auch ein kultureller Ausdruck von deren Konvergenz. Weltkonzerne – beispielsweise McDonald's – passen ihren Auftritt und ihre Produktpalette je nach Region den kulturellen Gegebenheiten an.[119]

In den Lehrbüchern fehlt neben der Tendenz einer Homogenisierung größtenteils die Erkenntnis der kulturellen Konvergenz. Nur in den Bereichen Musik und exotische Speisen nehmen die Lehrbuchdarstellungen Abstand von der Nivellierungstheorie und erlauben dem Lerner auch einen Einblick in die kulturelle Erweiterung im positiven Sinne.

So werden musikalische Fusionen zwischen westlichem Pop und traditioneller Punjabi-Volksmusik präsentiert – ein Konglomerat, welches der Protagonist aus dem Film *Ae fond kiss*[120] in Glasgow in Bhangra-Clubs[121] als DJ auflegt. ‚Bhangra' ist ein Punjabi-

114 Bundeszentrale für politische Bildung, *ed.*, *Zahlen und Fakten: Globalisierung* 3/2003.

115 Bernd Wagner, „Kulturelle Globalisierung. Von Goethes ‚Weltliteratur' zu den weltweiten Teletubbis", in: *Aus Politik und Zeitgeschichte* 12/2002, pp. 11ff.

116 Breidenbach dazu: „Gewisse Produkte, Dienste, Institutionen und Ideen sind globalisiert [...] [aber] das bedeutet nicht notwendigerweise, dass wir alle homogenisiert und kulturelle Unterschiede ausgelöscht werden. Menschen in aller Welt nehmen globale Einflüsse auf unterschiedlichste Weise auf" (Joana Breidenbach, „Some Thoughts on Global Culture", in: *Cultural Exchange via Internet – Opportunities and Strategies Forum of the House of World Cultures, Berlin, 12 October, 1998 – open end*, URL: www.archiv.hkw.de/forum/forum1/doc/arc/0093.html, Stand: Mai 2010).

117 *World Culture Report 2000 – Cultural Diversity, Conflict and Pluralism*, Paris 2000, zitiert nach Bernd Wagner, „Kulturelle Globalisierung. Von Goethes ‚Weltliteratur' zu den weltweiten Teletubbis", in: *op. cit.*, p. 11.

118 Bundeszentrale für politische Bildung, *ed.*, *Zahlen und Fakten: Globalisierung 3/2003, op. cit.*

119 So wird etwa in israelischen Niederlassungen bei McDonald's lediglich koscheres Essen angeboten. Alle Restaurants bleiben am Sabbat geschlossen. Weiter werden in Indien keine Rindfleischgerichte verkauft und auch in islamisch geprägten Ländern die jeweiligen Speisevorschriften eingehalten.

120 *English G 6*, pp. 32ff.

Volkstanz, der in Großbritannien gegenwärtig Mode geworden ist. Moderne Bands und Künstler haben den Bhangra-Pop in die Spitze der Musik-Charts geführt, indem sie traditionelle Elemente mit Pop, Hip-Hop und moderner indischer Musik mischen. Auch der in *Camden Town 6* vorgestellte Rap „Mundian To Bach Ke“[122] des indischstämmigen Engländers Panjabi MC gehört diesem Genre an und war im Jahr 2000 wochenlang auf Platz eins der europäischen Musik-Charts.

Weitere kulturell konvergierte Produkte in den Lehrbüchern sind vor allem im Bereich der Esskultur dargestellt. Die folgenden Beispiele stehen für die Vielfalt der kulinarischen Speisen und Spezialitäten und zeichnen die Veränderung der englischen Esskultur auf: „Kebab and chapati, […] with onions and green chilis“[123], „Chicken Tikka Masala“[124] und „curry“[125]. Zwei Lehrbücher verweisen in diesem Zusammenhang sogar darauf, dass das Nationalgericht Englands seit geraumer Zeit das indisch-englische Gericht Chicken Tikka Masala und nicht mehr Fish'n'Chips oder Minced Pies ist. Einer Umfrage aus dem Jahr 1999 zufolge und durch die im Jahre 2001 vom damaligen Außenminister Robin Cook gehaltene Rede wurde die britisch-indische Kombination Chicken Tikka Masala als Ausdruck des Multikulturalismus zu dem wahren Nationalgericht Englands gekürt.[126] Die Aussage einer Engländerin in dem Lehrbuch dazu soll die Offenheit der englischen Gesellschaft gegenüber diesen Gerichten unterstreichen: „I loved that our national dish has become curry.“[127]

Kultureller Austausch gehört zum Wesensmerkmal der menschlichen Entwicklung und fand – wenngleich mit unterschiedlicher Intensität – in allen Epochen statt. Die gegenwärtige Form der kulturellen Globalisierung wird in den Lehrbüchern relativ vage als einseitiges kulturelles Durchdringen der Welt seitens amerikanischer Werte und Konsummuster dargestellt. Fraglich ist allerdings, was die Schüler aus diesen Beispielen

121 Maria Cristina Paganoni, „Shaping Hybrid Identities: A Textual Analysis of British Bhangra Lyrics“, in: *Annali dell'Istituto di Lingue della Facoltà di Scienze Politiche dell'Università di Milano* 19/2006, pp. 231–246. *Cf.* auch Roger Ballard R., *ed.*, *Desh Pardesh: The South Asian Presence in Britain*, London: Hurst & Company, 1994.

122 *Camden Town 5*, p. 56.

123 *Green Line New 6,* p. 35.

124 *English G 6*, p. 27 und *Let's Go 5*, p. 23. Chicken Tikka Masala ist ein „mild curry dish of chicken in a tomato-based sauce, cooked tandoori style (in a charcoal-fired oven)“, in: BBC News Blog (URL: www.news.bbc.co.uk/2/hi/special_report/1999/02/99/e-cyclopedia/1285804.stm, Stand: März 2110).

125 *English G 6*, pp. 26ff.

126 „Chicken Tikka Masala is now a true British national dish, not only because it is the most popular, but because it is a perfect illustration of the way Britain absorbs and adapts external influences. Chicken Tikka is an Indian dish. The Masala sauce was added to satisfy the desire of British people to have their meat served in gravy. Coming to terms with multiculturalism as a positive force for our economy and society will have significant implications for our understanding of Britishness“ (Rachel Sylvester, „Cook argues for immigration into ‚tikka masala Britain'“, in: *The Telegraph*, 19 April 2001 [URL: www.telegraph.co.uk/news/uknews/1316537/Cook-argues-for-immigration-into-tikka-masala-Britain.html, Stand: April 2010]).

127 *English G 6*, p. 27.

lernen sollen. Ihr vorherrschender Tenor lautet dahingehend, dass lokale Kulturen gleichsam durch eine kulturelle Vereinheitlichung der Globalisierung ersetzt werden.

Die vorherrschende Darstellungsweise der Lehrbücher übersieht die Fähigkeit von Kulturen, als fremd empfundene Kulturprodukte in oft eigenwilliger Art und Weise aufnehmen und adaptieren zu können. Selbst der sicherlich berechtigte Kritikpunkt einer Amerikanisierung der Welt unterstellt eine Homogenität, die so in den USA nicht besteht. Den Lernern bleibt bei den zitierten Vorgehensweisen diese Erkenntnis versperrt. So erkennen sie nicht, dass Kultur eine identitätsstiftende Funktion hat, regional- und zeitspezifisch ist und dass jede Kultur zu jedem Zeitpunkt unterschiedlich starken äußeren Einflüssen ausgesetzt ist. Auch die verschiedenartigen regionalen Ausprägungen und Grade der kulturellen Globalisierung wie die gegenwärtig aufkommende Rückbesinnung auf lokale Traditionen, die ‚Glokalisierung', bleiben bei den im Korpus vorgefundenen Darstellungen unbeachtet.

6.2.5 Natur- und Umweltschutz

Ulrich Beck und Anthony Giddens bezeichnen die heutige moderne Gesellschaft als „risk society".[128] Neben Missständen im Bereich ethnischer Gruppen, Politik und Wirtschaft ist das Thema ‚Natur- und Umweltschutz' bzw. der Umgang mit der Natur sicherlich ein zentraler Aspekt des globalen Lernens angesichts sich weltweit auswirkender Naturkatastrophen, der Erderwärmung, des Schwindens der natürlichen Ressourcen sowie der anhaltenden Umweltzerstörung mit verheerenden Folgen für den Planeten Erde.[129]

Zwar haben Menschen schon immer durch die Nutzung der natürlichen Lebensgrundlagen auf die lokalen Ökosysteme eingewirkt. Aber erst in den letzten zwei Jahrhunderten führte die Industrialisierung, verbunden mit einem steilen Bevölkerungsanstieg, zu einer drastischen quantitativen und qualitativen Ausweitung des Verbrauchs natürlicher Ressourcen und damit über lokale und regionale Umweltauswirkungen hinaus zu globalen Umweltproblemen. Diese werden für Menschen, Tiere und Pflanzen in wachsendem Maße zu einer ernsthaften Bedrohung.[130] Während sich globale Erwärmung, Zunahme der UV-Strahlung und Schadstoffbelastung auf alle Klimazonen auswirken, sind insbesondere die tropischen und subtropischen Gebiete von extremen Wetterereignissen durch den teilweise vom Menschen verursachten Klimawandel, durch

[128] *Cf.* beispielsweise Anthony Giddens, *Runaway World: How Globalization is Reshaping Our Lives*, London: Profile, 1999 und Ulrich Beck, *World Risk Society*, Malden: Blackwell, 1999.

[129] Anthony Giddens, 1999, *op. cit.*, p. 30.

[130] Wenn auch nach streng definitorischen Gesichtspunkten nicht alle Umweltschutz-probleme von weltweiter Tragweite sind, so darf nichts darüber hinwegtäuschen, dass regionale Umweltprobleme globale Ausmaße erreichen können. Regionale Dürrekatastrophen etwa können in einer Kettenreaktion Produktionsausfälle, Hunger und Armut, soziale Unruhen und Migrationsbewegungen nach sich ziehen. Solche Krisen, mögen sie zunächst auch regional bedingt sein, können sich rasch zu internationalen Verwerfungen entwickeln.

Desertifikation und den Verlust der biologischen Vielfalt betroffen. Erschwerend kommt hinzu, dass die tropischen und subtropischen Länder in ihrer Mehrzahl – ökonomisch gesehen – Entwicklungsländer sind, denen die finanziellen und technischen Mittel fehlen, um Ausgleichs- und Abhilfemaßnahmen zu ergreifen.[131] Die Folge ist häufig soziales Elend vor allem unter der armen Bevölkerung, da diese sich kaum vor Umweltschäden schützen kann. Die Dynamik der Globalisierung wirkt sich in mehrfacher Hinsicht verstärkend auf die Übernutzung der Umwelt aus. Neben dem steigenden Ressourcenverbrauch, ohne auf Nachhaltigkeit zu achten, sind die Zunahme des Verkehrs sowie monokulturelle und intensivierte Landwirtschaft nur Ausschnitte, die zu der deutlich verschärften Umweltproblematik führen. Lokale Umweltkatastrophen wie der Tsunami in Südostasien 2004, der Hurrikan *Katrina* in den USA 2005, die Flutkatastrophe in Pakistan 2010 oder der Atomunfall in Japan 2011 führten zu einer weltweiten Betroffenheit. Damit verbunden sind aber auch erweiterte Hilfsmöglichkeiten oder ein verstärkter Einsatz umweltfreundlicher Technologien, die Verbreitung von Wissen sowie die Möglichkeit für internationale Vereinbarungen zum Umweltschutz.[132] Auf internationaler Ebene hat sich dafür der Ansatz der *environmental education*[133] gebildet, deren Lernziele zu einem ökologischen Bewusstsein führen sollen:

1. Basic understanding of environment and its problems, and human's role in the environment
2. An attitude of concern for environmental problems
3. Skills in overcoming environmental problems
4. Ability to evaluate and propose solutions to environmental problems
5. Participation in solving environmental problems[134]

Als übergreifendes Lernziel der *environmental education* kann eine neue Art Ehrfurcht vor Naturkräften, das Bewusstsein über zur Neige gehende Ressourcen sowie die Abhängigkeit der menschlichen Existenz von ihrer Umwelt aufgefasst werden.

Dabei ist die *environmental education* ein übercurricularer Ansatz, der in alle Fächer Eingang finden soll und im Rahmen der globalen Herausforderungen auch im Englischunterricht eine wichtige Rolle spielt. Allerdings stellten bereits Jacobs und Goatly[135] in einer internationalen Untersuchung aus dem Jahr 2000 fest, dass diese Themen noch selten in den Lehrbuchdarstellungen vorzufinden sind. Erst in den letzten fünf Jahren entstanden in der Literatur- sowie Kulturwissenschaft vermehrt ökokritische und ökodi-

131 *Ibid.*

132 *Ibid.*

133 *Cf.* John Parham, „The Deficiency of ‚Environmental Capital‘: Why Environmentalism Needs a Reflexive Pedagogy“, in: Sylvia Mayer und Graham Wilson, *eds.*, 2006, *op. cit.*, p. 7.

134 UNESCO-UNEP, „Final report intergovernmental conference on environmental education“, in: *UNESCO-UNEP Environmental Education Newsletter* (URL: www.unesdoc.unesco.org/images/0015/001533/153391eb.pdf, Stand: Februar 2010).

135 George M. Jacobs und Andrew Goatly, „The Treatment of Ecological Issues in ELT Coursebooks“, in: *ELT Journal* 3/2000, pp. 256-264.

daktische Publikationen oder konkrete Unterrichtsvorschläge wie die von Mayer und Wilson oder Volkmann.[136]

Ein Blick auf die Sprachcurricula in Deutschland legt dar, dass Natur- und Umweltschutzthemen unter den übergeordneten Stichpunkten ‚Bedrohung des Individuums und der Umwelt' sowie ‚Natur, Wissenschaft und Technik' (z. B. durch Gentechnik, Nanotechnik etc.[137]) in den Unterricht zu integrieren sind:

- Umwelt, Natur, Wissenschaft und Technik: moderne Entwicklungen in Wissenschaft und Technik und damit verbundene ethische Fragen
- Umweltprobleme und mögliche Lösungen, z. B. Klimawandel, Energiepolitik[138]

Im bayerischen Lehrplan der 9. Klasse für Gymnasien steht der Begriff ‚Umweltschutz' erstmals explizit im Lehrplan. Hierzu führt der Verfasser unter der Rubrik ‚Interkulturelles Lernen und Landeskunde' das „Verhältnis von Wirtschaft und Umwelt [Konsum und Nachhaltigkeit]"[139] näher aus. Die Lerner sollen ein differenziertes Bild von dieser Thematik erhalten. Bereits hier geht es nicht mehr nur um das eigene Verhalten gegenüber der Umwelt, sondern um eine globale Sichtweise. In Jahrgangsstufe 10 wird das Thema erweitert und aktualisiert. Dabei sollen Ereignisse wie z. B. Naturkatastrophen im Mittelpunkt stehen.

6.2.5.1 Umweltprobleme

Die Aspekte, die bei einer Auseinandersetzung mit dem Thema ‚Umweltprobleme' besonders augenscheinlich zutage treten, sind die aus der ökologischen Bewegung heraus entstandenen, esoterisch angehauchten didaktisierten Überzeugungsdialoge. Als Musterbeispiel kann der Dialog aus *Go Ahead 10* angeführt werden:

> (A): It's freezing today. What happened to global warming?
>
> (B): Oh, I expect it'll be here soon. If we keep cutting down the rainforests, it won't be long.
>
> (A): I don't care about the rainforests. I just wish it was a bit warmer.
>
> (B): You don't care? If everyone thought like you, the planet would be dead. There aren't enough trees to take in the carbon dioxide, so it's trapped in the atmosphere and warms the Earth. Sea levels are rising. Look at all the floods we had in autumn.

136 *Cf.* Laurenz Volkmann, 2010, *op. cit.* sowie Sylvia Meyer und Graham Wilson, *eds*., 2006, *op. cit.*

137 Laurenz Volkmann, 2010, *op. cit.*, pp. 201-204.

138 Lehrplan Bayern (URL: www.server.co101.spacenet.de/isb.co101.spacenet.de/contentserv/3.1/g8.de/index.Php?Story ID=26513, Stand: September 2009).

139 Lehrplan Bayern Gymnasium (URL: www.isb-gym8-lehrplan.de/contentserv/3.1.neu/g8.de/index.php ?Story ID =26245, Stand: Oktober 2010).

(A): OK, OK. Why did I open my big mouth? If I hadn't mentioned the weather, you wouldn't have started giving me a lecture.

(B): Well, if you say stupid things, that's what you deserve.[140]

Vor allem für Hauptschulen, Realschulen und vergleichbare Schularten sind diese didaktisierten Dialoge Standardtexte. Diese Überzeugungsdialoge fordern weder die Autonomie der Lerner noch involvieren sie diese oder verändern ihr Bewusstsein und leiten ein notwendiges Umdenken in der Beziehung ‚Mensch und Natur' ein.

Daneben gehören insbesondere Grammatik-Einsetzübungen zu den Texten, die sich mit Natur und Umweltschutz auseinandersetzen. So wird in *Highlight 6* die Umweltschutzthematik außerhalb jedes Kontextes mit Übungen zum Konditionalsatz verbunden: „What will happen if… Doing something about pollution."[141] Der Inhalt des Textes spielt jedoch kaum eine Rolle, denn die Lerner müssen sich auf die Bildung konditionaler Formen konzentrieren.

Symptomatisch für diese Vorgehensweise ist das Thema des ‚sanften Tourismus', das bis Ende der 1990er Jahre noch weit verbreitet in den Lehrbüchern erscheint, jedoch in den aktuellen nicht mehr zu finden ist. Argumente für und gegen den Tourismus in Nationalparks und Texte, in denen die Tourismusindustrie an den Pranger gestellt wird, gibt es in den bis Mitte der 1990er Jahre konzipierten Lehrbüchern noch relativ häufig.[142] Abgelöst werden sie in den derzeitigen Lehrbüchern durch die Darstellung von Reisetrends Jugendlicher, die implizit als junge, attraktive und begeisternde Alternative den umweltbelastenden Tourismusarten gegenübergestellt werden.

Auffallend ist, dass sich in den Lehrbüchern der Hauptschule, Realschule und vergleichbarer Schularten mit wenigen Ausnahmen keine Bezüge außerhalb der Grammatikübungen und didaktischen Überzeugungsdialoge auffinden lassen. Damit werden in diesen Fällen keine Möglichkeiten zur Lerneraktivierung oder eigener Meinungsbildung angeboten, vielmehr handelt es sich um eine deskriptive Darstellung von Informationen. Im Bereich der Textbeispiele[143] verfehlen die Lehrbücher durch einfache Faktendarstellungen ihr Ziel, den Kontakt mit dem Schüler zu suchen.[144]

140 *Go Ahead 10,* pp. 28-29.

141 *Highlight 6*, p. 70.

142 *Cf. Orange Line 5*, pp. 46-47, *Portobello Road 4*, pp. 28ff. u. a.

143 *English G 5*, p. 55.

144 Andere Übungen mit Natur- oder Umweltschutzthemen sind z. B. in *Highlight 6* zu finden: „The Greenhouse effect: The earth is like a greenhouse. If you have enough water and the right temperature, things will grow. There are gases in the air that control the earth's temperature. We call these greenhouse gases. But industry is growing all the time. We're producing more and more gases and we're changing the air. Because of this the earth is getting warmer. This is the greenhouse effect. So what's going to happen? – We aren't sure but scientists think that if the earth gets a lot warmer, the ice at the poles will melt and therefore the seas will rise. If the climate changes more, rain will increase in some places and decrease in others. So what can we do? – Well, we have to take action now. Everybody has to do a little help" (*Highlight 6*, p. 70). *Cf.* auch „Earthquakes in California" (*Green Line New 5*, p. 89).

Bei den zitierten Textwiedergaben und -analysen sollte die reine Informationsübermittlung erweitert werden. Beispielsweise könnte ein Vergleich zwischen einem populärwissenschaftlichen und einem fiktiven Text angestellt werden, indem die Lerner stilistische Unterschiede herausarbeiten. Anhand sozialgeschichtlicher Aspekte, wie z. B. des technischen Fortschritts der letzten hundert Jahre, könnte ferner reflektiert werden, wie sich die Umwelt der Menschen in der Vergangenheit veränderte.

6.2.5.2 Naturkatastrophen

Eine Betrachtung von Umweltszenarien in Filmen, die mit einem reichen Angebot an Katastrophen und Effekten aufwarten, stellt im Vergleich zu den didaktisierten Überzeugungsdialogen einen hoch anzusetzenden Bekanntheitsgrad und eine motivierende Facette dar. Filmausschnitte vermögen im Sinne einer lernerorientierten Methode Interesse und Neugier zu wecken.

Der Blick in die Lehrbücher des Korpus zeigt, dass schulartenübergreifend sich vor allem das Lehrbuch *Camden Town 4* über Verfilmungen dem Thema des ‚Natur- und Umweltschutzes' nähert. Trotz vielfältiger Ansätze im Lehrbuch, gelingt dies jedoch nicht in ausreichendem Maß, wie die folgenden Ausführungen zeigen. So informieren reißerisch aufgemachte Screenshots und ein fiktiver Zeitungsartikel über Tornados und deren Zerstörungspotenzial.[145] Berichte von Augenzeugen werden zitiert und Schüler sollen sich, die Empathie fördernd, Gedanken machen, welche ihrer Güter sie bei einer drohenden Umweltkatastrophe retten würden. Darüber hinaus werden Filmeffekte aus Blockbustern wie *Where will you be? The Day after Tomorrow*, *Poseidon*, *Twister*, *The Core*, *Independence Day* und *Magma*[146] in die Lehrbücher integriert. Das Motivationspotenzial der Lerner dürfte dabei sehr hoch sein. Filme können durch ihre schauspielerischen Identifikationsangebote, durch konkrete Bildlichkeit und computeranimierte Wirkungsszenarien dem Lerner eine Auseinandersetzung und Identifikationsangebote eröffnen, die ihn affektiv in das Geschehen einbinden und die Relevanz der Themen verdeutlichen. Eine didaktische Intention wäre damit gegeben, doch muss bemängelt werden, dass in den Aufgabenstellungen fast ausschließlich die technischen Herausforderungen[147] der Filmcrews im Mittelpunkt stehen, sodass die Umweltthematik nur unzureichend vermittelt wird.

Ebenso kritisch muss der Artikel „Storm Chasing Tours"[148] betrachtet werden, der ein Umweltbewusstsein mit einem Verweis auf das Hobby des Katastrophen-Journalismus in der Informationsgesellschaft aufzubauen versucht. *Stormchasers* beobachten extreme Wettermomente in der Atmosphäre, meistens heftige Gewitter, Riesenhagel, Fallwinde oder Tornados. Spezielle Seiten im Internet verbreiten die War-

[145] *Orange Line 5*, pp. 44-45.
[146] *Camden Town 4*, pp. 77-78.
[147] Dazu werden technische Anweisungen „How to make tornadoes look real" dargestellt (*ibid.*, p. 78).
[148] *Ibid.*, pp. 72-73.

nung vor möglichen Unwettern und erlauben es den *stormchasers*, sich so vor Ort zu versammeln und das Unwetter mitzuerleben. Die Aufnahme dieses Hobbys, das sicherlich auch das Interesse der jugendlichen Lehrbuchrezipienten zu wecken vermag, legt den Schülern den Schluss nahe, dass es sich vor allem um ein Abenteuer handelt, da keine ernsthaften Auswirkungen der Unwetter vermittelt werden.

Auch mit der Hörverstehensübung zum Hurrikan *Katrina* in New Orleans[149], der die Stadt Ende August 2005 traf und für ihre fast vollständige Verwüstung verantwortlich war, greift das Buch zwar ein aktuelles Ereignis auf, aber auch hier werden die menschlichen Schicksalsschläge und Auswirkungen der Umweltkatastrophe fast ausschließlich durch Bildmaterialien unterstützt, zu wenig thematisiert und kaum semantisiert. Die monatelange medizinische und schulische Mangelversorgung sowie die Not der Armen, Alten und ethnischen Minderheiten in New Orleans rücken in den Hintergrund.

Die Darstellung zum Bereich Natur- und Umweltschutz basieren in *Camden Town 4* vor allem auf reißerisch visuellen Unterrichtsmaterialien von Umweltkatastrophen im lokalen Bereich, was wiederum zwar die Aufmerksamkeit und das Interesse der Lerner garantiert, aber weitere globale, problemorientierte Darstellungen und Lösungsoptionen in den Lehrbüchern vernachlässigt. In anderen Lehrbüchern werden vereinzelte Hinweise auf Filme gegeben, die jedoch nicht weiter aufgegriffen werden.[150]

6.2.5.3 Menschliche Eingriffe in die Natur

Eine Vielzahl von Faktoren, die zum Klimawandel und weltweiten Problemen in der Natur beitragen, entstand durch menschliches Handeln mit weitreichenden Eingriffen in den Naturkreislauf. Diese Einflüsse haben meist negative Auswirkungen und bergen Gefahren für Menschen, Tiere und unseren gesamten Planeten. Lehrbuchdarstellungen sollten den Umgang des Menschen mit der Umwelt und Artenvielfalt aufzeigen. Parallel dazu sollte unser Eingreifen in die Natur hinterfragt werden.

Ein spezifisches Element kann die Darstellung des Umgangs mit den Reservaten der *Native Americans* sein. In *Green Line 4* wird beschrieben, wie sich der amerikanische Staat die Reservate aneignen will. So sind die Regionen um den Grand Canyon mittlerweile als Naturschutzgebiete deklariert worden und zu einer Art Disneyland für Touristen[151] mutiert, ohne auf ökologische Folgen zu achten.

Eine Auseinandersetzung mit artgerechter Tierhaltung, Versuchs- und Nutztierhaltung sowie der Robbenjagd kann ebenfalls dem Thema des Natur- und Umweltschutzes

[149] *Ibid.*, p. 85. An die 3.000 Menschen kamen dabei ums Leben und ca. eine Million obdachlos gewordene Menschen leben seither auf der Straße. Es wird auch darauf hingewiesen, dass es vor allem die weniger gutsituierten Bürger am härtesten traf. Die Stadtteile, in denen vorwiegend die afroamerikanische Bevölkerung wohnte, werden vonseiten der Regierung kaum beim Wiederaufbau unterstützt.

[150] Auch Dokumentationsfilme wie *Super Size Me* (*Camden Town 6*, p. 16) oder der speziell auf den Tier- und Umweltschutz bezogene *We feed the World* würden sich ebenso eignen, den Lernern Einblicke in die Lebensmittelfabrikation und Umweltproblematik zu gewährleisten.

[151] *Green Line 4*, pp. 55ff.

dienen. In nur wenigen Lehrbüchern finden sich entsprechende Aspekte. Halbherzig wirkende Hinweise auf die praktizierte Massentierhaltung ergeben sich durch Bilder und stichpunktartige Kommentare. Diese bleiben in den Lehrbüchern lediglich auf einer rein deskriptiven Ebene.[152] Einen anderen Weg beschreitet das Lehrbuch *Let's Go 5,* indem es eine Diskussion um Tierrechte entfacht. Dabei geht es auf Neuseeland ein, das Tierrechten einen hohen Stellenwert einräumt. Berücksichtigt werden auch Organisationen, welche sich für die Einhaltung von Tierrechten einsetzen.[153] Um eine einseitige Darstellung zu vermeiden, sollten jedoch interaktivere und weniger indoktrinierende Aussagen ihren Platz finden.

Über den Tierschutz hinausgehend wird ein plakativer Einblick in die Robbenjagd der indigenen Bevölkerung Kanadas gegeben, die einmal jährlich stattfindet und weltweit höchst umstritten ist. Um eine einseitige Meinungsbildung zu verhindern, werden zwei Texte abgedruckt. Der erste ist aus Sicht eines indigenen Jägers geschrieben, der ein „sensible trapping“[154] als Teil seiner Kultur und „an excellent example of utilization of species and ecosystems without doing harm to the environment“[155] definiert. Der zweite Brief entlarvt dieses angeblich harmonische Ökosystem, indem er auf die zahlreichen und brutalen illegalen Verstöße aufmerksam macht, die bei dieser Jagd geschehen. Die Schüler sollen sich in beide Seiten hineinversetzen, ihre eigene Meinung dazu äußern und auf vertretbare Kompromisse eingehen. Gerade die Gegenüberstellung beider Meinungen unterstützt die Perspektivenvielfalt dieses umstrittenen Themas. Trotz dieser didaktisch gelungenen Darstellungsweise muss bemängelt werden, dass in diesem Lehrbuch keine anderweitigen Darstellungen zur indigenen Bevölkerung zum Einsatz kommen. Auf diese Weise hat die Assoziation mit der indigenen Bevölkerung eine einseitig negative Ausstrahlung.

Die Vermittlung konzentriert sich im Wesentlichen auf scheinbare inhaltliche Interessen der Lerner, indem sie die Umweltproblematik als Actionszene in Filmen und aus der Sicht des Katastrophen-Journalismus aufnimmt, ohne sie zu vertiefen und kritisch zu hinterfragen.

152 Präsentiert werden die alltäglichen Verstöße im Rahmen der Massentierhaltung durch Bilder von *meat plants* und *animal testing* (*Portobello Road 5,* pp. 12-15) und Textausschnitte: „Birds get killed. Animal Rights“ (*Green Line New 6,* pp. 85-87), „What rights for animals?“ (*Portobello Road 5*, p.14), „Animal rights do not mean loving animals more than people. It means protecting animals and trying to give them a good life! […] People who work for animal rights think we should protect animals, too. And their work has changed things. For example in 1999 New Zealand decided to give special rights to some animals. This means that experiments with these animals are only allowed if the results can help the animals. If the results can only help people, the experiments are illegal. A better future? Animal rights in New Zealand are a good example that other countries should follow. Then, perhaps, there will be a better future for all animals“ (*Let's Go 5,* p. 94) und „Endangered animals“ (*Orange Line 4,* pp. 120-121).

153 *Let's Go 5,* pp. 94-95.

154 *Orange Line 6,* pp. 34-35.

155 *Ibid.,* pp. 34-35.

6.2.5.4 Eigenverantwortliches Handeln

Während ein grundlegendes Verständnis für die Umwelt und ihre Probleme durch die inhaltlichen Darstellungen teilweise geweckt werden kann, fehlt noch das Bewusstsein, mitverantwortlich für die Umweltfolgen und -probleme zu sein. *environmental education* fördert nicht nur das kognitive Wissen darüber, sondern will auch einen verantwortungsbewussten Umgang mit der Umwelt und eine nachhaltige Lebensweise mit den natürlichen Ressourcen vermitteln:

> Environmental education is a learning process that increases people's knowledge and awareness about the environment and associated challenges, develops the necessary skills and expertise to address the challenges, and fosters attitudes, motivations, and commitments to make informed decisions and take responsible action.[156]

Mit Blick auf die *environmental education* ist neben der Darstellung von Problemen und Gründen hinsichtlich der Umwelt und Natur auch das Aufzeigen möglicher Lösungen im eigenen Handlungsbereich von Bedeutung. Während sich in den Gymnasiallehrbüchern in dieser Frage keine Informationen mit Handlungsaufforderungen finden, gehen einige der älteren Real- und Hauptschullehrbücher intensiv auf die Vermittlung von Verantwortung ein. So zeigen die Lehrbuchautoren von *Portobello Road 4* Wirkungsmöglichkeiten im Alltag der Lerner auf, indem eine Lehrwerksfigur eine Diskussion mit ihren Eltern über Mülltrennung führt. Der Jugendliche will den täglichen Abfall umweltschonender trennen und gerät in Konflikt mit seinen Eltern. Diese verweisen auf die anfallende Zusatzarbeit und hegen Zweifel an einer konsequenten Umsetzung. Über diese Möglichkeiten hinaus, im Alltag umweltschonender zu leben, werden wichtige Optionen in *Portobello Road 4*, *Orange Line 5* und *Go Ahead 10* thematisiert – an vorderster Stelle der *Earth Day*. In vorbildlicher Weise geht das Lehrbuch *Portobello Road 4* mit der Tradition der Begehung des *Earth Day*[157] auf den Aspekt der Nachhaltigkeit ein und erläutert in Form einer Umweltschutzbroschüre das Hintergrundwissen zum Gedenktag. Alljährlich wird er im April weltweit begangen und soll die Menschen dazu anregen, ihr Konsumverhalten zu überdenken. Die Lerner werden aufgefordert, einen eigenen *Earth Day*[158] zu planen und bestimmte Umweltschutzregeln für die Klasse aufzustellen. Dies ist ein positives Beispiel für die Vermittlung globaler Umweltprobleme. So können Lerner dafür sensibilisiert werden, dass Eigenverantwortung und entsprechendes Handeln der Grundstein und ein wichtiger Schritt zum Schutz unserer Umwelt sind.

Gemäß dieser Aufgabenstellung gilt es, weitere alters- und schulartenentsprechende Arbeitsweisen anzubieten, die den Prinzipien des interkulturellen und globalen Lernens folgen und den eigenen Handlungsspielraum sowie das globale Ausmaß in die Betrach-

156 UNESCO-UNEP, „Final report intergovernmental conference on environmental education", in: *UNESCO-UNEP Environmental Education Newsletter* 1/1 (URL: www.unesdoc.unesco.org/images/0015/001533/153391eb.pdf, Stand: Februar 2010).

157 *Portobello Road 4*, pp. 58ff.

158 *Ibid.*, pp. 58ff.

tung mit einbeziehen. Zu den Ansätzen, die diese Komponenten aufnehmen, gehört auch das Lehrbuch *Orange Line 5*:

> Save the forests of the world: How many things in your home are made of wood? Are there any things of wood that could quite easily be made of something else? Make a list. When forests are cleared in Britain they are usually replanted with fir trees because they grow quickly and make money. What are the alternatives? How can we preserve the forests in the world from those who want to destroy them? Perhaps you've got a good idea.[159]

Demgegenüber fehlt in obiger Darstellung der Bezug zur globalen Dimension. Dafür wird ein Bezug zum Lerner und seinen alltäglichen Gewohnheiten hergestellt. Auch interaktive Momente fließen durch eine Aufgabenstellung mit ein, indem alltägliche Essgewohnheiten thematisiert werden und den Lernern ein besonderes Bio-Vollkornbrotrezept[160] empfohlen wird, doch bleibt die globale Perspektivierung verborgen.

Ein Einbezug der Lerner wird vor allem auch in den Ansätzen gefordert, die Kampagnen oder einzelne Teenager aufzeigen, die sich für den Umweltschutz engagieren. In *Green Line New 5* wird das Porträt der Umweltschutzaktivistin Julia ‚Butterfly' Hills vorgestellt.[161] Das Porträt skizziert Hills als Teenager zu einer Zeit, in der sie beinahe zwei Jahre in einem Baum lebte, um auf diese Weise dessen Abrodung zu verhindern. Die Lerner reflektieren dabei nicht nur über die Umweltproblematik, sondern auch über die Gründe für Hills Protest und damit über den Nutzen solcher Aktionen.

Abgesehen von den genannten Beispielen bietet das Lehrbuch *Orange Line 5* zur induktiven Erschließung eine Palette von Umweltproblemen an, in der die fortlaufende Zerstörung des Planeten aufgezeigt wird – „air pollution, cutting down the forests, litter, chemicals, acid rain, endangered animals."[162] Die Lerner sollen zu einem Thema mögliche Verbesserungs- und Rettungspläne ausarbeiten.[163] In diesen Beispielen werden Handlungsmöglichkeiten in den Vordergrund gerückt, die den Lernern die Möglichkeit geben, ihre eigenen Handlungsoptionen zu diskutieren.

Die beschriebenen interkulturell ausgerichteten Ansätze haben das Ziel, nicht nur ökologische Fakten und globale Umweltkatastrophen deskripitiv zu schildern, sondern auch insgesamt ein besseres Verhältnis zwischen dem Menschen und seiner natürlichen Umwelt anzustreben.

159 *Orange Line 5*, p. 53.

160 *Orange Line 5* wurde bereist 1999 zum ersten Mal publiziert. Dennoch erscheint es gerade in seiner methodisch-didaktischen Arbeit bis in das Jahr 2010 als aktuell und progressiv (*ibid.*, p. 47).

161 *Green Line New 5,* p. 83.

162 *Orange Line 5*, p. 54.

163 *Ibid.*, p. 54 und *Go Ahead 10*, pp. 28ff.

6.2.6 Gesellschaftliches Engagement gegen Ungerechtigkeit

Ist die Globalisierung gerecht? Diese Frage ist äußerst umstritten. Sicher ist, dass die Kluft zwischen Arm und Reich immer größer wird. Materielle Güter und Chancen sind in unserer Welt auch heute noch nicht gerecht verteilt. Chancengleichheit ist in den meisten Lebensbereichen nicht gegeben. Die Jugendlichen sollen sich selbst Fragen nach globaler Verantwortung stellen und diese diskutieren sowie Ungerechtigkeiten weltweit – Deutschland nicht ausgeschlossen – kennenlernen. Klischees rund um das Thema ‚globale Ungerechtigkeit' sind aufzuarbeiten und Strategien zur Armutsbekämpfung und zu sozialem Engagement zu entwickeln.

6.2.6.1 Armut und Not

Die Globalisierung verändert viele Lebensbereiche, Nutzen und Kosten dieser Prozesse sind unterschiedlich verteilt. Die Akzeptanz von Armut und Not sowie die oft bewusst hingenommene Ausbeutung ärmerer Länder vornehmlich durch westliche Industrienationen sind zentrale Argumente der Globalisierungskritiker. Der Politologe Dirk Messner beschreibt diese Situation:

> Angesichts des Reichtums in den Industrieländern und des beachtlichen Wohlstandes der oberen Einkommensschichten in den Entwicklungsländern ist das Ausmaß der absoluten Armut ein globaler Skandal, denn Armut kann durch gezielte politische Maßnahmen wirkungsvoll verringert werden.[164]

Bereits mit der schrittweisen Öffnung des Englischunterrichts in Bezug auf postkoloniale Kulturen richtet sich der Fokus auf eine Vielfalt an Lebensstandards, die von den westlichen stark differieren. Diese Blickrichtung ignorieren die Lehrbücher des vorliegenden Korpus beinahe vollständig.

Diese globalen Herausforderungen von Armut und Not sind in den Lehrbuchdarstellungen deutlich unterrepräsentiert, nicht einmal im Ansatz erkennbar. Selbst rudimentäre Informationen zum Thema ‚Armut und Not' fehlen in der Mehrzahl der Lehrbücher. Falls sie das Thema doch einmal aufnehmen, werden meistens nur lokale Ebenen angesprochen. *Camden Town 5* bietet als eines der wenigen Lehrbücher eine Aufzählung und Auseinandersetzung mit Gründen von Armut in dem semi-authentischen Zeitungsartikel „To Beg or not to Beg"[165] an. Die anderen Lehrwerke verzichten auf solche Angaben und stellen Armut als ein Phänomen dar, das in Metropolen wie New York City oder London auftaucht. Exemplifiziert wird diese Darstellungsweise in dem Lehrbuch *Portobello Road 4*, das in Form eines Praktikumsberichts eines Jugendlichen in einer

164 Dirk Messner, „Armut und Reichtum in der Welt. Informationen zur politischen Bildung", in: Gerd Nollmann und Hermann Strasser, *eds., Internationale Beziehungen II*, Bonn: Bundeszentrale für Politische Bildung, 2002, pp. 36-40.

165 *Camden Town 5,* pp. 64-65.

Suppenküche in New York über dessen Erfahrungen mit Armut berichtet.[166] Insbesondere die Fotos zum Thema Armut unterstützen diese Assoziation. Sie zeigen allesamt die Situation von Obdachlosen und Bettlern auf, die in den Straßen leben. Zu diesen Abbildungen der Millionenstädte kommen weitere stereotypische Visualisierungen wie an Hunger leidende Kleinkinder aus Afrika – ohne Kontextualisierung. Interkulturelle Vergleiche zur Situation in Deutschland, die Bekämpfung von Klischees oder auch Appelle an soziales Engagement werden von den Lehrbuchautoren in keiner Weise angestrebt.

In anderen Darstellungen finden sich Informationen zu unterschiedlichen Lebensstandards in Südafrika, Indien und Ländern der Dritten Welt. Vor allem Abbildungen von Armenvierteln und Slums sowie *gated communities* oder Villenviertel[167] vermögen den Lernern einen authentischen, auf die Realität vorbereitenden Eindruck der fremden Wirklichkeit zu vermitteln. Leider wird methodischen Ansätzen einer Vertiefung zu wenig Beachtung geschenkt, obwohl gerade Bilder eine Auseinandersetzung und Betroffenheit bei den Lernern auszulösen vermögen. Anstatt jedoch auf globale Ungerechtigkeiten oder Strategien zur Armutsbekämpfung einzugehen, wird die gravierende Ungleichverteilung von Armut und Reichtum als Themengebiet bevorzugt.

Auch in dem Portfolio „India“ von *English G 6* bekommt der Lerner in der Kurzgeschichte „A morning swim“[168] Einblicke in das Schicksal indischer Waisenkinder. Der Beschreibung kann entnommen werden, dass zwei Kinder als Protagonisten nur überleben können, indem sie das geopferte Geld der gläubigen Hindus heimlich aus dem heiligen Fluss heraus stehlen. Selbst wenn diese Darstellung der Armut schockiert, so erkennen die Lerner doch, dass in Indien andere Standards als in der westlichen Welt existieren und die indischen Waisenkinder schon für eine minimale Versorgung dankbar sind:

> Imam Miyan's hefty fist clouted Rashid, half-affectionately. „Eat up, you swine. Do you want to be late? Better get there before the fog lifts and people start arriving.“ [...], all that mattered was that Imam Miyan was good – sometimes.[169]

Ein interkultureller Vergleich mit dem eigenen Land und die Thematisierung dieser unabhängig von dem dargestellten Land angesprochenen Aspekte könnte die Lerner davor bewahren, eine falsche, eventuell sogar ablehnende Haltung Indien gegenüber auszubilden. Leider wird von diesem Vorgehen kaum Gebrauch gemacht. Zur Veranschaulichung der Lebensumstände bietet *Portobello Road 4* zum Thema ‚Kinderarmut und -arbeit‘ in den Ländern der Dritten Welt personenbezogene Beispiele an.[170] Durch

166 *Portobello Road 4*, p. 42.

167 *New Highlight 5*, pp. 10-11.

168 *English G 6,* pp. 96-97.

169 *Ibid.*, p. 96.

170 „My mother died when I was young and my father just left one day. I live on the streets. Sometimes I can find food, sometimes I can get a job for a day or two to earn some money“ Ein Junge aus Mexiko berichtet: „I live with my two brothers and three sisters in a small house outside the city. Our father died in an accident. [...] I don't have any money so I hang onto the back of the bus“ Ein Mädchen aus Sri Lanka erzählt: „My father doesn't earn

Profile von Kindern, mit Fotos und kurzen Lebensläufen, klären die Texte über die lokale Lage auf und bieten Identifikationsmöglichkeiten an. Die Darstellung von Menschen, ob real oder fiktiv, vermag auch an dieser Stelle einen direkten Bezug zur fremdkulturellen Realität herzustellen. In Hinblick auf das Ziel des Aufbaus einer soziokulturellen Kompetenz geben die Lehrbücher keine Anregungen, sich mit diesen Menschen und ihren Lebensentwürfen auseinanderzusetzen.

Ausführlicher ist demgegenüber die Darstellung von *Camden Town 6,* in der die Lerner die von der UNICEF ins Leben gerufene Kampagne *Children's Rights* vorgestellt bekommen, die gegen Kinderarbeit weltweit kämpft. Dass die für Deutschland scheinbar selbstverständlichen Bedingungen und Rechte für Kinder nicht überall gewährleistet werden können, wird für die Lerner durch deren Ziele deutlich:

> Have a close look at UNICEF's website below and match the priorities with the human rights that children everywhere should have:
>
> The right to survival
>
> The right to develop to the fullest
>
> The right to protection from harmful influences, abuse and exploitation
>
> The right to participate fully in family, cultural and social life
>
> Use the information and photos on the website to give examples of what these priorities would mean to children in everyday life situations.[171]

Die Darstellung in *Camden Town 6* legt den Schwerpunkt im Rahmen der UNICEF-Arbeit auf die Bekämpfung von HIV/AIDS, indem auf den Kampf um die Erfüllung der jeweiligen Programmpunkte am Beispiel Namibias eingegangen wird.[172] Nicht zuletzt anhand einer solchen expliziten Exemplifizierung wird es den Lernern möglich, Bezüge herzustellen, die weltweite Bedeutung der Armutsbekämpfung zu erkennen sowie Bereitschaft zur Solidarität und Übernahme von Mitverantwortung zu entwickeln.

Zusammenfassend kann konstatiert werden, dass das Thema Armut von den Lehrbüchern nur gestreift wird. Die Bekämpfung und Eindämmung von Armut weltweit spielt in den Lehrbüchern keine große Rolle. Auch lokale Lösungsmöglichkeiten werden nicht erarbeitet. Generelle Ziele der einzelnen Darstellungen sollten darauf angelegt sein, dass die heranwachsenden Generationen auf der Seite der Gewinner der Globalisierung gemeinsam mit denen der Verlierer im Bestreben nach der Gestaltung einer gerechteren Welt verantwortungsvoll zu handeln lernen. Dies unterbleibt jedoch.

enough money to feed us all (I have two brothers and a sister) and so my mother went to Saudi Arabia with other women from our village" (*Portobello Road 4,* p. 39). *Cf.* auch *Camden Town 5,* p. 50 und *Let's Go 4*, p. 75.

171 *Camden Town 6*, p. 74.

172 „Listen to the radio feature on how UNICEF and the Namibian government are working together to combat the problem of HIV/AIDS. […] Afterwards, share your information with the rest of the group" (*ibid.*, p. 74).

6.2.6.2 Globalisierungskritische Netzwerke

Eng verbunden mit dem Thema ‚Armut' ist, wie das vorhergehende Kapitel bereits andeutete, die Frage des gesellschaftlichen Engagements. Dieses sollte zentrales Bildungsziel für eine Gesellschaft sein, die durch Individualisierung, Globalisierung und eine zunehmende Komplexität in allen Lebensbereichen geprägt ist. Das Lernziel eines gesellschaftlichen Engagements stammt aus den Ansätzen der *human rights education*, die eine Auseinandersetzung mit Nichtregierungsorganisationen (NRO bzw. die weitverbreitete englische Abkürzung NGO zu *non-governmental organization*) und sozialem Aktivismus im lokalen und globalen Bereich anregt.

Neben der Darstellung der Problematik (*cf.* Kapitel 6.2.6.1) sollten weltweit agierende Stiftungen, Projekte und Hilfsorganisationen bzw. NGOs präsentiert werden, die sich zum Ziel gesetzt haben, die Gegensätze von Armut und Reichtum zu vermindern und Alternativen aufzuzeigen. Der Blick in die angeführten Lehrbücher zeigt, dass sich explizite Informationen zu einem globalen gesellschaftlichen Engagement finden:

Projekt	Thematischer Schwerpunkt
„Global Kids"[173]	Kinderarmut
„Counting trees"[174]	Bildungsarbeit/Entwicklungsländer (Planung eines *gap year)*
„Spending a gap year in Goa"[175]	Bildungsarbeit/Entwicklungsländer
„The Elephant Project"[176]	Bildungsarbeit und Natur-/Umwelt- und Tierschutz (Regenwald)

Abb. 45: Soziales Engagement in den Lehrbüchern

Im Gegensatz zu den weiteren Herausforderungen der globalen Welt fällt auf, dass gesellschaftliches Engagement als attraktiver *lifestyle* dargestellt wird. *Green Line 4* präsentiert die Kinderhilfsorganisation *Global Kids,* die ihren Ursprung in den USA hat und in der Gegenwart weltweit agiert. Insbesondere das Interview mit dem Mitglied Eddie, der selbst aus einem wenig privilegierten Umfeld kommt, zeigt, dass auch der eigene ideelle Gewinn bei gesellschaftlichem Engagement hoch ist. Er beschreibt ausführlich, dass es gerade für ihn, der selbst viele Probleme hat, eine große Herausforderung gewesen war:

> „We did this project with Global Kids about the poor all over the world", Eddie explains. „You'd think that would be boring for kids like us who have enough money problems of their own. But it wasn't; it helped me to understand things better. We even made a radio program about our project. Man, was I scared when I had to speak!"[177]

173 *Green Line 4*, p. 30.
174 *Go Ahead 9*, p. 72.
175 *Green Line New 5,* pp. 24-25.
176 *English G 5*, pp. 55ff.
177 *Green Line 4*, p. 30.

In diesem Zusammenhang wird das Ziel der Lehrbuchautoren deutlich, weltweit Jugendliche zu überzeugen, ihr eigenes Schicksal selbst in die Hand zu nehmen: „,That's what Global Kids is all about', says Cristina. ,The students learn that things can only get better – in Africa or in Brooklyn – if people are active.'"[178]

Der Blick in die Lehrbücher des Korpus zeigt zudem, dass schulartenübergreifend auch die nötigen Vorüberlegungen und der Planungsbedarf mit in die Darstellungen aufgenommen werden. So werden beispielsweise Themen wie die ersten Vorüberlegungen, die finanziellen Aspekte oder die zu treffenden Vorbereitungen gewählt, um die Lerner unter Beachtung ihrer altersgemäßen Interessen und ihres Lernniveaus mit vermutlich weniger bekannten Faktoren bei sozialer Arbeit vertraut zu machen. *Go Ahead 9* und *Green Line New 5* widmen sich den Vorbereitungen für ein *gap year*. *Go Ahead 9*[179] lässt anhand eines Chatrooms die Lehrbuchfiguren Erfahrungen austauschen, während *Green Line New 5* auf mögliche Institutionen eingeht, die im Bereich des Umweltschutzes oder der Bildungsarbeit in Schulen für Waisen oder Kinder aus sozialen Brennpunkten tätig sind. Dabei präsentiert es eine Werbeanzeige, in der ehrenamtliche Mitarbeiter für Kinderbetreuung gesucht werden:

> The Mango House, a home for children who have been rescued from the streets, is run by the charity 'Children Walking Tall'. They need volunteers to care for the children, cook their meals and teach them English. Interested? Contact: Go-Gap.[180]

Diese Darstellungen erweisen sich als äußerst interessanter und lehrreicher Stoff, der sicherlich auch das Interesse der Schüler zu wecken vermag.

Einen anderen Weg beschreitet das Lehrbuch *Green Line New 5*, indem es die Perspektive eines Jugendlichen aufnimmt, der gerade auf den Weg nach Indien für ein *gap year* ist.[181] Aus dem zitierten Beispiel lassen sich Erwartungshaltungen gegenüber diesem Jahr und befürchtete Schwierigkeiten herauslesen. Die Darstellung verfügt über ein Identifikationspotenzial und stellt für die Lerner einen realistisch anmutenden Erfahrungsbericht dar. Einen ähnlichen Einblick erhalten sie in dem Text über das *Elephant Project*[182], der ebenso als positiver Erfahrungsbericht zu sehen ist.

Neben der Schaffung von Anreizen durch Lehrbuchpersonen, Berichten über gesellschaftliches Engagement und detaillierten Einblicken können auch die Darstellungen von Songs bekannter Künstler und sozialer Projekte[183] eine gewisse Neugierde und Vorbildfunktion vermitteln. *Camden Town 6* berichtet: „Many famous musicians are trying to raise awareness of world matters such as poverty, HIV/AIDS or the destruction of the world's rainforests."[184] Es stellt darin Lieder und Projekte von Musikern wie Sting oder

178 *Ibid.*, p. 30.
179 *Go Ahead 9,* p. 72.
180 *Green Line New 5*, p. 25.
181 *Ibid.*, p. 26.
182 *English G 5*, p. 55.
183 Jedoch sind diese Projekte häufig umstritten, weil das Geld oft in falsche Hände gerät.
184 *Camden Town 6*, p. 80.

der Band U2 vor. Vor diesem Hintergrund tragen die Lerner weitere ungewöhnliche Engagements zusammen:

> Choose one task: Research the charity work of a musician and tell the class what he/she is doing to try and make the world a better place. You can present your findings on a poster.[185]

Der Arbeitsauftrag fordert nicht nur zur Interaktivität auf, sondern motiviert durch den engen Bezug zur Lernerwelt.

Analog zu dem persönlichen Engagement werden in *Green Line New 5* und *Camden Town 6* das Konzept *Play Fair* der NGO *Oxfam* aus der Sportindustrie und die NGO *Traidcraft*[186] vorgestellt, die sich für faire Produktionsbedingungen und Preise einsetzen. Beide Artikel erklären das Prinzip und die Ziele der jeweiligen Organisation.[187]

> ‚Play Fair' demands that everyone involved in the global sportswear industry should meet their responsibilities. Prices that are paid to suppliers must be fairer and workers must be treated better. The whole industry should work together with trade unions to make world-wide rules about workers' rights: a wage that is enough to live on, a working week of no more than 48 hours, no forcing of overtime, and a safe and healthy place to work.[188]

> We pay fair prices for the goods we buy, enabling producers from poor and marginalised communities to earn a living wage. We develop long-term supportive relationships with our suppliers, helping them use their skills to build sustainable businesses, and improving the conditions in which they live and work. […] Through lobbying and advocacy work, Traidcraft changes the way governments and businesses think about trade, promoting more ethical business practices and seeking changes to rules that prevent poor producers benefiting from trade.[189]

Zur Veranschaulichung werden jeweils Fotos von Produkten und menschenwürdigen Arbeitsbedingungen hinzugefügt und Aussagen aus Interviews betroffener Arbeiter zitiert. Hierbei handelt es sich um einen wichtigen Themenbereich, der das Bild der Globalisierung um einen für die Lerner vermutlich unbekannten Gesichtspunkt zur Kooperation und gesellschaftlicher Verantwortung bereichert. Bei dieser Untersuchung ist festzuhalten, dass es den Unterrichtsmaterialien trotz Aufzeigens anfallender Schwierigkeiten gelingt, die entsprechenden Themen mit zeitnahen und in Bezug zur Lernerwelt stehenden Inhalten auszustatten und für den Jugendlichen Lösungsansätze in ihrem Schaffensbereich bereitzustellen.

185 *Ibid.*, p. 80.

186 „Traidcraft was established in 1979 as a Christian response to poverty and helps small producers in the developing world engage in international trade. We work with people of all faiths and none to create opportunities for the poor to harness the benefits of trade, offering them hope for a better future" (*ibid.*, p. 78).

187 *Ibid.*, p. 78.

188 *Green Line New 5*, pp. 14-15.

189 *Camden Town 6*, p. 78.

Verbesserungsfähig wäre es, in die Darstellung die Sicht Betroffener zu integrieren, was bei dem Projekt *Global Kids* anhand des Identifikationspotenzials für die Lerner geschickt gelöst wurde, aber in weiteren Beispielen eine zu geringe Rolle spielt. Als Fazit sei jedoch angemerkt, dass sämtliche Inhalte zum Aktivwerden einladen und somit einen wichtigen Beitrag zum globalen Lernen bereitstellen, der die Lerner in die Lösungsfindung integriert.

6.2.7 Zusammenfassende Betrachtung

Aufgrund der im Themenbereich ‚Weltweite Vernetzung' aus der quantitativen und qualitativen Analyse gewonnenen Erkenntnisse ist festzuhalten, dass die visuellen Elemente nur wenig systematisch erscheinen und dem Lerner kaum Einblicke in die globale Welt gewähren. Die Gestaltung der Lehrbücher setzt zwar umfangreiches Fotomaterial ein, doch lässt die inhaltliche Auseinandersetzung mit der Thematik eine gewisse Informationsarmut erkennen. Anlass zur Kritik gibt auch die meist oberflächliche Behandlung. Oft wird die Globalisierung mit der Amerikanisierung der Welt gleichgesetzt und negativ dargestellt.

So ist beim Thema ‚Weltordnungspolitik und internationale Beziehungen' zu kritisieren, dass die untersuchten Lehrbücher kaum Einblicke in diese Inhalte gewähren. Allein das Lehrbuch *Camden Town 6* greift die politische Vernetzung in der globalen Welt auf. Es schafft somit einen lernergemäßen Zugang, weil sich Schüler mit relevanten Aspekten der internationalen Beziehungen altersgemäß und teilweise auch selbstständig auseinandersetzen können. Zwar sollte diese Unterrichtseinheit die Notwendigkeit einer globalen Zusammenarbeit auf politischer Ebene noch deutlicher herausstellen, dennoch kann sie für die thematische Aufnahme internationaler Verflechtungen und politischer Themen dem Englischunterricht dienen.

Die wenig auf den globalen Kontext ausgerichteten Inhalte sind ferner beim Themengebiet ‚Aufhebung räumlicher Distanz' zu bemängeln. Die angestiegene Mobilität weltweit spielt nur *taliter qualiter* eine Rolle in den Lehrbüchern und wird selten in den Mittelpunkt gerückt. Allerdings wurde bei Auswertung der Mobilitätsaspekte ersichtlich, dass die Aufhebung von Distanz in der Gegenwart größtenteils auch über virtuell-räumliche Erfahrungen erfolgt. Diese Aspekte finden eine vielfältige Umsetzung in den Lehrbüchern. Zwar fehlen auch hier die globalen Auswirkungen grenzüberschreitender Distanzverluste, aber positiv ist anzuführen, dass auch eine kritische Herangehensweise einbezogen wird, welche auf die Gefahren einer Digitalisierung aufmerksam macht.

Insgesamt gesehen überwiegen in den Lehrbüchern bei der ‚Weltweiten Vernetzung' Darstellungen, welche die ökonomische Dimension der Globalisierung in den Mittelpunkt rücken. Bei ihnen lässt sich für die Lerner der Schluss ziehen, dass Weltkonzerne im Allgemeinen Strukturen fördern, in denen sich prekäre Beschäftigungs- und Arbeitsformen wiederfinden, die in vor- und frühindustrielle Zeiten zurückreichen. Zu selten finden sich jedoch in den Lehrbüchern des Korpus Anregungen, die eine Schwarzweißmalerei und eine Verstärkung von Vorurteilen verhindern. Eine weniger plakative Vorgehensweise und eine Aufnahme aussagekräftigerer Beispiele würden die Lernziele des globalen Lernens nachhaltiger unterstützen. Vor allem von den weltweit agierenden

Großkonzernen oder *corporations* wird in den untersuchten Lehrbüchern ein negatives Bild gezeichnet. Dominierend ist eine sehr einseitige Perspektive von einer sich immer stärker ausbreitenden US-amerikanischen Kultur, die alles verdrängt. Positive Beispiele kommen hingegen zu selten vor und könnten einen größeren Stellenwert bekommen. Diese Aufforderung gilt ebenso für die Unterrichtsmaterialien zum ‚Schutz kultureller Vielfalt', denn auch hier wird einseitig ein kulturelles Durchdringen der Welt durch amerikanische Werte und Konsummuster dargestellt. Die geäußerte Kritik darf jedoch nicht verschleiern, dass die einzelnen Beispiele nur thematisch einseitig ausgerichtet sind, aber methodisch-didaktisch gut umgesetzt wurden. Trotz ihrer Komplexität überfordern sie die Lerner der 8. und 9. Jahrgangsstufe nicht.

Beim Themenbereich ‚Natur- und Umweltschutz' fällt bereits auf den ersten Blick eine Vielfalt an Inhalten und Perspektiven auf, die interkulturelle Ausrichtungen integrieren. In der Gesamtschau bleibt zu attestieren, dass vor allem regionalspezifische Umweltthematiken häufiger vorkommen als das globale Ausmaß dieser Problematik. Nach den Prinzipien des globalen Lernens sollten die Vorgehensweisen allerdings noch so verändert werden, dass die Lerner sich induktiv mit den Themen auseinandersetzen und auch die globale Komponente von Umweltproblemen kennenlernen. Gleiches gilt für das Themengebiet ‚Gesellschaftliches Engagement gegen Ungerechtigkeit'. Gerade diese beiden Dimensionen der Globalisierung sollten in den Lehrbüchern mit selbstständig zu erarbeitenden Lösungsmöglichkeiten aufgenommen werden, um Jugendliche anzuregen, verantwortungsbewusst mit unserem Planeten umzugehen und gemeinsam für eine gerechtere Welt zu kämpfen.

6.3 Weltweite Vernetzung – didaktische Perspektive

In Bezug auf die methodisch-didaktische Arbeit muss untersucht werden, ob die angewendeten Vermittlungsverfahren den Ansprüchen des globalen Lernens gerecht werden, denn je umfangreicher und undefinierbarer der landeskundliche Themenkreis ist, desto mehr müssen Grundbausteine unterrichtet werden, die Kompetenzen herausbilden und sich auf immer neu entstehende Situationen transferieren lassen. Die zum Teil geringe thematische Berücksichtigung der globalen Herausforderungen in den jeweiligen Lehrbüchern lässt auch nur wenige Impulse in den didaktischen Implikationen zu. Dennoch gilt es, diese im Folgenden einer kritischen Analyse zu unterziehen und verstärkt auf optionale Verbesserungsvorschläge und Vermittlungsverfahren zu verweisen.

Die Gestaltung jener Inhalte, welche der ‚Weltweiten Vernetzung' zuzurechnen sind, zeichnet sich durch zahlreiche Fotos und Illustrationen aus. Sie finden ihren Einsatz, um den Schülern die Informationsaufnahme zu erleichtern und sie zu motivieren. Nicht alle Lehrbücher richten ihre Abbildungen allerdings so aus, dass primär die ‚Weltweite Vernetzung' sowie deren Auswirkungen klar werden, sondern sie sehen in ihnen vielmehr Visualisierungen, die dem Lerner Einblicke in unbekannte Länder und Kontinente sowie Vorstellungen von den dort lebenden Menschen geben. Die begleitenden Semantisierungshilfen und Texte mit Informationen zur Vernetzung der globalen Welt halten hingegen nur wenige bedeutsame Informationen zu den visuellen Darstellungen bereit. Zumeist ist die Visualisierung der einzige Aspekt, der die weltweite Vernetzung und Transformation explizit aufnimmt. Die Semantisierung dieser Bilder fällt nicht ausführlich genug aus. So kann von einer schulartenübergreifenden, relativ einseitigen Vermittlung der Inhalte mittels Fotos, Zeichnungen, kurzer Sachtexte und dialogischer Texte die Rede sein, bei der kaum Raum für andere Verfahren der Informationsübermittlung übrig bleibt. Eine solche rein visuelle Perspektive, zu der methodisch sorgfältige Bearbeitungsprozesse fehlen, muss zweifellos zulasten eines tiefergehenden Begreifens geschehen. Neben visuellen Angeboten wurden aber auch Textgattungen, Arbeitsaufträge und geforderte Aktivitäten in den Lehrbüchern näher untersucht.

Festgestellt werden konnte, dass der überwiegende Teil der Unterrichtseinheiten die inhaltlichen Informationen durch Sachtexte übermittelt. Neben Gedichten, Filmen, Songs, Grafiken und Dramen können aber auch didaktisch eingebettete Cartoons[190], wie sie zur Darstellung der Gefahr der digitalisierten Mobilität (*cf.* Kapitel 6.2.1) verwendet werden, dem Lerner Wissen über Gefahren bei der alltäglichen Computer- und Internetnutzung vermitteln. Dies gelingt bei Cartoons auf humoristische und aktivierende Weise. Die Arbeit mit ihnen fördert auch den emotionalen Bezug der Lerner und leitet zu einem induktiven Vorgehen an, indem sie erst den Inhalt erschließen müssen, bevor sie dem Dargestellten den Sinn entnehmen können. Zwar bietet auch *Orange Line 5* Cartoons zum Thema Umweltschutz an (*Ecological fun*[191]), aber es fehlen Arbeitsaufträge und konkrete Reflexionsmöglichkeiten.

190 *Cf.* beispielsweise *Green Line 4*, pp. 113-114.
191 *Orange Line 5*, p. 57.

Die geforderte Textvielfalt und die Vermittlung der Themen durch Ausschnitte aus Spielfilmen oder künstlerischen Darstellungen, welche die Inhalte greifbar machen, kommen schulartenübergreifend in den Lehrbüchern zu kurz. Auch die Integration von Filmsequenzen, z. B. aus Roland Emmerichs Film *The Day After Tomorrow* oder anderen Dystopien, bietet den Lernern eine Möglichkeit, sich mit dem Thema Umweltschutz vertraut zu machen und ihre Fremdsprachenkompetenz vor allem im Bereich des Hörverstehens zu schulen. Eine alleinige Ausrichtung an den Actionszenen der Filme, wie dies in *Camden Town 4* geschieht, darf jedoch nicht als methodisch-didaktisch gelungener Ansatz gesehen werden. Vielmehr kann darauf eingegangen werden, ob Filme[192] realitätsgetreu oder wissenschaftlich haltbar sein müssen. Die Wirkung von Sachtexten kann mit der von Filmen zum selben Thema verglichen werden.

Weitere produktive Verfahren wie Spekulationen über Filmplakate, Einordnung der Genres, Dialoge zu dem Film ohne Ton zu erfinden sowie über politische Konsequenzen (*Kyoto Accord*) zu diskutieren, sind nur einige mögliche Optionen.

Auch Videoclips und Songs, die sich speziell mit der globalen Vernetzung auseinandersetzen, lassen sich kontrastiv erarbeiten, indem Stilmittel bzw. Texte untersucht und mit Hinweisen zu dem jeweiligen Künstler präsentiert werden.[193] Beispiele aus der Grafik und der Malerei vermitteln den Lernenden die Möglichkeit, unterschiedliche künstlerische Gestaltungsformen kennenzulernen und deren intendierte und tatsächliche Wirkung zu überprüfen.

Vertiefungen des Unterrichtstoffes werden durch reproduktive Übungen in Form von Fragen, Zuordnungsaufgaben, Quizfragen, Pro-Kontra-Debatten und andere kognitive Verfahren zur Rekapitulation und Sprachförderung angeboten. Primär steht das Verständnis von Faktenwissen auf dem Prüfstand.

Doch erst wenn der Schritt von der Wissensvermittlung zu schüleraktivierenden, didaktisch aufbereiteten Herangehensweisen vollzogen ist, können die Materialien den Zielen des globalen Lernens gerecht werden und nachhaltige Lernprozesse initiieren. Damit wird eine Wertehaltung gefördert, aufgrund derer die Lernenden am Schicksal anderer Menschen teilnehmen und Bereitschaft zur Solidarität auch über ihre eigenen Interessen hinaus aufbringen.

Die Lehrbücher müssten zudem detaillierter ausgearbeitete Arbeitsanweisungen anbieten, in denen eine Auseinandersetzung mit den Inhalten gelenkt wird und diese an Erfahrungen und Interessensgebieten der Zielgruppe anknüpft. Nur so können Schüler eine selbstständige Aneignung, eine eigenständige Reproduktion und einen Transfer leisten. Gerade bei den Themenbereichen ‚Aufhebung räumlicher Distanz' und ‚Natur- und Umweltschutz' ist dies häufig in den Lehrbüchern nicht der Fall. Oft findet man Einflechtungen des Unterrichtsstoffs in Übungen zur Grammatik.

Der Unterrichtsstoff zur ‚weltweiten Vernetzung' ist methodisch-didaktisch erst umgesetzt, wenn eine eigene Meinung produktiv-kreativ durch Vertiefungen und thematische Erweiterungen erarbeitet wird. Die Suche nach konstruktivistischen Lö-

[192] *Cf.* beispielsweise Al Gores *An Inconvenient Truth* oder Luc Bessons *Home*.

[193] Eine umfangreiche Übersicht über englische Popsongs zum Thema *global issues* gibt es, nach Themen sortiert, auf der Homepage der *Japan Association for Language Teaching* (JALT) (URL: www.jalt.org/global/35Songs.html, Stand: April 2010).

sungsmöglichkeiten und Transformation gelernter Inhalte sollten mit einbezogen werden. In den untersuchten Lehrbüchern lassen sich nur wenige Beispiele nennen, welche diese Bedingungen erfüllen. Zwei hervorhebenswerte Herangehensweisen finden sich in *Camden Town 6*. In ersterem Fall kreieren die Lerner selbst im Rahmen einer konsumkritischen Unterrichtseinheit einen Werbejingle: „Choose a name and a cartoon figure and write a jingle for a product designed for young children.“[194] Im zweiten Beispiel wählen die Lerner in Partnerarbeit einen ihrer Meinung nach geeigneten Kandidaten für das Amt des UN Goodwill Ambassador:

> Suggest someone you think would make an excellent Goodwill Ambassador. Note down your reasons. Work with a partner. Give a one-minute talk and explain why your candidate is best suited for the job.[195]

Vor allem im Hauptschulbereich, aber auch in allen anderen Schularten setzt sich in aller Regel noch immer die Beantwortung von sachtextlichen Fakten als Arbeitsaufträge durch. Nur in den Lehrbüchern aus dem Schroedel/Diesterweg-Verlag für Gymnasien ist ein Bemühen um eine schülergerechtere Umsetzung erkennbar.

Nicht zu akzeptieren sind dagegen Darstellungen, die ohne jegliche Kontextualisierung in den Lehrbüchern stehen, wie das bei dem Gedicht „Life is beautiful“[196], der Anleitung zu einem Filmdreh[197] und dem Song „Planet without a plan“[198] der Fall ist. Ohne konkrete Handlungsanweisungen besteht die Gefahr, dass die Darstellungen überlesen oder übersehen werden. Auch bei dem Theaterstück *Flippin' In*[199] von Anne Chislett (*cf.* Kapitel 6.2.3) reicht die am Ende gestellte rhetorische Frage, ob die Lerner gerne bei einer dieser Franchise-Ketten arbeiten würden, nicht aus. Schon mit einer kleinen Übungsform zur kreativ-freien Reproduktion der Dialoge wären in letztgenanntem Fall erste Schritte in Richtung einer Simulation getan.

Des Weiteren können Debatten zu einem Unterrichtsstoff eine induktive Auseinandersetzung anregen und zu eigener Meinungsbildung führen. Als positiv ist hier das Beispiel aus *Camden Town 6* zu dem Thema *Fair Trade*[200] hervorzuheben:

> Considering what you know about international trade, prepare and hold a debate on one of the following motions:
>
> (A) Free trade is the only way out of poverty for the world's poor.
>
> (B) Buying fair trade products would make rich people poor.

194 *Camden Town 6,* p. 14.
195 *Ibid.*, p. 75.
196 *Portobello Road 4*, p. 61.
197 *Ibid.*, p. 62.
198 *Orange Line 5*, p. 44.
199 *English G 5,* pp. 116ff.: Unterrichtsgegenstand ist das Theaterstück, das sich an Jugendliche richtet.
200 *Camden Town 6,* p. 78.

(C) Rich countries should not feel guilty about the poverty in developing countries.[201]

Als Anregung zu interkultureller Auseinandersetzung wären auch Rollenspiele oder Simulationen möglich, die unter Berücksichtigung der Altersstufe und des Lernstands der Schüler in der Mittelstufe denkbar sind. Sie fehlen aber weitgehend in den Lehrbüchern zur globalen Vernetzung.[202] Das folgende Beispiel aus *Green Line 4* stellt eine Ausnahme dar und kann als interessanter, motivierender Ansatz angesehen werden, um sich Informationen über soziales Engagement einzuholen:

> Prepare a role play in which a reporter (A) interviews a student (B) who is working with Global Kids. Think of a good project together and then each of you make notes on your own. Then act out the interview.[203]

Die Herausforderung dieser Aufgabenstellung liegt darin, dass sich die Lerner durch die Simulation in Personen und deren Meinungen hineinversetzen, die nicht immer ihren eigenen entsprechen. Auf diese Weise kann ein Perspektivenwechsel vollzogen und mögliche kompromissfähige Lösungsansätze können erarbeitet werden. Für die Lehrbuchautoren gilt es dabei zu überprüfen, ob die sprachlichen Anforderungen bei den Diskussionen und Dialogen den Schwierigkeitsgrad nicht überschreiten. Weitere methodisch-didaktische Vorgehensweisen im Rahmen der weltweiten Vernetzung sind primär in Form von Projekten und im Einbezug des Internets vorzufinden.

Projektarbeiten[204], bei denen die Lerner in die Aufgabenstellung explizit mit einbezogen und aufgefordert werden, ihr Wissen zu präsentieren und ihre Meinung auszutauschen, nehmen schulartenübergreifend nur einen geringen Teil der analysierten Materialien auf. Die wenigen Beispiele, denen es gelingt, die inhaltliche wie didaktische Seite gekonnt miteinander zu verbinden, werden im Folgenden analysiert, fast ausschließlich beziehen sie sich auf das Thema ‚Natur- und Umweltschutz'.

Vornehmlich Projektarbeiten[205], in denen Lerner Themengebiete wie „endangered plants and animals, agriculture, industry, nuclear power, cars, litter, air pollution, ozone layer, chemicals"[206] nachschlagen und jeweils betroffene Gebiete und Gründe[207] dazu präsentieren müssen, unterstützen stofflich eine Auseinandersetzung mit globalen Um-

201 *Camden Town 6*, p. 79.

202 *Cf.* jedoch *Green Line New 5* zur Debatte über Umweltschutz „The Hetch Hetchy Debate" (*Green Line New 5,* pp. 85ff.). Eine Erläuterung, wie eine *panel discussion* vor sich geht, findet sich in *Orange Line 5*, pp. 104ff. oder auch in *Green Line New 5* aus der Sicht verschiedener Gruppen zum Umweltschutz: „What views of her might different groups of people have, and why? Think about environmental groups, managers or workers in the timber industry, people with homes in the forests, [...]" (*Green Line New 5*, p. 83). Weitere Umweltprojekte finden sich in *English G 5,* p. 55 oder in *Orange Line 5,* p. 57.

203 *Green Line 4,* p. 31.

204 Andreas Nieweler, *ed.*, *Fachdidaktik Französisch*, Stuttgart: Klett, 2006, p. 63.

205 *Camden Town 4*, pp. 84-85.

206 *Orange Line 5,* pp. 21ff. und *Go Ahead 10,* pp. 28ff.

207 *Camden Town 4*, p. 84.

weltproblemen. Auch die in *Camden Town 4*, *Portobello Road 4* und *Orange Line 5* dargestellten Umweltschutzprojekte bieten schülergerechte Zugänge, welche die Rezipienten der jeweiligen Lehrbücher in ihren Alltag integrieren können. Alle appellieren an die Autonomie der Lerner. So greift *Portobello Road 4* die Planung eines *Earth Day*[208] in der Schule auf. Das Projekt bleibt aber lediglich auf die Planung und Umsetzung einiger Maßnahmen beschränkt, wie z. B. Umweltschutzpapier einzuführen oder Bäume zu pflanzen.

Auch den Autoren des Lehrbuchs *Context Starter 21* ist eine alters- und schulartengemäße Vorgehensweise gelungen, ebenso die Ausbildung methodischer Kompetenzen. Das Projekt „Greener Travel" beschreibt zuerst die Problematik der Kohlenstoffdioxid-Emissionen, die durch öffentliche Verkehrsmittel, Personenwagen etc. freigesetzt werden. In einem zweiten Schritt wird in Gruppenarbeit aus drei möglichen Reisezielen der Aufenthalt ausgerechnet, der – unter Berücksichtigung möglicher Transportmittel – am umweltschonendsten ist:

> Work in groups of three. Each group chooses one of these holiday destinations for an imaginary family – mother, father, son of 15 and daughter of 11: Rügen on the Baltic sea, London, or Torremolinos in southern Spain.
>
> - One group member checks out the journey from your hometown by air, oneby train and one by car. Think of distances, petrol and ticket prices, time spent travelling, the nearest railway stations and airports, etc.
> - Present your journey to your group, with arguments in favour of your means of transport (plane, train or car).
> - Discuss the three journeys and agree on one way to travel. Is it the most environmentally-friendly way? Report back to the class and give reasons for your choice of transport.[209]

Was auf globaler Ebene inhaltlich erläutert wurde, wird hier, dem Prinzip des interkulturellen Lernens folgend, auf die eigenkulturell geprägte Wirklichkeit bezogen und transferiert. Die Schüler setzen sich aktiv mit dieser auseinander und wenden das neu erworbene Wissen auf eine ihnen vertraute Alltagssituation an. Damit erkennen die Lerner unterschiedliche Aspekte zu einem Thema und vertiefen diese in kooperativen Arbeitsformen, um zu den Aussagen Stellung zu nehmen. Sie erkennen die Relevanz für ihr eigenes Leben, indem sie unterschiedliche Argumentationslinien aus Sicht verschiedener Interessengruppen entwickeln. Am Ende der Unterrichtseinheit kann jeder Schüler seinen eigenen ökologischen Fußabdruck (*ecological footprint*) in Form eines Quiz ausrechnen, um zu sehen, wie viel Kohlenstoffdioxid-Ausstoß er im Jahr verursacht. Die Umweltorganisation *Greenpeace* hat diesen Rechner für Jugendliche entworfen und regt durch ihn nicht nur zum Nachdenken an, sondern erklärt präzise und in leicht verständlichem Englisch die Einflüsse unseres täglichen Handelns in Bezug auf die Umwelt.

[208] *Portobello Road 4*, pp. 58ff.
[209] *Context Starter 21*, p. 42.

Zusätzliche Projektarbeiten bieten sich in den Lehrbüchern zu Kampagnen und Hilfsorganisationen (NGOs wie *Greenpeace*, *WaterAID*, *United Nations*) an. Ein Schwerpunkt könnte sein, die einzelnen Organisationen mit ihren Themengebieten, Hauptakteuren, Kampagnen, Grundsätzen, Arbeitsweisen sowie aktuellen und/oder lokalen Aktionen vorzustellen. Die Recherche erfolgt entweder via Internet oder über Printmedien. Es kann aber auch Kontakt zu lokalen Gruppen – wie zu WWF oder *Greenpeace* – hergestellt werden. Im Anschluss daran präsentieren die Lerner ihre Ergebnisse. Alternativ besteht eine Option darin, leistungsstärkere Schülergruppen eine eigene fiktive Organisation aufbauen zu lassen. Sie stellen Grundsätze, Ziele, Aktivitäten und Strukturen ihrer Organisation auf. Hierbei ist fächerübergreifender Unterricht in Kooperation mit Sozialkunde denkbar. Offene Sozialformen wie Partner- oder Gruppenarbeit sind elementar. Weitere Umfragen oder Aktionen können außerhalb des Klassenzimmers durchgeführt werden, wie Befragungen zu dem Thema „Which types of ‚clean' energy do you have in your country?".

Zu fördern sind Ansätze, die über das Klassenzimmer hinausgehen und die Lerner stärker emotional aktivieren – hier exemplarisch das Themengebiet ‚Natur und Umweltschutz'. Eine Reihe von Möglichkeiten bieten sich an, wie beispielsweise das Verfassen von Protestbriefen, sich mit Organisationen, deren Internetauftritt und Werbekampagnen vertraut machen, einen kleinen Garten in der Schule anlegen und mit englischen Beschilderungen und Hinweisen ausstatten, Maßnahmen zur Papierreduktion und zur Einsparung von Energie erörtern, das Recycling sowie andere Möglichkeiten des Umweltschutzes in Form von Themenstunden/-tage/-abende oder Kampagnen publik machen.

Eine weitere schülerorientierte Möglichkeit, Unterrichtsstoff nach dem Konzept des globalen Lernens aufzubauen, könnte darin bestehen, die Inhalte im fiktiven Rahmen einer kriminalistischen Ermittlung erarbeiten zu lassen. Die Schüler recherchieren ein Umweltvergehen in Partner- oder Teamarbeit in verschiedenen Teilschritten, die sich durch eine Vielfalt an ansprechenden visuellen, schriftlichen und audiovisuellen Materialien auszeichnen. Am Ende dieser selbstorganisierten Lernphase erfolgt eine Abschlusspräsentation.

Die Lerner müssen Verursacher ausfindig machen (*Crime Scene: What has happend and who is involved? Find out: Who are the victims? Where did the incidents occur? What rights have been violated?* etc.). Ferner können Handlungspläne (*How can we help? Suggest three things that could be done to stop such incidents occurring in the future.*) und eine Art Zeugenaussage (*Witness Report: What organizations are involved in fighting this kind of exploitation? Who are they and what do they do?*) ausgearbeitet werden.

Am Ende des Projekts haben die Lerner als Ermittler Fälle von Umweltvergehen aufgedeckt und legen einen Abschlussbericht (*final report)* vor, der sämtliche Einzelschritte des Projekts (*poster, crime scene report* und *action plan*) beinhaltet. Um den kommunikativen Aspekt noch zu verstärken, soll eine Präsentation ihrer Ermittlungsarbeit vor der Klasse zu einer Abrundung des Projekts führen.[210] Auf diese Weise werden die Lerner in die Aufgabenstellung einerseits explizit mit einbezogen und aufgefordert, sich Wissen induktiv zu erarbeiten und sich andererseits ihre persönliche Meinung dazu zu bilden.

Obwohl gerade diese Form des selbstorganisierten und eigenständigen Lernens als besonders geeignete Möglichkeit des handlungsorientierten Lernens dargestellt wird[211], zeigt der Blick in die Lehrbücher des Korpus auch hier, dass schulartenübergreifend nur allenfalls ein geringer Teil der analysierten Lehrbücher hiervon Gebrauch macht.

In Kapitel 2 konnte festgestellt werden, dass Lehrbücher weiterhin einen festen Platz im Englischunterricht haben. Sie geben den thematischen Rahmen vor und gewähren einen gewissen didaktischen Schutzraum, der durch weitere Fixpunkte und qualitätsgeprüfte Ankerpunkte einem Sichverlieren im Internet vorbeugt. Auf didaktisch aufbereitete Ergänzungen zu den Lehrwerken sollte aber mehr Wert gelegt werden.[212] Aus verschiedenen Gründen müssen sie ein wesentlicher Bestand der Lehrwerke werden:

Sie können Kommunikationsaspekte bieten, indem sie Lehrbuchthemen mit Aussagen von Angehörigen der Zielkulturen im Internet vergleichen. Als Beispiel könnte die Lehrbucheinheit dienen, in der die Planung eines *gap years*[213] thematisiert wird. Sie wird ergänzt durch die Aufforderung, weitere Ratschläge für ein *gap year* aus dem Internet zu sammeln.

Statistisches Zahlenmaterial zur Bevölkerung ethnischer Gruppen kann in Lehrbüchern nicht immer auf aktuellem Stand sein. So ist beispielsweise im Lehrwerk *Green Line New 5* das angebotene Zahlenmaterial zur Bevölkerung Großbritanniens[214] bereits drei Jahre nach Erscheinen des Lehrbuchs veraltet. Auf den Webseiten des *Office for National Statistics*[215] findet man hingegen aktuelle Zahlen. Mögliche Fragen und Aufgaben können von der Aktualität der Inhalte oder den möglichen Entwicklungen und Abweichungen gegenüber den Lehrbuchzahlen handeln.

Auch die Situation 2010 in Südafrika, die in den Lehrbüchern häufig vor dem Hintergrund der bevorstehenden Fußball-Weltmeisterschaft[216] als im Wandel dargestellt wurde, kann durch eine Internetrecherche auf Veränderungen hin überprüft werden. Weitere Links auf die Mandela Homepage oder die offizielle Homepage des *African National Congress* (ANC)[217] führen zur Vertiefung. Sie lassen sich ebenso wie der Verweis auf die Internetseite der Vereinten Nationen für Jugendliche als sichere

210 Auf der Homepage der neuseeländischen Naturschutzorganisation finden sich ähnliche Ermittlungsprojekte (URL: www.animalsandus.org.nz/for-teachers.html, Stand: August 2010).

211 Karl Frey, Ulrich Schäfer und Michael Knoll, *Die Projektmethode. Der Weg zum bildenden Tun,* Weinheim: Beltz, 2002, pp. 15ff.

212 Stefan Ulrich, 2001, *op. cit.*, pp. 30-34.

213 *Go Ahead 9*, p. 72.

214 *Green Line New 5*, pp. 12ff.

215 *Statistics UK* (URL: www.statstics.gov.uk, Stand: Juni 2009).

216 *Green Line New 6*, p. 63.

217 *ANC South Africa* (URL: www.anc.org.za/people/mandela/indes.html, Stand: Juni 2010).

Wissensquelle und Ergänzung angeben, indem sie aktuelle Reden, Reiseorte der Politiker und zusätzliche Informationen anbieten:

> Find out which articles of the Universal Declaration of Human Rights were violated under apartheid. Make a list. You can check:
>
> www.un.org/cyberschoolbus/humanrights/resources/plain.asp.[218]

Während in vielen Fällen bei dieser Analyse auf die visuelle Überfrachtung der Lehrbücher hingewiesen werden musste, wäre deren Vermeidung durch die Nutzung von Fotosammlungen aus dem Internet möglich, um landeskundliche Hintergründe zu vertiefen und Entwicklungen von Regionen oder Städten zu recherchieren. Für den Bereich ‚Natur- und Umweltschutz' und ‚Gesellschaftliches Engagement gegen Ungerechtigkeit' bieten die internationalen Webseiten von Oxfam, WWF oder Amnesty International immer mehr didaktisch nach Schwierigkeitsgrad aufbereitetes Material einschließlich Poster oder Werbeanzeigen an, mit denen im Unterricht gearbeitet werden kann. Die aktuellen Kampagnen werden dort beschrieben, und die Lerner können dies mit Informationen aus den Lehrbüchern vergleichen und, falls gewünscht, interaktiv daran teilnehmen. Häufig handelt es sich auch um E-Mail-Kampagnen, die in den pädagogischen Bereichen der NGO-Webseiten vorgestellt werden. Dabei geht das Lehrbuch *Orange Line 4* bereits fortschrittlich vor, indem es auch Interkulturalität einbezieht und die Schüler auffordert, sich über das Lehrbuch hinaus zu informieren:

> Organizations: have a look at the phones book and find out names of organziations in your area that try to help endangered animals. Visit them and find out: what their names are and what they do, who helps them, and if they work with international organizations for the protection of animals. Watch out for places of posters in your town, which say something about endangered animals?[219]

Da *Orange Line 4* bereits 1998 erschien, wurde noch auf das örtliche Telefonbuch verwiesen. In heutiger Zeit würde man das Internet vorschlagen, gleichwohl erfüllen die Aufgaben die Prinzipien der interkulturellen Handlungsorientierung, bei denen der Lerner nicht nur zum Handeln aktiviert wird, sondern das Ganze auch im eigenkulturellen Umfeld geschieht.

Jedoch muss darauf verwiesen werden, dass die Internetverweise zu einem konkreten und überprüfbaren Ergebnis führen sollen und nicht allein der Vermerk auf eine Internetseite in den Lehrbüchern platziert werden sollte, wie dies zu dem ‚International Buy Nothing Day'[220] erfolgt:

218 *Camden Town 6*, pp. 69ff.
219 *Orange Line 4,* p. 112.
220 *Camden Town 6*, p. 20.

> ‚International Buy Nothing day' is a global holiday from consumerism. What do you think about the idea to have a day without spending? You might want to search the Internet for more information.[221]

Konkret vorgegebene Teilziele helfen den Lernern, sich an ihnen zu orientieren und ergebnisorientiert zu arbeiten:

> Do research on the Internet on one of the UN programmes shown above.
>
> 1. Find out about the aims of the programmes and note down in your own words how each organization is working towards those aims.
> 2. In a three-minute talk, inform the rest of the class what your group has found out about the programme.[222]

Gerade in Verbindung mit Lernen-durch-Lehren-Elementen wie „Research the charity work of a musician and tell the class what he/she is doing to try and make the world a better place. You can present your findings on a poster."[223], in denen von den Schülern verlangt wird, weiterführende Verweise zu bearbeiten bzw. Neue Medien zur Recherche zu nutzen, gewährleisten vorselektierte Internetseiten einen zügigen Ablauf und eine Zielorientierung für die Lerner.

Neben Links für das Internet werden in wenigen Lehrbüchern auch digitale Enzyklopädien oder Wörterbücher[224] dazu verwendet, um die Vermittlung einer *online literacy* gerade im Englischunterricht als Sprache des weltweiten Netzes voranzutreiben. Diese Fertigkeiten sollen herausgestellt werden, weil sie die Medienkompetenz der Schüler erweitern und einen Informationsüberschuss verhindern.

221 *Ibid.*, p. 20.
222 *Ibid.*, p. 71.
223 *Ibid.*, p. 80.
224 *English G 6*, p. 99.

7 Vielfalt und Funktion der englischen Sprache – Aspekte interkultureller Kommunikation

7.1 Grundsätzliche Erhebungen zur Sprachenvielfalt

Englisch ist „the most widely taught, read and spoken language that the world has ever known".[1] Dieses Kapitel rückt die Untersuchung der Lehrbücher und ihrer Ausrichtung hin zum *Global English* in den Mittelpunkt. Das Konzept *Global English* kann als sprachlicher, kultureller, politischer und wirtschaftlicher Einfluss des Englischen auf die Welt beschrieben werden. Es betrifft zum einen die Nutzung des Englischen als *lingua franca* (ELF), zum anderen die vielen englischen Varietäten. Das Ziel dieses Kapitels besteht folglich darin, zu untersuchen, wie welches Englisch im Klassenzimmer durch Audiomaterialien und Texte gelehrt und gelernt wird.

Zunächst soll kurz auf die Begrifflichkeit eingegangen werden. In dieser Analyse wird von dem Terminus *English as a lingua franca* (ELF) ausgegangen. Weitere Klassifikationsmöglichkeiten sind *English as a global language* (EGL)[2], *World English*[3] und *English as an International Language* (EIL). Die Bezeichnung ELF wird hauptsächlich verwendet, wenn von Englisch als Brückensprache[4] gesprochen wird, das Nicht-Muttersprachler bzw. Sprecher verwenden, um kommunizieren zu können.[5] Auch die Untersuchung der englischen Varietäten, d. h. der sprachlichen Formen, die sich durch die weite geografische Verbreitung der englischen Sprache in den ehemaligen Kolonien entwickelten, ist geeignet, die Auseinandersetzung mit der englischen Sprache zu ergänzen. Sie zeigen im Sinne einer ausgewogenen Darstellung eine weitere wichtige Facette der globalen Kommunikation auf, indem sie Diskussionen über die Beziehung von Sprache und Kultur eröffnen können.

1 Braj B. Kachru und Cecil L. Nelson, „World Englishes", in: Sandra L. McKay und Nancy H. Hornberger, *eds.*, *Sociolinguistics and Language Teaching*, Cambridge: CUP, 1996, p. 71.

2 Christian Mair, *ed.*, *The Politics of English as a World Language,* Amsterdam: Rodopi, 2003.

3 Janina Brutt-Griffler, *World English: A Study of Its Development*, Clevedon: Multilingual Matters, 2002; Barbara Seidlhofer, „Key Concepts in ELT – English as a Lingua Franca", in: *ELT Journal* 19/2005, p. 339; Jennifer Jenkins, *The Phonology of English as an International Language*, Oxford: OUP, 2000.

4 Christiane Meierkord, *Englisch als Medium der interkulturellen Kommunikation: Untersuchungen zum non-native/non-native-speakers-Diskurs,* Frankfurt: Lang, 1996.

5 Juliane House, „Misunderstanding in Intercultural Communication. Interactions in English-as-Lingua-Franca and the Myth of Mutual Intelligibility", in: Claus Gnutzmann, *ed., Teaching and Learning English as a Global Language*, Tübingen: Stauffenberg, 1999, pp. 73-93; Barbara Seidlhofer, „Brave New English?", in: *The European English Messenger* 1/2001, pp. 42-48.

Etwa 309 bis 337 Millionen Menschen sprechen Englisch.[6] Durch Medien, Bildung, Internet sowie die Nachwirkungen des englischen Kolonialismus ist seine wachsende Rolle dieser Sprache als internationales Kommunikationsmittel unbestritten. Mit fortschreitender Globalisierung und weltweiter digital-elektronischer Vernetzung findet der kommunikative Austausch in Englisch immer seltener ausschließlich unter Muttersprachlern statt.[7]

Ein Blick in die Vergangenheit belegt, dass der Bedarf, sich international mithilfe einer Brückensprache zu verständigen, nicht neu ist und für die Menschheit bereits früh von Bedeutung war. *Linguae francae* wurden im historischen Vergleich immer dort genützt, wo über die Sprachgrenzen hinaus kommuniziert werden musste, so bei internationalen Kontakten wie Handel, Kolonialismus, Religion oder Bildung. Nicht selten bedeutete die Kenntnis der jeweiligen *lingua franca* Prestige und Macht, weil ihre Beherrschung u. a. Handelsvorteile bedeutete, wie dies auch bei einer der bekanntesten *linguae francae*, dem Latein, in Europa erkennbar ist. Linguisten wie auch Philosophen waren außerdem seit jeher bestrebt, eine eigenständige universelle Brückensprache – wie Esperanto – zu konstruieren. Eine erfolgreiche Verbreitung dieser künstlich kreierten Sprachen blieb jedoch aus.[8]

Vor diesem Hintergrund wurden mögliche linguistische Klassifikationsmodelle und Theorien für ELF erstellt. Das Modell von McArthur war 1987 eines der ersten zum internationalen Englisch, in dem er die Varietät *World Standard English* (WSE) in das Zentrum seines Modells stellte. Um das Zentrum herum sind zwei Kreise, von denen der innere für die Standardvarietäten des Englischen steht, z. B. für *American Standard English* und *Caribbean Standard English,* und der äußere Kreis die lokalen und nationalen Varietäten beinhaltet, wie *Quebec English, South African English, Japanese English* oder die nicht-geografisch bestimmten Varietäten wie *BBC English* und *African-American Vernacular English* (AAVE).[9]

Eine weitere Möglichkeit der ELF-Kategorisierung ist Braj B. Kachrus konzentrisches Zirkelmodell.[10] Darin legt er den Schwerpunkt auf die gegenseitigen Machtstrukturen zwischen den verschiedenen Varietäten und deren Interaktion. In seinem Modell besteht der *inner circle* aus den traditionellen englischsprachigen Ländern (Großbritannien, USA, Australien, Neuseeland, Kanada, Südafrika und Irland). Kachru bezeichnet diese Kernvarietäten als *norm-providing*, d. h., sie geben vor, was sprachlich als richtig oder falsch akzeptiert wird. Im *outer circle* befinden sich jene Nationen, in denen Englisch als *second language* anerkannt ist (Indien, Singapur, Nigeria, Pakistan u. a.). Dieser ist laut Kachru *norm-developing*, d. h., diese Varietäten beeinflussen die englischsprachigen Standards des ersten Kreises. Verbunden mit dem *outer circle* ist der *expanding circle,* in dem für Kachru Nationen stehen, die English als Fremdsprache in

6 David Crystal, *English as a Global Language*, Cambridge: CUP, 1997, p. 61.

7 Claus Gnutzmann, 1999, *op. cit.* oder Barbara Seidlhofer, 2001, *op. cit.*

8 Rani Rubdy und Mario Saraceni*, eds., English in the World: Global Rules, Global Roles*, London: Continuum, 2006.

9 Tom McArthur, „The English Languages?“, in: *English Today* 11/1987, p. 11.

10 Braj B. Kachru*, ed., The Other Tongue,* Urbana: University of Illinois Press, ²1992 und David Crystal, *English as a Global Language,* Cambridge: CUP, ²2003, p 61.

hohem Maße verwenden und sich an den Normen des inneren Kreises orientieren (China, Israel, Indonesien etc.). Zusammenfassend lässt sich feststellen, dass in Kachrus Modell der *inner circle* der einflussreichste in Bezug auf den *expanding circle* ist, während der *outer circle* vor allem sein eigenes Englisch am *inner circle* orientiert:

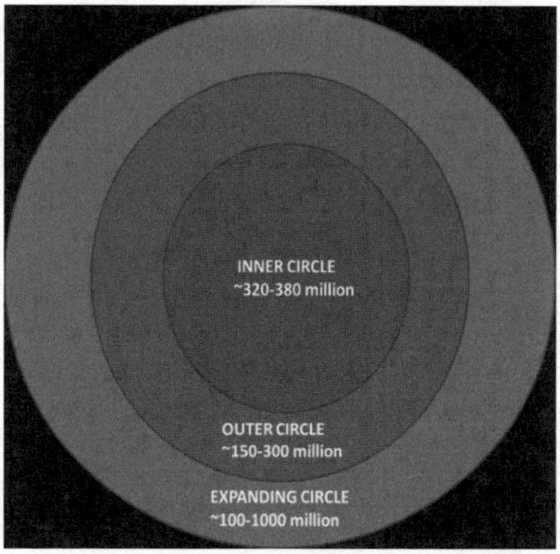

Abb. 46: Zirkelmodell (Quelle: Kachru; grafisch adaptiert Julia Hammer)

Andere Modelle zur Vielfalt der englischen Sprache wie z. B. von Yano[11] oder Modiano[12], basieren letztlich auf Kachrus Modell und bieten nur kleine Abänderungen oder Erweiterungen an. Daher wird an dieser Stelle auf sie nicht weiter eingegangen.

Aus den Modellen lässt sich die Anzahl der Sprecher der einzelnen Varietäten ermitteln.[13] Vergleicht man die Sprecher, welche sich der *Received Pronunciation* (RP) oder des *General American* (GA)[14] bedienen, mit denjenigen, die eine der Varietäten sprechen, so muss festgestellt werden, dass die Sprecher der RP oder des GA in einer signifikanten Minderheit sind. Weitere Rückgänge sind nicht auszuschließen. Um die

11 Yakusata Yano, „World Englishes in 2000 and beyond“, in: *World Englishes* 2/2001, pp. 119-131.

12 Marko Modiano, „International English in the Global Village“, in: *English Today* 2/1999, pp. 25-26.

13 Braj B. Kachru, „Standards, Codification and Sociolinguistic Realism“, in: Randolph Quirk, *ed.*, *English in the World*, Cambridge: CUP, 1985, pp. 11-34 und David Crystal, *The Cambridge Encyclopedia of the English Language*, Cambridge: CUP, ²2004, pp. 107-111. Kommentiert u. a. bei Rüdiger Ahrens, „English as an International Language“, in: Matthias Merkl und Laurenz Volkmann, *eds.*, *Anglophone Kulturwissenschaften und Englische Fachdidaktik. Gesammelte Aufsätze von Rüdiger Ahrens*, Heidelberg: Winter, 2004, pp. 437-456.

14 Häufig auch als SABE (*Standard American-British English*) abgekürzt.

große Bandbreite an Varietäten, Dialekten, Akzenten und Verwendungsformen zu betonen, verwendet der Linguist David Crystal die Pluralform „Englishes".[15]

Muss sich der Englischunterricht angesichts dieser Entwicklung bewegen? Kann er am traditionellen britisch-amerikanischen Kultursprachenparadigma[16] festhalten oder muss er sich den Herausforderungen des Englischen als *lingua franca* stellen? Wäre es angesichts der Dezentrierung nicht sogar sinnvoller, primär kommunikative Grundmuster wie vorzugsweise Sprachroutinen und Höflichkeitsformen zu unterrichten?[17]

Die kontroversen fachwissenschaftlichen Diskussionen führten bisher zu keiner Lösung. Während sich viele Anglisten und Fachdidaktiker für die traditionelle Variante aussprechen, betonen Caspari und Appel[18] die Bedeutung der Spracheinstellung der Lehrkräfte. Sie sprechen sich bereits im Hinblick auf die gesprochenen Varietäten der Lehrer für eine fortschrittlichere Öffnung aus.

Studien von Decke-Cornill, Ehrenreich, Jenkins, Murray, Erling und Mollin[19] bestätigen jedoch, dass Englischlehrer überwiegend eine konservative Einstellung haben und

15 Gab es 1558 fünf bis sieben Millionen Englischsprecher weltweit, stieg ihre Zahl bis zum Jahr 1952 auf 250 Millionen Sprecher an. Hinzu kamen damals weitere 100 Millionen Menschen, die Englisch als Fremdsprache benutzten. 1987 zählte man mehr als 300 Millionen englische Muttersprachler plus 400 Millionen Menschen, die Englisch als Fremdsprache sprachen, und in über 60 Ländern wurde Englisch als *official* oder *semi-official language* gesprochen. Diese Tendenz ist weiterhin steigend (David Crystal, ^{2}2004, *op. cit.,* p. XXI).

16 Susanne Ehrenreich, „‚Englisch als Fremdsprache' auf dem global-lokalen Prüfstand", in: *Zeitschrift für Fremdsprachenforschung* 1/2009, pp. 3-36.

17 Zur Interdependenz von Sprache und Kultur: Die Position eines radikalen linguistischen Determinismus vertritt die Vorstellung, dass durch die Sprache erst Lebenswirklichkeit geschaffen wird (Sapir-Whorf-Hypothese). Die Grundidee geht auf Wilhelm von Humboldt zurück. Diese Position wird in ihrer radikalen Ausprägung zwar in der Gegenwart abgelehnt, jedoch ist die starke Verbindung zwischen Sprache und Weltwahrnehmung unumstritten.

18 Daniela Caspari, *Fremdsprachenlehrerinnen und Fremdsprachenlehrer, Studien zu ihrem beruflichen Selbstverständnis*, Tübingen: Narr, 2003 und Joachim Appel, *Erfahrungswissen und Fremdsprachendidaktik*, München: Langenscheidt-Longman, 2000.

19 Helene Decke-Cornill, „We would have to invent the language we are supposed to teach. The issue of English as a lingua franca in language education in Germany", in: Michael Byram und Peter Grundy, *eds.,* 2002, *op. cit.*; Susanne Ehrenreich, „‚Englisch als Fremdsprache' auf dem global-lokalen Prüfstand", in: *Zeitschrift für Fremdsprachenforschung* 1/2009; Maike Grau, „English as a global language – What Do Future Teachers Have to Say?", in: Claus Gnutzmann und Frauke Intemann, *eds., The Globalisation of English and the English Language Classroom*, Tübingen: Narr, 2005; Jennifer Jen-Jenkins, *World Englishes. A Resource Book for Students*, London: Routledge, 2003; Heather Murray, „Swiss English Teachers and Euro-English: Attitudes to a Non-native Variety", in: *Bulletin Suisse de linguistique appliquée* 77/2003, pp. 147-165; Elizabeth Erling, „Who Is the ‚Global English' Speaker? A Profile of Students of English at the Freie Universität", in: Claus Gnutzmann und Frauke Intemann, *eds.,* 2005, *op. cit.*; Sandra Mollin, *Euro-English. Assessing Variety Status*, Tübingen: Narr, 2006. Einen Überblick über die durchgeführten Studien findet man in Anne Pakir, „Which English? The Nativization of English and the Negotiations of Language Choice in Southeast Asia", in: Rüdiger Ahrens, David Parker, Klaus Stierstorfer und Kwok-Kan Tam, *eds., Anglophone Cultures in Southeast Asia:*

sich gegen eine Integration der Varietäten in den Englischunterricht aussprechen. Wiederholt wird auf die Gefahr verwiesen, dass die Lerner Fehlerhaftes vorgesetzt bekommen, nicht alle Varietäten der Norm entsprechen und daher nicht akzeptabel sein können. Auch aus den Curricula lassen sich keine einheitlichen Anforderungen an die sprachlichen Lernziele herauslesen. Die Bildungspläne der einzelnen Bundesländer weisen dem Englischunterricht keine besondere Bedeutung außerhalb einer modernen Fremdsprache zu. Hingegen wird in den übergeordneten Lernzielen des bayerischen Lehrplans Englisch nicht mehr nur als Fremdsprache, sondern als Weltverkehrssprache deklariert:

> Die Schülerinnen und Schüler unterscheiden verschiedene Varianten des Englischen von Ausprägungen als ehemalige Kolonialsprache bis hin zur internationalen lingua franca in ihrer Wirkung auf die jeweilige cultural identity, […].[20]

In den Stufenplänen des bayerischen Lehrplans finden sich jedoch keine weiteren Hinweise zur Integration der *lingua franca*-Aspekte.

Selbst wenn die gegenwärtigen Curricula alle an einer moderaten Version der RP oder des GA festhalten, so entbinden sie aber den Englischunterricht nicht von der Aufgabe, die Lerner mit unterschiedlichen Varietäten – zumindest rezeptiv – vertraut zu machen. Die Ausrichtung des Englischunterrichts muss daher einen Weg finden, wie Varietäten und Sprachvielfalt in den Englischunterricht integriert werden können, ohne Ansätze zu dulden, die in der Tat nur Fehlerhaftes propagieren und damit Verwirrung stiften. Konsequenzen für die vorliegende Analyse können folgende Richtlinien für die Darstellungen der englischen Sprache im gegenwärtigen Englischunterricht sein: Als Desiderat lässt sich definieren, dass ein global bestimmter Englischunterricht darauf abzielt, den Lernern Einsichten in die Vielfalt der englischen Varietäten und ELF zu vermitteln. Als Bezugsnorm gilt aber weiterhin der Muttersprachler. Die Begegnung des Lerners unter angemessener Berücksichtigung der Lern- und Altersstufe mit den

Appropriations Continuities Contexts, Heidelberg: Winter, 2003, pp. 73-84. Ebenso schildert Helene Decke-Cornill die aktuelle Diskussion (Helene Decke-Cornill, 2002, *op. cit.*, pp. 59-71).

20 Lehrplan Bayern Gymnasium (URL: www.isb-gym8-lehrplan.de/contentserv/3.1.neu/g8.de /index.php ?Story ID =26245, Stand: Oktober 2010). Die Gesamtlehrpläne von Baden-Württemberg heben die Rolle der englischen Sprache als *lingua franca* hervor, die Berliner Bildungsstandards betonen die Funktion der führenden Weltsprache und planen die Erweiterung der interkulturellen fremdsprachlichen Handlungsfähigkeit, um mit Menschen verschiedener Kulturen in Kontakt zu treten und gemeinsam zu handeln. Hessen fordert auf, Englisch als *lingua franca* anzusehen und plädiert für eine Erweiterung der traditionellen Unterrichtsinhalte mit Blick auf Studium und Beruf. Schleswig-Holstein verweist auf die mehrsprachige Lebenswelt Europas. Für Rheinland-Pfalz muss vor allem die Funktion einer allgemeinen Verkehrssprache herausgearbeitet werden. Sachsen sieht Englisch als weitverbreitete Erst- und Zweitsprache sowie als weltweit wichtigste Verkehrssprache. Im Sinne einer *lingua franca* leistet Englisch aus dieser Sicht einen wesentlichen Beitrag zu vertiefter Allgemeinbildung und Wissenschaftspropädeutik sowie zur Problemlöse- und Studierfähigkeit.

Varietäten und ELF dient der Ausbildung einer globalen Intelligibilität und soll ihn anhand anwendungsorientierter Übungen auf die Realität vorbereiten. Das übergeordnete Ziel besteht darin, eine rezeptive Sprachfertigkeit und insbesondere das Hörverstehen aufzubauen. Die Lerner sollten eine gesprochene, audiovisuelle oder geschriebene Nachricht abseits der sprachlichen Standardnormen empfangen und verarbeiten können. Sie lernen englischsprachige Varietäten der peripheren Länder als gleichwertig kennen, üben Kommunikationsstrategien für ein internationales Umfeld ein und entwickeln ein Bewusstsein für die besondere Rolle der englischen Sprache als *lingua franca*. Konkret bedeutet das für den Englischunterricht, dass er Darstellungen der sich global abzeichnenden Veränderungen als Lern- und Anwendungskontext aufnimmt. Diese konzeptuellen Forderungen an die aktuellen Lehrbücher werden im Folgenden einer genaueren Untersuchung unterzogen.

Bei der Erhebung der Varietäten bereitet der Bereich der Wortschatzarbeit Schwierigkeiten. Man vermisst fast durchgängig eine deutliche Hervorhebung und Kennzeichnung der Varietäten. Nur in Ausnahmefällen werden die abweichenden Wörter in Informationsboxen angegeben oder Anmerkungen zu ihrer Herkunft beigefügt. Auch bei der fiktionalen Literatur- und bei den Zeitungstexten ist nicht immer klar zu entscheiden, woher der Autor kommt und in welcher Varietät er schreibt. Wenn der Verfasser unbekannt ist, werden die Textauszüge für die quantitative Analyse unter ‚unbestimmbar' kategorisiert. Das gleiche Verfahren wird auch im Bereich des Hörverstehens angewendet, wenn Audioauszüge nicht eindeutig zuzuordnen sind und auch der Kontext in den Lehrbüchern keinerlei Aufschluss darüber gibt.

Inhalte, die sich auf die Darstellung der Sprachenvielfalt beziehen, finden sich schulartenübergreifend in fast allen Lehrbüchern des Korpus. Zur Datenerhebung und Auswertung wurden Unterteilungen in folgende Kategorien getroffen:

written example	***content***	***text recording***	***activity recording***

Abb. 47:Kategorien zur Datenerhebung der Sprachenvielfalt

Die Kategorie *written example* umfasst Textbeispiele, die in einer Varietät (Standard oder Abweichung) geschrieben sind. Bei diesen Beispielen kann es sich um Artikel, fiktionale Texte oder Ausschnitte daraus handeln. Der Bereich *content* deckt alle Texte ab, die thematisch über Varietäten und ELF berichten, Beispiele präsentieren und die kognitive Wissenserweiterung als Ziel haben. Als *text recording* werden Aufnahmen kategorisiert, bei der Muttersprachler der verschiedenen Varietäten Texte vorlesen. *Activity recordings* sind spezifische Übungen in den Lehrbüchern zum Hörverstehen, zumeist ohne Textvorlage, mit speziellen Aufgaben dazu. Die Kategorien wurden gebildet, um in der Untersuchung und Analyse zwischen expliziten Hörübungen, einer authentischen und teilweise audiolingualen Umsetzung von Texten und reinen Informationen unterscheiden zu können. Die genaue Verteilung verdeutlichen die folgenden Grafiken (Abb. 48-50):

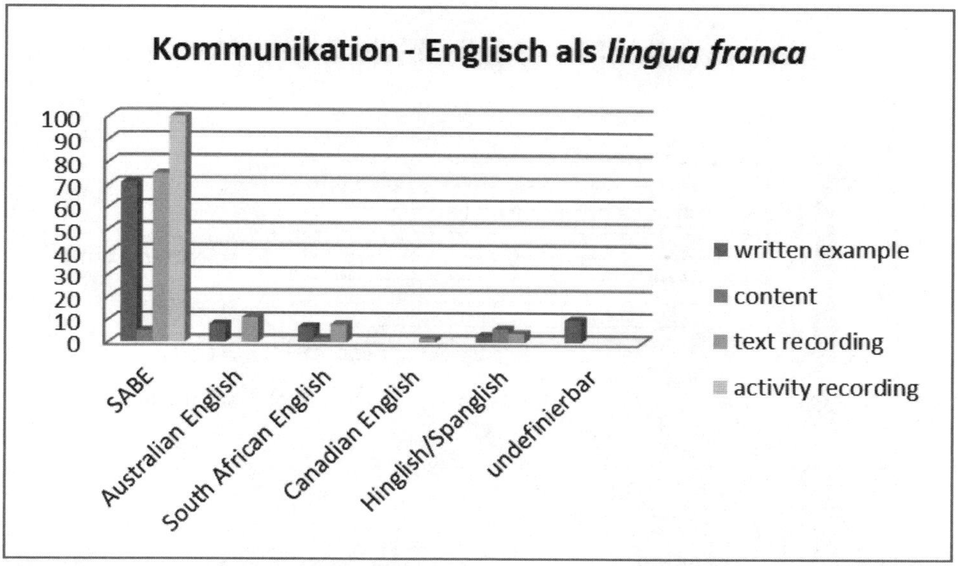

Abb. 48: Lehrbuchanteil von Textmaterial – Kommunikation – Englisch als *lingua franca* (Hauptschule und vergleichbare Schularten)

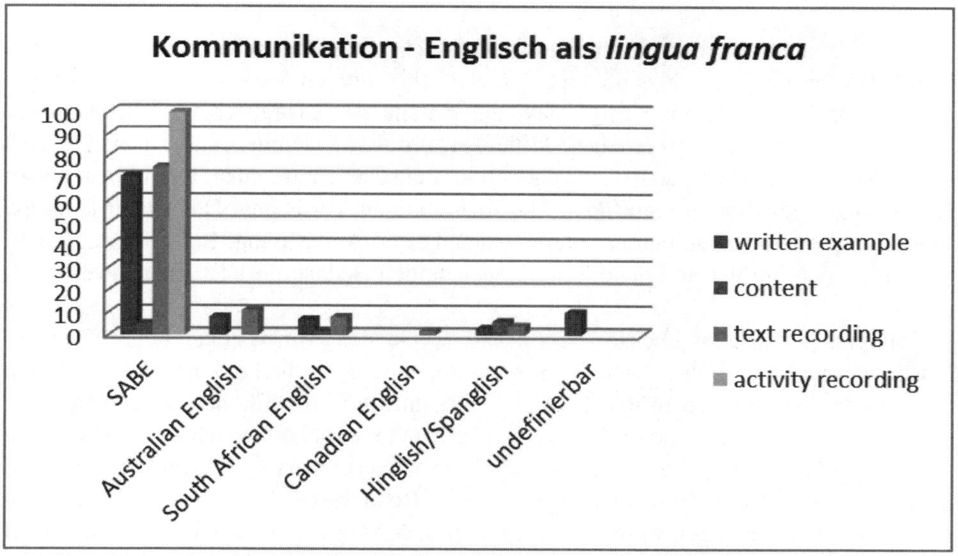

Abb. 49: Lehrbuchanteil von Textmaterial – Kommunikation – Englisch als *lingua franca* (Realschule und vergleichbare Schularten)

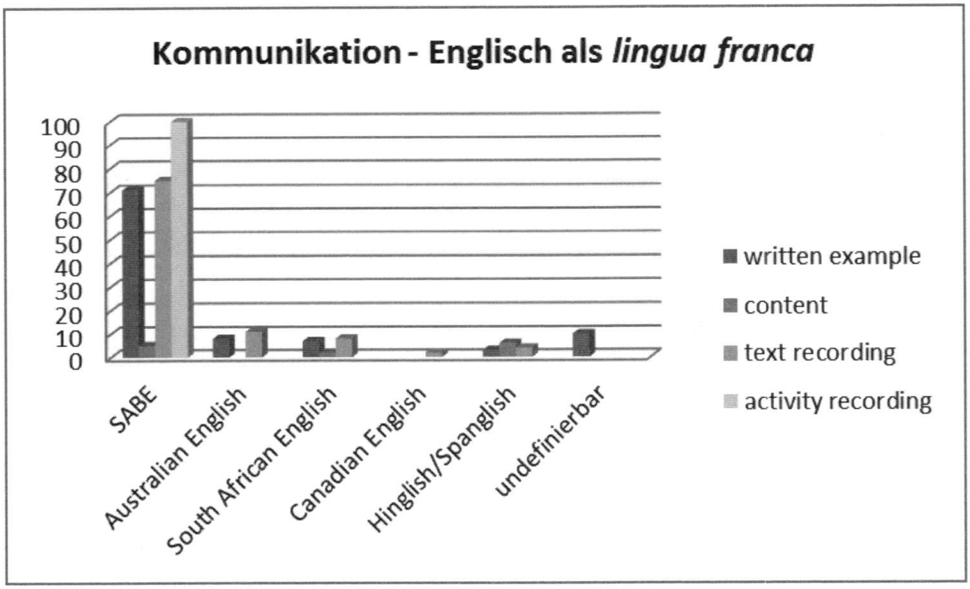

Abb. 50: Lehrbuchanteil von Textmaterial – Kommunikation – Englisch als *lingua franca* (Gymnasium und vergleichbare Schularten)

Grundsätzlich gilt, dass den untersuchten Büchern der britische und amerikanische Standard zugrunde liegt. Nur punktuell spielen die weiteren Varietäten eine Rolle. Die quantitative Datenermittlung zeigt, dass die Anteile der australischen Varietät in den Texten und deren Aufnahmen einen Mittelwert erreichen, demgegenüber bewegen sich die Präsentationen der südafrikanischen und indischen Varietäten auf einem hohen Niveau und liegen damit signifikant über den anderen Varietäten. Das südafrikanische Englisch findet zudem in einigen literarischen Texten Anwendung. Bei beiden Ländern handelt es sich um multilinguale Räume, welche den Bedarf einer Brückensprache verdeutlichen.

Interessant erscheint ebenso, dass *Spanglish* in den Mittelpunkt einiger Betrachtungen gerückt ist. Dabei handelt es sich um eine sprachliche Form, die von den hispanischen Minoritäten in den USA – immerhin rund 26 Millionen Menschen – gesprochen wird und als in den USA wenig anerkannte Varietät bezeichnet werden kann. Ihre Aufnahme in die Lehrbücher ist positiv zu werten, da die Lerner somit einen weiteren Zugang zur außerschulisch-sprachlichen Realität erhalten.[21]

Ferner kann bemängelt werden, dass *activity recordings* rar sind und vornehmlich auf die Unterscheidung der Varietäten AE und BE ausgelegt werden. Neben dem Englischen

[21] In der Sprachwissenschaft spricht man nicht von *Spanglish*, sondern unterscheidet zwischen verschiedenen Sprechergruppen und Varietäten, die heterogener Natur sind. In der amerikanischen Öffentlichkeit wird *Spanglish* eher als wenig anerkannter Soziolekt und mit wenig schmeichelhaften Bezeichnungen auch als „hodgepodge" oder „sheer verbal chaos" bezeichnet (Kristina, Henze, *Anglo-hispanische Sprachwege durch New York*, Tübingen: Narr, 2000, pp. 19ff.).

und seinen Varietäten kommen in wenigen Lehrbüchern noch weitere Sprachen vor. Zumeist handelt es sich aber nur um einzelne Wörter, lose eingebaut in fiktionale Texte. Dies geschieht häufig dann, wenn Sprecher ethnischer Minderheiten Wörter aus ihrer eigenen Muttersprache verwenden.

7.2 Die englische Sprache als globales Kommunikationsmedium

Bislang erfolgte eine Behandlung der Varietäten und des ELF neben dem amerikanischen und britischen Standard im deutschen Englischunterricht entweder marginal oder überhaupt nicht. In diesem Kapitel sollen daher die Integration von Varietäten der englischen Sprache, ihr vielfältiges Erscheinungsbild und Aspekte der Mehrsprachigkeit einer Analyse unterzogen werden. Eine zusätzliche Untersuchung der Integration berufsvorbereitender sprachlicher Maßnahmen in den Englischunterricht kommt den Herausforderungen durch die englische Sprache im Beruf entgegen.

7.2.1 Varietäten der englischen Sprache

Die Darstellung der Varietäten hat als übergeordnetes Ziel, dass die Lerner authentische Einblicke in die Vielfalt der englischen Sprache bekommen und diese als gleichwertige Varietäten zu RP und GA betrachten.[22] Eine erste Annäherung der Lehrbücher an die Varietäten erfolgt weitgehend durch das Vorhandensein lexikalischer, orthografischer oder sozio-pragmatischer Eigenheiten innerhalb eines Lehrbuchtextes. Sie erfahren eine Erläuterung in Form einer Annotation oder im Bereich der Wortschatzarbeit (*word sections*). Bei der Mehrheit der Annotationen werden die abweichenden lexikalischen, orthografischen oder phonetischen Merkmale in den Standard transformiert, umschrieben oder in das Deutsche übersetzt. Beim Blick in die Lehrbücher des Korpus fällt wiederum auf, dass hierzu in einzelnen Bereichen der Wortschatzarbeit stark schwankende und zum größten Teil unstrukturierte Angaben vorliegen. Zum einen erfolgt die Klassifikation der Vokabeln und ihrer Herkunft wenig konsequent und in den einzelnen Lehrbüchern nicht einheitlich. Zum anderen sind die Vermerke nicht immer richtig. So zählen beispielsweise die australischen Wörter *G'day, footie, roo, barbie*[23] im Bereich der Wortschatzarbeit als amerikanische Umgangssprache, während sie in den Annotationen der Texte korrekt der australischen Varietät zugeordnet werden. Knapp ein Viertel der Lehrbücher verzichtet ganz auf eine Kennzeichnung oder einen Verweis. Aus sprachdidaktischer Sicht sorgen die vorgefundenen eher für Verwirrungen.

Lehrbuchtexte, die eine hohe Anzahl an varietätsspezifischen Merkmalen aufweisen, sind in aller Regel meist literarische Auszüge aus Romanen, Kurzgeschichten, semiauthentischen Zeitungsartikeln oder Rapsongs, *dub poetry*-Stücken und Gedichten von Sprechern einer Varietät. Bei den untersuchten Materialien bemühen sich die

[22] „In fact, Chomsky's native speaker of a homogeneous speech is an idealized construction. In the hybrid postcolonial age we live in today, one has to develop the heteroglossic competence to cope with the realities of language diversity, contact, and mixing. For these reasons, we have to develop new terminology to reflect the complex linguistic competence of postcolonial English speakers" (Suresh A. Canagarajah, „Interrogating the ‚Native Speaker Fallacy': Non-Linguistic Roots, Non-Pedagogical Results", in: George Braine, *ed., Non-Native Educators in English Language Teaching,* Mahwah, NJ: Lawrence Erlbaum Associates, 1999, p. 79).

[23] *English G 4*, p. 77.

gymnasialen Lehrbücher um ein möglichst breites Spektrum in Bezug auf die nationale oder ethnische Herkunft ihrer Autoren. Bereits die quantitative Analyse führt zu dem Ergebnis, dass viele dieser Autoren in den Lehrbüchern gar nicht genannt werden, was wiederum die Arbeit mit den Varietäten im Unterricht erschwert. Dies ist eine enttäuschende Bilanz. Gerade in den 10. Klassen des Gymnasiums sollten doch die ersten Schritte in Richtung des wissenschaftspropädeutischen Unterrichtens gegangen werden. Im Hinblick darauf sind auch wissenschaftlich korrekte Quellen zu erwarten. Vorbildlich ist die Zugangsweise von *Green Line*, das semi-authentische Textausschnitte in Kombination mit Informationsboxen präsentiert, in denen Fotos der Autoren und deren persönliche Daten abgedruckt sind.[24] Am Beispiel des *dub poetry*-Stückes „Half Caste“[25] werden allgemeine Merkmale des *Carribbean English* zu diesen Informationen mit aufgenommen:

Caribbean English

- dialect of English influenced by African languages
- colonial background (slaves brought from Africa to work on sugar plantations)
- spoken with a ‚sing-song‘ accent
- some sounds pronounced differently, e. g. ‚th‘ = ‚d‘[26]

Durch diese Angaben werden Phänomene der karibischen Varietät für den Lerner transparent gemacht. Zugleich werden auch die wichtigsten Hauptcharakteristika des *Caribbean English* erläutert. Diese arbeiten die Lerner auf der Grundlage der Handlungsanweisung selbstständig heraus und vergleichen sie mit dem britischen Standard: „What words show that the poem is written in Caribbean dialect? What would these words be in normal English?“[27] Durch die Auseinandersetzung mit den Merkmalen des *Caribbean English* wird dieses nicht mehr dem Standard untergeordnet, sondern als gleichwertig angesehen.[28]

Zudem lassen sich Sachtexte belegen, die eine Varietät explizit vorstellen und auf deren varietätsspezifische Merkmale und sozio-historische Entstehung eingehen. *Hinglish* (*Hindi + English*) wird in *English G 6*[29] in dem Beitrag „The English language

24 *Green Line New 6,* p. 38.

25 *Ibid.*, p. 38.

26 *Ibid.*, p. 38. Nur im dazugehörigen Lehrerhandbuch wird noch auf die Veränderungen im *Carribbean English* aufmerksam gemacht: *th* → *d (the), dem (them) da (there), wid (with); e* → *ih: mih (me; corr.: my)*; i → ah (I); Auslassung von Wörtern: *when (the) moon begin to glow, I (a) half-caste human being;* Groß-Kleinschreibung: *england (England), tchaikovsky (Tchaikovsky);* fehlendes ‚s‘ in der 3. Person Singular: Tchaikovsky sit(s) down, when moon … begin(s) to glow; Wortkombinationen: *half-a-hand, half-a-eye, half-a-dream, half-a-shadow;* nicht Englisch: *ah rass (West Indian)* (Renate Ehrlinger, Carmen Hoffmann, Alexandra Neuberger, Hans-Peter Rosen und Alfons Völkl, *Green Line New 6*, Lehrerhandbuch Bayern, Klett: Stuttgart, 2008, p. 98).

27 *Green Line New 6*, p. 38.

28 *English G 4*, p. 76 (*Hinglish*); *Go Ahead 9*, p. 75 (*Spanglish*).

29 *English G 6*, pp. 76ff.

in India" aufgenommen. Der Text informiert darüber, dass sich *Hinglish* aus der englischen Sprache entwickelte, die in hohem Maße den Einflüssen der indischen Kultur ausgesetzt war, und heute als exotische Eigenkreation besteht. Die Lerner erfahren, dass sich der Sprachmix aus Bengali, Hindi und Englisch vor allem in den Bereichen Medien und Werbung immer dominanter positioniert und von hohem Ansehen in Indien ist. Sprachliche Merkmale des *Hinglish* werden durch Wortentlehnungen aus dem Bengali oder dem Hindi wie *chai (tea)* und *roti (a type of flat round bread)*[30] oder Pseudoentlehnungen aus dem Englischen wie *headbath (washing your hair)* und *cousin-brother (male cousin)*[31] dargestellt. Dabei handelt es sich bei den Wortentlehnungen um internationale Begriffe, die den Lernern in der Regel bereits bekannt sein dürften.

In *Go Ahead 9* wird auf das in den USA verbreitete *Spanglish* (*Spanish + English*) verwiesen. Die Lerner erfahren, dass *Spanglish* schwerpunktmäßig vor allem von hispanischen Minderheitsgruppierungen in Florida und Colorado gesprochen wird und sich aus einer Vermischung von südamerikanischem Spanisch und *American English* zusammensetzt. Veränderungen werden vor allem für die Bereiche der Morphologie und Orthografie aufgezeigt, die der amerikanischen Aussprache ähnlich ist:

> In Spanglish, English words are pronounced in a ‚Spanish style', for example by dropping final consonants and replacing ‚Vs' with ‚Bs'. A Hispanic would use a ‚bacuncliner' instead of ‚vacuum cleaner'. Other words are sometimes given Spanish endings. For example ‚shootiar' means ‚to shoot'. In this way new words are invented, and that might be a reason why Spanglish has become very popular with Hispanic rappers as well as with writers. […] They use ‚wan' for ‚one' and ‚faiv' for ‚five'.[32]

In *Let's Go 5* kommt eine Lehrbuchperson auf *Spanglish* zu sprechen, indem diese einem amerikanischen Schüler mit mexikanischem Migrationshintergrund auf diskriminierende Weise vorschlägt, ‚richtiges' Englisch zu lernen.[33] Deutlich wird, dass nicht alle Varietäten gleiches Ansehen genießen und *Spanglish* in den USA nicht als besondere Varietät gilt, sondern eher Anlass für Diskriminierungen gibt.

Was das Hörverstehen anbelangt, so fällt auf, dass diesem wenig Bedeutung zugemessen wird, ohne dass sich hierbei schulartenspezifische Unterschiede erkennen lassen. Lediglich die Lehrbücher *English G 6, Green Line 4* und *New Highlight 5* bieten *activity recordings* an, sodass die Lerner die Kompetenz erwerben, englischsprachige Varietäten empfangen und verarbeiten zu können. In einem ersten Beispiel integriert das Lehrbuch *English G 6* eine Übung zum Hörverstehen der Varietät *Hinglish*:

> You are going to listen to a radio report about children who live on the street in New Delhi and about an organization called *the Salaam Baalak Trust*, which helps them. During the

30 *Ibid.*, pp. 21-41.
31 *Ibid.,* pp. 21-41.
32 *Go Ahead 9*, p. 76.
33 *Let's Go 5*, p. 15.

report you will hear two speakers with strong Indian accents. Before you listen, you should look at pages 114/115 for help with a listening task like this.[34]

Aus didaktischer Sicht ist besonders die dazugehörige Doppelseite *Skills and Strategies* herauszustellen, nimmt sie doch den Lernern die Scheu vor möglichen Verständigungsschwierigkeiten (*cf.* Kapitel 7.3). In *Green Line 4*[35] wird eine ähnliche Hörverstehensübung, „Get used to different accents“[36], vorgestellt, in der die Lerner als Taxifahrer die Herkunft ihrer Gäste anhand eines Hörbeispiels erkennen sollen. Im Gegensatz zu dem Beispiel aus *English G 6* fehlen jedoch Lernerstrategien, um die Schüler auf das Hören von Akzenten vorzubereiten.

New Highlight 5 bietet sogar zwei Schulungen der Hörverstehenskompetenz an. Im Anschluss an ein fiktives Radiointerview in Schriftform erhält der Lerner die Möglichkeit, sich im Verstehen der indischen Varietät zu erproben: „Understanding accents that you are not familiar with can be a problem.“[37] Der Arbeitsauftrag und die Sicherung des Hörverstehens ist besonders kleinschrittig für die Kompetenzstufe der Lerner aus dem Hauptschulbereich und den vergleichbaren Schularten konzipiert: „Listen carefully to what Shekar and Javed say and complete their sentences.“[38] Ferner wird der Song der kanadischen Band *Barenaked Ladies* in das Lehrbuch aufgenommen. Zur Einstimmung erhalten die Lerner einen Cartoon, der sie bereits mit sprachlichen Eigenheiten der Kanadier vertraut macht, die beispielsweise gerne ihre Sätze mit „..., eh.“[39] beenden. In dem Song werden explizit diese sprachlichen Eigenheiten der Kanadier thematisiert.[40] Das insgesamt positiv zu bewertende Hauptschullehrbuch *New Highlight 5* beweist, dass durch differenziertes Vorgehen auch im Englischunterricht der Hauptschule die sprachlichen Varietäten behandelt werden können.

Eine Integration fremdsprachiger Wörter in die Englischlehrbücher sieht wie folgt aus: Viele Beispiele für Mehrsprachigkeit finden sich in Literaturauszügen, die sich mit fremdkulturellen Inhalten auseinandersetzen. In *English G 6* ist der Islam in Indien Thema einer Kurzgeschichte. In diesem Zusammenhang fallen die indischen Wörter *junooni, takkar* und *Shiv Sena.*[41] Alle drei spiegeln traditionelle religiöse Aspekte des Islam wider. Spanische Wörter kommen zum Beispiel in dem Romanauszug *Adios to my old life*[42] von Caridad Ferrer vor oder in den fiktiven Texten über die hispanische Bevölkerung in den USA. Festgehalten werden muss, dass auch an Stellen, an denen Annotationen fehlen, die Wortbedeutung aus dem Textinhalt erschlossen werden kann. Eine Mehrsprachigkeitsdidaktik im engeren Sinne lässt sich ansatzweise nachweisen, indem die fremdsprachigen Wörter so ausgewählt sind, dass sie zugleich auch eine

34 *English G 6*, p. 76.
35 *Green Line 4*, p. 21.
36 *Ibid.*, p. 21.
37 *English G 6*, p. 115 (fakultative *Extra Unit*).
38 *Ibid.*
39 *New Highlight 5*, p. 36.
40 *Ibid.*, p. 37.
41 *English G 6*, pp. 92-93.
42 *Camden Town 5*, p. 113.

sprachkulturelle Wissenserweiterung implementieren. So wird in dem Filmausschnitt *Ae fond kiss*[43] die Bedeutung des Wortes *izzat* erkennbar, denn die Betonung der Familienehre und das ehrbare Verhalten gegenüber der Familie ist der Hauptkonfliktgrund des Films. In diesem Beispiel ist die Bedeutung des Kontexts ersichtlich.

Die Lernintentionen der häufigen deutschsprachigen Zeitungsartikel, Erläuterungen oder Sachtexte zu landeskundlichen Themen in dem Band *Portobello Road* bleiben jedoch unklar. Zwar wird das Deutsche als die Muttersprache der Lerner in der Funktion einer Verständnissicherung und als Folie zu dem sprachlich-kulturellen Bewusstsein der Lerner immer wieder in den Lehrbüchern als Mediationsübung eingesetzt, jedoch sollten komplexe landeskundliche Inhalte besser didaktisch reduziert und sprachlich vereinfacht werden, als dass auf die deutsche Sprache zurückgegriffen werden muss. Sicherlich wenden sich die Lehrbücher von *Portobello Road* an lernschwächere Schüler, doch kann das nicht als Begründung für teilweise seitenlange deutschsprachige Texte geltend gemacht werden. Seit der kommunikativen Wende müssen zumindest in den Lehrbüchern der 8.-10. Jahrgangsstufe Ausgangssprache und Texte durchweg in Englisch sein.

7.2.2 Englisch als *lingua franca*

Englisch ist im globalen Zeitalter eine „contact language between persons who share neither a common native tongue nor a common (national) culture, and for whom English is the chosen foreign language of communication."[44] Für den folgenden Untersuchungsteil lässt sich diesbezüglich ableiten, dass muttersprachliche Normen (*native speaker* = NS) nicht mehr die alleinige Legitimität und Akzeptanz im Englischunterricht beanspruchen können.[45] Nie zuvor war es daher so wichtig, die Jugendlichen auf die Kommunikation mit Sprechern des ELF und Nicht-Muttersprachlern (*non-native speaker* = NNS) des Englischen vorzubereiten wie in der heutigen Zeit. Zu Recht sieht Ahrens für den Englischunterricht eine Zukunft, die nicht in einer Zweisprachigkeit liegt, son-

43 *English G 6*, p. 34.

44 Alan Firth, „The Discursive Accomplishment of Normality: On ‚lingua franca' English and Conversation Analysis", in: *Journal of Pragmatics* 26/1996, p. 240. Zur Bestimmung des ELF entstanden empirische Arbeiten zur Phonologie durch Jenkins (2000) und pragmatische Untersuchungen durch Meierkord (1996); lexikalische und grammatische Unterschiede wurden von Seidlhofer analysiert (2004). ELF-Korpora befinden sich seit 2003 durch Mauranen (ELFA) und seit 2004 durch Seidlhofer (Vienna-Oxford International Corpus of English-VOICE) im Aufbau (Anna Mauranen, „English as a Lingua Franca – an Unknown Language?", in: Giuseppina Cortese und Anna Duszak, *eds.*, *Identity, Community, Discourse: English as Intercultural Settings*, Frankfurt: Lang, 2005, pp. 269-293; Barbara Seidlhofer, „Common Property: English as a Lingua Franca in Europe", in: Jim Cummins und Chris Davison, *eds.*, *International Handbook of English Language Teaching*, New York: Springer, 2007, pp. 137-153 oder Barbara Seidlhofer, „English as a Lingua Franca in the Expanding Circle: What It isn't", in: Rani Rubdy und Mario Saraceni, 2006, *op. cit.*, pp. 40-50).

45 David Crystal, ²2003, op. cit., p 61.

dern in einem international verbreiteten Englisch, „[…] in einer Mehrsprachigkeit, die flexibel auf lokale Bedürfnisse […] reagieren kann“[46].

Um einen umfassenden authentischen Einblick in die Situation der englischen Sprache weltweit zu bekommen, müssen die Darstellungen der Lehrbücher hinsichtlich ihres Materialangebots zu ELF untersucht werden. Folgende Fragen sind vor diesem Hintergrund zu beachten:

- Gelingt es den Lehrbüchern, die Unterscheidung von Englisch als Muttersprache und *lingua franca* herauszuarbeiten? Zu untersuchen gilt, ob mit den Darstellungen der englischen Sprache als ELF ein umfassendes und zeitgemäßes Bild[47] der sprachlichen Entwicklung und Wirklichkeit aufgebaut werden kann. Der Unterrichtsstoff soll anhand der Betonung des funktionalen und nicht allein kulturell ausgerichteten Charakters der englischen Sprache tiefere Einsicht in die Besonderheit der englischen Sprache vermitteln.
- Wie kam es zur Verbreitung der englischen Sprache? Gefährdet diese die Mehrsprachigkeit weltweit? Die Begegnung mit diesen beiden Inhaltsbereichen ist vielgestaltig und befasst sich mit der historischen Verbreitung des Englischen im britischen Weltreich und mit dem Status der USA in der Welt. In diesem Zusammenhang soll die Diskussion um einen „linguistic imperialism“[48] bzw. die Notwendigkeit einer Brückensprache aufgegriffen werden.[49]
- Haben die Lerner die Möglichkeit, zumindest rezeptive Sprachfertigkeiten gegenüber ELF aufzubauen?[50]
- Können die Lehrbücher vermeiden, Fehlerhaftes zu propagieren und somit einen *anything goes*-Eindruck unterbinden?

Zur Veranschaulichung der Verbreitung der englischen Sprache ist vor allem im Klett-Verlag häufig eine Weltkarte[51] abgebildet, auf der alle Länder markiert sind, in denen Englisch als Muttersprache, als offizielle Sprache oder als Zweitsprache verwendet wird. Die Karten tragen zum Entstehen eines umfassenden ersten Überblicks der englischsprachigen Welt bei. Nach der Einteilung von Kachru bilden sie den *inner* und

[46] Rüdiger Ahrens, „Europäische Sprachenpolitik“, in: Rüdiger Ahrens und Heinz Antor, *eds., Anglistik. International Journal of English Studies* 2/2009, p. 11.

[47] Sandra McKay, *Teaching English as an International Language*, Oxford: OUP, 2002. Sie plädiert für einen international ausgerichteten Englischunterricht.

[48] Robert Philipson, *Linguistic Imperialism*, Oxford: OUP, 1992.

[49] Janina Butt-Griffler, *World English: A Study of Its Development*, Clevedon: Multilingual Matters, 2002.

[50] Barbara Seidlhofer fordert vor allem die Aufnahme von authentischem Material in den Englischunterricht (Barbara Seidlhofer, Angelika Breiteneder und Marie-Luise Pitzl, „English as a Lingua Franca in Europe“, in: *Annual Review of Applied Linguistics* 26/2006, pp. 6ff.).

[51] *Cf. Go Ahead 9, Green Line New 6, Let's Go 4* und *Snap! 6* (jeweils auf der Innenseite des vorderen Bucheinbandes).

outer circle ab. Jedoch fehlen Anwendungsbeispiele für die Lerner. Tiefere Einblicke in sprachliche, wirtschaftliche oder auch politische Situationen ergeben sich für die Schüler kaum.

Inhaltlich detaillierte und korrekte Informationen erhalten die Lerner anhand von Sachtexten. In diesen wird die ELF-Situation der globalen Welt erläutert:

> […] – one fifth of the world's population can speak English. […] However, the most important reason why English is the most widely spoken language is that it has always been the language of power, politics and business – in the past because of the British Empire and today because of the United States.
>
> It is spoken on every continent – you can find English advertisements and signs for tourists everywhere. Presidents and ministers argue in English and you surf the internet in English. Business people from Norway and Italy travel to France to discuss matters of trade with partners from South Africa – in English, of course. And international pop singers enjoy rhyming English words (love-above, you-true, maybe-baby).[52]

Die Lerner bekommen damit einen kognitiven Überblick über die weltweite *lingua franca*-Funktion der englischen Sprache und ihre Verbreitung.

Wenn in den Lehrbüchern dargestellt wird, dass es heutzutage wohl kein Land auf der Erde mehr gibt, in dem nicht mithilfe der englischen Sprache kommuniziert werden kann, so wird nicht klar, dass diese Verbreitung vorwiegend aus dem britischen Imperialismus des 19. Jahrhunderts und der US-zentrierten Weltordnung der Kriegs- und Nachkriegszeit resultiert und oft von Kolonialisten auch erzwungen wurde. Was die Beschreibung der historischen Verbreitung der englischen Sprache in den Kolonien anbelangt, so fällt auf, dass dieser Aspekt in den Lehrbüchern aller Schularten unterrepräsentiert ist. Trotz der wenigen Beispiele spielen selbst die lapidaren und undifferenzierten Informationen eine signifikante Rolle. Aus ihrer Darstellung können Wortentlehnungen aus den indigenen Sprachen (Namen von Städten und Flüssen sowie Bezeichnungen für bestimmtes Gemüse und Obst[53]) wahrgenommen werden. Sie sind Ausdruck einer generellen Bereitschaft der Lehrbuchautoren, sich der indigenen Sprachen und der allgemeinen sprachlichen Situation in den Kolonien überhaupt anzunehmen und sich mit dem Vorwurf des Sprachimperialismus ansatzweise auseinanderzusetzen.

Zwei Lehrbücher beschäftigen sich intensiver mit den Vorwürfen, dass die europäischen Siedler gezielten Sprachimperialismus betrieben und die Ureinwohner unter Druck gesetzt haben, sich sprachlich zu assimilieren. So gehen zwei Berichte indigener Jugendlicher auf die sprachlichen Veränderungen während der Kolonialisierung Nordamerikas ein. Diese berichten von den Erfahrungen und Problemen ihrer Eltern in Verbindung mit dem Verbot der indigenen Sprachen durch die Siedler. Beschrieben wird vornehmlich das mangelnde Einfühlvermögen. Die Schulen schreckten auch vor Strafen nicht zurück:

52 *Go Ahead 9*, p. 75.

53 *Cf.* „Did you know that many common words like tomato, pumpkin, banana and potato have an Indian origin?" (*Go Ahead 8,* p. 27).

> From the 1880s to the 1960s, the government took children from their homes against their family's will. They sent the children to very strict, military-style boarding schools were they were taught trades and farming skills. Most of the children couldn't speak English, but the teachers punished them for speaking their own language. Thousands of children died of despair, brutality or disease. When the government finally sent the children back to their reservations, many of them spoke only English. They were unable to communicate with their families. Many ended up unsure about who they were and where they belonged.[54]

> When my mom and dad were young, they had to live at a boarding school where they weren't allowed to speak the Ute language. The teachers were trying to make them more like white people.[55]

Als Ergebnis lassen sich nur stichpunktartige Einblicke zur Verbreitung der englischen Sprache festhalten. Die Aussagen der beiden Lehrbuchpersonen eröffnen die Möglichkeit, den Assimilationsdruck nachvollziehen zu können. Die Tatsache, dass ein Sprachverbot so große Einschränkungen nach sich zog, gewährt den Schülern auch erste Einblicke in die Bedeutung und Macht von Sprache.

Eine kritische Auseinandersetzung mit der *lingua franca*-Funktion der englischen Sprache, die solche Aspekte wie die gegenwärtig empfundene Bedrohung durch das Englische, die Gefährdung der Mehrsprachigkeit Europas und lokaler Varietäten und das Aussterben der Sprachenvielfalt einbezieht, findet in den Lehrbüchern schulartenübergreifend nur selten bis gar nicht statt. An dieser Stelle seien einige prägnante Beispiele aus den Lehrbüchern zu den gegenwärtigen Entwicklungen und Befürchtungen aufgeführt. Diese wären im Sinne einer problemorientierten Zugangsweise besonders geeignet, die Lerner zum Nachdenken anzuregen. Zwar finden sich Hinweise auf Sorgen und Ängste vor der dominierenden Rolle der englischen Sprache, aber nähere Angaben fehlen. Dargestellt werden allein Beschwerden in Form von Sprechblasen. Das folgende Zitat vermag dies zu verdeutlichen: „I think the name of the language will change. Soon people won't call it English, they'll call it ‚American'. Don't you agree?"[56] Das Zitat spricht implizit die Angst aus, dass Amerikaner einen gezielten Sprachimperialismus betreiben. Die Angst ist verständlich, wenn bedacht wird, dass es sich bei der Ausbreitung der englischen Sprache nicht allein um ein Kommunikationsmedium handelt, sondern, wie bei Volkmann beschrieben, um eine Art linguistisches trojanisches Pferd.[57] Claire Kramsch[58] erklärt, dass sich die Menschen bei einer Expansion der englischen Sprache vor der damit eng verbunden Ausbreitung der transportierten Wertsysteme fürchten wie z. B. Effizienz, Individualismus und Pragmatismus, welche für die USA stehen.

[54] *Camden Town 4*, p. 61.
[55] *Ibid.*, p. 58.
[56] *Orange Line 5,* pp. 122-125.
[57] Laurenz Volkmann, 2010, *op. cit*, p. 148.
[58] Claire Kramsch, *Context and Culture in Language Learning,* Oxford: OUP, 1996, p. 12.

Weitere verdeckte Anspielungen auf diese Entwicklungen finden sich in einem Cartoon[59], der die Arroganz der Engländer und Amerikaner gegenüber anderen Sprachen thematisiert.

Abb. 51: Cartoon zur *lingua franca*-Situation (Quelle: *English G 5*)

Auch ein Zeitungsartikel[60] eröffnet eine problemorientierte Perspektive zur Verbreitung der englischen Sprache weltweit. Gerade in den postkolonialen Gebieten wird nämlich mit der Kompetenz, Englisch sprechen zu können, viel Prestige assoziiert. So können neben den Vorteilen einer Brückensprache auch negative Erscheinungsformen bis hin zur Diskriminierung oder Exklusion in multikulturellen Sprachsituationen entstehen. Um beispielsweise eine der seltenen und für dortige Verhältnisse gut bezahlten Stellen in den westlichen Call-Centern zu bekommen, werden hervorragende Englischkenntnisse vorausgesetzt: „Everyone working in the call centers must speak English fluently."[61] Ein weiterer Vermerk eröffnet jedoch einen Blick auf die Realität, in der es trotz Brückensprache zu Verständnisproblemen kommt. Selbst wenn sich das Englische weltweit als einzige Sprache durchsetzen würde, wäre dies ein Pyrrhussieg. Die lokalen und regionalen Varianten wären untereinander fast genauso unverständlich wie die lokalen und regionalen Sprachen von heute: „In spite of all the work on pronunciation, occasionally a caller from the UK will complain that they can't understand the operator's Indian accent."[62] Diese Gefahr wird in den Darstellungen zu sehr ausgeblendet.

Auf die Vorwürfe, dass die stetige Verbreitung der englischen Sprache lokale Dialekte und Sprachen aussterben lässt, gehen die Lehrbücher dahingehend ein, dass sie die Notwendigkeit der englischen Sprache als Brückensprache in der multilingualen und heterogenen Welt rechtfertigen. So wird auf den Bedarf einer Brückensprache durch Beschreibungen der sprachlichen Situation Indiens und Südafrikas[63] aufmerksam gemacht:

[59] *English G 5*, p. 60.
[60] *Ibid.*, p. 60.
[61] *Ibid.*, p. 60.
[62] *Ibid.*, p. 60.
[63] *Green Line New 6* bringt ein Beleg für die Vielsprachigkeit Südafrikas: „Of the 11 officially recognized languages, isiZulu is the mother tongue of 23.8 % of the population, followed by

> The modern world is a very small place. Travel and communication are quicker and easier than ever before. Because of this, more and more people need a common second language.[64]

> A hundred years ago Britain had the largest empire the world had ever seen. It included Canada, Australia, New Zealand, India and parts of Africa. India was the heart of the British Empire.[65]

> The main language of India is Hindi, but English is also an official language. Although English is spoken by only about four per cent of the population, it is important in higher education, science and technology, and it can be the passport to a good job.[66]

Wie weit dieser Zustand bereits fortgeschritten ist, erfahren die Lerner durch die Hinweise auf die bereits große Relevanz der englischen Sprache im Alltag der multilingualen postkolonialen Länder. Beispiele lassen sich bei der Thematisierung Indiens[67] durch den Blick auf die traditionellen Bollywood-Filme[68] wie auf die Bereiche Bildung, Wirtschaft und Medien finden. Selbst private Heiratsanzeigen erscheinen dort mittlerweile standardmäßig auf Englisch:

> The usual method of finding a partner is for the family to put an advert (a ‚matrimonial') in a newspaper and choose the best candidate from the replies and photos.[69]

> Grooms wanted. Bengali Brahmin 28/5'3''. Convent-educated, M. A., beautiful, accomplished, from a very respectable family. Now working in Mumbai.[70]

Eine ähnliche Feststellung lässt sich auch für die Texte treffen, die Englisch für Indien als das Tor zur westlichen Welt ansehen und für Südafrika als Sprache betrachten, mit der die Beendigung der Vorherrschaft der Niederländer in Verbindung gebracht wird.[71]

Sämtliche Ansätze arbeiten die innovativen Seiten der englischen Sprache als Brückensprache heraus, zeigen aber auch die Probleme mit der Chancengleichheit ärmerer Gebiete oder Bevölkerungsgruppen auf, die aufgrund fehlender Englischkenntnisse wenig Chancen für berufliches Vorwärtskommen haben. Texte bieten somit auch zu kontroversen, brisanten Themen didaktisch reduzierte Inhalte an, deren vielfältige und zumeist zur Reflexion auffordernde Einstellung den Lernern eine Meinungsbildung ermöglicht.

isiXhosa (17,6 %), Afrikaans (13,3 %), Sesotho sa Leboa (9,4 %), and English and Setswana (8,2 % each)" (*Green Line New 6,* p. 57).

64 *Orange Line 5*, p. 123.

65 *Go Ahead 9*, p. 53.

66 *Ibid.*, p. 53.

67 *Green Line New 5*, p. 26.

68 *English G 6*, p. 79

69 *Ibid.*, p. 82.

70 *Ibid.,* p. 83. *Cf.* auch *English G 6,* p. 86.

71 „The Language of Freedom – […] To many black South Africans, however, English is the language of freedom. It is the language which brings them international attention in the media and which offers them education and a better future" (*Go Ahead 9,* p. 75).

Eine vorbildliche Umsetzung erfährt dieser Sachverhalt auch in den Lehrbüchern, die interkulturelle Erweiterungen aufgreifen. Der Einfluss der englischen auf die deutsche Sprache, und vor allem ihre Bedeutung für die Jugendsprache, wird von etlichen Lehrbüchern durch Wörterlisten mit Scheinentlehnungen, Lehnbedeutungen und Bedeutungserweiterungen beziehungsweise -differenzen dargestellt (*cf.* Kapitel 7.3.1).[72]

Als charakteristische Bereiche, in denen Englisch sich bereits so weit durchgesetzt hat, dass nicht selten deutsche Äquivalente fehlen, werden „Politics, Science and Medicine, Business, Pop Music, Computing, Sports, Air and Sea Travel, TV and Films"[73] genannt. Diese Entwicklung wird durch Anschauungsmittel[74] über die Rolle der englischen Sprache weltweit effektiv dargestellt.

Für den Lerner besonders motivierend mag der Hinweis sein, dass sich aus der Beherrschung der englischen Sprache Vorteile ergeben. Zwei Konzepte, die sich sehr weit in die Richtung *global English* und ELF wagen, werden in *Let's Go 5*[75] und *New Highlight 5*[76] präsentiert. In *Let's Go 5* werden auf einer Doppelseite Jugendliche aus Europa vorgestellt, die ihre persönlichen Erfahrungen mit der englischen Sprache im Alltagsgebrauch reflektieren. *New Highlight 5* lenkt den Blick auf ein *backpacker hostel* in Südafrika. Dort sprechen jugendliche Gäste aus Kanada, Südafrika, Israel und Australien Englisch miteinander: „The other backpackers came from all over the world, but they all spoke English together."[77] Beide Beispiele beinhalten als einzige Lehrbücher des gesamten Korpus *activity recordings* von Nicht-Muttersprachlern, die Englisch sprechen.

72 *English G 6*, pp. 8-9.

73 Begleitet wird die Auflistung durch ein Zitat „The modern world is a very small place. Travel and communication are quicker and easier than ever before. Because of this, more and more people need a common second language" (*English G 6,* pp. 8-9).

74 Auf dem ersten Bild ist ein PC-Bildschirm mit der Internetseite Internetworldstats (URL: www.internetworldstats.com, Stand: Dezember 2009) zu sehen, auf dem ein Ranking der *Top 10 Internet Languages* aufgezeigt wird. Die zweite Abbildung wählt als Thema den *Eurovision Song Contest* des Jahres 2007 mit zwei jungen finnischen Moderatoren aus, die als Vorbilder der Schüler gelten sollen. Der Bildausschnitt eines Straßenzuges aus Tokio mit den typischen bunten Leuchtreklamen in japanischer und englischer Sprache unterstreicht die Verbreitung des Englischen in Asien. Durch zwei deutsche Werbeschilder mit englischsprachigen Slogans wird im dritten Bild der Einfluss des Englischen auf die deutsche Sprache aufgezeigt. Bei dem einen handelt es sich um eine Werbung des „Be Smart – Don't Start!"-Wettbewerbs, der das Nichtrauchen an Schulen propagiert, das zweite Werbeschild betrifft den „Girl's Day – Mädchen-Zukunftstag", einen Tag für Mädchen an technischen Universitäten (*English G 6,* pp. 8-9).

75 *Let's Go 5,* pp. 8-9.

76 *New Highlight 5*, pp. 8-9.

77 *Ibid.*, pp. 8-9.

7.2.3 Vorbereitung auf die internationale Berufswelt

Im GeR werden berufsbezogene Kommunikationsmuster als eines der übergeordneten Lernziele des modernen Fremdsprachenunterrichts beschrieben. Als Leitziel des Fremdsprachenunterrichts gelten „(funktionale) kommunikative, interkulturelle und methodische Kompetenzen“[78]. Viele Fachdidaktiker wie beispielsweise Inge Schwerdtfeger, Hermann Funk oder Christina Kuhn lehnen vor allem dieses Ziel der Fremdsprachenpolitik des Europarats ab, sehen sie darin doch eine Pragmatisierung des Fremdsprachenunterrichts und den ökonomischen Versuch eines effektiven und mundgerechten „Portionieren[s] und Verabreichen[s] von Sprache“ [79].

Trotz der berechtigten Kritik muss klar werden, dass die berufsbezogene Ausrichtung der GeR eng mit den Leitbildern der *global generation* zu tun hat, in der die Lerner teilweise mehrsprachige familiäre Hintergründe haben und längere Zeit im Ausland verbrachten, beispielsweise in Form von Praktika oder Schulbesuchen. Deshalb muss der Unterricht auf ein insgesamt internationaleres Leben vorbereiten. Der Wandel in der Lebens- und Berufswelt verlangt daher nach einer modernen, berufsorientierten Ausbildung der Fremdsprachenkompetenz. Die Lerner müssen Englisch im zunehmend globalen Berufsleben problemlos anwenden können.

Daher sollten schon ab der Unterstufe – so steht auch deutschlandweit in den Curricula – Fertigkeiten vermittelt werden, die ihren altersadäquaten Beitrag zur Vorbereitung auf spätere berufliche Situationen leisten können. Die Schüler müssen fundamentale Kenntnisse in grundlegenden berufsbezogenen schriftlichen und insbesondere auch mündlichen Kommunikationsformen und -kompetenzen erlernen und trainieren. Für den beruflichen Alltag zählen dazu:

- *telephoning, presenting, participating in a meeting, socializing (introducing oneself, having small talk), doing a job interview, mediating in international teams/ at conferences* im mündlichen Bereich (Hören/Sprechen)

78 KMK (URL: www.KMK.org, Stand: Dezember 2008), zitiert nach Angela Bergfelder, „Literarische Texte in der Sekundarstufe I. Eine Standortbestimmung im Zeitalter der Bildungsstandards“, in: *Praxis Fremdsprachenunterricht* 3/2007, p. 13.

79 Hermann Funk und Christina Kuhn, „Gemeinsamer europäischer Referenzrahmen und die Entwicklung von DaF-Lehrwerken – von Theorie und Praxis“, in: Ruth Eßer und Hans-Jürgen Krumm, *eds., Bausteine für Babylon: Sprache, Kultur, Unterricht ..., Festschrift zum 60. Geburtstag von Hans Barkowski*, München: Iudicium, 2007, pp. 242-253 und Inge Christine Schwerdtfeger, „Der europäische Referenzrahmen – oder: Das Ende der Erforschung des Sprachenlernens?“, in: Karl-Richard Bausch, Frank G. Königs und Hans-Jürgen Krumm, *eds., Der gemeinsame europäische Referenzrahmen für Sprachen in der Diskussion*, Arbeitspapiere der 22. Frühjahrskonferenz zur Erforschung des Fremdsprachenunterrichts, Tübingen: Narr, 2005, p. 173-179. *Cf.* auch Susanne Duxa, Adelheid Hu und Barbara Schmenk, *eds., Grenzen überschreiten. Menschen, Sprachen, Kulturen. Festschrift für Inge Christine Schwerdtfeger zum 60. Geburtstag,* Tübingen: Narr, 2005.

- *reading or writing a letter, an email, memos, reports, CVs and cover letters, reading job offers* im schriftlichen Bereich (Lesen/Schreiben)[80]

Diesem Ansatz kommen zum Beispiel die allgemeinen Kernlehrpläne für die Sekundarstufe I nach, die für Nordrhein-Westfalen folgende inhaltliche Angaben zur Berufsorientierung im Englischunterricht der allgemeinbildenden Schulen machen:

Jgst.	Inhaltliche Angaben
Jahrgangsstufe 8	Die Lerner können einfache Recherchen durchführen und ihre Ergebnisse im Plenum präsentieren oder sich in einfachen E-Mails an Experten (real oder in Simulation) wenden und um Informationsmaterial oder einen Vortrag zum Thema in der Lerngruppe bitten.[81]
Jahrgangsstufe 9/10	Die Lerner entwickeln berufliche Interessenprofile und verfassen Bewerbungen. Hier können sie alle für die Berufswelt genannten schriftlichen und mündlichen Kommunikationsformen anwenden und die entsprechenden Kompetenzen trainieren.[82]

Abb. 52: Curriculare Beschlüsse zur Förderung der Berufsorientierung im Englischunterricht (Quelle: Kernlehrpläne für die Sekundarstufe I Nordrhein-Westfalen)

Viele dieser geforderten Kompetenzen lassen sich elementaren Grundkenntnissen einer Sprachkompetenz zuordnen. Dennoch wurden aus Gründen der Selektion für diese Arbeit lediglich solche Bild- und Textanteile untersucht, die ihren Fokus auf die berufsvorbereitenden Inhalte und Zusammenhänge sowie das Einüben der entsprechenden Fertigkeiten richten.

Ein Blick auf die Inhalte in den Lehrbüchern führt zu folgenden Ergebnissen: Neben der Kompetenz, am Telefon Informationen formal zu erfragen und mit einem Gast *Smalltalk* halten zu können, konzentrieren sich weitere Übungen darauf, Anfragen per E-Mail[83] zu beantworten, eine ausbleibende Antwort höflich anzumahnen, Irrtümer in angemessener Weise richtigzustellen, schriftlich oder mündlich getroffene Vereinbarungen zu bestätigen, abzuändern oder zu widerrufen.[84] Darüber hinaus lernen die Jugendlichen, sich selbst formal und höflich vorzustellen und Menschen miteinander bekannt zu machen sowie als rezeptive Fertigkeit eine Bandansage am Flughafen oder bei der Touristeninformation verstehen zu können[85], telefonisch einen Termin zu verein-

80 Zusammenfassung der Lehrpläne.

81 Kernlehrplan Nordrhein-Westfalen (URL: www.standardsicherung.schulministerium.nrw.de/cms/, Stand: Dezember 2010).

82 *Ibid.*

83 *Green Line New 6,* p. 83, *Highlight 6*, p. 40 und *Orange Line 5*, pp. 76-77.

84 „Getting the right style“ (*English G 6,* pp. 112-113).

85 *Cf.* „Project – Emigrating to Australia, Living in Australia“ (*New Highlight 5*, pp. 70-21), „Visiting Germany – A travelling project“ (*Orange Line 5*, p. 89), „Using public transport“ (*Green Line New 6*, p. 136) oder „A summer holiday“ (*Let's Go 4,* pp. 86-87).

baren oder eine Nachricht auf dem Anrufbeantworter eines Reisebüros zu hinterlassen[86]. *Portobello Road 6* gibt den Lernern am Ende ihrer Schulzeit dazu eine ganze Unterrichtseinheit als *survival kit* mit auf den Weg.[87] Abgesehen von dieser *Survive in English*-Zusammenstellung[88] von *Portobello Road 6* dürfte den Lernern jedoch der Zusammenhang der einzelnen Übungen fehlen. Das Ziel besteht auch zumindest in den höheren Jahrgangsstufen darin, von reinen Reproduktions- und Substitutionsübungen wegzukommen.

Auch die Interpretation von sprachlich-statistischem Material, Landkarten und Grafiken kann als berufsvorbereitende Kompetenz angesehen werden. In den Lehrbüchern sind Karten der globalen Welt, der Anglophonie oder zur Ausbreitung der englischen Sprache im Englischunterricht vorhanden.[89] Neun Lehrbücher[90] verwenden Statistiken, Graphen oder Diagramme, vor allem *line graphs* und *pie charts*. Der methodische Umgang mit dem statistischen Material ist in den untersuchten Büchern unterschiedlich zu bewerten. Überwiegend dienen die Statistiken lediglich der Illustration dazugehöriger Texte. In einigen wenigen Büchern, etwa in *Green Line New 6* und *Camden Town 4,* werden die Statistiken von Verständnisfragen begleitet. So sollen die Schüler zum Beispiel ein Diagramm mit eigenen Worten interpretieren[91], oder sie werden zur eigenen Erstellung einer Umfrage und zu deren statistischer Auswertung angeregt.[92] Sprachliche Hilfestellungen wie *useful words and expressions*[93] erlauben einen selbstständigen Umgang mit dem statistischen Material des Buches. Festgehalten werden muss jedoch, dass Statistiken wenig Raum in Lehrwerken einnehmen. Dies ist deshalb zu bemängeln, weil Diagramme sehr anschaulich sind und den Lerneffekt beschleunigen können. Als Kritik ist deutlich hervorzuheben, dass der Großteil des angebotenen Materials keine Anweisungen, Hilfestellungen oder Strategien zu einem adäquaten Umgang mit diesen Abbildungen vorgibt. Auch der Umgang mit ihrer Auswertung und die Fertigkeiten dazu sind kaum vorgegeben und werden nicht überprüft.

Konkretere Umsetzungsmöglichkeiten für internationale Kooperationen oder ganz allgemein für eine Vorbereitung auf die Arbeitswelt lassen sich anhand der Projektarbeiten aus *Green Line 4* aufzeigen. Ganz im Sinne des CLIL gibt es ein historisches und ein naturwissenschaftliches Projekt. Der Lerner erhält einen Einblick, wie historische Quellen gelesen werden: „Well, if you want to understand history better, you must learn to ‚read' historical sources: Pictures (e. g. drawings, photos), statistics (e. g. graphs) and texts – just like I did!"[94]. Des Weiteren erstellen die Schüler ein „Know-Find out-Learn-

86 *Highlight 6,* pp. 10-11, *Let's Go 4*, p. 47, *Let's Go 4*, p. 103 und *Green Line New 5*, p. 76.
87 *Portobello Road 6*, pp. 64-77.
88 *Ibid.*, pp. 64-77.
89 *Portobello Road 5,* pp. 40-41. Vergleich zweier Karten hinsichtlich der Regionen, in denen die Reservate lagen, und der Gebiete, die heute noch diesen Stämmen gehören.
90 *Cf.* beispielsweise *Green Line New 6* und *Camden Town 4.*
91 *Green Line New 6*, p. 107.
92 *Ibid.*, p. 110.
93 *Highlight 6*, p. 7, *Let's Go 4*, p. 89 (Statistiken zum Thema „Languages and Internet"), *Green Line New 6,* pp. 110-113 und *Green Line New 5,* p. 80 etc.
94 *Green Line 4*, pp. 28-29.

grid (KFL grid)"[95] zur Strukturierung historischer Projektphasen. In dem naturwissenschaftlichen Projekt *English and Science*[96] werden Funktionen – Definieren und Bilden von Hypothesen[97] – in der englischen Sprache erklärt.

7.2.4 Zusammenfassende Betrachtung

Im Rahmen dieser Analyse konnte herausgearbeitet werden, dass die Beispiele zu den Varietäten und ELF, sofern sie in die Lehrbücher aufgenommen werden, nicht der aktuellen englischsprachigen Realität gerecht werden. Zum Teil sind jedoch große Unterschiede zu konstatieren im Hinblick auf die Selektion der Inhalte, deren Schwerpunktsetzung und Informationsbreite sowie auf die Art und Weise ihrer Vermittlung.

Alle Lehrbücher sind ohne Einschränkung der Sprachnorm des *native speaker* zuzuordnen und schaffen somit keine unnötigen Verwirrungen für den Lernenden. Eine Betrachtung postkolonialer Varietäten und der *lingua franca*-Situation wird dennoch integriert. Das bedeutet auch, dass eine Einbeziehung der Varietäten und der *lingua franca*-Situation nicht gleichbedeutend mit der Einstellung *anything goes* ist. Die Lehrbücher orientieren sich an den beiden Kernvarianten des Englischen (SABE), wobei die konsequente Verwendung einer dieser Kernvarianten und deren penible Auseinanderhaltung nicht mehr mit voller Nachhaltigkeit verfolgt werden, so bei Aussprache, Orthografie und Grammatik.[98] Ein Bewusstsein für die angestiegene aufeinandertreffende Vielfalt kann daher Lernern aus den untersuchten und analysierten Beispielen verschafft werden.

Anzuerkennen ist, dass die Lerner sich mit Varietäten auseinandersetzen und diese dadurch als eigenständige und gleichwertige Abweichung vom britischen oder amerikanischen Standard wahrnehmen und anerkennen. Sowohl bei der Darstellung von *Hinglish* als auch von *Spanglish* ist ersichtlich, dass sie ein großes Potenzial für interkulturelles Lernen von Vokabeln anbieten, weil eine große Anzahl an Wörtern auch in der deutschen Sprache bekannt ist, dieses jedoch erst noch in den Lehrbüchern ausgeschöpft werden muss.

Die Darstellungen der Varietäten und der englischen Sprache als *lingua franca* sind ausschließlich deskriptiv und allenfalls mit einschlägigen Abbildungen unterstützt. Es gelingt in den Lehrbuchbeispielen, erste Einblicke in die Varietäten vor dem Hintergrund der Vielfalt der englischen Sprache zu vermitteln. Die Texte gehen neutral und objektiv vor und beschränken sich auf zentrale Aspekte, was zur Folge hat, dass die Vielfalt dieser Varietäten sowie deren – vor allem mündliche – Existenzform nicht zur Gänze

95 *Ibid.*, pp. 28-29.
96 *Ibid.*, pp. 100-101.
97 *Ibid.*, p. 101.
98 Die Lehrkraft wird sich auch nicht mehr unbedingt den britischen Standard aneignen müssen, soweit sie keinen zu starken Akzent spricht und ihren Unterricht mit genügend auditivem Material ergänzt.

deutlich wird. Das gleiche Vorgehen lässt sich im Bereich der *lingua franca*-Darstellungen vermerken. So fehlen beispielsweise historische Blicke auf den kolonialen Sprachimperialismus und auf die daraus entstandenen Probleme, um einen ganzheitlichen und vertieften Einblick zu erhalten. Kontroverse Sichtweisen bezüglich der weitläufig als *killer language* betrachteten englischen Sprache müssten mit den in den 1960er Jahren aufgekommenen Erkenntnissen der Soziolinguistik verglichen werden, die vor einem Pyrrhussieg des Englischen warnen. Die englischen Varietäten würden sich so auseinanderentwickeln, dass sie auch untereinander unverständlich wären. Dies könnte durch lerneraktivierende Aufgaben im Hörverstehen für die Gegenwart überprüft werden, indem verschiedene englischsprachige Varietäten verglichen werden und die Lernenden – didaktisch reduziert – selbst erfahren und sich damit reflektiert auseinandersetzen, dass sich Sprache nie im Stillstand befinden kann und immer wieder neue lokale Dialekte oder Varietäten entstehen lässt.

Die rein deskriptive Beschreibung hat jedoch zur Folge, dass die Ausbildung einer rezeptiven Sprachfertigkeit als defizitär bezeichnet werden muss. Vor allem der NNS spielt eine zu geringe Rolle in den Hörübungen. Wenn auch von einigen Lehrbüchern intendiert, bedarf es hier weiterer Verbesserungen. Als zukunftsweisend ist zu werten, dass diejenigen Beispiele durchgängig gelungen sind, die sich mit der besonderen Situation des ELF und der Gleichwertigkeit von Varietäten auseinandersetzen. Insbesondere für das Lehrbuch *New Highlight 5* für Hauptschulen und vergleichbare Schulformen kann dies geltend gemacht werden. Dem Lehrbuch gelingt es auch, auf die Situation des ELF durch anwendungsorientierte Beispiele einzugehen und das Verstehen der englischen Sprache im internationalen Kontext rezeptiv einzuüben. Möglicherweise würde sich an dieser Stelle auch ein erweitertes Angebot von Songs, Radioauszügen, aber auch Filmen als didaktisch wertvoll erweisen, um authentisches Hörverstehen zu trainieren und ausschließlich reproduktives Einüben zu vermeiden. Die Kontextualisierung durch Radiointerviews und Songs stellt einen situativen Rahmen zur Verfügung, der kreatives Hörverstehen erlaubt.

Autoren von *dub poetry* wie John Agard oder Benjamin Zephaniah[99] heben sich bewusst bei Vokabular, Stil, Grammatik und Aussprache von gängigen Formen ab, um die jeweilige Eigenständigkeit der mannigfaltigen kulturellen Kontexte und geografischen Örtlichkeiten herauszustreichen. Durch das Einfügen von Ausdrücken, die nicht aus europäischen Kulturen stammen, wollen sie auf die Erweiterung und Dynamisierung des Englischen durch weitere sprachliche Einflüsse aufmerksam machen. Sie betonen, dass die häufig gelobte Reinheit der englischen Sprache nie existierte. Vornehmlich *dub poetry*, die in Großbritannien durch Künstler mit karibischen Wurzeln gepflegt wird, thematisiert in rhythmisch performativen Akten die Spannung, die aus sprachlicher Normentreue und Restriktion entsteht. Allgemeine multikulturell und sprachlich bedingte Konflikte in Großbritannien bleiben dabei nicht unberührt. Außer einzelnen kurzen Verweisen fehlen jedoch diese Dimensionen und versteckten Asymmetrien gänzlich und sollten eine Aufbereitung erfahren.

[99] Benjamin Zephaniah: „The British" (*English G 6*, p. 11).

Ein weiterer zentraler Aspekt wird in diesem Kontext ebenfalls zu wenig thematisiert. Die Globalisierung braucht Menschen, die in der englischen Sprache im Sinne einer *lingua franca* kommunizieren können. Aspekte der sprachlichen Berufsvorbereitung sind noch zu reproduktiv und bedürfen einer grundsätzlichen Überarbeitung.

7.3 Herausbildung interkultureller kommunikativer Kompetenz – didaktische Perspektive

Mit Blick auf Ansätze und Ausgangspunkte zur Ausbildung einer interkulturellen kommunikativen Kompetenz im globalen Kontext ist festzustellen, dass das Thema Kommunikation sich vor allem auf der Metaebene besonders eignet, bei Lernern Fertigkeiten zu vermitteln und ein Bewusstsein zur globalen Kommunikationssituation zu schaffen. Ausgehend von den Erkenntnissen in Kapitel 7.2 gilt es nun, die didaktische Arbeit dieses Segments der Lehrbücher kritisch zu untersuchen. In diesem Zusammenhang ist insbesondere zu überprüfen, inwiefern der Lerner durch kommunikative Impulse, schüleraktivierende Maßnahmen und handlungsorientierte Aufgabenstellungen seine rezeptive und interkulturelle kommunikative Kompetenz ausbilden kann. Einschränkend ist jedoch zu sagen, dass es trotz der vielfältigen thematischen Berücksichtigung der Inhalte im didaktischen Bereich nur wenig Impulse gibt, die zu einer Erweiterung der Sprachfertigkeit im Rahmen der globalen Sprachsituation und interkulturellen kommunikativen Kompetenz führen.[100] Diese Impulse werden im Folgenden einer kritischen Analyse unterzogen.

Von methodisch-didaktischer Seite wird dieses Ziel dadurch erreicht, dass sich der Unterricht für authentische Kommunikations- und Lernprozesse öffnet. Darüber hinaus wird die aktionale und strategische Kompetenz im Umgang mit der *lingua franca*[101] immer bedeutender. Die Lerner müssen daher

- Strategien der Kommunikation mit beschränkten sprachlichen Mitteln beherrschen,
- die *lingua franca* Varietäten bis zu einem gewissen Grad verstehen und in *lingua franca* Situationen kommunizieren können,
- Kommunikationsstrategien anwenden können und
- als interkultureller Sprachmittler tätig sein können.

In handlungsorientierten Unterrichtsphasen ist also dem kommunikativen Erfolg mehr Bedeutung beizumessen als der formalen Korrektheit der Sprachäußerungen. Allerdings setzt sprachliche Handlungsfähigkeit auch sprachlich-formale Teilkompetenzen voraus. Im Gegensatz zu traditionellen Unterrichtskonzepten, in denen sich erst an die Übungsphase die Kommunikations- oder Transferphase anschließt, vertritt der heutige Fremdsprachenunterricht beide Komponenten – Handlungskompetenz und sprach-

[100] Ganzheitliches Lernen, d. h. Lernen mit „Kopf, Herz und Hand" (Friederike Klippel, „Überlegungen zum ganzheitlichen Fremdsprachenunterricht", in: *Fremdsprachenunterricht* 4/2000, p. 242 und Renate Löffler, „Ganzheitliches Lernen: Grundlagen und Arbeitsformen", in: Gerhard Bach und Johannes-Peter Timm, *eds., Englischunterricht. Grundlagen und Methoden einer handlungsorientierten Unterrichtspraxis*, Tübingen: Francke, ²1996, pp. 42-68).

[101] Karlfried Knapp und Annelie Knapp-Potthoff, „Interkulturelle Kommunikation", in: *Zeitschrift für Fremdsprachenforschung* 1/1990, pp. 84-85.

lich-formale Teilkompetenzen – als gleichrangig. Alle untersuchten und analysierten Beispiele beziehen sich auf solche, welche die Kommunikation, EFL und die Varietäten der englischen Sprache als Thema aufgenommen haben.

7.3.1 Lerneraktivierung

Bei der Auswertung der Lehrbücher ist feststellbar, dass auch im Bereich der Kommunikation starke Akzente auf einem kognitiven Wissenserwerb liegen. Mit Blick auf das methodisch-didaktische Kriterium der Lerneraktivierung ist zu erkennen, dass dies in den Lehrbüchern noch selten vorzufinden ist. Anregungen dazu finden sich ausschließlich in *Camden Town 4, Let's Go 5, Green Line New 5* und *English G 6. Camden Town 4* nimmt sich des Themas Sprachimperialismus an. Die englischen Wortentlehnungen aus den indigenen Sprachen werden in diesem Beispiel in Quizform eingeführt, indem bekannte Ortsnamen den Begriffen der Ureinwohner zuzuordnen sind. Aufgaben aus dem Quiz lauten:

(1) This original name is derived from a Muskogee word meaning ‚old town'. It is the capital of Florida.
(2) The name of this state comes from the Iroquin word ‚Ken-tah-ten' meaning ‚land of tomorrow'. The state is famous for its fried chicken.
(3) The original name of this state comes from the Mohican word ‚quonehtacut' meaning ‚beside the long tidal river'. It is a state on the East coast of the USA.
(4) The original name of this city means ‚land of garlic' or ‚smelly onion'. It is one of the biggest cities in the USA and the home of the famous gangster Al Capone.
(5) This state got its name from a Chipewa word meaning ‚big river'. The biggest river in North America has the same name.[102]

Bei dem Quiz handelt es sich um eine gezielte Steuerung. Es soll Überraschungseffekte erzeugen, wie viele der Wortentlehnungen aus den indigenen Sprachen stammen. Die Arbeit mit dem Quiz eröffnet eine kreative Perspektive. Aus methodisch-didaktischer Sicht muss kritisiert werden, dass dieses Quiz mit seinem Lernziel und seiner Aussageintention zu unklar bleibt. Der folgende Schritt einer zusätzlichen Aufforderung der Schüler zur Reflexion über das Ergebnis und ein eigenständiger Transfer des Ergebnisses fehlen.

Motivierend und auch dem interkulturellen Lernen förderlich sind die folgenden Ausschnitte, die den Lerner und seine Meinung explizit einbeziehen und ihn auffordern, sein Wissen zu präsentieren und seine Erfahrungen und Standpunkte mitzuteilen. *Let's Go 5* lässt die Lerner ihre persönlichen Erfahrungen bei der Verwendung der englischen Sprache reflektieren, indem sie über ihren Gebrauch von Englisch besonders in der Freizeit berichten sollen:

[102] *Camden Town 4,* p. 66.

> Do you remember a funny or interesting situation when you needed English or when you used English? Tell the class.
> Have you ever met young people from other countries? [...] What languages did you speak? Did you understand everybody? Did they understand you?[103]

Im Sinne der Lernerorientierung ist dieser Ansatz hervorzuheben, weil er das lernersprachliche Verhalten in Bezug auf den *lingua franca*-Gebrauch der englischen Sprache aufnimmt und diskutieren lässt. Zugleich geschieht dies mit einem Blick auf den außerschulischen Kontext, um die Perspektive der Lerner über diese hinaus zu erweitern.

Dieses Lernziel wird auch in dem Quiz „The right job for you" angestrebt, indem die Lernenden ihre Kompetenzen testen, sich selbst einschätzen lernen und eine erste berufliche Orientierung erhalten sollen:

> What is the right type of job for you? Do this quiz and find out. First, note down the numbers of the statements below that you agree with. Then check your score.[104]

Über den Multiple-Choice-Test wird für jeden Schüler individuell ein Profil erstellt, das so lauten kann:

> The business world is full of opportunities for ambitious, competitive people like you. You could become an accountant or lawyer, or work in sales or marketing. You could even found your own company – if you haven't already.[105]

Somit bietet das Quiz einen lerneraktivierenden Einstieg in das Thema Berufsorientierung an.

Generell ist bei der Analyse von *Camden Town 4*, *Let's Go 5* und *Green Line New 5* aber zu beobachten, dass zwar Aufgaben gestellt werden, die zur Aktivierung der Lerner im Rahmen des Themengebietes anregen, doch sollte dieser Ansatz und eine handlungsorientierenden Erarbeitung des Themas noch stärker ausgebaut werden.

Sehr überzeugend geht im Vergleich zu den bereits zitierten Beispielen *English G 6* mit dem Projekt „Introduction – Global English" vor. Schon die Überschrift der Arbeitsaufträge „How important is English for you and your everyday activities?"[106] lädt die Jugendlichen ein, sich näher mit der englischen Sprache und ihrer eigenen Rolle in der weltweiten Kommunikation auseinanderzusetzen. Folgende Arbeitsanweisungen werden gegeben:

> Record the daily programme(s) of one German TV/radio station. Which English words can you hear? Make another table for the different word fields. [...]. Are there differences in the amount and quality of the English used on the different stations?

103 *Let's Go 5*, pp. 8-9.
104 *Green Line New 5*, pp. 24-25.
105 *Ibid.*, p. 25.
106 *English G 6, p. 9.*

> Compare programmes/articles on different topics. Where do you find the most English words used?[107]

Bei dieser Art der Aufgabenstellung wird neben der Ausbildung eines vertieften Verständnisses für ELF auch gefordert, dass die Lerner selbstständig sprachliche Bereiche kategorisieren, die von englischen Begriffen dominiert werden. Als positiv muss zudem der Aspekt eigenständiger Recherche und Materialsuche bewertet werden. Dadurch wird die Autonomie der Lerner gefördert. Weitere Ansätze dieser Art bleiben ein Desiderat.

Fachgerechte Arbeitsformen werden in *English G 6* zu linguistischen Phänomenen präsentiert, die durch die Allgegenwärtigkeit der englischen Sprache entstanden, wie Scheinentlehnungen, Lehnbedeutungen und Bedeutungserweiterungen bzw. -differenzen. Solche Arbeitsaufträge zeichnen sich besonders dadurch aus, dass sie den Lerner involvieren, sich selbst eine Meinung über die englischen Wörter in der deutschen Sprache zu bilden:

> What do these words have in common: cool, jeans, fitness, tan, laptop, chat, call centre, recycling, slogan, spam, sneak preview? Can you express their meaning in German? [...] Handy, Mobbing, Beamer, Body Bag – they are all English words, aren't they? Try looking them up in an English-English dictionary. What do you learn from the results? Find more information at www.humanlanguages.com/rlerfeng.html.[108]

Der Lerner erhält so exemplarisch ein Bewusstsein für englischsprachige Wörter, die unser tägliches Leben in Deutschland bestimmen. Zugleich kann er seine Medienkompetenz durch die Internetrecherche und die Fertigkeiten, mit einem einsprachigen Wörterbuch umzugehen, erweitern. Zwar sind nicht nur die Beispiele aus *English G 6* Belege für eine Öffnung der Lehrbucharbeit hin zu einem handlungsorientierten Unterricht, der die interkulturelle Kommunikation fördert, aber es muss attestiert werden, dass viele Lehrbücher schulartenübergreifend das inhaltliche Potenzial in ihrer methodisch-didaktischen Arbeit noch nicht ausgeschöpft haben.

7.3.2 Aufbau interkultureller kommunikativer Kompetenz

Im Rahmen der grenzüberschreitenden Kommunikation gewinnen die kommunikativen *soft skills* an Bedeutung. Sie gehören seit Jahrzehnten zu den Inhalten des Englischunterrichts vor dem Hintergrund der interkulturellen Kompetenz. Immer wieder konnte empirisch belegt werden, dass es bei Kommunikationsproblemen und -missverständnissen nie ausschließlich um sprachliche und landeskundliche Mängel ging, sondern vor allem um das Ignorieren konventionalisierter Kommunikations- und Höflichkeitsmuster.[109] Deshalb sind *soft skills* zweifellos zu einer der wichtigen Aufga-

[107] *Ibid.*, p. 9.

[108] *Ibid.*, p. 9.

[109] Christoph Schubert, „Politeness Rules: Pragmatic Approaches to Intercultural Competence in the EFL Classroom", in: Werner Delanoy und Laurenz Volkmann, *eds.*, *Cultural Studies*

ben des Englischunterrichts geworden. Fremdsprachenlerner erhalten durch die Auseinandersetzung einen Einblick in den engen Zusammenhang zwischen Kultur und Sprache. Außerdem gewinnen sie einen ersten Überblick, wie sich durch Englisch als *lingua franca* eine Dominanz des transnationalen angelsächsischen Kommunikationskonzeptes weltweit verbreitet.[110] An dieser Stelle soll jedoch nicht auf Einzelheiten linguistischer, kulturwissenschaftlicher und soziologischer Betrachtungen eingegangen werden, sondern direkt auf die Auswirkungen auf den modernen Fremdsprachenunterricht.

Ein Auszug aus den Niveaustufen des GeR gewährt vor diesem Hintergrund nochmals einen Blick auf die Bedeutung der interkulturellen kommunikativen, Kompetenz:

B2	Kann sich in formellem und informellem Stil überzeugend, klar und höflich ausdrücken, wie es für die jeweilige Situation und die betreffenden Personen angemessen ist. [...] **Kann Beziehungen zu Muttersprachlern aufrechterhalten, ohne sie unfreiwillig zu belustigen, zu irritieren oder sie zu veranlassen, sich anders zu verhalten als bei Muttersprachlern.** [...]
B1	Kann ein breites Spektrum von Sprachfunktionen realisieren und auf sie reagieren, indem er/sie die dafür gebräuchlichsten Redemittel und ein neutrales Register **benutzt**. Ist sich der wichtigsten Höflichkeitskonventionen **bewusst** und **handelt** entsprechend. Ist sich der wichtigsten Unterschiede zwischen den Sitten und Gebräuchen, den Einstellungen, Werten und Überzeugungen in der betreffenden Gesellschaft und in seiner eigenen **bewusst** und achtet auf entsprechende Signale.
A2	Kann elementare Sprachfunktionen ausführen und auf sie reagieren [...] Kann sehr kurze Kontaktgespräche bewältigen, indem er/sie **gebräuchliche Höflichkeitsformeln** der Begrüßung und der Anrede **benutzt**. Kann Einladungen oder Entschuldigungen aussprechen und auf sie **reagieren**.

Abb. 53: Auszüge aus dem GeR 2001 (Hervorhebungen durch die Autorin)

Selbst der eher pragmatisch auf Sprachausbildung ausgerichtete GeR betont die Bedeutung eines interkulturellen Sensibilisierungsprogramms für die Beziehungs- und Inhaltsebenen der Kommunikation. Die Lerner sollen sprachlich auf interkulturelles Zusammentreffen vorbereitet werden, indem sie lernen, wie sie sich in bestimmten Situationen kommunikativ verhalten können. Dies kann durch ein respektvolles sprachliches Verhalten erfolgen, das nicht verurteilt, Empathie zeigt, Ambiguität akzep-

in the EFL Classroom, Heidelberg: Winter, 2006, pp. 195-209, Laurenz Volkmann, „Konversationsroutinen im Englischen als wesentlicher Bestandteil interkulturellen Lernens", in: Claus Gnutzmann und Frank G. Königs, *Fremdsprachen Lehren und Lernen. Themenheft ‚Sprachdidaktik – interkulturell'* 35/2006, pp. 251-266.

110 *Cf.* die linguistische Theorie des *face-saving* und der Höflichkeitsaspekte: Ulrich Bach, „Höflichkeit", in: Rüdiger Ahrens, Wolf-Dieter Bald und Werner Hüllen, *eds., Handbuch Englisch als Fremdsprache,* Berlin: Schmidt, 1995, pp. 195-200 und Erving Goffman, *Interaction Ritual: Essays on Face-To-Face Behavior*, New York: Pantheon, 1967, pp. 5ff.

tiert, Komplimente macht, *pleasure* und *small talk* ausführt, Hilfe aufbringt und Tabuthemen vermeidet.[111]

Als Grundvoraussetzung für eine gelungene interkulturelle Kommunikation bzw. für transnationale *soft skills* lässt sich eine Reihe von Vorschlägen für erfolgreiches kommunikatives Verhalten anführen, die bislang kaum Eingang in die Lehrbücher gefunden haben. Höflichkeit, Takt, Humor und nonverbales Verhalten wird allein in dem Lehrbuch *Orange Line 6* thematisiert. In dem Text „How to be rude" werden englische Sprachkonventionen auf humoristische Weise dargeboten. Der Autor geht auf die (Un-)möglichkeit der Engländer ein, unhöflich zu sein, und vergleicht sie mit anderen europäischen Sprachen:

> How to be rude: If somebody tells you an obviously untrue story, on the Continent you would remark, „You are a liar, Sir, and a rather dirty one at that." In England you just say, „Oh, is that so?" or „That's rather an unusual story, isn't it?". [...] the gently remark „I am afraid your English is somewhat unorthodoxy". This translated in any Continental language would mean: Employer: „Jean, kick this gentleman down the steps!" [...] Terribly rude expressions (if pronounced grimly) are „I am afraid that", „Unless", „Nevertheless", „How queer, I am sorry but...", „Of course, this is not to be taken too seriously, but it is very important to think carefully about how to say or write things."[112]

Kritisch zu bewerten ist der schmale Grat zwischen gelungener Darstellung und einem Abrutschen in ein Klischeedenken[113], das durch dieses Vorgehen schnell überhandnehmen könnte. Durch den offensichtlichen Humor wird aber einer solchen Gefahr vorgebaut. Humor eignet sich vor diesem Hintergrund, um *soft skills* dieser Art einzuüben. Schulze[114], Ringeisen[115] und Medgyes/Ur[116] schlagen die Aufnahme und das Einüben übertriebener Nonsense-Dialoge vor, die sich mit den Klischees Engländern gegenüber auseinandersetzen. So könnten die Lerner Dialoge mit übertriebenen Formen von Höflichkeit gestalten.

Auch zur konkreten Vorbereitung für eine interkulturelle Begegnung können Sprechakte zur Thematisierung von Höflichkeit aufgenommen werden, so wie sie Juliane House[117] vorschlägt. Sie nennt diese Übungsphasen *sensitivity training*. Die Lerner er-

111 Laurenz Volkmann, 2010, *op. cit.*, pp. 177-178.

112 *Orange Line 6,* p. 77.

113 Dargestellte Normen oder Höflichkeiten sind nie universal festlegbare Phänomene, sondern spezifische Erwartungen eines Kollektivs (festgelegt wird also, was in einem Gesprächsverlauf z. B. adäquat bzw. nicht adäquat erscheint).

114 Rainer Schulze, „Humor und Ironie", in: Rüdiger Ahrens, Wolf-Dieter Bald und Werner Hüllen, *eds., Handbuch Englisch als Fremdsprache,* Berlin: Schmidt, 1995, pp. 204ff.

115 Peter Ringeisen, „Viewfinder Special: ‚Humor Rules'", in: *The Viewfinder Team*, *Festgabe Viewfinder. Prof. em. Dr. Dr. h.c. mult. Peter Freese*, Berlin: Langenscheidt, 2009, p. 44.

116 Peter Medgyes und Penny Ur, *Laughing Matters: Humour in the Language Classroom*, Cambridge: CUP, 2002.

117 Juliane House, „Kontrastive Pragmatik und interkulturelle Kompetenz im Fremdsprachenunterricht", in: Wolfgang Börner und Klaus Vogel, *eds., Kontrast und Äquivalenz: Beiträge zu Sprachvergleich und Übersetzung*, Tübingen: Narr, 1998, p. 83.

halten einen kurzen Umriss der Situation und müssen darauf aufbauend einen Dialog ausarbeiten und vorstellen. Häufig beziehen sich die Trainingssituationen auf Episoden aus dem Alltagsleben. Schüler müssen diese zu Fragestellungen wie „*What went wrong?*“ oder „*What would be a more adequate behavior here?*“[118] analysieren und zu interkulturell passendem Verhalten umsetzen, sodass sie Differenzen bei kultureller Wahrnehmung sowie Denk- und Handlungsformen erkennen. Hierzu bietet sich auch der Einsatz von Rollenspielen an, um den Lernern kulturelle Diskrepanzen, individuelles Wahrnehmen von Werten und sprachliches Handeln zu verdeutlichen. Auch die in allen untersuchten Lehrbüchern bereits enthaltenen Aufgaben zur Mediation können als Grundlage dienen, um zwischenmenschliche und kulturbedingte Fehlschlüsse klären zu lernen. Jedoch muss vermerkt werden, dass eine explizite Thematisierung interkultureller sprachlicher Missverständnisse zwar gut denkbar wäre, aber in keiner der Mediationsübungen aufgenommen wird. Eine Auseinandersetzung entspräche einer Aufwertung der bisherigen Ausrichtung auf Tourismus-Thematiken[119] für das gesamte Themengebiet der Mediation.

Das Aushandeln als eine essenzielle Fertigkeit der interkulturellen kommunikativen Kompetenz sollte in jedem Fall deutlicher als wesentliches Element im Fremdsprachenunterricht aufgenommen werden. Aus den Lehrbüchern sollte hervorgehen, dass Missdeutungen und Kommunikationsabbrüche nicht allein aus rein linguistisch-semantischen Problemen entstehen, sondern dass mit interkultureller Diskurskompetenz dagegen angegangen werden muss.[120] Interkulturelle kommunikative Kompetenz bedeutet vielmehr die Beherrschung von Strategien zur Identifikation und Analyse von Kommunikationsproblemen auf der Basis von Kenntnissen über:

- Kulturunterschiede und ihre Auswirkungen auf kommunikatives Handeln und Verhalten,
- Gebrauch der *lingua franca*,
- lernersprachliches Verhalten,
- die spezielle Bedingungen der Kommunikation mithilfe von Sprachmittlern,

118 *Ibid.*

119 Typische Beispiele, die sich fast alle auf das Themengebiet Tourismus beziehen, sind: „Say it in English: Gästehaus Eisbuckel: Your English friend Ben from Plymouth is visiting you. His family are planning to come to Bavaria next December and he’s got a brochure about a guest house in Ruhpolding. As Ben doesn’t understand German, read the brochure and answer his questions“ Zudem gibt das Lehrbuch den Tipp: „These mediation exercises may have some words that are new to you. You can often guess the meaning from the context. Don’t worry if there are one or two words that you don’t know. Just try to give the most important information“ (*English G 4*, p. 88). Andere Beispiele aus anderen Lehrbücher sind: „Say it in English: Drinking alcohol. Your Australian exchange partner has come to visit you. He/She wants to know what the law says about young people drinking alcohol. You’re not sure, so you have to look it up. Read the information and then explain it briefly in English“ (*English G 4,* p. 91), *Let’s Go 4*, p. 17 oder *Let’s Go 4*, p. 73.

120 Annelie Knapp-Potthoff und Karlfried Knapp, „Interkulturelle Kommunikation“, in: *Zeitschrift für Fremdsprachenforschung* 1/1990, p. 82.

- Beherrschung von Strategien zur Vermeidung und Reparatur von Missverständnissen.[121]

In den Lehrbüchern wird das Bewusstsein für kritische mündliche Szenarien im Sinne interkultureller Missverständnisse bisher wenig bis gar nicht geschult.[122] Notwendig wären Trainingseinheiten[123] und Kommunikationsstrategien sowie das Einüben von Diskursstrategien und freien Dialogen. Das Bewusstsein des kulturbestimmten Denkens und Handelns soll das übergeordnete Lernziel sein. Aus methodisch-didaktischer Sicht sollte zusätzlich Wert auf kreative Möglichkeiten gelegt werden, das umzusetzen. Vor allem der Aspekt von Ausdruck und Kommunikation mithilfe von Musik, Tanz und Körpersprache könnte hier didaktisch gut integriert werden.[124]

121 Annelie Knapp-Potthoff und Karlfried Knapp, 1990, *op. cit.*, pp. 84-85.

122 Annegret Gick, „Negotiating Common Ground: Ein wesentliches Element (interkultureller) kommunikativer Kompetenz“, in: Lothar Bredella, Herbert Christ und Michael K. Legutke, *eds., Thema Fremdverstehen,* Arbeiten aus dem Graduiertenkolleg „Didaktik des Fremdverstehens“, Tübingen: Narr, 1997, pp. 179-190.

123 Manfred Arendt, „Zwei Wege zur Schulung des small talk“, in: *Fremdsprachenunterricht* 49/1996, pp. 25-31. Arendt schlägt z. B. vor, *small talk* durch *cue cards* über das Wetter, Kinobesuche etc. einzuführen. In den unteren Jahrgangsstufen kann das eine noch stark gelenkte Aktivität sein, die nach und nach zu einer freieren Sprachproduktion führt. Auch nonverbale Kommunikation wie z. B. Augenkontakt, kulturtypische Gesten, Gesichtsausdruck, Blickrichtung, Körperhaltung, Auftreten, nonverbale bzw. paralinguale Aspekte (Schweigen, Lautstärke) und Verhalten im Raum können am eigenen Leib erfahren werden (Film und Videoanalyse). *Cf.* dazu Paul Watzlawick, Janet H. Beavin und Don D. Jackson, *Menschliche Kommunikation: Formen, Störungen, Paradoxien*, Bern: Huber, [8]1990, p. 52, Fernando Poyatos, „Nonverbal Communication in Foreign-Language Teaching: Theoretical and Methodological Perspectives“, in: André Helbo, *ed., Evaluation and Language Teaching. Evaluatie en Taalonderwijs. Evaluation et enseignement des langues. Essays in Honor of Frans Van Passel*, Bern: Lang, 1992, pp. 115-143 und Ingelore Oomen-Welke, „Körpersprachen und Extrasprachliches verschiedener Kulturen in Welt, Schule und Unterricht“, in: Heinz S. Rosenbusch und Otto Schober, *Körpersprache und Pädagogik: Das Handbuch*, Baltmannsweiler: Schneider, 2004, pp. 68-98.

124 *Cf.* Filme wie *Rhythm Is It!* (Germany, 2004), Gedichte beispielsweise aus dem *Brave New Voices*, einem *International Youth Poetry Slam Festival* etc.

8 Kulturelle Identität im Kreuzfeuer der Globalisierung – psychologische Aspekte

8.1 Identitätsproblematik in multikultureller Gesellschaft

Psychologen wie Jeffrey Jensen Arnett[1] oder Bernhard Strauß[2] gehen davon aus, dass die psychologischen Auswirkungen der Globalisierung den Menschen und vor allem dessen Identitätssuche stark beeinflussen. Wenn Identität als konzeptioneller Rahmen zu charakterisieren ist, innerhalb dessen eine Person in ihrer lokalen Verwurzelung ihre Erfahrungen interpretiert und zu verstehen sucht[3], steht dieses Konzept in einem Spannungsverhältnis zu dem Begriff des Globalen. In diesem Rahmen wird der Prozess der Vermischung verschiedener kultureller Stile, Sitten und Traditionen mit den Stichworten der kulturellen Pluralisierung und Hybridisierung beschrieben.[4] In diesen Kontext gehört aber auch die Loslösung sozialer Handlungen von einem bestimmten Ort und einer bestimmten Zeit.

Das hat zur Folge, dass lokal gebundene Identitätsbildung durch die Öffnung nach außen immer problematischer wird. Nach Joana Breidenbach und Ina Zukrigl verursachen diese Prozesse „Ängste vor Identitätsverlust“[5]. Die Kenntnis anderer bzw. fremder Alltags- und Lebensformen kann demnach zur Verunsicherung der Individuen und zu einer Relativierung der eigenen Werte und Lebenswelten führen. Dieser Prozess der Entwurzelung, hier als kulturelle Enttraditionalisierung verstanden, führt dazu, dass Individuen gezwungen werden, ihre Identität neu zu definieren. Die aus dem hier knapp geschilderten Szenario abgeleitete Schlussfolgerung zielt darauf ab, dass im Laufe des 21.°Jahrhunderts vom Menschen ein entwicklungs- und anpassungsfähiges Identitätskonstrukt gefordert wird.

1 Jeffrey Jensen Arnett, „The Psychology of Globalization“, in: *American Psychologist* 57/2000, pp. 774-783.

2 Bernhard Strauß und Michael Geyer, *ed.*, *Psychotherapie in Zeiten der Globalisierung*, Göttingen: Vandenhoeck & Ruprecht, 2006, pp. 8-10.

3 Hans-Jürgen Lüsebrink, „Kulturraumstudien und Interkulturelle Kommunikation“, in: Ansgar Nünning und Vera Nünning, *Konzepte der Kulturwissenschaften*, Stuttgart: Metzler, 2003, pp. 322-325.

4 Homi K. Bhabha, *Die Verortung der Kultur*, Tübingen: Stauffenburg, 2000.

5 Joana Breidenbach und Ina Zukrigl, *Tanz der Kulturen. Kulturelle Identität in einer globalisierten Welt*, München: Kunstmann, 1998, p. 100.

Wolfgang Welsch[6] beschreibt aus kulturphilosophischer Sicht diese Entwicklung, indem er sein Konzept von Transkulturalität nicht nur auf die gesellschaftliche Makro-Ebene vordringen sieht, sondern auch auf die individuelle Mikro-Ebene. Dies blieb bisher im allgemeinen Bewusstsein der Globalisierungsdebatte eher zweitrangig. Fest steht allerdings, dass immer mehr Menschen durch eine multikulturelle Formation, Verbindung oder Abstammung bestimmt sind, d. h., sie sind ‚kulturelle Mischlinge' oder ‚hybride Identitäten'.[7] Welsch spricht von ‚kulturellen Patchwork-Identitäten'.[8] Diese hybriden Identitäten müssen heutzutage nicht mehr unbedingt Menschen mit Migrationshintergrund sein, denn der heute Heranwachsende trifft alltäglich auf eine weitaus größere Vielzahl an kulturellen Mustern, als dies in der Elterngeneration der Fall war. Sie beeinflussen seine eigene kulturelle Identitätsbildung. Das Konzept einer am Nationalstaat orientierten kulturellen Identität muss angesichts dieser Weiterentwicklung als überholt gelten. Das alte Ideal des Menschen, der in einer statischen Kultur lebt, hat damit ausgedient. Die Globalisierung fordert Wanderer zwischen den Welten und Kulturen.

Nach Arnett[9] kann das Individuum auf diese Herausforderungen der Globalisierung auf drei Arten reagieren. Neben der Entscheidung und Fähigkeit, mit zwei oder mehreren Kulturen zu leben, den *bi-cultural, global* und *hybrid identities,* kann es zu einer Identitätskrise, einer sogenannten *identity confusion* kommen, d. h. zu einer Exklusion sowohl von der lokalen als auch von der globalen Kultur. Eine dritte Möglichkeit des Individuums ist die Suche nach lokal gebundenen kulturellen Identifizierungen als Abwehrreaktion auf das bereits erwähnte allgemeine Überangebot an Identifikationsmöglichkeiten. Symptomatisch dafür sind lokalpatriotische und nationalistische Identitätsentwürfe wie der Rückzug in eine fundamentalistisch geprägte Religion als Kultur. Arnett spricht von einer *self-selected culture.*

Eine besondere Bedeutung kommt vor diesem Hintergrund jenen in die Lehrbücher integrierten Texten und Literaturauszügen zu, die das Thema der kulturellen Identität aufgreifen. Traditionell wird Literatur in der Fremdsprachendidaktik als „privilegierter Zugang zur Fremdkultur sowie als exemplarisch-künstlerische Präsentation von Sprache und Kultur"[10] gezählt, da sie interkulturelles Lernen über das Fremde und über das Eigene ermöglicht und globales Lernen somit unterstützt. Peter Freese plädiert aus diesem Grund für eine Vielzahl an literarischen Textauszügen in den Lehrbüchern, die sich mit aktuellen und zeitnahen Themenbereichen auseinandersetzen:

6 Wolfgang Welsch, „Was ist eigentlich Transkulturalität?", in: Lucyna Darowska und Claudia Machold, *eds., Hochschule als transkultureller Raum? Beiträge zu Kultur, Bildung und Differenz,* Jena: transcript, 2009.

7 Roy Sommer, *Fictions of Migration. Ein Beitrag zur Theorie und Gattungstypologie des zeitgenössischen interkulturellen Romans in Großbritannien* (ELCH – Studies in English Literary and Cultural History, 1), Trier: WVT, 2001.

8 Identitätsbegriff von Heiner Keupp: Heiner Keupp, Thomas Ahbe und Wolfgang Gmür, *eds., Identitätskonstruktionen. Das Patchwork der Identitäten in der Spätmoderne*, Hamburg: Rowohlt, 2002.

9 Jeffrey Jensen Arnett, 2000, *op. cit.,* pp. 774-783.

10 Laurenz Volkmann, 2010, *op. cit.,* p. 8.

> [W]e urgently need to reconstruct, and reinvigorate, our obsolete and Eurocentric canon by teaching texts which thematize the very problems of an increasingly globalized world.[11]

Vor allem Migrations- und Minoritätenliteratur nimmt sich dieses Themas an. Ihre dargestellten Erfahrungen und Handlungen greifen sowohl für multikulturelle als auch für monokulturelle Leser: für erstere, weil sie ihre Situation in der Welt dieser Texte dargestellt finden und daher zum Eigenverstehen beitragen, und für letztere, weil sie dadurch die Erfahrungen von Minderheiten und Einwanderern kennenlernen, auf die sie in der globalen Welt – so Arnett – auch in ähnlicher Form treffen. Literatur dient in diesem Kontext insbesondere der Artikulation von Sicht- und Verhaltensweisen und wird seit jeher als Möglichkeit charakterisiert, Fremdes zu verstehen und durch Perspektivenübernahme als Eigenes zu verinnerlichen.[12] Als multikulturelle Texte werden in der vorliegenden Untersuchung alle diejenigen literarischen Texte und Biografien bezeichnet, in denen die Identitätsthematik dargestellt wird, wobei die Charaktere bi- oder multikulturelle Identitäten besitzen können.

Neben verschiedenen Formen der Identitätsproblematik, die in der globalen Welt hervortreten, soll in diesem Kapitel auch die methodisch-didaktische Literaturarbeit untersucht werden.

Zu den quantitativen Erhebungen sei angemerkt, dass von einem erweiterten Textbegriff ausgegangen wird. So finden sämtliche Auszüge von Dramen und Romanen sowie Kurzgeschichten, Gedichte, Liedtexte oder Filme in dieser Analyse Aufnahme. Ebenso wurden auch Sachtexte oder Interviews untersucht, die Einblicke in die Sicht- und Verhaltensweisen gewähren und Lernern Identifikationsmöglichkeiten bieten. Bei diesem Vorgehen lässt sich ein breites Spektrum an Identitätsproblematiken in der globalen Welt zusammenstellen, das im Verhältnis zur Gesamtseitenzahl aller globalisierungsrelevanten Inhalte folgende – nach Schularten geordnete – Verteilung ergibt (Abb. 54-56):

11 Peter Freese, „The Chances and Limits of ‚Intercultural Understanding' in the Advanced EFL-Classroom", in: Peter Freese, *Teaching ‚America'. Selected Essays*, München: Langenscheidt-Longman, 2002, pp. 11-30.

12 Lothar, Bredella, „Segregation oder Assimilation? Zur Debatte über das Zusammenleben in multikulturellen Gesellschaften", in: Andreas Bonnet und Peter W. Kahl, *eds.*, 2001, *op. cit.*, pp. 16-21.

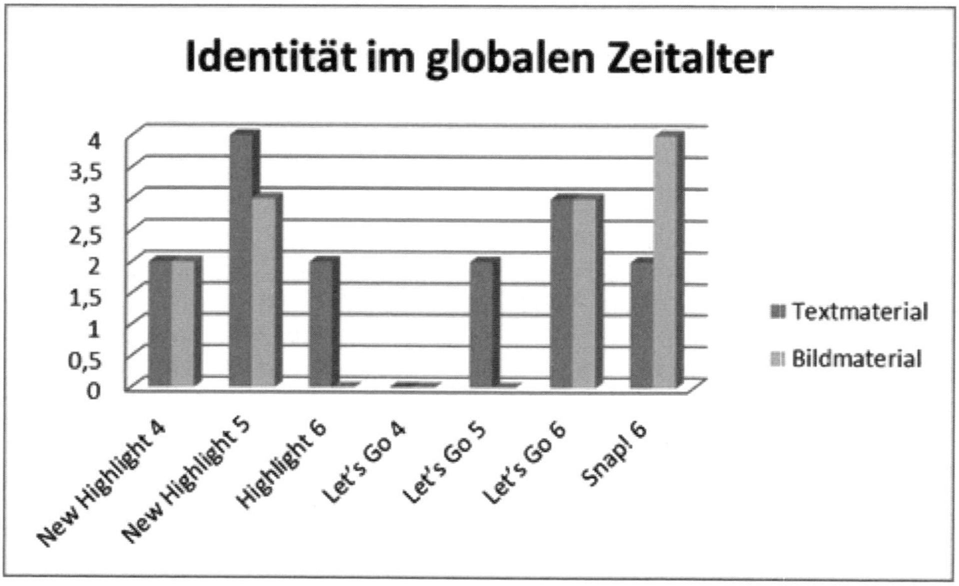

Abb. 54: Lehrbuchanteil von Bild- und Textmaterial – Identität im globalen Zeitalter (Hauptschule und vergleichbare Schularten)

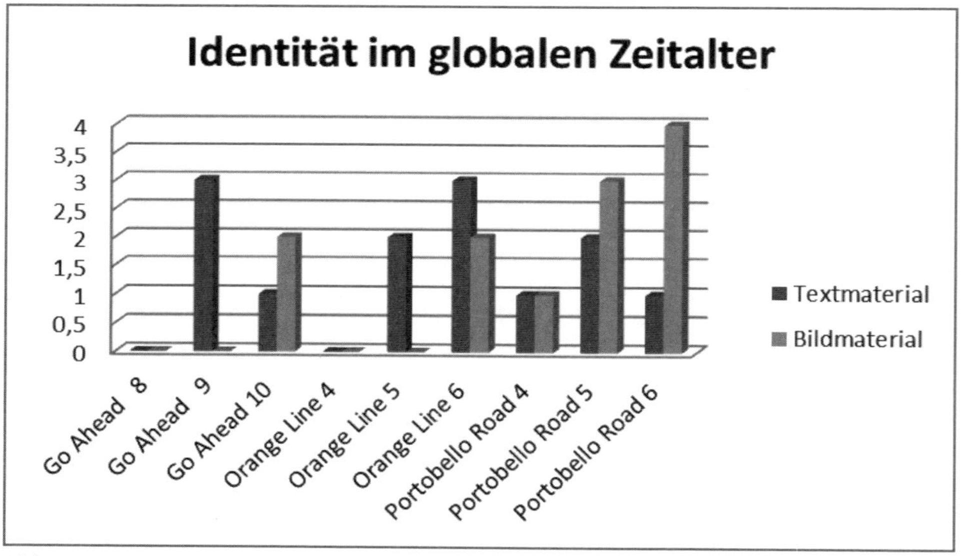

Abb. 55. Lehrbuchanteil von Bild- und Textmaterial – Identität im globalen Zeitalter (Realschule und vergleichbare Schularten)

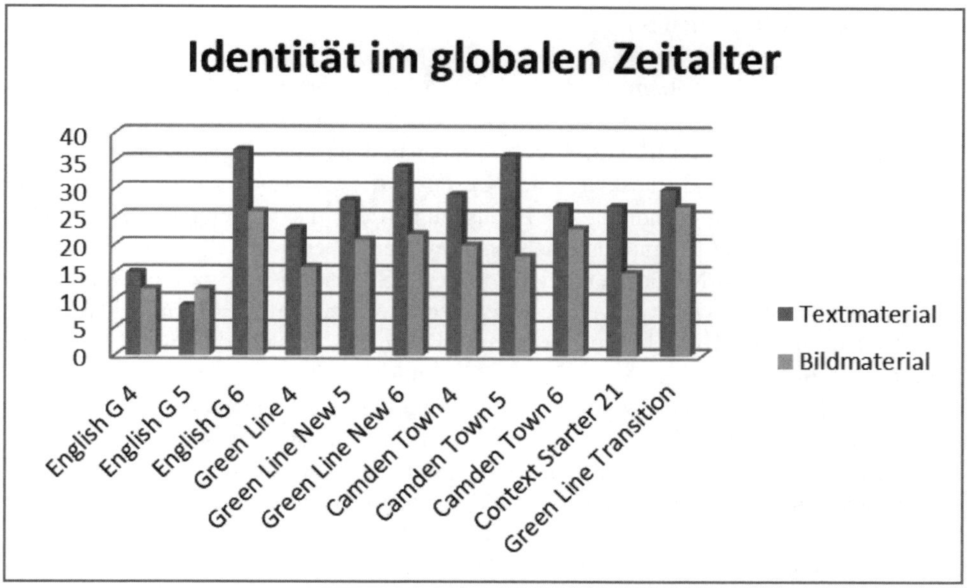

Abb. 56 Lehrbuchanteil von Bild- und Textmaterial – Identität im globalen Zeitalter (Gymnasium und vergleichbare Schularten)

Das Ergebnis der quantitativen Analyse im Hinblick auf die thematische Berücksichtigung des Inhaltsbereichs der Identitätsproblematik in den jeweiligen Lehrbüchern sagt aus, dass dieses Segment im Durchschnitt nur eine untergeordnete Rolle spielt. Mit durchschnittlich 9 Prozent am Gesamtanteil der Darstellungen bewegt sich dieser Bereich generell auf niedrigem Niveau und lässt Rückschlüsse auf die Perspektivenbildung und die entsprechend geringe Bedeutungszumessung der Lehrbuchautoren zu.

Generell sind Darstellungen der Migrations- und Minoritätenliteratur, in denen es vor allem um das Fremd- und Selbstbild geht, ausschließlich in den Lehrbüchern für das Gymnasium und entsprechenden Schulformen zu finden. Der Wert von 9 Prozent ist vor allem auf die singulär stärkere Akzentuierung in den Büchern der Reihe *Camden Town* und dem Lehrbuch *English G 6* zurückzuführen. In den Lehrbüchern der Real- und Hauptschule ist eine Bearbeitung des Themas Identitätsproblematik in der globalen Welt nicht vorgesehen.

8.2 Fremdverstehen durch Migrations- und Minoritätenliteratur

In den vergangenen Jahren ist die Zahl jener englischsprachigen Autoren stark angewachsen, deren Romane sich mit interkulturellen Themen wie der Geschichte des Sklavenhandels, den Auswirkungen des Kolonialismus und den Perspektiven der heutigen multikulturellen und transkulturellen Gesellschaft auseinandersetzen. Während im Rahmen der Literaturbehandlung im Englischunterricht bis vor einigen Jahren noch selten auf Autoren mit Migrationshintergrund und deren Perspektive geachtet wurde, ist diese Migrations- und Minoritätenliteratur in den USA und in Kanada hingegen bereits seit längerer Zeit in vielen Facetten von literaturwissenschaftlicher und didaktischer Seite beleuchtet worden.[13] Nach Forschungsarbeiten der Kanadierin Ingrid Johnston[14] gelingt es dem Leser bei der Migrations- und Minoritätenliteratur, die kulturellen Grenzen – ähnlich wie bei tatsächlicher Migrationserfahrung – zu überschreiten.

In den untersuchten Lehrbüchern kommt ein verhältnismäßig enges Spektrum an Beispielen für Migrations- und Minoritätenliteratur vor. Dennoch kann man aus didaktischer Sicht eine Systematik in der Auswahl und ihrer Darstellung in den Lehrbüchern des Korpus erkennen, indem bestimmte didaktische Funktionen übernommen und auf bestimmte Lernziele hingeführt werden sollen. In den Lehrbüchern des Korpus lässt sich vor allem in den der Migrations- und Minoritätenliteratur zugeordneten Textauszügen die Beschreibung der hybriden Identität der zweiten und dritten Generation von Einwanderern finden. Bei der Analyse der Identitätsproblematik der einzelnen Lehrbücher wird unter Berufung auf die drei von Arnett benannten psychologischen Phänomene vorgenommen. Zusätzlich soll ein Schwerpunkt auf den Generationenkonflikt in den Familien mit Migrationshintergrund gelegt werden, denn die Elterngeneration ist häufig noch stärker mit der eigenen Kultur verbunden, während die Mehrzahl der Jugendlichen bereits in der zweiten oder dritten Generation im Einwanderungsland lebt und sich mit ihm identifizieren kann. Diese Unterschiede führen nicht selten zu schwerwiegenden Konflikten.

13 Sommer spricht sogar von einer Kategorie der ‚dead white men', um die Literatur im Englischunterricht zu beschreiben (*cf.* William Shakespeare, John Steinbeck, George Orwell oder Henry Miller), denn bisher waren in der literarischen Auswahl von Unterrichtsmaterialien die postkolonialen Autoren noch sehr absent (Roy Sommer, „Mit anderen Augen – Multikulturalismus und Fremdverstehen am Beispiel ausgewählter britischer multikultureller Erzähltexte", in: *Neusprachliche Mitteilungen aus Wissenschaft und Praxis* 4/2002. pp. 227-237).

14 Ingrid Johnston, „Many Worlds: Multicultural Literature in Senior High English Classrooms", in: Keith A. McLeod, *ed.*, *Multicultural Education: The State of the Art: Studies of Canadian Heritage*, Vol. 2, Winnipeg: Canadian Association of Second Language Teachers, 1995, pp. 102-108.

8.2.1 Suche nach Identität

Die seltenen Texte und Kurzgeschichten eröffnen hinsichtlich der kulturellen Identitätssuche trotz ihrer geringen Zahl eine ganze Bandbreite an Sichtweisen, sodass zumindest bei einigen Lehrbüchern von einer Stimmen- und Perspektivenvielfalt gesprochen werden kann. Das Thema Identitätssuche wird größtenteils nachvollziehbar und der Lerner kann vor diesem Hintergrund seine eigene persönliche und kulturelle Identität reflektieren. Die Positionen der fiktionalen Figuren zur Frage ihrer persönlichen und kulturellen Selbstdefinition bewegen sich auf einer Skala zwischen zwei Polen entgegengesetzter Einstellungen[15] und lassen sich anhand der Kategorisierungen nach Arnett[16] wie folgt positionieren:

cultural, hybrid, global identities	*identity confusion*	*self-selected culture*
„Chocolate"[17]	*Small Island*[18]	*Caught in the Crossfire*[19]
The Buddha of Suburbia[20]	„Half-caste"[21]	
Bend It Like Beckham[22] (Film)	*Ae fond kiss*[23]	
„Assisted Marriage"[24]		
„Arranged"[25]		
Ae fond kiss[26]		
Un(arranged) Marriage[27]		
Adios to my old life[28]		
"Half-caste"[29]		
"Ta-Na-E-Ka"[30]		

Abb. 57: Identitätsentwürfe in den Lehrbüchern

Bei dieser Aufstellung wird deutlich, dass jene Lehrbücher, die Textauszüge aus der Migrations- und Minoritätenliteratur aufgenommen haben, sich auf die Thematik der hybriden Identitäten konzentrieren. Ausgehend von diesem Überblick soll nun exempla-

15 Roy Sommer, 2001, *op. cit.*, pp. 74ff.
16 Jeffrey Jensen Arnett, 2000, *op. cit*, pp. 774-783.
17 *Green Line 4*, pp. 22ff.
18 *English G 6*, pp. 26-27.
19 *Camden Town 5*, pp. 21ff.
20 *Ibid.*, pp. 30-31.
21 *Green Line New 6,* p. 38.
22 *Camden Town 5*, p. 17 und *Green Line New 6*, p. 37.
23 *English G 6*, pp. 32-36.
24 *Ibid.*, pp. 84-86.
25 *Camden Town 5*, p. 56.
26 *English G 6*, pp. 32-36.
27 *Camden Town 5*, p. 57.
28 *Camden Town 4,* pp. 113-115.
29 *Green Line New 6*, p. 38.
30 *Green Line 4*, pp. 109-112.

risch auf die einzelnen Identitätskonstruktionen und deren Darstellung in den Lehrbüchern eingegangen werden.

Die überwiegende Anzahl der Ausschnitte bezieht sich auf die *hybrid identities*. Im Rahmen eines fiktiven Kinderprojekts der Stadt New York wird zunächst ein Mädchen mit Migrationshintergrund, „a young New Yorker who was born in Haiti“[31], porträtiert. Cathia, die Chocolate genannt wird, beschreibt ihre bilinguale und bikulturelle Situation: „She has forgotten all the French but still speaks enough Creole to be able to talk with her grandparents, who share the apartment.“[32] Die Protagonistin wird also sowohl von der weißen Gesellschaft akzeptiert („she has also won six awards over the last two years. One of these awards was for her work for peace in her school community. She is a peer mediator in a school program that helps to stop fights“[33]) als auch in ihrer multikulturellen Wohngegend und von den Jugendlichen, die auf der Straße in Harlem leben („Cathia believes it is her choice which has earned her respect, […]. It’s weird, but they look after her.“[34]). Geradezu idealtypisch und fast schon klischeehaft zeigt sich diese Form der Identifikation mit unterschiedlichen kulturellen Einflüssen auch in den dargestellten Auszügen der Filmkomödie *Bend It Like Beckham*[35] in *Green Line New 6* an der Figur Jess, die ihrem Vorbild David Beckham nacheifern will. Jess hat demzufolge eine hybride Identität entwickelt, indem sie Fußballspielen als Inbegriff des persönlichen Glücks empfindet. Für sie bedeutet die typisch britische und gleichzeitig transkulturell-verbindende Sportart eine maßgebliche Orientierungsfunktion.[36] In den beschriebenen Beispielen wird der Eindruck erweckt, dass die Figuren mit ihren aus der hybriden Identität resultierenden Privilegien erfolgreich leben und diese sogar als ideale Erweiterung ihrer Identität ansehen.

Deutlicher wird die genrespezifische[37] Problematik der kulturellen Identitätssuche in den folgenden Auszügen. Am Beispiel der karibisch-britischen Literatur, die das Genre des britischen Migrationsromans[38] maßgeblich prägte, erhält der Lernende Einblicke in das Dilemma zwischen der Fremdheitserfahrung und dem Selbstbild des Individuums. Andere Literaturauszüge nehmen zu diesem Thema den Kampf gegen die Unterdrückung und Ausgrenzung sowie deren Erfahrungen und Weltanschauungen auf. Als weiteres Merkmal der Minoritätenliteratur schließen diese Autoren den autobiografisch-

31 *Ibid.*, pp. 22-23.
32 *Ibid.*, pp. 22ff.
33 *Ibid.*, pp. 22- 23.
34 *Ibid.*, pp. 22- 23.
35 *Green Line New 6*, p. 37.
36 *Ibid.*, p. 37. Die Aufgabe von *Green Line New 6* im Rahmen der didaktischen Methode *Lernen durch Lehren* (LdL), eigenständig die Filme anzusehen, einen Konflikt zwischen den Charakteren auszuwählen und diesen dann der Klasse vorzustellen, ist zu unklar und nur halbherzig formuliert. Sie stellt eine Überforderung der Lerner dar. Diesbezüglich bräuchte es gezieltere Anweisungen.
37 Roy Sommer, *op. cit.*, 2001, p. 79.
38 *Ibid.*, p. 78.

en Bezug mit ein: „[I]t has to be noted that – almost as a rule – the immigrant texts are influenced by a more or less pronounced (auto)biographical impetus.“[39]

Als exemplarisches Beispiel dient der Textauszug aus Andrea Levys Roman *Small Island.* Levy berichtet im Vergleich zu den vorher beschriebenen Jugendlichen, die scheinbar problemlos mit der hybriden Identität umzugehen gelernt haben, ganz bewusst von den Diskriminierungen und der Ignoranz, die sie und ihre Familie erfahren mussten:

> Dad came on the Empire Windrush ship, my dad was not made welcome, when he was looking for somewhere to live. Signs in windows said: No Niggers, no Dogs, no Irish.[40]

> My mum, a trained teacher in Jamaica, had to sew to make a living. [...] Anyway, no one in England was interested in the country my parents came from. They didn't want to know about the sun and the sugar cane. They didn't want to try our rice and peas.[41]

> Sometimes I feel definitely not welcome here.[42]

Parallelen zu ihrem eigenen Leben als autobiografischem Element werden deutlich, wenn die Lerner die Informationen aus dem Textausschnitt mit den Randdaten zu Levys Leben vergleichen, die in einer Informationsbox im Lehrbuch stehen.[43] Das Gefühl, unerwünscht und lästig zu sein, das sich in ihren Schilderungen durchgehend wiederholt, erscheint umso tragischer, wenn man einen Blick auf die Textstelle wirft, in der Levy über ihre gescheiterten Bemühungen schreibt, sich in England oder Jamaika zu integrieren.

> We were good citizens of this country, never in trouble, always polite. I spoke cockney, played rounders, I watched *Coronation Street, Emergency Ward Ten, Dr. Who*. I studied Shakespeare, I learned to play the piano and learned history. [...]. I was educated to be English.[44]

> They told me that I looked like a Jamaican, even when I embarrassed them with my English ways – my liking for sitting in the sun, and for making tea in a teapot.[45]

39 Heike Paul, *Mapping Migration. Women's Writing and the American Immigrant Experience from the 1950s to the 1990s*, Heidelberg: Winter, 1999, p. 7.

40 *English G 6,* pp. 26-27.

41 *Ibid.*, pp. 26-27.

42 *Ibid.*, p. 27.

43 Andrea Levys *This is my England – Educated to be British* (*English G 6,* pp. 26-27). Andrea Levy wurde als Kind eines jamaikanischen Einwanderer-Ehepaares in London geboren und wuchs als Schwarze in einem noch sehr weißen London auf. Der Buchauszug ist mit vielen autobiografischen Erfahrungen gespickt, da Literatur ein Weg zur Selbstfindung für Levy geworden ist und Levy wiederum Anfang und Mitte der 1990er Jahre zum Sprachrohr der *Black British Writer* wurde (*English G 6* Handreichungen).

44 *Ibid.,* pp. 26-27.

45 *Ibid.,* pp. 26-27.

Im Hinblick auf die zuvor diskutierte Problematik der Identitätssuche zeigt die Autorin am Beispiel des Konzepts von *Englishness* auch die Konsequenzen kultureller Stereotypisierung und Beibehaltung eines nationalstaatlichen, monokulturellen Modells für hybride Identitäten auf: „Identity! Sometimes it makes my head hurt – sometimes my heart. So what am I? Where do I fit into Britain?“[46]

Um diesen Problemen zu begegnen, fordert sie eine Neudefinierung der *Englishness*, die sich zu ihrer multikulturellen und multiethnischen Gesellschaft bekennt:

> When you look at family trees, the question of identity becomes very complicated. It would be nice and simple if we were all pure. If we all came from where our parents, grandparents and beyond came from. Wouldn't it be nice if we could say that all Africans are black and all English are white? Saying that I'm English doesn't mean I want to take on the majority white culture and nothing else. (I can't live without rice and peas. I dance like crazy when Jamaica wins anything.). Englishness must never be allowed to become ethnic. The majority of English people are white, but some are not. [...] England is a mixture.[47]

Obwohl die Schriftstellerin altersgemäß dem Kreis der Zielgruppe nicht angehört, gelingt es ihr durch die emotionale Schilderung ihrer Identitätsprobleme, die abstrakten Aspekte und Argumente auch für die jugendlichen Lerner zugänglich zu machen.

Das Dazwischenstehen und die kulturelle Stereotypisierung sind auch das Thema des *dub poetry*-Stückes „Half-caste“[48] von John Agard.[49] Sein Selbstbild und Selbstbewusstsein konstituiert sich ebenfalls aus dem Muster der zerrissenen Identität, entsprechend häufig ist – gewissermaßen als Leitmotiv – die unverkennbare Wiederholung des Wortes *half-caste*. Anders als in vielen multikulturellen Literaturbeispielen wird die hybride Identität von Agard nicht grundlegend problematisch bewertet. Er verweist darauf, dass Farb- oder Musikkombinationen meist als durchweg wertvolle Verbindungen empfunden werden, während er sich beschwert, dass er immer nur als *half-caste*, als auf diese sichtbare fremde Hälfte determiniert wahrgenommen wird. Damit verlagert er die Identitätsproblematik auf seine Außenwelt und erwartet von der Majoritätsgesellschaft, dass diese seine weniger offensichtliche Hälfte kennenlernt: „but yu must come back tomorrow wid de whole of yu eye an de whole of yu mind an I will tell yu de other half of my story.“[50]

In diesen Beispielen wird deutlich, dass durch die Migrations- und Minoritätenliteratur die Lerner ein Bewusstsein entwickeln können, dass Kulturen vielschichtig und komplex sind. Sie lernen verstehen, dass das Individuum in seinen Handlungen nicht

46 *Ibid.*, pp. 26-27.

47 *Ibid.*, pp. 26-27.

48 Bereits der Titel des Gedichts ist provozierend, beschreibt er doch die Menschen, denen meistens abwertend begegnet wird, weil ihre Elternteile unterschiedlichen Ethnien angehören. Eine deutsche Übersetzung ist die ebenso diskriminierende Bezeichnung ‚Mischling‘.

49 John Agard ist ein kontemporärer englischsprachiger Dichter mit westindischem Migrationshintergrund, der seit 1977 in London lebt. (*Green Line New 6*, p. 38).

50 *Ibid.* (die Schreibweise imitiert das *Caribbean English*).

allein durch die kulturelle Herkunft beeinflusst ist, sondern Wahlmöglichkeiten besitzt und sich mit unterschiedlichen Positionen und Wertvorstellungen identifizieren kann.

Personen, welche die kulturelle Pluralisierung und Hybridisierung als Verunsicherung empfinden oder die globale Kultur ablehnen, also westliche Werte wie Individualismus, freie Marktwirtschaft und Demokratie, oder häufig mit der amerikanisch-westlichen Imperialismuskultur gleichsetzen, richten sich verstärkt nach traditionellen Mustern. Sie schließen sich oftmals gleichdenkenden Personen und Gruppierungen an, um eine Gruppenidentität aufzubauen, die unberührt von der globalen Kultur bleibt. Nicht selten basieren diese Gruppierungen auf bestimmten rigiden religiösen Positionen mit zum Teil fundamentalistischen und anti-globalen Sichtweisen.

Der Auszug aus dem Jugendroman *Caught in the Crossfire*[51] konfrontiert den Leser mit einer Flucht in eine *self-selected culture*. Im Mittelpunkt steht der Jugendliche Tahir. Seine Mutter ist Engländerin, sein Vater stammt aus einer muslimisch-pakistanischen Einwandererfamilie mit gemäßigtem Verhältnis zum Islam. In seiner Kindheit hatte der Protagonist weder eine besondere Nähe zum Islam noch interessierte er sich für dessen Regeln und Traditionen wie z. B. für den Fastenmonat Ramadan. Dennoch beginnt er auf einmal, allen von ihm als westlich wahrgenommenen Einflüssen abzuschwören, was seine Mutter äußerst beunruhigt. Er erweckt immer stärker den Eindruck, sich in einen fundamentalistisch geprägten Islam zu flüchten. Der Auszug des Lehrbuchs zeigt den sich anbahnenden Konflikt zwischen Tahir und seiner Mutter. Der Wandel Tahirs wird aus der Perspektive der englischen Mutter und ihrer liberalen Tochter geschildert:

> Her son is a good Muslim now, and getting better every day. […] In fact, it is Tahir who pushes Suhail [Anmerkung der Verfasserin: Suhail ist sein Vater] to go along to the mosque. [...] He fastens at Ramadan he does so with astonishing self-control.[52]

Sein Wandel geht so weit, dass er nicht nur sämtliche Glaubensregeln des Korans verabsolutiert, sondern ausschließlich auf seine pakistanische Herkunft stolz ist: „Greater and greater pride with his Pakistani ancestry. […] That other part of him, the part she gave to him, seems to be shrinking by the day.“[53]

Mit der Darstellung der Figur Tahir stellt *Camden Town 5* eine extreme Position des kulturellen Selbstverständnisses der jungen britisch-asiatischen Migranten dar, mit der man im Unterricht die Brücke zu gegenwärtigen fundamentalistischen Terrortendenzen knüpfen kann. Tahirs provokative Rolle fordert den Leser zur Stellungnahme auf. Auszugehen ist davon, dass die Lerner sich mit der fundamentalistischen Einstellung des Sohns nicht unbedingt identifizieren können und sich folglich auf die Seite der Mutter und Schwester stellen werden. Die Jugendlichen würden in diesem Falle also für die Mehrheitskultur Partei ergreifen. Weil die Geschichte jedoch aus der verständnisvollen Sicht der Mutter heraus mögliche Gründe für das Verhalten Tahirs preisgibt wie beispielsweise die Aussage: „Painfully aware that Oakfield's communities are pulling apart,

51 *Camden Town 5,* pp. 21-22.
52 *Ibid.*, p. 21.
53 *Ibid.,* p. 21.

he seems to be drawing his Muslim identity around him as a protective cloak"[54], wird eine Perspektivenübernahme und somit ein Schritt in Richtung Verstehen ermöglicht. Würden die Geschehnisse von einer Person erzählt, die kein Verständnis für Tahirs Sichtweise aufbringen kann, wäre eine Perspektivenübernahme erschwert und Tahirs Verhalten erschiene ausschließlich fremd und bedrohlich. Dann bestünde die Gefahr, dass der Islam pauschal mit Terrorismus gleichgesetzt würde und damit genau jene Unterscheidungsmöglichkeiten verloren gingen, die für eine um Verstehen bemühte Hal-Haltung erforderlich ist.

Durch den Blickwinkel der Mutter wird jedoch für die Schüler das Verhalten Tahirs in Ansätzen nachvollziehbar. Es geschieht eine Differenzierung, indem sie versucht, ihren Sohn zu verstehen. Die Lehrbuchautoren von *Camden Town 5* beabsichtigen, die Gründe für ein Festhalten an tradierten Wertvorstellungen darzulegen. Häufig sind sie eine Reaktion auf die Nicht-Akzeptanz der Majoritätsgesellschaft gegenüber den Minoritäten. Dem Lerner kann es so gelingen, die Hintergründe zur Flucht in eine *self-selected culture* zu durchleuchten bzw. Ansätze des fundamentalistischen Islams als eine Art Gegenreaktion auf den westlichen Rassismus zu verstehen. Diese Zusammenhänge zu erkennen, setzt ein hohes Maß an Reflexion bei den Lernern voraus. Weitere Figuren, die in einer ähnlichen oder noch radikaleren Orientierung an einer essentialistisch verstandenen Kultur oder Religion stehen, treten in den Lehrbüchern nicht auf. Die Lehrbücher konzentrieren sich bei ihrer Darstellung lediglich auf die Gegenentwürfe zu Tahirs extremer Position.

8.2.2 Generationenkonflikte bei hybriden Identitäten

Zwar herrscht in der Gesellschaft grundsätzlich der Eindruck, dass vor allem die Jugendlichen der zweiten oder dritten Generation von Einwanderern, die *hybrid identities*, wenig Probleme in der neuen Heimat haben, ihre geringe Selbstidentifikation mit ihren ethnischen und kulturellen Hintergründen führt jedoch häufig zu Generationenkonflikten. Während vornehmlich die Großeltern- und Elterngeneration eher traditionell geprägt sind und oft tief verwurzelt in ihren Werten und Traditionen aus der Heimat stehen, gilt für einen großen Teil ihrer Nachkommen die verstädterte, europäisierte bzw. amerikanisierte Lebensweise als Vorbild. Sie favorisieren eine von westlichen Einflüssen geprägte Mischkultur.

Die Auseinandersetzung mit dem Generationenkonflikt hat seit jeher einen wichtigen Stellenwert im Englischunterricht. Jede Generation wird mit der elterlichen Denk- und Lebensweise konfrontiert und erfährt das zwiespältige Gefühl von Anziehung und Distanzierung. Der Prozess dieses inneren Konflikts ist individuell verschieden und Grundlage für die Entwicklung der Identität. In Migrations- und Minoritätenfamilien ist die Situation jedoch noch angespannter und komplexer. Dieses thematische Aufgreifen von Generationenkonflikten findet daher großen Zuspruch in der Migrations- und Minoritätenliteratur für Jugendliche.

[54] *Ibid.*, p. 21.

In diesem Zusammenhang lässt sich das Spannungsverhältnis genauer definieren, das sich zwischen den Generationen von Einwanderern und ihren Kindern bzw. zwischen der zweiten und dritten Generation aufbaut. Es bildet sich ein ernst zu nehmender Konflikt heraus. Wie bereits dargelegt, besteht das konstitutive Merkmal der Einwanderer der zweiten oder dritten Generation darin, dass ihre Situation und ihr Selbstverständnis von der Generation ihrer Eltern abweicht, die nur das Überleben und die Hoffnung auf eine bessere Zukunft im Sinn hatten und darin häufig enttäuscht wurden. Während also für jene Generation die Migration als Notmaßnahme oder zeitlich befristet geplant war, prägt die zweite Generation von Migranten ein grundlegend anderes Selbstverständnis mit einer tendenziellen Ablösung von den Herkunftskulturen. Der Generationenkonflikt spitzt sich in diesem Fall durch die widersprüchlichen kulturellen Erwartungen zu.[55] Aktuelle soziologische Studien belegen diesen verstärkten Generationenkonflikt in Familien mit Migrationshintergrund insbesondere in Bezug auf die Streitpunkte eines geringeren Interesses am Familienleben, des Vorwurfs der Vernachlässigung von Werten und Traditionen und im Bereich der Rollenvorstellung der Geschlechter.[56]

In den Lehrbüchern lassen sich unterschiedliche Grade bei der Umsetzung des Generationenkonflikts in der Migrationsliteratur erkennen. Während vereinzelt – so *Camden Town 4*[57] und *Camden Town* 5[58] – das Problem thematisiert wird, dass die Eltern die Teilnahme an der Talentshow *Oye mi canto*, einer Art *The Latin American Idol*-Castingshow, verweigern oder die Fußball-Leidenschaft ihrer Tochter aus religiösen Gründen nicht unterstützen, werden weder geschlechtsrollenspezifische Konflikte noch die kulturelle Hybridität in den Beispielen angesprochen.

Die Mehrzahl der Literaturauszüge in den Lehrbüchern ist von der Thematik der arrangierten Ehe geprägt und geht in diesem Kontext im Wesentlichen auf die Problematik der Vater-Sohn- oder Vater-Tochter-Beziehungen ein. Der Vater stellt immer den Gegenspieler zu der Selbstentwicklung und -erfahrung der nächsten Generation dar und verkörpert nicht den modernen, westlichen Lebensstil. Dies lässt sich durch den Umstand erklären, dass die Lehrbuch-Familien, in denen sich der kulturelle Generationenkonflikt zuspitzt, aus den zum Teil noch patriarchalischen *British-Asian Communities* in England stammen. Einige dieser Beispiele zur arrangierten Ehe sehen wie folgt aus:

Die Problematik der arrangierten Ehe und *gender*-Thematik wird in dem Lehrbuch *Green Line New 6* anhand der Protagonistin Jamilla aus dem Textauszug von *The*

55 Die ‚Kulturkonflikttheorie' kann bis in die Gründerjahre der amerikanischen Migrationssoziologie zurückverfolgt werden (Chicagoer Schule: Robert Ezra Park, „Introduction," in: Everett V. Stonequist: *Cultural Conflict and the Marginal Man*, New York: Charles Scribner's Son, 1937) und wurde im Zuge der Einwanderung in der Nachkriegszeit populär (Übersichtsdarstellung u. a. in Friedrich Heckmann, *Ethnische Minderheiten, Volk und Nation*, Stuttgart: Lucius & Lucius, 1992, pp. 178ff. und in Gita Steiner-Khamsi, *Multikulturelle Bildungspolitik in der Postmoderne*, Opladen: Leske & Budrich, 1992, pp. 8ff.).

56 Werner Schiffauer, *Die Migranten aus Subay. Türken in Deutschland: Eine Ethnographie*, Stuttgart: Klett-Cotta, 1991, p. 247.

57 *Camden Town* 4, pp. 113-115.

58 *Camden Town 5,* p. 17.

Buddha of Suburbia – Family Drama[59] zur Sprache gebracht. Jamilla ist eine junge Frau, die sich in die westliche Lebenswelt integriert hat und sich gegen eine arrangierte Ehe wehrt. Mit dieser Haltung stößt sie auf Unverständnis bei ihren streng traditionell lebenden Eltern. Sie streitet sich vor allem mit ihrem Vater, der ihre selbstbewusste Art und ihre Weigerung, sich verheiraten zu lassen, nicht akzeptieren kann. Um ihre Mutter nicht zu enttäuschen, verharrt Jamilla in ihrer Situation:

> Jamilla: „Creamy [Anmerkung der Verfasserin: Spitzname für Karim], I'd have walked out there and then. I'd have got the Council to take me into care. Anything. I'd have lived with friends. I'd have run away from home. Except for my mother. He takes it out on Jeeta."[60]

Jedoch muss konstatiert werden, dass Jamilla keine genderspezifische Diskriminierung erduldet und in dem abgedruckten Abschnitt als sehr selbstbewusst dargestellt wird. Unterdessen macht der männliche Protagonist Manjit aus dem Textauszug von Bali Rais *(Un)arranged Marriage*[61] eine ähnliche Erfahrung. Seine Eltern wollen ihn ebenso ohne seine Einwilligung mit einer weitläufigen Verwandten verheiraten:

> I knew that I didn't want to get married young to some girl who I didn't even know. I didn't want to end up like Ranjit and Harry, doing the whole wife and kids thing. I didn't want to spend my life looking after my parents in their old age and having to go to the weddings of distant cousins because it was the right thing to do. I knew what I didn't want to do. It was just that I didn't actually know what I wanted to do.[62]

Diese Einblicke in Manjits Gefühls- und Gedankenwelt belegen, dass sich Manjit bereits an die englische Tradition angepasst hat und seine individuelle Entscheidungsfreiheit nicht missen möchte. Auch Manjit hat große Gewissenskonflikte seinen Eltern gegenüber, denn um seine englische Freundin treffen zu können, muss er diese ständig anlügen: „and suddenly hated the way I had to sneak around in order to be with the girl that I loved."[63] Wie schwer es jedoch für ihn ist, sich von dem Druck seiner Familie zu befreien, eine arrangierte Ehe einzugehen und das Dazwischenstehen zu lernen, erfährt der Leser über Darstellung von Manjits Ängsten:

> The girl I'm supposed to marry is going to be here, and my old man is threatening to take me to India if I don't agree. My mum just cries every time we talk about it. [...] How could I do that to them? How? [...] And deep down inside I was scared that if I did say no, my dad would kill me and my mum would kill herself as she kept on threatening to do, because of the shame.[64]

59 *Green Line New 6,* pp. 35-36.
60 *Ibid.,* pp. 35-36.
61 *Camden Town 5*, p. 57.
62 *Ibid.*, p. 57.
63 *Ibid.*, p. 57.
64 *Ibid.*, p. 57.

Parallelen bei der Darstellung von *Green Line New 6* und *Camden Town 5* ergeben sich aus der Situation, dass beide Protagonisten bereits sehr integriert sind und keine arrangierte Ehe eingehen wollen. Die in beiden Texten vorkommende Charakterisierung der Eltern, bei denen der Vater als dominant und traditionsbewusst auftritt, während die Mutter als schwach und hilfsbedürftig skizziert wird, ist stereotyp. Doch die beiden Protagonisten aus *Green Line New 6* und *Camden Town 5*, die unter den gewünschten arrangierten Ehen leiden, weisen keine genderspezifischen Stereotypen auf.

Der Film *Ae fond kiss*[65] von Ken Loach aus dem Jahr 2004 greift dieses Thema ebenfalls aus der Sicht eines jungen Mannes auf. Im Mittelpunkt steht die im schottischen Glasgow lebende, aus Pakistan eingewanderte und in der muslimischen Glaubensgemeinschaft verwurzelte Familie Khan mit ihren drei erwachsenen Kindern, die in Schottland geboren und aufgewachsen sind. Die Handlung des Films dreht sich hauptsächlich um die durch Konflikte belastete Liebesbeziehung zwischen dem Sohn Casim und der irisch-katholischen Roisin. Casim hat wie Manjit Schuldgefühle, sich gegen die Tradition und seine Eltern durchzusetzen, und ist noch viel mehr hin- und hergerissen zwischen einem selbstbestimmten Leben und der Erfüllung des – unreflektierten – Wunsches der Eltern. Doch im Gegensatz zu Jamilla und Manjit, die scheinbar problemlos eine hybride Identität entwickelten und für die Hybridität nur insofern ein Problem darstellt, als sie mit ihren Eltern und der Familie in Konflikt geraten, verkörpert Casim eine Person, die sich selbst als Wanderer zwischen zwei Welten erlebt. Die Identifikation mit unterschiedlichen Werten und Normen führt bei ihm zu Widersprüchen innerhalb der eigenen Person, sodass er sich mal für seine Liebe zu Roisin, mal für seine Eltern entscheidet.

Die indische Partnerschaftssuche muss für die Mehrheit der deutschen Jugendlichen im Vergleich zu der westlichen sehr fremd wirken.

> Sarbijt and Jatinder describe the story of their arranged marriage. At first they exchanged photographs, then a motorway meeting was set up between the two families. What began as an akward conversation blossomed into love and culminated in an elaborated Sikh wedding ceremony.[66]

Daher bietet sich der von den Lehrbuchautoren initiierte interkulturelle Vergleich geradezu an. Die Lerner reflektieren darüber, was aus der Perspektive von Sarbjit und Jatinder an dem westlichen Umgang mit Liebesbeziehungen auffallen könnte:

> Compare Sarbijt and Jatinder's first meeting with the way you and your friends get to know boyfriends/girlfriends. What do you think Sarbjit and Jatinder and their families might find difficult to understand and accept about your way of dating?[67]

Als Themenschwerpunkt spielt der Gegensatz zwischen den traditionellen und den modernen Auffassungen von Partnerschaft und Heirat eine wichtige Rolle.

[65] *English G 6*, p. 32.
[66] *Ibid.*, p. 56.
[67] *Ibid.*, p. 56.

Das Lehrbuch *English G 6* geht bei der thematischen Behandlung in zwei Schritten vor, indem zuerst ein didaktisierter Sachtext das Konzept der arrangierten Ehe[68] erklärt. Der Artikel zeigt, inwieweit die junge Generation heutzutage, vor allem in den Städten, westliche Offenheit mit herkömmlicher Tradition verbindet. Zudem versucht der Artikel, wie dies auch in *Camden Town 5* geschieht, das kulturell bedingte andere Verständnis von Liebe und Partnerschaft zu vermitteln.[69] Die Beschreibungen sind differenziert und bejahend. Sie werden durch den autobiografischen Bericht „Assisted marriage" der Journalistin Sadaf Siddique über ihre unterstützte Heirat ergänzt. Siddique dient für den Lerner als Vermittlerin zwischen der traditionellen Kultur Indiens und der progressiven westlichen Welt, in der die Mehrheit der Lerner sozialisiert ist. Der Schüler erhält Einblicke in die in Indien noch allgegenwärtige Tradition, über Heiratsanzeigen den richtigen Partner zu finden:

> On Sundays, Indian families with children of marriageable age follow an old tradition. They wake early and restlessly await the arrival of the Sunday paper. Once it is delivered, they say a short prayer before they search the papers for the desired matrimonial section.[70]

In einer Reihe von Beispielen kommen auch kleinere Unstimmigkeiten mit ihren Eltern ans Licht. Die ständigen und heimlich geschalteten Kontaktanzeigen ihrer Eltern schildern deren Drängen, sich immer wieder mit den von ihnen ausgewählten potenziellen Ehemännern zu treffen:

> found one that sounded strangely like me. When I read it to my father over the phone, laughing all the while, there was silence at his end. He had indeed put my details on the matrimonial pages. This was not the first time that my parents had brought up the issue of marriage. The pressure to get married started when I was very young.[71]

Jedoch gelingt der Journalistin ein Kompromiss mit ihren Eltern, indem sie nach Bombay zieht, um dem Druck ihrer Eltern zu entfliehen und dort ihr Master-Studium abzuschließen: „I could do as I pleased as long as I met the men they chose for me."[72]

Unterdessen müssen die Lerner durch die Schilderung ihres *happy ending*, als die junge Frau durch eine dieser Kontaktanzeigen schließlich doch ihren zukünftigen Mann trifft, zu dem Entschluss kommen, dass es die typische erzwungene Heirat in Indien, häufig im Zusammenhang mit dem Problem der weiblichen Unterdrückung stehend, heutzutage nicht mehr gibt:

68 *Ibid.*, p. 82.

69 Mit diesem Hintergrundwissen sollen die Lerner Reflexionen über ihr eigenes kulturell verankertes Verhalten bei der Partnerwahl reflektieren: „What is your opinion about such marriages? [...] How would you feel if you had only a few minutes to talk to a prospective life partner? And how would you feel about making a decision based on a single meeting? What is the situation in Germany? Do arranged marriages take place there?" (*ibid.*, p. 82).

70 *Ibid.*, p. 84.

71 *Ibid.*, p. 84.

72 *Ibid.*, p. 84.

> My parents saw each other for fifteen minutes before they got married, my husband and I talked for nearly six months before we did. My parents had more parental and family pressures than I did. I had the freedom to say no, my parents did not have the luxury of choice. Nowadays, arranged marriages are no longer just decided by the parents, both young men and women play an active role in the process of looking for their life partner. In these 'semi-arranged' or ‚arranged-marriages', the only thing you have to be sure of is that you do want to get married.[73]

Beide Texte über die arrangierte Ehe und speziell auch das vermittelte Bild über die Rolle der Frauen in Indien lassen erkennen, dass der Lerner eine positive Konnotation zu diesem Thema aufbauen soll. Die Arbeitsanweisungen nach der Lektüre hinterfragen diese plakativ harmonisierende Darstellung nicht.[74] In diesem Fall darf nicht unerwähnt bleiben, dass die Autorin des zweiten Textes sich in einer sehr privilegierten Situation befindet. Nur eine geringe Anzahl der Mädchen, die eine arrangierte Ehe eingehen müssen, kann tatsächlich von zu Hause ausziehen und auf zukünftige Ehemänner hoffen, die progressiv und westlich geprägt sind.

Ohne Zweifel soll in den Lehrbüchern auch Verständnis für diese Lebensart und Tradition mit ihren positiven und progressiven Entwicklungen geschaffen werden. Dass die Autorin kein gleichsam passives Opfer ist, sondern selbstbewusst und aktiv ihren zukünftigen Mann mit auswählen darf, kann den Beginn eines neuen Selbstverständnisses der Frauen in Indien bedeuten.[75] Doch dieser Lebensstil bleibt nur den obersten, gebildeten Schichten vorbehalten. Die wahre Problematik, welche die Mehrheit der Inderinnen und Inder erlebt, wird durch die Berichte aus *English G 6* eher beschönigt. Um eine Manipulation zu verhindern, müssten nach der Textlektüre kontroverse Sichtweisen zur arrangierten Ehe herausgearbeitet werden.[76] Der Konflikt zwischen den Eltern und der Tochter, zwischen dem progressiven und traditionellen Lebensstil, scheint nach Darstellung des Unterrichtswerks in einem wohlhabenden und so offenen Haus nicht so elementar zu sein.

Ein Blick auf die Quelle des Artikels macht deutlich, dass dieser im Rahmen der Kampagne und Ausstellung *Imagining Ourselves: Global Voices from a New Generation of Women* im *International Museum of Women* in San Francisco geschrieben wurde. So ist zu erkennen, dass Sadaf Siddique von ihren typischen Eigenschaften der westlich-emanzipierten Frau berichtet: „I also had to deal with a series of questions from the prospective in-laws. I was looked up and down and then questioned on my language

73 *Ibid.*, p. 85.

74 Diese Arbeitsanweisungen sind zu unkritisch: „Has Sadaf's story changed your view of arranged marriages? Give reasons for your answer" (*ibid.*, p. 85).

75 Für weitere Informationen *cf.* Paula Goldman und Hafsat Abiola, *eds.*, *Imagining Ourselves: Global Voices from a New Generation of Women*, San Francisco: New World Library, 2006 und das Internetportal (URL: www.imaginingourselves.com, Stand: Juni 2010).

76 Die Lebensbedingungen indischer Frauen sind seit Jahrtausenden durch Religion und Tradition geprägt und schränken Frauen bis heute ein. Als Beispiele sind hier die Unterordnung der Frauen, die umfangreiche Mitgift, die das Töten von weiblichen Embryonen fördert, die Erziehung zu ‚guten Ehefrauen' wie auch die immer noch verbreitete häusliche Gewalt und deren Akzeptanz angeführt.

skills (English, Hindi, Urdu), cooking ability (Maggi instant noodles) and blind respect for older people (non-existent)".[77] Diese Situationsbeschreibungen können aber nicht als repräsentatives Beispiel für arrangierte Ehen gelten und müssten daher unter Berücksichtigung des Kontextes als Vergleich zu problemorientierten und realistischen Darstellungen in *English G 6* aufgenommen werden.

In diesem Zusammenhang lohnt es sich, die Lehrbuchdarstellungen über die Generationenkonflikte der Ureinwohner Nordamerikas genauer zu untersuchen. Auch bei ihnen spielen die kulturelle Verwurzelung und die daraus entstehenden Problemfelder für die junge Generation eine große Rolle. In den Lehrbüchern scheinen jedoch indigene Jugendliche trotz des mittlerweile unterschiedlichen Lebensstils sehr viel stolzer auf ihre Tradition zu sein. Durchgehend wollen sie diese bewahren:

> The feathers and accessories are passed on to us and are quite old. We wear them with pride.[78]

> Even though life is sometimes hard on the rez, it's home and I'm proud to be Ute.[79]

Auch deren Eltern bzw. Großeltern erscheinen in den Lehrbuchdarstellungen weltoffener und verschließen sich nicht jeglichem Fortschritt. Für den Lerner wird das in der Kurzgeschichte „Ta-Na-E-Ka"[80] erkennbar, denn dort gelingt es dem traditionsbewussten Großvater, sich in die Situation seiner Enkelin hineinzuversetzen, indem beide gegenseitig Respekt aufbringen. Der Großvater ermuntert die Protagonisten sogar, ihre Lebensführung als Verbindung von Tradition und Moderne beizubehalten:

> „We should send you out again," he said. „You should have done what your cousin did. But somehow you know how to exist in a world that wasn't made for Indians. I don't think you're going to have any trouble surviving."[81]

Die verschiedenen Generationen der in den Lehrbüchern dargestellten indigenen Familien haben eine Weiterentwicklung ihrer Traditionen als notwendig anerkannt. Im Gegensatz zu den Generationenkonflikten unter den gegenwärtigen Migranten, wo häufig die Kinder gar nicht mehr in der Lage sind, die Herkunftskultur ihrer Eltern zu repräsentieren und deren Ängste und Begründungen nachzuvollziehen, werden die jugendlichen Ureinwohner Nordamerikas in den Unterrichtsmaterialien als traditioneller

77 *English G 6,* p. 85.
78 *Portobello Road 5*, p. 35.
79 *Camden Town 4*, p. 58.
80 *Green Line 4*, pp. 109-112 (indigene Kurzgeschichte aus den USA).
81 *Green Line 4*, p. 112. Ein weiteres Beispiel kommt in einem Text zur Mediation vor: „Seinen eigenen Kindern will Lary aber noch zeigen, wie sie ein Rentier richtig häuten. Manchmal wünschen sie sich ihr altes Leben zurück, doch die Sportübertragungen im Fernsehen würden sie vermissen, gesteht Pearl" (*Green Line New 5,* p. 72).

und verwurzelter dargestellt. Somit erscheinen auch die Familiendarstellungen und Konflikte entspannter und ohne Verweis auf Generationenkonflikte.[82]

8.2.3 Zusammenfassende Betrachtung

Die Aufnahme von Texten, die transkulturell-hybride Identitätsentwürfe entwickeln und auf die kulturelle Hybridisierung verweisen, ergibt sich aus zwei Gründen: Zum einen besitzen diese Texte für den Englischunterricht das Potenzial, Phänomene kultureller Grenzüberschreitungen zu thematisieren, zum anderen präsentieren sie alternative Identitätsmodelle und verweisen auf die Stimmen- und Perspektivenvielfalt innerhalb der heterogenen Bevölkerungsgruppe. Mit der Integration von Generationenkonflikten schaffen die Lehrbuchautoren eine hohe Sprechbereitschaft und interkulturelle Anknüpfungspunkte, indem sie Dinge aus der eigenen Alltagserfahrung gezielt in die Bearbeitungsphasen des Unterrichts einfließen lassen.

Zu bemängeln ist das Fehlen dieser Themen in den Lehrbüchern für die Haupt- und Realschulen und vergleichbare Schulformen. Gerade solche Literaturauszüge wären in jenen Klassen besonders geeignet, die häufig einen hohen Anteil Jugendlicher mit Migrationshintergrund haben. So könnten diese Verständnis für Mitschüler oder für sich selbst erreichen und in ihrer interkulturellen Kompetenz gefördert werden.

Die hier untersuchten inhaltlichen Schwerpunktsetzungen zu den hybriden Identitäten fordern die Lerner aufgrund der seltenen Perspektive mit *Caught in the Crossfire* heraus, eine fremde Sichtweise einzunehmen und nachzuvollziehen. Durch die Perspektiven der Figur Jess aus *Bend it like Beckham* oder der beiden Protagonisten Jamilla und Karim aus *The Buddha of Suburbia* lässt sich veranschaulichen, dass Individuen nicht durch ihre ursprüngliche kulturelle oder ethnische Herkunft determiniert sind, sondern immer eine Wahlmöglichkeit zwischen unterschiedlichen Werten und Lebensstilen haben. Über die Thematisierung der hybriden Identitäten wird außerdem ein verändertes, nicht auf Essentialisierung beruhendes Verständnis von Kulturen präsentiert. Kulturen werden hier nicht als homogene Einheiten abgebildet, die sich mit einem definierten Bündel an Merkmalen beschreiben lassen. Sie sind vielmehr vielschichtige Gebilde, die sehr heterogene Einflüsse in sich vereinigen und sich weiterentwickeln. So findet eine kulturelle Hybridisierung statt. Durch die Inszenierung eines pluralistischen Kulturverständnisses tragen diese literarischen Auszüge dazu bei, traditionelle Vorstellungen eines Kulturkreises – insbesondere der *Britishness* – zu hinterfragen.

Bei der Auseinandersetzung mit *Ae fond kiss* wird die Aufmerksamkeit der Lerner auf die Perspektivenvielfalt innerhalb einer Familie gelenkt. In diesem Kontext können die Schüler sich der Problematik einer stereotypen Sichtweise anderen Personen oder Gruppierungen gegenüber bewusst werden und über die Diskussion des Konflikts in Casims Familie eigene Kompetenzen zur interkulturellen Konfliktbewältigung erproben.

82 Dieses Ergebnis, darauf muss an dieser Stelle nochmals aufmerksam gemacht werden, bezieht sich ausschließlich auf die Literaturauszüge zu dem Thema des Generationenkonflikts und der indigenen Identität.

Die fremden Standpunkte sind hinsichtlich der eigenen Lebenswelt wertvolles Potenzial für Fremdverstehen.

Während die inhaltlichen Kriterien des Beurteilungskatalogs weitgehend in den Lehrbuchdarstellungen erfüllt sowie die Inhalte vielseitig und auf den Lerner zugeschnitten sind, ist die Perspektive der Eltern, die sich weiterhin an den traditionellen Werten orientieren, noch häufig zu stereotypisch und fremd dargestellt.

Um jüngeren und sprachlich weniger fortgeschrittenen Lernenden diese Lernziele zu ermöglichen, sind *picture books*, *graphic novels* oder Bilderserien mit Sprechblasen geeignet. Sie thematisieren die Identitätssuche gleichaltriger Jugendlicher. Anknüpfungspunkte ergeben sich hier auf mehreren Ebenen. Jugendliche mit Migrationshintergrund können ihre Erfahrungen mit den abgebildeten Personen vergleichen. Die Geschichten schaffen einen Ort, an dem sich diese Migrationserfahrungen begegnen. Das Verstehen der jeweils anderen Perspektive wird unterstützt, ohne jüngere Schüler sprachlich zu überfordern.

8.3 Identitätsproblematik – didaktische Perspektive

Ausgehend von den zuvor dargelegten Erkenntnissen gilt es nun, die didaktischen Vermittlungsmethoden der Lehrbücher vor dem Hintergrund der Minoritäten- und Migrationsliteratur kritisch zu untersuchen. Im Sinne des globalen Lernens sollen vor allem die Zielgruppenorientierung und die Impulse zur Lerneraktivierung im Mittelpunkt der Betrachtung stehen. Insbesondere ist zu überprüfen, inwieweit die Lehrbuchtexte durch die methodisch-didaktische Aufarbeitung das Potenzial der Minoritäts- und Migrationsliteratur nutzen, um den Lernern Einblicke in die Konflikte und Identitätssuche zu geben, aber auch die Möglichkeit zu geben, sich in die Lage der Fremden hineinversetzen zu können. Zum Fremdverstehen bedarf es der Identifikation mit eigenen und fremden Wert- und Handlungsmustern sowie der Empathie und der Bereitschaft zum Perspektivenwechsel. Die Überprüfung des eigenen Standpunkts und eventuell seine Änderung sind gefordert.[83]

8.3.1 Ansätze zur Vermittlung von Literatur- und Textarbeit

Handlungsorientierte und lernerzentrierte Ansätze unterstützen produktive Verfahren, dennoch hat auch die analytische Literatur- und Textarbeit nach wie vor ihre Berechtigung.

8.3.1.1 Produktive Verfahren der Literatur- und Textarbeit

Produktive Textarbeit sorgt für Kreativität. Durch Aufgabenstellungen wie das Vervollständigen der Texte, das Ordnen der Textteile, das Umschreiben von Vorgaben oder weitere Umgestaltungen geschieht eine „Emotionalisierung des Rezeptionsvorgangs"[84], die zu einem aktiven, kreativen und spielerischen Verständnis führt.

Analytische Verfahren fördern – entgegen der Meinung vieler Kritiker – nicht allein das deklarative Wissen, sondern auch das prozedurale Verständnis.[85] Die Lerner wenden also nicht allein theoretisches Wissen an, sondern decodieren Wörter, Sätze oder ganze Textabläufe. Das erstreckt sich über Vokabelwissen bis hin zu dem Erkennen rhetorischer Figuren und Genres (*bottom-up processing*). Eine weitere Aufgabe der analytischen Verfahren in der Textarbeit liegt in dem Erkennen außertextueller Bezüge

83 Roche definiert interkulturelle Kompetenz als die Fähigkeit, „sich selbst aus einer anderen Perspektive zu betrachten". Roche richtet den Fokus auf den „Prozess des Sich-selbst-Überdenkens" (Jörg Roche, *Interkulturelle Sprachdidaktik. Eine Einführung*, Tübingen: Narr, 2001, p. 154). Durch die Betonung der eigenen Kultur kann die eigene Identität einen Veränderungsprozess durchlaufen.

84 Laurenz Volkmann, 2010, *op. cit.*, pp. 228ff.

85 *Ibid.*, pp. 228ff. und Ansgar Nünning und Carola Surkamp, *Englische Literatur unterrichten: Grundlagen und Methoden*, Seelze: Kallmeyer/Klett, 2006, p. 21.

wie psychologischer Schemata und weiterer literarischer Konventionen (*top-down processing*).[86] Die folgenden produktiven *pre-, while-,* und *post-reading activities* kommen in den Lehrbüchern zum Einsatz:

Aufgaben, die der Lektüre vorangestellt sind, richten sich häufig auf visuelle Medien, wie bei den Filmen *Bend It Like Beckham*[87] und *Ae fond kiss*[88]. Die Lehrbuchautoren beziehen das jeweilige Filmplakat als *pre-reading activity* in die Aufgabenstellung mit ein. So präsentiert *Camden Town 5* in Verbindung mit dem Plakat folgende Handlungsaufgaben:

> a) Describe the poster for ‚Bend It Like Beckham'. What can you find out about the film from the poster?
>
> b) Use the information from a) to explain why you would/would not like to see this film.[89]

Auch das Plakat von *Ae fond kiss*[90] wird in die dazugehörige *pre-reading activity* einbezogen. Die Lerner sollen in diesem Fall ihre Reaktionen auf das Poster beschreiben und mögliche Spekulationen zum Film abgeben: „What is your reaction to the film poster? What would you expect the film to be about?"[91]

Insofern wird von Plakaten als kommunikativer Impuls ausgegangen und auf mögliche Inhalte geschlossen, wobei auch eine Umkehrung möglich wäre und Lerner ihr eigenes Filmplakat oder Buchcover entwerfen könnten. Weitere Rückgriffe auf Plakate nach der Lektüre sind in keinem der Lehrbücher vorgesehen. Methodisch-didaktische Ansätze wie das *mind-mapping,* um das Vorwissen der Schüler zu aktivieren, ein vertieftes und kreatives Arbeiten mit Titeln, Illustrationen und Buchcover fehlen ebenso. Diesbezüglich wäre eine größere Kreativität für *pre-reading activities* wünschenswert, um stärker interaktive und motivierende Möglichkeiten zu bieten. Auf diese Weise könnten die Lerner für Literatur- und Textarbeit begeistert und ihr Vorwissen kann aktiviert werden.

While-reading activities, wie das Unterbrechen der Literatur- und Textarbeit zur Hypothesenbildung, das *readers theatre,* das dynamische Lesen (z. B. durch verteilte Rollen), das Dokumentieren persönlicher Eindrücke oder das Umsetzen von Leseeindrücken in Collagen, Standbildern, Fotos oder Skizzen werden in keinem der Beispiele auch nur ansatzweise einbezogen. Allein das Darstellende Spiel ist in den Lehrbüchern in geringer Anzahl – meist als *post-reading activity* – vertreten und wird in Kapitel 8.3.2 ausführlicher behandelt.

Eine interaktive Arbeit zur Strukturierung und Zuordnung von Textteilen wird allerdings mit folgenden Arbeitsanweisungen in *English G 6* angeboten:

86 Ansgar Nünning und Carola Surkamp, 2006, *op. cit.,* p. 21.
87 *Camden Town 5*, p. 17 und *Green Line New 6*, p. 37.
88 *English G 6*, p. 32.
89 *Camden Town 5*, p. 17.
90 *English G 6*, p. 32.
91 *Ibid.*, p. 32.

> Your teacher will give you a copy of the complete conversation but in the wrong order. Work in pairs. Cut out the separate parts and try to arrange them in the right order.
> Listen to the argument on the CD and check whether your version is the same as the film. If your version is different, does it still make sense?[92]

Die Schüler lernen durch diese interaktive Form der Literaturarbeit, sich mit den Inhalten, ihrem logischen Aufbau und der kreativen Komponente von Literatur auseinanderzusetzen und mithilfe der sprachlichen Strategien präzise darüber zu sprechen. Um das kommunikative Lernziel zu erreichen, bietet *English G 6* folgende sprachsprachliche Hilfen an:

> Useful expressions:
> - This probably goes at the beginning/at the end.
> - These two go together.
> - This one could go anywhere.
> - What if we put this one here?
> - This one must come after/before this because …
> - But that doesn't make sense.[93]

Damit gelingt sowohl die kreativ-kommunikative Arbeit mit Texten als auch eine inhaltliche Vertiefung zu *Ae fond kiss*.

Typische *post-reading activities* vertiefen und verarbeiten die bisherige Begegnung mit dem Text, indem sie Leerstellen des Textes füllen, fehlende Informationen ergänzen, aus einer anderen Erzählperspektive den Text umschreiben, eine neue Textsorte kreieren (*re-writes*) oder eigene literarische Texte in Anlehnung an die Vorgabe verfassen (*creative writing*). Sie sind in den Lehrbüchern allerdings selten vorzufinden.

Als didaktisch gelungenes Beispiel kann die Bearbeitung von *(Un)arranged marriage* dienen:

> Imagine a film is made of the book. You work for a casting agency and have to find someone to play Tahir's role. What kind of person would you be looking for? Write a short description.[94]

Die Lerner machen sich über stereotypische Zuschreibungen sowie die Charakterzüge der Hauptfigur Gedanken und halten diese in einen Steckbrief fest. Der gesetzte Rahmen der *casting show* ist den Teenagern bekannt und kann daher als motivierender Impuls verstanden werden.

Trotz der bisher wenig produktiven und kreativen Aufgaben, die für die Literatur- und Textarbeit in den untersuchten Lehrbüchern vorkommen, muss positiv hervorgehoben werden, dass diese Anweisungen sinnvoll integriert und keinesfalls zum reinen Selbstzweck eingesetzt wurden. Vor allem *English G 6* bietet zu *Ae fond kiss* vielfältige

92 *Ibid.*, p. 34.
93 *Ibid.*, p. 34.
94 *Camden Town 5*, p. 22.

methodisch-didaktische Aufgabenstellungen an. Die Vorteile dieser unterrichtlichen Verfahren sind unbestritten. Sie sind allerdings nur in dem Maße erfolgreich, wie auch auf analytische Verfahren zurückgegriffen werden kann.

8.3.1.2 Analytische Verfahren der Literatur- und Textarbeit

Während Fragen zum Erzählvorgang, zum Erzähler und dessen Zuverlässigkeit oder auch zur Konsistenz und Linearität der Handlung durch die naturgemäß kurzen Ausschnitte in den Lehrbüchern wenig ins Gewicht fallen und auch Zeit und Raum keine große Rolle spielen, sind dagegen Fragen zu Charakter- und Figurenkonstellationen oder auch zur Atmosphäre meist Teil der analytischen Textarbeit. Sie nehmen in den analysierten Lehrbüchern breiten Raum ein. Die Lernenden müssen Fragen beantworten und mögliche Charakterisierungen vornehmen wie beispielsweise: „Collect as much information as you can about Tahir from the text."[95] Zur Handlung selbst werden beispielsweise Konflikte vom Lerner analysiert, indem folgende Aufgaben gestellt werden:

> How has his personality changed? Why do you think these changes have taken place? From whose point of view is he described in this text? How does this influence the description?[96]

Hingegen erfahren die beiden Filme *Bend It Like Beckham* und *Ae fond kiss* kaum eine analytische Bearbeitung in den Lehrbüchern, obwohl sich Fragen zum Skript und zur Korrelation filmspezifischer Aspekte von Handlung, Bild und Ton etc. ergeben, wie auch gegebenenfalls zur Intertextualität und dem jeweiligen kulturellen Umfeld.

Zusammenfassend lässt sich daher festhalten, dass die in den Leerstellen eingebettete Rezeptionssteuerung und Sympathielenkung – so Freese[97] – durch die *pre-, while-* und *post-reading activities* noch viel konsequenter stattfinden sollte, um das Potenzial der Migrationsliteratur zu nützen und Identifikationsmöglichkeiten und Empathie schaffen zu können.

8.3.2 Darstellendes Spiel als Instrument des Fremdverstehens

Im Umfeld verschiedener ethnischer Identitäten in der multikulturellen Gesellschaft kommt es zu tiefgreifenden Fremdheitserfahrungen auf allen Seiten. Die Konfrontation mit der Fremdheit ist die Quelle potenzieller und aktueller Konflikte, denn jede soziale Gruppe lebt nach ihren eigenen Sitten, Gesetzen, Bräuchen, Gewohnheiten und besonderen Orientierungssystemen. Mit Blick auf Ansätze des globalen Lernens, die sich in den

95 *Camden Town 5*, p. 22.

96 *Ibid.*, p. 22.

97 Peter Freese, „The Chances and Limits of ‚Intercultural Understanding' in the Advanced EFL-Classroom", in: Peter Freese, 2002, *op. cit.*, pp. 11-30.

Lehrbüchern unter dem Aspekt der psychologischen Auswirkungen der Globalisierung auf die Identitätssuche finden lassen, ist festzustellen, dass die didaktische Methode des Darstellenden Spiels besonders geeignet ist, den Lernern Einblicke in die Fremdkultur zu verschaffen und sie zum Vergleich mit der eigenen Kultur anzuregen. Im Rahmen des Eigen- und Fremdverstehens sollen in diesem Kapitel daher die Ansätze für das Darstellende Spiel in den angeführten Lehrbüchern untersucht werden.[98]

Bei dieser didaktischen Methode wird

> die Lebenswirklichkeit mit spielerischem Agieren verbunden [...]. Alltagssituationen, Probleme oder Konflikte werden im Rollenspiel nachempfunden oder vorausschauend bearbeitet.[99]

Darstellendes Spiel zielt darauf ab, Einstellungen und Verhaltensweisen zu verdeutlichen und Konfliktlösungen aufzuzeigen. Somit kann es dem Lerner helfen, seine soziale Umwelt wahrzunehmen sowie einen Perspektivenwechsel zu erzeugen. Darüber hinaus können Schüler durch Eigenverstehen persönliche Verhaltensweisen bewusst erleben und überdenken.[100]

Aus unterrichtspraktischer Sicht stammen viele zur Bearbeitung anstehende Situationen nicht direkt aus der Erfahrungswelt der Lerner. Manchmal greifen sie zukünftigen Lebenssituationen vor oder simulieren andere Lebensbereiche. Eine spielerische Umsetzung bedarf daher der Aufbereitung durch die Lehrkraft und muss im Unterricht vor- und nachbereitet werden. Informationsmaterial, Rollenkarten mit Hinweisen für die Spieler sowie Aufgaben zur Generalisierung und zum Transfer sind Teil des Darstellenden Spiels und sollten Vorgaben in den jeweiligen Lehrerhandreichungen sein. Mögliche methodische Variationen sind Konferenzen (*peer conference*), Aquarium (*fishbowl*), Standbild (*freeze frame*), Interview-Simulation, Pro-Kontra-Debatte (*panel discussion*) oder Schleudersitz (*hot seat*), die allesamt den Perspektivenwechsel spielerisch und mit Nachhaltigkeit aufbereiten.[101] Parallel zum Darstellenden Spiel müssen die Lerner auf Bausteine und methodische Werkzeuge zurückgreifen können, die für eine angemessene

98 Ulrike Hentschel, *Theaterspielen als ästhetische Bildung*, Weinheim: Beltz, 1996; Johannes Bilstein *et al.*, *eds.*, *Anthropologie und Pädagogik des Spiels,* Weinheim/Basel: Beltz, 2005; Christoph Wulf, Michael Göhlich und Jörg Zirfas, *eds.*, *Grundlagen des Performativen*, Weinheim: Juventa, 2001; Volker Jurké, Dieter Linck und Joachim Reiss, *eds.*, *Zukunft Schultheater. Das Fach Theater in der Bildungsdebatte*, Hamburg: Edition Körber-Stiftung, 2008; Hessisches Institut für Bildungsplanung und Schulentwicklung, *ed.*, *Handreichungen zum Darstellenden Spiel*, Wiesbaden: HIBS, 1994; Marcel Kunz, *Spiel – Raum. Literaturunterricht und Theater. Überlegungen, Annäherungen und Modelle*, Zug: Klett + Balmer, 1989.

99 Heinz Klippert, *Methodentraining. Übungsbausteine für den Unterricht*, Weinheim: Beltz, 1999, pp. 96-102.

100 Rüdiger Ahrens, Maria Eisenmann und Matthias Merkl, *eds.*, *Moderne Dramendidaktik für den Englischunterricht,* Heidelberg: Winter, 2008.

101 Christin Grieser-Kindel, Roswitha Henseler und Stefan Möller, *Method Guide. Schüleraktivierende Methoden für den Englischunterricht in den Klassen 5-10*, Paderborn: Schöningh, 2006, p. 102.

Sprachhandlung Voraussetzung sind. Dies könnte zum Beispiel in Form nützlicher Redewendungen zu Präsentationsstrategien, über Eigen- und Fremdevaluation und der Rückmeldung bis hin zu allgemeinen Lernerstrategien reichen.[102]

Eine mögliche Vorgehensweise für das Darstellende Spiel lässt sich durch Argyle's Phasenmodell veranschaulichen:

- Themen und Aufgaben werden vorgegeben, klare Anweisungen sind besonders wichtig,
- Erarbeitungszeit des Rollenspiels, *freeze frames*, o. a.,
- Präsentation,
- Feedback und Evaluation, in der die Performanz besprochen und bewertet wird und
- Reflexion über die erkannten Verhaltensmuster.[103]

Fairclough[104] und Altmayer[105] geben diesbezüglich weitere Tipps und Phasenunterteilungen, auf die aber im Rahmen dieser Analyse nicht näher eingegangen werden soll.

Einschränkend muss festgehalten werden, dass in der vorliegenden Untersuchung der didaktisch-methodischen Vorgehensweise des Darstellenden Spiels nur solche Beispiele aufgenommen wurden, die sich auf die Thematik der hybriden Identitäten beziehen. Entsprechend finden sich in den Lehrbüchern nur in drei Beispielen Aufforderungen oder eine Bearbeitung der Inhalte mit dieser Methode. Sie alle belegen in beeindruckender Weise, wie die Fähigkeit zum Perspektivenwechsel durch den Einsatz szenischer Umsetzungen entwickelt und geübt werden kann.

Der Film, der die Darstellung individueller und kultureller Perspektivenvielfalt und kultureller Heterogenität nahezu programmatisch betreibt, ist der schon erwähnte Streifen *Ae fond kiss*[106]. In ihm wird die familiäre Auseinandersetzung um eine arrangierte Ehe aus den Sichtweisen der beiden Elternteile und der drei erwachsenen Kinder dargestellt. Fragen zum kulturellen Selbstverständnis sowie zu persönlichen und kollektiven Werten kommen zum Tragen, so dass sich die kulturelle Stimmungs- und Perspektivenvielfalt unter den *Young British Asians* und ihren Eltern herauskristallisiert, die für einen multiperspektivisch gestalteten Englischunterricht interessant ist.

Casim führt ein Doppelleben und ist hin- und hergerissen, für welche Lebensweise er sich entscheiden soll. Seine Eltern akzeptieren Roisin, die „white goree", nicht und wollen ihren Sohn mit seiner Cousine aus Indien verheiraten. Ein weiterer Konflikt bahnt

[102] „Presenting the method, language support cards, prompting cards/prompts (for questioners, task sheets, warm-ups, instructions for teachers, assessment sheet for observers, evaluation sheets, feedback sheets for performances, criteria sheets, useful expressions, presenting strategies, feedback, language/speaking project skills" (Christin Grieser-Kindel, Roswitha Henseler und Stefan Möller, *op. cit.*, 2006, p. 102).

[103] Michael Argyle, *The Psychology of Interpersonal Behaviour*, London: Penguin, 1994, p. 292ff.

[104] Norman Fairclough, *Language and Power*, London: Longman, 1989, p. 242.

[105] Claus Altmayer, *Kultur als Hypertext. Zu Theorie und Praxis der Kulturwissenschaft im Fach Deutsch als Fremdsprache,* München: Iudicium, 2004, p. 459.

[106] *English G 6,* pp. 32 ff.

sich an, als Casims jüngere Schwester Tahara um die Erlaubnis des traditionellen Vaters kämpft, fern vom elterlichen Haus in Edinburgh ein Journalistikstudium aufzunehmen.[107] Casims ältere Schwester Rukhsana hingegen, die selbst eine arrangierte Ehe eingehen möchte, identifiziert sich mit den traditionellen Werten der Eltern, denen die Familienehre – *izzat* – wichtig ist. Ein von *English G 6* detailliert ausgearbeitetes Rollenspiel mit Rollenkarten als Hinweise für die Spieler verstärkt den Perspektivenwechsel. Die Schüler sollen in die Lage versetzt werden, die Gedanken und Gefühle der Beteiligten in dieser Situation nachzuvollziehen und eventuell mögliche Lösungen für den Konflikt aus der Sicht der Figuren entwickeln zu können.

> Role-play: Meeting Roisin
>
> Imagine that Casim's family agrees to meet Roisin (although this doesn't happen in the film). The six people present are shown below. Work in groups and choose your roles. Think about your character, the situation, your feelings and what you want to say. Write down one or two sentences that you might use. Then either work together to produce a script that you can act out or role-play the scene.
>
> Mr Khan: You are very angry that Casim is living with a white woman. His behavior is bringing dishonor to the family and ruining all your lives. You are determined he should give her up and marry Jasmine. You didn't really want to meet Roisin. You think she is a slut who is bad for your son.
>
> Roisin: You already know Tahara and Rukhsana. You don't like Rukhsana because she asked you to give up Casim to save her own marriage. […][108]

Durch die Vorgaben auf den Rollenkarten wird auf den Konflikt der hybriden Identitäten, des Dazwischenstehens und des schwierigen Prozesses der Identitätssuche hingearbeitet.

Sowohl der Film als auch die Textausschnitte im Lehrbuch legen dem Zuschauer nahe, Rukhsanas Rolle als problematisch zu beurteilen, weil sie Roisin davon abhalten will, Casim zu heiraten, um ihre eigene arrangierte Ehe nicht zu gefährden. Sympathieträgerin unter den Geschwistern ist hingegen Tahara, die im Gegensatz zu Casim, dem sie Heuchelei vorwirft, als starke und beinahe rebellische Persönlichkeit auftritt und die für ihr Lebensziel mit offenen Karten kämpft. Weitere Schlüsselszenen des Films, die im Falle von *English G 6* jedoch ausgelassen wurden, gewähren einen Einblick in die Möglichkeit einer transkulturellen Mehrfach-Identität (am Beispiel von Tahara), während der Vater oder auch Rukhsana sich eher kollektiven Werten von Identität verpflichtet fühlen.

107 *Ibid.*, p. 34.

108 *Ibid.*, pp. 35ff. Bei einem Rollenspiel handelt es sich um ein interaktives Konzept, in dem die Jugendlichen die Rollen fiktiver Charaktere bzw. Figuren übernehmen und selbst handelnd soziale Situationen bzw. Abenteuer in einer erdachten Welt erleben. Dies geschieht auf der Grundlage der eigenen Fantasie, der Fantasie der Mitspieler sowie von Handlungsanweisungen oder Rollenkarten, die das Spiel strukturieren und eingrenzen (Heinz Klippert, *Methodentraining. Übungsbausteine für den Unterricht*, Weinheim: Beltz, 1999, pp. 128-136).

Durch die didaktische Methode des Rollenspiels bietet sich eine Gegenüberstellung aller Geschwister als Ausgangspunkt dafür an, kulturelle Heterogenität zu thematisieren, Lerner für die Stimmenvielfalt in Kulturen zu sensibilisieren und sie zu einer differenzierten Wahrnehmung im Alltag anzuhalten. Die Innenansicht fremder Meinungen und Lebensformen ist eine gute Möglichkeit, eigene Verstehensvoraussetzungen zu relativieren, was eine wesentliche Voraussetzung für das Fremdverstehen darstellt.

Strategien und Anweisungen zur Bewältigung eines Rollenspiels erhalten die Lerner in der gesamten Reihe *English G* für die Mittelstufe[109] nicht. Auch in den Handreichungen von *English G 6*[110] und dem dazugehörigen *English G 6, Workbook: Language and Skills Trainer*[111] finden sich keine Strategien, um angemessene Sprachhandlungen bei einem Rollenspiel vollziehen zu können.

Eine ähnliche methodisch-didaktische Vorgehensweise lässt sich auch für die Arbeitsanweisungen in *Camden Town 5*[112] zu dem Film *Bend it like Beckham* konstatieren, die den Perspektivenwechsel in den Mittelpunkt der Filmbearbeitung setzen. Sie stellen den Konflikt zwischen den traditionsbewussten indischen Eltern und der Protagonistin in Form einer Gruppenarbeit dar und lassen dazu Lösungen erarbeiten. Die Lerner können die unterschiedlichen Positionen der Protagonistin Jess, ihrer Eltern, ihrer Schwester Pinky sowie ihrer Freundin und Teamkollegin Jules vertreten.[113] Angewendet wird die didaktische Methode des *hot seat*, die eine Variante des Darstellenden Spiels bildet, bei welcher der Lerner, der auf dem *hot seat* Platz genommen hat, aus Sicht der von ihm verkörperten Figur die Fragen der Mitschüler beantwortet.[114] Dazu erhalten die Jugendlichen folgende Anweisungen:

> In four groups create the roles of Jess, her mother/father, her sister Pinky, and her teammate Jules. Make notes on your character. Include how he/she feels about Jess playing football and lying to her parents about it. One member of each group takes turns to be in the ‚hot seat‘. The members of the other groups shoot questions at the person in the ‚hot seat‘ from the point of view of the roles they have prepared. Choose one of the characters and write a letter to an agony aunt explaining your problem and asking for advice. Exchange your letters in class and write the agony aunt's reply.[115]

Die methodische Umsetzung stellt für die 10. Jahrgangsstufe eine äquivalente Möglichkeit zeitgemäßen Oberstufenunterrichts dar.

Für das dritte und letzte Beispiel aus dem analysierten Korpus kann auf *Camden Town 4* verwiesen werden, das mit der didaktischen Methode des *freeze frame* arbeitet.

109 Obwohl sie außerhalb des Korpus liegen, wurden die Lehrbücher der Reihe *English G* von Jahrgangsstufe 7 bis 10 (*English G 3-6*) untersucht.

110 Susanne Schroeder-Thürauf und Maximilian Weig, *eds.*, *English G 6, Handreichungen für den Unterricht*, Berlin: Cornelsen, 2008, pp. 56-74

111 Hellmut Schwarz, *ed.*, *English G – Band 6. Workbook (Language and Skills Trainer)*, Berlin: Cornelsen, 2008.

112 *Camden Town 5*, p. 17.

113 *Ibid.*, p. 17.

114 Christin Grieser-Kindel, Roswitha Henseler und Stefan Möller, 2006, *op. cit.*, p. 102.

115 *Camden Town 5*, p. 17.

Bei dieser Methode können mit einen Standbild Textstellen gedeutet und vor allem Beziehungen literarischer Figuren zueinander erarbeitet oder Konfliktsituationen dargestellt werden. Die Lerner visualisieren eine Szene und übernehmen die Rolle der Figur. Körperhaltungen und Beziehungskonstellationen werden wie in einem Schnappschuss eingefroren und sind Auslöser für eine vertiefende Analyse.[116] Die Jugendlichen sollen zu dem Textauszug von Caridad Ferrer *Adios to my old life*[117] die Situation zwischen der 17-jährigen Protagonistin Alegría Montero, die bei *Oye mi canto* mitmachte, und ihrem Vater nachstellen. Der streng katholische Mann ist von ihrem Traum, Popsängerin zu werden, wenig begeistert und hat ihr die Teilnahme an diesem Gesangswettbewerb verboten. Als Handlungsanweisungen für die Lerner dienen die folgenden Impulse:

> Freeze-frame: In groups prepare a freeze-frame to show the feelings of the characters towards each other before Sosi and her parents leave. [...] Analyse how far you think the reactions of the girls' parents are related to their Hispanic background. What arguments could Ali use to persuade her father to let her take part in the show? Write their conversation about the show and act it out.[118]

Anzumerken ist, dass sich diese didaktische Methode auch bei lernschwächeren Jugendlichen einsetzen lässt, denn durch das Darstellende Spiel kann der *generation gap* zwischen Vater und Sohn oder Vater und Tochter vom jugendlichen Lerner besser nachvollzogen und das Bild des Vaters als Gegenspieler des modernen Lebensstils differenziert und hinterfragt werden. Den Lehrbuchdarstellungen würde es somit gelingen, eine Festigung der kulturellen Stereotype zu umgehen, ohne komplexe sprachliche Leistungen zu erwarten.

Hier ergibt sich aus der Analyse ein Handlungsbedarf für die Lehrerhandreichungen. Die verschiedenen Phasen des Darstellenden Spiels werden in die Handreichungen wie auch in die Lehrbuchdarstellungen zu wenig integriert.

Die Lerner können ihre Fähigkeit zur differenzierten Beschreibung unterschiedlicher Figurenperspektiven aufgrund der didaktischen Methode des Darstellenden Spiels ausbauen. Die Jugendlichen beginnen infolgedessen, auch über ihre eigene Identität zu reflektieren, denn durch einen Vergleich der verschiedenen Figuren aus den Kurzgeschichten kann eine Vielfalt von Positionen zur persönlichen und kulturellen Identität greifbar werden. Das szenische Spiel als Wechselspiel von Eigenem und Fremdem bleibt als solches jedoch zu häufig ausgeblendet und wird als Methode zu wenig angewendet. Eine sinnvolle Erweiterung wären diesbezüglich gerade im Umgang mit Literaturauszügen vielfältigere und offenere Lernformen. Das können Impulse sein, sprachliche Strategien wie *focus on meaning* oder *focus on form* und mögliche Ausarbeitungen von *role cards* oder Selbstevaluationsoptionen in die Lehrbücher aufzunehmen.

Zur methodisch-didaktischen Abwechslung des Literaturunterrichts können schulartenübergreifend auch andere Textgenres eine Erweiterung darstellen und in die

116 Christin Grieser-Kindel, Roswitha Henseler und Stefan Möller, 2006, *op. cit.*, p. 73.

117 *Camden Town 4*, pp. 113-115.

118 *Ibid.*, p. 115.

Aufgabenstellungen integriert werden, z. B. Liedtexte oder Filme wie *Brick Lan*e, *It's a Free World*, *Ghosts*, *Yasmin*, *Crossing over* und *Which way home?*

9 Zusammenfassung und Bewertung der Ergebnisse

Am Anfang dieser Untersuchung stand die Frage, ob der Englischunterricht sich den Herausforderungen der globalen Welt stellen muss. Ausgehend von der Betrachtung soziologischer Zeitdiagnosen konnte das Phänomen der Globalisierung abgeleitet und begrifflich definiert werden. Ein wesentlicher Aspekt in diesem Zusammenhang liegt darin, dass die Globalisierung einen grundlegenden Wandel indiziert. Globale Herausforderungen und ihre Auswirkungen dürften in den kommenden Jahren immer spürbarer werden. Wir werden lernen müssen, mit ihnen zu leben und umzugehen. Wie die Reflexion der historischen erziehungswissenschaftlichen Diskurse zeigte, betreffen gesellschaftliche Transformationsprozesse nicht nur Aspekte des Alltagslebens, sondern reichen auch immer bis in die Konzeption von Schule und Unterricht. Der Englischunterricht kann sich in der Gegenwart den globalen Herausforderungen nicht länger entziehen, wie es auch der *Orientierungsrahmen für Globale Entwicklung* fordert, der 2007 von der Kultusministerkonferenz beschlossen wurde. Als theoretische Grundlage des modernen Englischunterrichts wurde das Konzept des globalen Lernens vorgeschlagen, das die Lerner dazu ermutigen will, an der Gestaltung der Welt sachkundig und verantwortungsbewusst teilzuhaben.[1] Globales Lernen bedeutet nicht nur, Themengebiete im Kontext der Globalisierung in den Englischunterricht zu integrieren, vielmehr sollen darüber hinaus Fähigkeiten vermittelt werden, welche die Lerner befähigen, lokale Gegebenheiten in ihrer Einbindung in globale Zusammenhänge wahrzunehmen und ein lokales Handeln in Einklang mit globalen Erfordernissen zu bringen. Hingewiesen wurde darauf, dass die wissenschaftlichen Meinungen hierzu auseinandergehen, in der vorliegenden Arbeit aber für die Akzeptanz eines Paradigmenwechsels hin zum globalen Lernen plädiert wird.

Die vorliegende Lehrwerkanalyse setzte sich – anknüpfend an das didaktische Konzept des globalen Lernens – mit der Frage auseinander, wie sich diese gesellschaftlichen Transformationen in Gestaltung und Konzeption der Lehrbücher niederschlagen. Als forschungsleitende These fungierte der Aspekt, dass die Lehrwerke maßgeblich das Bild prägen, das sich die Lerner von der Gesellschaft in ihren weltweiten Zusammenhängen macht. Dazu wurden Themengebiete, die sich auf die Globalisierung beziehen, wie auch die Integration des didaktischen Konzepts des globalen Lernens in aktuellen Lehrbüchern untersucht.

Vor diesem Hintergrund sollen die aus der Lehrwerkanalyse gewonnenen Ergebnisse im Folgenden zusammengefasst und bewertet werden. Am Ende werden die daraus her-

1 Klaus Seitz, „Lernen für ein globales Zeitalter. Zur Neuorientierung der politischen Bildung in der postnationalen Konstellation", in: Christoph Butterwegge und Gudrun Hentges, *ed.*, 2002, *op. cit.*, p. 50.

vorgehenden Forderungen an Unterrichtsmaterialien in Bezug auf globales Lernen formuliert.

Der Gesamtcharakter der hier diskutierten Lehrbücher macht deutlich, dass Inhalte und Zugangsweisen zum globalen Lernen in den untersuchten Lehrwerken grundsätzlich ihren Niederschlag finden und damit im Wesentlichen auch die Lebenswelt der Jugendlichen und deren Interessen und Ansprüche berühren.

Die Bemühungen der Lehrbuchautoren, diesen neuen Gegebenheiten gerecht zu werden und die Aufmerksamkeit der Lerner zu gewinnen, spiegeln sich auf der thematischen Gestaltungsebene wider. Dies ist je nach Lehrbuch sehr unterschiedlich wahrzunehmen. Manche widmen der Globalisierung eine Doppelseite, andere wiederum ein ganzes Kapitel, oder sie werfen bei zielkulturellen Themen einen Blick auf damit verbundene Aspekte im globalen Kontext. Die aus der vorliegenden Lehrbuchanalyse gewonnenen Ergebnisse lassen erkennen, dass die Inhalte zur Globalisierung im Großen und Ganzen durch Faktizität und Richtigkeit gekennzeichnet sind. Jedoch sind sie thematisch zumeist stark begrenzt und entsprechen zum großen Teil dem, was die Lerner bereits vor ihrer lehrbuchbegleitenden Begegnung intuitiv mit Globalisierung assoziierten; die Lehrbücher legen ihre Schwerpunkte fast ausschließlich auf die Aspekte der ökonomischen Globalisierung und kulturellen Vernetzung. Dazu kommen vereinzelt unbekanntere Elemente aus den für deutsche Lerner fremden Kulturkreisen, die dem Gesamtbild einen globalen und kosmopolitischen Charakter verleihen sollen. Dieser Ansatz mag zwar nachvollziehbar sein, da er übersichtlich abzuhandeln ist und Vorwissen aktiviert. Lektionen dieser Art erscheinen allerdings inszeniert und vermitteln dem Lerner keinen Zugang zu seinem unmittelbaren Leben in der globalen Welt.

Schulartenspezifisch ergeben sich lediglich in den Lehrbüchern für Gymnasien Unterschiede, die quantitativ den größten Anteil an *global issues* vorweisen können. Sicherlich ist dieser Vorgang aufgrund der notwendigen lernpsychologischen und didaktischen Reduktion nachvollziehbar, doch vor allem die losgelösten und eigenständigen Unterrichtseinheiten zur Globalisierung sind häufig als problematisch zu bewerten. Sie weisen einen fragmentarischen Charakter auf und haben weitgehend monoperspektivische Zugangsweisen. Abgeschlossene Globalisierungseinheiten können somit teilweise sogar eine Verzerrung des Gesamtbildes zur Folge haben.

Die Beobachtung einer starken Betonung der ökonomischen und kulturellen Vernetzung wird durch den Blick auf die in den Lehrbüchern eingesetzten visuellen Medien gestützt, die hinsichtlich der Präsentation der globalen Aspekte eindeutig überwiegen. Die dazu angebotenen Texte sind nicht immer ausreichend, um die Bilder inhaltlich einzubetten und zu erklären. Das liegt daran, dass zum einen Zahl und Länge der Texte abgenommen haben und somit auch deren inhaltliche Bedeutsamkeit, zum anderen der Anteil an visuellen Materialien deutlich überwiegt. Ein weiteres Problem ist, dass die Auswahl der Bilder keinen Zusammenhang erkennen lässt. Das Ziel der Lehrbuchautoren scheint gewesen zu sein, möglichst vielfältige Impressionen darzubieten. Diese finden jedoch keine adäquate Thematisierung in den begleitenden Texten oder durch Lehrbuchfiguren und Arbeitsaufträge.

Außerdem gehen diese Unterrichtseinheiten häufig nach einem groben Schema vor. Entweder bilden sie adaptiv-utilitaristisch die Globalisierung als Chance ab, wenn beispielsweise die weltweiten Zugriffsmöglichkeiten auf fortschrittliche Lebensstile oder Ähnliches erwähnt werden, oder sie behandeln exemplarisch-problemorientiert Themen aus dem Bereich der Weltrisikogesellschaft wie die planetare Bedrohung als tendenziell globalisierungskritisch und mit einem normativen Blick. Diese Dichotomie, die eine Unmöglichkeit des Dazwischenstehens impliziert, sollte aufgelöst werden, indem Materialien weniger die eine oder andere Manipulation der Lernenden anstreben, sondern die Jugendlichen vielmehr zur Partizipation aufgefordert werden und ihre Meinung dazu herausbilden können. Nur so kann das Lernziel einer Nachhaltigkeit erreicht werden, die über den Unterrichtsstoff hinausreicht.[2]

Die aus diesen Implikationen abzuleitende Forderung muss daher sein, die Inhalte zugunsten eines Unterrichts zu verändern, der global-lokale Interdependenzen aufzeigt und zielkulturelle Alltagsbeobachtungen und Veränderungen in allen Lebensbereichen, die auch den Lerner und sein Leben tangieren, integriert. Nur so kann das Veränderungspotenzial der Globalisierung nachvollzogen werden.

Dass dies nicht nur im Bereich der Lehrbücher für das Gymnasium möglich ist, sondern auch in Lehrbüchern für Haupt- und Realschulen gelingen kann, beweisen die in der Untersuchung angeführten positiven Beispiele aus *New Highlight 5* von Klett. Daneben fallen die Lehrbücher des Schroedel/Diesterweg-Verlages auf, die sich in ihrer Gesamtkonzeption vor den anderen Verlagen durch ihre Vielseitigkeit auszeichnen. Sie verschieben ihre Schwerpunkte von einer fragmentarischen Darstellung der Ökonomisierung und kulturellen Vernetzung hin zu einer lebensechten Wahrnehmung der globalen Einflüsse, die dem Lerner gerecht wird, weil sie die globalen Aspekte auf verschiedene Weise in lernergemäße Themengebiete mit einflicht. Entsprechend dieser Vorgehensweise ist auch die Gefahr einer Konturlosigkeit oder Inhaltslosigkeit der Unterrichtsmaterialien im Rahmen des globalen Lernens nicht zu bestätigen. Bis heute richtet sich die Grundintention der Unterrichtseinheiten darauf, Informationen zu den Zielkulturen auf eine lerneraktivierende und kommunikative Weise zu präsentieren, die an den jugendlichen Horizont anknüpft.

Infolge der konsequenten Orientierung an den Bedürfnissen und Fähigkeiten des Lerners müssen sich neben den Darstellungen auch die Arbeitsaufträge und ihre methodisch-didaktische Aufarbeitung nach den Prinzipien des globalen Lernens modernisieren und weiterentwickeln. Für die methodisch-didaktischen Vorgehensweisen in den Lehrbüchern gilt die Maßgabe, dass diese den Lerner anregen sollen, eine einseitige Konstruktion der Realität aufzubrechen und diese zu erweitern. Dies kann in Form einer zunehmenden Integration kreativer Lernphasen sowie handlungs- und produktorientierter Arbeitsformen geschehen. Sie sind als Gegenpol zur rein faktischen Darstellung zu betrachten und nehmen in den Lehrbüchern bereits einen gewissen Stellenwert ein.

So findet sich im Bereich der handlungsorientierten Arbeitsanweisungen eine Reihe von Anlässen für ein eigenständiges und produktorientiertes Vorgehen in Partner- oder Gruppenarbeit, das Raum für die individuellen Interessen der Lerner lässt. Viele Lehrbücher beinhalten Vorschläge und Anregungen für Internetrecherchen oder schicken die Lerner spielerisch auf Entdeckungsreise.

2 Andrew Goatly, *Critical Reading and Writing: An Introductionary Coursebook*, London: Routledge, 2000, p. 277.

Jedoch sollten diese Vorschläge detailliert überdacht und ausgearbeitet sein. Als Desiderat bleibt schulartenübergreifend eine stärkere Einbeziehung konkreter Projektarbeiten, authentischer Texte und anderweitiger Materialien, aber auch zuweilen fiktiver Lernanlässe, die eine kreative und handlungsorientierte Annäherung der Lerner an die globalen Prozesse erforderlich machen.

Ferner lassen sich vor allem für die methodisch-didaktische Umsetzung globaler Inhalte noch die folgenden Forderungen festhalten: Neben einer Einführung von Methoden und Methodenschulungen sollten offenere Sozialformen eine vermehrte Umsetzung erfahren. Dazu bedarf es des Weiteren zielführender Arbeitsanweisungen, die das autonome Lernen fördern und außerschulische Aktivitäten einbinden.

Im Hinblick auf komplexe und ambivalente Themen eignen sich anstelle eines Einsatzes landeskundlicher Sachtexte unverwechselbare Identifikationsfiguren und eine Empathie stiftende Erzählweise. Wie in der Untersuchung immer wieder festgestellt wurde, verleihen sie Motivation und ein hohes Identifikationspotenzial und machen Aspekte der globalen Auswirkungen für Jugendliche erfahrbar.

Gleiches gilt für die Anregung und Anbahnung interkultureller und globaler Bezüge, welche die Lerner in ihrer antizipierten Rolle als globale Weltbürger zukünftig anwenden könnten. Deren Chancen sind bei Weitem noch nicht so ausgeschöpft, um schon zu einem vertieften Verstehen und Verständnis der dargestellten Phänomene zu führen, und finden sich im Durchschnitt in den Lehrbüchern – insbesondere für die Hauptschule und vergleichbare Schularten – noch zu selten.

Die vielfach in kommunikativer Absicht angestrebte Fähigkeit, über globale Prozesse inhaltlich sprechen zu können, wird sicherlich kaum einen Beitrag dazu leisten können.

Die Schlussbetrachtung soll nicht abgeschlossen werden, ohne zu überlegen, wie der Englischunterricht aussehen kann, der die Prinzipien des globalen Lernens berücksichtigt. Es ist deutlich erkennbar, dass es noch große Unterschiede und Unsicherheiten vonseiten der Lehrbuchautoren dazu gibt. Zum einen scheint nicht immer klar, welche globalen Herausforderungen inhaltlich überhaupt ihre Umsetzung in den Lehrbüchern finden sollen, zum anderen ließ sich auch eine große Unsicherheit und Beliebigkeit hinsichtlich des Konzepts des globalen Lernens herausarbeiten.

Aufgrund der vorangegangenen Betrachtungen lässt sich allerdings festhalten, dass inhaltlich künftig eine differenziertere, zu wirklichem Verstehen anregende Darstellung der globalen Themen wünschenswert wäre. Sie sollte mehr als plakative, stereotype Bilder der Globalisierung oder bunte Collagen der multikulturellen Gesellschaft sowie oberflächlich problemorientierte Ansätze ökonomischer Themen umfassen. Zweifellos ist gerade in den 8.-10. Jahrgangsstufen der Grad der Problematisierung begrenzt. Hinzu kommt die Diskrepanz des Lern- und Anspruchsniveaus zwischen den entsprechenden Schularten. Dennoch könnte eine Darstellung verschiedener Perspektiven, die sowohl positive als auch negative Aspekte der *global issues* beinhalten, genutzt werden, um den Lerner zu einer eigenen Meinungsbildung zu befähigen.

In diesem Sinne sollten auch die eingeführten handlungs- und prozessorientierten Verfahren fortgesetzt werden, welche die Vereinbarung von Kompetenzausbildung und Bildung berücksichtigen und den Lernern anhand abwechslungsreicher inhaltlicher Aspekte und methodisch-didaktischer Ansätze neue Erfahrungen in Bezug auf die globale Realität ermöglichen.

Das im Jahr 2010 erschienene Lehrbuch *Context Starter 21* aus dem Cornelsen-Verlag setzt diese Anforderungen bereits größtenteils erfolgreich um, indem es implizit ein Lernmodell favorisiert, in dem Lerner globale Herausforderungen präsentiert bekommen und sich an individuellen und lokalen Lösungsmöglichkeiten gemeinsam beteiligen, d. h. die global-lokale Komponenten der einzelnen Themenbereiche werden deutlich sichtbar. Dabei werden neben einer Textvielfalt auch interkulturelle Vergleiche und kreativ-spielerische Umsetzungen angeboten. Gerade hinsichtlich ambivalenter Themen sollte durch den Einsatz von vielfältigen Textgattungen und Literaturauszügen, die alle auch zur Schaffung emotionaler und personenbezogener Zugänge beizutragen vermögen, ein Ausbau der Perspektivenvielfalt gewährleistet werden können. Hinsichtlich der Gewährleistung von Aktualität und Authentizität bringt *Context Starter 21* Verweise auf das Web 2.0. Dies soll die Lerner anregen, sich anhand ausgewählter Themen nochmals mit globalen Aspekten auseinanderzusetzen oder weitergehende Informationen einzuholen. Unter dem Gesichtspunkt der Authentizität wäre eine stärkere Integration von Internetrecherchen und damit verbundenen Arbeitsanweisungen in moderne Lehrbücher anzustreben.

Nur so kann das Konzept eines modernen Englischunterrichts auf eine Ebene der Einsicht zielen, die nach der Verallgemeinerungsfähigkeit, nach Sozialverträglichkeit von Lösungen fragt und damit ethische Begründungen ins Bewusstsein bringt, die sich an universellen Prinzipien wie sozialer Gerechtigkeit, Menschenrechten etc. orientieren.

Diese Ziele sind sichtbar hochgesteckt, doch aus psychologischer Sichtweise setzen Lehr- und Lernprozesse weitab dort ein, wo Jugendliche tatsächlich betroffen sind und wo sich ihnen Identifikationsmöglichkeiten und altersgemäße Zugänge bieten. Vor dem Hintergrund der methodisch-didaktischen Aufbereitung muss vor allem darauf hingewiesen werden, dass auch die Lehrerausbildung und -fortbildung einen wichtigen Beitrag dazu leisten kann.

Eine Reflexion über die Lehrbuchinhalte und deren methodisch-didaktische Vorgehensweise ist somit auch in Zukunft anhand ausgewählter Phänomene notwendig. Diese Analyse ist als Plädoyer für eine neue Lehrwerkkultur zu sehen. Die eingangs gestellte Leitfrage *Are we facing the future?* kann bei entsprechender Umsetzung der genannten Forderungen im fortgeschrittenen Englischunterricht dann eindeutig bejaht werden: *The English textbooks are preparing for a future in a global world.*

10 Literaturverzeichnis

10.1 Lehrbücher

10.1.1 Lehrbücher aus dem Verlagshaus Cornelsen

Becker-Ross, Ingrid *et al.*, *eds.*, *Context Starter 21,* Berlin: Cornelsen, 2009.

Berold, Klaus *et al.*, *eds.*, *Go Ahead 8*, Berlin: Cornelsen, 2002.

Berold, Klaus *et al.*, *eds.*, *Go Ahead 9*, Berlin: Cornelsen, 2003.

Berold, Klaus *et al.*, *eds.*, *Go Ahead 10*, Berlin: Cornelsen, 2004.

Derkow Disselbeck, Barbara *et al.*, *eds.*, *English G 4*, Berlin: Cornelsen, 2006.

Derkow Disselbeck, Barbara *et al.*, *eds.*, *English G 5*, Berlin: Cornelsen, 2007.

Derkow Disselbeck, Barbara *et al.*, *eds.*, *English G 6*, Berlin: Cornelsen, 2008.

Williams, Raymond *et al.*, *eds.*, *New Highlight 4,* Berlin: Cornelsen, 2007.

Williams, Raymond *et al.*, *eds.*, *New Highlight 5,* Berlin: Cornelsen, 2008.

Williams, Raymond *et al.*, *eds.*, *Highlight 6,* Berlin: Cornelsen, 2002.

10.1.2 Lehrbücher aus dem Verlagshaus Klett

Ashford, Stephanie *et al.*, *eds.*, *Green Line New 5*, Stuttgart: Klett, 2007.

Ashford, Stephanie *et al.*, *eds.*, *Green Line New 6*, Stuttgart: Klett, 2008.

Baer-Engel, Jennifer, Elizabeth Daymond und Marion Horner, *eds.*, *Green Line 4*, Stuttgart: Klett, 2009.

Hamm, Wolfgang, *Snap! 6*, Stuttgart: Klett, 2002.

Kieweg, Werner, *ed.*, *Let's Go 4,* Stuttgart: Klett, 2007.

Kieweg, Werner, *ed.*, *Let's Go 5*, Stuttgart: Klett, 2008.

Kieweg, Werner, *ed.*, *Let's Go 6,* Stuttgart, Klett, 2009.

Reisener, Helmut *et al.*, *eds.*, *Orange Line New 4*, Stuttgart: Klett, 1998.

Reisener, Helmut *et al.*, *eds.*, *Orange Line New 5*, Stuttgart: Klett, 1999.

Reisener, Helmut *et al.*, *eds.*, *Orange Line New 6*, Stuttgart: Klett, 2000.

Weisshaar, Harald, *ed.*, *Green Line Transition*, Stuttgart, Klett, 2010.

10.1.3 Lehrbücher aus dem Verlagshaus Schroedel/Diesterweg

Edelhoff, Christoph, *ed.*, *Portobello Road 4*, Frankfurt: Schroedel/Diesterweg, 2003.

Edelhoff, Christoph, *ed.*, *Portobello Road 5*, Frankfurt: Schroedel/Diesterweg, 2003.

Edelhoff, Christoph, *ed.*, *Portobello Road 6*, Frankfurt: Schroedel/Diesterweg, 2002.

Ellis, Printha *et al.*, *eds.*, *Camden Town 4,* Frankfurt: Schroedel/Diesterweg, 2007.

Ellis, Printha *et al.*, *eds.*, *Camden Town 5*, Frankfurt: Schroedel/Diesterweg, 2007.

Ellis, Printha *et al.*, *eds.*, *Camden Town 6*, Frankfurt: Schroedel/Diesterweg, 2007.

10.2 Lehrerhandreichungen

Cornelsen

Ehrlinger, Renate *et al.*, *eds.*, *Green Line New 6 Lehrerhandbuch*, Klett: Stuttgart, 2008.

Schroeder-Thürauf, Susanne und Maximilian Weig, *eds.*, *English G 6, Handreichungen für den Unterricht*, Berlin: Cornelsen, 2008.

Becker-Ross, Ingrid *et al.*, *eds.*, *Context Starter 21, Teacher's Manual*, Berlin: Cornelsen, 2009.

Berold, Klaus *et al.*, *eds.*, *Go Ahead 8*, *Handreichungen für den Unterricht*, Berlin: Cornelsen, 2002.

Berold, Klaus *et al.*, *eds.*, *Go Ahead 9*, *Handreichungen für den Unterricht*, Berlin: Cornelsen, 2003.

Berold, Klaus *et al.*, *eds.*, *Go Ahead 10*, *Handreichungen für den Unterricht*, Berlin: Cornelsen, 2004.

Derkow Disselbeck, Barbara *et al.*, *eds.*, *English G 4*, *Handreichungen für den Unterricht*, Berlin: Cornelsen, 2006.

Derkow Disselbeck, Barbara *et al.*, *eds.*, *English G 5*, *Handreichungen für den Unterricht*, Berlin: Cornelsen, 2007.

Derkow Disselbeck, Barbara *et al.*, *eds.*, *English G 6*, *Handreichungen für den Unterricht*, Berlin: Cornelsen, 2008.

Williams, Raymond *et al.*, *eds.*, *New Highlight 4, Handreichungen für den Unterricht*, Berlin: Cornelsen, 2007.

Williams, Raymond *et al.*, *eds.*, *New Highlight 5, Handreichungen für den Unterricht*, Berlin: Cornelsen, 2008.

Williams, Raymond *et al.*, eds., *Highlight 6*, *Handreichungen für den Unterricht,* Berlin: Cornelsen, 2002.

Klett

Ashford, Stephanie *et al.*, *eds.*, *Green Line New 5*, *Lehrerhandbuch*, Stuttgart: Klett, 2007.

Ashford, Stephanie *et al., eds.*, *Green Line New 6*, *Lehrerhandbuch*, Stuttgart: Klett, 2008.

Baer-Engel, Jennifer, Elizabeth Daymond und Marion Horner, *eds.*, *Green Line 4*, *Lehrerhandbuch*, Stuttgart: Klett, 2009.

Kieweg, Werner, *ed.*, *Let's Go 4, Lehrerhandbuch*, Stuttgart: Klett, 2007.

Kieweg, Werner, *ed.*, *Let's Go 5*, *Lehrerhandbuch*, Stuttgart: Klett, 2008.

Kieweg, Werner, *ed.*, *Let's Go 6, Lehrerhandbuch*, Stuttgart, Klett, 2009.

Reisener, Helmut *et al.*, *eds.*, *Orange Line New 4*, *Lehrerhandbuch*, Stuttgart: Klett, 1998.

Reisener, Helmut *et al.*, *eds.*, *Orange Line New 5*, *Lehrerhandbuch*, Stuttgart: Klett, 1999.

Reisener, Helmut *et al.*, *eds.*, *Orange Line New 6*, *Lehrerhandbuch*, Stuttgart: Klett, 2000.

Weisshaar, Harald, *ed.*, *Green Line Transition*, *Lehrerhandbuch*, Stuttgart, Klett, 2010.

Schroedel/Diesterweg

Edelhoff, Christoph, *ed.*, *Portobello Road 4*, *Teacher's Manual*, Frankfurt: Schroedel/ Diesterweg, 2003.

Edelhoff, Christoph, *ed., Portobello Road 5*, *Teacher's Manual*, Frankfurt: Schroedel/ Diesterweg, 2003.

Edelhoff, Christoph, *ed.*, *Portobello Road 6*, *Teacher's Manual*, Frankfurt: Schroedel/ Diesterweg, 2002.

Ellis, Printha *et al., eds.*, *Camden Town 4, Teacher's Manual*, Frankfurt: Schroedel/ Diesterweg, 2007.

Ellis, Printha *et al., eds.*, *Camden Town 5*, *Teacher's Manual*, Frankfurt: Schroedel/ Diesterweg, 2007.

Ellis, Printha *et al., eds.*, *Camden Town 6*, *Teacher's Manual*, Frankfurt: Schroedel/ Diesterweg, 2007.

10.3 Bildungspolitische Curricula, Bildungsstandards und Lehrpläne

Sämtliche Bildungspolitische Curricula werden vom Deutschen Bildungsserver, ein vom Bund und den sechzehn Ländern in der Bundesrepublik Deutschland getragenes Informationsportal zum deutschen föderalen Bildungswesen zur Verfügung gestellt (Verlinkungen zu den Seiten der 16 Kultusministerien).[1]

Bayerisches Staatsministerium für Unterricht und Kultus, *ed.*, *Lehrplan für die Hauptschule, Fachlehrplan Englisch,* 2004 (URL: www.bildungsserver.de, Stand: Juli 2010).

Bildungsserver des Deutschen Instituts für Internationale Pädagogische Forschung (URL: www.bildungsserver.de, Stand: August 2010).

Freie Hansestadt Hamburg, Behörde für Schule und Berufsbildung, *ed.*, *Bildungsplan Englisch, Haupt- und Realschulen*, 2008 (URL: www.bildungsserver.de, Stand: Juli 2010).

Ministerium für Bildung, Wissenschaft und Weiterbildung Rheinlandpfalz, *ed.*, *Lehrplan Englisch als erste Fremdsprache (Klassen 5-9/10), Hauptschule, Realschule, Gymnasium, Regionale Schule, Gesamtschule, 2000* (URL: www.bildungsserver.de, Stand: Juli 2010).

Ministerium für Kultus, Jugend und Sport Baden-Württemberg, *ed.*, *Bildungsstandards für Englisch Gymnasium,* 2004 (URL: www.bildungsserver.de, Stand: Juli 2010).

Niedersächsisches Landesamt für Lehrerbildung und Schulentwicklung (NiLS), *ed.*, *Kerncurricula Englisch Gymnasium*, 2006 (URL: www.bildungsserver.de, Stand: Juli 2010).

Thüringer Kultusministerium, *ed.*, *Lehrplan für das Gymnasium, Englisch*, 1999 (URL: www.bildungsserver.de, Stand: Juli 2010).

Staatsministerium für Bildung und Sport Sachsen, *ed.*, *Lehrplan Mittelschule, Englisch,* 2004 (URL: www.bildungsserver.de, Stand: Juli 2010).

Bundes-/Europaweit geltende Bildungsstandards:

Europarat/Rat für kulturelle Zusammenarbeit, *Gemeinsamer europäischer Referenzrahmen für Sprachen: lernen, lehren, beurteilen,* Herausgegeben vom Goethe Institut Inter

[1] Axel, Kühnlenz, „Der Deutsche Bildungsserver bietet fundierte Fachinformation", in: *SOZIALwirtschaft aktuell. Infodienst für das Management in der Sozialwirtschaft* 14/2006, pp. 3-4.

Nationes, der ständigen Konferenz der Kultusminister der Länder in der Bundesrepublik Deutschland (KMK), der Schweizerischen Konferenz der Kantonalen Erziehungsdirektoren (EDK) und dem österreichischen Bundesministerium für Bildung, Wissenschaft und Kultur (BMBWK), Berlin: Langenscheidt, 2001.

Kultusministerkonferenz, *Bildungsstandards für die erste Fremdsprache (Englisch/ Französisch) für den Mittleren Schulabschluss*, Herausgegeben vom Sekretariat der Ständigen Konferenz der Kultusminister der Länder in der Bundesrepublik Deutschland, München: Wolters Kluwer Deutschland, 2004 (URL: www.kmk.org/ fileadmin/veroeffentlichungen_beschluesse/2003/2003_12_04-BS-erste-Fremdsprache.pdf, Stand: August 2010).

Kultusministerkonferenz, *Bildungsstandards für die erste Fremdsprache (Englisch/Französisch) für den Hauptschulabschluss (Jahrgangsstufe 9).* Herausgegeben vom Sekretariat der Ständigen Konferenz der Kultusminister der Länder in der Bundesrepublik Deutschland, München: Wolters Kluwer Deutschland, 2004a (URL: www.kmk.org/fileadmin/veroeffentlichungen_beschluesse/2004/2004_10_15-Bildungsstandards-ersteFS-Haupt.pdf, Stand: August 2010).

10.4 Sekundärliteratur

Achtenhagen, Frank, „Lehr- und Lernziele. Curriculumforschung", in: Karl-Richard Bausch, Herbert Christ und Hans-Jürgen Krumm, *eds.*, *Handbuch Fremdsprachenunterricht*, Tübingen: Francke, [3]1995, pp. 387-391.

Addams, Jane und Charlene Haddock Seigfried, *Democracy and Social Ethics*, Urbana: University of Illinois Press, 2002.

Adick, Christel, „Globalisierung als Herausforderung für nationalstaatliche Pflichtschulsysteme", in: Annette Scheunpflug und Klaus Hirsch, *eds.*, *Globalisierung als Herausforderung für die Pädagogik,* Frankfurt: IKO, 2000, pp. 156-168.

Adick, Christel, „Ein Modell zur didaktischen Strukturierung des globalen Lernens", in: *Bildung und Erziehung* 55/2002, pp. 397-416. (Wiederabdruck auf der Homepage von *terre des hommes* – Deutschland zur Vorbereitung der *Global Education Week* im November 2004 [URL: www.tdh.de, Stand: Mai 2010]).

Ahrens, Rüdiger, „Grenzen der Richtlinien und Chancen der Fachdidaktik", in: Karl-Richard Bausch *et al.*, *eds.*, *Forschungsgegenstand Richtlinien,* Arbeitspapiere der 5. Frühjahrskonferenz zur Erforschung des Fremdsprachenunterrichts, Tübingen: Narr, 1985, pp. 11-16.

Ahrens, Rüdiger, „The International Development of English and Cross-cultural Competence", in: Rüdiger Ahrens und Heinz Antor, *eds.*, *Text – Culture – Reception. Cross-cultural Aspects of English Studies*, Heidelberg: Winter, 1992, pp. 3-23.

Ahrens, Rüdiger und Heinz Antor, *eds.*, *Text – Culture – Reception. Cross-cultural Aspects of English Studies*, Heidelberg: Winter, 1992.

Ahrens, Rüdiger, Wolf-Dieter Bald und Werner Hüllen, *eds.*, *Handbuch Englisch als Fremdsprache,* Berlin: Schmidt, 1995.

Ahrens, Rüdiger und Laurenz Volkmann, *eds.*, *Why Literature Matters, Theories and Functions of Literature,* Heidelberg: Winter, 1996.

Ahrens, Rüdiger, „Die interkulturelle Dimension der englischen Fachdidaktik", in: Hans Hunfeld und Konrad Schröder, *eds.*, *Was ist und was tut eigentlich Fremdsprachendidaktik. 25 Jahre Fachdidaktik Englisch in Bayern. Eine Bilanz*, Augsburg: Wißner, 1997, pp. 71-77.

Ahrens, Rüdiger, *ed.*, *Europäische Sprachenpolitik/European Language Policy*, Heidelberg: Winter, 2003.

Ahrens, Rüdiger, David Parker, Klaus Stierstorfer und Kwok-Kan Tam, *eds.*, *Anglophone Cultures in Southeast Asia: Appropriations, Continuities, Contexts*, Heidelberg: Winter, 2003.

Ahrens, Rüdiger, „English as an International Language", in: Matthias Merkl und Laurenz Volkmann, *eds., Anglophone Kulturwissenschaft und Englische Fachdidaktik. Gesammelte Aufsätze von Rüdiger Ahrens*, Heidelberg: Winter, 2004, pp. 437-456.

Ahrens, Rüdiger, „Universalismen im Englischunterricht – gibt es die?", in: Karl-Richard Bausch, Eva Burwitz-Melzer, Frank G. Königs, und Hans-Jürgen Krumm, *eds., Fremdsprachenlernen erforschen: sprachspezifisch oder sprachenübergreifend?,* Arbeitspapiere der 28. Frühjahrskonferenz zur Erforschung des Fremdsprachenunterrichts, Tübingen: Narr, 2008, pp. 9-16.

Ahrens, Rüdiger, Maria Eisenmann und Matthias Merkl, *eds.*, *Moderne Dramendidaktik für den Englischunterricht,* Heidelberg: Winter, 2008.

Ahrens, Rüdiger, „Die Erneuerung der Inhaltsbezogenheit des Englischunterrichts im Zeichen der Globalisierung", in Karl-Richard Bausch, Eva Burwitz-Melzer und Hans-Jürgen Krumm, *eds.*, *Fremdsprachenunterricht im Spannungsfeld von Inhaltsorientierung und Kompetenzbestimmung*, Arbeitspapiere der 29. Frühjahrskonferenz zur Erforschung des Fremdsprachenunterrichts, Tübingen: Narr 2009, pp. 16-25.

Albrow, Martin, *Abschied vom Nationalstaat. Staat und Gesellschaft im Globalen Zeitalter*, Frankfurt: Suhrkamp, 1998.

Allport, Gordon W., *Die Natur des Vorurteils,* Köln: Kiepenheuer & Witsch, 1971.

Altmayer, Claus, *Kultur als Hypertext. Zu Theorie und Praxis der Kulturwissenschaft im Fach Deutsch als Fremdsprache*, München: Iudicium, 2004.

Ambros, Erwin und Irene Werner, *eds., Interkulturelle Dimensionen der Fremdsprachenkompetenz. Dokumentation der 18. Arbeitstagung 1994*, Bochum: AKS, 1996.

Ammer, Reinhard, „Das Deutschlandbild in den Lehrwerken für Deutsch als Fremdsprache", in: Bernd Kast und Gerhard Neuner, *eds., Zur Analyse und Quantifizierung von Lehrwerken*, Berlin: Langenscheidt, 1994, pp. 31-42.

Antor, Heinz und Kevin Cope, *eds., Intercultural Encounters – Studies in English Literatures. Essays Presented to Rüdiger Ahrens on the Occasion of His Sixtieth Birthday*, Heidelberg: Winter, 1999.

Antor, Heinz, *ed., Fremde Kulturen verstehen – fremde Kulturen lehren. Theorie und Praxis der Vermittlung interkultureller Kompetenz*, Heidelberg: Winter, 2007.

Antor, Heinz, „Inter-, multi- und transkulturelle Kompetenz: Bildungsfaktor im Zeitalter der Globalisierung", in: Heinz Antor, *ed., Fremde Kulturen verstehen – fremde Kulturen lehren. Theorie und Praxis der Vermittlung interkultureller Kompetenz*, Heidelberg: Winter, 2007, pp. 111-116.

Antor, Heinz, Matthias Merkl, Klaus Stierstorfer *et al., eds., From Interculturalism to Transculturalism. Mediating Encounters in Cosmopolitan Contexts*, Heidelberg: Winter, 2010.

Appadurai, Arjun, „Disjuncture and Difference in the Global Cultural Economy", in: Mike Featherstone, *ed., Global Culture. Nationalism, Globalization and Modernity*, London: Sage, 1990, pp. 295-310.

Appadurai, Arjun, *Modernity at Large. Cultural Dimensions of Globalization*, Minneapolis, MN: Polity Press, 1996.

Appadurai, Arjun, „Globale ethnische Räume", in: Ulrich Beck, *ed., Perspektiven der Weltgesellschaft*, Frankfurt: Suhrkamp, 1998, pp. 11-40.

Appel, Joachim, *Erfahrungswissen und Fremdsprachendidaktik*, München: Langenscheidt-Longman, 2000.

Arendt, Manfred, „Zwei Wege zur Schulung des small talk", in: *Fremdsprachenunterricht* 1/1996, pp. 25-31.

Argyle, Michael, *The Psychology of Interpersonal Behaviour*, London: Penguin, 1994.

Arnett, Jeffrey Jensen, „The Psychology of Globalization", in: *American Psychologist* 57/2000, pp. 774-783.

Alsheimer, Rainer, Alois Moosmüller und Klaus Roth, *Lokale Kulturen in einer globalisierenden Welt*, Münster: Waxmann, 2000.

Auerbach, Elsa, „What's Critical in Teaching Writing to Adults", in: *Prospect* 9/1994, pp. 54-58.

Auernheimer, Georg, „Sensibilität für Kulturdifferenzen genügt nicht!", in: *Erwägen Wissen Ethik* 14/2003, pp. 156-158.

Ayaß, Ruth und Jörg Bergmann, *Qualitative Methoden der Medienforschung*, Reinbek: Rowohlt, 2006.

Bach, Gerhard und Johannes-Peter Timm, *eds., Englischunterricht. Grundlagen und Methoden einer handlungsorientierten Unterrichtspraxis*, Tübingen: Francke, ^{2}1996.

Bach, Ulrich, „Höflichkeit“, in: Rüdiger Ahrens, Wolf-Dieter Bald und Werner Hüllen, *eds., Handbuch Englisch als Fremdsprache,* Berlin: Schmidt, 1995, pp. 195-200.

Ballard, Roger R., *ed., Desh Pardesh: The South Asian Presence in Britain*, London: Hurst & Company, 1994.

Banerjee, Mita und Susanne Stadler, *eds., India: Model Democracy or Many-Headed Giant?,* München: Langenscheidt, 2008.

Barber, Benjamin R., „Jihad vs. McWorld“, in: *The Atlantic online* 269/1992, pp. 53-65 (URL:°°www.theatlantic.com/magazine/archive/1992/03/jihad-vs-mcworld/3882/, Stand: Juli 2010).

Baron, Rachel, *Intercultural Speaking, ‚Landeskunde‘, Intercultural Learning and Teacher Training from an American Perspective*, München: Langenscheidt-Longman, 2002.

Bausch, Karl-Richard, Herbert Christ, Frank G. Königs und Hans-Jürgen Kumm, *eds., Die Erforschung von Lehr- und Lernmaterialien im Kontext des Lehrens und Lernens fremder Sprachen,* Arbeitspapiere der 19. Frühjahrskonferenz zur Erforschung des Fremdsprachenunterrichts, Tübingen: Narr, 1999.

Bausch, Karl-Richard, Herbert Christ und Hans-Jürgen Krumm, *eds., Handbuch Fremdsprachenunterricht*, Tübingen: Francke, [4]2003.

Bausch, Karl-Richard, Eva Burwitz-Meltzer, Frank G. Königs und Hans-Jürgen Krumm, *eds., Bildungsstandards. Dokumentation der Frühjahrskonferenz zur Erforschung des Fremdsprachenlernens*, Tübingen: Narr, 2005.

Bausch, Karl-Richard, Frank G. Königs und Hans-Jürgen Krumm, *eds., Der gemeinsame europäische Referenzrahmen für Sprachen in der Diskussion*, Arbeitspapiere der 22. Frühjahrskonferenz zur Erforschung des Fremdsprachenunterrichts, Tübingen: Narr, 2005.

Bausinger, Hermann, „Stereotypie und Wirklichkeit“, in: Alois Wierlacher, *ed., Jahrbuch Deutsch als Fremdsprache*, Vol. 14., München: Iudicium, 1998, pp. 157-170.

Beck, Ulrich, *Was ist Globalisierung? Irrtümer des Globalismus – Antworten auf Globalisierung*, Frankfurt: Suhrkamp, 1997.

Beck, Ulrich, *World Risk Society*, Malden: Blackwell, 1999.

Beck, Ulrich, Natan Sznaider und Rainer Winter, *Global America? The Cultural Consequences of Globalization*, Liverpool: Liverpool University Press, 2003.

Beck, Ulrich, *Weltrisikogesellschaft: auf der Suche nach der verlorenen Sicherheit,* Frankfurt: Suhrkamp, 2008.

Beck-Gernsheim, Elisabeth, *Wir und die Anderen*, Frankfurt: Suhrkamp, 2004.

Beneke, Jürgen, „Betriebsinterner Fremdsprachenunterricht – Tendenzen und Perspektiven", in: Eberhard Kleinschmidt, *ed.*, *Fremdsprachenunterricht zwischen Sprachenpolitik und Praxis: Festschrift für Herbert Christ zum 60. Geburtstag,* Tübingen: Narr, 1989, pp. 319-335.

Benner, Dietrich, *Studien zur Theorie der Erziehung und Bildung. Pädagogik als Wissenschaft, Handlungstheorie und Reformpraxis*, Bd. 2, Weilheim: Juventa, 1995.

Benner, Dietrich, *ed., Bildungsstandards. Instrumente zur Qualitätssicherung im Bildungswesen. Chancen und Grenzen – Beispiele und Perspektiven*, Paderborn: Schöningh, 2007.

Bennett, Milton J., „Towards a Developmental Model of Intercultural Sensitivity", in: R. Michael Paige, *ed. Education for the Intercultural Experience*, Yarmouth, ME: Intercultural Press, 1993, pp. 21-71.

Beutel, Wolfgang, „Zwischen Globalisierung, Zivilgesellschaft und Autonomie der Politik", in: *Pädagogik* 54/2002, pp. 58-59.

Bergfelder, Angela, „Literarische Texte in der Sekundarstufe I. Eine Standortbestimmung im Zeitalter der Bildungsstandards", in: *PRAXIS Fremdsprachenunterricht* 3/2007, pp. 13-17.

Bhabha Homi K., „DissemiNAtion: Time, Narrative and the Margins of the Modern Nation", in: Homi K. Bhabha, *Nation and Narration*, London: Routledge, 1995, pp. 291-322.

Bhabha, Homi K., *Nation and Narration*, London: Routledge, 1995.

Bhabha, Homi K., *Die Verortung der Kultur*, Tübingen: Stauffenburg, 2000.

Bichele, Barbara, „Anmerkungen zum interkulturellen Bildverstehen", in: *Interculture Journal* 1/2006, pp. 17-50.

Bilstein, Johannes, Matthias Winzen und Christoph Wulf, *eds., Anthropologie und Pädagogik des Spiels,* Weinheim: Beltz, 2005.

Bitterli, Urs, *Die ‚Wilden' und die ‚Zivilisierten'. Grundzüge einer Geistes- und Kulturgeschichte der europäisch-überseeischen Begegnung*, München: Beck, 2004.

Block, David und Deborah Cameron, *eds., Globalization and Language Teaching*, London: Routledge, 2002.

Bludau, Michael, „Die Rolle von Texten beim interkulturellen Lernen“, in: *Fremdsprachenunterricht* 46/1993, pp. 11-14.

Bögenhold, Dieter, *ed.*, *Moderne amerikanische Soziologie*, Stuttgart: Lucius & Lucius, 2000.

Böhm, Winfried, *Wörterbuch der Pädagogik*, Stuttgart: Kröner, [16]2005.

Bolten, Jürgen, „Die Entwicklung von Nationalstereotypen im Globalisierungsprozess. Hypothesen zum Auftakt einer international durchgeführten Langzeituntersuchung zu Veränderungen des Deutschlandbildes bei Studierenden“, in: *Zeitschrift für interkulturellen Fremdsprachenunterricht* 11/2006 (URL: www.ik-network.de/bibliothek_05_06.html, Stand: März 2009).

Bolten, Jürgen, „Interkulturelle Kompetenz“, in: Leon R. Tsvasman, *ed., Das große Lexikon Medien und Kommunikation,* Würzburg: Ergon, 2006, pp. 163-166.

Bonnet, Andreas und Peter W. Kahl *eds.*, *Innovation und Tradition im Englischunterricht*, Stuttgart: Klett, 2001.

Bonstein, Julia und Merlind Theile, „The Global Generation“, in: *Globalization. Spiegel Special International Edition* 4/2005, pp. 130-135.

Bouton, Lawrence F., „Developing Non Native Speaker Skills in Interpreting Conversational Implicatures in English. Explicit Teaching Can Ease the Process“, in: Eli Hinkel, *ed., Culture and Second Language Learning*, Cambridge: CUP, 1999, pp. 47-70.

Börner, Wolfgang und Klaus Vogel, *eds., Kontrast und Äquivalenz: Beiträge zu Sprachvergleich und Übersetzung*, Tübingen: Narr, 1998.

Börner, Wolfgang und Klaus Vogel, *eds., Lehrwerke im Fremdsprachenunterricht. Lernbezogene, interkulturelle und mediale Aspekte*, Bochum: AKS, 1999.

Börner, Wolfgang und Klaus Vogel, *eds., Normen im Fremdsprachenunterricht*, Tübingen: Narr, 2000.

Braine, George, *ed., Non-Native Educators in English Language Teaching,* Mahwah, NJ: Lawrence Erlbaum Associates, 1999.

Brake, Terence, Danielle Medina Walker und Thomas Walker, *Doing Business Internationally*, New York: Irwin, 1995.

Bredella, Lothar und Herbert Christ, *eds., Didaktik des Fremdverstehens*, Tübingen: Narr, 1995.

Bredella, Lothar, „How Can Literary Texts Matter?“, in: Rüdiger Ahrens und Laurenz Volkmann, *eds., Why Literature Matters, Theories and Functions of Literature,* Heidelberg: Winter, 1996, pp. 101-115.

Bredella, Lothar, Herbert Christ und Michael K. Legutke, *eds., Thema Fremdverstehen,* Arbeiten aus dem Graduiertenkolleg „Didaktik des Fremdverstehens“, Tübingen, Narr, 1997.

Bredella, Lothar und Werner Delanoy, *eds., Interkultureller Fremdsprachenunterricht,* Tübingen: Narr, 1999.

Bredella, Lothar, Franz-Josef Meißner, Ansgar Nünning und Dietmar Rösler, *eds., Wie ist Fremdverstehen lehr- und lernbar?,* Tübingen: Narr, 2000.

Bredella, Lothar, „Segregation oder Assimilation? Zur Debatte über das Zusammenleben in multikulturellen Gesellschaften“, in: Andreas Bonnet und Peter W. Kahl *eds., Innovation und Tradition im Englischunterricht*, Stuttgart: Klett, 2001, pp. 16-21.

Bredella, Lothar und Franz-Josef Meißner, *eds., Lehren und Lernen fremder Sprachen zwischen Globalisierung und Regionalisierung*, Tübingen: Narr, 2001.

Bredella, Lothar, *Literarisches und interkulturelles Verstehen,* Tübingen: Narr, 2002.

Bredella, Lothar und Herbert Christ, *eds., Fremdverstehen und interkulturelle Kompetenz*, Tübingen: Narr, 2007.

Bredella, Lothar und Wolfgang Hallet, *Handbuch. Literaturunterricht, Kompetenzen und Bildung*, Trier: WVT, 2007.

Bredella, Lothar, *Das Verstehen des Anderen. Kulturwissenschaftliche und literaturdidaktische Studien*, Tübingen: Narr, 2010.

Breidbach, Stefan, „Bilinguale Didaktik zwischen allen Stühlen? Zum Verhältnis von Fremdsprachendidaktik und Sachfachdidaktiken“, in: Gerhard Bach und Susanne Niemeier, *eds., Bilingualer Unterricht. Grundlagen, Methoden, Praxis, Perspektiven*, Frankfurt: Lang, 2009, pp. 173-184.

Breidenbach, Joana und Ina Zukrigl, *Tanz der Kulturen. Kulturelle Identität in einer globalisierten Welt*, München: Kunstmann, 1998.

Breidenbach, Joana, „Some Thoughts on Global Culture“, in: *Cultural Exchange via Internet – Opportunities and Strategies Forum of the House of World Cultures*, Berlin,

12 October, 1998 - ... open end (URL: www.archiv.hkw.de/forum/forum1/doc/arc/0093.html, Stand: Mai 2010).

Breidenbach, Joana und Ina Zukrigel, „Widersprüche der kulturellen Globalisierung: Strategien und Praktiken. Zur angelsächsischen Debatte über kulturelle Globalisierung“, in: *Aus Politik und Zeitgeschichte*, Bonn: Bundezentrale für Politische Bildung 12/2002 (URL: www.bpb.de/publikationen/0WFV54,0,0,Globalisierung_und_ kulturelle_Differenz.html, Stand: September 2010).

Breit, Peter K., „Amerikanische Bilder und Images über Deutschland. Fragwürdige Antworten auf das Problem der Bilder und Images, die Nationen voneinander haben: Mutmaßungen über die Verwendbarkeit und Haltbarkeit von Eindrücken“, in: *Internationale Schulbuchforschung* 14/1992, pp. 21-34.

Brown, Douglas H., „The Place of Moral and Political Issues in Language Pedagogy“, in: Willy A. Renandya und George M. Jacobs, *eds., Learners and Language Learning,* Singapur: SEAMEO Regional Language Centre, 1998.

Brusch, Wilfried, Wulf Künne und Reiner Lehberger, *eds., Englischdidaktik: Rückblicke – Einblicke – Ausblicke. Festschrift für Peter W. Kahl*, Berlin: Cornelsen, 1989.

Brutt-Griffler, Janina, *World English: A Study of Its Development*, Clevedon: Multilingual Matters, 2002.

Bühler, Karl, *Sprachtheorie. Die Darstellungsfunktion der Sprache*, Stuttgart: Fischer, 1992.

Bung, Peter, *Systematische Lehrwerkanalyse. Untersuchungen zum Einsatz von Contentanalysen für die Lehrwerkforschung und Lehrwerkkritik*, Kastellaun: Henn, 1977.

Burwitz-Melzer, Eva, „Sheherazade and Company – Storytelling ab dem 5. Schuljahr“, in: *Der Fremdsprachliche Unterricht English* 60/2003, pp. 11-15.

Butterwegge, Christoph und Gudrun Hentges, *eds., Politische Bildung und Globalisierung*, Opladen: Leske & Budrich, 2002.

Buttjes, Dieter, „Bedeutung und Interesse. Zur Inhaltsorientierung durch Landeskunde“, in: Gert Solmecke, *ed., Motivation und Motivieren im Fremdsprachenunterricht.* Informationen zur Sprach- und Literaturdidaktik, Bd. 6, Paderborn: Schöningh, 1983, pp. 85-99.

Buttjes, Dieter und Michael Byram, *eds., Mediating Languages and Cultures: towards an Intercultural Theory of Foreign Language Education*, Clevedon: Multilingual Matters, 1991.

Butzkamm, Wolfgang „Quo usque tandem – Die Einsprachigkeit in der gegenwärtigen Praxis und ihre Korrektur“, in: *Neusprachliche Mitteilungen aus Wissenschaft und Praxis* 59/2006, pp. 12-20.

Byram, Michael, *Cultural Studies in Foreign Language Education*, Clevedon: Multilingual Matters, 1989.

Byram, Michael, *Germany. Its Representation in Textbooks for Teaching German in Great Britain,* Frankfurt: Diesterweg, 1993.

Byram, Michael, Carol Morgan *et al.*, *Teaching and Learning Language and Culture*, Clevedon: Multilingual Matters, 1994.

Byram, Michael, „Cultural Learning and Mobility: The Educational Challenge for Foreign Language Teaching“, in: Erwin Ambros und Irene Werner, *eds., Interkulturelle Dimensionen der Fremdsprachenkompetenz. Dokumentation der 18. Arbeitstagung 1994*, Bochum: AKS, 1996, pp. 56-69.

Byram, Michael, *Teaching and Assessing Intercultural Communicative Competence*, Clevedon: Multilingual Matters, 1997.

Byram, Michal and Mike Fleming, *eds., Language Learning in Intercultural Perspective, Approaches through Drama and Ethnography*, Cambridge: CUP, 1997.

Byram, Michael und Peter Grundy*, eds., Context and Culture in Language Teaching and Learning*, Clevedon: Multilingual Matters, 2002.

Byram, Michael, *From Foreign Language Education to Education for Intercultural Citizenship, Essays and Reflections*, Clevedon: Multilingual Matters, 2008.

Calhoun, Craig, *Dictionary of the Social Sciences*, Oxford: OUP, 2002.

Canagarajah, Suresh A., „Interrogating the ‚Native Speaker Fallacy‘: Non-Linguistic Roots, Non-Pedagogical Resultus“, in: George Braine, *ed., Non-Native Educators in English Language Teaching*, Mahwah, NJ: Lawrence Erlbaum Associates, 1999, pp. 77-92.

Caspari, Daniela, *Fremdsprachenlehrerinnen und Fremdsprachenlehrer, Studien zu ihrem beruflichem Selbstverständnis*, Tübingen: Narr, 2003.

Caspari, Daniela, Wolfgang Hallet, Anke Wegner und Wolfgang Zydatiß, *eds., Bilingualer Unterricht macht Schule. Beiträge aus der Praxisforschung*, Frankfurt: Lang, 2007.

Caspari, Daniela, Andreas Grünewald, Adelheid Hu, Lutz Küster, Günter Nold, Helmut J. Vollmer und Wolfgang Zydatiß, *Kompetenzorientierung, Bildungsstandards und fremdsprachliches Lernen – Herausforderungen an die Fremdsprachenforschung. Po-*

sitionspapier von Vorstand und Beirat der DGFF, Oktober 2008 (URL: www.dgff.de/fileadmin/user_upload/dokumente/Sonstiges/Kompetenzpapier_DGFF.pdf, Stand: Mai 2010).

Cates, Kip A., „Global Education", in: *Special Issue of‚The Language Teacher*' 17/1993, pp. 3-5.

Cates, Kip A., „Teaching for a Better World: Global Education and Foreign Language Teaching", in: Albert Raasch, *ed., Language Teaching in a World Without Peace,* Saarbrücken: Saarbrücker Schriften zur Angewandten Linguistik und Sprachlehrforschung (SALUS), Bd. 12, 1993, pp. 29-42.

Cates, Kip A., „Teaching for a Better World: Global Issues and EFL", in: *ETAI Forum* 1/1998, pp. 34-37.

Cates, Kip A., „Global Education", in: Michael Byram, *ed., Routledge Encylopedia of Language Teaching and Learning*, London: Routledge, 2000, pp. 241-243.

Cates, Kip A., „Teaching for a Better World: Global Issues and Language Education in Japan", in: Audrey Osler und Hugh Starkey, *eds., Citizenship and Language Learning: International Perspectives,* Stoke-on-Trend: Trentham, 2005, pp. 59-73.

Cates, Kip A., „Teaching for a Better World: Global Issues and Language Education", 2006, pp. 41-52 (URL: www.hurights.or.jp/pub/hreas/5/06cates.pdf, Stand: März 2010).

Cates, Kip. A., *Conference Paper JET*, May 2006 (URL: www.jetprogramme.org/documents/conference/recontract/2006_recon/Global%20Education%20&%20Communication.pdf, Stand: März 2010).

Cardel Gertsen, Martine, „Intercultural competence and expatries", in: *The International Journal of Human Resource Management* 3/1990, pp. 341-361.

Chomsky, Noam, *Profit Over People. Neoliberalismus und Globale Weltordnung*, Hamburg: Europa, 2000.

Cohen, Noam, „The Language of the Globe is English (For Now, Anyway)", in: *New York Times/Supplement Süddeutsche Zeitung,* 18. August 2006, pp. 1-4.

Cortese, Giuseppina und Anna Duszak, *eds., Identity, Community, Discourse: English as Intercultural Settings*, Frankfurt: Lang, 2005.

Crystal, David, *English as a Global Language*, Cambridge: CUP, ²2003.

Crystal, David, *The Cambridge Encyclopedia of the English Language*, Cambridge: CUP, ²2004.

Cummins, Jim und Chris Davison, *eds.*, *International Handbook of English Language Teaching*, New York: Springer, 2007.

Daniels, Roger, *Coming to America: A History of Immigration and Ethnicity in American Life*, New York: Harper Perennial, ^{2}2005.

Decke-Cornill, Helene, „We would have to invent the Language we are supposed to teach: The Issue of English as Lingua Franca in Language Education in Germany", in: Michael Byram und Peter Grundy, eds., *Context and Culture in Language Teaching and Learning*, Clevedon: Multilingual Matters, 2002, pp. 59-71.

Decke-Cornill, Helene, „Educational Perspectives on English as a Lingua Franca", in: Werner Delanoy und Laurenz Volkmann, *eds., Future Perspectives for English Language Teaching,* Heidelberg: Winter, 2008, pp. 159-171.

De Florio-Hansen, Inez, „Von der Friedenserziehung zur *global education*, Fremdsprachenunterricht in Zeiten der Internationalisierung und Globalisierung", in: *Französisch heute* 3/2002, pp. 326-343.

Delanoy, Werner und Laurenz Volkmann, *eds., Cultural Studies in the EFL Classroom,* Heidelberg: Winter, 2006.

Delanoy, Werner und Laurenz Volkmann, *eds., Future Perspectives for English Language Teaching,* Heidelberg: Winter, 2008.

Delanoy, Werner, „Transculturality and (Inter-)Cultural Learning in the EFL Classroom", in: Werner Delanoy und Laurenz Volkmann, *eds., Future Perspectives for English Language Teaching,* Heidelberg: Winter, 2008, pp. 233-248.

Demorgon, Jacques und Markus Molz, „Bedingungen und Auswirkungen der Analyse von Kultur(en) und Interkulturellen Interaktionen", in: Alexander Thomas, *ed., Psychologie interkulturellen Handelns,* Göttingen: Hogrefe, 1996, pp. 147-164.

DESI-Konsortium, *ed., Unterricht und Kompetenzerwerb in Deutsch und Englisch. Ergebnisse der DESI-Studie*, Weinheim: Beltz, 2008.

Diehr, Bärbel, „Sprachenvielfalt und Friedenserziehung. Erfahrungen mit einem trilingualen Projekt in der Fremdsprachenlehrerausbildung", in: *PRAXIS Fremdsprachenunterrricht* 5/2005, pp. 23-26.

Diehr, Bärbel, „Vom Fremdverstehen zur Friedenserziehung: Neue Perspektiven für die Didaktik des Fremdsprachenunterrichts", in: Lothar Bredella und Herbert Christ, *eds.*, *Fremdverstehen und interkulturelle Kompetenz*, Tübingen: Narr, 2007, pp. 169-176.

Donnerstag, Jürgen und Annelie Knapp-Potthoff, *eds., Kongreßdokumentation der 10. Arbeitstagung der Fremdsprachendidaktiker Aachen 1983*, Tübingen: Narr, 1985.

Donnerstag, Jürgen, „Der globale Erfolg amerikanischer Populärkultur als Herausforderung für sprachliches und kulturelles Lernen", in: Helene Decke-Cornill und Maike Reichart-Wallrabenstein, *Fremdsprachenunterricht in medialen Lernumgebungen*, Frankfurt: Lang, 2002, pp. 181-193.

Doughty, Catherine und Jessica Williams, *eds., Focus on Form in Classroom Second Language Acquisition*, Cambridge: CUP, 1998.

Doyé, Peter, *ed. Großbritannien. Seine Darstellung in deutschen Schulbüchern für den Englischunterricht,* Studien zur internationalen Schulbuchforschung, Bd. 72, Frankfurt: Diesterweg, 1991, pp. 27-39.

Dove, Richard, *Journey of no Retourn. Five German-speaking Literary Exiles in Britain 1933-1945,* London: Libris, 2000.

Duden, *Das Fremdwörterbuch*, Bd. 7, Mannheim: Bibliographisches Institut & F. A. Brockhaus AG, ^{5}2001.

Duxa, Susanne, Adelheid Hu und Barbara Schmenk, *eds., Grenzen überschreiten. Menschen, Sprachen, Kulturen. Festschrift für Inge Christine Schwerdtfeger zum 60. Geburtstag*, Tübingen: Narr, 2005.

Eagleton, Terry, *Holy Terror*, Oxford: OUP, 2005.

Eggensperger, Karl-Heinz, *Die Verbalflexion im Französischunterricht an Deutschsprachige Lehrinhaltsbestimmung und Progressionsplanung; Lehrplan- und Lehrwerkanalyse*, Augsburg: Wißner, 1993.

Ehnert, Rolf, *ed.*, *Einführung in das Studium des Faches Deutsch als Fremdsprache,* Werkstattreihe Deutsch als Fremdsprache, Bd. 1, Frankfurt: Lang, 1982.

Ehrenreich, Susanne, „‚Englisch als Fremdsprache' auf dem global-lokalen Prüfstand", in: *Zeitschrift für Fremdsprachenforschung* 20/2009, pp. 3-36.

Einhoff, Jürgen, „Der interkulturelle Ansatz – Denkanstoß für die Textaufgabe?", in: *Praxis des neusprachlichen Unterrichts* 40/1996, pp. 248-256.

Einhoff, Jürgen, „MULTI-CULTI. Didaktische Ansätze, Zielvorstellungen und Themen im Englischunterricht des 21. Jahrhunderts", in: *PRAXIS/fsu* 2003, pp. 6-9.

Eisenmann, Maria, „Teaching Plays by Using the Task-based Approach: Harold Pinter's ‚The Birthday Party'", in: Michael Meyer, *ed.*, *Literatur an der Hochschule*, Sonderheft von *Literatur in Wissenschaft und Unterricht* 3/2008, pp. 119-130.

Eisenmann, Maria, „Den Terror hörbar machen. Das Drama *One for the Road* in ein Hörspiel umarbeiten“, in: *Der Fremdsprachliche Unterricht Englisch* 92/2008, pp. 35-39.

Eisenmann, Maria, „‚*In your head they are fighting*‘ – Anregungen zur Arbeit mit Musikvideoclips am Beispiel des Songs *Zombie*“, in: Gabriele Blell und Rita Kupetz, *Der Einsatz von Musik und die Entwicklung von* audio literacy *im Fremdsprachenunterricht*, Frankfurt: Lang, 2009, pp. 250-261.

Eisenmann, Maria, „Jane Harrison's *Stolen:* Physical, Psychological and Sexual Abuse of Aboriginal Children in Australia“, in: Maria Eisenmann, Nancy Grimm und Laurenz Volkmann, *eds., Teaching the New English Cultures and Literatures,* Heidelberg: Winter, 2010, pp. 125-138.

Eisenmann, Maria, Nancy Grimm und Laurenz Volkmann, *Teaching the New English Literatures and Cultures*, Heidelberg: Winter, 2010.

Ellis, Rod, *Task-based Language Learning and Teaching,* Oxford: OUP, 2003.

Engel, Ulrich, Hans-Jürgen Krumm und Alois Wierlacher, *Mannheimer Gutachten zu ausgewählten Lehrwerken Deutsch als Fremdsprache*, Heidelberg: Groos, 1978.

Erling, Elizabeth, „Who Is the ‚Global English‘ Speaker? A Profile of Students of English at the Freie Universität“, in: Claus Gnutzmann und Frauke Intemann, *eds., The Globalisation of English and the English Language Classroom,* Tübingen: Narr, 2005, pp. 215-229.

Ertelt-Vieth, Astrid, „Abbauen, Tolerieren, Betonen? Stereotype zwischen Vorurteil und Kulturspezifik“, in: Johannes-Peter Timm und Helmut J. Vollmer, *eds. Kontroversen in der Fremdsprachenforschung,* Bochum: Brockmeyer, 1993, pp. 425-433.

Eßer, Ruth und Hans-Jürgen Krumm, *eds., Bausteine für Babylon: Sprache, Kultur, Unterricht …, Festschrift zum 60. Geburtstag von Hans Barkowski*, München: Iudicium, 2007.

Fäcke, Christiane, *Egalität – Differenz – Dekonstruktion. Eine inhaltskritische Analyse deutscher Französisch-Lehrwerke*, Hamburg: Kovač, 2000.

Fairclough, Norman, *Language and Power*, London: Longman, 1989.

Fairclough, Norman, *ed., Critical Language Awareness*, Harlow: Longman, 1992.

Finkbeiner, Claudia und Daniela Caspari, *eds.,* „Themenheft ‚Offenere Formen im Fremdsprachenunterricht‘“, in: *Fremdsprachenunterricht* 42/1998, pp. 249-253.

Finkbeiner, Claudia, „Lehrplan – Lehrwerk – Stoffverteilungsplan – Unterricht", in: Johannes-Peter Timm, *ed.*, *Englisch lernen und lehren. Didaktik des Englischunterrichts*, Berlin: Cornelsen, 1998, pp. 36-44.

Finkbeiner, Claudia, „Neue Lern- und Arbeitsformen im Englischunterricht: Exemplarische Analyse einer Umsetzung des Bildungsplans Baden-Württembergs am Beispiel eines Englischlehrwerks Lehren und Lernen", in: *Zeitschrift des Landesinstituts für Erziehung und Unterricht* 24/1998, pp. 3-18.

Finkbeiner, Claudia, „Fremdsprachenunterricht in der Sekundarstufe I", in: Karl-Richard Bausch, Herbert Christ und Hans-Jürgen Krumm, *eds.*, *Handbuch Fremdsprachenunterricht*, Tübingen: Francke, 2003, pp. 203-208.

Firges, Jean und Hartmut Melenk, „Landeskunde: Stereotypen – schädlich – unvermeidlich – nützlich?", in: Jürgen Donnerstag und Annelie Knapp-Potthoff, *eds., Kongreßdokumentation der 10. Arbeitstagung der Fremdsprachendidaktiker Aachen 1983*, Tübingen: Narr, 1985, pp. 97-114.

Firth, Alan, „The discursive accomplishment of normality: On ‚lingua franca' English and conversation analysis", in: *Journal of Pragmatics* 26/1996, pp. 237-259.

Fishbein, Mark, *ed., Factors Influencing Behavior and Behavior Change: Final Report Prepared for the NIMH Theorists' Workshop*, Washington, D. C.: NIMH, 1992.

Fisher, Simon und David Hicks, *World Studies 8-13*, New York: Oliver & Boyd, 1985.

Fisher, Simon und David Hicks, *World Studies 8-13. A Teacher's Handbook*, London: Oliver & Boyd, 1985.

Fiske, Susan T. und Janet B. Ruscher, „Negative Interdependence and Prejudice: Whence the Affect", in: Diane M. Mackie und David L. Hamilton, *eds., Affect, Cognition, and Stereotyping*, San Diego: Academic Press, 1993, pp. 239-268.

Fountain, Susan, *Education for Development: A Teacher's Resource for Global Learning*, London: Hodder & Stoughton, 1995.

Francis, Daniel, *The Imaginary Indian. The Image of the Indian in Canadian Culture*, Vancouver: Arsenal Pulp, ^{6}2000.

Freese, Peter, *ed.*, *From Melting Pot to Multiculturalism: E Pluribus Unum?,* München: Langenscheidt-Longman Viewfinder Literature, 1994.

Freese, Peter, „The Chances and Limits of ‚Intercultural Understanding' in the Advanced EFL-Classroom", in: Peter Freese, *Teaching ‚America'. Selected Essays*, München: Langenscheidt-Longman, 2002, pp. 11-30.

Freese, Peter, *ed.*, *Israel Zangwill, The Melting Pot,* München: Langenscheidt-Longman Viewfinder Literature, ²2006.

Freitag-Hild, Britta, „Literarische und transkulturelle Kompetenzen bei der Figurenkonstruktion und Perspektivenübernahme: Ein Rollenspiel im aufgabenorientierten Literaturunterricht", in: Lothar Bredella und Wolfgang Hallet, *Handbuch. Literaturunterricht, Kompetenzen und Bildung*, Trier: WVT, 2007, pp. 197-225.

Freitag-Hild, Britta, *Theorie, Aufgabentypologie und Unterrichtspraxis inter- und transkultureller Literaturdidaktik: ‚British Fictions of Migrations' im Fremdsprachenunterricht*, Trier: WVT, 2010.

Freudenstein, Reinhold, „Friedenserziehung als pädagogischer Auftrag beim Lehren und Lernen fremder Sprachen. Ein neues Lernziel auf dem Weg zum Unterrichtsprinzip", in: *Praxis des neusprachlichen Unterrichts* 39/1992, pp. 227-235.

Freudenstein, Reinhold und Albert Raasch, „Friedenserziehung im Fremdsprachenunterricht. LINGUAPAX V – eine Dokumentation", in: *Praxis des neusprachlichen Unterrichts* 43/1996, pp. 185-195.

Freudenstein, Reinhold, „Peace Education? No, Thank You!", in: Albert Raasch, *ed., Languages: Ways towards Peace, Langues: Destination Paix, Sprachen: Wege zum Frieden,* Saarbrücken: Saarbrücker Schriften zur Angewandten Linguistik und Sprachlehrforschung (SALUS), Bd. 15, 1997, pp. 84-94.

Freudenstein, Reinhold, „Peace Education? No, Thank You! Why European Teachers Find It Difficult to Deal with Global Issues in the Classroom", in: *Linguapax, Language Teaching & Peace Newsletter* 26/1997, pp. 14-15.

Freudenstein, Reinhold, „Global issues im Englischunterricht. Lerner- und handlungsorientierte Übungen, die betroffen machen", in: *Praxis des neusprachlichen Unterrichts* 46/1999, pp. 237-248.

Freudenstein, Reinhold, „Alles interkulturell oder was?", in: Karl-Richard Bausch, Herbert Christ, Frank G. Königs und Hans-Jürgen Krumm, *eds., Die Erforschung von Lehr- und Lernmaterialien im Kontext des Lehrens und Lernens fremder Sprachen,* Arbeitspapiere der 19. Frühjahrskonferenz zur Erforschung des Fremdsprachenunterrichts, Tübingen: Narr, 1998, pp. 56-62.

Frey, Karl, Ulrich Schäfer und Michael Knoll, *Die Projektmethode. Der Weg zum bildenden Tun,* Weinheim: Beltz, 2002.

Fuchs, Max, „‚Kulturelle Bildung'. Zur theoretischen und praktischen Relevanz einer interdisziplinären pädagogischen Leitformel", in: *Politik und Kultur – Zeitung des Deutschen Kulturrats* 06 & 07/2007 (URL: www.akademieremscheid.de/publikationen/publikationen_fuchs.php, Stand: Juli 2010).

Fuchs-Heinritz, Werner, Rüdiger Lautmann, Otthein Rammstedt und Hanns Wienold, *eds.*, *Lexikon zur Soziologie*, Wiesbaden: VS, ^{4}2007.

Funk, Hermann, „Das Amerikabild in deutschen Englischlehrwerken in der Sekundarstufe I am Beispiel der ‚Learning English'-Reihe", in: Gerhard Neuner, *ed., Zur Analyse fremdsprachlicher Lehrwerke,* Frankfurt: Lang, 1979, pp. 68-95.

Funk, Hermann, „Arbeitsfragen zur Lehrwerkanalyse", in: Bernd Kast und Gerhard Neuner*, eds., Zur Analyse, Begutachtung und Entwicklung von Lehrwerken,* Berlin: Langenscheidt, 1994, pp. 105-111.

Funk, Hermann und Christina Kuhn, „Der Europäische Referenzrahmen für Sprachen & Profile Deutsch – ‚McDonaldisierung' des Fremdsprachenunterrichts oder neue Qualität der Planung fremdsprachlichen Lehrens und Lernens?", in: Klaus Petzold und Volker Woest, *eds., Leistung und Leistungsbewertung,* Jena: Beiträge des Zentrums für Didaktik, Bd. 2, 2003, pp. 187-201.

Funk, Hermann, „Qualitätsmerkmale von Lehrwerken prüfen – ein Verfahrensvorschlag", in: *Babylonia* 3/2004, pp. 41-43.

Funk, Hermann und Christina Kuhn, „Gemeinsamer europäischer Referenzrahmen und die Entwicklung von DaF-Lehrwerken – von Theorie und Praxis", in: Ruth Eßer und Hans-Jürgen Krumm, *eds., Bausteine für Babylon: Sprache, Kultur, Unterricht ..., Festschrift zum 60. Geburtstag von Hans Barkowski*, München: Iudicium, 2007, pp. 242-253.

Funke, Peter, „Kriterien der landeskundlichen Analyse fremdsprachlicher Lehrwerke/The Criteria for Analyzing the Cultural Content of Foreign Language Textbooks", in: Wolfgang Jacobmeyer, *ed., Die Bundesrepublik Deutschland und die Vereinigten Staaten von Amerika: Die landeskundliche Darstellung in Sprachlehrbüchern beider Länder,* Studien zur internationalen Schulbuchforschung, Bd. 48, Frankfurt: Diesterweg, 1988, pp. 37-52.

Furth, Hans G., *Piaget für Lehrer*, Düsseldorf: Schwann, 1973.

Gardner, George H., „Cross-cultural Communication", in: *Journal of Social Psychology* 58/1962, pp. 241-256.

Gehring, Wolfgang, *Schülernahe Lebensbereiche in Englischbüchern für die 7. Jahrgangsstufe. Ein Beitrag zur landeskundlichen Lehrwerkkritik*, Frankfurt: Lang, 1996.

Gehring, Wolfgang, „Kulturelle Kontexte in Sprachlehrgängen an Haupt- und Realschulen", in: Laurenz Volkmann, Wolfgang Gehring und Klaus Stierstorfer, *Interkulturelle Kompetenz: Konzepte und Praxis des Unterrichts,* Tübingen: Narr, 2002, pp. 70-97.

Gehring, Wolfgang, *Englische Fachdidaktik: Theorien, Methodik, Forschendes Lernen,* Berlin: Schmidt, [3]2010.

Geiger, Klaus F., „Identitätshermeneutik – ein verläßlicher Ratgeber?“, in: *Erwägen Wissen Ethik* 14/2003, pp. 167-169.

Genetsch, Martin, „‚Soft Power?‘: Zur Geschichte und Bedeutung von MTV im Kontext der Populärkultur“, in: Werner Kremp und David Sirakov, *eds.*, *Globaler Gesang vom Garten der Freiheit: Anglo-amerikanische Populärmusik und ihre Bedeutung für die US-Außenpolitik*, Trier: WTV, 2008, pp. 89-102.

Gerighausen, Josef und Peter Seel, „Der fremde Lerner und die fremde Sprache. Überlegungen zur Entwicklung regionalspezifischer Lehr- und Lernmaterialien für Länder der ‚Dritten Welt‘“, in: *Jahrbuch Deutsch als Fremdsprache* 10/1984, pp. 126-162.

Gibson, Robert, *Intercultural Business Communication*, Berlin: Cornelsen, 2000.

Gick, Annegret, „Negotiating Common Ground: Ein wesentliches Element (interkultureller) kommunikativer Kompetenz“, in: Lothar Bredella, Herbert Christ und Michael K. Legutke, *eds., Thema Fremdverstehen,* Arbeiten aus dem Graduiertenkolleg „Didaktik des Fremdverstehens“, Tübingen, Narr, 1997, pp. 179-190.

Giddens, Anthony, *The Consequences of Modernity*, Cambridge: Polity Press, 1990.

Giddens, Anthony, *Konsequenzen der Moderne*, Frankfurt: Suhrkamp, 1995.

Giddens, Anthony, *Der dritte Weg. Die Erneuerung der sozialen Demokratie*, Frankfurt: Suhrkamp, 1999.

Giddens, Anthony, *Runaway World: How Globalization is Reshaping Our Lives*, London: Profile, 1999.

Glas, Rainer und Johanna Schlagbauer, *Pädagogik am Gymnasium. Praxiswissen für den Berufseinstieg*, Friedberg: Brigg, [2]2007.

Glasze, Georg und Aika Meyer, „Das Konzept der ‚kulturellen Vielfalt‘: Protektionismus oder Schutz vor kultureller Homogenisierung?“, in: Johannes Kessler und Christian Steiner, *eds., Facetten der Globalisierung: Zwischen Ökonomie, Politik und Kultur,* Wiesbaden: VS, 2009, pp. 186-195.

Gnutzmann, Claus, *ed., Teaching and Learning English as a Global Language. Native and Non-Native Perspectives*, Tübingen: Stauffenburg, 1999.

Gnutzmann, Claus, „Englisch als globale lingua franca: Funktion und Entwicklung – Fragen des Lehrens und Lernens – Lernziel ‚Mehrsprachigkeit‘“, in: *Fremdsprachen Lehren und Lernen* 29/2000, pp. 23-65.

Gnutzmann, Claus und Frauke Intemann, *eds., The Globalisation of English and the English Language Classroom*, Tübingen: Narr 2005.

Gnutzmann, Claus und Frank G. Königs, *Fremdsprachen Lehren und Lernen. Themenheft ‚Sprachdidaktik – interkulturell'* 35/2006, pp. 251-266.

Goatly, Andrew, „Green Grammar and Grammatical Metaphor", in: *Journal of Pragmatics* 25/1996, pp. 537-560.

Goatly, Andrew, *Critical Reading and Writing: An Introductionary Coursebook*, London: Routledge, 2000.

Goffman, Erving, *Interaction Ritual: Essays on Face-To-Face Behavior*, New York: Pantheon, 1967.

Goldman, Paula und Hafsat Abiola, *eds.*, *Imagining Ourselves: Global Voices from a New Generation of Women*, San Francisco: New World Library, 2006 (URL: www.imaginingourselves.com, Stand: Juni 2010).

Götze, Lutz, „Fünf Lehrwerksgenerationen", in: Bernd Kast und Gerhard Neuner, *eds., Zur Analyse, Begutachtung und Entwicklung von Lehrwerken für den fremdsprachlichen Deutschunterricht*, Berlin: Langenscheidt, 1994, pp. 29-30.

Graef, Roland und Rolf-Dieter Preller, *eds., Lernen durch Lehren. Fachdidaktik des Französischen*, Rimbach: Verlag im Wald, 1994.

Graff, Gerald, „Teach the Conflicts", in: *South Atlantic Quarterly* 1/1989, pp. 51-67.

Graff, Gerald, *Beyond the Culture Wars: How Teaching the Conflicts Can Revitalize American Education*, New York: W.W. Norton & Company, 1993.

Grau, Maike, „English as a Global Language – What Do Future Teachers Have to Say?", in: Claus Gnutzmann und Frauke Intemann, *eds., The Globalisation of English and the English Language Classroom*, Tübingen: Narr, 2005.

Greider, William, *Endstation Globalisierung. Der Kapitalismus frisst sein Kinder*, München: Heyne, 1998.

Greig, Sue, Graham Pike und David Selby, *Earthrights: Education as if the Planet really mattered*, London: Kogan Page, 1987.

Grzega, Joachim, „Reflection on Concepts of English for Europe: British English, American English, Euro-English, Global English", in: *Journal for EuroLinguistiX* 2/2005, pp. 44-64.

Grieser-Kindel, Christin, Roswitha Henseler und Stefan Möller, *Method Guide. Schüleraktivierende Methoden für den Englischunterricht in den Klassen 5-10*, Paderborn: Schöningh, 2006.

Grimm, Nancy, *Beyond the ‚Imaginary Indian'. Zur Aushandlung von Stereotypen, kultureller Identität und Perspektiven in/mit indigener Gegenwartsliteratur*, Heidelberg: Winter, 2009.

Grinberg, Leo und Rebeca Grinberg, *Psychoanalyse der Migration und des Exils*, Stuttgart: Klett-Cotta, 1990.

Hadril, Stefan, „Ansprache zur Eröffnung des 29. Kongresses der Deutschen Gesellschaft für Soziologie", in: Claudia Honegger, Stefan Hadril und Franz Traxler, *eds.*, *Grenzenlose Gesellschaft? Teil 1*, Opladen: Leske & Budrich, 1999, pp. 23-24.

Hall, Edward T. und Mildred Reed Hall, *Understanding Cultural Differences: Germans, French and Americans,* Yarmouth, Maine: Intercultural Press, 1989.

Hall, Stuart, „Questions of Cultural Identity?", in: Stuart Hall und Paul du Gay, *Questions of Cultural Identity*, London: Sage, 1996, pp. 1-17.

Hall, Stuart, „Cultural Identity and Diaspora", in: Patrick Williams and Laura Chrisman, *eds., Colonial Discourse and Postcolonial Theory, A Reader,* New York: Columbia University Press, 1994, pp. 222-237.

Hallet, Wolfgang, *Fremdsprachenunterricht als Spiel der Texte und Kulturen. Intertextualität als Paradigma einer kulturwissenschaftlichen Didaktik*, Trier: WVT, 2002.

Hamilton, David L. und Robert K. Gifford, „Illusory Correlation in Interpersonal Perception: A Cognitive Basis of Stereotypic Judgments", in: *Journal of Experimental Social Psychology* 12/1976, pp. 392-407.

Han, Petrus, *Soziologie der Migration. Erklärungsmodelle, Fakten, politische Konsequenzen, Perspektiven*, Stuttgart: UTB, ^{2}2005.

Hansen, Klaus P., *Kultur und Kulturwissenschaft. Eine Einführung*, Stuttgart: UTB, ^{2}2000.

Haß, Frank, „English for Work and Life", in: *Englisch 5-10* 7/2009, p. 1.

Haug-Moritz, Gabriele und Ludolf Pelizaeus, *eds.*, *Repräsentationen der Islamischen Welt im Europa der Frühen Neuzeit,* Münster: Aschendorff, 2010.

Heck, Gerda, *Illegale Einwanderung. Eine umkämpfte Konstruktion in Deutschland und den USA*, Münster: Unrast, 2008.

Hecke, Carola und Carola Surkamp, *eds., Bilder im Fremdsprachenunterricht. Neue Ansätze, Kompetenzen und Methoden*, Tübingen: Narr, 2010.

Heckmann, Friedrich, *Ethnische Minderheiten, Volk und Nation*, Stuttgart: Lucius & Lucius, 1992.

Heid, Helmut, „Was vermag die Standardisierung wünschenswerter Lernoutputs zur Qualitätsverbesserung des Bildungswesens beizutragen?“, in: Dietrich Benner, *ed., Bildungsstandards. Instrumente zur Qualitätssicherung im Bildungswesen. Chancen und Grenzen – Beispiele und Perspektiven*, Paderborn: Schöningh, 2007, pp. 29-48.

Heindrichs, Wilfried, Friedrich Wilhelm Gester und Heinrich Peter Kelz, *Sprachlehrforschung. Angewandte Linguistik und Fremdsprachendidaktik,* Stuttgart: Kohlhammer, 1980.

Helle, Horst Jürgen, „Religionssoziologische Anmerkungen zur These von der postmodernen Beliebigkeit der Religiosität“, in: Peter Neuner und Birgitta Kleinschwärzer-Meister, *eds., Ökumene zwischen ‚postmoderner Beliebigkeit‘ und ‚Rekonfessionalisierung‘,* Münster: LIT, 2006, pp. 7-16.

Hellinger, Marlis und Ulrich Ammon*, eds., Contrastive Sociolinguistics*, New York: Mouton de Gruyter, 1996.

Hentig, Hartmut von, *Ach die Werte! Ein öffentliches Bewusstsein von zwiespältigen Aufgaben. Über eine Erziehung für das 21. Jahrhundert*, München: Hanser, ^{2}1999.

Hentschel, Ulrike, *Theaterspielen als ästhetische Bildung*, Weinheim: Beltz, 1996.

Henz, Hubert, *Bildungstheorie. Studien zur Pädagogik, Andragogik und Gerontagogik,* Frankfurt: Lang, 1991.

Henze, Kristina, °*Anglo-hispanische Sprachwege durch New York*, Tübingen: Narr, 2000.

Herbst, Thomas, Rita Stoll und Rudolf Westermayr, *Terminologie der Sprachbeschreibung. Ein Lernwörterbuch für das Anglistikstudium*, Ismaning: Hueber, 1991.

Hermes, Liesel, „Fremderfahrung durch Literatur. Ein Beitrag zum interkulturellen Lernen“, in: *Fremdsprachenunterricht* 42/1998, pp. 129-134.

Hermann-Brennecke, Gisela, „Vorurteile: Eine Herausforderung an den Fremdsprachenunterricht“, in: *Zeitschrift für Fremdsprachenforschung* 2/1991, pp. 129-134.

Hessisches Institut für Bildungsplanung und Schulentwicklung, *ed., Handreichungen zum Darstellenden Spiel*, Wiesbaden: Hessisches Institut für Bildungsplanung und Schulentwicklung, 1994.

Heuer, Helmut, Richard M. Müller und Helmut Schrey, *Lehrwerkkritik – ein Neuansatz: Lehrwerke und Curriculum im Fremdsprachlichen Unterricht 1*, Dortmund: Lensing, 1973.

Heuer, Helmut und Richard Matthias Müller, *eds., Lehrwerkkritik 2: Landeskunde, Illustrationen, Grammatik*, Dortmund: Lensing, 1975.

Hinkel, Eli, *ed., Culture and Second Language Learning*, Cambridge: CUP, 1999.

Hirst, Paul und Grahame Thomson, *Globalization in Question*, Cambridge: Polity Press, 1996.

Höhne, Thomas, *Schulbuchwissen: Umrisse einer Wissens- und Medientheorie des Schulbuches*, Frankfurt: Goethe-Universität, 2002.

Hoffarth-Zelloe, Monika, „Die Rolle von Stereotype", in: Rüdiger Ahrens, Wolf-Dietrich Bald und Werner Hüllen, *eds.*, *Handbuch Englisch als Fremdsprache*, Berlin: Schmidt, 1995, pp. 337-341.

Höffe, Otfried, *Demokratie im Zeitalter der Globalisierung*, München: Beck, 1999.

Högel, Rolf, „Alltag in Amerika – Seine Darstellung in englischen Lehrwerken der Sekundarstufe I", in: Helmut Sauer, *ed., Amerikanische Alltagskultur und Englischunterricht,* anglistik & englischunterricht, Bd. 31, Heidelberg: Winter, 1987, pp. 21-33.

Holzer, Peter J. *et al., eds., AkteurInnen der Kulturvermittlung*, Innsbruck: Universitäts, 2008.

Honey, Peter und Alan Mumford, *The Manual of Learning Styles*, Maidenhead: Honey, 1992.

Hopmann, Stefan T., Gertrude Brinek und Martin Retzl, *eds., PISA zufolge PISA. PISA According to PISA*, Wien: LIT, 2007.

House, Juliane, „Contrastive Discourse Analysis and Misunderstanding: The Case of German and English", in: Marlis Hellinger und Ulrich Ammon, *eds., Contrastive Sociolinguistics*, New York: Mouton de Gruyter, 1996, pp. 345-361.

House, Juliane, „Kontrastive Pragmatik und interkulturelle Kompetenz im Fremdsprachenunterricht", in: Wolfgang Börner und Klaus Vogel, *eds., Kontrast und Äquivalenz: Beiträge zu Sprachvergleich und Übersetzung*, Tübingen: Narr, 1998, pp. 62-88.

House, Juliane, „Misunderstanding in Intercultural Communication. Interactions in English-as-Lingua-Franca and the Myth of Mutual Intelligibility", in: Claus Gnutzmann, *ed. Teaching and Learning English as a Global Language*, Tübingen: Stauffenberg, 1999, pp. 73-93.

Hunfeld, Hans, „Zur Normalität des Fremden“, in: *Der Fremdsprachliche Unterricht Englisch* 5/1991, pp. 50-52.

Hurrelmann, Klaus und Mathias Albert, *eds., Jugend 2002. 14. Shell Jugendstudie*, Frankfurt: Fischer, 2002.

Hurrelmann, Klaus und Mathias Albert, *eds., Jugend 2006. 15. Shell Jugendstudie: Eine pragmatische Generation unter Druck*, Frankfurt: Fischer, 2006.

Hurrelmann, Klaus und Mathias Albert, *Jugend 2010. 16. Shell Jugendstudie: Eine pragmatische Generation behauptet sich*, Frankfurt: Fischer, 2010.

Hurrelmann, Klaus und Mathias Albert, *Jugend 2010. 16. Shell Jugendstudie: Eine pragmatische Generation behauptet sich*, Flyer, Frankfurt: Fischer, 2010.

Husemann, Harald, „Doktor Seltsam: Oder wie ich lernte, das Stereotyp zu lieben“, in: Johannes-Peter Timm, und Helmut J. Vollmer, *eds., Kontroversen in der Fremdsprachenforschung*, Bochum: Brockmeyer, 1993, pp. 385-399.

Hutchinson, Tom und Eunice Torres, „The Textbook as Agent of Change“, in: *ELT Journal* 48/1994, pp. 315-328.

Jacobmeyer, Wolfgang, *ed., Die Bundesrepublik Deutschland und die Vereinigten Staaten von Amerika: Die landeskundliche Darstellung in Sprachlehrbüchern beider Länder,* Studien zur internationalen Schulbuchforschung, Bd. 48, Frankfurt: Diesterweg, 1988, pp. 37-52.

Jacobs, Georg M. und Andrew Goatly, „The Treatment of Ecological Issues in ELT Coursebooks“, in: *ELT Journal* 3/2000, pp. 256-264.

Jahnke, Thomas, „Deutsche PISA-Folgen“, in: Stefan T. Hopmann, Gertrude Brinek und Martin Retzl, *eds., PISA zufolge PISA. PISA According to PISA*, Wien: LIT, 2007.

Jahnke, Thomas, „Zur Ideologie von PISA & Co“, in: Thomas Jahnke und Wolfram Meyerhöfer, *eds., PISA & Co – Kritik eines Programms*, Hildesheim: Franzbecker, [2]2007.

Jahnke, Thomas und Wolfram Meyerhöfer, *eds., PISA & Co – Kritik eines Programms*, Hildesheim: Franzbecker, [2]2007.

Jeismann, Karl-Ernst, „Internationale Schulbuchforschung: Aufgaben und Probleme“, in: *Internationale Schulbuchforschung* 1/1979, pp. 7-22.

Jeismann, Karl-Ernst und Rainer Riemenschneider, *eds., Geschichte Europas für den Unterricht der Europäer. Prolegomena eines Handbuchs der europäischen Geschichte für die Lehrer der Sekundarstufe II*, Braunschweig: Westermann, 1980.

Jenkins, Jennifer, *The Phonology of English as an International Language*, Oxford: OUP, 2000.

Jenkins, Jennifer, *World Englishes. A Resource Book for Students*, London: Routledge, 2003.

Johnson, David W. und Roger T. Johnson, „The Internal Dynamics of Cooperative Learning Groups“, in: Rachel H. Lazarowitz, Spencer Kagan, Shlomo Sharan, Robert Slavin, Clark Webb und Richard Schmuch, *Learning to Cooperate, Cooperating to Learn*, New York: Basic Books, 1998, pp. 103-124.

Johnson, David W., Linda Skon und Richard T. Johnson, „Effects of Cooperative, Competitive, and Individualistic Conditions on Children's Problem-solving Performance“, in: *American Educational Research Journal* 17/1980, pp. 83-93.

Johnson, Steven, *Neue Intelligenz. Warum wir durch Computerspiele und TV klüger werden*, Köln: Kiepenheuer & Witsch, 2006.

Johnston, Ingrid, „Many Worlds: Multicultural Literature in Senior High English Classrooms“, in: Keith A. McLeod, *ed., Multicultural Education: The State of the Art: Studies of Canadian Heritage*, Vol. 2, Winnipeg: Canadian Association of Second Language Teachers, 1995, pp. 102-108.

Jurké, Volker, Dieter Linck und Joachim Reiss, *eds., Zukunft Schultheater. Das Fach Theater in der Bildungsdebatte*, Hamburg: Edition Körber Stiftung, 2008.

Kachru, Braj B., „Standards, Codification and Sociolinguistic Realism“, in: Randolph Quirk, *ed., English in the World,* Cambridge: CUP, 1985, pp. 11-34.

Kachru, Braj B., *ed., The Other Tongue*, Chicago: University of Illinois Press, ^{2}1992.

Kachru, Braj B und Cecil L. Nelson, „World Englishes“, in: Sandra L. McKay und Nancy H. Hornberger, *eds., Sociolinguistics and Language Teaching*, Cambridge: CUP, 1996.

Karbe, Ursula, „Lehrbuchanalyse als Auswahlinstrument“, in: *Der Fremdsprachliche Unterricht Englisch* 1/1994, pp. 28-30.

Karbe, Ursula und Hans-Eberhard Piepho, *Fremdsprachenunterricht von A-Z*, Ismaning, Hueber, 2000.

Kast Bernd und Gerhard Neuner, *eds., Zur Analyse, Begutachtung und Entwicklung von Lehrwerken für den fremdsprachlichen Deutschunterricht*, Berlin: Langenscheidt, 1994.

Kauder, Peter, „Bevormundung der Erziehung durch Politik? Erziehung im Spannungsfeld gesellschaftlicher und politischer Zugriffe. Eine Textsammlung“, in: Hans-Uwe Otto, Thomas Rauschenbach und Peter Vogel, *eds., Erziehungswissenschaft: Politik und Gesellschaft*, Opladen: Lese & Budrich, 2002, pp. 167-188.

Kawanari, Mika, „Japan“, in: Michael Byram, *ed., Routledge Encylopedia of Language Teaching and Learning*, Routledge: London, 2000, pp. 316-319.

Kenneth, A. Tye und Willard M. Knief, „Global Education Around the World“, in: *International Journal of Education Policy & Leadership* 4/1991, pp. 47-49.

Kenneth, A. Tye, *Global Education. A Worldwide Movement*, Orange: Interdependence Press, 1999, p. XV.

Kerkhoff, Ingrid, *Von der Mayflower bis zum Bürgerkrieg. Zur Darstellung amerikanischer Geschichte in Lehrwerken für den Englischunterricht*, Gulliver 7, Berlin: Argument, 1980.

Kerschensteiner, Georg, „Berufsbildung oder Allgemeinbildung?“, in: Gerhard Wehle, *ed., Georg Kerschensteiner. Berufsbildung und Berufsschule*, Ausgewählte Pädagogische Schriften, Bd. 1, Paderborn: Schöningh, 1966, pp. 130-147.

Kessler, Johannes und Christian Steiner, *eds., Facetten der Globalisierung: Zwischen Ökonomie, Politik und Kultur*, Wiesbaden: VS, 2009.

Keupp, Heiner, Thomas Ahbe und Wolfgang Gmür, *eds., Identitätskonstruktionen. Das Patchwork der Identitäten in der Spätmoderne*, Hamburg: Rowohlt, 2002.

Kieweg, Werner, *Lernprozessorientierte Kriterien zur Evaluierung von Lehrwerken für den Englischunterricht in der Sekundarstufe I*, München: Universitäts, 1985.

Kieweg, Werner, „Lernprozessorientierte Kriterien zur Evaluierung von Englischlehrwerken“, in: *Der Fremdsprachliche Unterricht Englisch* 32/1998, pp. 27-38.

Kieweg, Werner, „Lernprozessorientierte Kriterien zur Erstellung und Evaluierung von Lehrwerken für das Unterrichtsfach Englisch – dargestellt am Schülerbuch als Leitmedium“, in: Wolfgang Börner und Klaus Vogel, *eds., Lehrwerke im Fremdsprachenunterricht. Lernbezogene, interkulturelle und mediale Aspekte*, Berlin: AKS, 1999, pp. 33-66.

Kieweg, Werner, „Die Verwendung von authentischen Materialien“, in: *Der Fremdsprachliche Unterricht Englisch* 22/1999, pp. 20-26.

Kiffe, Marion, *Landeskunde und interkulturelles Lernen im Fremdsprachenunterricht. Eine Analyse von Englischlehrwerken für die Sekundarstufe I*, Aachen: Shaker, 1999.

Kippenberg, Hans G., „Das Sozialkapital religiöser Gemeinschaften im Zeitalter der Globalisierung“, in: Georg Pfleiderer und Ekkehard W. Stegemann, *eds., Religion und Respekt. Beiträge zu einem spannungsreichen Verhältnis,* Christentum und Kultur, Bd. 5, Zürich: Theologischer, 2006, pp. 245-271.

Kippenberg, Hans G. und Tilman Seidensticker, *eds., The 9/11 Handbook. Annotated Translation and Interpretation of the Attackers' Spiritual Manual*, London: Equinox, 2006.

Klein, Naomi, *No Logo!,* New York: Picado, 2009 (URL: www.naomiklein.org/main, Stand: März 2010).

Kleinschmidt, Eberhard, *ed., Fremdsprachenunterricht zwischen Sprachenpolitik und Praxis. Festschrift für Herbert Christ zum 60. Geburtstag*, Tübingen: Narr, 1989.

Klieme, Eckhard und Detlev Leutner, „Kompetenzmodelle zur Erfassung individueller Lernergebnisse und zur Bilanzierung von Bildungsprozessen. Beschreibung eines neu eingerichteten Schwerpunktprogramms der DFG“, in: *Zeitschrift für Pädagogik* 52/2006, pp. 876-903.

Klieme, Eckhard, Hermann Avenarius, Werner Blum, Peter Döbrich, Hans Gruber, Manfred Prenzel, Kristina Reiss, Kurt Riquarts, Jürgen Rost, Heinz-Elmar Tenorth und Helmuth J. Vollmer, *Zur Entwicklung nationaler Bildungsstandards*, Bonn: BMBF, 2007.

Klieme, Eckhard und Bärbel Beck, *eds., Sprachliche Kompetenzen. Konzepte und Messung. DESI-Studie (Deutsch Englisch Schülerleistungen International)*, Weinheim: Beltz, 2007.

Klippel, Friederike, „Überlegungen zum ganzheitlichen Fremdsprachenunterricht“, in: *Fremdsprachenunterricht* 4/2000, pp. 242-248.

Klippel, Friederike, „Perspektiven der Fremdsprachendidaktik am Ende des 20. Jahrhunderts“, in: Sabine Doff und Anke Wegner, *eds., Fremdsprachendidaktik im 20. Jahrhundert*, Berlin: Langenscheidt, 2006, pp. 273-287.

Klippel, Friederike, „Teaching English as a Foreign Language: New Approaches and Challenges“, in: Rüdiger Ahrens und Heinz Antor, *eds., Anglistik. International Journal of English Studies* 20/2, Heidelberg: Winter, 2009, pp. 13-15.

Klippert, Heinz, *Methodentraining. Übungsbausteine für den Unterricht*, Weinheim: Beltz, 1999, pp. 96-102.

Knapp, Karlfried und Annelie Knapp-Potthoff, „Interkulturelle Kommunikation“, in: *Zeitschrift für Fremdsprachenforschung* 1/1990, pp. 62-93.

Knapp, Karlfried, „Englisch", in: Karl-Richard Bausch *et al., eds., Handbuch Fremdsprachenunterricht*, Tübingen: Stauffenburg, 2003, pp. 529-533.

Knapp-Potthoff, Annelie, *Fremdsprachliche Aufgaben – Ein Instrument zur Lernmaterialanalyse*, Tübingen: Narr, 1979.

Knapp-Potthoff, Annelie und Karlfried Knapp, „Interkulturelle Kommunikation", in: *Zeitschrift für Fremdsprachenforschung* 1/1990, pp. 62-93.

Knapp-Potthoff, Annelie und Martina Liedke, *eds., Aspekte interkultureller Kommunikationsfähigkeit*, München: Iudicium, 1997.

Knapp-Potthoff, Annelie, „Zur Rolle von Lernmaterial für Fremdsprachenlernen, Fremdsprachenlehrerausbildung und Fremdsprachenforschung", in: Karl-Richard Bausch, Herbert Christ, Frank G. Königs und Hans-Jürgen Krumm, *eds., Die Erforschung von Lehr- und Lernmaterialien im Kontext des Lehrens und Lernens fremder Sprachen*, Tübingen: Narr, 1999, pp. 97-104.

Knapp, Annelie, „Variationen über Lernersprache", in: Wolfgang Börner und Klaus Vogel, *eds., Normen im Fremdsprachenunterricht*, Tübingen: Narr, 2000, pp. 179-201.

Knapp-Potthoff, Annelie, „Fremdsprachenlernen und -lehren im Spannungsfeld universeller, kultureller und individueller Faktoren", in: Lothar Bredella und Franz-Josef Meißner, *eds., Lehren und Lernen fremder Sprachen zwischen Globalisierung und Regionalisierung*, Tübingen: Narr, 2001, pp. 76-94.

Knapp-Potthoff, Annelie, „Lehrerkompetenzen für einen interkulturell orientierten Fremdsprachenunterricht", in: Peter J. Holzer *et al., eds., AkteurInnen der Kulturvermittlung*, Innsbruck: Universitäts, 2008, pp. 45-64.

Kneissl, Karin, *Die Gewaltspirale. Warum Orient und Okzident nicht miteinander können*, Salzburg: Ecowin, 2007.

Koch, Martin, *Challenges – Global learning in a Globalised World, Modelle und Methoden für den Englischunterricht, Global conflicts – Political Solutions*, Braunschweig: Westermann, 2006.

Koenig, Michael, „Von Dinosauriern und trojanischen Pferden: Neue Kriterien und Fragen zu ‚alten' und ‚neuen' Medien", in: Erwin Tschirner, Hermann Funk und Michael Koenig, *eds., Schnittstellen: Lehrwerke zwischen alten und neuen Medien*, München: Iudicium, 2000, pp. 29-47.

Königs, Frank G., „Teaching and Learning Foreign Languages in Germany: A Personal Overview of Developments in Research", in: *Language Teaching* 36/2003, pp. 235-251.

Köhring, Klaus H., „Politische Bildung im Englischunterricht: Eine Bestandsaufnahme mit einer exemplarischen Analyse neuerer Landeskundematerialien“, in: *Englisch Amerikanische Studien* 3/1981, pp. 256-375.

Köhring, Klaus H., „No Peace, Please, We're Teaching English – zur Restringenz friedenspädagogischer Möglichkeiten des Englischunterrichts“, in: Wilfried Brusch, Wulf Künne und Reiner Lehberger, *eds., Englischdidaktik: Rückblicke – Einblicke – Ausblicke. Festschrift für Peter W. Kahl*, Berlin: Cornelsen, 1989, pp. 89-102.

Kolb, David A., *Learning Style Inventory,* Boston, MA: McBer & Company, 1985.

Kramer, Jürgen, „Fremdsprachenunterricht mit (oder ohne) Stereotype?“, in: Johannes-Peter Timm und Helmut J. Vollmer, *eds., Kontroversen in der Fremdsprachenforschung,* Bochum: Brockmeyer, 1993, pp. 369-462.

Kramsch, Claire, *Context and Culture in Language Learning*, Oxford: OUP, 1996.

Kramsch, Claire, Albane Cain und Elizabeth Murphy-Lejeune, „Why Should Language Teachers Teach Culture?“, in: Geneviève Zarate, Michael Byram und Elizabeth Murphy-Lejeune, *Language, Culture and Curriculum. Special issues ‚Cultural Representation in Language Learning and Teacher Training*‘ 1/1996, pp. 99-107.

Krashen, Stephen D., *Principles and Practice in Second Language Acquisition*, London: Prentice-Hall, 1981.

Krashen, Stephen D. und Tracy D. Terrell, *The Natural Approach*, Oxford: Pergamon, 1983.

Krauskopf, Jürgen, *Das Deutschland- und Frankreichbild in Schulbücher. Deutsche Französischbücher und französischer Deutschbücher von 1950-1980*, Tübingen: Narr, 1985, pp. 2-4.

Krechel, Hans-Ludwig, *ed., Französisch Methodik. Handbuch für die Sekundarstufe I und II*, Berlin: Cornelsen Scriptor, 2007.

Kremp, Werner und David Sirakov, *Globaler Gesang vom Garten der Freiheit: Angloamerikanische Populärmusik und ihre Bedeutung für die US-Außenpolitik*, Trier: WTV, 2008.

Kron, Friedrich W., *Grundwissen Pädagogik*, München: Reinhard, [6]2007.

Kubanek, Angelika, „Global English and Global Education“, in: Claus Gnutzmann und Frauke Intemann, *eds., The Globalisation of English and the English Language Classroom*, Tübingen: Narr 2005, pp. 245-258.

Kubanek, Angelika, *Dritte Welt im Englischlehrbuch der Bundesrepublik Deutschland. Aspekte der Darstellung und Vermittlung*, Regensburg: Pustet, 1987.

Küchler, Uwe, „Screening the Green, Greening the Screen: Umweltfilme im Fremdsprachenunterricht", in: Eva Leitzke-Ungerer, *ed., Film im Fremdsprachenunterricht: Literarische Stoffe, interkulturelle Ziele, mediale Wirkung*, Stuttgart: Ibidem, 2009, pp. 359-378.

Kürsat-Ahlers, Elcin, „Die Erfahrung der Migration", in: Hans-Heinrich Nolte, *ed., Deutsche Migrationen im Rahmen des Weltsystems. Ein Erklärungsversuch*, Münster: LIT, 1996, pp. 151-170.

Kühnlenz, Axel, „Der Deutsche Bildungsserver bietet fundierte Fachinformation", in: *SOZIALwirtschaft aktuell. Infodienst für das Management in der Sozialwirtschaft* 14/2006, pp. 3-4.

Kunz, Marcel, *Spiel – Raum. Literaturunterricht und Theater. Überlegungen, Annäherungen und Modelle*, Zug: Klett & Balmer, 1989.

Kurtz Jürgen, „Das Lehrwerk und seine Verwendung im Englischunterricht nach der jüngsten Reform der Richtlinien und Lehrpläne", in: *English* 2/2001, pp. 41-50.

Ladousse, Gilian P., *Role Play – Resource Books for Teachers*, Oxford: OUP, 1987.

Ladenthin, Volker, „Kompetenzorientierung als Indiz pädagogischer Orientierungslosigkeit", in: *AMV aktuell. Checks und Kompetenzen*, *Sonderheft* 1/2011, pp. 21-24.

Lange, Klaus, „Zur Methodologie und Methoden einer sozialwissenschaftlichen Unterrichtsmedienforschung", in: *Internationale Schulbuchforschung* 1/1981, pp. 16-28.

Latour, Bernd, „Lehrwerkanalyse und Lehrwerkkritik", in: Rolf Ehnert, *ed., Einführung in das Studium des Faches Deutsch als Fremdsprache,* Werkstattreihe Deutsch als Fremdsprache, Bd. 1, Frankfurt: Lang, 1982, pp. 90-105.

Laux, Hans Dieter und Günter Thieme, „Die Bevölkerung der USA an der Schwelle zum 21. Jahrhundert? Erste Ergebnisse der Volkszählung 2000", in: *Petermanns Geographische Mitteilungen*, Gotha: Klett-Perthes, 2001, pp. 51-55.

Lazarowitz, Rachel H., Spencer Kagan, Shlomo Sharan, Robert Slavin, Clark Webb und Richard Schmuch, *Learning to Cooperate, Cooperating to Learn*, New York: Basic Books, 1998.

Legutke, Michael K. und Wolfgang Thiel, *Airport: Ein Projekt für den Englischunterricht in der Klasse 6*, Wiesbaden: Hessisches Institut für Bildungsplanung und Schulentwicklung (HIBS), 1983.

Legutke, Michael K., Andreas Müller-Hartmann und Stefan Ulrich, „Neue Kommunikationsformen im Fremdsprachlichen Unterricht", in: Gerd Fritz und Andreas Jucker, *eds., Kommunikationsformen im Wandel der Zeit. Vom Heldenepos zum Hypertext*, Tübingen: Niemeyer, 2000, pp. 51-73.

Lehmann, Christiane, *Mediating London. Die britische Hauptstadt als landeskundliche Themeneinheit in Lehrbüchern für den Englischunterricht in der Sekundarstufe I. Ein methodisch-didaktischer Beitrag zur Lehrwerkkritik*, Winter: Heidelberg, 2010.

Leitzke-Ungerer, Eva, *ed., Film im Fremdsprachenunterricht: Literarische Stoffe, interkulturelle Ziele, mediale Wirkung*, Stuttgart: Ibidem, 2009.

Lersch, Rainer, „Kompetenzfördernd unterrichten. 22 Schritte von der Theorie zur Praxis", in: *Pädagogik* 12/2007, pp. 36-43.

Leupold, Eynar, „Ein Lernbuch für die Lehrwerkphase", in: Karl-Richard Bausch, Herbert Christ und Hans-Jürgen Krumm, *eds., Handbuch Fremdsprachenunterricht*, Tübingen: Francke, [4]2003, pp. 128-145.

Leupold, Eynar, „Lernkompetenz. Ein Evaluationsmodell", in: Karl-Richard Bausch, Herbert Christ und Hans-Jürgen Krumm, *eds., Handbuch Fremdsprachenunterricht*, Tübingen: Francke, [4]2003, pp. 164-174.

Lindner, Oliver, *ed., Teaching India*, anglistik & englischunterricht, Bd. 72, Heidelberg: Winter, 2008.

Lindner, Oliver, „India: The Jewel in the Classroom", in: Nancy Grimm, Maria Eisenmann und Laurenz Volkmann, *Teaching the New English Literatures and Cultures*, Heidelberg: Winter, 2010, pp. 59-72.

Linke, Gabriele, *ed., New Media – New Teaching Options?!*, anglistik & englischunterricht, Bd. 68, Heidelberg: Winter, 2006.

Lippman, Walter, *Public Opinion*, New York: Harcourt, Brace & Co., 1922.

Löffler, Renate, „Ganzheitliches Lernen: Grundlagen und Arbeitsformen", in: Gerhard Bach und Johannes-Peter Timm, *eds., Englischunterricht. Grundlagen und Methoden einer handlungsorientierten Unterrichtspraxis*, Tübingen: Francke, [2]1996, pp. 42-68.

Long, Michael H. und Peter Robinson, „Focus on Form: Theory, Research and Practice", in: Catherine Doughty und Jessica Williams, *eds., Focus on Form in Classroom Second Language Acquisition*, Cambridge: CUP, 1998, pp. 15-41.

Luger, Kurt, „Offene Grenzen in der Kommunikationswissenschaft", in: Kurt Luger und Rudi Renger, *eds., Dialog der Kulturen. Die multikulturelle Gesellschaft und die Medien*, Wien: St. Johann, 1994, pp. 23-66.

Lüsebrink, Hans-Jürgen, „Kulturraumstudien und Interkulturelle Kommunikation", in: Ansgar Nünning und Vera Nünning, *Konzepte der Kulturwissenschaften*, Stuttgart: Metzler, 2003, pp. 307-328.

Lutz, Hartmut, „‚Indians' and Native Americans in the Movies: A History of Stereotypes, Distortions, and Displacements", in: Hartmut Lutz, *ed., Approaches: Essays in Native North American Studies and Literatures*, Augsburg: Wißner, 2002, pp. 48-61.

Lutz, Hartmut, „‚Okay, I'll be their Indian for next year': Thoughts on the Marketing of a Canadian Indian Icon in Germany", in: Helmbrecht Breinig, *ed., Imaginary (Re-) Locations: Tradition, Modernity, and the Market in Contemporary Native American Literature and Culture*, Tübingen: Stauffenburg, 2003, pp. 217-245.

Macaire, Dominique und Wolfram Hosch, *Bilder in der Landeskunde,* Fernstudieneinheit 11, Berlin: Langenscheidt, 1996.

MacKenzie, Ian, „English as a Lingua Franca", in: *The European English Messenger* 12/2003, pp. 59-62.

Mae, Michiko, „Transkulturalität und interkulturelle Kompetenz", in: *Erwägen Wissen Ethik* 14/2003, pp. 194-196.

Mair, Christian, *ed., The Politics of English as a World Language*, Amsterdam: Rodopi, 2003.

Mall, Ram A., „Interkulturelle Kompetenz jenseits bloßer ‚political correctness'", in: *Erwägen Wissen Ethik* 14/2003, pp. 196-198.

Maley, Alan, „Global Issues in ELT", in: *Practical English Teaching* 13/1992, p. 73.

Mauranen, Anna, „English as a Lingua Franca – an Unknown Language?", in: Giuseppina Cortese und Anna Duszak, *eds., Identity, Community, Discourse: English as Intercultural Settings*, Frankfurt: Lang, 2005, pp. 269-293.

Mayer, Sylvia und Graham Wilson, *eds., Ecodidactic Perspectives on English Language, Literatures and Cultures*, Trier: WVT, 2006.

McArthur, Tom, „The English Languages?", in: *English Today* 11/1987, pp. 9-13.

McArthur, Tom, *The English Languages*, Cambridge: CUP, 2002.

McGrew, Anthony, „A Global Society?", in: Tony McGrew, Stuart Hall und David Held, *eds., Modernity and Its Futures (Understanding Modern Societies)*, Cambridge: Blackwell, pp. 74-76.

McKay, Sandra, *Teaching English as an International Language*, Oxford: OUP, 2002.

McLeod, Keith A., *ed., Multicultural Education: The State of the Art: Studies of Canadian Heritage*, Vol. 2, Winnipeg: Canadian Association of Second Language Teachers, 1995.

Medgyes, Peter und Penny Ur, *Laughing Matters: Humour in the Language Classroom*, Cambridge: CUP, 2002.

Meierkord, Christiane, *Englisch als Medium der interkulturellen Kommunikation: Untersuchungen zum non-native/non-native-speakers-Diskurs*, Frankfurt: Lang, 1996.

Meijer, Dick und Eva-Maria Jenkins, „Landeskundliche Inhalte – Die Qual der Wahl? Kriterienkatalog zur Beurteilung von Lehrwerken“, in: *Fremdsprache Deutsch* 1/1998, pp. 18-25.

Meißner, Franz-Joseph, „Menschenrechte und die Didaktik des Fremdverstehens“, in: Lother Bredella und Werner Delanoy, *eds., Interkultureller Fremdsprachenunterricht*, Tübingen: Narr, 1999, pp. 515-530.

Meißner, Franz-Joseph „Lehr- und Lernmaterialien für den neuen Lernkontext“, in: Karl-Richard Bausch, Herbert Christ, Frank G. Königs und Hans-Jürgen Kumm, *eds., Die Erforschung von Lehr- und Lernmaterialien im Kontext des Lehrens und Lernens fremder Sprachen*, Arbeitspapiere der 19. Frühjahrskonferenz zur Erforschung des Fremdsprachenunterrichts, Tübingen: Narr, 1999, pp. 146-157.

Mennecke, Arnim, „Überlegung zur Bewertung landeskundlicher Inhalte in fremdsprachlichen Lehrwerken“, in: Peter Doyé, *ed., Großbritannien. Seine Darstellung in deutschen Schulbüchern für den Englischunterricht*, Frankfurt: Diesterweg, 1991, pp. 27-32.

Mennecke, Arnim, „Nicht-linguistische Inhalte in Lehrwerken und interpretative Lehrwerkkritik“, in: Manfred Erdmenger, *Interkulturelle Bildung und Sprachen. Englisch, Französisch, Hopi, Walisisch. Festschrift für Peter Doyé*, Braunschweig: Quelle & Meyer, 1992, pp. 183-192.

Merkl, Matthias, *Kulturgeographische Inhalte in deutschen Lehrbüchern für den Englischunterricht der 8. Jahrgangsstufe: ein Beitrag zur landeskundlichen Lehrwerkkritik*, Frankfurt: Lang, 2002.

Merkl, Matthias und Laurenz Volkmann, *eds., Anglophone Kulturwissenschaft und Englische Fachdidaktik. Gesammelte Aufsätze von Rüdiger Ahrens*, Heidelberg: Winter, 2004.

Merkl, Matthias, „Teaching Canadian Identity and Multiculturalism in Germany“, in: Matthias Merkl, *ed., Views of Canadian Cultures/LISA (Littératures, Histoire des Idées, Images, Sociétés du Monde Anglophone)* 3/2005, pp. 246-273.

Merkl, Matthias, „Der Blick auf die eigene und die fremde Kultur: Selbstverstehen und Fremdverstehen im Englischunterricht“, in: *Neusprachliche Mitteilungen* 59/2006, pp. 21-29.

Merkl, Matthias, „Eine kulturwissenschaftliche und fachdidaktische Untersuchung der kanadischen Minoritätenliteratur der Gegenwart“ (Habilitationsvortrag zu *Identität und Fremdverstehen*), Julius-Maximilians-Universität Würzburg, Februar 2009.

Messner, Dirk, „Armut und Reichtum in der Welt. Informationen zur politischen Bildung“, in: Gerd Nollmann und Hermann Strasser, *eds., Internationale Beziehungen II*, Bonn: Bundeszentrale für Politische Bildung, 2002, pp. 36-40.

Mindt, Dieter, „Richtlinien und Lehrwerke für den Englischunterricht: Wie steht es mit den Grammatikkenntnissen der Kultusminister?“, in: *Praxis des Neusprachlichen Unterrichts* 26/1989, pp. 347-356.

Mlinar, Zdravko, *ed., Globalization and Territorial Identities*, Aldershot: Avebury, 1992.

Mlinar, Zdravko, „Individuation and Globalization: The Transformation of Territorial Social Organization“, in: Zdravko Mlinar, *ed., Globalization and Territorial Identities*, Aldershot: Avebury, 1992, pp. 15-34.

Modiano, Marko, „International English in the Global Village“, in: *English Today* 15/1999, pp. 22-28.

Mohrs, Thomas, „‚Die Welt ist meine Welt‘ – Philosophische Grundlagen des Globalen Lernens“, in: Maria Hallitzky und Susanne Dürr, *eds., Globales Lernen*, Baltmannsweiler: Schneider, 2005, pp. 3-66.

Mollin, Sandra, *Euro-English. Assessing Variety Status*, Tübingen: Narr, 2006.

Mukherjee, Joybrato, „Unity in Diversity: The Indian Kaleidoscope in the EFL Classroom“, in: Werner Delanoy und Laurenz Volkmann, *eds., Cultural Studies in the EFL Classroom*, Heidelberg: Winter, 2006, pp. 143-151.

Müller-Hartmann, Andreas, „Multiethnische Literatur der USA im deutschen Englischunterricht“, in: *Praxis des neusprachlichen Unterrichts* 47/2000, pp. 115-124.

Müller-Hartmann, Andreas und Thomas Raith, *eds*., Themenheft ‚Web 2.0‘, in: *Der Fremdsprachliche Unterricht Englisch* 42/2008.

Murray, Heather, „Swiss English Teachers and Euro-English: Attitudes to a Non-native Variety“, in: *Bulletin Suisse de linguistique appliquée* 77/2003, pp. 147-165.

Neuner, Gerhard, „Lehrwerkanalyse und -kritik als Aufgabenfeld der Fremdsprachendidaktik. Zur Entwicklung seit 1945 und zum gegenwärtigen Stand“, in: Gerhard Neuner, *ed., Zur Analyse fremdsprachlicher Lehrwerke*, Kasseler Arbeiten zur Sprache und Literatur, Anglistik – Germanistik – Romanistik, Bd. 5, Frankfurt: Lang, 1979, pp. 5-39.

Neuner, Gerhard, *ed.*, *Zur Analyse fremdsprachlicher Lehrwerke,* Kasseler Arbeiten zur Sprache und Literatur, Anglistik – Germanistik – Romanistik, Bd. 5, Frankfurt: Lang, 1979.

Neuner, Gerhard und Wolfgang Pischke, „Das Englandbild in Lehrwerken der Sekundarstufe I in der Bundesrepublik seit dem Zweiten Weltkrieg“, in: Gerhard Neuner, *ed., Zur Analyse fremdsprachlicher Lehrwerke*, Kasseler Arbeiten zur Sprache und Literatur: Anglistik – Germanistik – Romanistik, Bd. 5, Frankfurt: Lang, 1979, pp. 97-117.

Neuner, Gerhard, „Lehrwerkforschung – Lehrwerkkritik“, in: Bernd Kast und Gerhard Neuner, *eds., Zur Analyse, Begutachtung und Entwicklung von Lehrwerken für den fremdsprachlichen Deutschunterricht, Fremdsprachenunterricht in Theorie und Praxis*, München: Langenscheidt, 1994, pp. 8-21.

Neuner, Gerhard, „Lehrwerke“, in: Karl-Richard Bausch, Herbert Christ und Hans-Jürgen Krumm, *eds.*, *Handbuch Fremdsprachenunterricht*, Tübingen: Francke, 1995, pp. 292-295.

Nieke, Wolfgang, „Multikulturelle Gesellschaft und interkulturelle Erziehung. Zur Theorie in der Ausländerpädagogik“, in: *Die Deutsche Schule* 78/1986, pp. 462-471.

Nieke, Wolfgang, *Interkulturelle Erziehung und Bildung. Wertorientierungen im Alltag,* Opladen: Leske & Buske, 2000.

Nieweler, Andreas. *ed., Fachdidaktik Französich*, Stuttgart: Klett, 2006.

Nodari, Claudio, *Perspektiven einer neuen Lernkultur. Pädagogische Lehrziele im Fremdsprachenunterricht als Probleme der Lehrwerksgestaltung*, Frankfurt: Aarau, 1995.

Nodari, Claudio, „Zur Förderung des autonomen Lernens in Französischlehrwerken“, in: *Der Fremdsprachliche Unterricht Französisch* 34/1995, pp. 23-26.

Nohl, Hermann, *Die pädagogische Bewegung in Deutschland und ihre Theorie*, Frankfurt: Schulte-Bulmke, [10]1988.

Noisser, Norbert, Anette Scheunpflug und Peter Schmitz, *Entwicklungsbezogene Bildung in Deutschland – Stand der Diskussion und (bildungs-)politische Herausforderungen*, Bonn: Deutscher Volkshochschul-Verband, 1996.

Nollmann, Gerd und Hermann Strasser, *eds., Internationale Beziehungen II*, Bonn: Bundeszentrale für Politische Bildung, 2002.

Nolte, Hans-Heinrich, *ed., Deutsche Migrationen im Rahmen des Weltsystems. Ein Erklärungsversuch*, Münster: LIT, 1996.

Nünning, Ansgar, „Englische Bilder von Deutschland und den Deutschen: Zur Beobachtung von Nationalstereotypen für das kollektive Gedächtnis und das Verstehen fremder Kulturen", in: Lothar Bredella und Werner Delanoy, *eds., Interkultureller Fremdsprachenunterricht*, Tübingen: Narr, 1999, pp. 322-357.

Nünning, Ansgar und Vera Nünning, „British Cultural Studies konkret. 10 Leitkonzepte für einen innovativen Kulturunterricht", in: *Der Fremdsprachliche Unterricht Englisch* 1/2000, pp. 4-9.

Nünning, Ansgar und Vera Nünning, *Konzepte der Kulturwissenschaften*, Stuttgart: Metzler, 2003.

Nünning, Ansgar und Carola Surkamp, *Englische Literatur unterrichten: Grundlagen und Methoden*, Seelze: Kallmeyer/Klett, 2006.

Oelkers, Jürgen, *Einführung in die Theorie der Erziehung*, Weinheim: Beltz, 2001.

Oksaar, Els, *Zweitspracherwerb. Wege zur Mehrsprachigkeit und zur interkulturellen Verständigung*, Stuttgart: Kohlhammer, 2003.

Oomen-Welke, Ingelore, „Körpersprachen und Extrasprachliches verschiedener Kulturen in Welt, Schule und Unterricht", in: Heinz S. Rosenbusch und Otto Schober, *Körpersprache und Pädagogik: Das Handbuch,* Baltmannsweiler: Schneider, 2004, pp. 68-98.

Opitz, Peter J., *Das Weltflüchtlingsproblem. Ursachen und Folgen,* München: Beck, 1988.

Orr, David W., *Ecological Literacy: Education and the Transition to a Postmodern World*, Albany, NY: State University of New York Press, 1992.

Ostendorf, Berndt, *Multikulturelle Gesellschaft: Modell Amerika?*, München: Fink, 1994.

Otto, Hans-Uwe, Thomas Rauschenbach und Peter Vogel, *eds., Erziehungswissenschaft: Politik und Gesellschaft*, Opladen: Lese & Budrich, 2002.

Otto, Sue K. und James P. Pusack, „Taking Control of Multimedia", in: Michael Bush, *ed., Technology-Enhanced Language Learning*, Illinois: National Textbook Company, 1997, pp. 1-46.

O'Sullivan, Emer und Dietmar Rösler, „Stereotype im Rückwärtsgang: Zum didaktischen Umgang mit Heterostereotypen in zielsprachigen kinderliterarischen Texten", in: Lothar Bredella und Werner Delanoy, *eds., Interkultureller Fremdsprachenunterricht*, Tübingen: Narr, 1999, pp. 312-321.

Paganoni, Maria Cristina, „Shaping Hybrid Identities: A Textual Analysis of British Bhangra Lyrics", in: *Annali dell'Istituto di Lingue della Facoltà di Scienze Politiche dell'Università di Milano* 19/2006, pp. 231–246.

Paige, Michael, *ed.*, *Education for the Intercultural Experience*, Yarmouth, ME: Intercultural Press, 1993.

Pakir, Anne, „Which English? The Nativization of English and the Negotiations of Language Choice in Southeast Asia", in: Rüdiger Ahrens, David Parker, Klaus Stierstorfer und Kwok-Kan Tam, *eds., Anglophone Cultures in Southeast Asia: Appropriations Continuities Contexts*, Heidelberg: Winter, 2003, pp. 73-84.

Park, Robert Ezra, „Introduction", in: Everett V. Stonequist, *Cultural Conflict and the Marginal Man*, New York: Charles Scribner's Sons, 1937.

Paul, Heike, *Mapping Migration. Women's Writing and the American Immigrant Experience from the 1950s to the 1990s*, Heidelberg: Winter, 1999.

Peters, Anne und Noah Birkhäuser, „Affirmative Action à l'Américaine – Vorbild für Europa?", in: *Zeitschrift für ausländisches öffentliches Recht und Völkerrecht* 65/2005, pp. 1-34.

Pfleiderer, Georg und Ekkehard W. Stegemann, *eds., Religion und Respekt. Beiträge zu einem spannungsreichen Verhältnis*, Christentum und Kultur, Bd. 5, Zürich: Theologischer, 2006.

Piepho, Hans-Eberhard, *Kommunikative Kompetenz als übergeordnetes Lernziel im Englischunterricht,* Limburg: Frankonius, 1974.

Piepho, Hans-Eberhard, „Das Lehrwerk Contacts", in: *Fremdsprachenunterricht* 34/1990, pp. 327-329.

Piepho, Hans-Eberhard, „Das Lehrwerk im Englischunterricht", in: Wilfried Brusch, Wulf Künne und Reiner Lehberger, *eds., Englischdidaktik: Rückblicke – Einblicke – Ausblicke. Festschrift für Peter W. Kahl*, Berlin: Cornelsen, 1989, pp. 79-88.

Pike, Graham und David Selby, *Global Teacher, Global Learner*, London: Hodder & Stoughton, 1988.

Philipson, Robert, *Linguistic Imperialism*, Oxford: OUP, 1992.

Pöttker, Horst und Anne Fölting, *Diversity: Multikulturalismus und ethnische Minderheiten in den Medien der USA*, Düsseldorf: NAVEND, 2006.

Poyatos, Fernando, „Nonverbal Communication in Foreign-Language Teaching: Theoretical and Methodological Perspectives“, in: André Helbo, *ed., Evaluation and Language Teaching. Evaluatie en Taalonderwijs. Evaluation et enseignement des langues, Essays in Honor of Frans Van Passel*, Bern: Lang, 1992, pp. 115-143.

Quetz, Jürgen, „Welche linguistischen, didaktischen, administrativen und ökonomischen Normen muss ein Lehrwerk erfüllen, bevor es selbst Normen setzten kann?“, in: Wolfgang Börner und Klaus Vogel, *eds., Lehrwerke im Fremdsprachenunterricht. Lernerbezogene, interkulturelle und mediale Aspekte*, Bochum: AKS, 1999, pp. 3-22.

Quirk, Randolph, *ed., English in the World*, Cambridge: CUP, 1985.

Raasch, Albert, *ed., Languages: Ways towards Peace, Langues: Destination Paix, Sprachen: Wege zum Frieden*, Saarbrücken: Saarbrücker Schriften zur Angewandten Linguistik und Sprachlehrforschung (SALUS), Bd. 15, 1997.

Radden, Günther, „Schülermeinungen zu ihrem Englischlehrwerk“, in: Gert Solmecke, *ed., Motivation und Motivieren im Fremdsprachenunterricht,* Informationen zur Sprach- und Literaturdidaktik, Bd. 6, Paderborn: Schöningh, 1983, pp. 85-99.

Rampillon, Ute, „Von der Schulbuchanalyse zur Unterrichtsplanung. Oder: ‚Endlich ein neues Schulbuch! Hilfe!‘“, in: *Englisch-Amerikanische Studien* 5/1983, pp. 486-494.

Rathje, Stefanie, „Interkulturelle Kompetenz – Zustand und Zukunft eines umstrittenen Konzepts“, in: *Zeitschrift für Interkulturellen Fremdsprachenunterricht* 11/2006 (URL: www.zif.spz.tu-darmstadt.de/jg-11-3/docs/Rathje.pdf, Stand: Mai 2010).

Rau, Johannes, *Chance, nicht Schicksal – die Globalisierung politisch gestalten*, Berliner Rede des ehemaligen Bundespräsidenten vom 13. Mai 2001, p. 1 (URL: www.bundespraesident.de, Stand: Juli 2008).

Rauthenhaus, Heike, „Fremdsprachenunterricht in der Informations- und Kommunikationsgesellschaft“, in: *Praxis des neusprachlichen Unterrichts* 45/1998, pp. 12-21.

Reinfried, Marcus, „Bilder als Bedeutungsmittler im Fremdsprachenunterricht“, in: *Lehren und Lernen* 16/1990, pp. 45-80.

Reinfried, Marcus, „Die Funktion von Bildern in Lehr- und Lernmaterialien“, in: Udo O. H. Jung, *ed., Praktische Handreichung für Fremdsprachenlehrer,* Bayreuther Beiträge zur Glottodidaktik, Bd. 2, Frankfurt: Lang, ^{3}2001, pp. 137-142.

Reischauer, Edwin, *Towards the 21st Century*, New York: Knopf, 1973.

Reisener, Helmut, „15 Fragenkomplexe zur Beurteilung von Lehrbüchern für den Fremdsprachenunterricht“, in: *Der Fremdsprachliche Unterricht Englisch* 1/1978, pp. 69-70.

Reiser, Marius, „Warum ich meinen Lehrstuhl räume“, in: *FAZ/Feuilleton*, 20. Januar 2009, p. 2.

Renges, Birgit-Herta, *Interkulturelles Lernen und methodisch-didaktische Aspekte in aktuellen Englischlehrbüchern und Unterrichtsmaterialien der Sekundarstufe II*, Aachen: Shaker, 2005.

Ringeisen, Peter, „Viewfinder Special: ‚Humor Rules‘“, in: *The Viewfinder Team, Festgabe Viewfinder. Prof. em. Dr. Dr. h.c. mult. Peter Freese*, Berlin: Langenscheidt, 2009, pp. 39-40.

Risager, Karen, „Cultural References in European Textbooks: An Evaluation of Recent Tendencies“, in: Dieter Buttjes und Michael Byram, *eds., Mediating Languages and Cultures: towards an Intercultural Theory of Foreign Language Education,* Clevedon: Multilingual Matters, 1991, pp. 181-192.

Risager, Karen, „Language Teaching and the Process of European Integration“, in: Michael Byram und Michael *Fleming, eds., Language Learning in Intercultural Perspective,* Cambridge: CUP, 1997, pp. 242-254.

Risager, Karen, *Language and Culture: Global Flows and Local Complexity,* Languages for Intercultural Communication and Education, Vol. 11, Buffalo: Multilingual Matters, 2006.

Ritzer, Georg, *Die McDonaldisierung der Gesellschaft*, Frankfurt: Fischer, 1997.

Ritzer, Georg, „Globalisierung, McDonaldisierung und Amerikanisierung“, in: Dieter Bögenhold, *ed., Moderne amerikanische Soziologie*, Stuttgart: Lucius & Lucius, 2000, pp. 219-242.

Ritzer, George und Todd Stillman, „Assessing McDonaldization, Americanization and Globalization“, in: Ulrich Beck, Natan Sznaider und Rainer Winter, *Global America? The Cultural Consequences of Globalization*, Liverpool: Liverpool University Press, 2003, pp. 30-48.

Rivers, Wilga, *Teaching Foreign Language Skills*, Chicago: University of Chicago Press, 1968.

Robert-Bosch-Stiftung/Deutsch-Französisches Institut, *ed., Fremdsprachenunterricht und internationale Beziehungen. Stuttgarter Thesen zur Rolle der Landeskunde im Französischunterricht*, Gerlingen: Bleicher, 1982.

Robertson, Robert, *Globalization. Social Theory and Global Culture*, London: Sage, 1992.

Robertson, Caroline Y. und Carsten Winter, *eds., Kulturwandel und Globalisierung*, Baden-Baden: Nomos, 2000.

Roche, Jörg, *Interkulturelle Sprachdidaktik. Eine Einführung*, Tübingen: Narr, 2001.

Rosenbusch, Heinz S. und Otto Schober, *Körpersprache und Pädagogik: Das Handbuch*, Baltmannsweiler: Schneider, 2004.

Rubdy, Rani und Mario Saraceni, *eds., English in the World: Global Rules, Global Roles*, London: Continuum, 2006.

Sarlos, Beatrice, „Noble Savage to Indian Fairy. An Analysis of the 19th Century Schoolbook Illustrations of Native Americans", in: *Internationale Schulbuchforschung* 16/1994, pp. 397-422.

Sauer, Helmut, „Analysekriterien für landeskundliche Inhalte von Lehrwerken für den Englischunterricht", in: Helmut Heuer und Richard Matthias Müller, *eds., Lehrwerkkritik 2: Landeskunde, Illustrationen, Grammatik*, Dortmund: Lensing, 1975.

Sauer, Helmut, *Dissertationen, Habilitationen und Kongresse zum Lehren und Lernen fremder Sprachen. Eine Dokumentation*, Tübingen: Narr, 2006.

Scherling, Theo und Hans-Friedrich Schuckall, *Mit Bildern Lernen. Handbuch für den Fremdsprachenunterricht*, Berlin: Langenscheidt, 1992.

Scheunpflug, Annette und Klaus Hirsch, *eds., Globalisierung als Herausforderung für die Pädagogik,* Frankfurt: IKO, 2000.

Schiffauer, Werner, *Die Migranten aus Subay. Türken in Deutschland: Eine Ethnographie*, Stuttgart: Klett-Cotta, 1991.

Schneckener, Ulrich, *Informationen zur politischen Bildung, Globaler Terrorismus*, Bonn: Bundeszentrale für Politische Bildung, 2003.

Schreiber, Jörg-Robert, „Konzepte des Globalen Lernens als pädagogische Antwort auf die Globalisierung", in: Hans-Heinrich Blotevogel, *ed., Lokal verankert – weltweit vernetzt. Tagungsband zum 52. Deutschen Geographentag Hamburg 1999*, Stuttgart: Steiner, 2000, pp. 439-445.

Schreiber, Jörg-Robert und Stephan Schuler, „Wege Globalen Lernens unter dem Leitbild einer nachhaltigen Entwicklung", in: *Praxis Geographie* 4/2005, pp. 4-10.

Schubert, Christoph, „Recent Developments in Canadian English Usage: A Dictionary-Based Approach“, in: *Anglistik: International Journal of English Studies* 19/2008, pp. 157-171.

Schubert, Christoph, „Politeness Rules: Pragmatic Approaches to Intercultural Competence in the EFL Classroom“, in: Werner Delanoy und Laurenz Volkmann, *eds., Cultural Studies in the EFL Classroom*, Heidelberg: Winter, 2006, pp. 195-209.

Schulz, Renate A. und Birgit M. Haerle, „Beer, Fast Cars, and [...]: Stereotypes Held by U.S. College-Level Students of German“, in: Martin Loeschmann und Magda Stroinska, *eds., Stereotype im Fremdsprachenunterricht*, Frankfurt: Lang, pp. 109-117.

Schulze, Rainer, „Humor und Ironie“, in: Rüdiger Ahrens, Wolf-Dieter Bald und Werner Hüllen, *eds., Handbuch Englisch als Fremdsprache,* Berlin: Schmidt, 1995, pp. 204-205.

Schwerdtfeger, Inge Christine, „Der europäische Referenzrahmen – oder: Das Ende der Erforschung des Sprachenlernens?“, in: Karl-Richard Bausch, Frank G. Königs und Hans-Jürgen Krumm, *eds., Der gemeinsame europäische Referenzrahmen für Sprachen in der Diskussion*, Arbeitspapiere der 22. Frühjahrskonferenz zur Erforschung des Fremdsprachenunterrichts, Tübingen: Narr, 2005, pp. 173-179.

Seidlhofer, Barbara, „Brave New English?“, in: *The European English Messenger* 10/2001, pp. 42-48.

Seidlhofer, Barbara, „Key Concepts in ELT – English as a Lingua Franca“, in: *ELT Journal* 10/2005, p. 339.

Seidlhofer, Barbara, „English as a Lingua Franca in the Expanding Circle: What It isn't“, in: Rani Rubdy und Mario Saraceni, *eds., English in the World: Global Rules, Global Roles*, London: Continuum, 2006, pp. 40-50.

Seidlhofer, Barbara, Angelika Breiteneder und Marie-Luise Pitzl, „English as a Lingua Franca in Europe“, in: *Annual Review of Applied Linguistics* 26/2006, pp. 3-34.

Seidlhofer, Barbara, „Common Property: English as a Lingua Franca in Europe“, in: Jim Cummins und Chris Davison, *eds., International Handbook of English Language Teaching*, New York: Springer, 2007, pp. 137-153.

Seitz, Klaus, „Lernen für ein globales Zeitalter. Zur Neuorientierung der politischen Bildung in der postnationalen Konstellation“, in: Christoph Butterwegge und Gudrun Hentges, *eds., Politische Bildung und Globalisierung*, Opladen: Leske & Budrich, 2002, pp. 45-57.

Siekmann, Manfred, „Zur Dominanz des Lehrbuchs im Fremdsprachenunterricht“, in: *Englisch Amerikanische Studien* 4/1983, pp. 475-485.

Slavin, Robert E., „Kooperatives Lernen und Leistung: Eine empirisch fundierte Theorie“, in: Günter Huber, *Neue Perspektiven der Kooperation*, Baltmannsweiler: Schneider, 1993, pp. 151-170.

Sollors, Werner, „De Pluribus Una/E Pluribus Unus. Bemerkungen zur amerikanischen Multikulturalismusdebatte“, in: Berndt Ostendorf, *Multikulturelle Gesellschaft: Modell Amerika?,* München: Fink, 1994, pp. 53-74.

Solmecke, Gert, *ed., Motivation und Motivieren im Fremdsprachenunterricht*, Informationen zur Sprach- und Literaturdidaktik, Bd. 6, Paderborn: Schöningh, 1983.

Sommer, Roy, *Fictions of Migration. Ein Beitrag zur Theorie und Gattungstypologie des zeitgenössischen interkulturellen Romans in Großbritannien,* Trier: WVT 2001.

Sommer, Roy, „‚Mit anderen Augen‘ – Multikulturalismus und Fremdverstehen am Beispiel ausgewählter britischer multikultureller Erzähltexte“, in: *Neusprachliche Mitteilungen aus Wissenschaft und Praxis* 4/2002, pp. 227-237.

Soros, George, *Die Krise des globalen Kapitalismus. Offene Gesellschaft in Gefahr*, Frankfurt: Fischer, 2000.

Speight, Stephen, „Landeskunde in new textbooks for the fifth class“, in: Helmut Heuer und Richard Matthias Müller, *eds., Lehrwerkkritik 2: Landeskunde, Illustrationen, Grammatik*, Dortmund: Lensing, 1975, pp. 18-30.

Speight, Stephen, „How English Are the English Books?“, in: Helmut Heuer und Richard Matthias Müller, *eds., Lehrwerkkritik 2: Landeskunde, Illustrationen, Grammatik*, Dortmund: Lensing, 1975, pp. 66-80.

Staab-Schultes, Theresa, *Feste als didaktischer Lerngegenstand im Englischunterricht der Grundschule. Eine Untersuchung landeskundlicher und sprachlicher Aspekte in Englischlehrwerken der dritten und vierten Jahrgangsstufe*, Frankfurt: Lang, 2010.

Starkey, Hugh, „Language Education, Identities and Citizenship: Developing Cosmopolitan perspectives“, in: *Language and Intercultural Communication* 7/2007, pp. 56-71.

Steele, Ross, „Cultures ou intercultures“, in: *Le Français dans le monde* 283/1996, pp. 54-57.

Stein, Gertrude, *Immer Ärger mit den Schulbüchern. Brennpunkt zur Bildungspolitik*, Stuttgart: Metzler, 1979.

Steiner-Khamsi, Gita, *Multikulturelle Bildungspolitik in der Postmoderne*, Opladen: Leske & Budrich, 1992.

Straub, Jürgen, „Interkulturelle Kompetenz und transitorische Identität in Übersetzungskulturen: Zu Alexander Thomas' psychologischer Bestimmung einer ‚Schlüsselqualifikation'", in: *Erwägen Wissen Ethik* 14/2003, pp. 207-210.

Strauß, Bernhard und Michael Geyer, *ed., Psychotherapie in Zeiten der Globalisierung,* Göttingen: Vandenhoeck & Ruprecht, 2006.

Sturm, Dietrich, *Zur Visualisierung von Lehrwerken für Deutsch als Fremdsprache. Historische und kulturkontrastive Aspekte*, Kassel: Microfiche, 1990, pp. 77-88.

Summer, Theresa, *An Evaluation of Methodological Options for Grammar Instruction in EFL Textbooks. Are Methods Dead?,* Heidelberg: Winter, 2011.

Surkamp, Carola, „*Global Education* und der Film Hotel Rwanda: Neue Möglichkeiten für den handlungsorientierten Fremdsprachenunterricht", im Rahmen des IX. Mediendidaktischen Kolloquiums vom 18.09.-20.09.2008 an der Friedrich-Schiller-Universität in Jena (mit Marko Jancke).

Tajfel, Henri, „Cognitive Aspects of Prejudice", in: *Journal of Social Issues* 4/1969, pp. 79-97.

Tajfel, Henri, „Social Stereotypes and Social Groups", in: John C. Turner und Howard Giles, *eds., Intergroup Behaviour*, Oxford: Blackwell, 1981, pp. 144-167.

Tesch, Bernd, Eynar Leupold und Olaf Köller, *Bildungsstandards Französisch: konkret. Sekundarstufe I: Grundlagen, Aufgabenbeispiele und Unterrichtsanregungen*, Berlin: Cornelsen Scriptor, 2008.

Tesch, Felicitas, *Die Indefinitpronomina* some *und* any *im authentischen englischen Sprachgebrauch und in Lehrwerken: eine empirische Untersuchung*, Tübingen: Narr, 1990.

Thaler, Engelbert, *Challenges – Global Learning in a Globalised World, Modelle und Methoden für den Englischunterricht, Gender Matters – Exploring Male-Female Relationships,* Braunschweig: Westermann, 2008.

Theis, Rolf, *Das Amerikabild in deutschen Schulbüchern. Die Unterrichtsmaterialien für den Englischunterricht 1947-1985*, Frankfurt: Lang, 1991.

Thomas, Alexander, „Die Bedeutung von Vorurteil und Stereotyp im interkulturellen Handeln", in: *Intercultural Journal* 2/2006, pp. 3-21.

Thomas, Alexander, „Analyse der Handlungswirksamkeit von Kulturstandards", in: Alexander Thomas, *ed., Psychologie des interkulturellen Handelns*, Göttingen: Hogrefe, 1996, pp. 107-135.

Timm, Johannes-Peter und Helmut J. Vollmer, *eds. Kontroversen in der Fremdsprachenforschung*, Bochum: Brockmeyer, 1993.

Timm, Johannes-Peter, *ed., Englisch lernen und lehren. Didaktik des Englischunterrichts*, Berlin: Cornelsen, 1998.

Timmis, Ivor, „Native-speaker Norms and International English: A Classroom View", in: *ELT Journal* 56/2002, pp. 240-249.

Tönshoff, Wolfgang, „Lehrwerke heute: Auslaufmodell oder Innovationsträger?", in: Karl-Richard Bausch, Herbert Christ und Frank G. Königs, *Die Erforschung von Lehr- und Lernmaterialien im Kontext des Lehrens und Lernens fremder Sprachen,* Arbeitspapiere der 19. Frühjahrskonferenz zur Erforschung des Fremdsprachenunterrichts, Tübingen: Narr, 1999, pp. 226-231.

Tschirner, Erwin, Hermann Funk und Michael Koenig, *eds., Schnittstellen: Lehrwerke zwischen alten und neuen Medien*, München: Iudicium, 2000.

Tucker, Mitchell, Jane und Mary Redmond, „Rethinking Grammar and Communication", in: *Foreign Language Annals* 26/1993, pp. 13-19.

Tye, Barbara Benham und Kenneth A. Tye, *Global Education. A Study of School Change*, New York: New York State University Press, 1992, p. XV.

Ulrich, Stefan, „Vom Lehrwerk zum WWW und zurück", in: Der *Fremdsprachliche Unterricht Englisch* 49/2001, pp. 30-34.

Vester, Frederic, *Denken, Lernen, Vergessen. Was geht in unserem Kopf vor, wie lernt das Gehirn, und wann lässt es uns im Stich?*, München: dtv, 1998.

Vielau, Axel, „Kriterien für die Beurteilung von Lehrwerken", in: *Zielsprache Französisch* 13/1981, pp. 187-193.

Vogt, Karin, Gisela Holfter und Hermann Rasche, „Alighting in the Long Journey of Life. An *oral histories* Migrationsprozesse untersuchen", in: *Der Fremdsprachliche Unterricht Englisch* 110/2011, pp. 2-8.

Volkmann, Laurenz, „Kriterien und Normen bei der Evaluation von Lehrwerken: Grundzüge eines diskursanalytischen Modells", in: Wolfgang Börner und Klaus Vogel, *eds., Lehrwerke in Fremdsprachenunterricht. Lernbezogene, interkulturelle und mediale Aspekte*, Bochum: AKS, 1999, pp. 117-144.

Volkmann, Laurenz, „Universal Truths or Ethnic Peculiarities? On Tensions Inherent in the Reception of Post-Colonial and Minority Literature“, in: Heinz Antor und Kevin Cope, *Intercultural Encounters – Studies in English Literatures. Essays Presented to Rüdiger Ahrens on the Occasion of His Sixtieth Birthday*, Heidelberg: Winter, 1999, pp. 131-152.

Volkmann, Laurenz, Wolfgang Gehring und Klaus Stierstorfer, *Interkulturelle Kompetenz: Konzepte und Praxis des Unterrichts,* Tübingen: Narr, 2002.

Volkmann, Laurenz, *Viewfinder – The Global Village. Progress or Disaster?,* München: Langenscheidt-Longman, [9]2005.

Volkmann, Laurenz, „The global village: Von der interkulturellen zur multikulturellen Kompetenz“, in: Heinz Antor, *ed., Fremde Kulturen Verstehen – Fremde Kulturen Lehren: Theorie und Praxis der Vermittlung interkultureller Kompetenz*, Heidelberg: Winter, 2007, pp. 127-157.

Volkmann, Laurenz, „Trotz Bildungsstandards und Output-Orientierung: Literatur auch und gerade in der Sekundarstufe I!“, in: Jan Hollm, *ed., Englisch-Lektüre in der Sekundarstufe I*, Trier: WVT, 2009, pp. 23-40.

Volkmann, Laurenz, „‚English as a foreign anguish‘: Die englische Sprache in der postkolonialen Welt“, in: *Englisch Betrifft Uns* 1/2009a, pp. 1-7.

Volkmann, Laurenz, Nancy Grimm, Ines Detmers und Katrin Thomson, *Local Natures, Global Responsibilities: Ecocritical Perspectives on the New English Literatures*, Amsterdam: Rodopi, 2010.

Volkmann, Laurenz, *Englische Fachdidaktik: Kultur und Sprache*, Tübingen: Narr: 2010.

Volkmann, Laurenz, „*Ecodidactics* als Antwort auf die planetare Bedrohung? Zum Einsatz von *ecopoetry* im Englischunterricht“, in: Rüdiger Ahrens, Maria Eisenmann und Julia Hammer, *eds., Anglophone Literaturdidaktik – Zukunftsperspektiven für den Englischunterricht*, Heidelberg: Winter, 2012 (*upcoming).*

Vollmer, Helmut J., „Bildungsstandards von oben – Bildungsstandards von unten“, in: *Der Fremdsprachliche Unterricht Englisch* 81/2006, pp. 12-16.

Vollmer, Helmut J., „Kompetenzaufgaben als Forschungs- und Evaluationsinstrument. Statement zur 26. Frühjahrskonferenz zur Erforschung des Fremdsprachenunterrichts“, in: Karl-Richard Bausch, Eva Burwitz-Melzer, Frank G. Königs und Hans-Jürgen Krumm, *eds., Aufgabenorientierung als Aufgabe,* Tübingen: Narr, 2006, pp. 244-255.

Vollmer, Helmut J., „Ist jedes Lehrmaterial auch Lernmaterial? Perspektiven für den bilingualen Unterricht“, in: Karl-Richard Bausch, Helmut Christ und Frank G. Königs, *Handbuch Fremdsprachenunterricht*, Tübingen, [4]2003, pp. 240-249.

Vollmuth, Isabel, *Englisch an der Grundschule*, Heidelberg: Winter, 2004.

Wagner, Bernd, „Kulturelle Globalisierung. Von Goethes ‚Weltliteratur‘ zu den weltweiten Teletubbis“, in: *Aus Politik und Zeitgeschichte* 12/2002, pp. 10-18.

Waldenfels, Bernhard, *Topographie des Fremden – Studien zur Phänomenologie des Fremden 1*, Frankfurt: Suhrkamp, 1997.

Wallerstein, Immanuel, „Klassenanalyse und Weltsystemanalyse“, in: Reinhard Kreckel, *ed.*, *Soziale Ungerechtigkeit, Soziale Welt*, Sonderband 2, Göttingen: Schwarz, 1983.

Wandruszka, Mario, *Wer fremde Sprachen nicht kennt... – das Bild des Menschen in Europas Sprachen*, München: Piper, 1991.

Wasser, Hartmut, *ed., USA. Politik, Gesellschaft, Wirtschaft,* Opladen: Leske & Budrich, 1993.

Waters, Malcolm, *Globalization*, London: Routledge, 1995.

Watzlawick, Paul, Janet H. Beavin und Don D. Jackson, *Menschliche Kommunikation: Formen, Störungen, Paradoxien*, Bern: Huber, [8]1990.

Weidner, Margit, *Kooperatives Lernen im Unterricht – Das Arbeitsbuch*, Seelze: Kallmeyer/Klett, 2003.

Weier Ursula, *Lehrbuch und Realität. Realitätskonstruktionen in Englisch-Lehrbüchern für die Erwachsenenbildung*, Heidelberg: Winter, 2005.

Weinert, Franz E., *Concepts of Competence (Contribution within the OECD Project Definition and Selection of Competencies: Theoretical and Conceptual Foundations [DeSeCo]),* Neuchatel: DeSeCo, 1999.

Weinert, Franz E., „Vergleichende Leistungsmessung in Schulen – eine umstrittene Selbstverständlichkeit“, in: Franz E. Weinert, *ed., Leistungsmessungen in Schulen*, Weinheim: Beltz, 2001, pp. 17-31.

Weiss, Regula, *Macht Migration krank? Eine transdisziplinäre Analyse der Gesundheit von Migrantinnen und Migranten*, Zürich: Seismo, 2003.

Welsch, Wolfgang, „Transkulturalität. Lebensformen nach der Auflösung der Kulturen“, in: *Information Philosophie* 20/1992, pp. 5-20.

Welsch, Wolfgang, „Auf dem Weg zu transkulturellen Gesellschaften“, in: Günter Seubold, *ed., Die Zukunft des Menschen – Philosophische Ausblicke*, Bonn: Bouvier, 1999, pp. 119-144.

Welsch, Wolfgang, „Transkulturalität. Zwischen Globalisierung und Partikularisierung“, in: *Jahrbuch Deutsch als Fremdsprache* 26/2000, pp. 327-351.

Welsch, Wolfgang, „Was ist eigentlich Transkulturalität?“, in: Lucyna Darowska und Claudia Machold, *eds.*, *Hochschule als transkultureller Raum? Beiträge zu Kultur, Bildung und Differenz,* Jena: transcript, 2009.

Wendt, Michael, *ed.*, *Konstruktion statt Instruktion. Neue Zugänge zu Sprache und Kultur im Fremdsprachenunterricht*, Frankfurt: Lang, 2000.

Werlich, Egon, *Typologie der Texte. Entwurf eines textlinguistischen Modells als Grundlegung einer Textgrammatik*, Heidelberg: Quelle & Meyer, 1975.

Weskamp, Ralf, *Mehrsprachigkeit. Sprachevolution, kognitive Sprachverarbeitung und schulischer Fremdsprachenerwerb*, Braunschweig: Schroedel/Diesterweg, 2007.

Wierlacher, Alois, „Ausgangslage, Leitbegriff und Problemfelder“, in: Alois Wierlacher, *ed., Kulturthema Fremdheit, Leitbegriffe und Problemfelder kulturwissenschaftlicher Fremdheitsforschung,* München: Iudicium, 1993, pp. 19-114.

Wierlacher, Alois, *ed.*, *Kulturthema Fremdheit, Leitbegriffe und Problemfelder kulturwissenschaftlicher Fremdheitsforschung*, München: Iudicium, 1993.

Wilder, David, „The Role of Anxiety in Facilitating Stereotypic Judgments of Outgroup Behavior“, in: Diane M. Mackie und David L. Hamilton, *eds.*, *Affect, Cognition and Stereotyping*, San Diego: Academic Press, 1993, pp. 87-109.

Willis, Jane, *A Framework for Task-Based Learning*, Harlow: Longman, 1996.

Wipperman, Klaus, *ed.*, *Informationen zur politischen Bildung,* Bonn: Bundeszentrale für politische Bildung, 2003.

Witte, Heidrun, „Die Rolle der Kulturkompetenz“, in: Mary Snell-Hornby, *ed.*, *Handbuch Translation,* Tübingen: Stauffenburg, ^{2}2006, pp. 345-348.

Wolff, Dieter, „Zum Stellenwert von Lehrwerken und Unterrichtsmaterialien in einem konstruktivistisch orientierten Fremdsprachenunterricht“, in: Johanna Meixner und Klaus Müller, *eds.*, *Konstruktivistische Schulpraxis: Beispiele für den Unterricht*, Neuwied: Luchterhand, 2001, pp. 187-208.

Wulf, Christoph, Michael Göhlich und Jörg Zirfas, *eds.*, *Grundlagen des Performativen*, Weinheim: Juventa, 2001.

Yano, Yakusata, „World Englishes in 2000 and beyond“, in: *World Englishes* 20/2001, pp. 119-131.

Ziener, Wolfgang, *Bildungsstandards in der Praxis. Kompetenzorientiert unterrichten*, Seelze: Kallmeyer/Klett, 2008.

Zydatiß, Wolfgang, *Bildungsstandards und Kompetenzniveaus im Englischunterricht. Konzepte, Empirie, Kritik und Konsequenzen*, Frankfurt: Lang, 2005.

Zydatiß, Wolfgang, „Was Sie über die Bildungsstandards in Deutschland wissen sollten …“, in: *Babylonia* 15/2007, pp. 1-18.

Zydatiß, Wolfgang, „SMS an KMK: Standards mit Substanz! Kulturelle Inhalte, Mediation zwischen Sprachsystem und Sprachhandeln, Kritikfähigkeit – auch im Fremdsprachenunterricht“, in: *Beiträge zur Fremdsprachenvermittlung,* Sonderheft 13, 2008, pp. 13-34.

10.5 Internetseiten

BBC News Blog (URL: www.news.bbc.co.uk/2/hi/special_report/1999/02/99/e-cyclopedia/1285804.stm, Stand: März 2010).

British Council Umfrage (URL: www.statistics.gov.uk/cci/nugget.asp?id =455, Stand: September 2011).

Center for World Indigenous Studies (URL: www.cwis.org, Stand: Mai 2010).

Conference Paper JET, May 2006 (URL: www.jetprogramme.org/documents/conf erence/recontract/2006_recon/Global%20Education%20&%20Communication.pdf, Stand: März 2010).

DGFF (URL: www.dgff.de, Stand: Mai 2010).

Ecological Footprint Calculator (URL: www.calc.zerofootprint.net/youth/, Stand: Juli 2011).

Europäische Kommission Weißbücher (URL: www.europa.eu/documentation /official-docs/white-papers/index_de.html, Stand: September 2009).

General Assembly Resolution „Articel 29", in: *Convention on the Rights of the Child*, 44/1989 (URL: www.ohchr.org/english/law/crc.html, Stand: Juni 2010).

Grand Canyon Skywalk (URL: www.grandcanyonskywalk.com, Stand: September 2010).

Green, David (URL: www.britishcouncil.org/new/Documents/press-atlantic-youth-forum-20040802.pdf, Stand: Mai 2009).

Hamburger Unterrichtsmodelle zum KMK-Orientierungsrahmen (URL: www.ewik. de/coremedia/generator/ewik/de/Downloads/Grundlagentexte/Freie_20und_20Hansest adt_20Hamburg_3A_20Globales_20Lernen_20Hamburger_20Unterrichtsmodelle_20 Didaktisches_20Konzept.pdf, Stand: März 2011).

Hamilton, Lewis (URL: www.lewishamilton.com/about, Stand: 14.10.2008 und URL: www.wikipedia.org/wiki/Lewis_Hamilton, Stand: Oktober 2008).

Hinweise zur Unterrichtsreihe ‚Globales Lernen' (URL: www.ewik.de /coremedia/generator/ewik/de/Downloads/Grundlagentexte/Freie_20und_20Hansestadt _20Hamburg_3A_20Globales_20Lernen_20Hamburger_20Unterrichtsmodelle_20Did aktisches_20Konzept.pdf, Stand: März 2011).

Human Rights (URL: www.un.org/en/rights, Stand: März 2010).

IFS Marburg (URL: www.uni-marburg.de/ifs, Stand: Juni 2010).

Japan Association for Language Teaching (JALT) (URL: www.jalt.org/global/35Songs. html, Stand: April 2010).

Johnson, David W. und Richard T. Johnson, *An overview of cooperative learning*, 1994 (URL: www.co-operation.org/pages/overviewpaper.html, Stand: Mai 2010).

Klein, Naomi (URL: www.naomiklein.org/main, Stand: März 2010).

KMK-Orientierungsrahmen Globale Entwicklung (URL: www.kmk.org/fileadmin/ vero-effentlichungen_beschluesse/2007/2007_06_00_Orientierungsrahmen_Globale_Entwi cklung.pdf, Stand: September 2010).

Muscatine (URL: www.wikipedia.org/wiki/Muscatine und URL: www.muscatine io-wa.gov/, Stand: September 2010).

Peace Exchange (URL: www.peacexchange.eu/links/links_paedagogik.html, Stand: Juli 2010).

Seite Bundespräsident (URL: www.bundespraesident.de, Stand: Juli 2008).

Sylvester, Rachel, „Cook argues for immigration into ‚tikka masala Britain'", in: *The Telegraph*, 19 April 2001 (URL: www.telegraph.co.uk/news/uknews/1316537/ Cook-argues-for-immigration-into-tikka-masala-Britain.html, Stand: April 2010).

United Nations (URL: www.unesco.de/konvention_kulturelle_vielfalt.html?&L=0, Stand: April 2009).

World Commission on Environment and Development (URL: www.unesco. de/esd.html?L=1, Stand: Juli 2010).

Zeitschrift für interkulturellen Fremdsprachenunterricht (URL: www.ik-network.de /bibliothek_05_06.html, Stand: März 2009).